소비자행동 제8판

마케팅전략적 접근

이학식 · 안광호 · 하영원 · 석관호

CONSUMER BEHAVIOR

집현재

서 문

학제간적 연구로서의 소비자행동 연구

마케팅에 대한 학문적 연구는 20세기 초부터 이루어졌다. 마케팅 분야의 여러 분과학 중에서 소비자행동에 대한 연구는 1960년대 후반부터라고 할 수 있으며, 그런 만큼 그 학문적 역사는 상대적으로 짧다고 할 수 있다. 그러나 소비자행동과 관련하여 지금까지 축적된 지식은 마케팅 분야의 다른 분과학에 비해 더 많다고 할 수 있을 정도로 방대하다. 이는 소비자행동에 대한 연구의 많은 부분은 사회심리학, 인지심리학, 성격심리학, 정서심리학, 사회학, 문화인류학 등 여러 사회과학 분야에서 축적된 지식을 토대로 하기 때문이다. 사실 이러한 사회과학 분야에서 축적된 지식이 없었다면 오늘날의 소비자행동에 대한 지식의 양은 훨씬 미미할 것이다.

소비자행동에 대한 연구는 주로 논리를 토대로 가설을 설정하고 그 가설을 검증하기 위해 수집된 자료를 통계분석하는 방식인 논리경험주의(logical empiricism)에 의거하는데, 이를 위해서는 소비자의 심리와 행동을 측정하는 측정방법과 수집된 자료를 분석하기 위한 분석방법이 필수적으로 요구된다. 이러한 점에서 그간 여러 사회과학 분야에서 개발되고 발전되어온 연구방법(research methods)에 관한 지식 또한 소비자행동 연구의 발전에 크게 기여하였다고 할 수 있다. 소비자행동에 대한 연구는 이와 같이 여러 학문 분야의 연구 성과를 토대로 하기 때문에 학제간적 연구(interdisciplinary study)의 전형적인 경우라고 할 수 있다.

본서의 발전과 저자들의 의지

본서의 초판은 1992년에 출판되었으며, 그 후 2판(1997), 3판(2001), 4판(2006), 5판(2010), 6판(2015), 7판(2020)을 거쳐 본 8판에 이르게 되었다. 다른 모든 학문 분야와 마찬가지로 소비자행동에 관한 연구는 지속적으로 발전되고 있다. 저자들은 일곱 차례의 개정 과정에서 매번 그 당시까지의 연구 성과들을 지속적으로 반영하고자 하였다. 또한 초판을 집필하던 당시부터 지금까지 저자들은 독자들에게 소비자행동에 관한 지식을 가급적 효과적이고 효율적으로 전달할 수 있는 책을 저술하겠다는 일념으로 원고를 집필하고 개정해오고 있다. 여기서 효과적이고 효율적이라 하면 제한된 지면 내에 필수적인 내용을 담는 동시에, 독자가 그 내용을 이해하기 쉽고 흥미를 가질 수 있도록 함을 말한다. 마케팅을 실행하는 데 있어서 무엇보다 중요한 기본 개념인 마케팅 컨셉(the marketing concept)의 요체는 고객지향에 있다. 저자들은 마케팅 분야의 교수로서 우리의 제품(product)인 본서가 고객지향, 즉 독자지향을 하는 데 있어 소홀함이 없도록 최선을 다하고자 하였다.

본서의 차별적 특징

본서는 소비자행동 분야의 다른 서적들과 다음과 같은 차별적 특징을 갖는다.

첫째, 본서는 제2장의 소비자행동 개관에서 제2부~6부의 내용을 개괄적으로 설명한다. 독자들은 소비자행동 개관을 읽음으로써 본서의 세부적 내용을 깊이 있게 이해하는 데 밑그림을 그릴 수 있으며, 이에 따라 본서의 내용을 보다 쉽게 이해할 수 있을 것이다. 소비자행동 개관은 2부를 읽기 전에 읽을 뿐만 아니라 6부까지 읽은 다음 다시 읽을 것이 권장되는데, 이는 각 장에서 습득한 지식을 통합하는 데 도움이 될 수 있기 때문이다. 독자에 따라서는 각 장의 내용을 읽은 다음 개관의 내용 중 그 장에 관련된 부분을 읽을 수도 있을 것이다.

둘째, 제2장에는 소비자행동의 개괄적 설명에 앞서 소비자행동 모형을 제시하였다. 모형이란 어떤 현상을 간략히 표현하는 것으로, 소비자행동 모형은 소비자행동의 여러 측면들을 간략히 나타낸 것이다. 이러한 점에서 본서에서 제시한 모형은 본서의 많은 내용을 하나의 그림으로 압축한 것이라고 할 수 있다. 소비자행동 모형은 독자들이 독립적으로 제시된 각 장의 내용을 연계시켜 이해하는 데 상당한 도움이 될 수 있을 것이다.

셋째, 소비자의 의사결정과정, 정보처리과정, 태도의 형성과 변화 등 소비자행동의 거의 모든 면들은 소비자가 각 시점에서 해당 제품에 얼마나 관여되었는가에 따라 달라진다. 따라서 소비자행동을 이해하기 위해서는 관여도(involvement)에 대한 개념적 이해가 무엇보다 선행되어야 한다. 본서는 제2장에서 개관에 이어 관여도를 설명함으로써 독자들이 그 후의 내용을 이해하는 데 있어 기초지식을 갖도록 하였다.

넷째, 본서의 주된 독자들은 대학(원)의 경영학부 학생들과 기업의 마케팅 실무자들로서 그들은 소비자행동에 대한 이해 그 자체뿐만 아니라 그 지식을 마케팅에 어떻게 적용할 것인지를 이해할 필요가 있다. 이에 따라 본서는 소비자행동 연구 성과들을 단순히 기술하는 것을 넘어 그러한 연구 성과들의 마케팅 시사점을 서술하고 있다.

다섯째, 앞에서 언급한 바와 같이 저자들은 독자들이 가급적 쉽고 흥미롭게 내용을 이해할 수 있도록 하였다. 이를 위하여 본서의 내용들을 가급적 쉽고, 간결하고, 정확한 문체로써 기술하고자 하였다. 핵심 용어들은 볼드체로 나타냄으로써 독자들이 본서의 내용을 보다 효율적으로 이해하는 데 도움을 주고자 하였다. 또한 독자들이 실생활에서 흔히 접하는 사례들을 가급적 많이 사용하였다. 각 장의 끝에는 '생각해 볼 문제'를 제시하여 각 장의 내용을 스스로 복습하고 응용할 수 있도록 하였다.

끝으로, 많은 광고물들을 관련 내용 가까이에 삽입하였다. 이는 독자들의 이해를 도울 뿐만 아니라 독자들이 높은 수준의 내용을 읽으면서 잠깐씩 휴식을 갖는 효과를 가져다줄 수도 있다.

본서의 구성

본서는 모두 7부로 구성되어 있다. 제1부는 소비자행동연구를 마케팅과 관련하여 서술하고 본서의 개관과 관여도, 제품지식, 인지시스템을 서술하고 있다. 제2부는 소비자 의사결정과정을 다루는데 문제의 인식, 정보탐색, 대안평가, 구매 및 구매후 행동을 그 내용으로 한다. 제3부에서는 인지심리학의 연구 성과를 토대로 소비자 정보처리과정과 기억을 연계하여 서술한다. 제4부에서는 태도-행동 관계와 태도의 형성 및 변화에 관한 내용을 두 개의 장으로 나누어 설명한다. 제2, 3, 4부의 내용은 소비자행동을 이해하는 데 특히 중요한 부분이라고 할 수 있다. 제5부와 6부는 소비자행동에 미치는 영향요인들로 각각 개인적 영향요인과 환경적 영향요인을 그 내용으로 한다. 끝으로, 각 장에서는 소비자행동에 대한 설명과 더불어 관련 마케팅 시사점을 제시하는데, 제7부는 소비자행동의 이해를 토대로 한 마케팅 시사점을 추가적으로 서술한다.

8판의 변경 내용

본 8판에서는 7판까지와는 달리 주석의 위치와 형식을 변경하였는데, 각 페이지 하단에 있던 각주를 본서의 마지막 부분에 위치시켜 미주로 바꾸었고, 주석의 문헌들은 모두 *Journal of Consumer Research* Style로 바꾸었다. 매번 개정 때마다 그랬듯이 도입부 사례, 소비자행동 Highlight, 그리고 광고물 사례를 다수 교체하고, 시장상황을 반영하여 브랜드명을 업데이트하였다. 각 장별로 변경된 주요 부분은 다음과 같다.

제 2 장 책의 흐름에 맞게 관여도, 인지시스템, 제품지식의 순서를 관여도, 제품지식, 인지시스템으로 변경.

제 3 장 온라인 환경에서 소비자의 정보탐색과정에 대한 기술 추가; 가상현실(VR)과 증강현실(AR) 기술이 소비자행동에 미치는 영향에 대한 기술 추가.

제 4 장 새롭게 보고된 선택맥락효과인 상향효과(the up-scaling effect) 소개.

제 5 장 고객만족도와 관련된 마케팅성과지표인 순추천지수(Net Promotor Score: NPS) 추가.

제 6 장 이전 14장에 있던 감각마케팅을 제6장에 추가.

제 8 장 인지부조화 이론에 대한 예시 추가.

제 9 장 인지적, 감정적 반응에 대한 내용 단순화.

제10장 Social media의 활용이 급증함에 따라 집단적 차원에서 발생하는 확인의 편향인 '메아리방효과(the echo-chamber effect)' 소개.

제11장 개성변수로서 정치성향 추가; 수단-목표 연쇄를 단순화된 개념으로 제시.

제14장 가격이 구매행동에 미치는 영향에 대한 체계적인 모형 제시; 유통에 있던 감각마케팅을 제6장으로 이전.

감사의 글

저자들은 소비자행동을 배우고 연구하고 가르쳐오면서 우리나라의 독자들을 위한 소비자행동 서적이 필요함을 절실하게 느껴 본서를 저술하고 개정을 통해 발전시켜오고 있다. 본서가 독자들이 소비자행동을 이해하는 데 도움이 된다면 그것은 우리의 공헌이라기보다 지금까지 소비자행동을 연구해온 수많은 연구자들의 공헌으로 돌려야 할 것이다. 이들의 연구결과는 다수의 학술지를 통해 발표되었는데, 그중 주된 것들은 다음과 같다: *Journal of Consumer Research, Journal of Marketing, Journal of Marketing Research, Advances in Consumer Research, Journal of Personality and Social Psychology*, 마케팅연구, 소비자학연구, 경영학연구. 또한 소비자행동에 관한 다음 저자들의 서적도 본서의 구성과 내용 집필에 상당한 도움이 되었다: Assael; Bettman; Engel, Blackwell and Miniard; Harrell; Hawkins and Mothersbaugh, Hoyer and MacInnis; Kardes; Louden and Della Bitta; Mowen and Minor; Peter and Olson; Schiffman and Kanuk. 저자들은 본서에서 인용한 논문과 서적의 저자들에게 같은 분야의 연구자로서 이 자리에서 깊은 사의를 표한다. 아울러 본서에서는 독자들의 이해를 돕기 위하여 여러 기업 제품들의 광고물들을 활용하였다. 해당 기업과 광고대행사의 관계자, 그리고 광고모델들에게 지면을 통해 감사의 뜻을 전한다.

본서가 초판에서 제8판에 이르기까지 저자들은 많은 분들로부터 직접 혹은 간접적인 도움을 받았다. 먼저 본서를 높게 평가하고 대학(원)의 교재로서 채택해주신 교수님들에게 감사의 뜻을 전한다. 그들 중 여러 분들은 기회가 될 때마다 본서에 대한 긍정적 평가와 건설적 조언을 주셨다. 사실 그들의 긍정적인 평가와 채택으로 인하여 본서가 지금의 8판에 이를 수 있었다. 또한 본서를 집필하는 과정에서 타이핑, 원고 교정, 광고물 탐색 등 지원 업무를 해준 다수의 대학(원)생들에 감사의 마음을 전한다. 이번에 발행되는 8판의 작업 과정에서, 고려대 김가은, 조수연, 이정현과 동국대 대학원생 조은비 양은 광고물 탐색과 원고 작업에 관련된 여러 가지 일들을 능숙하게 수행해주었다. 끝으로, 본 8판을 발행해주신 집현재의 위호준 사장님과 탁월한 편집능력으로 원고를 편집해주신 전충영 상무님께 감사의 뜻을 전해드리고, 세련된 표지디자인을 해주신 C&I EDITION의 최윤석 대표님과 조판 작업을 능숙하게 해주신 홍익 m&b의 정경화 차장님께도 감사드린다.

2024년 1월

李 學 湜
安 光 鎬
河 英 源
昔 觀 鎬

차례 요약

차 례

제 1 부 소비자행동의 개괄적 이해

제 2 부 소비자 의사결정과정

제 3 부 소비자 정보처리와 기억

제 4 부 태 도

제 5 부 개인적 영향요인

Consumer Behavior

제 1 부

소비자행동의 개괄적 이해

제 1 장

마케팅과 소비자행동연구

구독 서비스를 활용한 '초개인화 전략'으로 승부수 던진 LG전자

정보통신기술의 발전에 힘입어 소비자들의 기호에 맞는 맞춤형 구독 서비스가 가능해짐에 따라 가전업계도 구독 서비스를 활용한 초개인화 전략을 구사하는 사례가 늘어날 것으로 보인다. 예컨대, LG전자는 2023년 7월 25일 기자간담회를 개최하고 가전제품의 초개인화 특성을 앞세운 구독 서비스인 '업(UP) 가전 2.0'의 출시를 알리면서 향후 가전사업의 방향이 제품 판매가 아닌 제품 구독(subscription)이 될 것으로 전망했다.

LG전자는 이미 2017년부터 정수기, 공기청정기, 냉장고, 에어컨, 식기세척기, 세탁기, 안마의자, 스타일러 등 웬만한 가전제품을 렌탈로 사용할 수 있는 서비스를 제공하고 있으며 LG전자의 렌탈 · 케어십 서비스 연평균 매출 성장률은 30%를 넘고 있다. 그러나 기존의 렌탈 서비스가 단순한 장기할부 개념으로 월별 사용료를 내면서 제품 관리와 서비스를 받는 데 그치는 반면, LG전자의 새로운 구독 서비스는 단순한 제품 케어를 넘어 가사를 돕는 다양한 서비스를 제공하는 외부업체와의 제휴를 통해 O2O(online to offline) 서비스를 결합한 것이 특징이다. LG전자는 구독 서비스의 흥행을 위해 모바일 비대면 세탁(런드리고), 세제(LG생활건강) 및 유제품(우유창고) 정기배송, 집청소 및 냉장고 정리(대리주부), 물품보관(미니창고 다락), 신선식품(더반

찬&) 등의 카테고리에서 가전제품이 제공하지 못하는 소비자들의 가사문제 해결을 위해 외부업체들과 제휴를 맺었다. LG전자는 새로운 구독 서비스에 가입한 고객들에게 이 같은 서비스들을 소비자가 개별적으로 이용할 때보다 할인된 가격에 제공한다.

LG전자의 새로운 구독 서비스인 '업 가전 2.0'의 또 다른 특징은 새로운 인공지능(AI) 칩과 운영체제(operating system)를 도입하여 가전제품의 소프트웨어를 업데이트할 수 있고, 그렇게 함으로써 제품을 새롭게 구매하지 않아도 최신 유행 기능의 추가, 맞춤형 기능과 디자인의 선택, 색상 변경, 불필요한 앱의 삭제 등이 가능하다는 점이다. LG전자 측의 주장에 따르면 마치 Apple이 iPhone 운영체제를 통해 iPhone은 물론 Apple Watch, Apple iPad 등을 포괄하는 'Apple 생태계(ecosystem)'를 꾸린 것처럼 LG전자도 가전제품을 통해 'LG가전의 생태계'를 구축하여 소비자들이 일단 생태계에 발을 들이면 편리함과 익숙함 때문에 쉽사리 빠져나가기 어렵게 만드는 전략이라고 할 수 있다.

사실 우리나라의 가전 렌탈업계에서 구독 서비스의 확대는 피할 수 없는 흐름이 되어가고 있다. SK매직은 2022년 가전 렌탈을 넘어 '홈 라이프 큐레이션 컴퍼니'로의 전환을 선언한 이후 밀키트 정기배송과 매트리스 슬립케어 등 다양한 생활 구독 서비스를 선보인 바 있으며, 쿠쿠홈시스와 코웨이, 청호나이스 등도 정수기와 공기청정기 등 제품 내에 들어가는 필터 등 소모품을 정기 배송해주는 방식의 구독 상품을 운영하고 있다. 새로운 구독 서비스의 등장은 코로나19 이후 장기화된 수요 부진과 원가 상승 때문에 실적 부진을 피하지 못하고 있는 렌탈업계의 자구책이라고도 할 수 있다. 이에 더해 LG전자는 생활가전 사업이 판매 위주에서 구독 위주로 전환되어가는 큰 흐름을 보다 적극적으로 수용하는 차원에서 초개인화 전략을 구사하기 위해 새로운 구독 서비스를 출시한 것으로 보인다. LG전자가 전개하는 새로운 시도의 성패는 그들이 얼마나 예리한 통찰력을 가지고 소비자들의 필요와 욕구를 새로운 서비스에 담아낼 수 있는지에 달려 있다.

자료원: *매일경제*, 2023.07.27; *디지털타임스*, 2023.08.01.

우리는 소비자로서 매일매일 여러 형태의 소비자행동을 수행하고 있다. 우리는 LG 알람라디오 소리에 아침잠을 깨고 그 라디오에선 블랙핑크의 노래에 이어 한진관광 해외여행 패키지 광고가 흘러나온다. 잠시 후 자리에서 일어나 죽염 치약으로 이를 닦고 질레트 면도기로 면도를 하며 가그린으로 입안을 헹군 후, 하나로 플러스 샴푸로 머리를 감고 도브 비누로 세수한다. 지펠 냉장고에서 미닛메이드 오렌지 쥬스 한 잔을 꺼내 마시고 다시다를 조금 넣은 사조 로하이 참치찌게로 아침식사를 한다. 식사 후 코스트코에서 구입한 스타벅스 커피 원두로 커피를 만들어 마시고 나서 회사에 출근하기 위해 마에스트로 정장에 폴로 와이셔츠를 입고 금강제화 구두

를 신는다. 퇴근 후 회사 동료들과 카스타운에 들러 카스맥주를 마신 후 집에 와서 삼성 갤럭시폰을 이용하여 배너 광고가 떠있는 네이버의 화면에서 오늘 주식가격을 확인하고 나서, 여러 제품 광고가 계속적으로 이어지는 텔레비전의 인기 연속극을 시청한다.

우리는 매일매일의 생활 속에서 끊임없이 브랜드 선택을 하고 기업은 소비자들이 자사브랜드를 선택하도록 하기 위해 가능한 마케팅노력을 동원하여 우리 소비자들을 설득하려 하고 있으며, 소비자들은 기업이 쏟아붓는 마케팅자극에 의식적 혹은 무의식적으로 영향을 받는다. 기업의 입장에서 소비자행동을 이해하는 것은 매우 중요하고도 어려운 주제이다. 마케터는 소비자행동에 대해 가능한 한 많은 것을 알아야 하며, 이러한 소비자행동에 관한 정보는 기업의 마케팅전략 수립에 가장 중요한 투입요소가 된다. 이에 따라 기업은 소비자의 욕구, 자사브랜드에 대한 고객의 태도, 구매의도 및 과거의 구매행동 패턴 등에 대한 객관적 조사를 토대로 하여 마케팅전략을 개발함으로써, 소비자가 자사브랜드를 구매하도록 설득한다.

초우량 기업의 조건(*In Search of Excellence*)을 저술한 Peters and Waterman은 혁신적인 초우량 기업의 특징으로서 '고객에의 밀착'을 들고 있다. 그들에 의하면 ① 초우량 기업은 고객으로부터 배우며, 최고의 품질과 서비스와 신뢰를 제공한다. ② 혁신적인 기업의 대부분이 최선의 제품아이디어를 고객으로부터 얻고 있으며 언제나 고객에게 열심히 귀를 기울이고 있었다는 것이다.

성공적인 마케팅 활동에 대한 다음의 예를 보자.

• 구글은 인터넷 검색분야에서 세계 1위 기업이다. 할리우드 영화나 미국 TV 드라마에서 인터넷에서 정보를 찾는다는 의미로 '구글링(Googling)'이라는 표현을 사용하는 것을 종종 볼 수 있다. 구글은 인터넷분야의 최고기업으로 자리잡기 위해 새로운 서비스를 계속해서 개발했는데, 무료 이메일 계정인 '지메일(Gmail)' 서비스, 다운로드 없이 인터넷 상에서 MS 오피스 프로그램을 바로 사용할 수 있는 구글 닥스(Google Docs) 서비스, 디지털 콘텐츠 서비스 구글 플레이(Google Play), 자동차용 운영체제(operating system) '안드로이드 오토' 서비스 등이 그 예이다. 구글 플레이는 음악, 동영상, 책, 안드로이드 응용 프로그램, 게임을 포함한 온라인 스토어와 클라우드 미디어 플레이어 등의 서비스를 제공한다. 그리고 구글의 안드로이드 오토를 내장한 내비게이션은 음성통화, 정보검색, 자동주차 등 새로운 기능들이 인터넷을 통해 자동 설치 · 업그레이드된다.

이처럼 새로운 서비스를 계속해서 도입하는 주요 목적은 인터넷 이용자들이 단순히 정보검색만을 위해 구글을 방문하는 것이 아니라 일상적으로 구글의 서비스를 이용할 수 있도록 하기 위한 것이다. 예를 들어, 엄청나게 많은 수의 지메일 이용자들은 정보검색이 아니라 메일을 이용하기 위해 구글을 방문하는데, 가입자 수의 엄청난 증가는 구글의 광고비 수익을 증대시키고 인터넷 이용자들의 구글 서비스에 대한 충성도를 높이는 마케팅성과를 거두게 했다.

• 신한카드는 카드업계에서 가장 많은 2,200만 명의 신용카드 고객과 280만여 개의 가맹점을 가지고 있으며 2022년 현재 시장점유율 1위를 기록하고 있다. 신한카드는 2018년 말에 고객과 가맹점이 사용할 '초개인화 플랫폼'을 오픈하고 2019년 내내 업그레이드를 진행하였다. 신한카드의 초개인화 마케팅 프로젝트는 개개인의 행동 맥락을 알고리즘이 빅데이터를 활용해서 파악하게 하는 데 중점을 둔다. 즉, A라는 사람이 어디에 거주하는지, 어디에서 일을 하는지, 평일과 주말의 생활 패턴은 어떻게 다른지, 무엇을 좋아하는 사람인지 등을 기계에 학습시키는 것이다. 예컨대, A는 여의도에 거주하고, 직장은 을지로이며, 일요일에는 이마트를 가고, 취학연령의 자녀가 있는 사람이라는 등의 사실을 알고리즘이 알아낸다([그림 1.1] 참조). 이때 알고리즘은 고객정보(성별/연령대, 카드사용 패턴, 위치 등), 결제정보(구매

그림 1.1 신한카드 사례: 고객의 소비생활 패턴의 예

품목, 금액, 빈도 등), 가맹점 정보(위치, 지역 특성, 상권 특성, 가맹점 특성 등), 가맹점/제휴사가 입력하는 정보, 혜택에 대한 반응, 성과 등을 활용한다. 신한카드는 고객 니즈와 소비 맥락을 분석하여 고객 패턴을 약 25,000개로 분류한 다음, 실시간으로 각 패턴에 어울리는 쿠폰, 보너스, 이벤트 등의 혜택을 매칭하여 적절한 채널을 통해 제공한다.

이처럼 고객에게 전달된 혜택이 얼마나 잘 받아들여지는지에 대한 데이터도 실시간으로 시스템에 전달되어 분석에 사용된다. 예컨대, 제공된 쿠폰이 몇 명의 소비자에게 노출되고, 그중 몇 명이 쿠폰을 다운로드했으며, 그중 몇 명이 실제로 결제에 사용하는지 등의 데이터가 시스템에 전달된다. 이 같은 데이터에 근거하여 신한카드는 고객 개개인에게 어울리는 혜택을 추천하기도 한다.[1]

위에서 기술한 사례들은 소비자의 욕구를 파악하여 이를 충족시키는 마케팅 전략을 개발함으로써 시장에서 성공을 거둔 회사에 대한 것들이다. 현대의 마케팅 전략은 충족되지 않은 소비자욕구를 발견하여 이를 충족시켜야 한다는 **마케팅개념**(the marketing concept)에 근거를 두고 있다. 많은 회사들이 마케팅개념을 기업의 경영이념으로 채택하고 있으며, 삼성, LG, 현대자동차, McDonald's, 아모레퍼시픽, SK텔레콤 같은 회사들은 마케팅 지향적인 회사로서 마케팅개념을 충실히 이행하기 위해 노력하는 것으로 알려져 있다. 이 장에서는 마케팅이 무엇이며 기업경영철학이 어떻게 변화되어 왔는지를 살펴보고, 소비자행동연구를 위한 다양한 접근방법과 소비자행동연구에서의 두 가지 패러다임, 그리고 행동경제학과 소비자행동연구에 대해 설명한다.

1.1 소비자행동과 마케팅의 정의

많은 사람들이 제품 구매 의사결정과정만을 소비자행동이라고 생각하지만, 이는 소비자행동의 일부분에 불과하다. 소비자행동은 소비자가 제품, 서비스 및 아이디어의 소비와 관련하여 내리는 모든 의사결정들의 집합으로 정의할 수 있다. 이러한 정의는 몇 가지 핵심요소들로 구성된다.

첫째, 소비자행동은 제품(세제의 구매, 스마트폰의 구매), 서비스(놀이공원 방문, 해외여행), 아이디어(음주운전 금지 캠페인) 등과 같은 다양한 제공물(offerings)에 대해 이루어진다. 둘째, 소비자행동은 제품이나 서비스의 획득, 사용, 처분을 포괄한다. 따라서 소비자행동은 구매 이상의 다양한 소비관련 활동을 수반한다. 셋째, 소비자행동은 획득, 사용, 처분이 일정 기간에 걸쳐 순차적으로 발생되는 동태적 특징을 갖는다. 넷째, 소비자행동은 하나 혹은 그 이상의 역할을 담당하는 다수의 개인들에 의해 이루어진다. 소비자행동은 정보수집자, 영향력 행사자, 의사결정자, 구매자, 사용자 등의 다양한 역할을 맡은 개인들을 포함한다. 다섯째, 소비자행동은 제공물을 획득/사용/처분할지의 여부, 획득/사용/처분의 이유, 시점, 장소, 방법, 양, 빈도, 기간 등의 다양한 의사결정들을 포함한다.

소비자행동을 구성하는 이와 같은 핵심요소들은 기업의 마케팅활동에 의해 영향을 받거나 혹은 이들이 수행하는 마케팅활동에 영향을 미친다. [그림 1.2]는 위의 내용을 요약하여 도시한다.

지금까지 다양한 마케팅의 정의가 제안되었지만, 여기서는 2008년 **미국마케팅학회**(AMA)가 마케팅환경 변화에 맞추어 새롭게 제안하고, 2017년에 확정한 마케팅의 정의를 먼저 살펴보기로 한다.

그림 1.2 소비자행동의 정의에 포함된 핵심요소

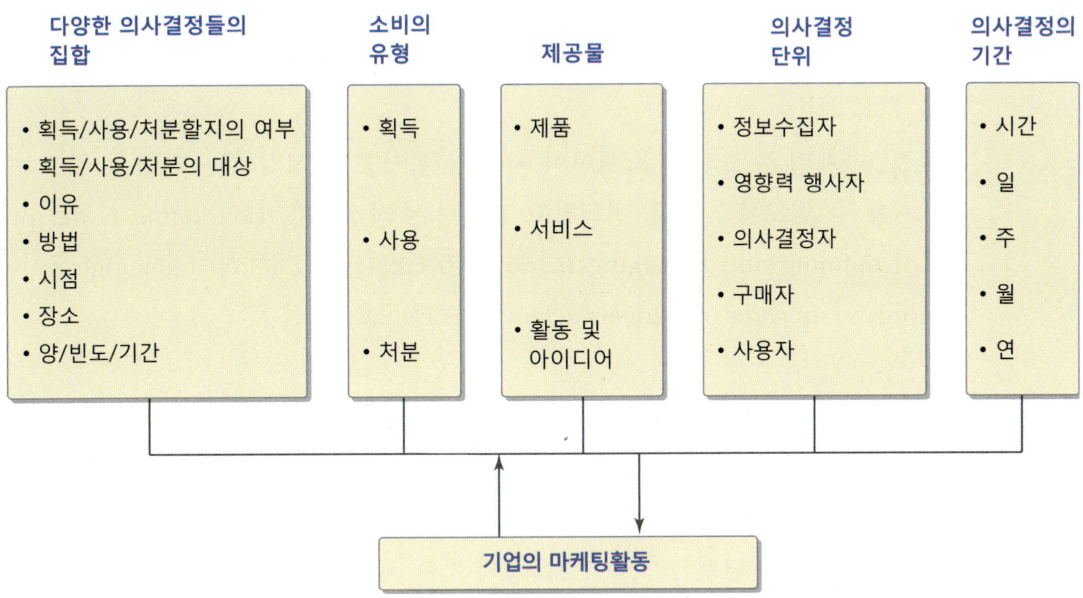

마케팅은 고객, 클라이언트, 파트너, 그리고 사회 전반에 걸쳐 가치를 갖는 제공물을 창조하고, 커뮤니케이션하고, 전달하고, 교환하는 행위, 제도, 그리고 프로세스이다. (Marketing is the activity, set of institutions, and processes for creating, communicating, delivering, and exchanging offerings that have value for customers, clients, partners, and society at large.)[2]

새로운 마케팅 정의의 특징은 다음과 같다. 첫째, 고객, 파트너, 사회 모두에게 가치 있는 시장제공물을 창출/커뮤니케이션/전달하는 과정을 핵심개념으로 포함하며, 마케팅활동을 통해 개인과 조직이 추구하는 목표를 가치의 창출과 강화로 보고 있다. 둘째, 마케팅 믹스를 개발/관리하는 과정을 마케팅활동으로 보는 협의의 시각으로부터 고객에게 가치있는 시장제공물을 창출, 전달하는 과정을 마케팅활동으로 보는 포괄적 관점으로 전환하였다. 여기서 시장제공물(market offerings)이란 고객의 욕구를 충족시키기 위해 조직이 시장에 제공하는 제품, 서비스, 정보, 그리고 경험의 조합을 말한다. 셋째, 마케팅을 실행하는 데 있어서 고객(customers, clients)뿐만 아니라 기업의 파트너(예를 들어, 제조업체의 경우 유통업체, 광고대행사 등)와 사회 전체를 염두에 두어야 한다는 점을 명시적으로 기술하고 있다.

마케팅에 대한 새로운 정의가 시사하는 바는 경쟁사보다 나은 시장제공물의 개발을 통해 높은 고객가치와 고객만족을 일관성있게 전달함으로써 고객들과 강력한 유대관계를 유지/강화시키는 것을 마케팅 목표로 삼아야 한다는 것이다.

한편 **한국마케팅학회**는 2002년에 마케팅의 정의를 다음과 같이 내렸다.[3]

마케팅은 조직이나 개인이 자신의 목적을 달성시키는 교환을 창출하고 유지할 수 있도록 시장을 정의하고 관리하는 과정이다. (Marketing is the process of defining and managing markets to create and retain exchange by which organizations or individuals achieve their goals.)

이러한 한국마케팅학회의 정의를 위에서 기술한 미국마케팅학회의 정의와 비교해보면 한국마케팅학회의 정의는 교환의 창출뿐 아니라 교환의 유지를 포함하고 '시장관리'라는 표현을 통하여 기업의 마케팅활동을 시장에 적응하는 단계에서 시장을 선도하는 단계까지 포함함으로써 보다 포괄적이라는 차별적 특징을 갖는다.

이상과 같은 설명에서 마케팅이 사회에 커다란 영향을 미친다는 사실은 부인할 수 없다. 마케팅을 비판하는 측은 불필요한 소비자욕구를 창조한다는 점에서 마케팅의 비윤리성을 지적한다. 마케팅의 부정적 측면은 컨슈머리즘(consumerism)의 활발한 전개와 관련하여 사회적으로 커다란 논쟁의 대상이 되고 있다는 점에서, 기업의 마케팅활동이 사회에 미치는 영향의 긍정적, 부정적 측면에 대하여 먼저 다루기로 한다.

1.2 마케터에 의한 소비자욕구의 창조가 가능한가?

마케팅과 관련하여 제기되는 한 가지 주제는 기업의 마케팅노력에 의하여 소비자욕구의 창조가 가능한가 하는 것이다. 마케팅과 광고에 대한 비판론자들은 마케팅에 영향을 받아 소비자들은 자신에게 필요하지 않거나, 건강에 유익하지 않은 제품을 구매한다고 주장한다. 예를 들어, 비판론자들은 마케터들이 값비싼 디자이너 청바지, 그다지 필요성이 크지 않은 것으로 보이는 기능을 갖춘 가전제품 등의 구매를 촉진하거나 건강에 해로운 담배와 술의 판매를 늘리기 위해 다양한 브랜드를 개발하여 고객을 유혹한다고 주장한다.

한편 마케팅을 옹호하는 측에서는 마케팅은 소비자들이 원하는 것을 제공할 뿐이며 제품은 시장에서 소비자에 의해 평가되어 이들에 의해 수용된 제품은 시장에서 성공하고, 부정적 평가를 받은 제품은 재구매되지 않음으로써 사라지게 된다고 주장한다.

두 가지 상반된 주장에 대해서는 아직도 논란이 계속되고 있지만, 한 가지 확실한 것은 마케팅에 의해 소비자의 전통적 가치관이나 생활양식이 변화될 수 있다는 점이다. 우리나라에서는 1980년대 이후 소비자의 가처분소득이 획기적으로 증대됨에 따라 생활양식이 보다 물질지향적으로 변화하고 있으며, 소비자는 단순히 실용적 필요성에서뿐만 아니라 자아를 실현하거나 지위를 향상시킬 목적으로 제품을 구매하는 경향이 증가하고 있다. 소비자의 이러한 물질지향적 생활방식은 마케팅활동에 의해 촉진되며, 때로는 삶의 질(quality of life)을 향상시키는 것도 사실이다.

1.3 기업경영철학으로서의 마케팅개념

기업과 소비자 간의 교환을 창조하는 과정을 마케팅의 본질이라고 본다면, 이러한 마케팅 노력의 지침이 되는 기업경영철학은 기업이 반드시 짚고 넘어가야 할 주제이다. 기업경영철학은 마케팅환경의 변화에 따라 다른 형태를 띠게 되었다. 기업경영철학은 크게 생산개념(production concept)과 마케팅개념(marketing concept)으로 구분된다.

1960~70년대 소득수준이 낮아 소비자의 구매력이 낮고 제품제조원가가 높았던 상황에서 제조업자는 **생산개념**을 수용하여 대량생산과 생산성향상을 통한 원가절감으로 가격을 인하하는 데 경영의 초점을 두었으며, 소비자는 제품의 특성이 어떠한가보다는 그 제품을 적절한 가격에 구매할 수 있느냐에 관심을 가졌다. 예를 들어, LG전자는 음식을 저장할 수 있는 기본적인 기능을 가진 냉장고를 제공함으로써 소비자의 욕구를 충분히 만족시킬 수 있었고, 현대자동차는 포니의 기본모델을 저가격에 대량생산함으로써 시장에서 지배적인 위치를 차지하였다.

1980년대 이후 소비자의 가처분소득이 증가함에 따라 소비자욕구가 다양화 및 개성화의 형태를 띠게 되었고, 시장성장이 둔화됨에 따라 기업 간 경쟁이 심화되었다. 따라서 경쟁자보다 효과적으로 고객의 욕구를 충족시킬 수 없는 기업은 시장에서 생존할 수 없게 되었다. 이러한 마케팅환경의 변화에 따라 많은 기업들이 마케팅개념을 새로운 기업경영철학으로 수용하게 되었다. 마케팅개념은 1952년 General Electric(GE)사의 연례보고서에 처음으로 등장한 후, Procter & Gamble(P&G), IBM, McDonald's 등 마케팅지향적 회사의 지배적 경영이념이 되었으나, 우리나라에서는 1980년대 이후 기업들에 의해 점진적으로 수용되었다.

마케팅개념은 고객의 욕구를 먼저 파악하고 이를 경쟁사보다 효과적으로 만족시킬 수 있도록 기업의 여러 활동을 마케팅을 중심으로 통합하는 것으로 요약된다. 개인소득의 증대 및 다양한 새로운 브랜드의 시장도입에 의해 소비자는 선택구매가 가능함에 따라 제품구매 가능 여부보다는 특정 제품군(product class) 내의 여러 브랜드들 중 자신의 욕구를 가장 잘 충족시킬 수 있는 브랜드를 선택하는 데 주된 관심을 갖게 되었다.

마케팅개념의 수용이 확대됨에 따라 기업의 마케팅활동의 성격에 커다란 변화가 일어나게 되었다.

마케팅개념의 충실한 실천의 예: SK텔레콤은 마케팅개념을 기업의 경영철학으로 적극적으로 도입하고 있다.

첫째, 소비자욕구에 관한 정보를 획득하기 위한 소비자조사의 중요성이 인식되고 있다. 최근 기업환경의 급변에 따라 마케팅의 전략적 측면이 강조되고 있는데, 이와 관련하여 기업에서는 고객분석에 필요한 빅데이터를 포함한 고객정보 수집이 특히 중요시되고 있다.

둘째, 소비자의 욕구가 다양화됨에 따라 모든 소비자들을 동시에 만족시키는 것이 어렵게 되었다. 이에 따라 시장을 유사한 욕구를 갖는 소집단으로 나누고 각 세분시장의 욕구를 충족시킬 수 있는 다양한 제품과 서비스들을 개발하게 되었다. 최근에는 이에서 더 나아가 기업들은 고객 개개인의 필요나 욕구를 충족시키기 위한 일대일 맞춤형 마케팅 믹스를 개발하는 경향을 보여주고 있다.

셋째, 마케팅개념의 수용에 따라 고객의 취향에 맞는 다양한 매체와 광고대행사가 출현하게 되었고 인터넷을 활용한 업태를 포함하는 새로운 유통업태가 출현하게 되었다.

넷째, 최근 기업들은 고객의 필요나 욕구를 찾아내어 만족시킨다는 전통적인 마케팅개념에서 한 걸음 더 나아가 고객의 무의식 또는 비의식에 속한 욕구를 발굴하여 이를 마케팅전략의 교두보로 활용하는 '시장을 주도하는 전략(market driving strategy)'을 실천에 옮기기 위한 적극적인 움직임도 보여주고 있다.[4]

1.4 마케팅전략과 소비자행동

기업은 마케팅전략의 개발 및 실행을 통해 자사에 유리하도록 소비자행동에 영향을 미치려고 한다. 즉, 기업은 자사브랜드에 대한 소비자의 선택적 구매를 증가시키기 위하여 경쟁브랜드보다 우월한 특성을 가진 제품을 개발하고 소비자가 수용할

그림 1.3 마케팅전략과 소비자정보의 관계

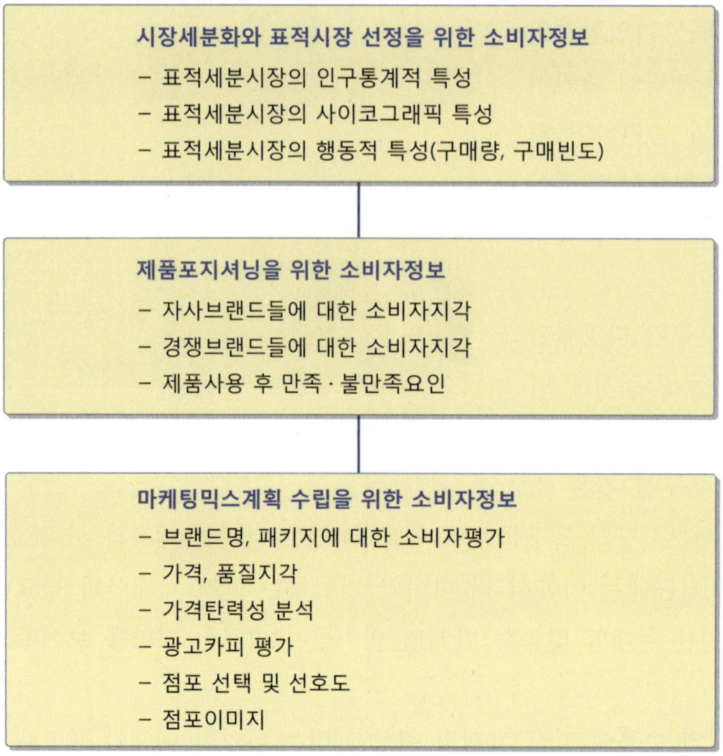

수 있는 수준의 가격에서 손쉽게 구입할 수 있도록 가능한 마케팅노력을 투입한다.

마케팅전략(marketing strategy)은 ① 하나의 제품시장을 세분화하여 표적세분시장을 선정하고, ② 각 시장에서 경쟁우위를 달성할 수 있는 제품포지션을 확보하기 위해, ③ 통제가능한 마케팅믹스계획을 수립하는 것을 그 내용으로 하는데, 이는 마케팅활동의 기본 골격이 된다. 기업은 마케팅전략에 의해 소비자행동에 영향을 미치고자 하며, 또한 마케팅전략은 소비자의 행동에 의해 영향을 받는다는 점에서 상호작용을 한다. 따라서 마케팅전략의 구성요소는 소비자행동과 밀접한 관계를 가지게 된다.

마케팅전략 수립과정에서 필요한 소비자정보는 전략구성요소별로 [그림 1.3]과 같이 요약될 수 있다.

마케팅전략 수립에서 각 구성요소 간에 상호일관성이 유지되지 않으면 마케팅목표를 달성하기 어려우며, 소비자의 구매행동과 특성에 관한 정보는 필수적인 투입요소가 된다.

마케팅전략의 구성요소인 시장세분화와 제품포지셔닝에 대해서는 마케팅 교과서에서 자세히 다루고 있으므로 본 장에서는 마케팅전략 수립과 관련하여 간단히 서술하기로 한다. 하나의 제품시장을 기업의 마케팅믹스 투입에 대하여 유사한 반응을 할 것으로 추정되는 여러 개의 고객집단으로 나누는 과정을 **시장세분화**(market segmentation)라고 한다. 시장세분화를 하기 위해서는 각 세분시장의 인구통계적 및 사이코그래픽 특성과 소비자의 구매빈도와 구매량 같은 행동적 특성에 대한 정보가 수집되어야 한다. 여러 개의 세분시장들 중 그 기업이 욕구를 가장 잘 충족시킬 수 있고 경쟁력을 가질 수 있는 세분시장을 선정하는 것을 표적시장의 결정이라고 한다.

한편 소비자의 마음속에서 자사브랜드가 경쟁브랜드와 비교하여 상대적으로 어떤 위치를 차지하도록 하는 마케팅노력을 **제품포지셔닝**(product positioning)이라고 한다. 기업은 자사브랜드에 대한 최대의 경쟁우위를 제공할 수 있는 위치를 구축하기 위해서 소비자들이 각 경쟁브랜드를 어떻게 지각하고 있으며, 각 브랜드에 대한 선호도는 어떠한지에 대한 소비자조사를 실시하여야 한다. 시장세분화와 제품포지셔닝에 대한 계획이 이루어지면 **마케팅믹스**(marketing mix)에 대한 계획을 수립하기 위한 관련 소비자정보가 수집되어야 한다.

소비자행동 Highlight

'럭셔리보다는 개성 경쟁,' 타깃층의 욕구에 따라 콘텐츠 차별화로 진화하는 호텔들

2030세대가 호텔의 주요 타깃으로 떠오르며 호텔업계의 경쟁이 치열해지고 고객 저변이 확대되면서 호텔마다 차별화된 콘텐츠와 마케팅을 펼치려는 시도가 이어지고 있다. 지금까지 고급스러운 시설과 서비스를 놓고 경쟁을 벌였다면, 이제는 얼마나 참신하고, 고객 맞춤형 서비스를 제공하느냐가 새로운 기준이 되고 있는 것이다.

'진정한 휴가는 여행이 아니라 휴식'이라고 생각하는 젊은층이 늘면서 호캉스족을 겨냥한 부티크 호텔이 각광받고 있다. 부티크 호텔은 규모는 작지만 건물과 인테리어, 서비스가 독특하고 개성 있는 호텔을 말한다. 가장 먼저 부티크 호텔 시장 선점에 나선 곳은 롯데다. 호텔롯데는 2016년 1월 서울 명동을 시작으로 강남, 홍대에 L7을

L7홍대의 루프탑 바

냈다. L7은 주말 객실 점유율이 70~80% 이상을 꾸준히 유지하고 있다. 신규 호텔로서는 상당히 높은 수준이다. 내국인 투숙객 비율도 약 25% 수준으로 서울시내 일반호텔 평균보다 두 배 가량 높다.

롯데는 L7의 프로그램과 시설 차별화에 집중했다. L7명동은 주변 관광지와 연계한 아띠인력거에 더해 호텔 최초로 플리마켓을 열었다. L7강남은 여성들만의 파티에 특화된 '퀸즈 스위트' 객실을 별도로 구성했다. L7은 2030세대를 사로잡기 위해 힙합처럼 젊은층 사이에서 크게 인기를 얻고 있는 음악 장르를 호텔에 틀고, 다양한 미술 작품을 전시하며 시선을 끌고 있다. 맨 꼭대기층의 루프탑 수영장에서는 클럽 음악 파티를 여는 등 이전에는 없던 형식의 공연도 기획하고 있다. L7홍대는 힙합가수 '우기'의 신규앨범 발표 기념 음악감상회 등을 열고 힙합 레이블과 협업하여 호텔에서 음악감상회를 마련하는 것은 물론 수영장 파티 등도 주기적으로 선보이고 있다. 라이브 공연 및 뮤직비디오를 감상하고 팬들과 이야기할 수 있는 질의응답 시간도 마련해 최근 각광받는 힙합 문화를 호텔에 녹이고 있다.

L7명동은 2017년부터 국내 미술계의 대표 작가들이 이끄는 '명동국제아트페스티벌'을 후원하고 있다. 호텔 객실과 라운지 공간 등에 미술 작품을 전시하고 작가와 직접 만나는 기회도 준비했다. 지난해에는 이중섭 작가의 '황소' 원화를 전시했다. 호텔 5층의 16개 객실에서는 룸별로 다른 콘셉트의 작품을 내걸었다. 만능 엔터테이너 솔비(권지안)의 작품을 소개하는 '스타룸', '태양의 후예' 등 TV 드라마에 나온 작품들을 선보이는 '스페셜룸'도 다채로운 볼거리다. 이러한 롯데 L7의 차별화 전략은 젊은층에 인기를 끌면서 투숙객 절반가량을 20·30대가 차지하고 있다. 부티크 호텔은 20·30대가 관심을 가짐으로써 호텔 이용 문턱이 낮아지고 시장 규모를 키울 수 있다는 점에서 긍정적인 신호로 볼 수 있다.

한편 롯데호텔앤리조트는 2023년 7월 28일 베트남 하노이에서 L7호텔 브랜드 첫 해외 호텔인 'L7 바이 롯데 웨스트 레이크 하노이'를 열었다. 국내 L7호텔들이 대인 서비스와 부대 시설을 간소화한 4성급 호텔인 것과는 달리 하노이에서는 다양한 부대시설과 서비스를 갖춘 5성급 호텔로 리포지셔닝했다.

자료원: *한국경제*, 2019.02.10; *매일경제*, 2019.05.27; *조선비즈*, 2018.05.03; *IT조선*, 2023.07.31.

1.5 소비자행동연구의 발전과정

소비자행동은 물물교환 시절 이후 오랜 기간 동안 관심의 대상이 되어 왔지만, 학문 분야로서의 역사는 아직 짧은 편이다. 그러나 다양한 인간행동들 중 특히 소비자행동을 체계적으로 이해하려는 노력이 소비자행동 연구자, 소비자정책 입안자, 기업들에 의해 이루어져 왔다. 이에 따라 인간행동을 다루는 여러 기초학문들(심리학, 사회학, 문화인류학 등)을 토대로 하여 소비자행동 분야에서의 이론구축을 위한 연구가 진행되었다. 소비자행동이 학문으로 정립되기 위해서는 과학적 연구에서 요구하는 엄격한 연구방법을 사용해야 한다. 소비자행동에 대한 과학적 연구의 주목적은 소비자행동에 관련된 변수들 간의 인과적 관계를 발견하여 소비자행동을 예측하고 나아가 소비자행동의 일반법칙을 정립하는 데 있다.

소비자행동연구의 발상지인 미국에서도 개별 학문으로서의 역사는 길지 않아서, 1960년대 들어 처음으로 소비자행동 교과서가 출판되었고, 1974년 소비자행동을 중점적으로 연구하는 최초의 전문 학술지인 *Journal of Consumer Research*가 창간되었다.

소비자행동은 인간이 행하는 수많은 행위들 중 일부이므로, 자연히 소비자행동 연구자들은 심리학, 사회학, 문화인류학, 경제학 등 행동과학분야에서 개발된 여러 개념과 연구결과들을 도입하여 소비자행동을 설명하고 예측하는 데 적용하여 왔다. 행동과학의 여러 학문분야는 인간의 행동을 학문의 대상으로 한다는 데 공통점이 있지만 연구대상에서 차이가 있다. 예를 들어, 심리학은 개인의 심리를 주로 연구하며, 사회학은 집단과 하부문화 구성원들의 행동을 연구대상으로 한다. 그리고 인류학은 사회와 문화를, 경제학은 시장과 경제적 복지를 주 연구대상으로 삼고 있다.

이하에서는 소비자행동이 학문적으로 어떠한 과정을 거쳐 발전되어 왔는지와 현재의 종합과학적 접근방법을 서술하기로 한다.

1. 초기 소비자행동연구

초기 소비자행동연구는 경제학에 의하여 주도되었다. 경제학은 소비자의 제품에 대한 수요분석을 주 관심대상으로 하였는데, ① 소비자는 제품에 대한 완전한 정보를 수집하고 이에 기초하여 합리적인 의사결정을 내리며, ② 소득수준과 제품가격이 주어졌을 때 각 제품의 소비로부터 최대의 효용을 얻을 수 있도록 제품의 종류와 구매량을 결정한다는 가정 하에서 소비자행동모델을 개발하였다. 경제학에서 개발된 효용극대화이론은 소비자행동론의 학문적 발달에 커다란 공헌을 하였지만 다음과 같은 비판이 제기되었다.

- 개인의 구매의사결정에서 소비자는 효용을 극대화하는 최적대안을 선택(optimizing)한다기보다는 여러 속성상 최소한의 만족 기준을 충족시키는 대안을 선택(satisficing)하는 경우가 흔하다.
- 합리적 행동을 정의하는 일이 어렵다. 경제학에서는 소비자가 소득의 한계 내에서 개인의 효용을 극대화하는 선택을 합리적 행동으로 간주하고 있지만 실제 소비자들의 선택은 개인의 효용뿐만 아니라 사회적 압력(social pressure), 선택 맥락 등 효용 이외의 변수들도 영향을 미친다. 예컨대, 재력이 있는 신입사원이 자신의 효용만을 생각하면 BMW 스포츠카를 구입하고 싶지만, 자신의 부서장이 Sonata를 타고 있다는 것을 알았기 때문에 BMW 대신 Avante를 구입했다면 이를 비합리적 행동으로 보기는 어려울 것이다.
- 경제학에서 개발된 소비자행동모델은 시장에서의 개별 소비자행동에 대한 분석과 예측보다는 개별 소비자의 선택행위를 종합한 전반적인 수요추세를 시장의 차원에서 예측하는 데 더 유용하다.

소비자행동에 대한 경제학적 접근방법이 개인 소비자행동을 충분히 묘사하지 못하며 마케팅 의사결정에 쉽게 적용하기 어렵다는 비판에 따라, 소비자행동연구에 대한 새로운 접근방법이 요구되었다. 새로운 접근방법의 한 가지가 프로이트의 정신분석이론(psychoanalytic theory)을 바탕으로 한 **동기조사**(motivation research)였다. 동기조사에서는 브랜드 혹은 제품의 선택과 같은 특정한 소비자행동이 소비자 자신에게 어떠한 심리적 의미(psychological meanings)를 부여하는지를 조사하기 위해 프로이트의 id, ego, super-ego 같은 개성결정변수들이 이용되었다. 초기 동기조사에서는 구매를 결정하는 심리적 요인들을 분석하기 위해 개인에 대한 심층면접법(depth interview)이나 표적집단면접법(focus group interview)이 주로 사용되었다.

동기조사는 ① 제품을 소비자의 관점에서 보게 됨에 따라 제품의 상징적 의미가 소비자의 제품구매에 중요한 결정요인임을 인식하게 되었다는 것과 ② 동기조사에 이용된 심층면접 같은 방법은 제품개발과 광고문안 작성에 필요한 다양한 정보를 비정형적인(informal) 방법으로 짧은 시간에 저렴하게 제공할 수 있었다는 점에서 소비자행동 연구자와 마케팅실무자로부터 긍정적인 반응을 얻게 되었다. 그러나 동기조사가 가지는 다음과 같은 한계점으로 인하여 학계와 마케팅실무자의 지속적인 관심을 끄는 데 실패하였다.

첫째, 동기조사는 소수의 소비자집단과의 면접에 의존하고 있기 때문에 조사결과를 전체소비자에게 일반화시키는 데 한계점이 있다.

둘째, 조사결과에 대한 해석도 분석자의 주관적 판단에 따라 달라질 가능성이 크며, 주관적 판단은 개인의 의견에 지나지 않기 때문에 검증가능성이 높지 않다.

셋째, 어떤 소비자가 어떤 제품을 구매할 것인지를 동기조사에 의해 예측할 수 있는지에 의문이 제기될 수 있다.

2. 1950년대 이후의 소비자행동연구의 접근방법 – 다원적 접근방법

1950년대 이후 소비자행동연구에 심리학과 사회학의 연구성과가 도입됨에 따라 다양한 접근의 소비자행동연구가 이루어졌다. 심리학에 토대를 둔 소비자행동연구에서는 소비자의 개성과 구매행동 간의 상관관계가 연구의 초점이 되었다.

1960년대 들어와 표준화된 개성변수목록을 개발하여 개성변수 점수와 구매행동 간의 상관관계에 대한 연구가 수행되었으나 상관관계가 매우 낮게 나타났다. 이에 따라 **사이코그래픽스**(psychographics)라는 새로운 방법이 도입되었는데, 일반적으로 사이코그래픽스는 라이프스타일의 측정도구로서 받아들여지고 있다. 즉, 소비자의 라이프스타일을 행위, 관심, 그리고 의견 등 사이코그래픽 변수와 인구통계적 변수에 의해서 측정하여 소비자행동을 설명하려는 것이다. 그러나 이 같은 접근에 의해 설명할 수 있는 소비자의 행동은 제한적인 경우가 많기 때문에, 이 접근은 마케팅전략 수립에 있어 보조적인 역할을 하고 있다. 한편으로 사회학에서 개발된 여러 개념들을 소비자행동에 도입하여 동료집단이 개인의 제품구매에 미치는 영향, 가족 구매의사결정, 조직의 구매행동에 관한 연구에 응용하려는 노력이 있었다.

3. 1960년대 후반 이후의 소비자행동연구의 접근방법 – 소비자정보처리 관점

1960년대 전반까지는 행동과학에서 축적된 연구성과들을 각기 독립적으로 소비자행동연구에 도입하여 적용하려는 노력이 지배적이었다. 그러나 마케팅연구자들은 1960년대 후반에 들어 심리학이나 경제학 등 단일 학문만으로는 복잡하고 광범위한 소비자행동을 충분히 설명할 수 없을 뿐 아니라 행동과학으로부터 도입된 개념을 단순하게 소비자행동에 적용하는 데 한계가 있음을 인식하게 되었다. 이에 따라 소비자행동 연구자들은 여러 기초 행동과학으로부터 소비자행동연구에 적절한 개념과 연구성과들을 도입하여 이를 종합한 소비자행동모형들을 개발하게 되었다. 대표적인 소비자행동모형으로서 Howard and Sheth 모형과 Engel, Kollat and Blackwell 모형, Bettman의 정보처리모형이 있다.[5]

1960년대 후반 이후에 개발된 소비자행동모형들은 **소비자정보처리 관점**(consumer information processing perspective)에서 소비자행동을 설명하고 있으므로, 이들은 소비자정보처리모형으로 불리어진다. 소비자정보처리모형에서는 소비자를 논리적이고 체계적인 의사결정자로 보며, 의사결정과정에 많은 인지적 노력이 투입되는 것으로 가정한다. 소비자정보처리모형은 1970년대 이후 현재까지 소비자행동연구

그림 1.4 소비자정보처리 관점에서 본 소비자행동모형

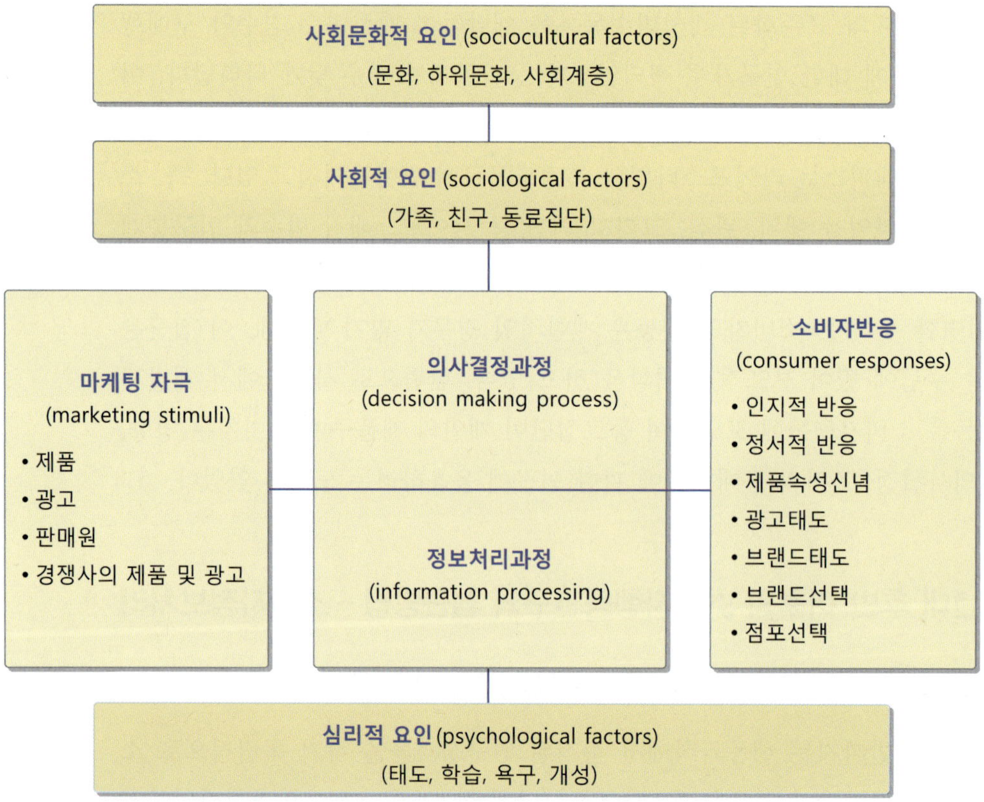

에서 지배적인 개념적 틀(conceptual framework)이 되고 있다.

소비자정보처리모형은 **소비자의 의사결정과정**(consumer decision making process)과 정보처리과정을 중심으로 이에 영향을 미치는 여러 요인들을 주요 연구 주제로 한다. 따라서 마케팅분야의 소비자행동 연구자들은 심리학에서 연구되는 심리적 요인, 사회학에서 다루는 사회적 요인, 그리고 인류학에서 다루는 사회문화적 요인들의 상호작용에 의해 소비자행동이 결정되는 것으로 파악하고 여러 가지 요인들을 포괄적으로 고려하는 소비자행동모형을 개발하였다. [그림 1.4]는 소비자정보처리 관점에서 본 소비자행동모형을 보여준다.

4. 1980년대 이후의 소비자행동연구의 접근방법 – 쾌락적 · 경험적 관점

1980년대 들어 일부 소비자행동 연구자들에 의해 마케팅자극에 대한 소비자 반응을 인지적 관점보다는 정서적 관점에서 보아야 한다는 주장이 제기되었다. 소비자의 구매행동은 합리적이고 논리적인 사고(cognition)뿐만 아니라 정서적 동기(emotion)에서도 이루어진다고 보았던 것이다. **쾌락적 · 경험적 관점**(hedonic and experiential perspective)에서는 소비자는 정서적 동기에서 구매행동을 하며, 소비과정에서 즐거움, 판타지와 같은 좋은 느낌(pleasurable feelings)을 경험하고자 한다고 전제한다.[6]

쾌락적 · 경험적 관점에서는 제품을 단순히 물리적 속성들의 집합이 아니라, 사랑, 긍지, 지위, 기쁨 등을 표현하는 주관적 상징물(subjective symbol)로 본다. 가령, 샤넬 No.5는 아름다운 향 때문이 아니라 자아이미지를 강화시켜 주기 때문에 구매되는 것이다. 또한 순수공연예술(오페라, 현대무용)과 대중예술(영화, 락콘서트)의 관람, 패션의류의 구매, 스포츠, 여

제품의 상징적 가치에 의한 구매의 예: 많은 패션브랜드들이 소비자의 자아표현 욕구를 자극함으로써 제품구매를 유도한다.

가 · 취미활동(윈드서핑, 행글라이드) 등은 쾌락적 · 경험적 관점에서 잘 설명될 수 있다.

쾌락적 · 경험적 관점은 소비자정보처리 관점과 상치되는 것은 아니다. 쾌락적 · 경험적 관점도 소비자정보처리 관점과 마찬가지로 의사결정과정과 정보처리과정을 거치는 것으로 가정한다. 두 관점 간의 차이는 구매동기 및 평가기준이 다르다는 점에 있다. 소비자정보처리 관점은 제품의 실용적 가치(utilitarian value) 때문에 구매가 이루어진다고 보는 데 반해, 쾌락적 · 경험적 관점은 제품의 상징적 가치(symbolic value) 때문에 구매가 이루어지는 것으로 본다. 따라서 소비자정보처리 관점에서는 승용차 구매 시 연료비, 성능 등과 같은 객관적 제품속성들이 브랜드대안의 평가기준이 되지만(실용적 기준), 쾌락적 · 경험적 관점에서는 제품사용경험으로부터 얻게 되는 쾌락적 느낌과 제품의 상징적 의미에 의한 자아이미지의 강화 등이 평가기준으로 이용된다(감정 · 상징적 기준).

소비자행동 Highlight

단순 거주가 아닌 삶의 체험에 방점을 둔 숙박공유 서비스 – 에어비앤비

현재 이 시대에 사회 · 문화적으로 가장 파급력이 큰 세대는 밀레니얼 세대(1980~2000년대 초반 출생)다. 이들은 소유보다 경험을 중시한다. '무엇을 가졌는지'보다 '어떠한 경험을 하는지'가 곧 자신이 어떤 사람인지를 보여주는 시대가 온 것이다. 관심을 끌 만한 색다른 경험을 제공했을 때, 비로소 사람들은 눈길을 주고, 사진을 찍고, 친구와 공유하며, 호감을 보이기 시작한다. 즉 사람들과 브랜드 사이의 소통을 위해서는 끊임없이 놀거리, 볼거리, 찍을거리를 제공해야 한다는 것이다.

역사가 오래된 홈셰어링 혹은 숙박공유로 시작한 에어비앤비는 누구나 생각해 볼 수 있는 기본적인 비즈니스 모델로 출발했다. 2007년 샌프란시스코에서 브라이언 체스키와 조 게비아가 시작한 동업에 기술 담당 네이선 블러차직이 합류하며 3인으로 출범했다. 에어비앤비 이전에도 홈어웨이나 VRBO 등 대형 숙박업체부터 베드앤드브렉퍼스트 등 유사 온라인 단기숙박 서비스업체가 존재했다. 그러나 이들 중 에어비앤비만 '어디에서나 우리 집처럼(Belong Anywhere)'을 모토로 삼고 전 세계 어디서도 집에 있는 것 같은 혁신적인 여행을 가능케 했다. 현재 에어비앤비는 전 세계 191개국 8만 1,000개 도시에 진출해 500만개가 넘는 숙소를 제공하고 있다. 에어비앤비를 지금까지 찾은 게스트는 누적 4억명을 돌파했다.

▎숙박에 경험의 개념을 결합한 에어비앤비

에어비앤비는 숙소 중개사업을 넘어 고유하고 진정성 있는 지역화된 '체험공유'라는 새로운 영역에 진출했다. 에어비앤비가 최근 선보인 여행상품 '트립(Trip)'은 지역 전문가와 함께 독특한 활동을 체험할 수 있다. 일본에서 사무라이 검도를 배우거나 이탈리아에서 송로버섯(트러플)을 캐볼 수도 있다. 최근에는 탄소 배출량 절감에 기여하는 에어비앤비 친환경숙소 이용객도 빠르게 늘고 있다. 에어비앤비에서 늘어나고 있는 친환경숙소를 꼭 환경보호의 차원에서만 이해할 필요는 없다. 단순히 하루 머물고 떠나는 용도가 아닌, 이색적인 경험을 누리기 위한 사람들의 열망도 큰 역할을 하기 때문이다.

인도네시아 발리의 산호초 복구 활동처럼 환경보호와 지속가능성과 관련해 현지 전문가와 활동가가 진행하는 다양한 에어비앤비 트립도 마찬가지다. 게스트는 환경보호활동을 실천하고 지구에 대한 연대감을 강화할 수 있는 한편, 이 역시 이색적인 삶의 경험으로 받아들여질 수 있다. 자연과 함께 호흡하며 환경보호를 실천하는 새로운 숙박 사용자 경험이 완성되는 순간이다. 많은 여행지가 매스 투어리즘(mass tourism, 대중관광)과 넘치는 관광 인파로 몸살을 앓고 있는 요즘, 커뮤니티에 기반한 에어비앤비의 모델은 친환경적인 숙소와 트립을 통해 게스트에게 현지를 제대로 경험할 수 있는 특색 있는 대안을 제공하고 있다.

에어비앤비는 2023년 8월 3일, 2023년 2분기 순이익이 6억 5,000만달러(약 8,450억원)로 분기 기준 역대 최대실적을 기록했다고 밝혔다. 이는 2022년 동기 대비 72% 증가한 수치다. 이 같은 호실적의 원인은 숙박 수요의 증가다. 에어비앤비 측은 2023년 2분기 숙박 건수가 1억 1,510만 건으로 2022년 동기 대비 11% 증가했다고 밝혔다. 숙박 건수는 코로나19 엔데믹 전환 효과와 하계 성수기기간을 맞아 두 자릿수 증가세를 기록했다.

자료원: *매일경제*, 2019.02.01; *이코노믹리뷰*, 2019.04.23; *매일경제*, 2018.10.26; *조선비즈*, 2023.08.04.

1.6 소비자행동연구에서의 두 가지 패러다임 – 논리경험주의와 해석주의

각 분과학의 연구자들은 연구를 수행함에 있어서 여러 가지 신념들(혹은 전제들)에 토대를 두는데, 연구자들이 갖고 있는 이러한 신념들의 집합을 패러다임이라고 한다. 소비자행동연구는 시대에 따라 각기 다른 패러다임의 지배를 받았는데, 특정시대를 지배했던 한 패러다임이 경쟁 패러다임에 의해 도전을 받게 될 때 **패러다임의 전환**(paradigm shift)이 일어날 수 있다.

오늘날 소비자행동연구에서의 두 가지 주요 패러다임은 논리경험주의와 해석주의이다. 오랫동안 소비자행동연구에서의 지배적인 패러다임은 **논리경험주의**(logical empiricism) 혹은 **모더니즘**(modernism)이었다. 이 관점은 16세기 말 이후 서구의 과학과 기술발전에 큰 영향을 미쳤다. 논리경험주의는 인간의 이성이 모든 것을 지배하고 과학에 의해 발견될 수 있는 단일의 객관적 진리가 존재한다고 전제한다. 논리경험주의는 관심대상의 기능적 측면을 강조하고 기술을 찬양하며 세상은 잘 정의된 과거와 현재 및 미래를 지닌 이성적이고 질서정연한 곳이라는 신념에 토대를 둔다. 논리경험주의 소비자행동 연구자들은 소비자행동을 분석함에 있어 주로 설문지나 실험과 같은 정량적 조사기법을 활용한다. 이러한 신념에 이의를 제기하면서 새로이 출현한 패러다임이 **해석주의**(interpretivism) 혹은 **포스트모더니즘**(postmodernism)이다. 이 관점의 지지자들은 학계에서는 소수파라고 할 수 있는데, 그들은 사회가 과학과 기술을 지나치게 중시하며 우리가 살고 있는 사회와 문화체계의 복잡성을 부인하고 있다고 주장한다. 해석주의자들은 상징적이고 주관적인 경험을 중시한다. 또한 우리 각자는 자신의 독특한, 그리고 다른 사회구성원들과 공유된 문화적 경험에 의해서 자신만의 의미를 구성하기 때문에 단일의 옳고 그른 해답이 없다고 주장한다. 해석주의 관점에서 보면, 사람들이 어떤 제품에 가치를 부여하는 이유는 그 제품이 우리의 삶에 질서를 창출하는 데 도움을 주는 도구이기 때문이 아니라 소비과정에서 다양한 경험을 제공하기 때문이다.

최근 들어 소비자들의 소비경험에 대한 직접관찰이나 심층면접을 통해 소비자행동을 깊이 있게 이해하려는 연구방법의 하나로서 **자연주의적 탐구**(naturalistic inquiry)가 소비자행동 연구자 및 기업의 관심을 끌고 있다. 자연주의적 탐구는 소비자를 심층적으로 이해하는 데 적합한 소비자행동 조사 및 분석 방법이다. 소비자의 경험적 측면을 이해하기 위해서는 소비자가 제품을 소비하는 현장에서 직접 소비자를 관찰하고 면접하는 것이 바람직하다. 특히 소비문화, 소비욕구, 소비의 상징성, 소비행위의 내재적 동기 등에 대한 연구는 기존에 주로 사용된 논리경험주의적 접근방식보다는 조사자의 지속적 참여와 반복적 관찰을 토대로 한 자연주의적 탐구가 더 적절한 방법이라고 볼 수 있다.

원래 자연주의적 탐구는 Russell Belk를 중심으로 한 소비자행동 연구자들이 1988년에 소비유형, 소비과정, 소비의미를 이해하기 위해 기존에 사용되어온 논리경험주의와는 다른 연구 패러다임을 도입하면서 시작되었다. 2023년 현재 소비자 연구자들 중 자연주의적 탐구를 자신의 연구방법론으로 채택하고 있는 학자들은 학계에서 소수집단에 속하지만 나름대로의 위치를 차지하고 있다.

해석주의 혹은 자연주의적 관점을 취하는 소비자행동 연구자는 소비자의 특정 소비행위, 브랜드와 제품에 부여하는 의미, 그리고 소비자가 인식하지 못하는 구매동기(혹은 구매욕구)를 이해하기 위해 관찰이나 면접과 같은 정성적 조사기법을 주로 활용한다. 고객 자신조차 미처 인식하지 못하는 고객의 마음을 알아내기 위해 Gerald Zaltman은 ZMET라는 정성조사기법을 개발했다. ZMET(Zaltman Metaphor Elicitation Technique)은 심층면접에 참가할 소비자로 하여금 조사대상(가령, 코카콜라나 펩시콜라)을 보았을 때 떠올릴 수 있는 어떤 그림이나 사진을 가져오게 한 다음 심층면접을 통해 그것에 대한 이야기를 듣는 과정에서 감춰진 구매 동기나 욕구를 찾아내는 조사기법이다. 소비자와의 일대일 면접과정에서 진행자는 그 소비자가 조사대상에 대해 어떤 은유(metaphor)를 사용하는지, 그리고 그 이유가 무엇인지를 조사함으로써 고객의 잠재된 욕구를 파악한다.

한 예로, 코카콜라는 브랜드컨셉을 개발하기 위한 조사의 일환으로 ZMET를 활용했다. 그 조사에 참여한 소비자에게 코카콜라를 생각했을 때 떠오르는 이미지를 가져오도록 요청했는데, 어떤 소비자는 '관중이 가득차 있는 축구 경기장에서 명상에 잠겨 있는 빨간 장삼을 걸친 라마교 승려' 그림을 가져왔다. 이것은 '에너지 충전, 갈증해소, 즐거움' 등과 같은 코카콜라의 기존이미지와는 상반되는 것이었다. 소비자가 가져온 그림(이미지)의 의미가 무엇인지를 파악하기 위해 조사자는 그 소비자와 심층면접을 실시했다. 그 결과 코카콜라 브랜드가 기존의 이미지 이외에 고요함, 고독, 긴장해소 등의 상반된 이미지도 갖고 있음을 알 수 있었다. 그러나 이 같은 접근방법도 해석상의 주관성과 검증가능성 상의 취약성을 갖고 있다는 점을 유의할 필요가 있다.

1.7 행동경제학과 소비자행동연구

전통적인 경제학에서 소비자를 효용을 극대화하는 '호모 에코노미쿠스(homo economicus)'로 보는 관점에 반론을 제기한 Herbert A. Simon(1955)에 의해서 주창된 **'제한된 합리성**(bounded rationality)'이라는 개념은 **'행동적 의사결정이론**(behavioral decision theory)'이라는 새로운 학문 분야를 열었다.[7] 인간의 의사결정에 있어 정보처리능력의 한계를 감안해야 한다는 제한된 합리성 이론은 소비자행동에 대한 규범적 이론(normative theory)이 아닌 기술적 이론(descriptive theory)으로 제안되었다. 그 이후 Daniel Kahneman은 Amos Tversky와 함께 1979년 **프로스펙트 이론**(prospect theory)을 발표함으로써 행동적 의사결정 이론을 학문적인 궤도 위에 올려놓았다.[8] Simon과 Kahneman은 인간의 의사결정 연구에의 학문적 기여를 인정받아 각각 1978년과 2002년에 노벨 경제학상을 수상하였다.

Richard Thaler는 프로스펙트 이론의 가치함수를 기초로 **'심적회계**(mental accounting)'라는 개념을 활용하여 소비자 선택행동을 설명하는 논문을 *Marketing Science*에 발표함으로써 행동적 의사결정 이론을 마케팅/소비자 연구에 본격적으로 도입하였다.[9] 그 이후 Thaler는 행동적 의사결정 이론을 소비자 행동뿐만 아니라 재무관리, 미시경제학 등의 분야에 본격적으로 도입함으로써 **행동경제학**(behavioral economics)의 기초를 마련하였고, 그 공적으로 2017년 노벨 경제학상을 수상하였다. 행동적 의사결정 이론과 행동경제학은 소비자행동을 분석하는 데 매우 중요한 이론적 틀로 활용되고 있는데 본서의 여러 해당 부분에서 그 내용을 소개한다.[10]

❙ 생각해 볼 문제

1. 관심있는 사업이나 특정의 브랜드를 선택하여 마케팅전략을 수립하고 전략수립의 각 단계별로 필요한 소비자정보가 무엇인지에 대해 생각해 보자.

2. Starbucks 커피점이 브랜드파워를 구축한 과정과 현재의 상황을 쾌락적·경험적 관점에서 생각해 보자.

3. 소비자행동연구의 두 가지 중요한 패러다임으로 논리경험주의와 해석주의를 들 수 있다. 각 패러다임의 특징을 비교해 보고, 각 패러다임에 맞는 마케팅조사기법에 대해 알아보자.

4. '효용을 극대화하기 위해 소비자들은 어떻게 행동해야 하는가?'에 관심을 갖는 소비자행동에 대한 '규범적 이론(normative theory)'과 '소비자들이 실제로 어떻게 행동하는가?'에 초점을 두는 '기술적 이론(descriptive theory)'의 구분은 행동경제학의 태동에 어떤 역할을 했는지 알아보자.

제 2 장

소비자행동 개관

S건설회사의 마케팅부서에 근무하는 김부장은 지난 8년간 현대 쏘나타를 타왔다. 주행거리도 많아지고 유지비용도 늘어나면서, 아무래도 새 차를 사야 할 때가 되었다는 생각이 들었다. 자신의 사회적 지위나 나이로 볼 때 이제 중대형차 정도는 되어야겠다는 생각과 함께 다음 달 적금만기가 되어 약 3,000만원 정도를 찾을 수 있다는 생각이 들었다. 승용차 구입비와 부대비용 등을 합하면 4,000만원 이상 될 수 있겠지만, 부족한 것은 할부로 하면 되겠다고 생각했다. 가까운 친구들이 모두 중대형차나 대형차를 타는 것을 보아온 아내는 김부장의 뜻에 선뜻 동의하였다.

중대형차를 구매해야겠다는 생각이 들자 그랜저와 K8이 떠올랐다. 각 브랜드의 스타일과 메이커는 알았지만 평소 그다지 관심을 갖지 않아 어느 브랜드가 가장 좋겠는지 판단이 되지를 않았다. 아내와 어떤 브랜드를 구입할지 의논하였으나, 가격이 높고 수년간 자신과 가족이 타야 할 것을 생각하니 쉽게 결정할 수가 없었다. 그때 온라인에서 본 그랜저 광고가 떠올랐다. 유튜브 방송으로 성공한 아들이 고향집의 어머니를 방문하는 광경을 보여주는 광고였다. 유튜브로 수익을 올릴 수 있다는 점을 잘 모르는 고향의 부모님은 아들이 제대로 된 일을 하지 않는다는 점에서 걱정이 많았다. 그런데 아들이 타고 온 그랜저를 보자마자 "성공한 겨?"라고 하는 내용이었다. 그랜저는 김부장이 중고등학생이던 당시부터 지금까지 꾸준히 고급 승용차의 상징이었다. 품질과 성능이 뛰어난 브랜드만이 오랫동안 사랑받는 제품으로 생존할 수 있다는 점에서, 그랜저를 구입하는 것이 좋겠다는 생각이 들었다.

홈페이지에 들어가 제품 정보와 가격을 자세히 알아보니 기존의 가솔린 엔진 모델 외에도 하이브리드 모델도 출시가 되었다. 이제는 승용차 구입 시에 가솔린 엔진 자동차를 구매할지, 아니면 전기 자동차나 하이브리드 자동차를 구매할지도 결정해야 하는 세상이 된 것이다. 애초에는 가솔린 엔진 모델을 구입하려고 했으나, 관련 정보를 검색한 후에 하이브리드 모델에 대한 관심이 크게 늘었다. 하이브리드 자동차의 장점인 연비 외에도, 환경에 덜

유해하다는 점에서 하이브리드 모델에 대한 구입 의도가 높아졌다.

다음날 회사에 출근한 후, 하이브리드 그랜저를 작년에 구입한 동료 박부장에게 자세히 물어 보았다. 박부장은 가격과 품질 면에서 그랜저만한 차가 없으며, 기술의 발전으로 하이브리드 모델이 낮은 연비, 작은 소음과 같은 많은 장점이 있다고 그랜저를 권유하였다. 그날 점심 식사를 일찍 마친 김부장은 회사건물 옆에 있는 현대자동차 영업소로 발길을 향했다.

그랜저 광고: 그랜저는 오랜 기간 동안 성공을 상징하는 자동차로 포지셔닝해왔다.

소비자행동의 여러 측면들, 그리고 소비자행동에 영향을 미치는 많은 변수들 간의 인과관계 혹은 영향관계는 매우 복잡하다. 따라서 각각의 주제별로 학습하는 경우 전체적인 체계를 잡는 데 혼란을 가져올 수 있다. 독자들의 이러한 혼란을 방지하고 전체적인 그림(framework)을 갖도록 하기 위해서는 본서에서 다루는 전체 내용들을 개괄적으로 이해할 필요가 있다.

소비자의 의사결정과 정보처리의 과정에 다양한 영향을 미치는 소비자 특성 변수로, 대상에 대한 관여도(involvement), 소비자의 제품에 대한 지식(product knowledge), 그리고 판단과 의사결정에 사용되는 인지시스템(cognitive system) 등이 있다. 그러므로 소비자행동을 이해하기 위해서는 관여도, 제품지식, 인지시스템에 대한 이해가 무엇보다도 선행되어야 한다. 따라서 독자들이 본서의 3장부터 시작되는 소비자행동의 여러 측면에 대한 이해를 위한 기초지식을 갖도록 하기 위하여 본 장에서는 **소비자행동 개관**과 **관여도, 제품지식, 인지시스템**을 서술한다.

2.1 소비자행동 개관

소비자행동을 이해하기 위해서는 소비가 겪는 두 가지 심리적 과정인 **의사결정과정**과 **정보처리과정**을 이해해야 한다. 또한 의사결정과 정보처리 과정은 **개인**

그림 2.1 소비자행동모형

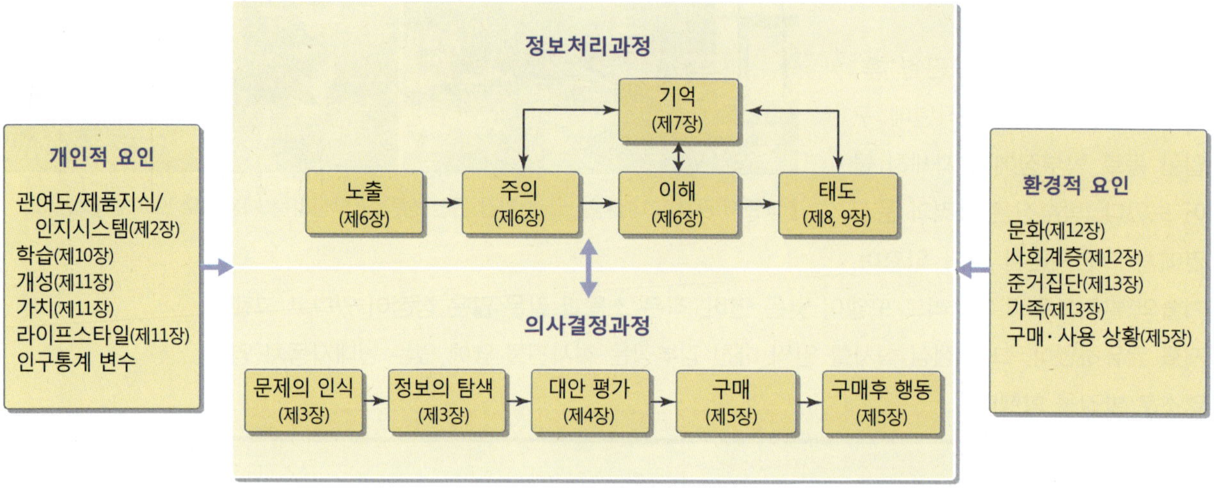

적 요인과 **환경적 요인**에 영향을 받는다. 본 절에서는 이러한 내용들을 개괄적으로 설명한다. [그림 2.1]은 **소비자행동의 개괄적 모형**을 보여준다. 소비자행동은 의사결정과정, 정보처리과정, 개인적 및 환경적 요인으로 이루어져 있다. 마케팅 자극에 대한 소비자의 반응은 의사결정과 정보처리 과정의 결과로 볼 수 있다. 소비자 의사결정과정과 정보처리과정은 서로 영향을 주고받는다. 예를 들어, 소비자의 브랜드 태도나 기억에 저장된 제품정보가 소비자의 구매 의사결정에 영향을 준다. 소비자 의사결정과정에서 소비자가 탐색한 정보나 제품 경험은 소비자의 기억에 저장되고, 브랜드 태도에 영향을 미친다. 소비자의 개인적, 환경적 영향요인은 정보처리과정과 의사결정과정에 전반적인 영향을 준다. 본 절 2.1 소비자행동 개관의 내용은 [그림 2.1]과 연계하여 이해할 필요가 있다. 본 절의 내용은 본서의 3장부터 13장까지 내용의 개요가 된다.

1. 소비자 의사결정과정

소비자들은 일상생활에서 여러 가지 제품을[1] 구매하는데, 이와 같은 구매행동은 구매 당시의 특정 **욕구**(needs)를 충족시키기 위한 것이다. 그러므로 소비자의 구매행동을 유발하는 근본적인 것은 바로 욕구라고 할 수 있다. 욕구는 안전, 편안함, 배부름 등 본원적(fundamental)이거나, 그러한 본원적 욕구를 충족시킬 수 있는 특정 제품에 대한 욕구와 같이 보다 구체적인(specific) 것일 수 있다. 예를 들어, 소비자는 추위를 느낄 때 따뜻한 것에 대한 욕구(needs)를 가지게 되며 보다 구체적으로 오리털 파카에 대한 욕구(wants)를 가질 수도 있다. 배가 고플 때 느끼는 먹을 것에 대한 욕구, 즉 **근본적 욕구**(fundamental needs)는 누구에게나 동일하지만, 한국인은 한식을, 미국인은 샌드위치나 햄버거를 자연스럽게 생각하는 것처럼 **구체적 욕구**(specific wants)는 흔히 개인마다 다른데, 이는 바로 그 소비자의 취향이나 그가 속한 사회의 문화적 성격이 다르기 때문이다.[2]

소비자는 욕구가 발생하면 이를 충족시켜 줄 수 있는 수단에 대한 정보를 탐색하게 되며 이때 자신의 기억에 보유한 관련정보를 자연스럽게 회상하게 된다. 소비자가 자신의 기억으로부터 회상한 정보로써 의사결정을 할 수 있으면 선택대안들 중에서 어느 한 대안을 구매할 것이다. 그러나 기억으로부터 회상한 정보가 의사결정을 할 만큼 충분하지 못하면 추가적인 정보를 외부로부터 찾는다. 소비자는 수집한 정보를 바탕으로 선택대안들에 대한 비교 · 평가과정을 거쳐 가장 마음에 드는 특정대안을 구매하고 소비 · 사용 이후 만족 혹은 불만족을 경험하게 된다. 이러한 **소비자 의사결정과정**(consumer decision making process)은 제3장, 제4장 및 제5장에서 상세히 다루는데, 이하에서는 각 단계를 개략적으로 서술한다.

(1) 문제의 인식

소비자가 어떤 시점에서 자신의 현재상태와 그에 상응하는 바람직한 상태 간에 상당한 차이를 느끼게 되면 그 차이를 해소시켜 줄 수 있는 수단에 대한 욕구를 갖게 된다. 예를 들어, 갈증을 느끼면 갈증이 나지 않는 상태를 원하게 되고 마실 것에 대한 욕구가 발생한다. 그러므로 문제의 인식은 다른 말로 욕구의 환기이다. 욕구의 환기가 반드시 구매를 위한 의사결정과정을 유발하지는 않는다. 왜냐하면 상당한 수준의 욕구가 환기되었다 하더라도 재정적 능력, 시간, 사회적 규범 등이 구매행동을 제약할 수 있기 때문이다. 그러므로 욕구의 환기는 소비자 구매행위의 필요조건이지 충분조건은 아니다.

소비자의 구매의사결정과정은 욕구를 충족시켜 줄 수 있는 대안을 선택하는 과정이므로 욕구의 환기를 **문제의 인식**(problem recognition), 그리고 의사결정을 **문제해결**(problem solving)로 볼 수 있다. 문제의 인식은 갈증, 배고픔 같이 내적 요인에 의해 발생하기도 하지만 소비자가 타인의 얘기를 듣거나 광고로부터 자극을 받아 제품욕구가 발생하는 것처럼 외부요인에 의해 유발되기도 한다.

(2) 정보의 탐색

인지된 욕구(문제)를 해결하고자 하는 소비자는 **정보의 탐색**(information search)을 통해 문제 해결에 필요한 제품 정보를 수집한다. 정보 탐색은 내적탐색과 외적탐색으로 나누어진다. 소비자의 기억에는 욕구충족에 필요한 정보가 이미 내재되어 있는 경우가 많은데, 이러한 정보는 문제인식에 따라 자연스럽게 회상되며 이를 **내적탐색**(internal search)이라고 한다. 그런데 이 경우 의사결정을 할 수 있을 정도로 충분한 정보를 보유하고 또한 회상할 수 있으면 곧바로 대안들 간의 비교·평가과정을 거쳐 구매로 이어질 것이다. 그러나 의사결정을 할 수 있을 만큼 충분한 정보를 보유하고 있지 않으면 더 많은 정보를 획득하기 위하여 의도적인 노력을 하고 외부로부터 정보를 찾게 되는데 이를 **외적탐색**(external search)이라고 한다.

소비자의 외적정보탐색 노력의 정도에 따라 구매의사결정을 포괄적 문제해결, 제한적 문제해결, 일상적 문제해결, 회상적 문제해결의 네 가지로 구분할 수 있다. 정보탐색의 노력과 탐색된 정보의 양을 결정짓는 중요한 변수 중 하나는 관여도이다. **관여도**(involvement)는 어떤 대상이 특정상황에서 한 개인에게 관련된 정도를 의미하며, 소비자는 제품군(product class)에 대한 관여도가 높을수록 보다 많은 정보를 찾는 경향이 있다. **포괄적 문제해결**(extended problem solving)은 상당한 시간과 노력을 투입하여 정보를 탐색하고 신중한 의사결정을 하는 것을 말한다. 소비자가 중요한 의사결정문제에 직면한 경우 충분한 정보를 갖지 않으면 이러한 방식으로 문제를 해결하는 경향이 있다. **제한적 문제해결**(limited problem solving)은 문제해결을 위하여 제한된 범위의 정보탐색을 하는 것을 말한다. 문제 자체가 비교적 간단하거나, 혹은 어려운 문제이더라도 소비자가 어느 정도 정보를 보유한 경우의 문제해결방식이다. 포괄적 문제해결과 제한적 문제해결은 이분법적으로 구분되기보다는 상대적인 개념이며, 포괄적 문제해결의 경우가 관여도가 높고, 탐색하는 정보의 양이 많다.

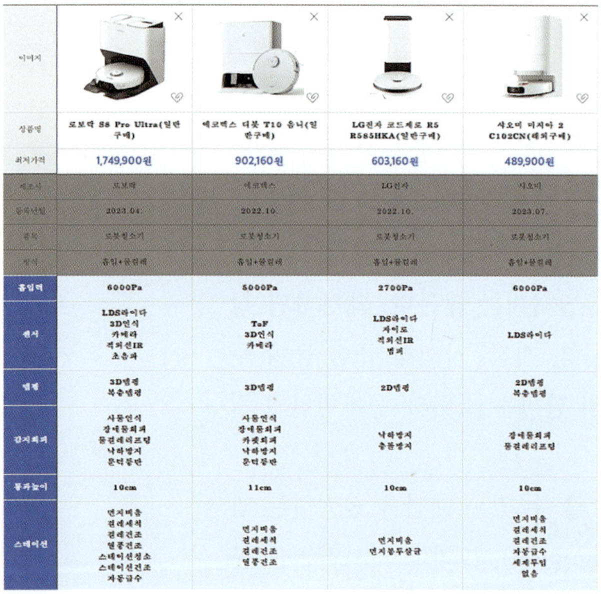

이미지				
상품명	로보락 S8 Pro Ultra(일반구매)	에코백스 디봇 T10 옴니(일반구매)	LG전자 코드제로 R5 R585HKA(일반구매)	샤오미 미지아 2 C102CN(해외구매)
최저가격	1,749,900원	902,160원	603,160원	489,900원
제조사	로보락	에코백스	LG전자	샤오미
등록년월	2023.04.	2022.10.	2022.10.	2023.07.
종류	로봇청소기	로봇청소기	로봇청소기	로봇청소기
방식	흡입+물걸레	흡입+물걸레	흡입+물걸레	흡입+물걸레
흡입력	6000Pa	5000Pa	2700Pa	6000Pa
센서	LDS라이다 3D인식 카메라 적외선IR 초음파	ToF 3D인식 카메라	LDS라이다 자이로 적외선IR 범퍼	LDS라이다
맵핑	3D맵핑 복층맵핑	3D맵핑	2D맵핑	2D맵핑 복층맵핑
감지회피	사물인식 장애물회피 물걸레리프팅 낙하방지 문턱등반	사물인식 장애물회피 카펫회피 낙하방지 문턱등반	낙하방지 충돌방지	장애물회피 물걸레리프팅
통과높이	10cm	11cm	10cm	10cm
스테이션	먼지비움 걸레세척 걸레건조 열풍건조 스테이션청소 스테이션건조 자동급수	먼지비움 걸레세척 걸레건조 열풍건조	먼지비움 먼지봉투살균	먼지비움 걸레세척 걸레건조 자동급수 세제투입 없음

포괄적 문제해결: 로봇청소기와 같이 가격이 높고 자주 구입하지 않는 제품의 경우 관여도가 높은 포괄적 문제해결이 주로 사용된다. 많은 양의 제품정보에 대한 수집과 비교를 용이하게 해주는 가격비교 사이트는 주로 포괄적 문제해결에 이용된다.

포괄적·제한적 문제해결은 의사결정을

위해 추가적 정보탐색을 하는 반면에, 일상적 문제해결과 회상적 문제해결은 자신이 알고 있는 기존 정보로 의사결정을 하는 경우이다. **일상적 문제해결**(routinized problem solving)은 직접 경험을 통해 어떤 문제를 해결하기 위한 대안을 알고 있어 문제인식 후 어떤 제품 혹은 브랜드를 선택할 것인지를 곧바로 결정하는 것을 말한다. **회상적 문제해결**(recall problem solving)은 소비자가 직접 경험하지 않더라도 광고나 타인으로부터 획득한 제품정보가 기억에 저장되어 있다가 문제인식을 하게 되면 이 정보를 토대로 곧바로 의사결정을 하는 것이다. 일상적·회상적 문제해결은 의사결정에 낮은 수준의 노력이 들며, 탐색하는 외부정보가 없거나 있어도 극히 제한적이다. 예를 들어, 음료수 구입시에 자신이 늘 구매하던 브랜드를 구입(일상적 문제해결)하거나 광고에서 본 브랜드를 구입(회상적 문제해결)하는 경우가 이에 해당한다.

(3) 대안 평가

포괄적 문제해결과 제한적 문제해결의 경우, 소비자는 정보탐색을 하면서 그리고 정보탐색 후에 **선택대안 평가**를 한다. 대안은 제품군들(product classes)일 수도 있고 한 제품군 내의 브랜드들일 수도 있다. 예를 들어, 갈증해소를 위한 대안들로서 물, 콜라, 에너지드링크 등을 고려한다면 전자에 해당하고, 코카콜라와 펩시콜라를 고려한다면 후자에 해당한다.

(4) 구 매

소비자는 선택대안들을 비교·평가하여 자신의 지불능력에 비추어 가장 마음에 드는 대안을 **구매**(purchase)하게 된다. 구매과정은 특정 브랜드에 대한 구매결정뿐 아니라 그 브랜드를 취급하는 여러 점포들 중 한 점포의 선택과정이 포함된다. 또한 구매량, 구매시기, 지불방법 등에 대한 결정도 구매과정에서 이루어진다.

(5) 구매후 행동

소비자는 제품을 구매한 후 흔히 **만족 혹은 불만족**을 경험한다. 만족과 불만족은 차기의 의사결정에, 그리고 타인의 구매의사결정에 영향을 미치게 된다.

한편 소비자는 구매 이후 만족/불만족과는 달리 자신의 의사결정에 대한 일종의 불안감을 가질 수 있다. 즉, 자신이 선택한 대안이 과연 선택하지 않은 대안(들)보다 더 나은 것인가에 대한 심리적 불안감을 느낄 수 있는데, 이를 **구매후 부조화**

(postpurchase dissonance)라고 한다. 소비자는 구매후 부조화를 느끼게 되면 자연히 부조화 감소를 위한 노력을 하게 된다. 구매후 부조화가 긍정적인 방향으로 감소되면 만족으로 이어질 것이고 그렇지 못한 경우 불만족으로 이어질 것이다. 소비자는 구매후 부조화를 감소시키기 위해 경우에 따라 자신의 의사결정을 지지하는 정보를 다시금 탐색하기도 한다.

2. 소비자정보처리과정

소비자는 거의 매일 수많은 **마케팅자극**(marketing stimuli; 제품, 기업, 점포, 패키지, 광고, 판매원 등)에 노출된다. TV를 켜거나 지하철을 타고 갈 때 수많은 광고에 노출된다. 자신이 원하지 않는데도 SNS에서 제품과 관련된 정보를 접하게 된다. 식료품을 사러 슈퍼마켓에 가면 또한 수많은 제품자극에 노출된다. 소비자는 노출된 마케팅자극에 관여도가 높거나 흥미를 느끼면 주의를 기울이지만 그렇지 않으면 주의를 기울이지 않는다. 또한 소비자는 의사결정을 위한 정보탐색과정에서 더 많은 정보를 얻기 위하여 의도적으로 여러 정보에 접근한다. 이와 같이 우연적이든 의도적이든 간에 소비자가 마케팅자극에 노출되어 주의를 기울이고 그 내용을 이해하여 새로운 신념과 태도를 형성하거나 기존의 신념과 태도를 변화시킨다. 여기서 신념은 속성신념(attribute beliefs)으로 한 제품의 여러 속성들에 대한 개인의 생각을 말하며, 태도는 브랜드나 기업과 같은 대상에 대해 갖는 긍정 혹은 부정적인 평가의 정도를 가리킨다.

소비자가 의사결정을 위하여 정보를 탐색하고 처리하는 경우, 정보처리과정을 통하여 형성 혹은 변화된 신념과 태도는 제품의사결정에 즉각 이용된다. 우연적으로 정보를 접하게 되어 정보처리를 하는 경우, 형성된 신념과 태도는 기억(memory)에 저장되었다가 차후 관련 의사결정시 내적탐색에 의해 이용되기도 한다. 이와 같이 마케팅 자극에 대한 노출, 주의, 이해, 기억, 태도의 과정을 **정보처리과정**(information processing)이라고 한다. 소비자 정보처리과정은 6장(노출, 주의, 이해), 7장(기억), 8장(태도), 9장(태도의 형성과 변화)에서 서술되는데, 이하에서는 이를 개략적으로 살펴보기로 한다.

(1) 노 출

정보처리과정은 소비자가 마케팅정보에 노출되는 것으로부터 시작된다. **노출**

(exposure)은 우연적 노출과 의도적 노출로 나눌 수 있다. **우연적 노출**(accidental exposure)은 소비자가 의도하지 않은 상태에서 정보에 노출되는 것을 가리킨다. TV 시청이나 인터넷 사용 시에 다양한 광고에 노출되거나 길을 걷다가 옥외광고나 매장에 진열된 제품을 의도치 않게 보게 되는 것과 같이 우연적 노출은 일상생활에서 지속적으로 일어난다. **의도적 노출**(intentional exposure)은 문제를 인식한 소비자가 의사결정과정에서 외적탐색에 의해 정보를 접하는 것을 가리킨다. 구매 결정에 필요한 정보를 얻기 위해 온라인 상점을 방문하는 것이 한 예이다.

(2) 주 의

주의(attention)는 소비자가 노출된 마케팅정보에 주목하는 과정이다. 정보처리 관점으로 주의는 소비자의 심리적 자원(resource)을 특정 대상에 사용하는 것을 의미한다. 소비자는 매일 많은 양의 마케팅 자극에 노출되기 때문에 모든 대상에 주의를 기울이지는 않는다. 소비자의 대상에 대한 주의는 관여도, 신념 등과 같은 특성에 따라 달라질 수 있다. 마케팅 자극에 대한 주의의 정도는 또한 자극의 특성에 영향을 받는다. 예를 들어, 매력적인 모델의 광고, 특이한 광고, 유머 광고 등의 사용은 소비자의 의를 끄는 경향이 있다.

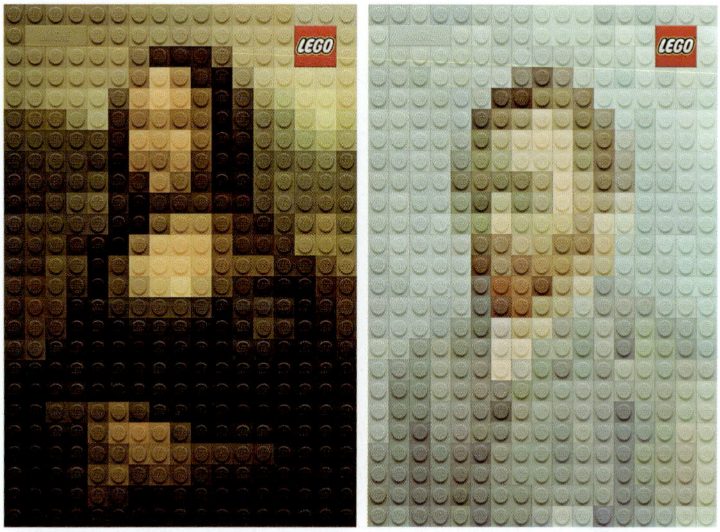

특이함을 이용한 주의 유발: 명화를 색다르게 레고(lego)로 표현하여 소비자의 주의를 끄는 광고이다. 이 광고를 본 소비자들은 지각적 조직화(제6장)를 통해 레고 블록으로 단순하게 표현된 이미지를 다빈치의 모나리자(왼쪽)와 반 고흐의 자화상(오른쪽) 그림으로 지각한다.

(3) 이 해

이해(comprehension)는 유입된 정보의 내용을 조직화하고 그 정보의 의미를 해석하는 것이다. 이러한 두 단계를 각각 지각적 조직화와 지각적 해석이라고 한다.

지각적 조직화(perceptual organization)는 정보처리 대상의 여러 요소들을 따로따로 지각하지 않고 통합하여 지각하는 메커니즘을 가리킨다. 예를 들어, 산, 도로, 강 등으로 구성된 멋진 경치를 배경으로 승용차가 달리고 아름다운 배경음악과 함께 메시지를 전하는 TV광고에 노출되면 소비자는 모든 자극적 요소들을 통합·조직화하여 전체적으로 받아들인다.

지각적 해석(perceptual interpretation)은 통합·조직화된 지각대상에 주관적으로 의미를 부여하는 것이다. 소비자는 대상물을 지각할 때 유입 자극물과 관련하여 기억에 저장하고 있던 정보에 근거해서 해석한다. 해석된 정보는 기억에 저장되며, 제품 속성에 대한 신념이나 태도에도 영향을 줄 수 있다.

(4) 기 억

기억(memory)에는 단기기억과 장기기억이 있다. 이 중 **단기기억**은 정보처리의 기능을 가지며 장기기억은 정보저장의 기능을 갖는다. **장기기억**에는 소비자가 정보처리과정과 의사결정과정에서 획득한 정보가 저장되어 있다. 브랜드명, 제품 속성에 대한 신념, 제품에 대한 태도, 광고 메시지 등과 같이 정보처리과정에서 획득한 다양한 정보가 장기기억에 저장된다. 또한 의사결정과정에서 새롭게 탐색한 제품정보, 제품 구매·사용 경험, 제품에 대한 만족도 등도 장기기억에 저장되는 정보이다. 장기기억에 저장된 정보는 정보처리과정과 의사결정과정에서 인출되어 사용된다. 예를 들어, 새롭게 접한 제품 정보에 대한 이해는 기존의 관련 지식을 이용해 이루어진다. 기억에 저장된 제품 정보나 태도를 인출해 구매의사결정을 하기도 한다. [그림 2.1]의 기억과 관련된 양방향 화살표가 의미하듯이 정보의 저장과 인출은 정보처리과정과 의사결정과정에서 지속적으로 이루어진다.

연상에 의한 기억증대: 오뚜기 진라면은 상표명과 이름이 같은 BTS 멤버 진(Jin)을 광고모델로 사용하여, 브랜드와 모델 간의 연관성을 통해 소비자의 제품과 광고에 대한 인지도와 기억을 높이고자 하였다.

(5) 태 도

태도(attitudes)는 개인이 한 대상에 대해 갖는 긍정 혹은 부정적인 감정의 정도를 가리킨다. 소비자들은 제품, 브랜드, 기업, 상점, 광고와 같이 다양한 대상에 대해 긍정적, 중립적, 혹은 부정적 태도를 가지고 있다(제8장 참조). 소비자 정보처리 과정에서 태도는 소비자가 이해한 정보의 내용에 따라 형성될 수 있다. 예를 들어, TV 광고를 보다가 특정 브랜드에 대해 자연스럽게 호의적 태도가 형성될 수 있다. 새로운 정보에 의해 과거에 형성된 태도가 변화하기도 한다.

소비자의 태도형성과 관련하여 여러 가지 견해가 제시되었는데 가장 전통적인 견해는 **인지적 학습이론**(cognitive learning theory)이다. 인지적 학습이론에 의하면 소비자는 직접경험 혹은 외부정보에 기초하여 제품속성들에 대한 신념을 형성하고 이를 바탕으로 전반적인 태도가 결정된다. 인지적 학습이론에 근거하여 **Fishbein 태도모델** 등이 개발되었다(제9장 참조). 인지적 학습이론은 고관여 상태의 소비자가 인지적 노력을 기울여 대상에 대한 태도를 형성하는 과정을 설명하는데 매우 적절하다. 그러나 소비자는 그러한 인지적 노력을 기울이지 않고도 대상에 대한 태도를 형성하는 경우가 많다. 특히, 소비자는 광고 등의 설득적 메시지에 노출되는 경우 매우 저관여 상태에 있더라도 그 대상에 대해 태도를 형성/변화하기도 한다. 저관여 태도 형성과 변화에 대한 여러 이론들은 제9장에서 다룬다.

3. 개인적 영향요인과 환경적 영향요인

소비자 의사결정과정과 정보처리과정은 소비자의 **개인적 요인**과 소비자가 처한 **환경적 요인**으로부터 크게 영향을 받는다([그림 2.1]). 개인적 요인 중에서 특히 중요한 개념인 관여도, 제품지식, 인지시스템의 내용은 본장에서 다룬다. 그 밖에 학습, 개성, 가치, 라이프스타일 등 소비자행동에 영향을 미치는 다양한 개인적 요인은 제10장과 제11장에서 설명한다.

모든 소비자는 크고 작은 집단 혹은 사회의 구성원으로서, 자신이 속한 문화, 사회계층, 준거집단, 가족으로부터 자신이 의식하든 못하든 많은 영향을 받는다. 본서의 제12장과 제13장은 환경적 요인이 소비자행동에 미치는 영향을 다룬다. 또한 소비자 의사결정과 정보처리는 상황요인에도 영향을 받는다. 구매상황(purchase situation)의 예를 들면, 백화점에서 쇼핑을 할 때 매장이 혼잡하면 그렇지 않은 경우보다 쇼핑을 빨리 끝내려고 할 것이다. 소비자의 제품 구매는 매장내 배경음악에 영향을 받기도 한다(제14장). 소비자 의사결정은 사용상황(usage situation)에도 영향을 받는다. 예를 들어, 사람들이 오늘 어떤 옷을 입을지에 관한 결정은 그날의 자신의 활동(예, 면접, 쇼핑, 등산 등)을 고려해 이루어진다(제5장).

2.2 관여도, 제품지식, 인지시스템

본 절에서는 소비자행동의 여러 측면에 영향을 미치는 관여도, 제품지식, 인지시스템을 설명한다. 이 개인특성 변수들은 제3장 이후에 다루는 의사결정과 정보처리 과정에 영향을 미치기 때문에, 본 절에서 기본적인 개념을 설명하고자 한다.

1. 관여도

관여도는 소비자 의사결정과 정보처리의 거의 모든 과정에 영향을 미치는 중요한 변수다. 관여도는 정보탐색(제3장), 대안평가(제4장), 구매(제5장), 주의 및 이해(제6장), 기억(제7장), 태도-행동 관계(제8장), 태도의 형성과 변화(제9장), 학습(제10장)과 같은 다양한 소비자행동에 영향을 미친다. 이하에서 관여도의 개념과 결정요인을 설명한 다음 소비자행동연구를 위한 관여도 측정방법을 소개한다.

(1) 관여도의 개념

우리는 매일 수많은 광고에 노출되지만 그중 일부의 광고에만 특히 관심을 기울이고 다른 광고에는 주의를 하지 않는다. 어떤 제품을 구입할 때는 브랜드 간의 차이에 대하여 잘 모르더라도 대충 선택을 하는 반면, 다른 제품을 구입할 때는 선택에 보다 신중을 기한다. 동일한 제품군에서의 선택이라도 어떤 경우(예, 자신이 사용하기 위한 제품 구매)에는 적당히 선택을 하지만 다른 경우(예, 선물 구매)에는 보다 고심을 한다. 이러한 차이를 설명해주는 개념이 관여도이다. **관여도**(involvement)는 '주어진 상황에서 특정 대상에 대한 개인의 중요성 지각정도(perceived personal importance)'라고 정의될 수 있다([그림 2.2] 참조). 한 개인(person)에게 있어서 관여의 정도는 대상에 따라 다르다. 또한, 동일한 대상(object)에 대한 관여도는 개인에 따라 다르며, 한 대상에 대한 관여도는 상황(situation)에 따라서도 달라진다. 그러므로 관여도는 개인, 대상 및 상황의 함수이다.

관여도는 연속적이며 상대적인 개념이지만 편의상 **고관여**(high involvement)와 **저관여**(low involvement)로 구분된다. 소비자가 어떤 제품군에서 선택할 브랜드를 결정하기 위하여 정보를 탐색하고 평가할 때 그 제품군에 대한 관여도가 높으면 낮은 경우에 비하여 보다 많은 노력을 하며 신중해진다(의사결정과정). 그리고 관

그림 2.2 관여도의 개념

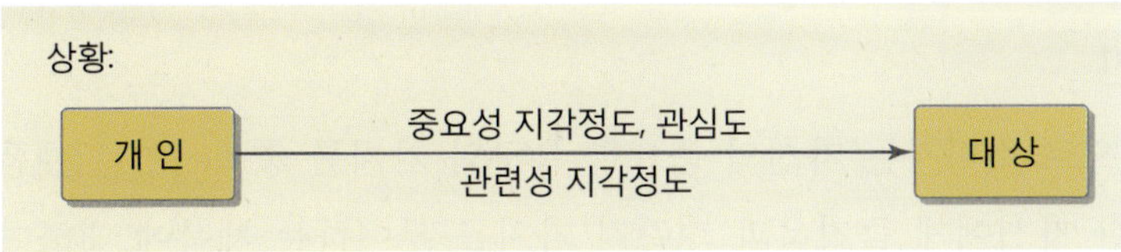

여도가 높은 제품군의 광고에 노출되면 낮은 제품군의 광고에 노출되었을 때에 비하여 보다 많은 주의를 기울이고 깊게 생각하게 된다(정보처리과정). 또한 한 브랜드에 대한 태도의 형성 혹은 변화 과정이 관여도에 따라 매우 달라질 수 있다(태도의 형성과 변화). 이처럼 관여도는 소비자행동의 여러 측면에 큰 영향을 미친다.

(2) 관여도의 결정요인

전술한 바와 같이 관여도의 결정요인은 개인, 제품(대상) 및 상황이다. 이를 각각 살펴보면 다음과 같다.

① 개인적 요인

한 제품에 대한 관여도는 개인마다 다르다. 예를 들어, 신제품 맥주 광고에 처음으로 노출된 경우, 평소 맥주를 즐기는 사람은 그렇지 않은 사람에 비하여 그 광고에 더 많은 관심을 갖는다. 이와 같이 개인이 어떤 제품에 대하여 지속적으로 갖는 관여를 **지속적 관여**(enduring involvement)라고 한다. 소비자 상황에서 관여도의 대상은 제품군이 될 수도 있고 특정 브랜드가 될 수도 있다. 자동차 마니아(mania)나 와인 마니아가 전자에 해당하고, 애플 마니아, 바비(Barbie)인형 마니아, 레고(Lego) 마니아 등이 후자에 속한다. 이들은 제품에 대해 지속적 관여도가 높으며, 평소 그 제품과 관련된 정보를 지속적으로 수집하고 신제품이 출시되면 특히 관심을 갖는다. 지속적 관여는 제품이 자신의 중요한 가치(value)와 관련되거나 자아(ego)와 관

레고(Lego) 스토어: 아동용 완구로 시작한 레고는 지속적인 고관여를 가진 성인 마니아층을 보유하고 있으며, 이들을 대상으로 하는 제품기획과 마케팅을 활발히 하고 있다.

련될수록 높아진다. 예를 들어, 자신이 품위 있게 보이거나 매력적으로 보이는 것을 중요시하는 소비자는 타인들에 비해 의류에 보다 높게 관여된다.

② 제품요인

일반적으로 소비자는 자신의 중요한 욕구와 가치를 충족시키는 제품에 높게 관여된다. 또한 자신에게 즐거움과 쾌락적 가치를 부여하는 제품에 대하여 높게 관여된다. 이는 제품의 객관적 혜택과는 거의 무관한 주관적인 것이다. 또한 소비자는 제품과 관련해서 높은 수준의 **지각된 위험**(perceived risks)을 가질 때 그 제품에 보다 높게 관여된다. 여기서 지각된 위험이란 제품의 구매·사용에 의하여 초래될 수 있는 예기치 않은 결과에 대한 불안감을 말한다. 지각된 위험에는 다음과 같은 것들이 있다.

- 성능 위험(performance risk): 그 제품이 성능을 제대로 발휘하지 못할 것에 대한 염려를 말한다. 새 차를 구입할 때에 비해 중고차를 구입할 때 소비자는 보다 큰 성능 위험을 지각할 수 있다.
- 신체적 위험(physical risk): 그 제품의 사용결과 소비자가 해를 입을 가능성에 대한 불안감이다. 예를 들어, 잘 모르는 약을 타인이 권할 때 사람들은 부작용의 염려 때문에 주저한다. 식품을 구매할 때 유통기한을 살피는 것도 이와 관련된다.
- 심리적 위험(psychological risk): 그 제품이 자신의 자아 이미지(self-image)에 부정적인 영향을 미칠 수 있는 위험을 말한다. 예를 들어, 보수적이며 전통적인 가치관을 가진 사람이 색깔이 현란한 옷 입기를 꺼리는 것은 심리적 위험 때문이다.
- 사회적 위험(social risk): 제품구매가 다른 사람들, 특히 중요한 준거집단으로부터 부정적으로 평가받을 위험이다. 어떤 사람들이 외제품을 사고 싶어도 다른 사람들을 의식해서 주저하는 경우, 이는 사회적 위험 때문이다.
- 재무적 위험(financial risk): 소비자가 구매를 위해 지출해야 하는 비용이 자신의 가처분 소득에 비하여 클 때 갖는 위험이다. 동일한 승용차를 구매하더라도 가처분 소득이 낮은 사람은 높은 사람에 비해 더 큰 재무적 위험을 느낀다.
- 시간손실 위험(time-loss risk): 제품구매가 잘못된 경우 다시 구매하는 데 필요한 시간에 대한 염려이다. 바쁜 사람일수록 시간손실 위험을 크게 지각하게 된다.

소비자들은 지각된 위험(특히, 성능 위험)을 낮추기 위해 가급적 많은 정보를 탐색하거나 과거 만족했거나 수용할 만하다고 생각한 브랜드를 구매한다. 또한 가격이 높으면 품질이 좋을 것이라는 기대하에 보다 높은 가격의 대안을 선택할 수 있다. 혹은 광고 등을 통해 잘 알려진 브랜드를 구매할 수도 있다. 보증의 내용이 많고 보증기간이 긴 브랜드를 구매하는 것도 지각된 위험을 낮추는 방법이다.

③ 상황적 요인

어떤 제품에 대한 소비자의 관여도는 상황에 따라 달라진다. 평소 음악을 즐기지 않아 오디오 시스템에 관심을 갖지 않던 소비자도 자녀들을 위하여 오디오 시스템을 구매하고자 하면 일시적으로 이에 대한 관여도가 높아진다. 또한 대부분의 사람들이 자신이 사용하기 위하여 어떤 제품을 구매하는 경우에 비하여 선물로 주기 위하여 구매할 때 일시적으로 그 제품에 대한 관여도가 높아져 선택에 보다 고심을 하게 된다. 이와 같이 상황에 따라 변화하는 관여를 **상황적 관여**(situational involvement)라고 부른다. 예를 들어, 미국에서 꽃 매출이 가장 높은 때는 꽃을 선물로 주고받는 발렌타인 데이(Valentine's day)이다. 반면에 한국의 발렌타인 데이는 일년 중 초콜릿 매출이 최대인 날이다. 발렌타인 데이에 한국 소비자는 초콜릿에 대하여, 미국 소비자는 꽃에 대하여 상황적 관여가 높아지게 되며, 이 구매상황을 표적으로 하는 마케팅이 이루어지기도 한다.

상황적 관여를 높이는 중요한 한 요인은 특정 상황에서의 활성화된 욕구(activated needs)이다. 예를 들어, 배가 고플수록 음식에 대해 높게 관여된다. 욕구는 사회적 욕구(social needs)와 비사회적 욕구(nonsocial needs)로 나눌 수 있다. 이 중 사회적 욕구는 다른 사람들과의 관계와 관련된 욕구이며, 비사회적 욕구는 타인과는 무관하게 자기 자신에만 관련된 욕구이다. 욕구는 또한 기능적 욕구(functional needs), 상징적 욕구(symbolic needs), 그리고 쾌락적 욕구(hedonic needs)로 나눌 수 있다(제14장). 기능적 욕구는 보

상황적 관여: 발렌타인 데이에 한국에서는 초콜릿에 대한 상황적 관여 수준이 높아지며, 미국에서는 꽃에 대한 상황적 관여 수준이 높아진다. 상황적 관여 수준이 높아진 소비자를 대상으로 한 마케팅이 이루어지기도 한다.

다 기능이 높은 제품에 대한 욕구이며, 상징적 욕구는 제품을 통하여 자신의 성취, 사회적 지위, 부 등을 나타내고자 하는 욕구이다. 또한 쾌락적 욕구는 감각적 자극(sensory stimulation)을 즐기고자 하는 욕구이다. 기능적 욕구는 뒤에서 설명하는 인지적 관여와 관련되고, 상징적 및 쾌락적 욕구는 감정적 관여와 관련된다.

(3) 관여도의 측정

소비자의 제품관여도에 따라 의사결정과정, 정보처리과정, 태도형성과정 등 소비자의 행동이 상당히 달라진다. 그러므로 소비자행동을 연구하기 위해서는 소비자의 관여도를 측정하여야 한다. 관여도 개념은 Herbert Krugman에 의하여 소비자행동연구에 도입된 이래 여러 연구자들에 의하여 측정방법이 개발되었다.[3] 여기에서는 비교적 잘 알려진 두 가지 방법을 소개하고자 한다.

① Zaichkowsky의 PII

관여도 측정도구들 중 잘 알려진 한 가지는 Zaichkowsky에 의하여 개발된 PII(Personal Involvement Inventory)이다.[4] PII는 '중요하다 – 중요하지 않다,' '관심이 많다 – 관심이 없다' 등과 같은 7점 의미차별화 척도(semantic differential scale)로 만들어진 20개 항목으로 구성되는데, 각 항목에 대한 응답자의 점수를 집계한 것이 그 대상에 대한 응답자의 관여도이다. 한 제품에 대한 관여도를 PII로 측정한 경우 개인별 점수는 20~140(20×1~20×7)의 분포로 나타난다. 그러므로 20에 가까울수록 그 소비자는 저관여 소비자로, 그리고 140에 가까울수록 고관여 소비자로 분류된다. Zaichkowsky는 PII를 이용하여 여러 가지 제품에 대한 소비자들의 관여도를 측정하였는데, 조사대상 제품들 중 자동차와 전자계산기가 관여도가 가장 높은 것으로, 커피와 씨리얼이 가장 낮은 것으로 나타났다.

국내에서 수행된 한 연구에서는 관여도를 측정하기 위하여 Zaichkowsky의 PII를 이용하였다. PII 항목들 중 영어로는 다른 단어이나 의미가 매우 유사하여 우리말로는 적절하게 달리 번역할 수 없는 것들이 여러 개 있다. 이 경우 두 개의 다른 항목도 하나의 항목으로 간주하여 12개를 번역하였는데 이는 〈표 2.1〉에 나타나 있다.[5] 이 연구에서는 원래 미국에서 개발된 관여도 측정항목들을 우리말로 번역하여 사용하는 것이 타당한지를 검증하기 위하여 타당성과 신뢰성을 조사하였는데 두 가지 모두 상당히 만족스러운 것으로 나타났다.[6]

표 2.1 Zaichkowsky의 PII 항목

중요하다	___:	___:	___:	___:	___:	___:	___	중요하지 않다
관련이 크다	___:	___:	___:	___:	___:	___:	___	무관하다
의미가 크다	___:	___:	___:	___:	___:	___:	___	의미가 작다
유용하다	___:	___:	___:	___:	___:	___:	___	유용하지 않다
가치가 크다	___:	___:	___:	___:	___:	___:	___	가치가 작다
중대한 것이다	___:	___:	___:	___:	___:	___:	___	하찮은 것이다
유익하다	___:	___:	___:	___:	___:	___:	___	유익하지 않다
관심이 많다	___:	___:	___:	___:	___:	___:	___	관심이 없다
매력적인 것이다	___:	___:	___:	___:	___:	___:	___	매력적인 것이 아니다
원한다	___:	___:	___:	___:	___:	___:	___	원하지 않는다
바람직하다	___:	___:	___:	___:	___:	___:	___	바람직하지 않다
필요하다	___:	___:	___:	___:	___:	___:	___	필요하지 않다

자료원: 이학식 (1990), "소비자 정보처리에 대한 관여도와 광고유형의 조정적 역할," *경영학연구*, 19 (2), p. 100.

② Laurent and Kapferer의 관여도 측정도구

대부분의 관여도 측정도구가 관여도를 단일 차원에 입각하여 측정하는 데 비해 Laurent and Kapferer는 한 제품에 대해 관여도가 높아지는 이유는 여러 가지가 있으므로 관여도를 단일 차원에 의해 측정하는 것은 부적절하다고 주장하였다. 예를 들어, 한 소비자가 구두를 구매하면서 디자인과 색상에 큰 관심을 가질 수도 있지만, 또 다른 소비자는 구두 브랜드를 보고 남들이 자신을 판단할지도 모른다는 점에 마음을 쓸 수도 있는 것이다. 전자는 제품의 실용적 동기와 관련되는 데 비해, 후자는 상징적 혹은 가치-표현적 동기와 관련된다. 이와 관련하여 관여를 인지적 관여와 감정적 관여로 구분할 수 있다.

인지적 관여(cognitive involvement)는 실용적 동기와 관련되는 것으로 소비자가 브랜드를 선택할 때 제품의 실용적인 면을 크게 의식한다면 인지적 관여도가 높아진다. 반면에 **감정적 관여**(affective involvement)는 쾌락적 혹은 상징적 동기와 관련되는 것으로, 소비자가 브랜드를 선택할 때 그 브랜드를 소비·사용함에 따라 얼마나 즐거움을 누릴 수 있는가 혹은 타인들이 자신을 어떻게 볼까 하는 점을 중요시한다면 감정적 관여도가 높아진다. 이러한 관점에서 Laurent and Kapferer

는 관여도를 측정할 때 관여도의 정도만 측정해서는 안 되며, 어떤 종류의 관여도 인지를 측정해야 한다고 주장하였다. 그리하여 관여도를 다음의 네 가지 차원들(dimensions)에 의하여 측정할 수 있는 것으로 제안하였다.[7]

- 제품의 중요성과 잘못된 선택에 따른 부정적 결과의 중요성
- 잘못된 선택을 할 가능성
- 제품이 쾌락적 가치와 즐거움을 줄 수 있는 능력(pleasure value)
- 소비자가 제품에 부여하는 상징적 가치(symbolic value)

위와 같은 네 가지 차원들 각각을 측정할 수 있는 항목들을 응답자에게 제시하고 각 항목에 대한 응답자의 동의정도를 각 차원의 관여도로 가름하는 것이다. 한 제품의 각 차원에 대한 관여도를 측정할 수 있는 항목의 예는 다음과 같다.

중요성 지각:	____ 는 나에게 매우 중요하다.
	____ 를 잘못 선택한다는 것은 나에게 커다란 문제이다.
잘못 선택할 가능성:	____ 를 잘못 선택할 가능성은 매우 높다.
즐거움 가치:	____ 는 내게 큰 즐거움을 준다.
상징적 가치:	나는 다른 사람이 선택하는 ____ 를 보고 그 사람을 진실로 판단할 수 있다.

〈표 2.2〉는 Laurent and Kapferer가 207명의 주부를 대상으로 14개의 제품에 대한 관여도를 네 가지 차원에 따라 설문조사한 결과이다. 예상대로 여성정장과 브래지어는 모든 차원에서 가장 높게 나타났고 세제는 가장 낮게 나타났다. 진공청소기는 부정적 결과의 중요성과 잘못 구입할 가능성에 있어서는 상당히 높으나 즐거움 가치와 상징적 가치에서는 상당히 낮은 것으로 나타났으며, 세숫비누는 정반대로 나타났다.

③ 두 가지 측정도구의 비교

Zaichkowsky의 PII는 비교적 유사한 20개의 항목들로 구성되는 데 비해, Laurent and Kapferer의 관여도 척도는 서로 다른 네 가지 차원들로 구성된다. Zaichkowsky의 PII는 상대적으로 인지적 관여를 측정하는 면이 강하다고 볼 수 있으며, 20개의 항목들로 측정함으로써 타당성과 신뢰성을 높일 수 있는 장점이 있다.

표 2.2 소비제품에 관한 관여도

제품	부정적 결과의 중요성	잘못 선택할 가능성	즐거움 가치	상징적 가치
여성정장	121	112	147	181
브래지어	117	115	106	130
세탁기	118	109	106	111
TV 수상기	112	100	122	95
진공청소기	110	112	70	78
다리미	103	95	72	76
샴페인	109	120	125	125
식용유	89	97	65	92
요구르트	86	83	106	78
초콜릿	80	89	123	75
샴푸	96	103	90	81
치약	95	95	94	105
세숫비누	82	90	114	118
세제	79	82	56	63

* 평균값＝100.

자료원: Laurent, Gilles and Jean-Noël Kapferer (1985), "Measuring Consumer Involvement Profiles," *Journal of Marketing Research,* 22 (1), p. 45.

이에 비해 Laurent and Kapferer의 척도는 관여도를 여러 측면에서 측정하므로 소비자가 어떤 면에서 특정 제품군에 높게 혹은 낮게 관여되는지를 알 수 있다. 이들의 연구에 의하면 소비자의 관여도가 어떤 차원에서 높은지 혹은 낮은지에 따라 소비자행동이 달라지는 것으로 나타났다. 예를 들어, 중요성 정도는 포괄적 의사결정 정도에 정의 영향을 미치지만, 즐거움 가치는 포괄적 의사결정정도에 영향을 미치지 않는 것으로 나타났다.

(4) FCB Grid: 관여도와 제품 유형의 마케팅 시사점

소비자가 구매하려는 브랜드 선택에 신중한 경우, 어느 브랜드가 더 실용적인지를(실용적 동기) 고심할 수도 있고, 혹은 어느 브랜드를 소비·사용하는 것이 더 즐길 수 있는가 혹은 자신을 보다 잘 나타낼 수 있을지를(쾌락적 혹은 상징적 동기) 고심할 수도 있다. 전자의 경우 인지적 관여가 높아지며 후자의 경우 감정적 관여가 높아진다. 소비자의 이러한 측면과 관련하여 Berger는 소비자들을 대상으로 여러 제품군에 대하여 조사하였다.[8] 그는 실용적인 면이 주로 고려되는 제품을 이성적 제품(think product), 그리고 쾌락적 혹은 상징적인 면이 주로 고려되는 제품을

그림 2.3 관여도와 제품 유형에 따른 FCB Grid

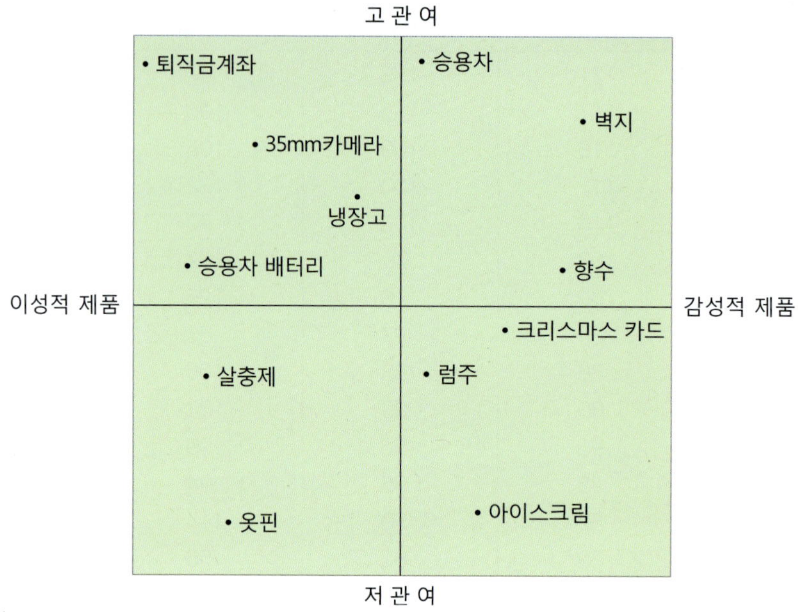

자료원: Berger, David (1986), "Theory into Practice: The FCB Grid," *European Research*, 14 (1), p. 35.

감성적 제품(feel product)으로 분류하였다. 그리고 관여를 고·저로 나누어 조사한 제품들을 [그림 2.3]과 같이 4분면에 나타내었다.

이 그림에서 제품이 우측에 위치할수록 감성(feel) 성향이 강하고 좌측에 위치할수록 이성(think) 성향이 강하다. 또한 위에 위치할수록 고관여에 속하고 아래에 위치할수록 저관여에 속한다. 예를 들어, 향수는 승용차보다 감성 성향이 강하지만 보다 저관여 제품으로 받아들여진다. 이 그림은 광고 대행사 Foote, Cone & Belding이 개발하여 **FCB Grid**로 불리어진다.[9]

FCB Grid는 마케터에게 의미 있는 시사점을 제공한다. 즉, 이성/고관여 제품은 소비자가 인지적 노력을 들여 구매하는 기능성 제품(컴퓨터, 침대, 가전제품 등)이므로 구체적 정보를 제공하여 그 제품이 실용적임을 설득하는 것이 바람직하다. 감성/고관여 제품은 자신의 표출과 관련되는 제품(화장품, 패션의류, 보석 등)으로 구체적 정보제시에 의한 설득적 노력보다 전체적으로 좋은 느낌(holistic feeling)이 유발되도록 할 필요가 있다. 이성/저관여 제품은 소비자가 적은 인지적 노력에 의해 구매하는 제품(편의품, 식품 등)으로 쿠폰, 무료샘플 등에 의하여 구매를 유도하고, 일단 구매한 소비자들이 자사 브랜드를 습관적으로 구매하도록 하는 전략이 제시될 수 있다. 광고의 경우 자세한 메시지로써 설득하려는 노력보다 간단한 메시지를 반복적으로 노출시키는 것이 권장된다. 감성/저관여 제품은 개인의 기호와 관련된 제품(맥주, 영화, 청량음료 등)으로 입간판(billboards), POP 촉진(point-of-purchase promotion), 인기 모델 등으로 주의를 유발하고 모방적 행동을 유도하는 방식이 고려될 수 있다.

기능성 제품이지만 디자인을 강조: 냉장고는 기능성이 중요한 제품이다. 그러나 FCB Grid에는 냉장고가 이성적 제품에 속해 있으면서도 감성적 제품에 가까이 위치하고 있다. 이는 소비자들이 이와 같은 제품 선택에 기능만을 중요시하는 것이 아니라 디자인과 같은 감성 요인을 중요시함을 보여준다. 삼성전자는 천편일률적인 냉장고 디자인을 탈피해서 소비자의 취향에 따라 다양한 색상과 디자인을 조합할 수 있는 Bespoke라인을 출시했다.

그러나 어떤 제품이 FCB Grid에서 차지하는 위치는 절대적이 아니므로 위의 제안이 언제나 적절하다고는 할 수 없다. 예를 들어, 승용차는 위의 FCB Grid에서는 감성/고관여 제품으로 분류되어 있으나, 실용성을 무엇보다 중요시하는 소비자들에게는 이성/고관여 제품으로 분류된다. 그러므로 이 경우 어떤 소비자를 표적으로 하는가에 따라 다른 전략이 필요하다.

2. 제품지식

소비자가 가지고 있는 제품에 대한 지식은 구매의사결정과 정보처리에 많은 영향을 미친다. 소비자 지식의 대상은 제품군(예, PC), 제품유형(예, 노트북 PC), 브랜드(예, LG 노트북), 제품모델(LG 노트북 그램) 등 다양하나, 소비자행동에 많은 영향을 주는 제품군(예, PC) 수준의 지식에 대한 연구가 주로 이루어졌다. 제품지식은 정보에 주의를 기울이는 정도, 제품정보에 대한 이해, 태도를 형성하는 과정, 의사결정방법 등에 영향을 미친다. 이하에서는 제품지식의 정의, 지식수준에 따른 정보의 특성, 제품지식이 소비자행동에 미치는 영향을 설명한다.

(1) 제품지식의 정의

제품지식(product knowledge)은 소비자의 장기기억에 저장된 제품(예, 속성, 편익, 태도), 행동(구매나 사용방법), 의사결정방법 등에 대한 정보를 의미한다.[10] 소비자의 제품지식은 친숙도와 전문지식으로 세분되기도 한다.[11] **친숙도**(familiarity)는 제품과 관련된 축적된 경험으로 정의된다. 소비자는 광고노출, 정보의 탐색, 제품 구매·사용 경험을 통해 관련된 지식을 습득한다. **전문지식**(expertise)은 구매 의사결정과 같은 제품과 관련된 과제(task)를 잘 수행할 수 있는 능력을 의미한다. 즉, 친숙도는 제품과 관련된 경험을, 전문지식은 제품과 관련된 능력을 의미한다.

소비자의 제품지식 측정은 주관적 지식이나 객관적 지식에 대한 조사로 이루어진다.[12] **주관적 지식**(subjective knowledge)은 소비자가 스스로 평가하는 제품에 대한 지식을 말한다. 주관적 지식은 소비자 자신이 평가하는 지식수준, 제품경험 등을 등간척도를 이용한 자기보고법(self-report)으로 측정한다(예, "나는 자동차에 대한 지식이 많다": 1=그렇지 않다, 7=그렇다). **객관적 지식**(objective knowledge)은 소비자의 기억에 저장되어 있는 제품에 대한 정확한 정보를 의미한다. 객관적 지식은 일반적으로 제품지식에 대한 시험(test)으로 측정된다. 예를 들어, Park, Mothersbaugh, and Feick은 객관적 지식을 제품과 관련된 10개 문제 중에서 소비자가 맞춘 정답의 개수로 측정하였다.[13]

(2) 제품지식 수준에 따른 장기기억에 저장된 정보의 특성

소비자의 제품지식 수준에 따라 장기기억에 저장되어 있는 제품정보의 양과 내용, 정보의 조직, 의사결정 기준이 다르다.[14] 이러한 차이로 인해 제품지식의 수준에 따라 소비자 의사결정의 과정과 결과가 다르게 나타날 수 있다.

첫째, 소비자의 제품지식은 장기기억에 저장되어 있는 정보의 양과 내용(content)과 관련이 있다. 제품지식이 많은 소비자는 일반적으로 그 제품에 대한 관여도가 높은 경향이 있기 때문에 지속적으로 제품정보를 접하고 학습하려고 노력한다. 따라서 제품군에 대한 지식수준이 높을수록 특정 브랜드, 모델, 제품하위범주(subcategories), 제품 사용방법, 제품에 대한 태도와 같은 다양한 정보를 가지고 있다. 또한 지식수준이 높은 소비자는 제품이 가지고 있는 속성이 제품 편익과 품질에 미치는 영향을 잘 알고 있기 때문에, 신제품에 대한 정보를 접한 경우 제품 품질에 대한 평가를 용이하게 할 수 있다.

둘째, 제품지식 수준이 높을수록 장기기억에 저장되어 있는 정보가 잘 조직화(organization)되어 있다. 제품정보는 계층적 범주구조(hierarchical category structure)로 조직화되어 있다. 예를 들어, '자동차-중형차-현대 쏘나타-2024년형

가솔린 2.0 쏘나타'와 같이 관련 정보는 계층적 구조로 존재한다. 제품지식 수준이 높을수록 관련정보는 더 구체적으로 세분되어 조직화되어 있다. 소비자는 새롭게 제시된 정보를 자신의 계층적 범주와 관련된 지식을 이용해 이해하려 하기 때문에, 지식수준에 따라 이해의 과정과 정도가 달라진다. 이와 관련된 구체적인 내용은 제6장의 지각적 범주화에서 설명한다.

셋째, 제품지식 수준에 따라 의사결정 기준과 방법이 다르다. 지식이 많은 소비자는 제품정보를 이해하는 다양한 방법을 알고 있으며, 구체적인 제품 속성정보에 대한 이해를 통해 제품 품질을 평가하고 구매 의사결정을 하는 경향이 많다. 그러나 지식이 적은 소비자는 브랜드명, 제품 제조국, 가격 등과 같은 비본질적 정보에 의존해 의사결정을 하는 경향이 있다.

(3) 제품지식이 소비자행동에 미치는 영향

소비자의 제품에 대한 지식은 소비자 의사결정과 정보처리의 여러 측면에 영향을 미친다. 본서에서 다루는 내용 중에서, 정보의 탐색(제3장), 정보의 이해(제6장), 정보의 범주화(제6장), 기억(제7장), 태도의 요소(제8장), 태도의 형성과 변화(제9장), 인지적 학습(제10장) 등이 소비자 지식수준에 영향을 받는다. 예를 들어, 지식이 많은 소비자는 제품 관련 정보를 더 효과적으로 이해하며, 자신의 의사결정에 대한 확신이 강하다. 예를 들어, 디지털 카메라 구입시에 구매를 고려하는 제품의 렌즈 정보가 'Carl Zeiss f=35mm, 1:2.0'일 때, 지식이 많은 소비자는 이 정보가 렌즈 제조사, 화각, 렌즈밝기라는 것을 쉽게 이해하며, 이 제품의 품질이 얼마나 좋은지를 적은 인지적 노력으로 평가할 수 있다. 그러나 지식이 많지 않은 소비자는 이 정보를 이해하는 데 어려움을 겪는다. 따라서 마케터는 제품정보를 어떻게 제시할지 결정할 때 표적청중의 지식수준을 고려해야 하며, 지식이 적은 소비자에게는 정보를 이해하기 쉽게 전달해야 한다.

3. 인지시스템: 시스템 1, 시스템 2

(1) 시스템 1과 시스템 2

사람들이 지각, 판단, 의사결정을 할 때 작동하는 인지시스템(cognitive system)에는 시스템 1과 시스템 2의 두 가지 종류가 있다. Kahneman and Frederick은 인지시스템을 직관적(intuitive) 판단을 담당하는 **시스템 1**(system 1)과 심사숙고하

표 2.3 시스템 1과 시스템 2의 특성

시스템 1 직관적(intuitive) 시스템	시스템 2 심사숙고(reflective) 시스템
프로세스 특성	
자동적(automatic) 인지적 노력을 적게 들이는(effortless) 연상적(associative) 속도가 빠른, 평행적(rapid, parallel) 불투명한(opaque) 프로세스 숙련된 행동(skilled action)	통제된(controlled) 인지적 노력을 많이 들이는(effortful) 연역적(deductive) 속도가 느린, 순차적(slow, serial) 스스로 인지하는(self-aware) 프로세스 규칙의 적용(rule application)
해당 프로세스가 작동하는 대상의 특성	
감성적(affective) 인과적 성질(causal propensities) 구체적, 특정한(concrete, specific) 전형(prototypes)	중립적(neutral) 통계(statistics) 추상적(abstract) 집합(sets)

자료원: Kahneman, Daniel and Shane Frederick (2002), "Representativeness Revisited: Attribute Substitution in Intuitive Judgement," in *Heuristics and Biases: The Psychology of Intuitive Judgment*, ed. Thomas Gilovich, Dale Griffin, and Daniel Kahneman, New York, NY: Cambridge University Press, p. 51; 하영원 (2023), *결정하는 뇌*, 21세기북스, p. 66.

는 추론(reflective reasoning)을 담당하는 **시스템 2**(system 2)로 나누었으며, 두 시스템의 특징을 〈표 2.3〉과 같이 정리했다.[15] 시스템 1은 많은 인지적 노력을 들이지 않는 즉각적이고 자동적인 반응을 담당하는 인지시스템이다. 따라서 시스템 1에 의존한 지각이나 판단은 오류나 편향이 발생할 가능성이 높다. 시스템 2는 인지적 노력을 필요로 하는 논리나 수리적 계산 같은 작업을 하는 인지시스템이다. 시스템 1에 의해 발생한 오류나 편향이 있는 경우, 시스템 2로 이를 수정하려 노력한다. 그러나 시스템 2가 작동하지 않거나 시스템 1의 오류를 고치지 못하는 경우, 사람들은 판단이나 의사결정에 여러 가지 오류를 보이게 된다.

두 종류의 시스템의 작동원리를 예를 통해 알아보기 위해 다음 문제의 답을 생각해 보자.[16]

- 야구 배트와 야구공을 합쳐서 값이 11,000원이다. 그런데 배트가 공보다 10,000원 더 비싸다고 한다. 야구공의 값은 얼마인가?

즉각적으로 떠오르는 답은 1,000원일 수 있다. 그러나 야구공의 값이 1,000원인 경우, 배트의 값은 11,000원이 되어 합이 12,000원이 되어버린다. 한번 더 생각해 보면, 공의 값이 500원이 되어야 배트값이 10,500원이 되어 계산이 맞게 된다. 이 문제에 대한 답을 찾는 과정에는 두 인지시스템이 관여되어 있다. 1,000원이라는 즉각적인 답은 직관에 의지하는 시스템 1의 반응이다. 계산을 통해 정답을 찾는 과정은 시스템 2를 이용한 판단이다.

시스템 1과 시스템 2의 작동이 소비자 지각에 미치는 예의 하나는 숫자지각에 나타나는 **액면가효과**(face-value effect)이다. 액면가효과란 소비자가 숫자와 단위로 표시된 정보를 처리할 때, 숫자의 크기에 더 큰 영향을 받으며 상대적으로 단위는 덜 고려하는 성향을 의미한다. 액면가효과는 외국화폐로 표시되는 가격 평가에 주로 나타난다(자세한 내용은 제14장 가격지각에서 설명됨). 예를 들어, 베트남 온라인 상점에서 판매되는 최신 아이폰 가격은 26,450,000 베트남 동(dong)이다. 이 가격 정보를 본 소비자는 제시된 큰 숫자(약 2,645만동)에 근거해 가격이 비싸다고 여길 것이다. 이는 숫자 크기에 따른 시스템 1의 즉각적인 반응이다. 그러나 외국화폐로 제시된 가격이기 때문에 정확한 구매비용을 파악하기 위해서는 환율을 고려한 계산을 해야 하며, 이는 시스템 2를 이용한 판단과정이다. 실제로 이 가격은 원화로 145만원 정도이다. 그러나 많은 경우 정확한 계산을 하기보다는 어림짐작으로 비용을 추정하기 때문에 액면가효과가 나타날 수 있다.

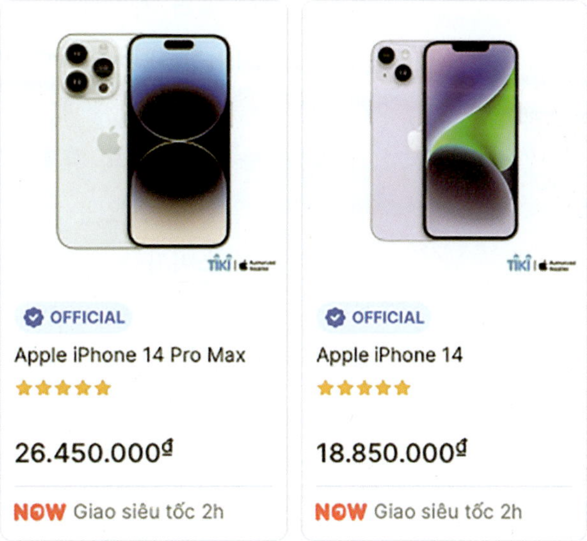

액면가효과의 예: 동일한 가격이더라도 베트남화폐와 같이 큰 숫자로 표시되는 가격은 비싸다고 인식되는 경우가 많으며 이는 시스템 1의 즉각적인 숫자에 대한 반응의 결과이다.

인지시스템의 영향은 소비자 정보처리와 의사결정에서 나타날 수 있다.[17] 본서에서 다루는 내용 중 프레이밍 효과(제4장), 프로스펙트 이론의 손실회피(제4장), 마케팅 정보의 지각과 이해(제6장), 기억의 용이성으로 인한 이용가능성 휴리스틱(제7장), 확인의 편향(제10장) 등이 시스템 1과 시스템 2의 영향으로 설명될 수 있다.

(2) 인지시스템과 판단 편향

많은 의사결정은 특정 결과가 나타날 확률이나 빈도에 대한 판단에 따라 이루어진다. 예를 들어, 아침에 집을 나설 때 우산을 들고 갈지 여부는 비가 올 확률에 대한 예측에 따라 결정한다. 주식 투자결정에 있어서 고려하는 요인은 구매한 주식 가격이 오르거나 내릴 확률이다. 또한 소비자는 제품의 품질과 성능이 기대를 충족시켜줄 가능성에 따라 구매 여부를 결정한다. 그러나 확률에 대한 판단은 결코 쉽지가 않다. 사전적 의미의 확률 계산은 특정 사건이 일어날 수 있는 빈도와 모든 가능한 사건이 일어날 수 있는 빈도를 고려해야 한다. 그러나 이와 같은 확률 판단은 어렵기 때문에 소비자는 적은 노력으로 쉽게 사용할 수 있는 **판단 휴리스틱**(judgment heuristic)을 사용하는 경향이 있다. 그러나 판단 휴리스틱은 직관에 의존한 시스템 1 인지과정이기 때문에 확률 판단에 있어서 편향(bias)이 발생할 가능성이 높다. 확률이나 빈도 판단에 자주 사용되는 휴리스틱으로 대표성 휴리스틱, 이용가능성 휴리스틱, 정박과 조정 휴리스틱이 있으며, 이하에서는 이를 설명한다.

① 대표성 휴리스틱

대표성 휴리스틱(representativeness heuristic)은 특정 대상이 어느 집단에 속할 확률에 대한 판단을 그 대상이 집단을 얼마나 잘 대표(represent)하는지에 따라 결정하는 성향을 말한다. 예를 들어, 동전을 6번 던져 앞면(H)과 뒷면(T)이 나온 세 가지 결과가 있다. 이 중에서 어느 것이 더 랜덤한 동전던지기 결과인가?

A: H H H H H H
B: H T H T H T
C: H T H T T H

사람들은 세 동전던지기 결과 중에서 C가 더 랜덤한 결과라고 생각하는 경향이 있다.[18] 이 판단은 동전던지기 결과가 사람들이 일반적으로 생각하는 '랜덤한 결과'를 얼마나 잘 대표하는지에 따라서 이루어진다. A와 같이 동일한 결과(H)가 6번 연속 나오거나 B와 같이 앞면과 뒷면이 번갈아 나오는 것은 흔히 생각하는 랜덤한 결과를 잘 대표하지 못한다. 즉, 특정한 패턴이 있는 결과는 랜덤한 결과가 아니라고 여기는 경향이 있다. C를 선택한 이유는 일정한 패턴이 없어 사람들이 생각하는 랜덤한 결과 이미지를 잘 대표하기 때문이다. 그러나 A와 B도 랜덤한 동전던지기로 나올 수 있는 결과이며, 세 결과가 나타날 확률은 모두 동일하다.

확률에 대한 착각의 유사한 예로 **도박사의 오류**(gambler's fallacy)가 있다. 예를 들어, 검은색(B)과 빨간색(R) 결과가 나올 확률이 각각 1/2인 룰렛 게임을 5번 했을 때 나온 결과가 다음과 같다고 가정해 보자.

B - R - R - R - R

도박을 하는 사람들이 다음에 돈을 걸 때는 '빨간색(R)이 이미 많이 나왔으니 이제는 검은색(B)이 나올 차례'라고 생각하여 검은색에 베팅하는 경향이 있으며, 이를 도박사의 오류라 한다. 룰렛, 동전던지기, 주사위 등과 같은 게임에서 특정 결과가 나올 확률은 이전 결과와는 독립적이다. 즉, 이전에 어떤 결과가 나왔던지 간에, 다음 룰렛에서 빨간색과 검은색이 나올 확률은 속임수나 조작이 없는 공정한 게임의 경우 각각 1/2로 변하지 않는다. 그러나 사람들은 랜덤한 결과라면 한 가지 결과가 지나치게 연속적으로 나오지는 않을 것이라고 기대하며, 이로 인해 이전 결과가 다음 결과에 영향을 미칠 것으로 착각하기 때문에 도박사의 오류와 같은 성향이 나타난다.

실제 일상생활에서 도박사의 오류는 자주 발견된다. 두 명의 동성 자녀를 둔 부모가 셋째 아기는 다른 성별일 것으로 기대하거나, 야구 경기에서 3할 타자가 지난 네 번의 타석에서 안타를 못 친 경우 다음 타석에서 안타를 칠 확률이 높다고 생각하는 것 등이 도박사의 오류의 예이다. PC게임에서 10%의 확률로 아이템을 주는 경우, 지난 9번의 시도에서 아이템이 나오지 않았기 때문에 다음번에는 확률이 높을 것이라고 기대하는 것도 유사한 예이다. 도박사의 오류는 사람들의 복권(lottery) 번호 선택에도 영향을 미친다. 사람들의 실제 복권당첨 배당을 분석한 연구에 따르면 같은 숫자가 2주 연속 당첨번호인 경우 1등에 당첨된 사람의 숫자가 적은 것으로 나타났다. 이는 사람들이 동일한 번호가 2주 연속 당첨번호가 될 확률이 낮을 것으로 기대하여 지난주에 당첨된 번호를 덜 선택하기 때문인 것으로 해석할 수 있다.[19]

② 이용가능성 휴리스틱

이용가능성 휴리스틱(availability heuristic)은 관련된 정보나 구체적인 사례를 얼마나 쉽게 떠올릴 수 있는지에 따라 빈도나 확률을 판단하는 편향을 말한다. 이용가능성 휴리스틱의 예로 사망원인에 대한 지각이 있다. 심장질환으로 사망한 경우와 모든 종류를 포함한 사고로 사망한 경우에 있어서, 사람들은 사고로 인한 사망이 더 많을 것으로 생각하는 경향이 있다.[20] 그러나 실제로는 심장질환으로 사망한 경우가 몇 배 이상 많다. 심장마비는 뉴스 등에서 다루는 경우가 상대적으로 적어 사례를 떠올리기 어려워 빈도가 더 낮다고 여겨지나, 사고의 경우는 뉴스 등과 같은 대중매체에서 보다 자주 다루기 때문에 관련된 정보가 더 잘 떠오르며, 이로 인해 빈도가 더 높다고 여겨진다. 유사한 이유로 사람들은 토네이도, 홍수, 지진과 같은 자연재해로 인한 사망원인도 실제보다 더 높다고 생각하는 경향이 있다.

이용가능성 휴리스틱으로 인한 확률지각 편향은 보험에 대한 구매의도에도 영향을 미친다. Johnson, Hershey, Meszaros and Kunreuther의 연구에 따르면 테러에 의한 비행기 추락을 보상하는 보험에 대해 지불하고자 하는 보험료가 모든 종류의 비행기사고에 대해 보상하는 보험에 대해 지불하고자 하는 보험료보다 더 높았다.[21] 후자의 경우는 테러에 의한 사고를 포함하고 있기 때문에 합리적인 의사결정이라면 지불하고자 하는 보험료가 더 높아야 한다. 그러나 테러로 인한 비행기 사고는 영화에 자주 등장하기 때문에 그 이미지가 쉽게 떠오르며, 이는 확률 지각과 보험 구매의도에 영향을 미치게 된다.

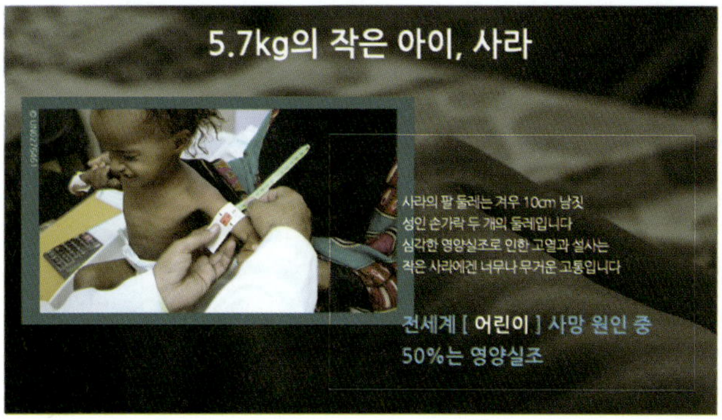

인식가능한 수혜자효과: 수혜자 한 명의 이름, 사진, 배경 등과 같은 구체적인 정보의 제시는 사람들의 기부의도를 높인다.

이용가능성 휴리스틱과 관련된 정보의 구체성은 확률지각 외에 메시지 설득효과에도 영향을 미친다. 일반적으로 메시지가 구체적일수록 설득효과는 강하게 나타난다. 한 예로, 공익 마케팅에서 정보의 구체성이 기부의도에 영향을 미치는 **인식가능한 수혜자효과**(identifiable victim effect)가 있다.[22] Kogut and Ritov의 연구에 따르면, 도움을 필요로 하는 수혜자의 이름, 나이, 사진, 배경정보와 같은 구체적인 정보를 더 많이 제시할수록 사람들의 기부의도는 더 높아진다.[23] 수혜자에 대한 구체적인 정보는 도움이 필요한 상황에 대한 생생한 이미지를 잘 떠오르게 만들기 때문에 더 강한 감정적 반응을 일으킨다. 또한 다수(8명)의 수혜자 정보를 제시하는 것보다 한 명의 수혜자 정보를 제시하는 것이 기부의도에 더 강한 영향을 미치는 것으로 나타났으며, 이러한 결과가 나온 이유도 한 명의 수혜자에 대한 정보가 주어진 경우에 상황에 대한 이미지를 더 생생하게 떠올릴 수 있기 때문이다.

③ 정박과 조정 휴리스틱

정박과 조정 휴리스틱(anchoring and adjustment heuristic)은 특정 정보를 기준점으로 삼아 숫자와 관련된 판단을 내리는 성향을 말한다.[24] 사람들은 수(number)와 관련된 판단을 할 때, 기준점(anchor)에서 시작하는 경향이 있으며, 이를 **정박**(anchoring)효과라 한다.[25] 예를 들어, 내일의 기온을 예측할 때, 오늘의 기온을 기준점으로 삼아 온도가 얼마나 변할지를 고려해 판단할 수 있다. 그러나 사람들은 특정 숫자가 마음속에 잘 떠오르거나 외부에서 제시된 경우, 비록 그 정보가 무관할지라도 기준점으로 사용하는 경향이 있으며, 이로 인해 판단의 편향이 나타날 수 있다. 사람들은 기준점을 사용한 첫 번째 판단을 한 후에 추가적인 정보를 사용하여 이를 수정하려 노력하는데, 이 과정을 **조정**(adjustment)이라 한다. 이때, 조정은 충분히 이루어지지 않는 경우가 대부분이기 때문에, 정박과 조정 휴리스틱으로 인한 판단의 편향이 나타나게 된다.

Tversky and Kahneman의 연구는 사람들이 무관한 정보를 기준점으로 사용하기 때문에 나타나는 판단 편향을 보여주었다.[26] 연구참여자들은 우선 1부터 100까지 숫자가 인쇄된 원판을 돌렸으며, 원판은 항상 숫자가 10 아니면 65가 나오도록 장치가 되어 있었다. 이후 연구참여자들은 당시 아프리카 국가 중에서 UN에 가입한 비율을 추정하였다. 원판의 숫자가 10인 경우 응답의 평균은 25%였고, 원판의 숫자가 65인 경우 응답의 평균은 45%였다. 두 집단은 원판의 숫자 외에는 모든 것이 동일했기 때문에 참여자들의 응답은 원판을 돌려서 나온 숫자에 의한 것이라고 결론지을 수 있다. 사람들은 전혀 관련이 없는 무작위로 나온 숫자(10, 65)를 기준점으로 판단을 내린 후에 어느 정도의 조정을 했다고 할 수 있다. 그러나 이 조정이 충분치 않았기 때문에 두 집단 간에 차이가 나타났다. 정박과 조정 휴리스틱의 사용은 사람들이 의식하지 않아도 자동적으로 이루어지는 것으로 알려져 있다. 예를 들어, 정답을 맞추는 경우 연구참여자들에게 금전적인 보상을 준다고 하여 정확한 추측을 하도록 유도하였으나 그 결과는 달라지지 않았다.

정박과 조정 휴리스틱은 확률 판단뿐만 아니라 숫자에 관련된 다양한 판단에도 영향을 미친다. 예를 들어, Ariely, Loewenstein, and Prelec의 연구는 제품구입을 위해 최대한 지불하고자 하는 금액인 최고수용가능 가격(upper price threshold)이 전혀 무관한 응답자의 사회보장번호(social security number)에 의해 달라질 수 있다는 것을 보여주었다.[27] 미국의 사회보장번호는 아홉 개의 숫자로 되었으며, 마지막 네 번호는 무작위로 정해지는 의미 없는 숫자이다. 연구참여자들은 자신의 사회보장번호의 마지막 두 숫자가 가격을 표시한다고 가정하였다. 즉, 마지막 두 자리 숫자가 45인 참여자는 $45의 가상 가격을 정하였다. 이들에게 와인과 같은 다양한 제품이 제시되었으며, 연구참여자들은 자신의 사회보장번호에 근거한 가격에 각각의 제품을 구매할지 여부에 대해 응답했다. 그리고 연구참여자들은 각 제품을 구입할 경우, 최대 얼마까지 지불할 용의가 있는지를 답하였다. 연구 결과는 사회보장번호가 기준점(anchor)으로 사용되는 경우 최고수용가능 가격에 영향을 준다는 것을 보여주었다. 즉, 제품의 가치와는 아무 관련이 없는 사회보장번호의 마지막 두 숫자가 높을수록 최고수용가능 가격이 더 높았다.

Galinsky and Mussweiler 연구에 따르면, 정박과 조정 휴리스틱은 가격협상(price negotiation)에도 영향을 미친다.[28] 협상에서 최초로 제시되는 가격이 기준점 역할을 하여 최종 결정가격에 영향을 미쳤다. 즉, 최초로 제시된 가격이 높을수록 협상을 통해 최종적으로 결정되는 가격이 더 높았다.

❙ 생각해 볼 문제

1. 소비자 문제해결유형으로는 포괄적 문제해결, 제한적 문제해결, 일상적 문제해결, 그리고 회상적 문제해결이 있다.
   (1) 자신이 최근 구매한 제품들 중에서 각각의 문제해결에 해당하는 제품을 한 가지씩 상기하시오.
   (2) 각 제품의 경우 왜 그러한 문제해결을 하였는지를 관여도, 자신의 기존 정보량, 정보탐색을 위해 사용할 수 있는 시간 등에 의해 설명하시오.
   (3) 각 제품에 대해 만족하였는가 혹은 불만족하였는가?
   (4) 만약 각 제품군에 대한 의사결정을 지금 해야 한다면 어떤 문제해결 방식을 택하겠는가?

2. (1) FCB Grid의 각각의 사분면에 자신 혹은 가족이 사용하는 제품들을 위치시키시오.
   (2) 각각의 제품이 어떤 방식으로 광고 혹은 프로모션되고 있는지 생각해 보시오.
   (3) 그 제품의 광고 혹은 프로모션 방식이 적절한지 평가하시오.
   (4) 만약 부적절하다면 어떻게 해야 하는가?

3. 본 장의 도입사례는 김부장 가족의 승용차 구매에 관한 이야기이다. 도입사례에서 다음의 의사결정과 정보처리 과정이 어떻게 이루어졌는지 생각해보자: (1) 문제의 인식, (2) 정보의 탐색, (3) 대안 평가, (4) 구매, (5) 구매후 행동, (6) 마케팅 자극 노출, (7) 주의, (8) 이해, (9) 태도의 형성과 변화, (10) 기억.

Consumer Behavior

제 2 부

소비자 의사결정과정

제 3 장

문제의 인식, 정보의 탐색

경기도 일산에 사는 30대 후반의 주부 이연주씨는 근처에 사는 고교동창인 친구 집에 놀러 갔다가 큰 충격을 받았다. 몇 번인가 여성 잡지를 뒤적이다가 새로운 세탁기들이 나왔다는 광고를 본 적은 있지만, 막상 친구 집에서 새로 장만한 세탁기가 돌아가는 모습을 보고 있노라니 7년 전 시집올 때 장만한 우리 집 세탁기가 얼마나 초라한가를 새삼 느끼게 되었던 것이다. 새로 나온 세탁기는 우선 용량이 커서 하루에도 엄청나게 쏟아져 나오는 아이들 빨랫감을 충분히 소화해 내고도 남을 정도였다. 게다가 절전형이어서 전기 값도 그다지 많이 들지 않으며 더욱 더 놀라운 것은 세탁기 안이 들여다보이도록 설계되어 때가 빠져나가는 모습을 눈으로 확인할 수 있었다. 이연주씨는 친구에게 세탁기의 브랜드는 무엇이며, 어디서 샀는가, 값은 얼마를 주었는가, 고장난 적은 없는가, A/S는 잘 해 주던가 등을 열심히 물어보았다.

집으로 돌아온 이연주씨는 당장 내일이라도 새로운 세탁기를 구입해야겠다고 마음먹은 뒤 세탁기를 사기 위해 돈을 얼마나 쓸 수 있을지를 생각해 보았다. 친구 집에 있는 대형을 구입하면 좋기는 하겠으나, '우리 집 형편에 너무 무리하는 것이 아닌가' 하는 생각이 들어 그보다 조금 작은 중형 세탁기를 사기로 마음먹고 우선 인터넷 가격비교 사이트인 '다나와'를 방문하여 삼성전자, LG전자, 그리고 위니아전자에서 나온 세탁기들의 종류와 가격을 훑어보았다. 그러나 이연주씨는 역시 제품을 직접 보고 결정하는 것이 좋겠다고 생각하여 여러 가전회사에서 나온 제품들을 모두 볼 수 있는 백화점의 가전제품 코너를 가보기로 하였다. 백화점에 가보니 국내 가전업체들의 제품뿐만 아니라 수입제품들도 마음에 드는 것이 몇 개 있었으나 값이 워낙 비싸 자세히 들여다보지 않았다. 국내 가전회사에서 나온 제품들에 관하여 이것저것 영업사원에게 물어 보았으나 문제는 역시 가격이었다.

집에 돌아온 이연주씨는 평소 친하게 지내던 대학교 동창에게 전화를 걸어 세탁기를 싸게 구입할 방법이 없겠는가를 물어보았다. 친구는 백화점보다는 용산 전자상가를 이용하거나 G마켓이나 11번가 같은 인터넷 쇼핑몰 또는 하이마트 같은 전자제품 전문점 등에서 구입하면 약간 싸게 살 수 있으며, SK매직 같은 기업에서 월 2~3만원의 세탁기 렌탈 서비스를 받을 수도 있다는 정보를 제공해 주었다. 전화를 끊고 우연히 신문을 보던 중 이연주씨는 신문 전면 광고로 삼성전자에서 새로운 세탁기를 출시했다는 것을 알았다. 광고에는 세탁기의 성능, 새로운 기능 등이 상세하게 실려 있었다. 이연주씨는 나중에 필요할 것 같아 광고를 오려 놓았다. 이연주씨는 이제 세탁기 구입을 위해 필요한 정보는 대충 다 입수하였다고 판단하였다. 이제는 어디서, 어떤 상표의 제품을, 어떤 정도의 가격에, 언제 구입할 것인가를 결정해야 할 단계였으나 결정을 내리기가 그리 쉽지 않다고 생각하였다.

위의 가상적인 예에서 볼 수 있듯이 소비자의 구매행동과 관련된 의사결정에는 ① 무엇을 구매할 것인가? ② 얼마만큼 많이 구매할 것인가? ③ 어디서 구매할 것인가? ④ 언제 구매할 것인가? ⑤ 어떻게 구매할 것인가? 등 다섯 가지가 있다. '무엇을 구매할 것인가?' 즉 구매 대상과 관련된 결정은 제품군들(alternative product classes)에 관한 것일 수도 있고 한 제품군 내에서 상표대안들(alternative brands)에 관한 것일 수도 있다. 예를 들어, 소비자는 제한된 예산으로 '세탁기와 오디오 중 어느 것을 구매할 것인가?'와 같이 제품군을 선택하는 의사결정을 할 수도 있고, 혹은 '세탁기를 구매하고자 하는데 삼성, LG, 위니아 중 어느 상표(brand)를 구매할 것인가?' '삼성세탁기 중 어느 모델을 구매할 것인가?'와 같이 한 제품군 내에서 상표나 모델을 선택하는 의사결정을 할 수도 있다.

'얼마나 많이 구매할 것인가?'의 문제는 때에 따라 의사결정의 대상이 되지 않을 수도 있다. 왜냐하면 예컨대 내구재의 경우, 흔히 수량이 한 개로 정해져 있기 때문이다. 그러나 식료품이나 잡화 등 소비용품의 구매에서는 보통 수량에 대한 결정의 문제가 따르게 된다.

'어디서 구매할 것인가?'의 문제는 점포에 따라 가격이나 서비스 등이 다른 경우에는 중요한 결정이 되지만, 특별한 서비스가 필요 없고 정찰가격에 의하여 판매되는 제품의 경우는 별로 중요시되지 않는 의사결정이다. 소비자가 제품군을 이미 결정하였을 때는 구매할 점포나 장소를 먼저 결정한 후 그 제품군 내에서 상표를 결정하는 경우가 흔하다. 예를 들어, 세탁기를 구매하고자 할 때 용산전자상가 또는 인터넷 쇼핑몰에서 여러 가지 상표와 모델을 비교하고 결정하는 경우가 이에 해당한다.

'언제 구매할 것인가?'의 문제는 욕구의 긴급성, 구매비용의 조달가능시기, 점포개점시간, 할인판매시기, 이용 가능한 교통수단, 소비자가 구매가능한 시기 등에 의하여 결정된다. 끝으로 '어떻게 구매할 것인가?'는 현금 혹은 신용카드 구매, 제품구매 혹은 렌탈서비스 구매, 배달요청 여부 등에 관한 의사결정이다.

위와 같은 소비자 의사결정의 다섯 가지 유형 중 가장 근본적인 것은 '무엇을 구매할 것인가?'에 관한 것으로 본 장과 제4장에서는 여러 가지 제품대안들이나 상표대안들에서 소비자가 한 가지를 선택하는 의사결정문제를 다룬다. 경쟁의 의미를 넓게 파악할 때는 제품군들 간(across product classes)으로 인식되기도 하나, 마케터들은 대개의 경우 경쟁이라 하면 한 제품군 내에서의 상표들 간(across brands) 경쟁으로 인식한다. 본 장과 제4장에서는 소비자의사결정의 대상을 경쟁상표들로 간주하며, 구매의사결정의 유형들 중 포괄적 문제해결을 중심으로 설명한다. 그런데 제2장에서 포괄적인 문제해결은 소비자가 고관여 상태에 있으며 의사결정을 할 만큼 충분한 제품경험이나 지식을 갖고 있지 못할 때의 의사결정방식임을 언급하였다. 제2장에서 개괄적으로 살펴본 바와 같이 포괄적 문제해결은 문제의 인식, 정보의 탐색, 선택대안들의 평가, 구매 및 구매 후 행동의 순서로 파악될 수 있다. 본 장에서는 이 중 문제의 인식, 정보의 탐색에 대하여 다루고, 제4장에서는 선택대안들에 대한 평가과정을, 그리고 제5장에서는 구매 및 구매후 행동을 다루기로 한다.

3.1 문제의 인식

1. 소비자 구매행동의 유발요인으로서 욕구

어떤 사안과 관련하여 어느 시점에서 소비자가 자신의 실제상태(actual state)와 이와 상응하는 바람직한 상태(desired state) 간에 상당한 차이(gap)를 지각하게 되면 그 차이를 해소시켜 줄 수 있는 수단에 대한 욕구가 환기된다. 소비자행동은 욕구충족 지향적이므로 욕구의 환기(need arousal)가 소비자 의사결정의 출발점이 된다. 욕구를 충족시킬 잠재력을 갖는 여러 대체수단 중에서 가장 적절한 수단을 찾아내는 것이 의사결정이며, 이러한 측면에서 욕구의 환기를 **문제의 인식**(problem recognition), 그리고 의사결정을 **문제해결**(problem solving)이라고 한다. 문제의 인식이 의사결정과정을 거쳐 구매로 이어지기 위해서는 충분한 동기가 부여되어야

그림 3.1 문제인식과 구매의사결정

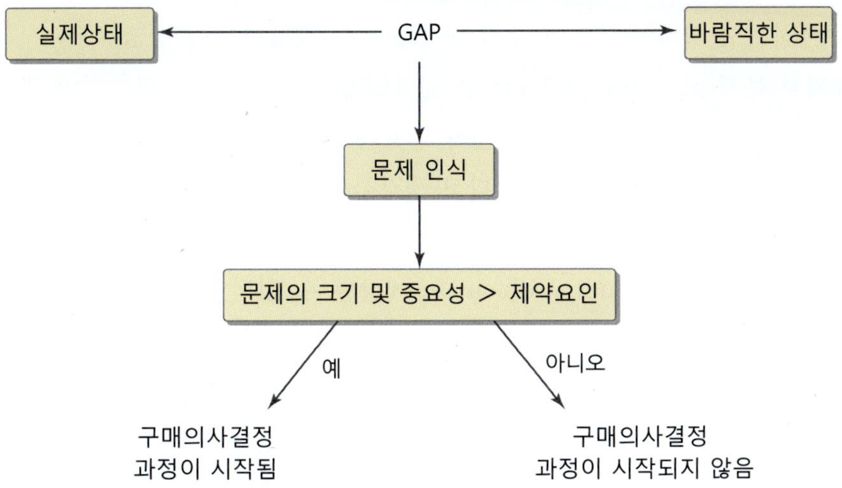

한다. 동기 부여의 크기는 두 가지 요소, 즉 실제상태와 바람직한 상태 간의 차이의 크기와 그 문제의 중요성에 달려 있다. 예를 들어, 소비자가 오디오를 갖고 싶은 욕구가 발생하더라도 욕구가 그리 크지 않거나 비록 욕구가 상당히 크더라도 식료품, 의류 등에 대한 욕구보다 중요성이 낮다면 구매를 위한 의사결정과정으로 이어지지 않는다. 구매행위를 위한 비용으로는 금전적인 비용이 따르며 사회적인 규범이 제약요인으로 작용할 수도 있다. 그러므로 환기된 욕구의 크기와 중요성이 금전적 및 비금전적인 비용과 사회적 규범 등의 제약요인을 극복할 만큼 충분히 클 때 소비자는 비로소 욕구를 충족시키려는 동기가 부여된다([그림 3.1] 참조).

2. 문제인식의 유형

문제발생이 예상될 수 있었는지의 여부와 문제해결의 긴급성에 따라 소비자의 문제를 다음과 같이 네 가지 유형으로 나눌 수 있다.[1]

문제발생의 예상	해결의 긴급성	
	즉각적 해결이 요구됨	즉각적 해결이 요구되지 않음
문제발생이 예상됨	일상적	계획적
문제발생이 예상되지 않음	긴급적	점증적

일상적 문제(routine problem)는 실제상태와 바람직한 상태 간의 차이가 발생할 것이 예상되고, 문제가 발생하면 즉각적으로 해결이 필요한 문제이다. 가정에서 흔히 구매하는 편의품에 대한 욕구가 대체로 이에 해당한다.

계획적 문제(planning problem)는 문제발생이 예상되지만 즉각적인 해결이 필요치 않은 문제이다. 예를 들어, 승용차 소유자가 자기의 차를 몇 년간 사용하였다면 앞으로 1~2년밖에 사용할 수 없다고 생각하고 기회가 있을 때마다 차에 관심을 가지고 정보를 수집할 것이다.

긴급적 문제(emergency problem)는 예상할 수 없던 문제가 갑자기 발생하고 즉각적으로 해결이 요구되는 문제로서, 예를 들어, 승용차를 운전하던 사람이 갑자기 타이어가 터지는 경우, 타이어에 대한 여러 정보를 수집하고 상표 간에 비교·평가를 할 여유가 없이 가까운 타이어 점포에서 웬만한 품질과 가격이면 타이어를 구매하는 경우이다. 7-Eleven 같은 편의점에서도 소비자들의 긴급한 필요나 욕구를 해결하기 위한 제품들(예컨대, 간단한 음료수 제품)을 많이 취급하고 있다.

점증적 문제(evolving problem)는 소비자가 예상치 않았으며 또한 즉각적 해결이 필요치 않은 문제이다. 패션품목인 경우 처음에는 극소수의 소비자들에 의해 수용되다가 상당한 기간에 걸쳐 서서히 보다 많은 소비자들에게 확산된다. 어떤 소비자가 새로운 패션의류가 점차 유행이 되는 것을 보면서 자신도 그 옷을 갖고 싶은 욕구가 점차 생기게 되는 경우가 바로 점증적 문제인식의 예라고 할 수 있다.

3. 문제인식을 유발하는 요인

앞에서 실제상태와 바람직한 상태 간에 상당한 차이가 소비자에 의하여 지각됨으로써 문제가 인식되는 것으로 보았다. 문제가 새로이 발생했다는 것은 관련된 사안에 있어서 실제상태와 바람직한 상태 중 어느 하나 혹은 양자 모두에 변화가 발생하였기 때문이다. 예를 들어, 집에서 사용하던 비누와 화장지를 모두 소비하면 실제상태의 변화를 가져오고 음악 애호가가 새로운 음반광고에 노출되면 이상적 상태의 변화가 초래될 수 있다. 또한 세탁기 소유자가 자신의 세탁기가 점차 기능이 떨어진다는 것을 느낄 때 새로운 모델의 세탁기가 출현한 것을 보면 실제상태와 이상적인 상태 모두의 변화에 의하여 문제를 인식하게 된다.

한편 문제인식의 유발요인을 내적요인과 외적요인으로 구분할 수 있다. **내적요인**(internal factors)에 의한 문제인식은 자신이 스스로 문제를 인식하는 것으로, 구체적으로 보면 배고픔, 갈증 등에 의한 생리적 욕구의 발생, 신혼부부가 결혼 후 10

개월이 가까워졌을 때 처음으로 유아용품에 대한 필요성을 갖는 경우처럼 상황적 변화에 따른 욕구의 발생, 그리고 자신이 사용하던 제품이 고갈되거나 성능이 저하되는 데 따르는 제품구매에 대한 욕구의 발생이 이에 해당된다. **외적요인**(external factors)에 의한 문제인식은 외적 자극에 의한 것으로, 가족, 준거집단, 기타 사회적 영향요인 등으로부터 영향을 받거나 광고나 판매원의 판매노력 등 기업의 마케팅 노력에 의하여 문제가 인식되는 것을 말한다.

4. 문제인식과 목표 하이어라키

어떤 요인에 의해 문제인식을 갖게 되었건 간에 일단 소비자가 문제를 인식하게 되면 그 문제를 해결하기 위한 계획을 세우게 된다. 그런데 바람직한 상태가 추상적이거나 일반적인 경우 최종목표인 바람직한 상태에 도달하기 위해 성취해야 하는 몇 가지 부차적인 목표들(subgoals)을 설정하게 되는데, 최종목표(end goal)와 부차적인 목표들을 합하여 **목표 하이어라키**(goal hierarchy)라고 부른다.[2]

[그림 3.2]에서 볼 수 있듯이 이상적인 세탁기를 구매하기 위해서는 시장에서 구매할 수 있는 대안이나 각 대안이 가지고 있는 속성에 관한 정보를 탐색할 필요가 있으며, 정보탐색을 위해서는 인터넷 쇼핑몰을 방문하는 등의 좀 더 구체적인 부차적인 목표를 달성해야 한다. 이같이 순차적으로 점점 더 구체적인 목표들이 설정되고, 목표달성의 순서가 결정되면 **의사결정계획**(decision plan)이 세워졌다고 볼 수 있다.

목표 하이어라키는 부차적 목표가 많아질수록 더 복잡해진다. 예를 들면, 처음으로 PC나 자동차를 구입하는 소비자는 많은 행동을 필요로 하는 복잡한 하이어라키를 갖게 된다. 반면 치약 같은 간단한 비내구재의 구입에는 "슈퍼마켓에 간다 → 치약이 있는 곳으로 간다 → 죽염치약을 산다"와 같이 단순한 목표 하이어라키가 요구되는 경우가 대부분이다.

목표 하이어라키는 소비자의 의사결정과정이 시작되는 문제인식단계에서부터 반드시 명백하게 정의되어 있는 것은 아니다. 많은 경우 소비자들은 정보탐색이나 대안평가과정을 거치면서 시행착오를 통해 목표 하이어라키를 구성해나가거나 변경하게 된다. 때로는 예기치 않았던 사건에 의해서 목표 하이어라키가 바뀌기도 한다. 예를 들면, 세탁기를 구입하러 삼성전자 대리점을 방문한 소비자가 원하는 모델이 품절된 것을 알고 자신의 원래 계획을 바꾸어 PC를 먼저 구입하기로 마음먹게 되는 경우이다. 목표 하이어라키는 전 구매의사결정과정을 통해서 전혀 변하지 않

그림 3.2 소비자 구매의사결정을 위한 목표 하이어라키의 일부

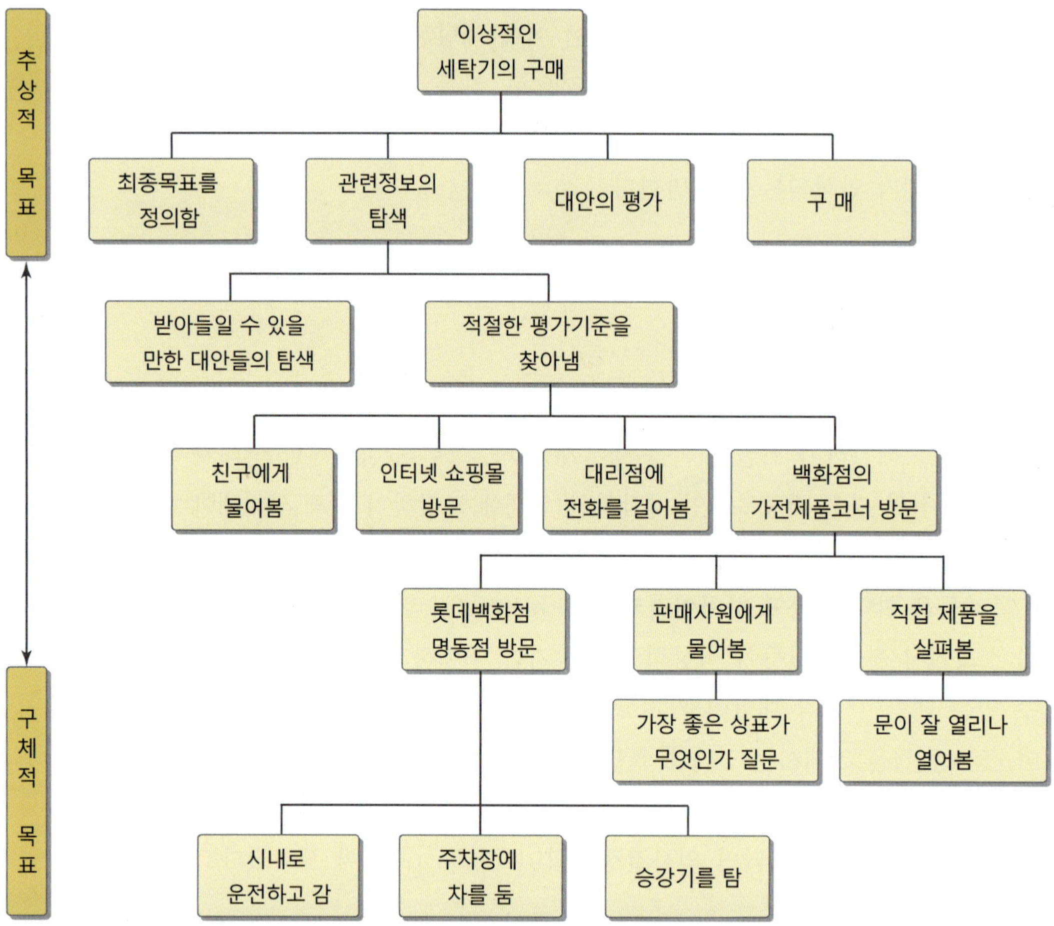

는 경우는 오히려 드물고 여러 과정을 거치면서 형성되고 변형되어 가는 경우가 일반적이다.

5. 마케팅 시사점

소비자의 구매행동을 유발하는 것은 바로 문제인식이므로 마케터는 표적시장의 소비자들이 자사의 제품과 관련된 문제를 인식하도록 노력해야 한다. Maslow는 인간의 욕구를 5단계, 즉 생리적 욕구(physiological needs), 안전에 대한 욕구(safety and security needs), 사회적 욕구(social needs), 존경에 대한 욕구(esteem

소비자행동 Highlight

소비와 관련된 비의식적(nonconscious) 목표의 영향

소비자들이 소비와 관련하여 목표를 설정하고(예컨대, 이상적인 세탁기의 구매), 그 목표가 소비자행동에 영향을 미치는 과정은 대부분의 경우 소비자들의 의식 안에서 일어나는 것으로 전제되어 왔다. 그러나 비의식의 영역에 대한 심리학에서의 관심에 영향을 받아 소비자 심리학에서도 의식 밖에서 일어나는 심리작용에 대해 활발한 연구가 진행되고 있다. 이와 관련하여 Bargh(2002)는 소비자들에게 두 가지 다른 방법으로 비의식적 요소가 영향을 줄 수 있는 것으로 보고 있다.[3] 그중 하나는 자극 자체가 소비자들이 의식할 수 없는 식역하의(subliminal) 자극인 경우이고, 다른 하나는 소비자들이 자극의 존재를 의식하기는 하지만 그 자극이 잠재적으로 자신들의 판단, 동기, 또는 행동에 영향을 미칠 수 있다는 것을 모르는 경우이다.

식역하의 자극(subliminal stimuli)이 소비자행동에 영향을 미칠 수 있다는 주장은 일찍이 James Vicary가 New Jersey의 한 영화관에서 식역하 자극을 이용한 극장 광고를 통해 팝콘과 코카콜라의 매출을 증가시킬 수 있었다고 주장한 것이 그 시초다. 그러나 이 사례는 방법론상의 타당성 및 진실성 면에서 엄청난 논란을 불러일으켰으며, 결국 Vicary의 실험은 조작된 것으로 밝혀졌다.[4] 그 이후 한동안 식역하 자극이 소비자행동에 미치는 영향은 미미한 것으로 여겨져 왔으나,[5] 2000년대 들어 다시 식역하 자극의 소비자행동에 대한 효과가 새로운 시각에서 입증되고 있다. 예컨대, Strahan, Spencer, and Zanna(2002)는 실험 참가자들에게 식역하의 자극으로 갈증을 점화시킨 결과 목이 마른 소비자들에게는 식역하의 점화 자극(subliminal primes)이 효과를 나타내어 에너지음료에 비해 갈증해소음료를 더 많이 마시게 만들었으나, 목이 마르지 않은 소비자들에게는 그 같은 효과가 나타나지 않았다.[6] 이처럼 최근의 연구들은 식역하 자극의 효과가 나타나기 위해서는 소비자의 욕구나 목표와 제품이 충족시키고자 하는 욕구나 목표가 일치해야 한다는 것을 보여주고 있다.

한편 Fitzsimons, Chartrand, and Fitzsimons (2008)는 "다르게 생각하라(Think Different)"라는 광고 슬로건을 가진 애플사의 로고에 식역하에서(subliminally) 노출된 소비자들이 IBM 로고에 식역하에서 노출된 소비자들이나 아무 로고에도 노출되지 않은 소비자들보다 창의성 테스트에서 더 높은 점수를 올렸으며, 정직성이나 천진난만함 같은 연상을 떠올리게 하는 Disney 채널 로고에 노출된 소비자들이 연예인 가십 뉴스를 주로 다루는 E! 채널 로고에 노출된 소비자들이나 통제 그룹의 소비자들에 비해 더 정직하게 행동한다는 것을 보였다.[7] 연구자들은 이 같은 효과가 소비자들이 로고에 노출됨에 따라 그에 걸맞은 비의식적인 목표(예컨대, 'Apple' → 'To be creative')를 설정하게 됨으로써 일어난다는 것을 밝혔다.

문제인식 유발 광고의 예: 많은 경우 보험상품은 소비자들에게 그 필요성을 환기해주지 않으면 소비자들은 문제인식을 잘 하지 못한다.

needs) 및 자아실현에 대한 욕구(self-actualization needs)로 구분한다. 이와 같은 욕구는 내재적(inherent)이며 근본적(fundamental)인 것이므로 마케팅노력에 의하여 창조될 수는 없다.

마케팅은 결국 인간이 가진 근본적인 욕구를 현실적인 제품이나 서비스로 충족시키는 행위이므로 마케터는 소비자의 근본적인 욕구를 충족시킬 수 있는 제품이나 서비스를 개발하여 이에 대처하도록 해야 한다. 다시 말하면 마케터는 표적시장에서 자사제품에 대한 욕구(specific wants)를 창조함으로써 문제인식을 유발할 수 있다. 예를 들어, 의료기관의 경우 개인이 식욕을 잃거나 피로를 쉽게 느낀다면 어떤 병에 걸렸을 가능성이 있음을 주지시켜 현재의 상태와 바람직한 상태 간에 차이가 있음을 느끼도록 함으로써 건강진단에 대한 필요성을 갖도록 할 수 있다. "길~어진 노후, 이제 목돈이 아니라 긴 돈이 필요합니다"라는 교보생명의 연금보험 광고는 소비자들이 평소에 의식하기 어려운 노후자금 문제를 환기시키고 연금보험을 그 해결책으로 제시하고 있다.

3.2 정보의 탐색

소비자가 어떤 문제를 인식하였을 때 그 문제의 크기와 중요성이 금전적 및 비금전적 비용과 사회적 규범 등의 제약요인을 극복할 만큼 충분히 크다면 구매를 목적으로 정보를 탐색하게 된다. 그런데 소비자는 문제의 인식에 따라 문제를 해결시켜 줄 수 있는 수단(즉 제품 또는 서비스)에 대한 정보를 기억으로부터 회상하게 되는데 이를 **내적 탐색**(internal search)이라 하고 내적 탐색에 의하여 의사결정을 할 수 있으면 곧바로 구매로 이어진다.

그러나 내적 탐색에 의하여 의사결정을 할 만큼 충분한 정보를 기억 속에 보유하고 있지 않거나 보유하고 있더라도 이를 회상할 수 없으면 보다 많은 정보를 찾

그림 3.3 정보탐색과정

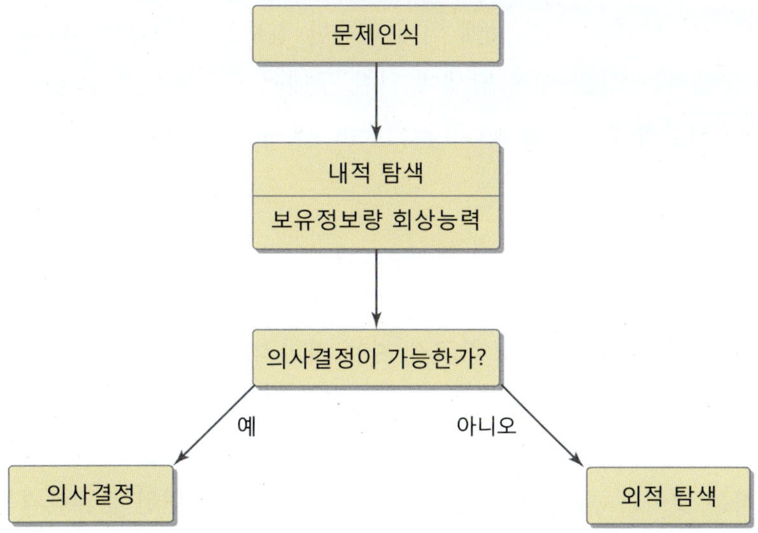

기 위하여 **외적 탐색**(external search)을 하게 된다([그림 3.3] 참조). 외적 탐색은 수동적인 탐색이라고 할 수 있는 **강화된 주의**(heightened attention)와 **능동적 정보 탐색**(active information search)으로 구분될 수 있는데, 전자는 소비자가 자신의 문제와 관련된 정보에 노출될 때마다 상당한 주의를 기울이는 것이고 후자는 보다 적극적으로 나서서 정보를 탐색하는 것이다. 이하에서는 내적 탐색과 외적 탐색을 보다 자세히 설명하기로 한다.

1. 내적 탐색

소비자의 기억 속에는 어떤 구매의사결정과 관련하여 자신의 직접경험에 의하거나 기업의 광고, 비영리기관(예: 한국소비자원)이나 언론기관 등의 발행물(예: 소비자시대), 혹은 타인으로부터 의도적 혹은 비의도적으로 기존에 수집된 정보가 저장되어 있는 경우가 많다. 소비자가 의사결정을 하고자 하면 기억 속에 있는 관련정보를 자연스럽게 회상하게 되는데, 이때 의사결정을 할 만큼 충분한 정보가 저장되어 있고 회상할 수 있으며 또한 상당히 만족스러운 대안이 있으면 곧바로 그 대안을 구매하게 된다. 이때 특정 대안에 대한 만족 경험이 높을수록 이와 같은 **일상적 문제해결**(routinized problem solving) 혹은 일상적 반응행동(routinized response behavior)이 일어날 가능성은 커진다. 그러나 소비자가 내적 탐색에 의하여 구매한다고 하여 모두 일상적 반응행동은 아니다. 즉, 비록 과거 한 번도 구매 혹은 사용 경험이 없더라도 광고나 구전 등에 의해 획득한 정보를 기억으로부터 회상하여 특정 대안을 구매하는 것은 내적 탐색에 의한 구매이지만 일상적 반응행동이라고는 할 수 없으며 **회상적 문제해결**(recall problem solving)에 해당한다.

2. 외적 탐색

외적 탐색은 새로운 정보를 찾고자 하는 자발적인 동기부여에서 출발한다. 외적 탐색을 탐색 시점에 따라 나누어 보면 구매전 탐색과 계속적 탐색이 있다. **구매전 탐색**(prepurchase search)은 소비자가 당면한 특정 문제를 해결하기 위하여 정보를 탐색하는 것이며, **계속적 탐색**(ongoing search)은 당면한 문제해결을 위한 것이 아니라 평소 관심이 많아 비교적 계속적으로 정보를 탐색하는 것으로서, 예를 들어, 골프를 즐기는 사람이 골프 관련 잡지를 계속 구독하면서 이에 관한 정보를 수집하는 것이다. 이하에서는 외적 탐색 정도의 결정요인, 정보탐색의 내용과 방식, 그리고 정보의 원천을 설명하기로 한다.

(1) 외적 탐색 정도의 결정요인

소비자의 외적 탐색의 정도는 개인에 따라 그리고 구매상황에 따라 상당히 다르다. 제2장에서 밝힌 바와 같이 소비자의 문제해결은 포괄적 문제해결, 제한적 문제해결, 일상적 문제해결, 그리고 회상적 문제해결로 나눌 수 있다. 의사결정과정별 외적 탐색의 성격은 〈표 3.1〉과 같다.[8]

외적 탐색의 정도는 외적 탐색에 의해 기대되는 혜택(benefits)과 외적 탐색에 수반되는 비용(costs) 간의 비교에 의하여 전자가 후자를 초과하는 한도 내에서 이루어진다고 할 수 있다.[9] 즉 소비자는 외적 탐색을 많이 할수록 결정의 지연(decision delay), 시간적 및 금전적 기회비용(opportunity costs of time and money), 정보과부하(information overload) 등의 문제가 따른다. 이 중 정보 과부하의 경우 정보가 너무 많아 소비자는 오히려 혼란을 일으켜 그렇지 않은 경우에 비하여 부적절한 의사결정을 할 수 있다.[10] 그러나 단순한 정보의 양뿐만 아니라 정보의 질도 의사결정의 적절성을 좌우하는 중요한 요인이라고 할 수 있다.[11]

외적 탐색의 정도에 영향을 미치는 여러 가지 요인들을 각각 설명하면 다음과

표 3.1 의사결정과정별 외적 탐색의 성격

탐색의 성격	의사결정과정		
	포괄적 문제해결	제한적 문제해결	일상적 및 회상적 문제해결
상표의 수	다수	소수	한개
점포의 수	다수	소수	모름
속성의 수	다수	소수	한개
정보원천의 수	다수	소수	없음
시간 소요	장시간	단시간	최단시간

같다.[12]

① **제품의 특성** (Product Characteristics)

소비자는 제품이 비교적 고가격일 때, 상표대안들 간에 가격이나 특징에 있어서 차이가 클 때, 그리고 상표대안들의 수가 많을 때 보다 많은 외적 탐색을 한다. 또한 제품 관련 속성의 수가 많을 때도 외적 탐색을 많이 하는 경향이 있다. 그러나 외적 탐색의 정도는 제품의 특성에만 좌우되는 것은 아니며, 소비자의 개인적 특성이나 상황적 특성에도 영향을 받는다.

② **개인적 특성** (Individual Characteristics)

소비자는 제품지식 및 경험이 적을 경우 보다 많은 외적 탐색을 할 것으로 기대된다. 그러나 제품지식이나 경험이 적은 소비자도 기술적으로 복잡한 오디오나 PC 같은 제품을 구매하는 경우 자신이 상당한 외적 탐색을 하더라도 의사결정에 자신감이 없으면 외적 탐색을 오히려 적게 할 수도 있다. 그러므로 제품지식 및 경험과 외적 탐색의 정도는 부(negative)의 관계일 수도 있고 역U 관계일 수도 있다. 뿐만 아니라 소비자는 의사결정의 대상이 되는 제품군에 대한 관여도가 높을수록 그리고 지각된 위험(perceived risks)이 클수록 외적 탐색을 많이 하게 된다.

인구통계학적 특성과 관련하여 살펴보면 연령과 소득은 외적 탐색 정도와 부의 관계를 가지며 교육수준은 정의 관계를 가지는 것으로 밝혀지고 있다. 이는 연령이 높을수록 제품지식 및 경험이 많으며, 소득이 높은 소비자는 자기의 정보탐색에 대한 시간적 기회비용을 높게 생각하기 때문이다. 그리고 교육수준이 높은 소비자일수록 의사결정에 자신감을 갖는 경향이 있어 보다 많은 외적 탐색을 하는 것으로 생각된다. 끝으로 소비자가 쇼핑을 즐거움으로 여기는지 혹은 귀찮은 일거리로 여기는지에 따라 외적 탐색 정도가 달라진다.

③ 상황적 특성 (Situational Characteristics)

소비자의 욕구가 긴급하여 정보탐색을 위하여 사용할 수 있는 시간이 적을 때와 점포가 고객들로 붐비는 경우, 외적 탐색은 감소한다. 또한 고려 대상이 되는 점포들의 거리가 가까울수록 외적 탐색을 많이 하게 된다. 뿐만 아니라 점포 내의 쇼핑 분위기가 쾌적할수록 소비자들은 더 많은 외적 탐색을 하게 될 것이다. 그 외에

소비자행동 Highlight

소비자의 제품군에 관한 친숙도(familiarity)와 외적 탐색

자동차에 관해서 잘 알고 경험이 많은 소비자들과 지식도 없고 경험도 많지 않은 소비자들 중에서 어떤 그룹이 새로운 정보에 대한 외적 탐색을 더 많이 할까? Johnson and Russo는 외적 탐색의 정도가 소비자들이 당면한 의사결정과업의 성격에 따라 달라질 것이라고 주장한다.[13] 즉, 소비자가 당면한 의사결정과업이 여러 가지 모델의 자동차들을 모두 평가해야 하는 판단과업(judgment task)이라면 소비자의 친숙도가 높을수록 자동차에 대한 지식수준이 높을 가능성이 크기 때문에 더 많은 정보를 탐색하려 할 것이다. 그러나 과업의 성격이 여러 모델들 중에서 하나를 고르는 선택과업(choice task)이라면 경험과 지식이 많은 전문가나 경험과 지식이 없는 초심자보다는 친숙도가 중간 수준인 소비자들이 더 많은 외적 탐색을 할 것이라는 주장이다.

선택과업의 경우 초심자는 새로운 정보를 처리할 능력을 갖추지 못했기 때문에 새로운 정보의 탐색도 제한적이며 따라서 학습도 많이 일어나지 않는다. 한편 전문가이면서 제품에 친숙한 소비자들은 새로운 정보를 부호화(encoding)하는 데는 뛰어난 능력을 갖고 있지만 선택상황에서는 선택과 상관이 없거나 덜 중요한 정보(irrelevant information)를 무시해 버릴 수 있는 능력도 뛰어나기 때문에 외적 탐색의 수준은 그다지 높지 않을 것이다.

Johnson and Russo는 소비자들에게 8개의 수입 소형차 모델에 대해 11개의 속성에 대한 정보를 상표×속성행렬(brand by attribute matrix)을 통해 제공한 뒤 친숙도가 낮은 소비자, 중간인 소비자, 높은 소비자의 3개 그룹으로 나누어 회상정보의 양을 측정하였다. 그 결과, 8개의 모델을 모두 평가하는 판단과업에서는 각각 11.6, 14.4, 28.6개의 정보를 회상한 반면, 선택과업에서는 12.3, 19.3, 15.7개의 정보를 회상하여 역U자 모양의 관계를 보여주었다.

도, 제품을 자신이 소비하기 위해 구매하는 경우와 선물을 위해서 구매하는 경우는 외적 탐색의 정도가 달라질 수 있다.

소비자가 오프라인으로 탐색할 경우보다 온라인으로 탐색할 때 평균적으로 더 많은 외적 탐색활동을 수행한다. 그 이유는 소비자들이 지각하는 정보탐색비용이 오프라인보다 온라인 환경에서 낮기 때문이다. 그 결과 소비자들은 오프라인에 비해 온라인 쇼핑환경에서 더 높은 가격 민감도와 탐색동기 부여수준을 나타낸다.[14]

(2) 정보탐색의 내용

소비자들이 선택대안을 비교·평가하기 위하여 탐색하는 정보는 대체로 다음과 같이 세 가지 부류로 구분할 수 있다.

① 자신의 욕구를 충족시켜 줄 수 있는 선택대안들의 종류.
② 선택대안들을 평가하기 위한 기준.
③ 각 대안의 평가기준별 성과수준(performance level).

어떤 유형의 정보를 탐색하는가는 소비자의 기존지식 수준에 달려 있다. 예를 들어, 소비자가 자신의 욕구충족과 관련된 제품이 어떤 것이 있는지 거의 모르는 경우 정보탐색의 노력은 현존하는 선택대안들의 종류와 평가기준에 집중할 것이며, 이에 대하여 충분히 알고 있다면 각 대안을 평가하기 위하여 각 대안의 구체적 특성에 집중할 것이다.

(3) 정보탐색의 방식

소비자가 여러 개의 상표대안들을 한자리에 놓고 각 속성에 관한 정보를 획득(acquisition)할 때 정보탐색을 하는 방식으로는 [그림 3.4]에 제시된 바와 같이 **상표별 처리**(processing by brand), **속성별 처리**(processing by attribute), 그리고 **혼합식 처리**(processing by a mixed way)가 있다.

상표별 처리는 소비자가 한 가지 상표를 선택하여 그 상표의 속성에 관한 정보를 획득 처리한 후 다른 상표를 선택하여 그 상표의 정보를 획득 및 처리하는 식인데 반해, 속성별 처리는 한 가지 속성에 대하여 각 상표의 정보를 획득 및 처리한 다음 다른 속성에 대하여 각 상표의 정보를 획득 및 처리하는 식이다. 예를 들어, 소비자가 종합비타민 상표 1, 2, 3에 관한 정보를 수집함에 있어 상표별 처리는 상표 1의 비타민 A, B, C, D의 함유량을 본 다음 상표 2의 비타민 A, B, C, D의 함유

그림 3.4 정보탐색의 방식

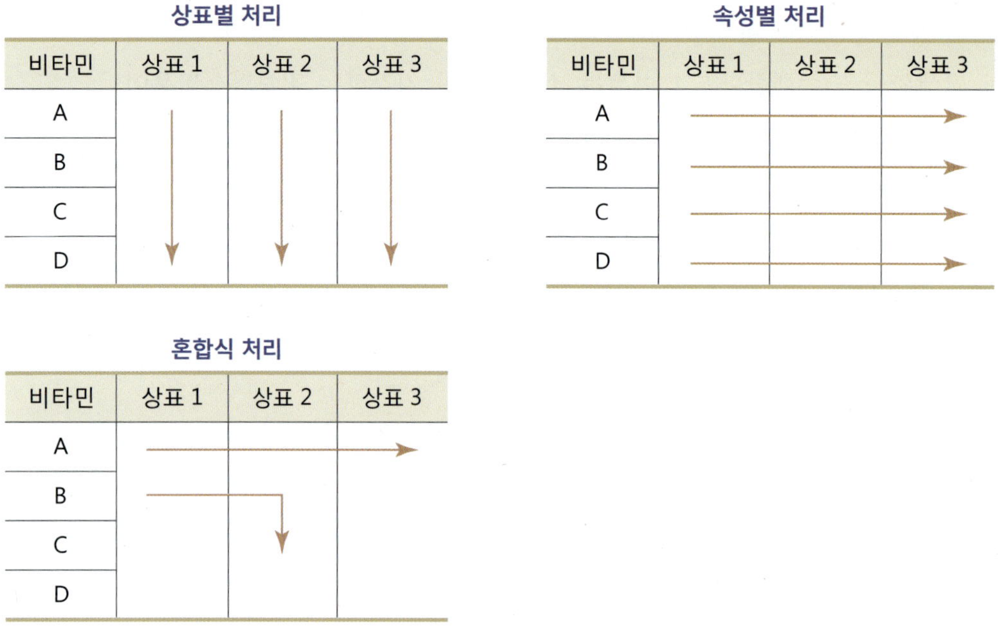

량을 보는 식이며, 속성별 처리는 비타민 A의 함유량을 상표 1, 2, 3에 대하여 보는 식이다. 혼합식 처리는 두 가지 방식을 혼합한 방식인데, 예를 들어 비타민 A에 대하여 상표 1, 2, 3의 정보를 획득하고 B에 와서 특히 상표 2가 마음에 든다면 상표 1과 3을 제쳐놓고 계속 상표 2에 대한 정보만을 획득하는 경우이다.

소비자가 여러 가지 처리방식 중 어떤 방식으로 처리하는가는 제품과 관련된 소비자의 특성이나 의사결정단계에 따라 다르다. 연구결과에 의하면 의사결정단계의 초기에는 속성별 처리를 하다가 후기에는 상표별 처리를 하는 경향이 있는 것으로 나타났는데, 이는 자신이 중요하게 생각하는 속성에 의하여 몇 가지 상표들을 선정한 다음 각각의 상표를 속성별로 세밀하게 평가하는 것이다.[15] 또한 소비자의 제품경험과 지식수준이 높을수록 그리고 제품이 자주 구매되는 것일수록 상표별 처리를 많이 하는 것으로 밝혀졌다.[16]

(4) 정보의 원천

소비자 **정보의 원천**(information sources)은 ① 기업제공 원천, ② 개인적 원천, ③ 경험적 원천, ④ 중립적 원천의 네 가지로 구분할 수 있다.

기업제공 원천(marketer-controlled sources)으로는 광고, 판매원, 포장 및 점포 내 정보 등이 있으며, **개인적 원천**(personal sources)으로는 가족, 친지, 동료 등이 있다. 소비자는 특정상표에 대해 처음으로 알거나 관심을 갖게 되는 등 의사결정단계의 초기에는 기업제공 원천을 많이 이용하나, 의사결정단계의 후기에는 개인적 원천을 많이 이용하는 경향이 있다. 소비자는 경우에 따라 상품을 직접 써보거나 시험조작을 해 봄으로써 정보를 얻기도 하는데, 이는 **경험적 원천**(experiential sources)으로부터의 정보탐색이라 할 수 있다. 마지막으로 **중립적 원천**(neutral sources)으로는 한국소비자원에서 발행하는 소비자시대, 시험기관 등 정부산하기관이나 언론기관의 발행물, 방송뉴스 등이 있는데 소비자는 기업제공 원천보다는 다른 정보원천을 더 신뢰하는 경향이 있다.

소비자행동 Highlight

인터넷 환경 내에서의 소비자 정보탐색

인터넷의 급속한 확산과 함께 정보기술의 발전이 소비자 정보탐색 행동에 큰 영향을 미치고 있다. 그러나 아직까지는 소비자 연구자들이 인터넷 환경 내에서의 소비자 의사결정을 이해할 수 있는 이론적 틀을 모색하고 있는 단계라고 할 수 있으며, 몇몇 연구자들이 그러한 틀을 제시하고 있다.

Hoffman and Novak(1996)은 Csikszentmihalyi(1975; 1990)의 '흐름(flow)'이라는 개념을 활용하여 사이버 환경 내에서의 정보탐색 행동을 포함한 소비자 의사결정을 설명하고자 하였다.[17] 원래 Csikszentmihalyi(1975)가 제시했던 흐름이라는 개념은 사람들의 최적경험(optimal experience)을 의미하는 것으로서 사람들은 흐름의 경험 속에서 의식의 질서(order in consciousness)와 함께 마치 '둥둥 떠다니는 것 같은(like floating)' 느낌을 갖게 된다. 사람들은 어떤 과업과 관련된 도전(challenges)의 수준과 자기 자신의 기술(skills) 수준이 맞아떨어질 때 '흐름'을 경험하게 되는데, '흐름'의 경험은 자신의 심리적 에너지를 완전히 과업상의 자극에만 집중하게 되는 상태, 그 순간의 목표가 뚜렷하고 즉각적인 피드백을 얻을 수 있는 상황, 자기가 자신의 세계를 완전히 통제하고 있다는 느낌, 자아의식과 시간감각의 상실, 경험 그 자체의 목적화 등으로 특징지을 수 있다.

Hoffman and Novak은 소비자들의 사이버 공간 내에서의 행동을 경험적(experiential) 행동과 목표 지향적(goal-directed) 행동의 두 가지로 나누고 경험적 행동의 경우에 흐름을 경험할 가능성이 높다고 주장하였다(p. 64). 또한 그들은 사이버 공간에서의 경험적 행동시에 일어나는 소비자들의 의사결정에는 대부분의 소비자 의사결정 연구들이 전제로 하고 있는 목표 지향적 행동시의 탐색행동을 포함한 소비자 의사결정을 설명하기 위한 이론이나 연구결과들이 적용되지 않을 가능성을 제시하였다. 그러나 흐름이라는 개념 자체가 측정상의 어려움과 개념 타당성의 문제 때문에 완전한 과학적 개념으로서의 지위를 확보하지 못하고 있으며, Hoffman and Novak(1996) 이후에 그들이 제안한 내용들을 지지할 만한 경험적 연구는 그다지 많지 않은 실정이다.

한편 Bellman, Johnson, Lohse, and Mandel(2008)은 디지털 환경 안에서의 소비자 행동을 이해하기 위해 전통적인 소비자 의사결정의 설명 원리들을 포함시켜 탐색의 경제학적 접근, 인지비용적 접근, 구성적 선호(constructive preferences)에 입각한 접근, 현상학적 접근의 네 가지 설명의 틀을 기반으로 관련 문헌들을 검토하였다.[18] 또한 West et al.(1999)은 웹상에서 소비자들의 선호를 알아서 정보의 탐색이나 의사결정을 대신해 줄 수 있는 '전자 대리인(electronic agent)'의 개념을 제안하여 소비자의 선택을 쉽게 하면서도 의사결정의 질을 높일 수 있는 사이버 환경의 설계 방향을 제시하였다.[19] 최근에는 특히 소매업(retailing)에서 가상현실(virtual reality; VR)과 증강현실(augmented reality; AR) 기술을 마케팅에 도입했을 때, 그것이 소비자의 정보탐색 행동을 비롯한 구매의사 결정과정에 미치는 영향에 대한 연구(Wedel, Bigné, and Zhang 2020)와 인공지능(artificial intelligence; AI) 기술을 활용한 제품이나 서비스에 대한 소비자들의 반응에 대한 연구(Longoni et al. 2019; Luo et al. 2019)가 활발하게 이루어지고 있다.[20] 예를 들면, Luo et al.(2019)은 어느 회사에서 6,200명이 넘는 고객들에게 무작위로 인간 판매원 또는 AI와 머신 러닝의 지원을 받는 AI챗봇(chatbot)이 전화를 걸게 하여 두 그룹 간의 성과를 비교하였다. 그 결과, 챗봇의 판매 성공률(23.7%)은 능력이 상위 20%에 해당하는 유능한 판매원들(25.1%)과 거의 비슷했으며, 능력이 하위 20%인 초보 판매원들(4.9%)에 비해서는 4배 이상의 판매 성과를 거두었다. 그러나 응답자들과의 대화 이전에 자신이 챗봇이라고 미리 밝힌 그룹에서는 챗봇의 판매 성공률이 4.8%로 감소하였다.

앞으로 인터넷 환경 내에서의 소비자행동을 설명하고 예측하기 위한 많은 연구들이 수행될 것으로 예상되지만, 오프라인 환경과 대비한 온라인 환경의 가장 중요한 특징은 쌍방향성(interactivity)에 의해 소비자의 정보 흐름에 대한 통제 가능성이 높다는 것과 소비자 선호의 구성적 성격(constructive nature)이 오프라인 환경보다 더 강하다는 점이다.[21] 따라서 이 같은 특성들이 소비자 의사결정과정, 특히 탐색행동에 미치는 영향에 관한 연구들이 사이버 공간 내에서의 소비자행동연구의 주류를 이루게 될 것으로 기대된다. 인터넷은 소비자들이 과거보다 훨씬 더 많은 정보를 쉽고도 효율적으로 탐색할 수 있도록 도와줌으로써 소비자행동을 극적으로 변화시키고 있다. 소비자들이 인터넷을 통한 탐색을 많이 하는 상품으로는 여행상품, 금융상품, 신용카드, 이동통신 서비스, 전자제품, 자동차, 영화 등으로 나타나고 있으므로 이 업종들에서 인터넷을 통한 정보제공의 중요성이 특히 높다고 하겠다.[22]

3. 마케팅 시사점

지금까지 정보탐색과 관련된 내용을 내적 탐색과 외적 탐색으로 나누어 설명하였다. 소비자 정보탐색과 관련된 마케팅 시사점은 다음과 같다.

(1) 상기상표군과 고려상표군

소비자가 내적 탐색을 할 때 기존에 알고 있던 상표들 중 일부는 회상되고 일부는 회상되지 않는데 이들 중 일부 회상되는 상표군을 **상기상표군**(evoked set)이라고 한다. 그리 중요치 않은 의사결정이거나 상기상표군 속에 바로 구매할 정도로 만족스러운 상표가 있으면 곧바로 구매를 할 것이나 그렇지 않은 경우 외적 탐색을 하게 된다. 외적 탐색과정에서 새로이 추가되는 상표들과 상기상표들을 합쳐 **고려상표군**(consideration set)이라고 하며, 소비자는 고려상표군에서 한 상표를 선택하게 된다. 상기상표군과 고려상표군의 관계를 그림으로 나타내면 [그림 3.5]와 같다.

한편 기업의 커뮤니케이션 노력에 의하여 소비자가 그 제품을 알고 구매하기까지의 과정을 대체로 인지(awareness) → 지식(knowledge) → 호감(liking) → 선호

그림 3.5 상기상표군과 고려상표군

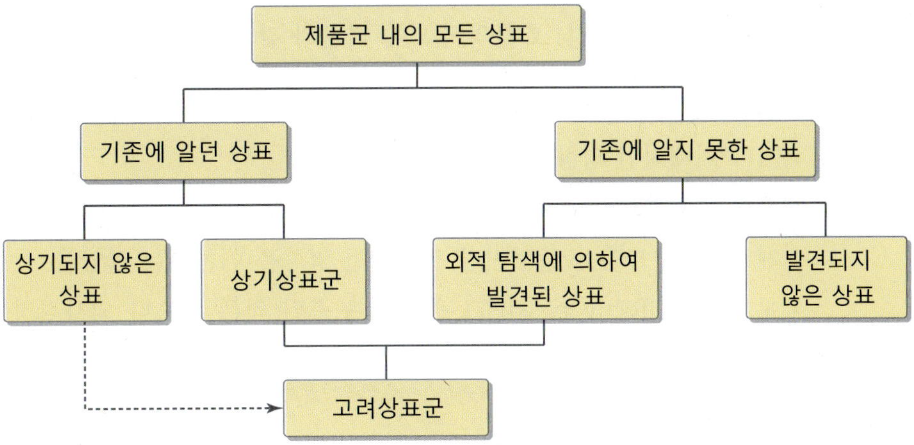

* 점선은 내적 탐색에서 상기되지 않은 상표들 중 일부 혹은 전부가 외적 탐색에서 발견되어 고려상표군에 포함될 수 있음을 의미한다.

(preference) → 확신(conviction) → 구매(purchase)의 단계로 나타낼 수 있다.[23] 이 모델에 따르면 커뮤니케이션의 효과를 가져오기 위한 첫 번째 단계가 바로 인지, 즉 소비자가 그러한 제품이 있다는 사실을 아는 것이다. 그러므로 어느 기업의 제품이 고려상표군에 포함되기 위해서는 소비자가 쉽게 그 제품을 상기할 수 있거나, 적어도 보다 많은 대안을 찾는 소비자가 그 제품을 발견할 수 있도록 커뮤니케이션활동에 노력을 기울여야 한다.

(2) 정보원천의 파악[24]

① 회송엽서

소비자의 주된 정보원천을 파악하기 위하여 기업은 제품포장 내에 주된 정보원천과 구매장소 등을 질문하는 회송엽서를 넣어두고 회송자에게 답례품 등을 보내는 방법을 이용할 수 있다.

② 심층면접

또한 심층면접(depth interviews)에 의하여 소비자의 탐색과정을 조사할 수 있다. 심층면접법에 의하여 그 제품을 알게 된 계기, 그 제품을 구매하는 데 있어서 가장 중요하게 고려할 점, 그 제품의 구매이유 등 여러 가지 질문이 가능하다.

③ 설문조사법

소비자에게 노출된 정보의 여러 원천들, 예를 들어 신문광고, TV광고, 인터넷광고, 구전 등 각각이 소비자가 그 제품을 결정하는 데 얼마나 효과를 미쳤는지를 설문조사하는 방법이다. 효과의 정도는 다음과 같이 세 가지로 분류할 수 있다.

- 결정적 효과(decisive effectiveness): 그 원천이 의사결정에 주된 영향을 미쳤거나 지배적인 영향을 미쳤음.
- 공헌적 효과(contributory effectiveness): 그 원천이 그 제품에 대하여 좀더 알게 되는 데 도움을 주었지만 결정적인 영향을 미치지는 않았음.
- 무효과(ineffectiveness): 그 원천에 노출된 적은 있으나 의사결정에 영향을 미치지 않았음.

(3) 정보탐색의 순서

소비자는 의사결정단계 초기에 속성별 정보처리를 하고 후기에는 상표별 정보처리를 하는 경향이 있음을 앞에서 언급하였다.

갤럭시탭S 광고는 태블릿 PC의 뛰어난 화질을 강조하는 광고로서 속성별 정보처리를 하는 소비자가 만약 화질을 중요한 속성으로 고려한다면 이 광고에 주의를 기울일 것이며, 이 태블릿 PC 상표는 그 소비자의 고려상표군에 포함될 가능성이 비교적 높다.

갤럭시노트 10.1 광고는 이 태블릿 PC의 특징을 비교적 자세히 설명하는 광고로서 속성별 정보처리를 하면서 뛰어난 화질을 중요시하는 소비자는 주의를 기울일 가능성이 비교적 낮으며 이 태블릿 PC 상표는 그 소비자의 고려상표군에 포함될 가능성이 비교적 낮다. 그러나 소비자가 이 상표를 이미 고려상표군에 포함시킨 경우에는 'S펜'의 특징과 '멀티스크린'과 같은 구체적 정보를 제공하므로 상당히 적절한 광고이다. 이런 관점에서 볼 때 마케터는 자사의 제품이 표적시장 소비자들의 고려상표군에 일단 포함되도록 하는 것과 이미 포함된 경우 자사제품을 구매하도록 설득하는 것 중 어느 것에 보다 중점을 두는지에 따라 다른 광고를 개발해야 할 것이다.

속성별 처리를 하는 소비자에게 소구하는 삼성갤럭시탭S 광고

상표별 처리를 하는 소비자에게 소구하는 갤럭시노트 10.1 광고

(4) 기업제공 정보원천의 이용

① 광 고

소비자가 문제를 인식하면 이전에 비하여 문제와 관련된 제품의 광고에 주의를 기울인다. 소비재의 경우 일반적으로 광고가 가장 중요한 정보의 원천으로서 인식되고 있지만, 대부분의 소비자들은 광고와 같이 기업이 제공하는 정보원천에 의해 제공되는 정보를 전적으로 신뢰하지는 않는다. 그럼에도 불구하고 다양한 형태의 광고는 소비자들의 의사결정에 강력한 영향력을 행사하는 정보원천이라고 할 수 있다.[25] 지속적 관여도(enduring involvement)가 높은 소비자는 물론 낮은 소비자에게 있어서도 반복적 광고에 의하여 제품명이나 기타 제품정보가 소비자의 기억 속에 저장되며 이는 소비자가 차후 문제를 인식할 때 내적 탐색에 의하여 쉽게 회상이 될 수 있다. 그러므로 마케터는 충분한 제품광고에 의하여 소비자의 정보탐색욕구를 충족시키도록 해야 한다.[26]

② 판매원

슈퍼마켓에서 소비자가 편의품을 선택하는 경우는 판매원 역할의 중요성이 낮다. 그러나 자동차, 가전제품, 가구, 의류, 산업재 등의 경우 정보원천으로서의 판매원의 영향력은 매우 크다. 제품지식에 관한 판매원 교육이 시간적 및 금전적 낭비라고 생각하여 등한시하는 경우가 많으나 제품에 따라서는 판매원 교육이 결정적으로 중요함을 인식할 필요가 있다.

③ 포장지 및 설명서

제품 포장지나 설명서가 때로는 매우 중요한 정보원천으로 이용된다. 그러나 설명서의 내용이 지나치게 자세하면 정보과부하(information overload)에 의하여 소비자는 혼란을 일으키거나 혹은 외면할 수 있음을 유의해야 한다.

④ 무료 샘플

소비자에게 무료 샘플을 제공함으로써 그 제품의 특징을 알릴 수 있다. 화장품, 치약 등 비내구재는 소량 샘플을 제공할 수 있고, 개인용 컴퓨터, 승용차 등 내구재는 시험사용을 하도록 함으로써 그 제품이 우수함을 소비자가 인식하도록 할 수 있다. 개인용 컴퓨터를 무료로 대여한다든지, 승용차 렌트회사를 통하여 자동차회사가 고급 승용차를 비교적 저가격에 렌트해 주는 것 등이 좋은 예가 된다.

생각해 볼 문제

1. 소비자의 정보처리에 있어 목표 하이어라키(goal hierarchy)의 역할은 무엇인가? 또한 노트북 PC를 구입한다고 가정하고 이와 관련한 목표 하이어라키를 만들어 보자.

2. 소비자들의 소비와 관련된 목표는 항상 소비자 자신의 의식이나 의지와 관련되어 있는가? 만일 그렇지 않다면 어떤 경우에 소비자들은 자기도 모르는 사이에 어떤 특정한 목표를 추구하게 되는지 토론해 보자.

3. 소비자들의 외적 탐색 정도를 결정하는 요인들은 무엇인가? 인터넷이 급속히 확산되면서 소비자들의 외적 탐색은 어떤 영향을 받게 되는가? 또한 인터넷을 통한 on-line 정보탐색은 off-line에서의 정보탐색에 비해 어떤 특징을 가지고 있는가에 대해 알아보자.

4. 소매업(retailing)을 중심으로 가상현실(VR)과 증강현실(AR) 기술을 마케팅에 활용하려는 사례가 증가하고 있다. 이들 기술의 활용이 소비자의 정보탐색에는 어떤 영향을 줄 수 있는지 토론해 보자.

5. 상기상표군(evoked set)과 고려상표군(consideration set)의 차이점은 무엇인가? 이 차이는 마케팅전략 수립에 있어 어떤 의미를 갖는가?

제 4 장

구매 전 대안평가

이연주 씨는 세탁기를 구매하기 위해 수집한 정보들을 다시 한번 검토해 보았다. 세탁용량이 14kg인 세탁기들 중 밀레 같은 수입제품을 제외하면 LG의 트롬, 위니아의 클라쎄, 삼성의 버블샷 등의 드럼 세탁기들이 생각할 수 있는 대안이었다.

가격은 세 개의 브랜드가 기능에 따라 60만원에서 100만원에 이르기까지 다양하게 분포하고 있었으나 위니아에서 나온 드럼 세탁기가 약간 저렴하다는 것을 알 수 있었다. 세탁성능은 친구들의 경험을 물어 본 결과 LG의 제품이 우수한 것으로 평가할 수 있으며, 위니아 제품은 세탁물의 엉킴이 다른 제품들보다 덜한 것을 알 수 있었다. 삼성 제품은 건조성능이 다른 회사 제품들보다 우수하다는 평이었다. 정보 수집차 이연주 씨가 백화점을 방문했을 때 판매원은 '버블샷의 버블 워시 및 오토 워시 세탁기능', '트롬의 안심 헹굼 및 스피드 워시 기능', '클라쎄의 공기방울 세탁기능' 등의 이야기를 했지만 과연 그런 차이에 의해 세탁기에 따라 실제로 느끼는 성능에 어느 정도 차이가 날 것인지 알 수 없었다. 그 밖에 디자인과 외관, 사용 시 소음 등은 이연주 씨에게는 비교적 덜 중요한 속성인 데다가 백화점과 대리점 방문 시 확인한 결과 그 같은 속성들에서는 브랜드에 따라 큰 차이가 나지는 않는 것 같았다.

이연주 씨는 아이들의 빨랫감이 하루에도 상당량 쏟아지는 것을 고려하여 많은 세탁물을 넣었을 때도 세탁이 잘되는 것이 가장 중요한 속성이라고 생각하고 각 대안들을 비교·평가해 보았다.

위의 사례에서 볼 수 있듯이 소비자들은 대안을 선택하기 전에 대안을 평가하는 과정을 거치는 것이 보통이다. 이 장에서는 선택대안들의 평가과정과 대안평가와 관련된 여러 가지 문제들을 살펴보기로 한다.

4.1 선택대안들의 평가

소비자는 기억으로부터 회상하거나 외부로부터 수집한 정보에 의하여 선택대안들을 평가(alternative evaluation)하는데, 이때 소비자는 평가기준과 평가방식을 결정하여 고려상표들을 비교·평가한다([그림 4.1] 참조). 이하에서는 평가기준의 특성과 측정방법, 보완적 및 비보완적 평가방식과 각각의 마케팅 시사점들을 살펴보고 대안의 평가와 관련된 제문제를 검토해보기로 한다.

1. 평가기준의 특성

소비자는 여러 가지 평가기준에 근거하여 각 대안을 평가한다. **평가기준**(evaluative criteria)은 선택기준(choice criteria)이라고도 하는데, 소비자가 대안을 비교하고 평가하는 데 사용하는 표준(standards)과 명세(specifications)를 말한다. 예를 들면, 운동화를 평가할 때 질긴 정도, 충격 흡수성, 디자인 등이고, 시계의 경우 정확성, 견고성, 디자인 등이다. 평가기준의 특성은 대체로 다음과 같다.

① 평가기준은 많은 경우 소비자의 내면적 구매목적/동기를 반영한다.

평가기준은 제품구매의 주된 목적 혹은 그 제품으로부터 얻고자 하는 편익(benefits)에 따라 다르다. 예를 들어, 충치예방에 특별히 관심을 갖는 부모가 자녀를 위하여 치약을 구매할 때는 무엇보다 치약의 충치예방성분을 중요시할 것이며, 하얀 치아를 갖기를 무엇보다 원하는 10대 소녀는 치아를 희게 하는 성분을 가장 중요시할 것이다. 소비자의 제품 구매동기는 실용적(utilitarian) 동기와 쾌락적

그림 4.1 평가기준과 평가방식

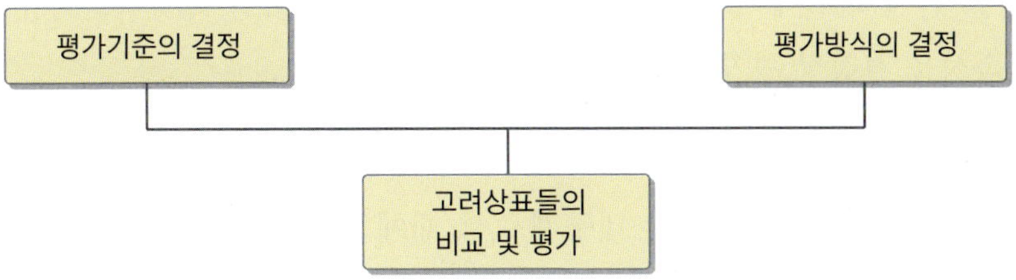

(hedonic) 동기로 구분할 수 있다. 전자는 제품을 소비함으로써 실용적인 효용을 얻고자 하는 것이며, 후자는 멋진 옷이나 헤어스타일에 의하여 자신의 이미지를 향상시키고자 하는 것처럼 제품소비에 의하여 즐거움을 얻고자 하는 것이다. 세탁기를 구매하는 주된 동기가 실용적인 것이라면 세탁 성능이나 세탁물이 엉키지 않는 정도 등을 중요한 평가기준으로 고려하겠으나, 쾌락적인 경우에는 상대적으로 세탁기 디자인이나 외관 등을 중요시할 것이다.

② 평가기준은 상황에 따라 달라진다.

예를 들어, 평소 음식점 선택에 있어서 무엇보다 청결을 중요시하는 소비자도 몹시 시장하고 고속버스가 곧 떠나려는 상황에 처하면 빨리 준비되는 정도를 가장 우선적으로 고려하여 자동판매기에서 즉석라면 등을 구매하게 된다. 또한 자기의 사용목적으로 제품 구매 시 실용성을 중요시하던 소비자도 선물 목적으로 제품을 구매할 때는 상표명 등을 중요시하는 경우가 많다.

③ 평가기준은 객관적일 수도 있고 주관적일 수도 있다.

승용차 구매자는 연비, 배기량 등 객관적 평가기준을 특히 중요시할 수도 있고, 그 승용차가 갖는 사회계층적 이미지(social class image) 같은 주관적 평가기준을 중요시할 수도 있다. 또한 세탁기의 소음과 같이 객관적으로 측정이 가능한 평가기준이라 할지라도 소비자가 주관적으로 지각하는 소음정도가 구매의사결정에 더 중요한 영향을 미치는 경우를 많이 볼 수 있다.

④ 각각의 평가기준은 중요성에 있어서 상이하다.

즉, 여러 개의 평가기준을 소비자가 중요하게(salient, important) 여기더라도 그중 한두 개가 결정적(determinant) 평가기준으로서 작용한다. 예를 들어, 소비자가 운동화를 구매할 때 상표명, 가격, 충격 흡수성, 질긴 정도 등을 중요한 평가기준으로 고려하더라도 그중 충격 흡수성을 결정적 평가기준으로 하여 상표를 평가할 수 있다. 가장 중요한 평가기준이라고 하여 반드시 결정적 평가기준이 되지는 않는다. 예를 들어, 많은 소비자들이 TV를 구매할 때 화질을 가장 중요시한다 하더라도 상표대안들 간에 화질에 있어서 별 차이가 없다고 판단하면 예약녹화기능, 디자인 등 다른 속성을 결정적 평가기준으로 이용하게 될 것이다.

⑤ 평가기준의 수는 제품에 따라 다양하다.

집이나 승용차 등은 주요한 내구재로서 대체로 고관여 제품이라 할 수 있는데 이러한 경우는 상대적으로 많은 평가기준에 의하여 선택대안을 평가하고 편의품 등 저관여 제품의 경우는 평가기준의 수가 적다.[1] 그러나 소비자 의사결정에 있어서 고려되는 평가기준의 수는 그다지 많지 않은 것이(예컨대 6개 이하) 보통이다.[2]

2. 평가기준의 측정

마케터는 표적시장의 소비자들이 중요시하는 평가기준(salient criteria)과 각 평가기준의 중요도를 파악함으로써 제품개발이나 촉진활동 등 마케팅노력에 이용할 수 있다. 평가기준을 측정하는 방법에는 다음과 같은 것들이 있다.

(1) 직접질문법

이 방법은 소비자들이 구매결정을 위한 대안들을 비교 평가할 때 고려하는 속성들(attributes)을 직접 질문하는 방법이다. 이는 설문지 혹은 표적집단면접(focus group interviews)에 의하여 행해진다. 이 방법의 문제점은 응답자들이 평가기준을 알고 있으며 솔직하게 응답할 것이라고 가정하는 데 있다. 그러나 소비자들은 자신의 평가기준을 잘 모르는 경우가 종종 있으며 알더라도 노출시키기를 꺼리는 경우가 있다. 그러므로 소비자들은 자기 자신이 실제로 사용하는 평가기준 대신 '사회적으로 바람직한(socially desirable)' 방향으로 반응할 수도 있다.

(2) 간접질문법

응답자가 평가기준을 나타낼 수 없거나 진실되게 나타내기를 원하지 않는다고 판단하면 간접질문법을 이용할 수 있다. 이는 응답자 본인의 평가기준을 직접 질문하지 않고 제삼자 혹은 대부분의 사람들이 어떤 평가기준을 가졌을 것으로 생각하는가를 응답자에게 질문하는 것이다. 간접질문법 사용의 근거는 응답자의 의견이 다른 사람을 통하여 투사된다고 보는 데 있다.

(3) 척도법

소비자들이 제품의 어떤 속성을 중요한 평가기준으로 고려하는지를 척도에 의하여 측정하는 방법이다. **척도법**(scale methods)에는 여러 가지가 있는데 가장 간단한 방식은 "비스킷을 선택함에 있어 영양가가 당신에게 중요한 평가기준이 됩니까?"와 같은 식으로 질문하고 "예-아니오" 중 한 가지로 대답하게 하는 것이다. 혹은 여러 가지 가능한 평가기준을 제시하고 응답자가 보다 중요시 여기는 정도에 따라 순위를 부여하게 할 수도 있다. 비교적 많이 쓰이는 방식으로 **중요성 척도**(importance scale)가 있는데 이는 응답자로 하여금 어떤 평가기준에 대한 중요성 부여 정도를 다음의 예와 같은 척도상에 표시하게 하는 방식이다.

> 자동차의 안전성에 대하여 귀하가 부여하는 중요성의 정도를 다음의 척도상에 나타내십시오.
>
> 전혀 중요하지 않다 ____ ____ ____ ____ ____ ____ ____ 매우 중요하다
>
> 1 2 3 4 5 6 7

그러나 이와 같은 중요성 척도는 두 가지의 문제가 있다. 첫째, 응답자는 여러 가지 평가기준에 대하여 중요성을 고려할 때 각각의 평가기준별로 응답하므로 질문의 대상이 되는 모든 혹은 대부분의 평가기준이 극도로 중요하거나 매우 중요하다고 응답할 가능성이 있다. 즉 이와 같이 평가기준별로 각각 측정을 하면 평가기준들 간의 상대적 중요도 파악이 불가능할 수 있다. 이와 같은 문제점은 다음과 같은 **고정총합법**(constant sum method)을 이용함으로써 해결할 수 있다.

> 자동차 구입 고려시 일반적으로 다음의 여러 가지 평가기준들을 고려합니다. 이들 각 평가기준별로 귀하가 중요시 여기는 정도에 따라 합계 점수가 100이 되도록 점수를 할당하십시오.

안전성	( )
엔진 배기량	( )
스타일	( )
승차감	( )
	100

두 번째 가능한 문제는 중요성만으로써는 응답자가 원하는 방향을 조사할 수 없는 경우가 있다. 예를 들어, 자동차의 '크기'가 중요하다고 응답한 경우 응답자가

자동차가 큰 것을 선호하는지 작은 것을 선호하는지는 중요성 척도나 고정총합법에 의하는 경우 조사할 수 없다. 이때는 다음과 같은 '매우 좋다 - 매우 나쁘다'를 양쪽 끝에 붙인 척도를 이용해야 한다.

자동차의 크기가 크다

매우 나쁘다	___	___	___	___	___	___	___	매우 좋다
	−3	−2	−1	0	+1	+2	+3	

콜라가 달다

매우 나쁘다	___	___	___	___	___	___	___	매우 좋다
	−3	−2	−1	0	+1	+2	+3	

(4) 지각도

지각도(perceptual map)는 요인분석, 다차원 척도법(multidimensional scaling: MDS), 대응분석(correspondence analysis) 등을 이용하여 그릴 수 있다. 다차원 척도법을 이용하는 경우, 응답자로 하여금 한 제품군(또는 서비스군) 내의 여러 상표들을 2개씩 짝을 지워 모든 가능한 상표 짝들의 유사한 정도를 비교하도록 하여 순위로 나타내게 한 다음 응답자들의 응답결과를 2차원 혹은 다차원으로 나타낸다. [그림 4.2]는 서울의 특급호텔들에 대한 고객들의 평가를 다차원 척도법을 이용하여 그려낸 지각도이다. 그림에서 X, Y 축은 응답자들이 호텔들 간의 유사성을 평가하는 기준을 나타내는데, 여기서는 응답자들이 특급호텔의 평가기준으로 이미지와 접근편리성을 중요시하는 것으로 추정된다.

이로부터 호텔들이 어떤 속성에 있어 어느 정도로 평가되고 있는지를 알 수 있다. 예를 들면, 신라호텔과 롯데호텔 서울은 이미지와 접근편리성 면에 있어 모두 높게 평가되고 있는 반면 웨스틴 조선과 플라자호텔은 접근편리성은 높지만 이미지 면에서는 상대적으로 낮은 평가를 받고 있음을 알 수 있다. 따라서 지각도는 새로운 제품/서비스의 포지셔닝이나 기존 제품/서비스의 재포지셔닝에 유용한 도구로 사용될 수 있다.

그러나 다차원 척도법을 이용해 얻어낸 평가기준은 분석자의 추론에 의한 것이므로 주관성이 개입될 우려가 있으며, 경우에 따라서는 평가기준의 해석이 애매모

그림 4.2 서울의 특급호텔들에 대한 지각도

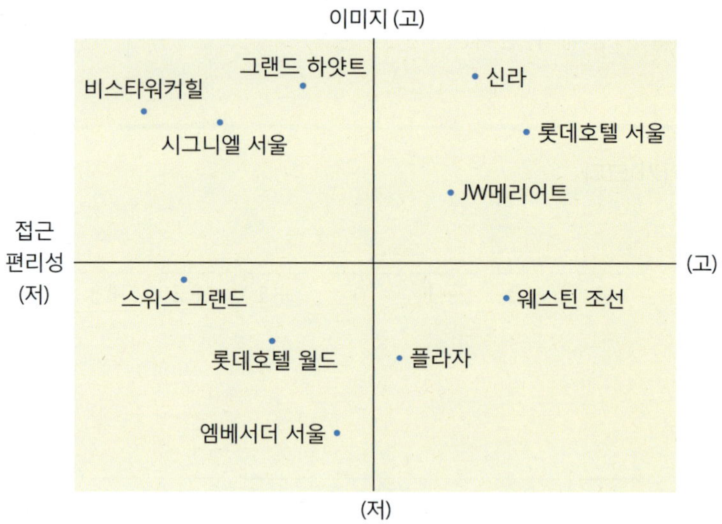

호한 일도 있으므로 주의를 요한다.

(5) Conjoint 분석법

Conjoint **분석법**은 표적시장에 가장 적절한 제품을 디자인하기 위하여 사용되는 방법이다. 이를 위해서 마케터는 각각의 속성에 있어서 자사 제품이 어느 정도 수준을 갖도록 할 것인지를 결정해야 한다. 조사자는 응답자들에게 각 속성에 있어서 다른 수준의 값을 갖는 여러 제품들을 제시하고 응답자들로 하여금 선호순서를 나타내게 한다. 이 순서들을 입력자료로 하여 조사자는 각 속성의 수준에 따른 효용, 각 속성의 중요도와 가장 효과적인 속성 수준들의 조합을 발견할 수 있다. 예컨대 Marriott 호텔에서는 염가형 호텔서비스인 Courtyard by Marriott를 설계하면서, 600여개의 호텔관련 속성을 가지고 conjoint 분석을 실시하여 소비자 만족을 제고시키면서 수익성이 높은 중저가형 호텔서비스를 만들어 낼 수 있었다.[3]

3. 상표대안 평가의 보완적 방식과 마케팅 시사점

소비자가 상표대안들을 평가하는 방식은 여러 가지가 있는데, 크게 나누어 **보완적 방식**(compensatory rules)과 **비보완적 방식**(noncompensatory rules)으로 나눌 수 있다.

(1) 보완적 방식

소비자가 여러 상표대안들을 자신이 중요시 여기는 평가기준들에 의하여 평가를 하면 각 상표의 강점과 약점이 상표들 간에 상충되는 수가 흔히 있다. 이때 소비자는 각 상표에 있어서 어떤 속성의 약점을 다른 속성의 강점에 의해 보완하여 전반적인 평가를 하는데 이를 보완적 방식에 의한 평가라고 한다. 이를 다음의 예로써 구체적으로 설명하기로 한다.

소비자가 가격이 비슷한 세 가지 승용차 상표를 비교·평가하는 상황을 가정하자. 이 소비자는 이때 중요한 평가기준으로 경제성(연료 및 수리비), 기계의 성능, 디자인 및 승차감 등 네 가지를 고려하며, 각 평가기준의 중요도를 전체를 100으로 둘 때 경제성 40, 기계의 성능 30, 디자인 20, 승차감 10으로 부여한다고 가정하자. 이 소비자는 또한 각 승용차 상표를 평가기준별로 평가하는데 이를 1-10(매우 나쁨 - 매우 좋음)까지로 나타내면 〈표 4.1〉과 같다고 가정한다.

〈표 4.1〉에서 각 상표의 평가점수는 각 평가기준별로 중요도와 평가점수를 곱한 값을 모든 평가기준에 걸쳐 합계한 값을 나타낸다. 이와 같은 경우 이 소비자의 상표 선호도는 Sonata, SM6, Malibu의 순위로 나타날 것이다. 그런데 Sonata는 SM6, Malibu와 비교할 때 디자인에서 동등하게 평가받으며 더구나 승차감에서는

표 4.1 승용차의 가상적인 속성점수 표

평가기준	중요도	승용차에 대한 가상적 평가		
		Sonata	Malibu	SM6
경제성	40	8	3	5
기계의 성능	30	5	3	5
디자인	20	5	5	5
승차감	10	3	7	5
평가점수		600	380	500

SM6와 Malibu보다 낮게 평가되고 있지만 경제성과 기계성능에서 높게 평가되어 가장 선호됨을 알 수 있다. 즉 승차감에서의 상대적 약점이 경제성과 기계성능에서의 상대적 강점에 의해 보완되어 전체적인 면에서 가장 선호되는 것이다.

(2) 보완적 방식의 마케팅 시사점

표적시장의 다수 소비자가 상표결정을 할 때 보완적 방식에 의하여 상표대안들을 비교 · 평가한다면 우선 소비자들이 중요하게 여기는 평가기준 혹은 속성(salient evaluative criteria or attributes)을 찾아낸 다음 표적시장을 대표할 수 있는 일부 소비자들을 대상으로 마케팅조사를 실시할 수 있으며, 이들로부터 수집된 자료를 정리하면 〈표 4.1〉과 같은 결과를 얻을 수 있을 것이다.

이와 같은 표는 소비자의 각 상표에 대한 전체 평가점수(overall evaluation)의 변화를 위한 방법을 시사해 준다. 즉 Malibu의 경우 현재 시장에서 가장 낮게 평가되고 있으므로 마케터는 평가기준별 중요도나 각 평가기준별 자사상표에 대한 평가점수를 변경시키려는 노력에 의해 전체 평가점수를 향상시킬 수 있다. 이때 평가기준의 상대적 중요도는 많은 경우 소비자의 내면적 동기를 반영하는 것이어서 변화가 비교적 어려우므로 광고 등의 촉진노력에 의하여 각 평가기준별 평가점수의 변화를 시도하는 경우가 더 흔하다.

평가기준을 제시하는 광고: 유라이브 블랙박스의 예

예를 들어, Malibu는 경제성에서 3점으로 평가받고 있는데 이는 실제로 경제성이 이처럼 낮을 수도 있으나 사실은 경제성이 높은데도 불구하고 소비자들이 잘못 인식하고(misperceive) 있기 때문일 수도 있다. 만약 후자의 경우라면 이는 전적으로 마케터의 책임이라고도 할 수 있으며 마케팅 노력에 의하여 평가점

수를 향상시킬 수 있도록 해야 할 것이다. 소비자의 평가기준과 그 중요도는 많은 경우에 변경이 어렵지만 앞의 유라이브 광고와 같이 자사제품이 강점을 갖는 속성을 소비자에게 바람직한 평가기준으로 제시함으로써 자사제품에 대한 소비자의 전반적인 평가를 향상하도록 할 수도 있다.

또한 이러한 조사결과로부터 중형 승용차시장에서 소비자들이 고려하는 각 평가기준의 상대적 중요도를 알 수 있다. 즉 〈표 4.1〉의 경우 소비자들은 대체로 경제성을 가장 중요시하며 기계의 성능을 그 다음으로 중요시하는 경향이 있음을 알 수 있다. 이는 제품개선, 기존제품의 포지셔닝 전략 및 신제품 개발을 위한 중요한 정보가 될 수 있다. 즉, Sonata, Malibu, SM6 각 상표의 승용차 제조기업은 무엇보다 경제성 향상에 힘써야 할 것이며 광고 등을 통해 자사제품이 경제성이 우수함을 강조함으로써 표적시장 소비자들에게 강하게 포지셔닝할 수 있다. 더구나 만약 경제성이 우수한 승용차가 현재 시장에 존재하지 않는다면 새로운 경쟁자는 이 점에서 시장기회를 발견하고 시장틈새(market niche)전략을 수립할 수 있을 것이다.

소비자가 각각의 속성을 중요시 여기는 정도와 속성별로 각 상표를 어떻게 평가하는지에 관한 정보는 경쟁적 마케팅전략 수립을 위한 중요한 시사점을 제공한다. 〈표 4.2〉는 어떤 제품군(product class)에 있어서 특정 속성이 소비자에 의해 지각되는 중요성 정도와 아울러 상표 A와 경쟁상표에 대한 소비자의 평가를 나타내고 있다. 상표 A는 8가지 가능한 경쟁적 포지션(position) 중 하나에 해당하는데, 각 경우에 있어서 상표 A의 경쟁적 포지션이 나타나 있으며 이는 적절한 마케팅전략을 시사해 준다. 예를 들어, 소비자가 중요성을 높게 지각하는 어떤 속성에 있어서 상표 A와 경쟁상표 양자 모두가 낮게 평가되고 있다면 현재 소비자의 욕구를 충족시

표 4.2 상대적 경쟁적 포지션에 의한 마케팅전략

속성의 중요성	상표 A의 성과	경쟁상표의 성과	마케팅 시사점
고	불량	불량	시장기회
		양호	경쟁적 열위
	양호	불량	경쟁적 우위
		양호	치열한 경쟁
저	불량	불량	기회 없음
		양호	허위 경보
	양호	불량	허위 우위
		양호	허위 경쟁

키는 상표가 없으므로 이는 시장기회를 의미한다. 또한 이때 경쟁상표가 높게 평가된다면 상표 A는 상대적으로 경쟁적 열위에 있음을 나타내주며 상표 A를 그 속성에 있어서 특히 향상시키려는 노력을 해야 함을 의미한다.[4]

4. 상표대안 평가의 비보완적 방식과 마케팅 시사점

(1) 비보완적 방식

위에서 본 바와 같이 보완적 방식은 소비자가 여러 가지 중요한 평가기준에 걸쳐 여러 고려상표들을 종합적으로 비교 · 평가하는 것인데 소비자는 많은 경우 보완적 방식보다 비교적 간단한 비보완적 방식에 의하여 상표를 평가한다. 비보완적 방식은 한 평가기준에서의 약점이 다른 평가기준에서의 강점에 의하여 보완되지 않는 평가방식이다. 〈표 4.3〉은 소비자가 치약의 4가지 상표를 비교 · 평가하는 것으로 각 상표에 대한 평가점수를 각각의 속성에 따라 최하 1에서 최고 5까지 표시한 것이다. 비보완적 방식으로는 다음의 네 가지를 들 수 있다.

① 사전편집식 (Lexicographic Rule)

소비자가 자신이 가장 중요시하는 평가기준에서 최상으로 평가되는 상표를 선택하는 방식으로, 이때 최상의 상표가 2개 이상이면 두 번째로 중요시하는 평가기준에 의하여 선택한다. 〈표 4.3〉의 경우 소비자가 충치예방을 가장 중요시하고 맛을 두 번째로 중요하게 여긴다면 페리오 치약을 선택하게 될 것이다.

② 순차적 제거식 (Sequential Elimination Rule)

이는 소비자가 중요하게 생각하는 특정 속성의 수준이 최소 어느 정도는 되어야 한다는 수용기준(cut-off point)을 설정하고 그 속성에서 수용기준을 만족시키지 못하는 상표를 제거해 나가는 방식이다. 소비자는 각 속성별로 불만족스러운 상표

표 4.3 치약의 가상적인 속성 점수표 (1)

평가기준	상 표			
	페리오	2080	클로즈업	죽염
충치예방	4	4	2	3
맛	3	2	3	1
치석예방	1	2	3	5

들을 순차적으로 제거하고 끝까지 살아남는 상표를 선택한다. 소비자가 수용기준을 각 속성에 대하여 2점 이상으로 한다면 충치예방에서 모든 상표는 수용가능하나 맛에서 죽염치약이 제거되며 치석예방에서 페리오가 제거되고 나머지 2080과 클로즈업 두 가지 중에서 한 가지를 선택하게 된다. 이 두 가지 상표 중 어느 것을 선택할 것인가의 문제는 소비자가 이 시점에서 다시 어떠한 평가방식을 취하는가에 달려 있다.

순차적 제거식 의사결정방법들 중에서 대안의 제거를 위한 기준을 확률적으로 선택하는 방법을 속성별 제거식(elimination by aspects) 의사결정이라고 부른다.[5] 이 방식에 의하면 소비자는 평가기준을 속성의 중요도에 따라 확률적으로 선택하여 대안을 순차적으로 제거해 나가며, 그 결과 살아남는 대안을 선택하게 된다. 즉, 충치예방, 맛, 치석예방에 각각 0.4, 0.3, 0.3 정도의 중요성을 부여하는 소비자의 경우 치약을 선택할 때 적용하는 첫 번째 기준으로 충치예방이라는 속성을 선택할 확률이 40%이며, 맛이나 치석예방을 첫 번째 기준으로 선택할 확률은 각각 30%와 30%일 것이다. 따라서 그 소비자는 첫 번째로 선택된 속성을 기준으로 하여 그 속성에서 일정 수준에 미치지 못하는 대안들을 제거한 다음 남은 대안들에 대해 두 번째 속성을 적용하여 같은 방법으로 일부 대안들을 제거한다. 이 같은 과정을 마지막으로 하나의 대안이 남을 때까지 계속한다.

③ 결합식 (Conjunctive Rule)

소비자가 상표의 수용을 위한 최소한의 수용기준을 모든 속성에 관해 마련하고 각 상표별로 모든 속성의 수준이 최소한의 수용기준을 만족시키는가에 따라 평가하는 것이다. 소비자가 각 속성에 대한 최소한의 기준을 2점으로 둔다면 페리오는 치석예방에서 그리고 죽염치약은 맛에서 수용기준에 못 미치므로 결국 2080과 클로즈업 두 가지 중에서 한 가지를 선택하게 된다. 결합식 평가방식은 속성별 평가방법인 순차적 제거식과는 달리 상표별 평가방식이다. 따라서 결합식 평가에서는 첫 번째 상표를 속성별로 최소한의 수용기준을 넘는지를 평가하여 모든 속성에서 수용기준을 넘으면 첫 번째 상표를 선택하고 그렇지 못하면 두 번째 상표의 평가로 넘어가게 된다.

④ 분리식 (Disjunctive Rule)

이는 특히 중요한 한두 가지 속성에서 최소한의 수용기준을 정하여 그 기준을 만족시키는 대안들 중 하나를 선택하는 방식이다. 예를 들어, 소비자가 치석예방을 특히 중요시하고 기준을 4점으로 한다면 죽염치약을 선택할 것이다. 분리식 평가에서는 두 개 이상의 속성을 기준으로 평가할 수도 있다. 예컨대 소비자가 충치예방을 잘해 주거나 치석예방에 특히 효과가 좋은 치약을 선택할 경우 각 속성의 최소기준을 4점으로 한다면 페리오와 2080은 충치예방 때문에, 그리고 죽염치약은 치석예방 때문에 선택하게 된다. 분리식과 결합식의 차이를 살펴보면 분리식에서 여러 속성들의 평가기준들 간의 관계가 '또는'(or)의 관계로 연결된다면, 결합식에서는 '그리고'(and)의 관계로 연결된다는 점이다. 즉, 분리식에서는 충치예방을 잘해주거나 또는 치석예방을 잘해주는 대안을 선택하지만 결합식에서는 충치예방과 치석예방을 동시에 어느 정도 이상 해낼 수 있는 대안을 선택하게 된다.

제3장에서 소비자의 정보획득 및 처리방식으로 속성별 처리(processing by attributes), 상표별 처리(processing by brands), 그리고 혼합식 처리(processing by a mixed way)가 있음을 설명하였다. 위의 네 가지 비보완적 대안평가 방법들 중 사전편집식과 순차적 제거식, 그리고 분리식은 속성별로 상표를 비교·평가하므로 속성별 처리에 해당되고, 결합식은 상표별 처리에 해당된다.

소비자가 보완적과 비보완적 평가방식 중 어느 방식에 의하여 상표대안들을 비교·평가하는지와 관련된 연구결과에 의하면, 소비자는 고관여 상태에 있을 때 보완적 상표선택전략을 취하는 경향이 높은 것으로 밝혀지고 있다.[6] 또한 교육수준이 높을수록 보완적 상표선택전략을 이용하는 경향이 있다. 그러나 소비자가 고관여 상태에 있을 때라도, 상표대안들의 수가 아주 많은 경우에는 순차적 제거식 혹은 결합식 등의 비보완적 선택전략에 의하여 고려상표들을 몇 개로 줄인 다음 나머지 상표들을 대상으로 보완적 선택전략을 취하는 경우도 흔히 볼 수 있는데 이를 **단계별 의사결정전략**(phased decision strategy)이라고 한다.[7]

한편 사전편집식, 순차적 제거식, 결합식 또는 분리식 등의 의사결정방법을 비보완적 방식이라고 부르는 이유를 〈표 4.4〉를 이용하여 설명하면 다음과 같다.

표 4.4 치약의 가상적인 속성 점수표 (2)

평가기준	중요도	상 표		
		Crest	소금잇몸	Colgate Total
충치예방	40	5	4	3
맛	30	1	5	3
치석예방	30	1	2	3

〈표 4.4〉와 같은 경우 보완적 방식에 의하여 상표를 선택한다면 소금잇몸치약이 선택될 것이다(Crest=260, 소금잇몸=370, Colgate Total=300). 그러나 사전편집식에 의한다면 Crest가 선택될 것이다. 이는 사전편집식을 사용하는 경우, '충치예방'에서의 Crest에 비교한 소금잇몸이 갖고 있는 약간의 취약점이 '맛'과 '치석예방'에서의 상대적 강점에 의하여 보완될 수 없기 때문이다. 또한 소비자가 순차적 제거식이나 결합식에 의하고 수용기준을 3점으로 선택한다면 Colgate Total이 선택될 것이다. 이때에도 소금잇몸치약은 '치석예방'에 있어서 Colgate Total에 대해 갖고 있는 약간의 취약점이 '충치예방'과 '맛'에 있어서의 강점에 의하여 보완되지 못하기 때문이다. 이 같은 비보완적 방식은 일반적으로 소비자들이 의사결정을 빠르고 쉽게 할 수 있도록 해준다는 장점을 가진 반면, 보완적 방식에 비해서 비합리적인 판단이나 선택에 이르게 할 가능성이 높다.[8]

(2) 비보완적 방식의 마케팅 시사점

저관여 제품의 경우 소비자는 보완적 방식보다 비보완적 방식에 의하여 대체 상표들을 비교·평가하는 경향이 있다. 만약 표적시장의 다수 소비자가 사전편집식에 의하여 상표를 선택하는 경우 마케터는 다수의 소비자가 가장 중요시하는 속성을 조사하여 이에 주력할 필요가 있다. 예를 들어, 〈표 4.4〉의 경우 다수 소비자들이 치약을 구매할 때 사전편집식에 의하여 선택을 하며, '충치예방' 기능을 가장 중요시한다면 마케터는 R&D와 생산부문에게 충치예방기능이 우수한 치약을 개발 생산하도록 요청하고 또한 커뮤니케이션에 의하여 자사제품의 충치예방기능이 우수함을 강조해야 할 것이다. 한편 표적시장의 다수 소비자가 결합식 내지는 순차적 제거식에 의하여 상표를 평가한다면 소비자들이 대체로 수용하는 정도를 파악하여 그 정도를 만족시킬 수 있도록 해야 할 것이다. 예를 들어, 다수의 소비자들이 충치예방, 맛, 그리고 치석예방의 세 가지 속성에 있어서 모두 3점을 수용기준으로 고려한다면 많은 비용을 들여 훨씬 우수한 제품을 생산하는 것보다 소비자들이 대체로 받아들일 수 있는 정도로 각 속성의 수준을 결정하는 것이 현명한 방법일 것이다.

4.2 대안평가 관련 여러 다른 주제들

1. 정보의 탐색과 대안의 평가 간의 관계

이 책에서는 소비자들이 구매의사결정과 관련된 모든 정보를 수집한 다음 이에 근거하여 대안들을 평가하는 것으로 가정하였다. 그러나 실제로 소비자들의 의사결정과정을 관찰해 보면 정보를 탐색하면서 대안을 평가하기도 하고, 대안을 평가하다가 추가적인 정보를 탐색하기도 한다. 또한 두 과정은 상호영향을 미치면서 소비자들이 대안을 선택하는 데까지 이르게 한다.

Payne은 정보판(information board)을 이용하여 소비자들의 정보탐색과 대안평가 과정을 연구하였다.[9] 즉, 피험자들에게 여러 개의 대안과 각 대안의 속성정보(alternative×attribute matrix)를 가린 채로 제시한 다음 소비자들이 정보를 원할 때마다 하나씩 보여주어 결국 하나의 대안을 선택할 때까지 어떤 정보를 어떤 순서로 탐색하는가를 기록하고, 이에 더하여 의사결정과정을 소리내어 말하게 하는 동시적 구두진술(concurrent verbal protocol)을 보완적으로 활용하여, 피험자들이 어떤 선택전략을 사용하고 있는가를 추론해 냈다.

예컨대, 〈표 4.5〉에서 볼 수 있듯이 각 대안별 정보탐색의 양이 일정하고 상표대안별 또는 속성 간(inter-dimensional) 정보처리가 이루어지는 경우 Fishbein 모형(제9장 참조) 같은 **선형보완전략**(linear compensatory strategy)이 사용되고 있다고 추론할 수 있다. 또한 정보탐색의 양은 일정하지만 정보처리가 속성별로(intra-dimensional) 이루어질 경우 두 대안씩 짝을 지워 두 대안(A와 B) 간의 속성별 차이들(예컨대 승용차 A의 승차감이 5, B의 승차감이 3인 경우 A(승차감)－B(승차감)＝2가 됨)을 속성별 중요도에 따라 가중 평균한 값이 음인가 양인가를 보아 두 대안(A와 B)의 우열을 판단하는 **차이가산식 전략**(additive-difference strategy)이 사용된다고 추론할 수 있다. 마찬가지로 정보탐색의 양이 대안별로 일정치 않은 경우에도 정보처리가 대안별로(또는 속성 간에) 이루어진다면 속성별 최저수준(minimum cutoff level)을 모두 뛰어넘는 대안을 골라내는 방식인 **결합식**(conjunctive) 전략이 사용되고 있다고 볼 수 있으며, 정보처리가 속성별로 이루어지는 경우에는 **속성별 제거식**(elimination by aspects) 전략이 사용되고 있다고 추론할 수 있다.

표 4.5 정보탐색의 양과 정보처리방식에 따른 선택전략

정보처리방식 \ 정보탐색의 양	일정	가변
대안별(상표별)	선형보완식	결합식
속성별	차이가산식	속성별 제거식

이 같은 방법을 사용하여 Payne은 다음과 같은 결론을 얻었다: (1) 소비자들은 대안을 선택함에 있어 어떤 한 가지 선택전략만을 사용하는 경우는 거의 없으며, 여러 가지의 선택전략을 혼합하여 사용한다. (2) 대안의 수와 속성의 수가 많아지면 소비자들은 정보처리능력의 한계 때문에 처음에는 비교적 간단한 비보완적 전략을 통해 대안을 걸러낸 다음, 2~3개의 대안이 남게 되면 좀더 많은 인지적인 노력을 요구하는 보완적 전략을 사용하여 의사결정을 한다.

한편, Russo는 슈퍼마켓에서의 현장실험을 통해 정보제시방법에 따라 소비자들의 선택전략이 달라질 수 있다는 것을 보여주었다.[10] 즉, 제품들의 단위당 가격(예컨대, 세탁세제의 kg당 가격)이 각 제품 밑에 표시된 경우보다는 각 제품군별로 상표별 단위당 가격을 순서대로 정리한 표를 매대의 끝에 부착해 놓은 경우에 소비자들이 단위당 가격이 저렴한 상표를 더 많이 구입한다는 사실을 발견하였다. 이 같은 Russo의 연구는 Payne의 연구와 함께 소비자의 대안평가 및 선택전략이 소비자 내재적인 요인보다는 소비자를 둘러싼 정보탐색 및 정보처리환경에 더 큰 영향을 받는다는 것을 말해준다.

2. 감성의존식 대안평가

소비자들이 대안을 평가함에 있어 보완적 방식이나 비보완적 방식은 모두 대안의 속성에 의존하는 평가방식이다. 그러나 소비자들은 친숙한 제품일수록 속성에 의존하기보다는 그 제품과 관련하여 이미 형성되어 있는 전반적인 평가(overall evaluations)를 기억에서 불러내옴으로써 대안을 평가하는 것이 보통인데, 이를 **감성의존식**(affect referral) 평가방식이라고 한다.[11] 여기서 감성은 어떤 대상에 대한 좋거나 또는 나쁜 감정을 의미한다. 예컨대 음료수를 선택하는 소비자의 경우 코카콜라라는 대안에 대한 평가는 코카콜라가 가진 속성들에 의존한다기보다는 코카콜라와 관련된 경험들에 의해 이미 형성된 평가를 단순히 기억에서 불러내올 뿐인 경

우가 오히려 더 많을 것이다.

소비자들은 많은 제품경험들을 가지고 있으며 각 제품에 대한 감성을 장기기억 속에 간직하고 있다. 의사결정 상황에 직면하여 그 감성이 인출됨으로써 매우 효율적인 의사결정이 가능하게 된다. 일상적 문제해결은 대부분 감성의존식 대안평가의 결과로 볼 수 있다.

3. 대안의 평가와 후광효과

후광효과(halo effect)란 소비자들이 상품을 평가하는 경우 브랜드 등의 상품과 관련된 일부 속성에 의해 형성된 전체적인 인상이 직접적으로 관련이 없는 다른 속성의 해석에 영향을 미치는 것을 말한다. 예컨대 BMW가 제네시스보다 파워는 뛰어나지만 승차감은 떨어지는 경우에도 BMW라는 브랜드에 의해 생겨난 후광 때문에 승차감이나 기타 속성에서도 제네시스보다 뛰어나다고 생각하는 경우를 말한다. 후광효과는 긍정적인 후광효과뿐만 아니라 부정적인 후광효과도 발생할 수 있다. 예컨대 인도네시아에서 만들어진 자동차의 경우 소비자들이 인도네시아에서 제조되었다는 사실만으로 그 자동차의 여러 가지 속성들을 실제보다도 낮게 평가할 가능성이 높다.

4. 대안의 평가와 맥락효과

소비자들의 대안에 관한 평가는 그 대안에 대한 선호뿐만 아니라 그 대안이 어떤 맥락 안에서 제시되는가에 의해서도 영향을 받게 된다. 소비자들의 대안 평가에 있어 가장 대표적인 **맥락효과**(context effects)인 유인효과(the attraction effect), 타협효과(the compromise effect), 상향효과(the upscaling effect) 및 유사성효과(the similarity effect)에 대해 설명하면 다음과 같다.[12]

(1) 유인효과

[그림 4.3(a)]에서 대안 A는 품질은 좋지만 가격이 비싼 대안이며, 대안 B는 품질이 나쁜 반면 가격이 저렴한 대안이다. 시장에 새로운 대안 C가 진입할 경우 대안 C는 대안 B에 비해 열등한 대안이므로 소비자들의 대안에 대한 평가에 영향을 미칠 이유가 없음에도 불구하고 일반적으로 대안 C의 진입으로 인해 소비자들이 대안 B

그림 4.3 유인효과와 타협효과

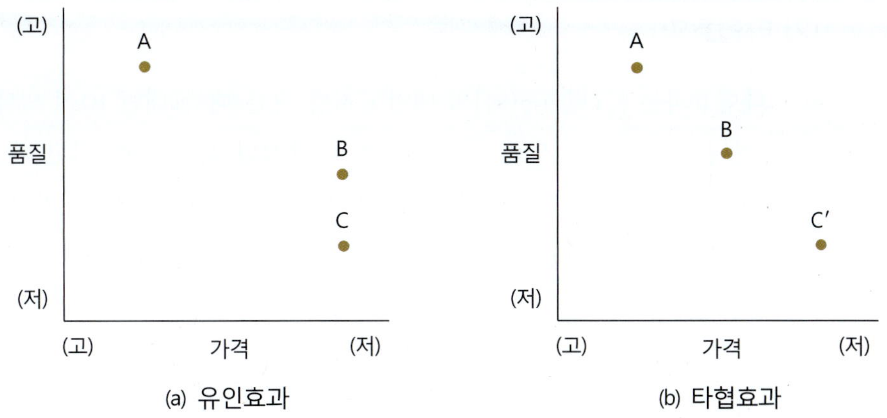

를 선택하는 확률이 증가하게 된다. 이와 같이 기존대안보다 열등한 대안이 새로이 도입됨으로써 기존대안의 선택확률이 증가되는 현상을 **유인효과**라 한다.[13] 이는 품질 면에서 열등한 대안이라고 생각되던 대안 B보다 더 열악한 대안 C가 대안 B와 같은 가격에 출시되면, 소비자들이 대안 B의 품질에 대해 과거보다 덜 극단적인 평가를 하게 되는 데 기인하는 것으로 보는 지각적 입장(perceptual view)과, 대안들끼리의 비교가 지배-피지배의 관계에 있는 경우 훨씬 쉬워지게 되므로 대안 B를 선택할 가능성이 더 커진다는 비용/편익적 견해(cost/benefit view)로 나누어진다.[14]

유인효과의 마케팅 시사점을 생각해보면, 대안 B가 대안 A에 비해 품질면에서 소비자들에게 저평가되고 있으므로 대안 B의 제조업체는 미끼대안 C를 시장에 출시하여 대안 B의 시장점유율 증가를 꾀할 수 있다. 그러나 대안 자체의 수익성을 고려하지 않는 미끼대안의 출시는 대개의 경우 비현실적인 방법이다. 그 대신 대안 C의 위치에 기존 상표가 있는 경우, 대안 B의 위치에 새로운 상표를 출시하여 대안 C를 미끼대안의 역할을 하도록 만드는 것이 현실적으로 더 적절할 것으로 보인다.

유인효과는 매우 강력한(robust) 선택맥락효과 중의 하나지만 최근에는 유인효과가 일어나는 조건과 일어나지 않는 조건을 구분하기 위한 연구가 활발히 진행되고 있다. 예컨대, Ha, Park, and Ahn의 연구에 의하면 소비자들이 여행상품을 선택할 때, 선택대안들과 관련하여 투숙호텔의 입지나 서비스 등급처럼 수량적으로 나타낼 수 있는 속성들만 제시되었을 때는 유인효과가 나타났지만, 선택대안들을 묘사하기 위한 범주적 속성(categorical attributes)이 추가되는 경우(예를 들면, 여행

지로서의 이탈리아와 프랑스), 유인효과는 약화되는 것으로 밝혀졌다.[15]

(2) 타협효과

타협효과는 [그림 4.3(a)]의 대안 C처럼 다른 대안(대안 B)에 의해 지배되는 대안이 아니라, 어느 한 가지 속성에 있어 극단적인 값을 갖는 극단 대안(예컨대 [그림 4.3(b)]의 대안 C′)이 선택 집합에 추가된 경우, 대안 B의 (대안 A에 대한) 상대적인 점유율이 증가하는 현상을 말한다.[16] 이 같은 현상이 일어나는 이유는 소비자들이 두 가지 속성에 대해 비슷한 가중치를 가지고 있다면, 대안 B가 A, B, C′ 세 개의 대안들 중에서 '중간'에 해당하는 무난한 대안이므로 그 선택이 보다 정당화될 수 있다고 생각하기 때문인 것으로 여겨진다.

타협효과가 가지는 마케팅 시사점은 포지셔닝에 있어 극단을 피하고 다른 경쟁자들의 중간적인 위치에 자리 잡게 되면 상대적으로 유리하리라는 것이다. 그 밖에도, 현재 자사제품이 고가/고품질로 인식되고 있고 경쟁사의 제품이 저가/저품질로 인식되어 있으면서, 자사제품의 가격이 시장에서 점유율을 높이는 데 장애요인이 되고 있다면, 이를 극복하기 위한 한 가지 방법으로 초고가/초고품질의 새로운 제품을 출시하는 것을 들 수 있다. 그렇게 함으로써 초고가/초고품질의 신제품이 성공하지는 못할 수도 있지만 최소한 자사의 고가/고품질 제품의 상대적인 시장점유율을 높이는 데는 성공할 수 있을 것이다.

(3) 상향효과

소비자의 선택과 관련하여 의사결정 연구자들이 최근 새롭게 발견한 맥락효과는 **상향효과**(the upscaling effect)이다.[17] 상향효과는 값이 비싸고 품질이 좋은 대안 A와 값은 싸지만 품질이 좋지 못한 대안 B가 시장에서 경쟁하고 있을 때, 품질이 B보다 더 나쁘면서 가격은 A보다 더 비싼 대안 D가 시장에 진입하면 품질이 우월한 대안 A의 점유율은 증가하지만, 가격 면에서 우월한 B의 점유율은 증가하지 않는 현상을 말한다([그림 4.4] 참조).[18]

상향효과는 미끼대안 D([그림 4.4])가 기존대안 A와 B 모두에 지배되는 대안이라는 점에서 미끼대안 C([그림 4.3])가 대안 A에는 지배되지 않고 대안 B에만 비대칭적으로 지배되는 유인효과와 다르다. 상향효과를 발견한 연구자들은 소비자들이 A와 B에 대칭적으로 지배되는 대안 D가 선택집합(choice set)에 도입되면 가격과 같이 실현가능성(feasibility)과 관련된 속성보다는 품질같은 바람직한 정도

그림 4.4 상향효과

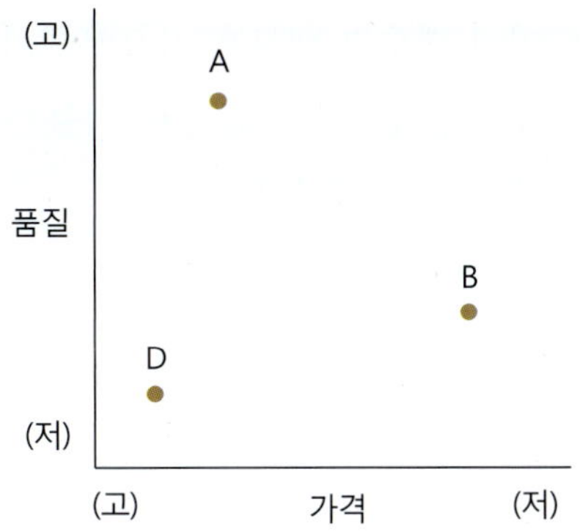

(desirability)와 관련된 속성에 더 우선순위를 두게 되기 때문에 대안 B의 선택 점유율은 별로 영향을 받지 않지만, 대안 A의 선택 점유율은 더 증가하는 것으로 설명한다. 이 같은 결과는 고가격/저품질의 미끼대안이 시장에 진출하면 명품같은 고가격/고품질 제품의 점유율이 증가할 수 있다는 것을 의미하기 때문에 명품의 점유율 제고를 위한 마케팅에 시사점을 제공한다.

(4) 유사성효과

유사성효과는 새로운 대안이 선택집합(choice set) 안에 나타난 경우, 기존 상표들이 새로운 상표와 유사할수록 선택확률이 더 많이 감소하는 현상을 말한다.[19] 예컨대 청량음료 시장에 사이다와 콜라가 있을 경우 새로운 상표의 콜라가 나타나면 사이다보다는 기존 콜라의 점유율이 상대적으로 더 많이 줄어드는 효과이다.

5. 대안의 평가와 프레이밍효과(Framing Effects)

소비자들은 같은 내용의 정보라 할지라도 그 정보가 어떻게 프레이밍되는가에 따라 다르게 지각하며 그에 따라 대안의 평가도 달라진다. 예컨대 주유소에서 소비자들이 신용카드를 사용하면 구입액의 5%에 해당하는 할증요금을 지불해야 한다고 하자. 이 경우 5%할증료라는 표현보다는 현금으로 지불하는 고객에게 5%할인(cash discount)을 해준다고 표현하는(frame) 것이 신용카드고객이나 현금고객 모두에게 유리한 듯한 느낌을 주게 된다. Kahneman and Tversky는 이 같은 현상을 그들의 prospect이론에서 의사결정자의 준거점(reference point)이 변화함에 따라 일어나는 것으로 보고 있다.[20] 즉, 현금고객은 현금 할인의 경우, 판단의 준거점이 신용카드를 사용하여 지불하는 것이 되므로 현금을 사용하였기 때문에 이득을 보았다고 느끼지만 신용카드 할증료의 표현에서는 현금으로 지불하는 것이 준거점이 되므로 특별히 이득을 보았다는 느낌은 들지 않게 된다.

소비자행동 Highlight

프로스펙트 이론(Prospect Theory)과 마케팅 시사점

Von Neumann and Morgenstern에 의해 현대적인 기대효용이론의 체계가 정립된 이후, 기대효용이론의 기술적 모형(descriptive model)으로서의 가치는 계속 위협을 받아왔다.[21] **기대효용이론**(expected utility theory)은 사람들의 효용을 각 개인 특유의 효용함수로 표현할 수 있다고 보고 사람들은 자기 자신의 기대효용을 극대화하기 위해 일관성 있는 의사결정을 할 것이라고 가정한다. 그러나 사람들의 의사결정에 대한 경험적 연구들에 의하면 이 같은 가정에 체계적으로 위배되는 의사결정 행동들이 많이 관찰된다.[22] 이에 Kahneman and Tversky는 불확실성 하에서의 의사결정에 대한 기술적 모형으로 **프로스펙트 이론**을 제시하였다.[23] 이 이론의 핵심은 사람들이 확률이나 효용을 지각함에 있어서 전통적인 의사결정이론에서 생각하는 것처럼 베이지안(Bayesian)확률 수정법칙이나 부(富)의 모든 영역에서 위험에 대한 태도 면에서 일관성 있는 효용함수를 따르지 않는다는 점이다. 따라서 Kahneman and Tversky는 주관적 확률 대신 의사결정 가중치(decision weight)를, 효용함수 대신 **가치함수**(value function)를 제안하였다. 이 중 마케팅 시사점을 많이 내포하고 있는 개념은 가치함수이므로 이에 대해서만 서술하기로 한다.

전통적인 효용이론에서는 개인의 효용은 절대적 부의 수준(final wealth position)에 의해서 좌우된다고 보는 데 반해 프로스펙트 이론에서는 어떤 개인이 준거점(reference point)을 어디에 두는가에 의해 평가대상의 가치가 결정된다고 본다. 예컨대 천만원을 가진 사람이 내기를 해서 10만원을 잃었다면 990만원에 대한 효용을 느끼는 것이 아니라 잃어버린 10만원에 대한 비효용을 경험하게 된다는 것이다. 또한 프로스펙트 이론에서는 부의 모든 영역에서 일관성 있는 위험에 대한 태도(일반적으로는 위험 회피적인 태도를 가정하기 때문에 전 영역에서 오목함수임)를 가정하는 효용함수와는 달리 준거점을 중심으로 이득(gain)영역에서는 오목(concave)함수를, 손실(loss)영역에서는 볼록(convex)함수를 가정한다. 또한 일반적으로 사람들은 같은 액수의 이득보다는 손실을 더 크게 느끼므로 가치함수는 이

그림 4.5 전형적인 효용함수와 프로스펙트 이론의 가치함수

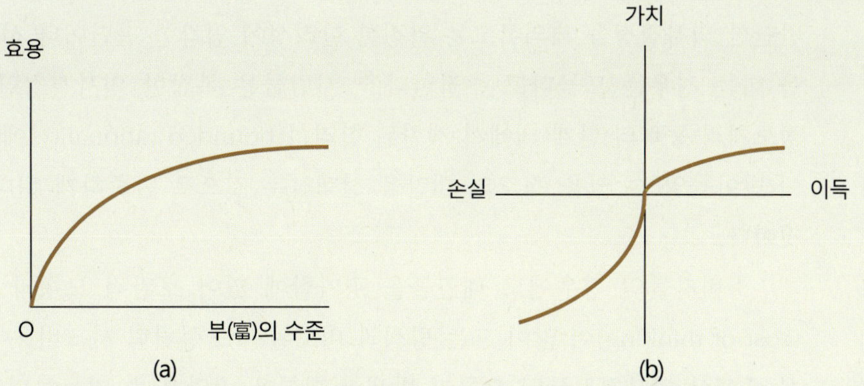

득보다는 손실영역에서 더 가파른 모양을 띠게 된다. 이 같은 현상을 손실 회피(loss aversion)라고 부른다. 이를 그림으로 그려보면 [그림 4.5]의 (b)와 같이 되는데 이를 활용하여 마케팅 시사점을 도출해 보면 다음과 같다.

[그림 4.5]의 (b)와 같은 가치함수에서 도출될 수 있는 중요한 시사점은 "이득은 나누고 손실은 합하라"는 것인데 이는 가치함수가 손실영역과 이득영역에서 그 모양을 달리하는 데에 기인한다.[24] 예컨대 소비자에게 두 개 이상의 사은품을 제공하는 경우 이들을 한 번에 제공하는 것보다는 별도의 사은품으로 제공하는 것이 효과적일 것이다. 반면 소비자가 받은 서비스의 계산서를 제시할 때는 여러 개로 나누어서 제시하는 것보다는 한 번에 묶어서 제시하는 것이 소비자의 지각된 손실을 줄여주는 것이 된다. Club Med에서 숙박료, 음식, 교통비 등을 모두 미리 지불하게 하는 패키지 여행상품을 판매하는 것도 이 같은 원칙을 마케팅에 적용한 것으로 볼 수 있다.

그 밖에도 기업이 소비자에게 제시하는 '권장소비자가격(suggested retail price)'은 소비자에게 준거점의 역할을 하게 된다(14장 외적 준거가격 참조). 예컨대 권장소비자가격이 만원이라면 소비자가 이에서 '할인된' 가격(9,000원)에 상품을 구입하는 경우, 그 소비자는 권장소비자가격이 제시되지 않은 채로 9,000원에 구입한 경우에 비해 싸게 구입했다는 느낌을 가질 수 있다. 이는 권장소비자가격 만원이 준거점이 되므로 9,000원에 구입하게 되면 마치 1,000원의 이득이 있었다고 느끼게 되지만, 권장소비자가격이 제시되지 않는 경우에는 9,000원에 구입하고도 그런 느낌을 갖지 않을 것이기 때문이다. 그러나 권장소비자가격이 터무니없이 높고, 이에서 대폭 할인된 가격에 판매되면 소비자들이 권장소비자가격 자체를 신뢰하지 않게 되므로 권장소비자가격이 더 이상 준거점으로서의 역할을 하지 않으며 상품이나 판매자에 대한 불신을 초래할 수 있다.

6. 대안의 평가와 사고비용

Simon은 사람들이 의사결정을 함에 있어 정보처리 능력상의 한계 때문에 아주 간단한 의사결정을 제외하고는 완전한 합리성에 입각한 판단이나 선택(optimizing)을 하는 경우는 드물다고 주장한다.[25] 사람들은 복잡한 의사결정일수록 자신들의 정보처리 능력의 한계 내에서 제한된 합리성(bounded rationality)에 입각하여 자신이 받아들일 수 있을 정도의 대안을 선택하는 것으로 만족하게 된다(satisficing)는 것이다.

소비자들의 경우에도 대안들을 평가함에 있어 보완적 모형과 같이 **사고비용**(cost of thinking)이 많이 드는 방식과 비보완적 모형처럼 사고비용이 적게 드는 방식 중에서 의사결정상의 오류가 발생할 확률을 감안하여, 가능하면 사고비용이 덜 드는 방식을 채택하려 할 것이다. Shugan은 이 같은 대안평가 방식에 따른 사고비용을 모형화하였는데, 그의 모형에 따르면 일반적으로 속성들 간의 상관관계가 낮으면 낮을수록 사고비용이 더 많이 들게 된다.[26] 소비자들은 대안의 평가에 있어 속성들 간의 상관이 낮아 사고비용이 더 많이 든다고 판단할수록 광고 등의 촉진활동에 더 많이 의존하여 사고비용을 줄이려고 하는 경향이 있다.[27]

7. 비교하기 어려운 대안들의 평가

소비자가 당면하게 되는 대안의 평가상황은 같은 제품군 내에 속해 있는 여러 개의 상표들을 비교 평가하는 경우가 많지만, 때에 따라서는 소비자들이 다른 제품군 내에 속하는 대안들끼리 비교 평가하지 않으면 안 되는 상황에 처하게 되는 경우도 있다. 예컨대 어떤 소비자가 250만원의 보너스를 받게 된 경우, 평소에 사고 싶었던 LG전자의 65인치 OLED TV수상기와 Marantz 오디오 세트를 놓고 어떤 것을 살까 고민하면서 두 대안을 비교 평가하는 경우를 생각해 볼 수 있다. 이 같은 경우 소비자는 속성 내의 비교가 어려우므로 두 대안의 전반적인 효용을 직접 비교하는 방법을 사용할 수 있다. 그러나 비교가 어려운 대안들을 비교 평가하는 경우에도 소비자들은 두 대안을 비교할 수 있도록 속성들을 합쳐 추상적이고 포괄적인 속성으로 만들어 그 속성 내에서 두 대안을 비교해 보는 경향이 있다.[28]

즉, 특정 상표의 TV수상기와 스테레오를 비교한다면 가격 이외의 속성들은 직접 비교가 어려우므로 두 대안의 비교가 가능해질 때까지 **추상화 과정**(abstraction process)을 거친다. 따라서 소비자들은 '즐거운 시간을 보낼 수 있게 해주는 정도'

라든지, '다른 사람들에게 사회적 신분을 과시할 수 있게 해주는 정도' 등의 추상적인 속성 안에서 두 대안을 비교하게 된다. 만일 두 개의 대안이 냉장고와 스테레오처럼 비교가 극히 어려운 것인 경우에는 추상화 과정을 좀 더 심화시켜 '실용성', '필요성' 등의 더욱 더 추상적인 속성 내에서 비교를 시도할 것이다.

8. 구성적 의사결정

소비자들의 의사결정 중에는 '목이 마를 때는 칠성사이다를 사서 마신다'는 경우와 같이 소비자들이 필요할 때 대안에 대해 이미 개발된 선호를 기억에서 불러내오는 경우도 있지만, 아파트를 구입하는 경우처럼 대안에 대한 선호가 확실히 형성되지 않은 상태에서 여러 대안을 비교해보는 등의 의사결정과정을 거치면서 선호와 선택을 확실하게 형성해가는 **구성적 의사결정**(constructive decision making)도 많이 찾아볼 수 있다.[29]

구성적 의사결정의 경우 소비자들은 의사결정의 정확성을 극대화하려는 목표와 인지적 노력을 극소화하려는 목표를 동시에 갖게 된다.[30] 즉, 소비자들은 자신의 의사결정을 통해 특정 대안을 선택함으로써 얻게 되는 순효용(즉, 총효용－총비용)을 극대화하려는 목표를 가질 뿐만 아니라, 생각하기 귀찮은 것들을 회피하고 싶어하는 등 의사결정에 따르는 사고비용(cost of thinking) 또는 인지적 비용(cognitive costs)을 극소화하려는 목표를 동시에 갖고 있다.[31]

정확성의 극대화와 인지비용의 극소화라는 목표 외에도 사람들은 의사결정시 유발되는 부정적 감정을 극소화하고 싶어하기도 하고, 의사결정의 정당화 용이성을 극대화하려는 목표를 갖는 경우도 볼 수 있다.[32] 예컨대 소비자가 자동차를 선택함에 있어 안전도가 상대적으로 높은 자동차와 승차감이 상대적으로 좋은 자동차 중에 선택을 해야 할 경우 안전도라는 속성은 생명과 직결되기 때문에 승차감과의 상쇄(trade-off)를 해나가는 과정에서 부정적 감정이 유발될 가능성이 높고, 이 같은 부정적 감정이 유발되는 경우 의사결정을 지연시키거나, 상쇄를 피할 수 있는 간단한 휴리스틱(예컨대, '무조건 가장 안전한 자동차를 구입한다')을 사용하는 경향이 있다는 것이다.[33] 또한 소비자들은 선택맥락효과인 타협효과에서 볼 수 있듯이 극단적 대안이 아닌 중간 대안을 선호하는 경향을 보인다. 이는 의사결정자가 대안을 선택할 때 단순히 의사결정에 따르는 편익과 비용만을 고려하는 것이 아니라, 자기 자신의 의사결정이 자기 자신이나 타인에게 얼마나 정당화(justify)될 수 있는가를 고려한다는 것을 보여주는 하나의 예이다.[34]

생각해 볼 문제

1. 상표대안에 대한 보완적 평가방식과 비보완적 평가방식이 어떻게 다른지 중요 사항별로 비교할 수 있는 표를 만들어 보자. 또한 각각의 평가방식이 마케팅 시사점에 있어서는 어떻게 다른지 생각해 보자.

2. 프로스펙트 이론이 갖는 마케팅 시사점을 우리 생활 주변에서 사례로 찾아내어 토론해 보자.

3. 소비자 의사결정에 있어 맥락효과를 이해하는 것은 왜 중요한가? 맥락효과의 예를 들어보고, 그것이 실제로 시장에서 제품의 마케팅에 영향을 주는 사례를 찾아내 보자.

4. 선택 맥락효과들 중에서 유인효과, 타협효과, 상향효과, 유사성효과는 각각 어떤 특성을 갖고 있으며, 마케팅전략상 브랜드나 제품의 포지셔닝에 어떤 시사점을 제시하는지 토론해 보자.

5. 소비자들의 선호와 의사결정이 소비자들을 둘러싼 여러 가지 환경적인 요소들에 의해 구성되는 것은 주로 어떤 경우인가? 소비자들의 선호가 구성적인 성격을 보이지 않는 경우는 어떤 경우인가?

제 5 장

구매, 구매후 행동

디지털 정보화가 소비자 만족/불만족에 미치는 영향

과거 새 TV를 구매하려던 소비자들은 SONY 같은 특정 브랜드에 대한 자신의 경험에 의존해 제품을 선택하곤 했다. 하지만 지금은 달라졌다. Amazon이나 Best Buy에 올라있는 사용자들의 제품사용후기와 상품평가 사이트를 참고할 확률이 높다. Amazon, Yelp와 같은 평가 사이트들은 상품의 효용성, 신뢰도 등을 알려주거나 식당이나 호텔에서 소비자들이 받게 될 경험을 예측할 수 있도록 도와준다. 소셜미디어를 이용해 친구나 지인들로부터 쉽게 추천을 받을 수도 있다. 페이스북과 트위터에 "누가 카메라 좀 추천해주실래요?"라고 질문을 올리면 조언들이 쏟아진다. 친구들이 식당이나 영화에 대해 어떻게 생각하는지 궁금하면 페이스북의 그래프 검색을 이용하면 된다. 이처럼 오늘날에는 제품이나 서비스의 가치와 가격을 평가하는 일이 훨씬 더 쉬워졌다.

여러 식당에 대한 평가 글(후기)과 댓글을 읽은 후 당신에게 맞는 식당을 찾아 그곳에서 식사를 해보라. 아마 당신은 즐거운 시간을 보냈을 것이고 실제로 당신이 실망했을 확률은 낮다. 식당에 가기 전에 이미 평가 글을 읽어봤기 때문에 그곳에서 어떤 경험을 하게 될지 짐작이 가능했기 때문이다. 당신은 오로지 그 식당을 홍보하는 웹사이트에만 의존했을 때보다 더 정확한 기대치를 갖고 있었을 것이다. 당신이 선택한 식당의 서비스, 음식 맛, 분위기가 어떨지 미리 예상하고 있었기 때문에 당신의 기대치와 실제경험은 큰 차이가 없다.

소비자들이 제품이나 서비스 만족도를 평가할 때 고려하는 것은 성과에 대한 기대와 실제경험상의 차이다. 이때 더 좋은 정보를 얻었을 경우 더 정확한 기대로 이어지기 때문에 기대와 실제경험 간의 차이는 작아진다. 소비자들의 평가 글은 품질에 대한 완벽한 지표는 아니다. 많은 평가 글 중에 부정확한 정보도 있기 때문이다. 하지만 좋은 정보는 예상치 못한 불쾌한 경험을 피할 수 있도록 도와준다. 디지털 시대에 들어서 새로운 정보환경이 가져온 주요변화는 소비자들이 좋은 경험을 할 확률은 높아지고 실망스러운 경험을 할 확률은 낮아졌다는 점이다.

소비자들의 기대와 경험 간의 차이를 더욱 좁혀주는 또 다른 영향요인으로 확인의 편향(confirmation bias)이 있다. 확인의 편향은 자신의 신념과 일치하는 정보는 받아들이고 신념과 일치하지 않는 정보는 무시하는 경향을 말한다. 예를 들면, 어떤 영화가 재미있다는 이야기를 들었을 때 당신의 경험과 기대치 간의 차이가 크지 않다면 당신도 영화가 재미있다고 생각할 것이다. 따라서 당신이 식당에서 먹은 안심 스테이크 맛에 대한 지각은 당신이 읽은 다른 사람들의 댓글이나 평가 글에 의해 형성된 기대치의 영향을 받는다. 그리고 광고의 영향에 의한 확인의 편향도 존재한다. 하지만 더 신뢰할 수 있는 정보나 다른 사람들의 의견에 따라 확인의 편향이 형성되었다면 만족 여부에 대한 판단에 미치는 영향력은 더 강력하다. 오늘날의 소비자들은 사용자들의 평가나 전문가들의 평가 등 신뢰할 수 있는 정보원천을 통해 더 많은 정보를 얻는다는 점에서 확인의 편향 성향이 만족도 판단에 미치는 영향이 더 커질 것이다.

Amazon이 제품별로 보다 많은 사용자 후기를 쌓기 위해 노력하는 것도 소비자 구매행동에 미치는 사용후기의 영향력을 잘 이해하고 있기 때문이다. Amazon은 고객이 어떤 판매자로부터 구매했든 상관없이 동일제품에 대한 모든 사용후기를 해당 제품의 사용후기로 통합해서 관리한다. Amazon이 미국 소비자들의 쇼핑행동 출발점이 되는 주요 이유 중 하나는 경쟁 온라인 플랫폼들보다 많은 사용자 후기를 제공하기 때문이다.

자료원: Simonson, Itamar and Emanuel Rosen (2014), *Absolute Value*, HarperCollins; *이코노미조선*, 2022.05.16.

소비자는 브랜드대안들을 비교·평가한 후 특정브랜드를 구매하기로 결정하고 실제의 구매과정으로 들어간다. 구매과정은 특정브랜드에 대한 구매결정(purchase decision)뿐 아니라 그 브랜드를 취급하는 여러 점포들 중 한 점포의 선택 및 그 점포 내에서의 쇼핑과정이 포함된다. 소비자는 관여수준과 과거구매경험에 따라 다양한 구매유형을 보인다. 지난번에 구매했던 브랜드를 재구매하거나 또는 새로운 브랜드로 전환할 수 있으며, 계획 없이 충동구매를 하기도 한다. 소비자는 구매과정에서 브랜드와 점포에 대한 결정을 함께 하게 된다. 즉 특정브랜드를 먼저 결정한 후 어떤 점포를 방문할 것인가를 고려하기도 하고, 혹은 자신이 선호하는 점포를 먼저 결정한 후 그 점포 내의 경쟁브랜드들을 비교·평가한 후 특정브랜드를 결정하기도 한다.

브랜드 및 점포의 결정과 구매과정에 영향을 미치는 중요한 요인의 하나가 상황(situation)이다. 가령 선물용으로 구매하는 화장품브랜드와 자신이 사용하기 위해 구매하는 브랜드는 다를 수 있다. 소비자는 브랜드를 구매, 사용한 후 형성된 지각된 제품성과와 구매전 기대를 비교·평가하여 구매한 브랜드에 대한 만족/불만족을 형성한다. 이러한 만족/불만족은 소비자의 재구매에 중요한 영향을 미치게 된다.

본 장에서는 소비자의 구매행동유형과 상황변수를 설명한 후, 소비자의 만족/불만족, 불평행동, 귀인과정 등 구매후 행동과 관련된 주요주제들을 서술한다. 점포선택행동과 이에 영향을 미치는 요인들은 제14장에서 다루기로 한다.

5.1 구 매

1. 소비자 구매행동의 유형

소비자의 구매행동은 관여수준과 과거경험 정도에 따라 다양한 유형을 보인다. 소비자의 구매행동은 크게 복잡한 의사결정, 브랜드충성도, 관성적 구매, 다양성 추구로 나누어진다([그림 5.1] 참조).

고관여 소비자의 구매행동은 최초구매인가 또는 반복구매인가에 따라 복잡한 의사결정과 브랜드충성도로 나누어진다. **복잡한 의사결정**(complex decision making)은 관여수준이 높고 새로운 제품을 구매하는 소비자의 구매행동으로 포괄적 문제해결(extended problem solving)을 말한다. 즉 소비자는 브랜드대안들을 자세히 비교·평가한 후 가장 선호하는 브랜드를 구매한다. 제3장과 제4장에서 서술한 의사결정과정은 바로 포괄적 문제해결 경우의 의사결정과정이다. 그러나 고관여 소비자가 구매된 브랜드에 만족하면 그 브랜드에 대해 호의적인 태도를 형성하여 동일한 브랜드를 반복구매하게 되는데, 이를 **브랜드충성도**(brand loyalty)라고

그림 5.1 소비자 구매행동의 네 가지 유형

	고관여	저관여
최초구매	복잡한 의사결정	다양성 추구
반복구매	브랜드충성도	관성적 구매

한다. 브랜드충성도에 의한 구매는 대안평가와 신념형성이라는 인지적 과정을 생략하고 구매욕구가 발생되면 바로 자신이 선호하는 특정브랜드를 구매하는 것을 말한다.

한편 저관여 소비자의 구매행동은 소비자의 구매경험 유무에 따라 다양성 추구와 관성적 구매로 분류될 수 있다. 어떤 제품을 처음으로 구매하는 저관여 소비자들은 약간의 정보탐색에 의해 제한적 문제해결(limited problem solving)을 하거나 기존의 정보에 의해 브랜드대안들에 대한 어느 정도의 신념 혹은 태도가 형성되어 있으면 각 대안에 대한 자세한 평가를 거치지 않고 생각나는(익숙한) 소수의 대안들 중 하나를 선택 · 구매하는 회상적 문제해결(recall problem solving)을 한다.

제한적 의사결정에 따른 구매행동들 중 한 가지는 다양성 추구이다. **다양성 추구**(variety seeking)는 소비자가 이전에 구매한 브랜드에 싫증이 나서 또는 단지 새로운 것을 추구하려는 의도에서 다른 브랜드로 전환하는 것을 말한다. 다양성 추구 행동은 **최적자극화이론**(optimum stimulation theory)에 의해 설명될 수 있다. 최적자극화이론에 의하면 사람들은 적정수준의 활성화를 유지하려고 하며, 따라서 활성화수준이 너무 낮거나 너무 높으면, 이를 변화시키려고 한다.[1] 이에 따라 소비자는 신체적/정신적 활성화를 위해 다른 브랜드로 전환하기도 한다. 그러므로 기업은 다양성 추구성향을 보이는 고객을 타깃으로 판촉행사를 실시해 자사제품을 한번 구매해 보도록 유도할 수 있다. 그러나 다양성 추구는 새로운 제품을 한번 시도해 보려는 사람들의 습성이기 때문에, 이러한 판촉전략이 단기적 매출만 올릴 뿐 장기적 매출에는 별 영향을 주지 못할 수 있다. Coors 맥주가 출시했던, 맥아를 원료로 한 와인쿨러 대체품 Zima가 그 예이다. Coors는 5천만 달러를 들여 광고 캠페인을 실시했고, 그 캠페인이 크게 성공을 거두어 술을 마시는 미국인의 절반 정도가 Zima를 마셔 보았다. 그러나 그 이후 다시 Zima를 구매하지 않아 실패하고 말았다.

제품사용경험이 있는 저관여 소비자가 복잡한 의사결정을 피하기 위해 동일한 브랜드를 반복구매하는 것을 **관성적 구매**(inertia buying)라고 한다. 관성적 구매는 브랜드충성도와 외형상 유사한 구매행동을 보이지만, 서로 다른 구매행동유형이다. 브랜드충성도는 소비자가 호의적 태도를 가진 특정브랜드를 반복구매하는 행동이지만, 관성적 구매는 단지 구매노력을 덜기 위해 이전에 구매한 브랜드를 반복구매하는 것으로 저관여 구매상황에서 주로 일어난다. 따라서 관성적 구매는 **가식적 충성도**(spurious loyalty)에 의한 것이다. 저관여제품을 판매하는 기업은 반복광고를 통해 브랜드친숙성을 높여 관성적 구매를 유도하려고 한다. 관성적 구매와 브랜드충성도에 의한 구매는 성격이 다르지만, 일상적 반응행동(routinized response behavior)이라는 점에서는 같다.

Hoyer and Brown은 저관여제품(땅콩버터)에 대한 구매행동을 연구한 결과, 소비자들은 특정브랜드를 인지하면, 인지만으로 그 브랜드를 바로 구매하게 됨을 발견하였다. 소비자는 다른 땅콩버터 브랜드들에 관한 정보를 처리할 의사가 별로 없으며, 단지 자신이 가장 잘 아는 브랜드를 선택하였다.[2] 이러한 연구결과는 관여도가 낮은 소비자들의 관성적 구매를 유도하기 위해 마케터는 반복광고를 통해 소비자들의 자사제품에 대한 친숙도를 높여야 함을 시사한다. 이와 유사한 연구에서 Hawkins and Hoch는 저관여 구매상황의 소비자는 반복광고의 빈도가 높은 브랜드의 광고메시지를 더욱 진실된 것으로 받아들이는 경향이 있음을 발견하였다(제9장의 진실성 효과 참조).[3] 이들의 연구결과는 광고메시지의 반복이 브랜드친숙도를 높이고, 이는 소비자로 하여금 특정브랜드와 광고메시지에 담긴 주장(advertising claims) 간의 연상을 보다 용이하게 함을 뒷받침한다.

한편 충동구매는 비계획구매(unplanned purchase)의 일종으로 소비자구매의 또 다른 유형이라고 할 수 있다. **충동구매**(impulse purchase)는 문제인식이 없거나 또는 점포방문 전까지 구매의도가 없는 상황에서 발생하는 구매행동으로서 해당제품을 즉시 구매하고 싶은 강력하고도 끈질긴 욕구(powerful and persistent urge to buy)를 수반한다.[4] 따라서 충동구매는 제품에 대한 강한 호의적 감정이 발생되는 순간 즉각적으로 구매가 이루어지는데 이는 우리의 일상생활에서 빈번하게 발생한다. 충동구매는 **강박적 구매**(compulsive buying)와는 구분되는 개념이라고 할 수 있는데, 강박적 구매는 소비자가 자신의 필요나 구매력을 훨씬 초과하는 제품들을 끊임없이 구매하려 하는 만성적 경향(chronic tendency)을 말한다.[5] 특히 강박적 구매는 보통 손상된 자신의 자아존중감(self-esteem)을 회복하려는 도구로 활용된다는 점에서 일종의 병리적 현상으로 볼 수 있다.

충동구매를 하는 소비자들은 구매행동의 결과를 전혀 의식하지 않으며 제품을 구매해야 한다는 강한 느낌을 갖는다. 그들은 충동구매를 불유쾌한 무드(가령, 우울함, 좌절, 무료함)를 벗어나기 위한 수단으로 활용하고,[6] 즉각적 욕구충족(gratification)을 통해 행복감을 느낀다. 많은 구매의사결정이 구매시점에 이루어지므로, 효과적인 점포내 머천다이징, 디스플레이, 인적판매노력은 충동구매의 가능성을 높일 수 있다. 가령, 많은 슈퍼마켓들이 사탕, 껌과 같은 충동구매 품목을 계산대 부근에 배치한다.

소비자행동 Highlight

갤럭시 생태계 구축을 통해 브랜드충성도를 계속 유지하려는 삼성전자

"애플의 폴더블폰 시장 진출을 가정하면, 이는 삼성 입장에서 긍정적인가, 부정적인가?"

2022년 8월 미국 뉴욕에서 열린 삼성전자의 폴더블폰(화면이 접히는 폰) 신제품 공개행사 후 간담회에서 이런 질문이 나왔다. 삼성전자의 스마트폰 사업을 총괄하는 MX 사업부장은 "답변하기가 조심스럽다. 우리의 생각은 폴더블폰이 주류가 돼야 한다는 것이다. 이를 위해 삼성 갤럭시 생태계 확대에 더 노력하겠다"고 답했다.

이 답변은 삼성전자가 스마트폰 시장에서 처한 위치를 잘 보여준다. 전 세계 스마트폰 시장 1위는 삼성전자이지만, 10만원이 넘는 고가 스마트폰 시장에서는 애플이 수년째 우위를 차지한다. 화면이 접히는 폴더블폰은 삼성전자가 세계 최초로 시장을 개척했고, 화웨이·샤오미 등 중국업체들이 따라오고 있다. 폴더블폰 시장은 빠르게 성장하고 있지만 중국업체들이 다양한 폴더블폰을 내놓으며 삼성전자와의 격차를 좁히고 있다. 2023년 1분기 폴더블폰 글로벌 시장점유율 1위 삼성전자의 점유율은 45%, 2위 중국 오포는 21%, 3위 화웨이는 15%였다. 삼성전자의 폴더블폰 점유율이 2022년 한때 80%에 달했던 것을 고려하면 시장 영향력이 크게 줄어든 셈이다.

하지만 스마트폰 업계는 아직 폴더블폰 출시 계획을 밝히지 않은 애플을 주목한다. 이날 MX 사업부장의 답변은 애플이 본격 진출하기 전까지 갤럭시 생태계를 빠르게 확장해 다가올 애플 공세의 타격을 줄이겠다는 의미로 해석할 수 있다. MX 사업부장이 갤럭시 스마트폰과 갤럭시 스마트워치, 갤럭시 무선이어폰 등으로 이어지며 사용자들이 삼성전자 제품만 쓰는 '생태계 구축'을 강조한 것은 역설적으로 애플이 구축한 생태계가 그만큼 강력하다는 뜻이다. 애플은 대표적으로 충성고객이 많은 브랜드다. 신제품 가격이 비싸도, 상품성이 기대에 못 미쳐도 꾸준히 사주는 고객이 존재한다. 아이폰 문자 메시지는 아이폰 사용자끼리 보낼 땐 파란색 말풍선으로 표시되지만, 안드로이드폰에서 보낸 메시지는 초록색 말풍선으로 표시하며 사용자를 구분 짓는다. 이는 친구

삼성전자가 기기 완성도와 편의성을 더욱 높인 차세대 플래그십 스마트폰 갤럭시Z플립4와 갤럭시Z폴드4를 공개하면서 폴더블폰의 대중화를 선언했다. 한 여성소비자가 삼성전자 갤럭시 언팩 뉴욕 체험관 내부에서 신제품을 체험하고 있다.

들과의 동질성을 중시하는 10대 학생들이 아이폰을 쉽게 떠나지 못하는 한 가지 원인으로 작용한다.

최근 테크 기업들은 애플처럼 자체제품 생태계 구축에 적극적이다. 하지만 생태계는 한두 가지 상품이 히트한다고 만들어지지 않는다. 꾸준한 첨단 기술과 상품의 개발, 사용자 편의성 증대뿐만 아니라 '이 회사는 최고를 만든다. 믿고 사면 된다'는 소비자 믿음이 있어야 한다. 소비자를 실망시키지 않는 것이 비결이다. 타사가 이미 구축한 생태계를 뚫고 소비자를 유인해내는 것은 결코 쉽지 않다. 애플브랜드처럼 완성도 100%의 제품과 소비자 믿음을 갖게 하는 브랜드이미지 구축만이 이를 가능케 할 것이다.

자료원: *조선일보*, 2022.08.22; *디지털 투데이*, 2023.06.22.

2. 상황적 요인과 소비자 구매행동

소비자구매에 영향을 미치는 또 다른 요인은 상황적 요인이다. 가령, 소비자에게 구매하는 커피브랜드를 질문하면, 흔히 언제, 어디서 마시느냐에 따라 구매하는 브랜드가 달라진다는 응답을 한다. 이처럼 사용상황은 소비자의 브랜드에 대한 선호와 구매행동에 직접적인 영향을 미친다. 이하에서는 상황의 유형들을 살펴보고 중요한 상황변수들의 영향(situational influences) 및 이의 전략적 시사점을 설명한다.

(1) 상황의 정의 및 유형

소비자행동이 일어나는 상황들은 소비자특성이나 제품과 무관하게 특정의 장소와 시간에서 구매 · 사용행동에 영향을 미치는 요인들로 구성된다. 소비자행동에 영향을 미치는 상황은 물리적 환경, 사회적 환경, 시간, 과업정의, 선행상태의 다섯 가지 요인들로 구성된다.[7]

- **물리적 환경**(physical surroundings): 소비자행동에 영향을 미치는 모든 형태의 비인적 요소를 말하는데, 점포의 지리적 위치, 실내장식, 음향, 조명, 날씨, 냄새, 상품진열 등이 포함된다.
- **사회적 환경**(social surroundings): 소비자행동에 영향을 미치는 인적 요소를 의미하는데, 타인의 존재 여부, 그들의 특성이나 역할, 상호작용 등이 이에 해당된다. 사회적 환경은 사람들 간의 직접적인 상호작용(의류에 대해 친구와 이

야기를 나누거나 판매원에게 질문을 하는 행위)과 간접적인 상호작용(친구가 자동차 가격을 흥정하는 것을 지켜보거나 다른 사람들이 입고 있는 의상을 관찰하는 행위) 모두를 포함한다. 가령, 다른 사람들과 함께 쇼핑하는 소비자는 더 많은 점포를 탐색하며 계획보다 더 많이 지출하는 경향이 있다.

- **시간**(time): 소비자행동은 시간과 관련된 요소에 의해서도 영향을 받는데, 하루 중의 어느 때인가, 1년 중 어느 계절인가, 혹은 시간제약과 소요시간 등이 이에 해당된다. 예를 들어, 소비자들은 시간압박을 받게 되면 외적 정보탐색과정을 생략하고 기억에 주로 의존하며, 평가대안의 수를 줄일 가능성이 높아진다.
- **과업정의**(task definition): 이는 소비자가 특정의 제품을 구매·소비하고 싶은 욕구를 발생시키는 것을 말하는데, 소비자의 특정 제품이나 브랜드에 대한 구매는 그 소비자가 결정한 과업의 특성에 따라 달라질 수 있다. 예를 들어, 자신이 사용하기 위해 구매하는 경우와 선물하기 위해 구매하는 경우는 서로 다르다.
- **선행상태**(antecedent states): 이는 소비자행동이 일어나는 동안에 소비자가 경험하게 되는 육체적, 인지적 혹은 감정적 상태를 말한다. 예를 들어, 소비자의 일시적인 기분이 구매행동에 영향을 미칠 수 있다.

그러나 수많은 환경요인들 중에서 인지적·감정적 반응과 행동에 영향을 미치는 중요한 환경요인들은 상황에 따라 다르므로, 구체적인 상황하에서 이들의 영향을 이해할 필요가 있다. 상황은 소비상황, 구매상황, 그리고 커뮤니케이션 상황으로 분류된다.[8]

① 소비상황

소비상황(consumption situation)은 소비자가 제품을 사용하는 과정에서 영향을 미치는 환경내 사회적 및 물리적 요인들을 말한다. 가령, 소비자는 손님접대를 위해 원두커피를 구매하고, 혼자 마시기 위해서는 인스턴트 커피를 구매할 수 있는 것이다. 그러므로 마케터는 표적소비자들이 주로 어떤 상황에서 어떤 제품을 소비·사용하는지를 규명할 수 있다면 자사의 브랜드가 그러한 상황에서 소비·사용될 수 있도록 포지셔닝할 수 있다.

그러나 경우에 따라 예측치 못한 소비상황(unanticipated situation)이 발생할 수도 있다. 가령, 충동적으로 주말여행을 떠나거나 폭설이 내리는 경우 등이 이에 해당된다. 이러한 소비상황이 발생하면 소비자는 쇼핑할 시간적 여유가 없으므로 평소보다 비싼 가격의 특정품목들을 즉각적으로 구매하게 될 것이다. 또한 소비가 일어나는 시간도 소비자행동에 영향을 미친다. 예를 들어, 빵을 아침식사로는 많이 먹지만 저녁식사로는 먹지 않거나 과일에 대한 선호도가 시간에 따라 달라질 수 있다.

② 구매상황

구매상황(purchase situation)은 소비자가 제품을 구매하는 과정에서 영향을 미치는 환경요인들을 말한다. 중요한 구매관련 상황은 **점포내 환경**, **구매목적**, 구매시점에서의 **소비자의 기분상태**(mood state), **예기치 않은 사태의 발생**(재고소진, 불량제품) 등을 포함한다.

소비상황의 제시에 의한 구매유도의 예: 현대 제네시스는 4륜구동을 장착해 다른 후륜구동 고급승용차들보다 눈길에서 안전하게 운전할 수 있음을 보여주는 사용상황 광고를 통해 소비자의 구매를 유도한다.

구매상황요인들 가운데서 특히 점포내 환경은 구매결정에 많은 영향을 미치는데, 충동구매 제품이나 빈번한 판촉활동이 이루어지는 제품의 경우 구매시점의 상황적 요인들이 구매의사결정에 큰 영향을 미친다. 소비자의 구매행동에 영향을 주는 점포내 환경요인들로는 음악, 제품의 위치, 점포 레이아웃, 점포 혼잡성, 색상, 냄새 등이 있다. 제품위치는 소비자의 점포내 행동에 영향을 준다. 가령, 백화점은 에스컬레이터 부근의 고객통행이 많은 곳에 행사상품을 진열하고, 편의점은 사탕, 껌 등의 충동구매 제품을 계산대 근처에 배치함으로써 소비자의 구매를 유도한다.

구매목적은 또 다른 구매상황 요인인데, 소비자는 다른 사람을 위해 구매하는 경우 자신의 소비를 위해 구매하는 경우에 비해 다른 평가기준을 사용한다. 가령, 다른 사람들에게 선물을 주는 것은 유형의 제품뿐 아니라 그 제품이 주는 상징적 의미를 함께 제공하는 것이기 때문에 적합한 선물의 종류, 가격대, 브랜드명 등을 신중히 고려하게 된다.[9] 따라서 자신이 사용하기 위해 구매하는 경우에 비해 선물용으로 제품을 구매할 때 더 많은 시간을 투입하는 경향이 있다.

구매행동에 영향을 미치는 또 다른 상황변수는 구매시점의 소비자 기분상태인데, 소비자의 기분이 좋고 나쁜지는 브랜드정보의 처리 및 이의 회상, 그리고 브랜드선택에 영향을 미친다.[10]

③ 커뮤니케이션 상황

커뮤니케이션 상황(communication situation)은 소비자들이 인적·비인적 매체를 통해 제품정보에 노출되는 상황을 말한다. 이는 대인 간 접촉(가령, 판매원의

구매상황에 근거한 포지셔닝의 예: 비오템은 발렌타이데이에 사랑하는 사람에게 선물하는 데 적절한 화장품브랜드로 포지셔닝함으로써 소비자의 구매에 영향을 미치고자 한다.

제품설명, 친구들 간의 구전 커뮤니케이션) 또는 비인적 접촉(가령, 광고, 점포내 디스플레이)상황으로 구분할 수 있다. 커뮤니케이션 상황은 제품정보에 대한 주의, 이해, 그리고 이의 저장 등에 영향을 미친다. 이하에서는 소비자반응에 영향을 미치는 세 가지 유형의 커뮤니케이션 상황을 서술한다.

첫째, 커뮤니케이션(광고) 메시지와 관련한 요인들 가운데 하나인 **광고메시지의 모호성**은 소비자의 인지적 반응(cognitive responses)에 영향을 미치게 된다.[11] 예를 들어, 차체가 크다는 정보에 접했을 때, 소비자는 그 차가 안락할 것이라고 생각할 수도 있고 연료소비가 많을 것으로 추론할 수도 있다. 만약 차체의 크기를 안락성과 연계하여 지각하면 그 승용차에 대해 긍정적 평가를 하게 될 것이지만, 연료소비량과 연계시키면 부정적 평가가 이루어질 수 있다. 모호한 제품정보를 어떤 방향으로 해석하느냐는 그 정보에 접한 소비자가 기억에서 어떤 제품속성지식을 활성화시키느냐에 달려 있다.

둘째, 커뮤니케이션 제공의 맥락도 소비자의 인지적·감정적 반응에 영향을 미칠 수 있는데, TV광고가 실시되는 프로그램의 유형을 그 대표적 예로 들 수 있다. TV프로그램의 형태가 소비자의 광고반응에 미치는 효과에 대한 연구에서 슬픈 프로그램보다는 즐거운 프로그램에 삽입된 광고가 더 많은 호의적인 생각들을 떠올리게 하며, 회상력이 더 높은 것으로 나타났다.[12]

셋째, 커뮤니케이션 노출시점에서의 소비자의 무드상태도 소비자반응에 영향

제품성능의 평가에 영향을 미칠 수 있는 애매모호한 광고 메시지: 피로해소제 아로나민골드는 "괜히 1등 하겠어?", "아로나민, 아로나민 하는 데엔 이유가 있죠", "1위 아로나민골드, 이름값을 하니까", "드신 날과 안 드신 날의 차이, 경험해보세요" 등의 애매모호한 광고메시지를 통해 아로나민골드가 경쟁브랜드들보다 피로해소에 탁월한 효과를 보이는 의약품임을 전달하려고 한다.

을 미친다. 앞의 구매상황변수에서 설명한 바와 같이 소비자의 기분이 좋은가 또는 나쁜가는 광고에서 제공된 브랜드정보의 처리와 회상에 영향을 미치는 것으로 나타났다. 즉 기분이 좋은 상태에서 광고에 노출되면 기분이 나쁜 상태에 비해 긍정적 제품정보에 더 주의를 기울이거나 이를 더 많이 회상한다.

소비자행동 Highlight

맥락적 단서가 소비자행동에 미치는 영향

사람의 머릿속에는 시도 때도 없이 어떤 생각들이 떠오른다. 스포츠팬이나 식도락가들은 좋아하는 팀의 최근 성적이나 특별한 음식 맛의 비결에 관한 생각을 머릿속에서 떨치지 못한다. 그런데 주변 마케팅환경에서 받은 자극이 이와 연관된 생각을 떠올리게 할 수 있다. 여행잡지에서 푸른 바다와 아름다운 모래사장을 보면 포카리스웨트 광고가 떠오른다. 의사결정 시점에 적절한 마케팅 단서를 소비자들에게 제공하는 것이 중요한 이유는 이로 인해 머릿속에 떠오른 어떤 생각이 행동을 유발하기 때문이다.

대다수 사람들은 채소와 과일이 건강에 좋다는 것을 잘 알고 있으며 실제로 건강을 위해 이를 더 섭취하려고 노력한다고 말한다. 그러나 마트에서 장을 보거나 식사를 하면서 접시에 음식을 담을 때는 이러한 생각을 잘 떠올리지 못한다. Berger and Fitzsimons(2008)는 행동을 유도하는 적절한 단서의 제공이 소비자들로 하여금 과일과 채소를 더 많이 섭취하도록 유도할 수 있는지를 검증하는 연구를 하였다. 연구자들은 실험에 참가한 대학생들에게 20달러를 주고 이 돈으로 교내식당에서 식사를 하면서 자신이 먹은 하루 세끼 식단을 모두 기록하도록 했다. 2주가 지난 후 실험참가 학생들이 눈치 채지 못하게 다른 연구보조원을 동원해 새 실험을 실시했다. 이는 대학생 대상의 공중보건 증진을 위한 슬로건에 대해 의견을 받는 실험이었다.

연구자들은 실험참가자들이 슬로건을 잘 기억할 수 있도록 글자 모양과 색상을 달리해 20번 이상 보여주었다. 한 실험집단에는 "하루에 5가지 채소와 과일을 섭취해 건강한 삶을 누리세요"라는 내용의 슬로건을 보여주었고, 다른 실험집단에는 "교내식당에 갈 때마다 식판에 5가지 채소와 과일을 담으세요"라는 슬로건을 보여주었다. 두 슬로건 모두 과일과 채소를 많이 섭취하도록 하려는 목적이 있지만 후자의 경우 식판이라는 단어가 학생들에게 행동의 단서로 작용하는지를 확인하기 위해 이를 슬로건에 포함시켰다. 실험에 참가한 학생들은 후자의 슬로건을 진부하다고 응답했으며, 이 슬로건이 매력적이라고 응답한 비율은 '건강한 삶' 슬로건의 절반 이하였다. 그리고 슬로건이 실제로 그들의 식생활에 영향을 미쳤는지에 대한 질문에 대해 '식판'이라는 단어가 포함된 슬로건을 본 대다수 학생들은 그렇지 않다고 응답했다.

그러나 실제 섭식행동은 응답과 매우 다르게 나타났다. "건강한 삶을 누리세요"라는 슬로건을 본 학생들의 식생활은 슬로건을 보기 전과 별 차이가 없었다. 그러나 식판이라는 단어가 포함된 슬로건을 보여준 학생들은 예전과 다른 섭식행동을 보였다. 그들은 교내식당에서 식판을 보는 순간 슬로건을 떠올렸고 이에 영향을 받아 과일과 채소를 이전에 비해 25%나 더 먹은 것으로 나타났다. 즉, 식판이라는 단어를 포함한 슬로건이 단서로 작용해 식생활에 긍정적인 영향을 미친 것이다.

자료원: Berger, Jonah and Grainne Fitzsimons (2008), "Dogs on the Street, Pumas on Your Feet: How Cues in the Environment Influence Product Evaluation and Choice," *Journal of Marketing Research,* 45 (1), 1-14.

(2) 상황변수와 소비자행동

지금까지 중요한 상황변수들이 소비자행동에 미치는 영향을 살펴보았다. [그림 5.2]는 상황변수의 영향을 고려한 간단한 소비자행동모형이다. [그림 5.2]에 의하면 소비자의 구매행동은 구매행동시점의 상황과 제품속성, 그리고 개인소비자들 간의 상호작용에 의해 이루어진다.

그림 5.2 상황변수를 고려한 소비자행동모형

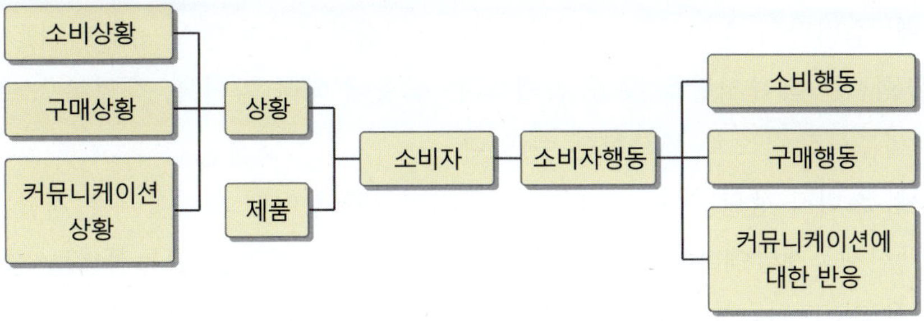

자료원: Belk, Russell W. (1975), "Situational Variables and Consumer Behavior," *Journal of Consumer Research,* 2 (3), p. 158의 내용을 일부수정.

[그림 5.2]의 상황모형에서 상황변수와 제품 중 어느 것이 소비자의 구매행동에 더 중요한 영향을 미치는지를 살펴볼 필요가 있다. 이는 특정브랜드의 구매가 제품특성 때문인지 또는 상황에 의한 것인지에 따라 그 브랜드의 반복구매가 결정되기 때문이다. 만약 소비자가 특정브랜드의 구매가 상황보다는 제품특성 때문인 것으로 판단한다면, 그 브랜드에 대한 태도가 보다 호의적이 되어 반복구매할 가능성이 높아질 것이다. 상황변수의 상대적 중요성에 영향을 주는 요인들은 다음과 같다.

첫째, 브랜드충성도가 클수록, 구매행동에 대한 상황변수의 영향력이 상대적으로 낮아진다. 예를 들어, 청정맥주 Terra에 대한 충성도가 높은 소비자는 혼자서 마시거나 손님과 함께 있거나, 또는 식사중이거나에 상관없이 Terra맥주를 사서 마실 것이다.

둘째, 소비자의 지속적 관여도가 높을수록, 상황변수가 구매행동에 미치는 상대적 영향력이 낮아질 것이다. 지속적 관여도가 높은 소비자는 상황변수의 영향에 상관없이 일상적으로 제품에 대한 높은 관심을 보인다.

(3) 상황변수의 전략적 시사점

지금까지 상황변수가 소비자행동에 영향을 미침을 보았다. 이하에서는 상황변수 영향의 전략적 시사점을 설명하기로 한다.

첫째, 마케팅관리자는 상황에 따라 각 속성의 중요도가 달라지는지를 조사하여, 상황에 따라 서로 다른 제품속성을 강조하는 마케팅전략을 도입한다. 가령, 즉석식품에 대한 태도형성에서 '편의성'은 저녁식사보다는 점심이나 스낵용으로 구매되는 상황에서 더 중요한 속성으로 간주되며, '가족건강에 유익함'이라는 속성은 점심이나 스낵용보다는 저녁식사용으로 구매되는 상황에서 더 중요할 것이다.

둘째, 소비자의 소비상황에 대한 이해는 시장세분화에 매우 유용하다. 예를 들어, 의류회사는 의류시장을 옷을 입게 되는 상황에 따라 파티복, 작업복, 스포츠복, 캐주얼 세분시장 등으로 세분화할 수 있다.

셋째, 소비자 생활양식의 변화가 제품소비상황에 어떤 영향을 주는지를 추적하여 이를 신제품개발에 활용할 수 있다. 예를 들어, 운동화는 전통적으로 경기에서 주로 사용되었으나, 건강에 대한 관심이 증대되면서 일상적으로 사용되고 지위의 상징으로 인식되었다. 나이키나 리복은 이와 같은 소비상황의 변화추세를 파악하여 스타일과 멋을 강조하는 운동화를 개발함으로써 급성장할 수 있었다.

넷째, 제품소비상황의 이해는 촉진전략의 수립에 도움을 줄 수 있다. 만약 스낵제품이 간식용으로 구매된다면, 광고에서 그런 상황이 제시되어야 할 것이다. 특정의 소비자 상황과 관련시켜 제품광고를 하는 것은 프레이밍(framing: 관련화)의 한 예이다.

5.2 구매후 행동

우리는 지금까지 소비자들이 어떠한 심리적 과정을 거쳐 구매에 이르며, 그들의 구매행동은 어떠한지를 살펴보았다. 그러나 구매의사결정과정은 구매결정을 함으로써 끝나는 것이 아니라, 자신이 구매한 제품을 사용해가면서 만족 또는 불만족을 경험하게 되고 자신의 구매결정에 대한 잘·잘못을 평가하며 나아가 그 제품에 대한 재구매 여부를 결정하는 일련의 과정을 포함하는 것이다. 따라서 본 절에서는 자신이 구매한 제품을 소비 또는 사용해가면서 느끼게 되는 소비자들의 다양한 심리적 과정, 그리고 그러한 과정의 결과로 야기되는 구매후 행동에 대해 살펴보기로 한다.

소비자의 구매후 행동은 매우 다양한 형태로 나타난다. 예를 들어, 같은 제품을 구매하더라도 어떤 소비자는 만족해 하고 어떤 소비자는 불만족한다. 또한 어떤 이는 불만족을 스스로 해소해가면서 그 제품을 사용하는 반면, 어떤 이는 다른 제품으로 교환 혹은 환불을 요구하는 등 적극적 행동을 하기도 한다. 똑같은 제품을 구매한 소비자의 행동이 왜 이렇게 다양하게 나타나는 것일까? 이러한 질문에 대한 대

그림 5.3 구매후 행동과정

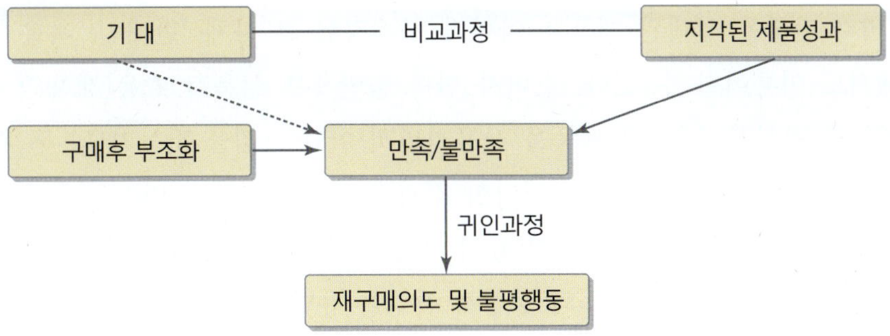

답은 그리 간단한 것이 아니다. 소비자들의 구매후 행동은 기본적으로 제품의 사용 또는 소비경험과 관련되어 있지만 다른 한편으로는 소비자가 거쳐 온 구매전의 심리적 상태와도 밀접하게 연결되어 있기 때문이다. [그림 5.3]은 소비자의 구매전 및 구매후 행동이 어떻게 서로 연관성을 갖는가를 보여준다.

소비자는 제품을 구매하기 전 그 제품의 성과에 대한 기대를 하고(그 제품의 성과가 어떨 것이다) 제품의 소비 후 성과를 지각한다(그 제품의 성과가 어떠하다). 이러한 기대와 지각된 성과는 소비자의 만족/불만족에 영향을 미친다. 한편 소비자는 구매 이후 자신의 의사결정에 대한 일종의 불안감을 가질 수 있다. 소비자는 자신이 구매한 브랜드가 의사결정과정에서 고려된 다른 브랜드대안들보다 더 나은 것인가에 대해 심리적 갈등을 느낄 수 있는데 이를 **구매후 부조화**(postpurchase dissonance)라고 한다. 구매후 부조화가 감소되면 만족으로 이어질 것이고 그렇지 못한 경우 불만족으로 이어질 것이다.

또한 만족/불만족은 재구매 의도에 영향을 미치게 된다. 한편 이 과정에서 소비자들은 귀인이라는 심리적 과정을 거치게 되는데, 이는 자신의 만족/불만족에 대한 나름대로의 원인과 책임을 생각하는 인과추론과정을 말한다. 이러한 인과추론의 결과에 따라서 재구매 의도가 달라질 수도 있게 된다.

[그림 5.3]에 도시된 바와 같이 소비자들이 구매 후 거치게 되는 과정을 세 단계로 나누어 볼 수 있다. 즉, 구매후 행동은 만족/불만족 평가과정(satisfaction/dissatisfaction evaluation process), 만족/불만족의 원인에 대한 인과추론을 하는 귀인과정(attribution process), 그리고 귀인 후 재구매의도 형성과 불평행동 등의 세 가지이다. 본 절에서는 이러한 세 가지를 중심으로 소비자의 구매후 행동을 살펴본다.

1. 소비자 만족/불만족

소비자 만족은 선택된 제품뿐 아니라 구매경험 그 자체, 판매원, 혹은 소매점에 대해서도 이루어질 수 있다. 소비자 만족/불만족은 실용적 효용(제품의 성능이 어떠한가)과 경험적 효용(그 제품을 사용하면서 어떤 느낌을 갖는가)의 두 가지 차원을 토대로 하여 구매한 제품을 평가한 결과로 얻어진다.[13] 소비자 만족은 소비자로 하여금 행복감, 위안, 흥분, 환희 등의 긍정적 감정을 갖게 할 수 있으며, 불만족은 압박감, 후회, 분노, 짜증 등의 부정적 감정을 유발할 수 있다. 제품 사용결과에 따라 갖게 되는 만족과 이를 통해 얻게 되는 느낌(감정)은 대체로 일시적이며 시간이 지나면서 변할 수 있다. 또한 구매한 제품에 대한 소비자 평가는 특정의 소비상황(현재 그 제품을 사용하는 동안)에 국한되는 경향이 있다. 이와 같은 점에서 만족은 특정의 구매·소비 상황에 상관없이 비교적 지속적인 특징을 갖는 태도와 구별된다.

소비자 만족은 반복구매, 브랜드충성도, 그리고 호의적 구전을 발생시킨다는 점에서 매우 중요하다. 만약 소비자가 구매한 제품에 만족한다면 그 제품을 계속해서 구매할 것이며, 자신의 긍정적 경험을 다른 사람들에게 이야기할 가능성이 높다. 반면에 만족하지 않는다면, 그는 다른 브랜드로 브랜드전환을 하거나 제조업자, 소매업자 혹은 다른 소비자들에게 그 제품에 대한 불만을 이야기하게 될 것이다. 스웨덴 소비자들을 대상으로 했던 한 소비자만족연구에서 소비자 만족에 의한 반복구매가 사업의 성공을 결정하는 데 있어 특히 중요한 것으로 나타났다.[14]

소비자 만족의 중요성은 코카콜라의 성공에서도 명확히 드러난다. 코카콜라의 회장은 다음과 같이 고객만족을 강조하고 있다. "소비자 만족은 코카콜라에게 가장 가치있는 자산이다. 그러나 오랫동안 시장에서 성공한 기업은 단순히 고객을 만족시키는 것에 머물지 않는다. 그들은 제품과 고객 간에 끈끈한 감정적 유대관계를 형성한다. Coke는 세계에서 가장 널리 알려져 있고 고객으로부터 존경받는 브랜드이다."

따라서 소비자 만족은 소비자행동연구에서 중요한 연구영역이며 고객지향적 기업은 특히 관심을 기울여야 할 분야이다. 소비자 만족/불만족의 형성과정을 설명하는 대표적인 모형으로는 기대 불일치 모형과 공평성 이론을 들 수 있는데, 이하에서는 이들에 대해 설명하기로 한다.

(1) 기대 불일치 모형

Oliver에 의해 제안된 **기대 불일치 모형**(expectancy disconfirmation model)은 소비자 만족/불만족 결정과 관련하여 가장 넓게 받아들여지고 있는 견해이다.[15] [그림 5.4]는 기대 불일치 모형을 보여준다. 이 견해는 만족/불만족은 세 가지 요인에 의해 결정되는 것으로 제안한다.

① 만족/불만족에 영향을 미치는 세 가지 요인

첫째, **일치/불일치**(confirmation/disconfirmation)는 사전 기대와 지각된 성과와의 차이에 관한 것이다. 단순한 일치(simple confirmation)는 소비자가 성과를 기대와 같은 수준에서 지각하는 것이고, 긍정적 불일치(positive disconfirmation)는 성과를 기대보다 높은 수준에서 지각하는 것이다. 이 경우 소비자는 만족할 가능성이 높으며, 특히 긍정적 불일치 수준이 높을수록 더 만족할 것이다. 부정적 불일치(negative disconfirmation)는 소비자가 성과를 기대보다 낮은 수준에서 지각하는 것이며, 부정적 불일치가 클수록 불만족할 것이다.

둘째, **지각된 성과**(perceived performance)는 제품성과에 대한 소비자의 지각으로, 주관적으로 판단되므로 동일한 제품에 대한 성과지각은 소비자에 따라 얼마든지 다를 수 있다. 지각된 성과는 기대와의 일치/불일치를 통해 만족/불만족에 영

그림 5.4 기대 불일치 모형

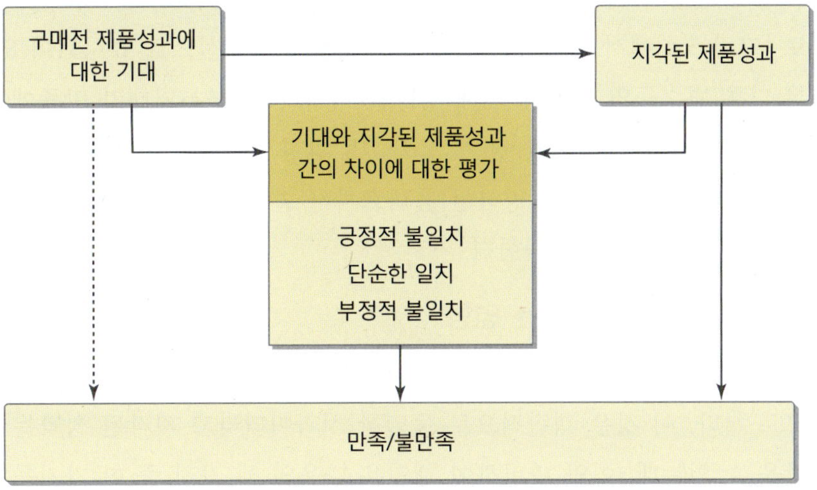

자료원: Oliver, Richard L. (1980), "A Cognitive Model of the Antecedents and Consequences of Satisfaction Decisions," *Journal of Marketing Research*, 17 (4), 460-469.

향을 미치는 동시에, 직접적으로 영향을 미칠 수 있다.[16] 예를 들어, 소비자가 어떤 음식점에 들어가면서 낮은 기대수준을 가졌는데 음식의 질과 서비스가 기대한 대로 낮은 수준인 경우와, 높은 기대수준을 가졌는데 음식의 질과 서비스가 기대한 대로 높은 수준인 경우 어느 경우에 더 만족할 것인가? 당연히 두 번째 경우에 더 만족한다. 이는 바로 기대 불일치 정도는 같더라도 지각된 성과 자체가 만족에 영향을 미칠 수 있음을 보여준다.

셋째, **기대**(expectation)는 제품의 구매 이전에 소비자가 예상하는(anticipate) 제품성과 수준을 말한다. 제품성과에 대한 기대수준은 과거경험, 유사한 타제품에 대한 경험, 촉진변수, 소비자의 특성으로부터 영향을 받는다. 먼저, 소비자의 기대수준은 구매한 제품에 대한 과거경험으로부터 영향을 받는다. 가령, 구매한 브랜드에 대한 과거경험이 만족스럽다면 기대수준이 높을 것이다. 구매한 브랜드와 같은 제품군의 다른 브랜드에 대한 경험도 기대수준에 영향을 미칠 수 있다. 기업의 촉진노력 또한 기대수준에 영향을 준다. 끝으로, 소비자특성도 구매전 기대수준의 형성에 영향을 미칠 수 있다. 어떤 소비자들은 다른 소비자들보다 제품성과에 대한 기대가 크거나 또는 수용영역이 좁을 수 있다. 이와 같은 소비자들은 다른 소비자들보다 쉽게 불만족할 것으로 예상할 수 있다.

그러면 구매전 기대는 만족에 어떻게 영향을 미치는가? Oliver는 기대 불일치 모형을 제안하면서 기대는 만족에 직접적으로 正(+)의 영향을 미치는 것으로 제안하였다. 그러나 많은 후속 연구들은 기대는 지각된 성과와 일치/불일치의 매개에 의해 만족에 영향을 미치며, 직접적인 영향력은 별로 없는 것으로 보고 있다. 이러한 이유로 [그림 5.4]에서 기대 → 만족/불만족 관계는 점선으로 표시되어 있다. 기대가 비록 다른 변수들의 매개에 의해 영향을 미치기는 하나 기대가 만족에 미치는 총효과(total effect)는 대부분의 경우 正(+)의 방향으로 나타났다.[17] 이는 기업이 기대수준을 높이면 아래에서 설명하는 동화효과가 발생할 수 있으며, 이에 따라 만족수준이 높아질 수 있음을 시사한다.

② 기대가 지각된 성과에 미치는 영향

기대 불일치 모델에 관한 후속 연구들은 기대가 지각된 성과에 영향을 미칠 수 있는 것으로 본다. 이 경우 객관적으로 동일한 성과이더라고 지각된 성과는 기대에 영향을 받을 수 있는데, 이와 관련하여 개인은 다음의 세 가지 중 한 가지를 경험할 수 있다: 동화효과, 대조효과, 동화-대조효과.

동화효과(assimilation effect)는 성과가 기대와 다를 경우 소비자는 그 성과를 기대에 동화시켜, 즉 기대의 방향으로 지각하는 것이다. 다시 말하면 성과가 기대보다 못하더라도 그다지 못하지 않은 것으로 지각하는 것이다. 이는 성과가 기대보다 못하다고 느낄수록 심리적 불편함(인지부조화)을 갖게 되므로 성과를 기대에 동화시켜 좀 더 긍정적으로 받아들이는 것이다(인지부조화 감소). 이 견해에 따르면 성과가 기대보다 좋더라도 소비자는 기대보다 그다지 좋지 않은 것으로 지각하는 것으로 볼 수 있다.

대조효과(contrast effect)는 위의 경우와는 반대로 성과가 기대에 미치지 못하는 경우 분노를 느껴 성과를 실제보다 더 낮게, 그리고 성과가 기대를 초과하는 경우에는 실제보다 더 높게 평가하는 것을 말한다.

끝으로, **동화-대조효과**(assimilation-contrast effect)는 위의 두 가지 견해에 대한 절충적 견해이다. 이 견해에 따르면 소비자는 불일치에 대한 허용범위를 설정하며, 불일치의 정도가 작아 허용범위 내에 들면 기대와 별 차이가 없는 것으로 받아들이고(동화효과) 불일치의 정도가 커서 허용범위를 초과하게 되면 그 차이를 더 크게 지각한다는 것이다(대조효과). Anderson의 실증적 연구결과에서는 세 가지 견해 중 동화-대조효과가 지지되었으나, 반드시 그렇다고 볼 수 없으며 보다 많은 연구가 필요하다.[18]

③ 기대 불일치 모형의 발전

Oliver가 기대 불일치 모형을 제안한 이래 수많은 연구자들이 이 모형과 관련하여 연구를 수행하였다. 여기에서는 Spreng, MacKenzie, and Olshavsky가 제안한 변형 모형을 간략히 소개한다. 이 모형은 만족/불만족을 결정하는 데 미치는 변수로서 기대, 지각된 성과, 그리고 일치/불일치 이외에 **바람**(desires)과 **바람일치성**(desires congruency)을 포함한다. 즉, 소비자는 제품의 구매와 성과지각 이전에 바람을 가질 수 있으며 이러한 바람으로 인하여 성과지각 후 바람일치성(일치 혹은 불일치 정도)을 경험하는 것으로 제안한다. 그리하여 소비자의 바람이 높을수록 바람일치성은 낮아지며, 이에 따라 만족도는 낮아지는 것으로 제안한다. 또한 지각된 성과가 높을수록 바람일치성은 높아지며 만족도는 높아지는 것으로 제안한다.[19]

(2) 공평성이론

공평성이론(equity theory)은 개인은 자신의 투입(inputs)에 비한 결과(outcomes)와 비교 대상의 투입에 비한 결과를 비교하여 자신의 비율이 비교 대상의 비율보다 클수록 만족하게 된다는 것이다. 공평성이론은 심리학과 조직행동 분야에서 연구되다가 Huppertz 등에 의해 소비자만족 연구에 도입되었다.[20] 소비자 만족 결정을 설명하는 데 있어서 소비자의 전형적인 비교 대상은 거래 상대방 혹은 동일한 제품을 구매한 다른 소비자이다. 공평성이론에 따르면, 소비자는 제품구매 후 가격(투입)에 비한 제품성과(산출)의 비율이 자신이 추정하는 판매자의 비용(투입)에 비한 가격(산출, 즉 판매자의 수익)의 비율을 비교하여 전자가 클수록 만족하게 된다. 또한 동일한 제품(산출)을 다른 소비자보다 낮은 가격(투입)에 구매할수록 만족도는 높아진다.

소비자 만족과 관련하여 Huppertz 등은 소비자와 판매자 간의 관계에서 공평성이론을 실험하였고, Fisk와 Mowen and Grove는 소비자와 다른 소비자 간의 관계에서 연구하였는데, 대체로 공평성이론이 예측하는 대로 결과가 나타났다. Oliver and Swan은 자동차 구매자들을 대상으로 공정성(이 연구에서는 공평성의 한 가지로 fairness를 사용함)과 만족 간의 관계를 연구하였다. 이 연구에서는 예측대로 소비자들은 자신의 투입이 작을수록 그리고 결과가 클수록 공정성을 높게 지각하며, 반대로 자신이 생각하는 판매자의 투입이 클수록 그리고 결과가 작을수록 공정성을 높게 지각하는 것으로 나타났다. 또한 공정성을 높게 지각할수록 만족도는 높은 것으로 나타났다.[21]

기대 불일치 이론과 공평성이론의 차이점은 다음과 같다. 첫째, 공평성이론은 투입과 산출 두 가지를 고려하는 데 비해, 기대 불일치 이론은 산출(즉 성과)에만 초점을 맞춘다. 둘째, 공평성이론은 소비자 만족/불만족 결정이 두 단계를 거치는 것으로 제안된다. 즉, 자신과 상대방(판매자) 각각의 투입과 산출이 비교되고, 그 다음 단계로 첫 단계의 비교 결과가 다시 두 당사자 간에 비교된다. 이에 비해 기대 불일치 이론은 한 단계 과정만이 필요하다.

(3) 소비자 만족/불만족의 전략적 시사점

소비자들의 구매 후 만족/불만족은 그들의 재구매 의도와 구전행동에 큰 영향을 미친다. 만족한 고객들은 그 제품을 재구매하고 다른 사람들에게 긍정적인 구전을 할 것이고, 불만족한 고객들은 부정적 재구매의도를 형성하고 주위에 부정적인 소문을 퍼뜨릴 것이다. 고객들의 이러한 구매 후 구전 커뮤니케이션 활동은 기업의 존속과 성장에 큰 영향을 미칠 수 있다. 특히 인터넷의 발전과 보급으로 인터넷 커뮤니티 사이트, 블로그, 앤티 사이트 등을 통한 온라인 구전에 대해 기업이 어떻게 대응하고 관리해 나가야 하는지는 고객 만족/불만족 관리에서 핵심이슈로 등장하고 있다. 긍정적 구전을 유도하기 위해서는 고객기대에 상응한 제품성과를 제공하거나 마케팅 커뮤니케이션을 통해 약속한 제품성과를 실제로 전달해 소비자 만족이 이루어져야 한다. 그리고 소비자 불만사항이 생기면 즉각적인 불만해소노력을 통해 부정적인 구전을 최소화해야 한다.

현대카드의 본사 사옥 1층 벽면에는 LED(발광다이오드) 모니터로 회사 고객불만팀에 접수된 고객들의 다양한 불만과 불평에 대한 내용이 실시간으로 나타난다. 이들은 이를 '통곡의 벽'이라고 부른다. 현대카드는 고객들의 불만을 고객불만팀에서 해결하는 데 그치지 않고 전 직원이 모니터를 통해 직접 눈으로 확인하게 하고 자신들의 서비스에 대해 불만을 가진 고객들의 소리를 직접 체감하도록 한다.

기업은 효과적인 고객만족/불만족 관리를 위해 정기적으로 고객만족도와 관련된 마케팅성과지표를 측정할 필요가 있는데, 순추천지수가 그 한 예이다. 순추천지수(Net Promoter Score: NPS)는 글로벌 컨설팅기업 베인앤컴퍼니의 프레데릭 라이켈트(Frederick R. Reichheld)가 주창하여 많은 기업에서 활용하고 있는 마케팅성과지표이다. 이 지표는 고객들이 특정 기업, 제품, 브랜드 등에 대하여 얼마나 추천의지를 가지고 있는지를 0점에서 10점까지의 점수로 평가하고 이를 통해 고객만족도, 충성도 등을 종합적으로 측정한다. 순추천지수는 설문에 응답한 고객 중 9점 이상의 추천의지를 보인 추천자(promoters) 그룹의 비중에서 6점 이하의 추천의지를 보인 비방자(detractors) 그룹의 비중을 빼서 구한다. 예를 들어, 특정 기업의 제품을 친구나 지인에게 추천하겠다는 의향이 9점 이상인 추천자 비중이 60%이고, 6점 이하인 비방자 비중이 20%라면 순추천지수는 40이 된다.

2. 구매후 부조화

(1) 구매후 부조화의 의미

앞에서 설명한 소비자의 만족/불만족은 구매 이전의 기대와 구매 이후의 실제 제품성과에 대한 지각 간의 비교에서 발생한다. 그런데 소비자구매는 거의 대부분의 경우 두 개 이상의 선택대안들 중 한 가지의 선택을 수반한다. 이 경우 소비자는 제품구매 이후 만족/불만족을 느끼기에 앞서 자신의 선택이 과연 옳은 것이었는가에 대한 불안감을 가질 수 있다.

이제 구매후 부조화를 설명하기 위하여 한 가지 가상적 상황을 생각해 보자. 어떤 샐러리맨이 매일 전철을 이용하기도 고생스럽고 택시 잡기도 힘들어서 승용차를 하나 구입할까 하는 생각을 가질 수 있다. 과거 운전면허를 획득하였지만 사실상 운전을 자유롭게 하지도 못하는 형편이다. 고심 끝에 승용차를 구매하기로 하였는데, 자신에게 중요한 의사결정이고 또한 차에 대해 별로 아는 것이 없으므로 포괄적 문제해결과정을 거쳐 SM3, 모닝, 스파크의 세 가지 대안 중 모닝을 선택하였다고 가정하자. 이때 그 사람이 과연 내가 어려운 형편에 운전도 미숙하면서 승용차를 구입한 것이 잘한 것인가, 그리고 SM3가 스타일이 더 좋은데, 스파크가 가격이 저렴하고 휘발유가 적게 들 것으로 생각이 드는데 내가 모닝을 선택한 것이 옳았는가 하는 불편한 감정을 가질 수 있다. 이와 같이 소비자가 구매 이후 가질 수 있는 심리적 불편함(psychological discomfort)을 **구매후 부조화**(postpurchase dissonance)라고 한다.

(2) 구매후 부조화의 발생상황

구매후 부조화 개념은 1957년 Festinger[22]에 의해 제기된 인지부조화(cognitive dissonance)의 한 가지 유형인 **의사결정후 부조화**(post-decision dissonance)를 소비자행동연구에 적용함으로써 대두되었다. 의사결정은 원래 두 가지 이상의 대안들 중 한 가지를 선택하는 행위로서, 선택한 대안이 선택하지 않은 대안에 비하여 갖는 상대적 단점(혹은 선택하지 않은 대안이 선택한 대안에 비하여 갖는 상대적 장점) 때문에 의사결정후 부조화가 발생한다. 그러므로 구매후 부조화는 각각의 선택대안이 갖는 상대적 장점이 상충되기 때문에 발생하는 것이다.

소비자의 구매후 부조화는 보통 다음과 같은 경우에 발생할 가능성이 높다.

- 구매 결정을 취소할 수 없을 때
- 선택한 대안이 갖지 않은 장점을 선택하지 않은 대안(들)이 가지고 있을 때
- 마음에 드는 대안들이 여러 개 있을 때
- 관여도가 높을 때
- 소비자 자신이 전적으로 자기의사에 따라 결정을 하였을 때

(3) 구매후 부조화의 마케팅 시사점

부조화는 소비자에게 있어서 결코 바람직한 것이 아니므로 구매후 부조화를 느낀 소비자는 당연히 부조화를 해소 혹은 감소시키려고 노력한다. 부조화의 감소방법에는 여러 가지가 있는데 이를 요약하면 다음과 같다.

- 자신이 선택한 대안의 장점을 의식적으로 강화시키고 단점을 의식적으로 약화시킨다.
- 자신이 선택하지 않은 대안의 장점을 의식적으로 약화시키고 단점을 의식적으로 강화시킨다.
- 자신의 선택을 지지하는 정보를 탐색하고 반박하는 정보(discrepant information)를 회피한다.
- 의사결정 자체를 그리 중요치 않은 것으로 생각한다.

소비자가 위와 같은 방법으로 부조화를 적절히 해소하거나 감소시키면 자신의 선택이 현명하다고 판단하고 대안에 만족을 하게 된다. 그러나 그렇지 못한 경우 구매후 부조화는 불만족을 유발한다. 그러므로 마케터는 소비자가 자사의 제품을 구매한 후 부조화를 느끼면 이를 긍정적으로 해소/감소시킬 수 있도록 다음과 같은 방법으로 도와주어야 한다.

첫째, 마케터는 **강화광고**(reinforcement advertising)에 의하여 자사제품의 좋은 면을 강조함으로써 구매자의 선택이 현명하였음을 확인시켜 준다. 자주 구매되고 비교적 가격이 낮은 편의품인 경우 구매후 부조화가 별로 발생하지 않지만, 승용차처럼 가격이 높은 고관여 제품인 경우 구매후 부조화가 발생할 가능성이 높으므로 특히 강화광고를 할 필요가 있다.

둘째, 마케터는 판매 직후 감사의 뜻과 함께 구매자에게 **거래후 서신**(post-transaction letter), 안내책자, 혹은 전화 등으로 구매자에게 선택의 올바름을 확인시켜 줌으로써 구매후 부조화 감소에 도움을 줄 수 있다.

강화광고의 예: 한국브랜드 파워 두유부분에서 16년 연속으로 1위를 차지했다는 정보를 제공하는 정식품의 베지밀 광고는 자사제품을 구매한 소비자의 선택이 현명하였음을 시사한다.

3. 귀인이론

귀인이론(attribution theory)은 구매후 소비자가 만족/불만족의 원인을 찾는 과정을 이해하는 데 도움이 된다. 귀인이론은 우리 자신이나 다른 사람들의 특정 행동의 이유를 외부적 상황의 탓으로 돌리거나 혹은 내부적 성향(disposition) 때문인 것으로 돌리는 과정을 다룬다.

앞에서 살펴본 바와 같이 소비자들은 일반적으로 제품성과에 대한 기대를 갖고 구매행위에 참여하게 된다. 실제 제품성과가 소비자의 기대에 미치지 못할 때, 즉 부정적 불일치가 발생되는 경우, 소비자들은 심리적으로 불편함을 느끼게 되며 이러한 심리적 갈등은 소비자들로 하여금 **귀인과정**(attribution process)을 겪도록 한다. 즉, 소비자가 제품에 대해 만족 또는 불만족을 경험하면 의식적이든 무의식적이든 만족 또는 불만족의 원인과 책임에 대하여 나름대로의 인과추론(causal inference)을 한다. 이러한 인과추론의 결과는 다양한 형태로 재구매 의도에 영향을 미치게 된다.

귀인이론에 따르면 다음의 세 가지 요인이 어떤 사건(결과)의 원인을 찾는 데 영향을 미친다고 한다.[23]

- **안정성**(stability): 사건의 원인이 일시적인가 또는 지속되는가?
- **사건발생의 원천**(focus): 문제(사건)가 소비자 자신에 의해 유발되었는가 또는 기업 때문에 발생되었는가?
- **통제가능성**(controllability): 발생된 사건이 통제가능한 것인가 또는 통제불가능한 것인가?

이 견해에 따르면 소비자가 사건발생(예를 들어, 자신의 기대보다 제품성과가 못한 상황의 발생)의 원인이 지속적이고, 기업의 잘못으로 일어났으며, 통제가능한 것이었다고 생각할수록, 더 불만족하고, 그 불만족을 기업에 귀인시킬 수 있다.

귀인이론은 기업이 현재의 혹은 앞으로 발생가능한 소비자 불만족에 대처하는 데 유용한 지침이 될 수 있다. 만약 불만족의 원인이 실제로 지속적이고, 기업에 의해 유발되었으며, 통제가 가능했던 것이었다면, 기업은 문제(원인)의 해결을 위한 즉각적인 조치를 취하고 소비자에게 보상을 해야 한다. 귀인이론과 관련된 연구는 매우 방대한데, 여기서는 소비자행동분야를 이해하는 데 도움이 될 수 있는 대표적인 이론들만을 소개하기로 한다.

(1) Heider의 상식심리학(Naive Epistemology or Common Sense Psychology)

과학자들(scientists)의 기본 과업은 자신이 속한 자연 혹은 사회 분야의 현상을 설명하는(explain) 것이라고 할 수 있다. **설명**(explanation)은 어떤 현상의 인과관계(causal relation)를 규명하는 것이다. 예를 들어, 경제학자는 가격과 수요의 관계를 '가격이 오르면 수요는 감소한다'라고 한다. 이와 유사하게 소비자행동 연구자는 '소비자가 제품에 대해 호의적 태도를 가질수록 그 제품을 구매할 가능성이 높다'라고 말할 수 있다. Heider는 마치 과학자들이 현상에 대한 인과추론을 하듯이 일반 사람들도 어떤 현상에 접한 경우 그 현상의 원인에 대해 추론하는 경향이 있다고 하였다.[24]

Heider는 인간의 행위는 개인적 요인(개인의 능력, 선호, 성향 등)과 환경적 요인(상황적 조건)으로부터 영향을 받는다고 하고, 결과에 대한 원인을 **내적 귀인**(internal attribution)과 **외적 귀인**(external attribution)으로 나누었다. 내적 귀인은 그 행위의 원인을 행위자에게 돌리는 것이다. 예를 들어, 소비자가 구매한 제품으로부터 기대한 만큼의 성과를 얻지 못하였을 경우, 자신이 충분한 정보를 수집하지 못했거나 브랜드대안들을 올바르게 평가하지 못했기 때문이라고 생각하는 것이다. 외적 귀인은 현상에 대한 원인을 환경에 돌리는 것이다. 예를 들어, 소비자가 제품 구매후 불만족하면 제조업자가 불량제품을 제조했거나 판매원이 잘못된 정보를 제공했기 때문인 것으로 책임을 전가시키는 것을 말한다. 이와 같이 낮은 성과의 원인을 외적 귀인하는 경우 더욱 불만족하게 된다.

소비자들은 구전에 의한 정보를 광고로부터 획득한 정보보다 더 신뢰한다. 이는 구전의 경우 그 정보제공자가 그 정보를 제공하는 이유를 정보제공자가 진실로 그 제품을 호의적으로 평가하기 때문인 것으로 생각하기 때문이다(정보제공자에게 내적 귀인). 반대로 광고에서 모델로부터 정보를 제공받은 경우 소비자는 그 모델이 그러한 정보를 제공하는 이유를 출연료를 받았기 때문으로 생각한다(정보제공 환경, 즉 외적 귀인).

(2) Bem의 자기지각이론 (Self-Perception Theory)[25]

Bem은 사람들이 타인의 행위를 관찰함으로써 그 행위의 원인을 추론하는 과정과 마찬가지로, 자신의 행위에 대한 인과추론을 한다고 보았다. 즉, 사람들이 다른 사람들의 행동을 관찰함으로써 그들의 태도를 추론하듯이, 자기 자신들의 행동을 관찰하여 태도를 추론한다고 주장하였다.

예를 들어, 한 개인이 어떤 커피점을 계속 이용하는 것을 관찰하면 우리는 그 개인이 그 커피전문점을 좋아하는 것으로 생각할 것이다. 마찬가지로 우리가 어떤 커피점을 자주 이용할 때 타인으로부터 그 커피점을 좋아하느냐고 질문을 받으면 평소 한 번도 생각해 본 적이 없더라도 제3자의 입장에서 우리 자신의 행동을 관찰하여 자신이 그 커피점을 계속 이용하므로 그 커피점을 좋아하는 것으로 대답할 것이다. 자기지각이론은 제8장에서 보다 자세히 설명한다.

4. 불평행동

어떠한 기업도 자신들의 제품을 1회만의 판매로 만족하지 않고 자사제품의 지속적인 판매를 원할 것이며, 동시에 소비자도 자신이 마음에 드는 제품을 후에 다시 구매할 수 있기를 바랄 것이다. 그러면 소비자들의 재구매의도는 어떻게 형성되는 것일까? 소비자들의 재구매의도는 구매전 태도 및 제품사용 후의 경험(즉 만족 또는 불만족)으로부터 영향을 받을 것이다. 만족할 경우에는 긍정적 재구매의도로 연결되며, 불만족할 경우에는 부정적 재구매의도로 연결될 것이다. 불만족한 소비자는 부정적 재구매의도를 가질 뿐 아니라 다양한 형태의 불평행동(complaint behavior)을 보일 수 있다.

소비자들이 불만족할 경우 그들이 취하는 불평행동의 유형은 어떠한 형태일까? [그림 5.5]는 소비자가 선택할 수 있는 불평행동 유형을 보여준다. 그림에 따르면 소비자가 취하는 불평행동의 유형은 불만의 심각성에 따라 오른쪽 방향으로 진행함을 나타낸다.

그림 5.5 소비자 불평행동의 유형별 강도

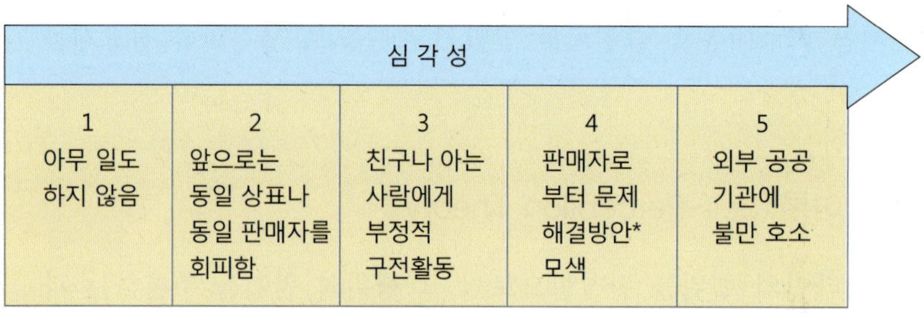

* 해결방안 : 수리요구, 제품교환, 환불 등.

(1) 불평행동의 분류

불평행동의 유형은 행동의 유무와 구현된 행동의 형태 등 두 가지 차원에 의해 [그림 5.6]과 같이 분류된다.[26]

소비자는 불만족이 발생하면 먼저 제품과 판매자에 대하여 불평행동을 취할 것인가의 여부를 결정한다. 만약 행동을 취하기로 한다면, 그들은 공적 행동 혹은 사적 행동을 취할 수 있다. 무행동이란 공개적으로 불평행동을 보이지 않고 그냥 지나

그림 5.6 불평행동의 유형

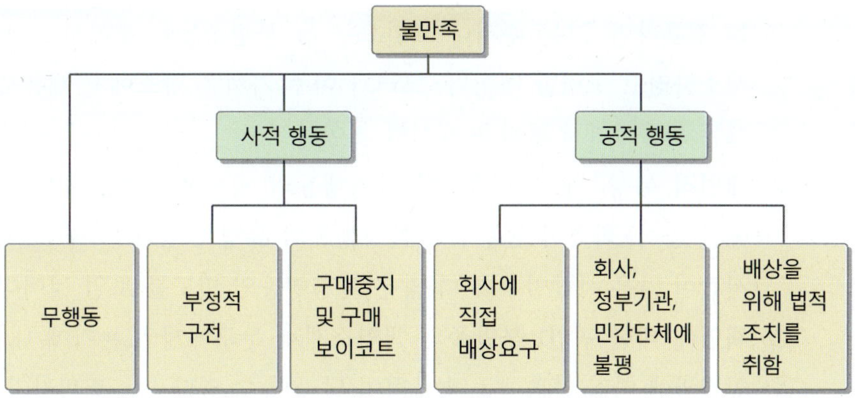

자료원: Day, Ralph L. and Laird Landon, Jr. (1977), "Toward a Theory of Consumer Complaining Behavior," in *Consumer and Industrial Buying Behavior*, ed., Arch G. Woodside, Jagdish N. Sheth, and Peter D. Benett, New York: Elsevier North-Holland, p. 432.

쳐버리는 경우를 말한다. **사적 행동**은 친구나 친척에게 부정적 구전을 하거나 특정 제품에 대한 재구매 거부, 점포의 재이용 거절 등이 포함된다. **공적 행동**은 제품의 교환이나 환불 등을 판매자나 제조업자에게 요구하거나, 소비자단체, 정부기관 등에 고발하거나, 법적 조치를 취하는 것을 의미한다. 일반적으로 소비자들은 사적 행동을 공적 행동보다 훨씬 많이 취하는 것으로 밝혀졌다. 따라서 기업은 불만족한 소비자의 사적 행동을 공적 행동보다 더 중시해야 할 것이다.

(2) 불평행동 정도의 결정요인

소비자의 불평행동 정도에 영향을 주는 요인들은 다음과 같다.

① **불만의 정도**: 가벼운 불만의 경우에는 소비자들은 대부분 아무런 행동도 취하지 않는다. 즉, 세상일은 완전한 것이 없다는 식으로 생각해버리고 만다. 그러나 불만의 정도가 증가함에 따라 소비자가 불만에 대해 어떤 반응을 보일 가능성은 점차 커지게 된다.

② **제품의 중요성**: 소비자가 불만을 경험한 제품이나 서비스의 중요성 정도는 불평행동의 유형을 결정하는 데 많은 영향을 준다. 예를 들어, 자동차와 같이 개인에게 있어 매우 중요한 제품의 경우는 강한 불평행동을 보일 것이다.

③ **비용/이익**: 소비자들은 자신의 불평행동으로부터 기대되는 이익과 비용을 고

려하여 불평행동의 유형을 선택한다. 예를 들어, 자신이 제품을 구매한 장소가 매우 먼 거리에 있어 그곳까지 가는 데 상당한 시간과 노력이 필요하게 되는 경우라면, 그는 수리나 교환요구 등 불평행동을 포기하고 스스로 불만족을 해소하려고 노력할 것이다. 그러나 아주 가까운 장소에서 제품을 구매하였다면 그는 되돌아가서 불만을 표시할 것이다.

④ **개인적 특성**: 개인의 특성이 불평행동의 정도에 영향을 미칠 가능성이 있다. 예를 들어, 학력이 높을수록 불평행동의 유형이 강해질 가능성이 있으며, 여유시간이 많은 사람일수록 더 많은 불평행동의 빈도를 보일 것이다.

⑤ **책임에 대한 귀인**: 불만족의 책임소재가 누구에게 있는가에 대한 소비자의 귀인결과에 따라 불평행동의 유형이 달라질 수 있다. 즉, 소비자가 불만족의 책임에 대해 외적 귀인(판매업자, 제조업자)을 하면 할수록 보다 강한 불평행동을 나타낼 것이다.

소비자행동 Highlight

적극적인 불평행동의 원인 - 고객의 분노(Anger)

소비과정에서 소비자들이 불만족을 경험할 때 종종 느끼는 강한 부정적 감정 가운데 하나가 분노(anger)이다. 소비자의 분노는 실제성능보다 지나치게 과장된 제품, 형편없는 고객서비스 등 여러 가지 원인으로부터 비롯된다. 소비자는 제품의 소비과정에서 제품성능이 기대보다 못해 매우 불만족하거나 해당 회사가 이에 적절히 대응하지 못할 경우 분노를 느끼며, 경우에 따라 이를 야기한 기업에 보복을 하려는 충동을 갖는다. 따라서 어떤 기업도 이 감정만큼은 유발시키지 않도록 최선의 마케팅노력을 기울여야 한다.

불만족을 경험하게 되면 소비자는 제품 또는 서비스 실패(product or service failure)의 원인이 어디에서 비롯되었는지를 찾게 되는데, 이러한 귀인과정은 재구매 의도에 영향을 미치게 된다. 만약 실패의 이유를 자신의 잘못이나 부득이한 상황적 요인으로 귀인하는 경우에는 소비자는 제조업체나 서비스업체에 대해 별로 부정적 감정을 갖지 않으며 그 제품이나 서비스를 계속 구매하는 것이 일반적이다. 그러나 실패의 이유를 제조업체나 서비스업체로 귀인하는 경우에는 실패의 정도에 따라 소비자는 불만족으로 인한 분노를 표출하기 위해서 소극적 혹은 적극적 행동을 취한다.

소극적 행동은 다른 기업의 제품이나 서비스를 구매하거나 부정적 구전(negative word of

mouth)을 하는 것이다. 이러한 소비자의 행동은 기업의 수익성을 떨어뜨릴 수 있다(특히 고관여 제품과 같이 제품정보 탐색과정에서 주변사람들의 영향력이 큰 경우). 적극적 행동은 제품성능이나 서비스 전달에 매우 불만족하여 강한 분노를 느꼈을 때 취하는 불평행동을 말한다. 이 경우 소비자는 제품 또는 서비스 실패에 관하여 제조업체나 서비스제공자에게 불평하고 항의한다. 이러한 항의는 시간과 노력을 수반하는 것이므로 제품실패의 회복가능성과 기대한 보상의 획득가능성 등에 영향을 받는다. 만약 기업에게 항의를 했음에도 불구하고 그 기업이 적극적으로 문제를 해결해주지 않을 경우에는 보복심리는 더욱 강해져, 해당 기업을 소비자원 같은 관계기관에 고발하거나 언론기관이나 인터넷 커뮤니티를 통해 자신의 실패경험을 공개적으로 알리는 등의 공격적 행위를 보이게 된다. 따라서 소비자의 불만과 이에 따른 불평행동에 대해 기업이 적극적으로 대응하지 않는다면 기업성과에 큰 부정적 영향을 미치게 된다.

제품이나 서비스 실패를 해결하려는 기업의 노력을 **서비스 복구**(service recovery)라고 한다. 성공적인 서비스 복구가 이루어지기 위해서는 소비자가 공정하다고 지각될 정도의 사후 서비스가 제공되어야 한다. 서비스 복구의 공정성에 대한 소비자지각은 배분적 공정성, 과정적 공정성, 상호작용적 공정성의 실현정도에 의해 결정된다. **배분적 공정성**(distributive fairness)은 기업이 서비스 회복노력의 일환으로 실제로 제공하는 것(사과, 교환, 수리, 환불 등)의 공정성을 말하며, **과정적 공정성**(procedural fairness)은 서비스 복구를 위한 노력과 절차(반응의 속도, 서비스 복구절차의 편의성 등)의 공정성을 의미하며, **상호작용적 공정성**(interactional fairness)은 서비스 복구를 담당하는 종업원이 문제해결과정에서, 그리고 정보를 교환하는 과정에서 소비자를 대하는 자세와 태도(친절성, 정직성, 예의 등)의 공정성을 말한다.

만약 서비스 복구과정에서 기업이 만족스러운 배분적 공정성을 실현하더라도 과정적 공정성이나 상호작용적 공정성을 위반한 것으로 생각하면 고객은 배신감을 느껴 분노하게 되며, 기업의 담당자에게 욕설을 퍼붓거나 악의적 불평행위를 하거나, 대중매체나 온라인 커뮤니티를 통해 자신의 부정적 경험을 알리거나, 혹은 타인들에게 부정적 구전행위를 하는 등의 보복행동을 한다. 배신감에 따른 보복행동이 이루어질 가능성은 기업과 오랜 거래관계를 가졌던, 즉 기업-고객 간 관계의 질(relationship quality)이 높은 경우 더욱 크다.

자료원: Grégoire, Yany, Thomas M. Tripp, and Renaud Legoux (2009), "When Customer Love Turns into Lasting Hate: The Effects of Relationship Strength and Time on Customer Revenge and Avoidance," *Journal of Marketing*, 73 (6), 18-32; Bechwati, Nada Nasr and Maureen Morrin (2003), "Outraged Consumers: Getting Even at the Expense of Getting a Good Deal," *Journal of Consumer Psychology*, 13 (4), 440-453.

5. 제품처분

소비자는 여러 가지 이유로 제품을 처분하게 된다. 사용해 온 제품의 수명이 끝났기 때문에 혹은 자신의 기대를 충족시키지 못했기 때문에 처분할 수 있다.

제품이 더 이상 유용하지 않다고 생각하면, 소비자는 ① 그 제품을 더 이상 사용하지 않고 보관하거나, ② 일시적으로 처분하거나, ③ 영구히 처분하는 등 몇 가지 대안들 중 하나를 선택할 수 있다. [그림 5.7]은 **제품처분**(product disposal)을 위해 소비자가 고려할 수 있는 선택대안들을 보여준다.

한편 구매 · 사용된 제품을 타인에게 팔거나 다른 물건과 교환하는 과정인 **수평적 순환**(lateral cycling)은 제품처분과 관련하여 흥미로운 영역이다. 벼룩시장(flea market), 차고세일(garage sale), 물물교환 등은 공식적 제품시장의 대안이 되는 시장체계에 해당된다.

기업들은 중고제품 판매상들에게 별 주의를 기울이지 않는 반면, 소비자들의 환경 및 복고적 패션에 대한 관심의 증대가 이러한 중고시장의 성장을 촉진시켰다. 최근 골동품, 특정시대풍의 중고 액세서리 및 의상에 대한 높은 관심이 이를 반영한다. 스웨덴의 제조 · 직매형 의류(SPA · 패스트패션) 브랜드 H&M은 친환경제품 개발과 마케팅에 주력하며, 이의 일환으로 헌옷수거 캠페인을 실시하고 있다. 헌옷수

그림 5.7 제품처분의 선택대안

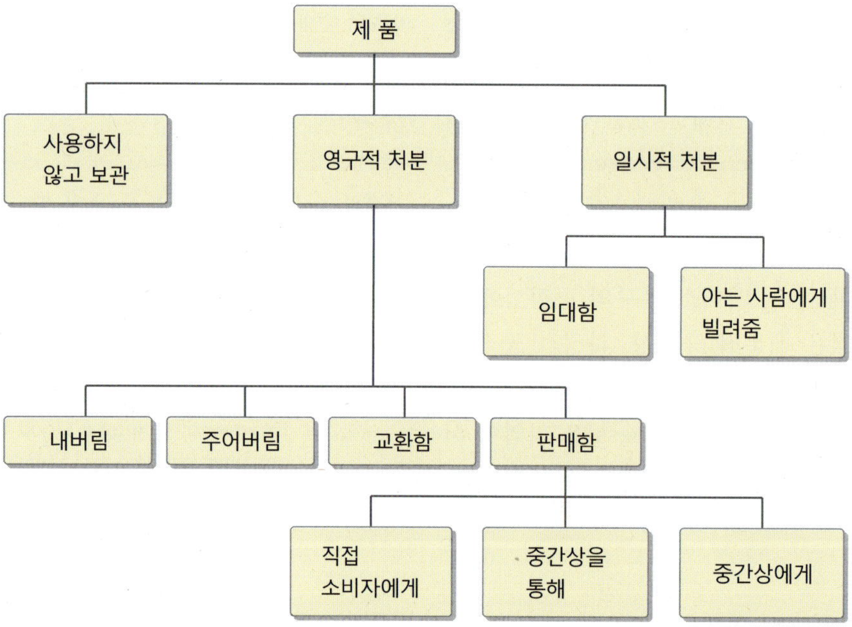

자료원: Jacoby, Jacob, Carol K. Berning, and Thomas F. Dietvorst (1977), "What About Disposition?," *Journal of Marketing*, 41 (2), p. 23의 내용을 일부 수정함.

거 캠페인은 소비자가 헌옷을 가져오면 브랜드나 종류를 가리지 않고 할인쿠폰을 제공하는 것으로, 헌옷이 담긴 쇼핑백이나 비닐백 두 개에 한해 두 장의 쿠폰을 제공한다. 이렇게 거둬들인 헌옷은 물류센터를 거친 뒤 파트너사를 통해 200가지로 구분한 뒤 재판매하거나 원단·에너지원 등으로 활용한다. H&M은 의류의 95%까지를 재활용할 수 있도록 하고 오가닉면 등 친환경 소재로만 면제품을 만드는 것을 목표로 한다.

최근 들어 절약소비 추세와 당근마켓(現 당근) 등 온라인 중고거래 플랫폼들의 빠른 성장은 중고거래 시장의 규모를 확장시키는 또다른 요인이 되고 있다.

소비자행동 Highlight

'당근하다'라는 표현이 '중고거래를 한다'는 의미로 인식될 만큼 온라인 중고거래시장에서 확고한 지위를 구축한 당근마켓

중고거래 = 당근마켓

이는 2015년 7월 서비스를 시작한 당근마켓이 국내 중고거래시장에서 창출한 공식이다. 이제 '당근하다'는 말은 '중고거래를 한다'로 인식되고 있고, 재당근(당근마켓에서 구입한 물건을 다시 파는 일) 역시 널리 사용되는 단어로 자리잡았다. 당근마켓은 국내 중고거래시장에서 확보한 절대강자 지위를 기반으로 플랫폼 서비스 영역을 늘리고 있다. 당근마켓의 플랫폼으로서의 차별적 우위는 단연 '중고거래'에 있다. 2022년 한해에만 1억 6,400만 건의 중고거래가 당근마켓 플랫폼 안에서 이뤄졌다. 당근마켓은 6,577개 지역에서 중고거래 연결 서비스를 구축하며 이용자 생태계를 형성하여 지역 커뮤니티로 사업(지역 생활정보 공유, 구인·구직(당근알바) 등)을 확장 중이다. 당근마켓의 이 같은 서비스 확장 시도는 플랫폼 성장으로 이어졌는데, 2023년 1월 기준 누적 가입자 수는 3,300만 명에 달한다. 이용자 충성도 역시 높다. 가입자 1인이 당근마켓에 한 달 평균 64회 접속해 총 2시간 7분을 보낸다. 많은 플랫폼 이용자 수와 장시간·고빈도 이용은 광고매출 상승을 이끌 수 있는 요인으로 꼽힌다.

지역 커뮤니티 플랫폼 '당근마켓'의 중고거래 서비스관련 광고의 한 장면.

당근마켓은 무료 서비스를 기반으로 이용자를 끌어모았다. 직거래를 원칙으로 한 지역 중고거래 플랫폼을 지향하는 당근마켓은 거래수수료를 부과하지 않으며 지역광고를 통해 수익을 창출한다. 경쟁 서비스업체인 중고나라·번개장터 등의 주된 수익원이 거래수수료인 것과 대조된다. 당근마켓은 확실한 수익원인 거래수수료를 포기한 대신 이를 차별점으로 활용해 플랫폼 확장을 실현했다. 이러한 사업모델은 당근마켓의 매출원이 지역광고에 한정되는 구조적 한계로 작용했다. 상품판매·수수료·기타수익 등을 다 합쳐도 전체매출의 1%에도 못 미친다.

2023년 8월 당근마켓은 지역 소모임과 강연 모집 등 동네생활과 관련된 영역으로 서비스를 확대하기 위해 '마켓'을 뗀 '당근'으로 브랜드명을 바꾸었다.

자료원: *이코노미스트*, 2023.02.27; 조선경제 2023.08.29.

생각해 볼 문제

1. 복잡한 의사결정, 브랜드충성도, 관성적 구매, 다양성 추구가 어떻게 다른지를 비교해 보고 각 구매행동의 마케팅 시사점에 대해 생각해 보자.

2. 충동구매와 강박적 구매는 어떻게 구분될 수 있으며, 충동구매는 어떤 소비자들에게 또한 어떤 경우에 주로 일어나는지에 대해 토론해 보자.

3. 점포의 내부환경 요소들을 어떻게 구성하느냐가 소비자의 구매행동에 영향을 미치게 된다. 당신이 신세계백화점과 이마트의 마케팅관리자라고 가정하고 고객의 점포방문과 구매량에 영향을 미치기 위한 점포내부 관리전략에 대해 생각해 보자.

4. 제품을 구매·사용한 소비자가 갖게 되는 만족/불만족은 브랜드충성도 형성의 주요한 결정요인이다. 소비자의 만족/불만족 과정을 설명하는 두 가지 대표적 모형인 기대 불일치 모형과 공평성이론의 특징을 비교해 보고, 최근 고객만족도를 높이기 위한 기업들의 노력을 예를 들어 설명해 보자.

5. 구매후 부조화가 발생했던 과거경험과 이를 해소하기 위한 당신의 노력에 대해 생각해보자. 구매후 부조화를 해소하기 위해 기업은 어떤 조치를 취해야 할지 토론해 보자.

Consumer Behavior

제 3 부

소비자 정보처리와 기억

제 6 장

정보처리과정: 노출, 주의, 이해

인공지능이 광고를 만든다.

"공간을 넘어 당신의 일상을 디자인하다"(소파 광고), "제주의 숨결로 만든 댕냥이 간식 사료"(반려동물 간식 광고), "북유럽 감성으로 돌아온 골프웨어, 자연주의를 입다"(골프웨어 광고)….

인공지능(AI) 광고제작 시스템이 만들어낸 광고문구들이다. 최근 법률 · 의료 등 각 분야로 인공지능 기술이 파고드는 가운데, 광고 · 마케팅 등의 '창작 영역'에서도 인공지능 서비스 활용이 늘고 있다. 대량의 데이터를 학습해 글 · 그림 등을 생성해내는 '생성 인공지능' 기술이 발전하면서, '광고 공부'를 한 인공지능이 트렌드 분석뿐만 아니라, 직접 광고문구를 쓰고 최적의 광고위치를 결정해주는 식으로 진화하고 있다. 그중에서도 '한국어 광고문구' 분야는 한국형 생성 인공지능 모델이 이끌고 있다. 카카오브레인 '코지피티(KoGPT)'와 네이버 '하이퍼클로바'가 대표적이다. 두 회사 모두 더 발전된 모습의 생성 인공지능 모델과 챗지피티(ChatGPT) 같은 대화형 생성 인공지능 모델을 출시할 예정이다. 이에 광고문구를 포함한 창작 분야의 인공지능 기술 경합도 더 뜨거워질 전망이다. 카카오브레인은 초거대 한국어 인공지능 모델 코지피티를 활용해 기업 · 광고회사들과 파트너십을 맺는 방식으로 광고 · 마케팅 서비스를 확장하고 있다고 밝혔다. 코지피티를 오픈 에이피아이(API · 응용프로그램 인터페이스)로 공개한 카카오브레인은 "개발자들이 우리 기술을 접목해, 핵심 키워드만 입력하면 광고문구를 자동 생성하고 수만 개의 후기를 종합적으로 파악해 활용하는 서비스를 만들었다"고 밝혔다. 카카오브레인은 지속적으로 더 발전된 버전의 코지피티를 공개할 계획이다.

한국방송광고진흥공사(KOBACO)가 무료로 제공 중인 인공지능 광고지원 시스템 '아이작(AiSAC)' 역시 코지피티를 활용해 광고문구 제작 기능을 추가했다. 아이작은 215만 건 이상의 광고문구를 코지피티에게 학습시켜 광고문구를 생성해내고 있다. 대략적인 스토리 라인을 입력하면 광고영상 제작을 위한 스토리보드 이미지를 생성해주기도 한다. 아이작은 저비용으로 광고를 제작해야 하는 중소기업과 소상공인 쪽에서 활용도가 특히 높다. KOBACO는 하반기에는 사내 신사업 공모전을 통한 '인공지능을 활용한 합성형 광고사업'도 추진할 예정이다.

전단지, 광고판, 카탈로그(광고책자) 등을 일상적으로 제작하는 대기업들도 인공지능 광고시스템 도입에 적극적이다. 현대백화점은 네이버 초거대 인공지능 언어모델 하이퍼클로바 기반의 인공지능 카피라이팅 시스템 '루이스'를 도입했다. 루이스는 현대백화점이 최근 3년 동안 사용했던 광고문구, 판촉행사문구 등 1만여 건을 학습해 새로운 광고문구를 만든다. CJ그룹은 '인공지능 카피라이터'를 도입해, 쇼핑 · 식음료 · 패션 · 물류 · 엔터테인먼트 사업에 활용하고 있다.

국외는 영어 기반 광고문구 제작 서비스만 50개가 넘어선다. 생성 인공지능 기술이 발전하면서 전 세계적으로 가장 치열한 영역이 인공지능 카피라이팅 분야가 될 것이라고 전문가들은 예측한다. 현장에서의 기대감도 높다. 아직까지는 인공지능이 만든 문구의 완성도가 높지 않은 수준이다보니 영감을 얻는 정도이지만, 앞으로 데이터 학습이 더해지면 광고 · 영상 쪽에서의 활용도가 더 높아질 것으로 예상된다.

자료원: *한겨레신문*, 2023. 05. 01.

소비자 **정보처리과정**(information processing)은 소비자가 마케팅자극(제품, 기업, 점포, 패키지, 광고, 판매원 등)에 **노출**되고, **주의**를 기울이고, **이해**하고, **태도**를 변화하는 과정으로 정의된다. 소비자가 처리한 정보와 태도는 **기억**에 저장되며, 이후의 정보처리와 의사결정 과정에 영향을 미친다. 소비자 정보처리과정을 기억구조와 연관 지으면 [그림 6.1]과 같다. 소비자에게 노출된 외부 정보는 감각기관을 거쳐 **감각기억**(sensory memory)에서 감지(sensation)된다. 소비자가 감지된 정보에 관심을 가지면 그 정보는 **단기기억**(short-term memory)에 이전되어 주의, 이해, 태도 단계에서 본격적인 정보처리가 이루어지며, 이 과정에서 처리된 정보는 장기기억에 저장될 수 있다. **장기기억**(long-term memory)에 저장된 기존의 정보는 정보처리와 의사결정 과정에서 인출되어 주의, 이해, 태도 과정에 영향을 미친다. 본 장은 소비자의 정보처리과정의 처음 세 단계인 노출, 주의, 그리고 이해를 설명한다. 기억과 태도는 제7-9장에서 다룬다.

그림 6.1 정보처리과정과 기억

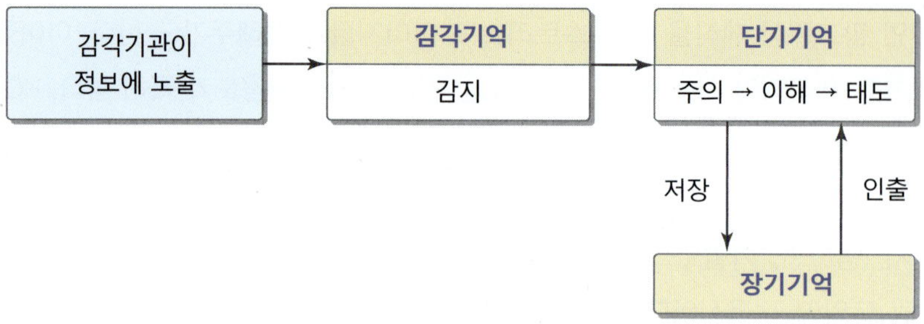

기업은 많은 비용을 들여 광고, 패키지, 판매원 등의 수단을 이용해 소비자에게 정보를 제공한다. 그러나 기업의 모든 노력이 항상 원하는 성과를 거두지는 못한다. 예를 들어, 소비자가 광고에 주의를 기울이지 않거나 메시지를 잘못 이해할 수 있다. 성공적인 마케팅 성과를 이루기 위해서는 기업이 전달하는 마케팅 정보가 소비자의 노출, 주의, 이해, 태도, 기억 단계에서 의도한 대로 처리되어야 한다. 따라서 효과적인 커뮤니케이션을 하기 위해서 마케터는 소비자 정보처리과정에 대한 이해가 필요하다.

6.1 노 출

1. 노출의 정의와 특성

마케팅자극이 소비자에게 영향을 주기 위해서는 소비자가 자극에 노출되어야 한다. **노출**(exposure)은 개인이 자극에 물리적으로 접근하여 다섯 개 감각기관 중 한 개 이상이 활성화될(activate) 준비상태를 말하며, 정보처리과정의 첫 단계가 된다.

노출에는 우연적 노출과 의도적 노출의 두 유형이 있다. **우연적 노출**(accidental exposure)은 소비자가 의도하지 않은 상태에서 정보에 노출되는 것이다. 소비자는 자신이 원하든 원하지 않든 매일 수많은 마케팅 정보에 노출된다. TV나 라디오를 켜거나 신문이나 잡지를 펼치면 혹은 인터넷을 이용하는 중에 수많은 광고에 노출된다. Youtube에서도 동영상 시청 전이나 중간에 광고를 접하게 된다. 식료품을 구매하기 위해 슈퍼마켓에 가더라도 POP 전시(point-of-purchase displays)나 판매원의 홍보에 노출된다. 친구와의 대화와 SNS에서도 제품 관련 정보나 경험을 듣거나 보게 된다. 소비자에게 노출된 모든 마케팅자극이 동일한 영향력을 가지지는 않는다. 소비자가 노출된 자극에 주의를 기울이는 경우, 그 정보는 이해, 기억, 태도형성과 같은 이후 단계의 정보처리가 가능하다. 그러나 소비자가 주의를 기울이지 않는 자극의 영향은 상대적으로 제한적이다.

의도적 노출(intentional exposure)은 소비자가 의사결정과정에서 자신을 정보에 의도적으로 노출시키는 것이다. 소비자가 문제를 인식하면 먼저 그 문제와 관련된 정보를 장기기억으로부터 인출한다. 이때 인출된 정보가 문제를 해결할 수 있을 만큼 충분하지 못하면 자신을 마케팅 정보에 의도적으로 노출시키는 **외적 탐색**(external search)을 하게 된다. 따라서 의도적 노출은 우연적 노출에 비해 목적지향성이 강한 자발적 정보탐색의 특성을 가진다. 노트북 구매를 위해 제품에 대한 정보를 인터넷으로 검색하는 것이 한 예이다. 의도적 노출은 주로 의사결정과정에서 일어나지만 의사결정과는 무관하게 소비자의 관심에 따라 일어날 수도 있다. 어떤 제품에 대한 지속적 관여도가 높은 소비자는 평상시에 그 제품과 관련하여 정보를 탐색할 수 있다. 소비자는 장기기억에 이미 여러 제품에 대한 많은 정보를 가지고 있고, 또한 대부분의 제품구매에 높게 관여되지 않아 의도적 노출은 우연적 노출에 비해 상대적으로 빈도가 낮다고 할 수 있다.

선택적 노출(selective exposure)은 소비자가 필요하고 관심을 갖는 정보에만 자신을 노출시키는 한편 그렇지 않은 정보는 회피(avoidance)하려는 지각적 메커니즘을 말하며, 이는 주로 우연적 노출에서 나타난다. 소비자는 일상생활에서 수없이 많은 정보에 노출되지만, 선택적 노출을 통해 자신이 마케팅자극에 노출되는 정도를 효율적으로 통제한다. 선택적 노출을 위해 소비자가 관심 없는 정보를 회피하는 방법에는 세 가지 유형이 있다.[1] 첫째 유형은 마케팅자극과의 접촉을 차단하는 물리적 회피(physical avoidance)이다. 예를 들어, 이메일 광고를 자동으로 차단하거나 광고 우편물을 봉투도 뜯지 않고 버리기도 한다. 둘째 유형은 기계적 회피(mechanical avoidance)이다. TV를 시청하던 중에 광고가 나오면 리모컨을 이용하여 다른 채널로 변경하거나 소리를 끄는 것이 이에 해당한다. 이 경우 채널을 변경하는 것을 zapping, 그리고 소리를 끄는 것을 muting이라고 한다. 이와 유사하게 동영상 시청 중 흥미 없는 부분을 빠른 속도로 지나가게 하는 것을 zipping이라고 한다. 셋째, 인지적 회피(cognitive avoidance)는 노출된 정보에 주의를 기울이지 않는 것을 의미한다. 잡지의 광고 페이지를 빠르게 넘기거나 인터넷 사이트의 배너

광고를 무시하는 것이 이에 해당한다.

2. 노출의 마케팅 시사점

마케터의 커뮤니케이션 노력이 의도하는 효과를 얻기 위해서는 소비자 정보처리과정의 첫 단계인 노출을 거쳐야 하는 것은 극히 당연하다. 노출과 관련된 마케팅 시사점은 다음과 같다.

(1) 우연적 노출

① 효과적인 노출의 증가

우연적 노출은 소비자 정보처리의 시작점이 될 수 있다. 소비자가 노출된 정보에 주의를 기울이는 경우 이후 정보처리단계를 거쳐 태도에 영향을 미칠 수 있다. 그러나 소비자가 주의를 기울이지 않더라도 반복된 노출은 제품의 친숙도를 증가시키고 태도를 변화시키기도 한다(제9장 단순노출 효과). 따라서 표적시장 소비자들에게 자사제품에 대한 우연적 노출을 높이는 것은 매우 중요하다. 광고의 경우 빈도를 높이거나 다양한 매체를 이용함으로써 소비자가 메시지에 노출될 확률을 높일 수 있다. 그러나 단순히 노출을 증가시키기 위한 노력은 대부분 많은 비용이 발생하며, 표적청중이 아닌 소비자에게도 정보가 전달되기 때문에 비용대비 효과가 낮은 단점도 존재한다.

효과적인 노출 증가를 위해서는 표적지향적(target-oriented) 접근이 필요하다. 마케터는 표적시장 소비자들이 주로 이용하는 매체를 이용하여 그들의 우연적 노출 정도를 높이도록 해야 한다. 에너지 드링크 핫식스(HOT6)가 출시되었을 때 대학교 교정을 방문해 주요 표적소비자인 대학생에게 무료 샘플을 제공한 것도 표적지향적 마케팅의 한 예이다. 최근 검색광고는 IT기술을 이용해 보다 정교한 표적지향적 노출을 시도한다. 예를 들어, 구글(Google)은 이용자의 검색기록을 이용해 관심 있는 제품이나 서비스를 파악한 후에 이와 관련된 배너광고를 보여주는 '스마트 캠페인(Smart campaigns)' 서비스를 광고주에게 제공한다. 소비자가 방콕 여행을 위해 관련 정보를 검색한 경우, 이후에 인터넷을 사용할 때 방콕 소재 호텔과 같은 연관된 제품이나 서비스에 대한 배너광고를 제시한다.

비전통적 광고매체: 소비자의 광고에 대한 회피를 줄이기 위해 TV 드라마 PPL(왼쪽), 매장내 로봇(중간), 샴푸광고 구조물(오른쪽)과 같은 다양한 비전통적 광고매체가 사용된다.

② 다양한 매체의 사용

다양한 매체를 이용하여 소비자에게 제품정보를 전달함으로써 우연적 노출 기회를 증가시킬 수 있다. 그러나 TV, 라디오, 신문, 잡지, 인터넷과 같은 전통적 광고매체의 경우 소비자는 노출을 회피하는 성향이 강한 경향이 있다.[2] 이를 극복하기 위한 대안으로서 비행선, 광고용 특수차량, 특이한 옥외광고와 같은 비전통적(non-traditional) 광고매체를 사용할 수 있다.[3] 제품을 영화, TV방송, 게임 등에 노출시키는 **간접광고**(PPL: product placement)는 비전통적 광고의 한 가지이다. BMW Z3의 경우 한 007영화에서 주인공 James Bond의 전용차로 사용되었으며, 영화 개봉 후에 매출이 폭발적으로 증가하였다. 유사하게 드라마 '별에서 온 그대'가 중국에서 히트한 후에 주인공 전지현이 극 중에서 사용한 화장품, 의상 등의 매출이 증가했으며, 치킨과 맥주를 먹는 '치맥'문화가 유행하기도 하였다.

(2) 의도적 노출

① 정보 탐색의 용이성 제공

소비자가 문제해결을 위한 정보를 탐색할 때 적절한 정보를 적시에 제공하도록 해야 한다. 소비자는 인터넷에서 제품 혹은 기업의 정보를 획득하려고 기업의 홈페이지 혹은 검색엔진 사이트를 많이 이용한다. 그러므로 소비자들에게 유용하다고 판단되는 정보를 인터넷상에서 쉽게 찾을 수 있도록 해야 한다. 또한 소비자가 오프라인 점포에서 쇼핑을 하거나 기업에 전화를 하여 제품 등에 대한 질문을 할 때 판매원 혹은 사원이 당연히 대답할 수 있을 것으로 기대하지만 적절한 대답을 듣지 못하면 실망을 하고 불쾌하게 느낄 수도 있다. 이는 제품 판매에 부정적인 영향을 미칠 뿐만 아니라 기업이미지를 저해할 수 있다. 그러므로 기업은 소비자들이 흔히

의도적 노출의 유도: 배달서비스 업체인 요기요(yogiyo)는 3분이 넘는 극장판 광고에서 화성에 고립되고 식량이 떨어진 우주비행사가 한국에서 부대찌개를 우여곡절 끝에(처음에는 오류로 경기도 화성으로 배달) 배달받는 상황을 보여주는 유머 어필을 사용했다. SF영화 같은 스케일의 광고로 화제가 되기도 했다. 광고 마지막에 "유튜브 요기요 채널에서 풀스토리를 확인하세요."라는 문구를 제시하여 소비자의 추가적 검색을 유도하고 있다.

필요로 하는 정보에 대한 지식을 사원들이 갖추도록 해야 한다.

② 의도적 노출 유도

자사 정보에 우연적으로 노출된 소비자에게 의도적 노출을 유도할 수도 있다. 예를 들어, 미국에서 성공적으로 포지션한 현대자동차의 제네시스 미국 광고는 파워, 브레이크, 안전성 등을 강조한 뒤 "Find out more at hyundaigenesis.com"으로 끝을 맺는다. 이는 우연적으로 그 광고에 노출된 소비자들이 의도적으로 관련 정보를 인터넷에서 찾아보도록 하는 것이다. 이 경우 소비자가 그 정보를 인터넷에서 검색하면 이는 의도적 노출이 된다.

3. 감 지

소비자의 노출된 자극에 대한 인지는 자극 강도의 크기나 변화의 정도에 따라 달라진다. **감지**(sensation)는 자극의 강도가 어느 정도 강해져 감각기억이 그 자극을 알아차리는 것을 말한다. 감지와 관련된 개념으로 절대식역, 차이식역, 그리고 식역하 지각이 있다.

(1) 절대식역

절대식역(absolute threshold)은 감각기관이 자극을 감지할(sense) 수 있기 위한 자극에너지의 최소한의 강도를 말한다. 예를 들어, 어떤 사람이 TV를 시청하는 중에 휴대폰의 벨이 울리더라도 이를 알아차리지 못할 수 있다. 그러나 벨 소리가 점차 커짐에 따라 어느 순간 이를 알아차릴 수 있다. 이 경우 사람이 그 소리를 감지할 수 있는 최소한의 음량이 절대식역에 해당한다. 자극의 강도가 절대식역에 도달해야만 개인은 비로소 감지할 수 있으므로 이때 비로소 그 개인은 그 자극에 노출되었다고 할 수 있다(감각기관이 활성화됨). 개인마다 청각, 시각, 촉각 능력 등이 다르기 때문에 절대식역도 개인차가 있다.

(2) 차이식역

① 차이식역과 Weber의 법칙

차이식역은 자극의 변화를 감지하는 것과 관련된 개념이다. **차이식역**(differential threshold)은 두 개의 자극이 지각적으로 구분될 수 있는 최소한의 차이를 말하며, JND(just noticeable difference)라고도 한다. 예를 들어, 음악 볼륨의 차이, 제품크기 변화, 다른 원료 사용으로 인한 맛의 개선과 같은 변화를 소비자가 구분하는지의 여부는 자극 강도의 변화가 차이식역보다 큰지의 여부로 결정된다.

Weber의 법칙(Weber's Law)에 의하면 차이식역에 도달하기 위해 필요한 자극의 최소 변화치는 초기자극의 강도에 비례한다. 즉, 자극의 변화가 일어났음을 감지하기 위해서는 초기자극이 클수록 자극 변화치가 커져야 한다는 상대성의 원리가 적용된다. 이를 식으로 나타내면 다음과 같다.

$$K = \frac{\Delta I}{I}$$

I : 초기자극의 수준

ΔI : 차이식역

K : 상수

예를 들어, 한 개인의 1Kg 무게에 대한 차이식역은 100g이다($K=0.1$). 즉, 1Kg 무게의 아령과 1.1Kg 무게의 아령을 들었을 때 둘 간의 무게 차이는 감지할 수 있으나, 무게의 차이가 100g보다 작은 경우에는 이를 감지하지 못한다. 아령의 무게가 2Kg인 경우, Weber의 법칙에 따르면 동일한 개인이 차이를 감지하기 위한 최소한의 무게 차이는 200g이다.

② 차이식역의 마케팅 시사점

소비자들이 마케팅자극의 변화를 감지하기 위해서는 차이식역 이상의 자극 강도가 필요하다. 그러므로 용량(크기) 증가나 가격할인과 같이 소비자가 선호하는 변화의 경우, 소비자들이 자극변화를 감지하도록 하기 위해서는 자극변화의 크기를 차이식역 이상으로 해야 한다. 예를 들어, 제품 용량이 50ml 증가하는 변화를 생각해보자. 200ml 제품을 250ml로 증가시키는 경우 소비자는 용량의 변화를 쉽게 인지할 수 있지만, 2,000ml 제품을 2,050ml로 증가시키는 경우에는 차이를 인지하지 못할 수 있다. 유사하게 품질 향상과 같은 긍정적인 변화의 경우에도 소비자가 기존 제품과의 차이를 감지할 수 있는 수준이 되어야 한다.

반대로 제품의 변화가 부정적인 영향을 미치는 경우도 있다. 브랜드 로고나 제품 패키지가 바뀌는 경우 소비자의 혼란을 일으킬 수 있다. 이 경우 변화를 차이식역 이하로 해야 한다. 예를 들어, 미국 소금 브랜드인 Morton은 1914년 이후 지금까지 노란 비옷을 입고 있는 소녀를 브랜드를 상징하는 이미지로 사용해왔다. 그동안 Morton사는 여러 번에 걸쳐 소녀의 이미지를 현대적인 이미지로 바꿔왔다. 이미지의 변화가 있을 때 그 차이는 크지 않았으며 대부분의 소비자는 변화를 감지하지 못했다. 오랫동안 인기를 누리는 빙그레 바나나맛우유도 여러 번에 걸친 패키지의 변화가 있었으나 매번 그 차이는 크지 않았다. 유사하게 제품의 용량(크기) 감소나 가격인상과 같은 소비자에게 부정적인 변화를 시도하는 경우, 소비자가 이를 감지하지 못하기를 원한다면 차이식역 이하의 작은 변화가 이루어져야 한다.

Weber의 법칙은 차이에 대한 감지뿐만 아니라, 자극의 크기 지각에도 영향을 미친다. 예를 들어, 가격할인의 폭이 얼마나 큰지에 대한 지각은 할인전 정가에 따라 달라질 수 있다. 20,000원의 가격할인이 있는 경우를 생각해 보자. 정가 50,000

차이식역과 브랜드와 패키지의 변화: 브랜드 로고나 제품 패키지의 갑작스러운 변화는 소비자의 혼란을 불러올 수 있다. Morton을 상징하는 소금소녀(salt girl) 이미지나, 빙그레 바나나맛우유의 패키지는 여러 번의 변화가 있었으나, 오랜 기간 동안 조금씩 소비자의 차이식역 이하로 이루어져서 혼란이 발생하지 않았다.

원의 바지를 30,000원에 할인 판매하면 소비자는 할인폭을 크게 여길 수 있다. 그러나 정가 500,000원의 코트를 480,000원에 할인 판매한다면 그 소비자는 할인폭이 작다고 여길 것이다. Weber의 법칙을 적용해 보면, 유사한 수준의 할인폭으로 지각되기 위해서는 정가가 500,000원인 제품은 더 큰 액수의 할인을 해야 한다.

(3) 식역하 지각

앞에서 자극의 강도가 절대식역을 넘을 때 비로소 소비자는 그 자극을 감지할 수 있는 것으로 언급하였다. **식역하 자극**(subliminal stimuli)은 강도가 절대식역 수준에 미치지 못해 소비자가 지각할 수 없는 강도의 자극을 의미한다. **식역하 지각**(subliminal perception)은 자극의 강도가 미약하여 절대식역 수준에 미치지 못하는 경우에도 소비자가 그 자극을 무의식 중에 감지하는 것을 말한다.

식역하 지각 현상은 1950년대에 James Vicary가 영화관에서의 식역하 메시지가 팝콘과 코카콜라의 매출을 증가시켰다고 주장하면서 널리 알려지게 되었다.[4] 이 주장에 따르면 야외 자동차영화관(drive-in theater)에서 6주간에 걸쳐 영화 스크린에 "Eat Popcorn and Drink Coca Cola"라는 자막을 매 5초마다 1/3,000초 동안 45,000명의 영화 관람객을 대상으로 노출시킨 결과, 팝콘은 58%, 코카콜라는 18%의 매출 증가가 있었다. 이와 같은 광고를 **식역하 광고**(subliminal advertising)라고 부른다.[5] 식역하 광고의 한 가지 유형은 영화관 사례와 같이 메시지나 이미지를 순간적으로 보여주는 것이다. 또 다른 유형은 광고에 메시지나 이미지를 잘 안보이게 끼워 넣는(embedded) 기법이다. 예를 들어, 식역하 광고가 널리 사용되고 있다고 믿는 일부 사람들은 디즈니사의 영화 라이온킹(The Lion King)의 한 장면에서 밤하늘의 별무리 형상이 성(性)과 관련된 단어 모양이라고 주장하였다.

식역하 자극의 예: 왼쪽은 영화 중간에 메시지를 순간적으로 보여주는 식역하 광고의 예이다. 오른쪽은 영화 라이온킹의 한 장면으로, 일부 사람들은 별무리 모양이 성과 관련된 단어라고 주장한다.

영화관 사례에 따르면 소비자의 의사결정이나 행동은 지각할 수 없는 식역하 메시지에 조종(manipulation) 당할 수 있다. 즉, 콜라나 팝콘을 구매하려는 의도가 없던 사람도 보이지 않는 메시지 때문에 구매를 했음을 의미한다. 따라서 식역하 지각에 관한 많은 관심, 우려, 비판이 있었다. 예를 들어, *New Yorker* 잡

지는 "...minds had been broken and entered"라고 비판하였다.[6]

그렇다면 식역하 광고는 소비자 구매에 영향을 줄 수 있을까? 관련된 연구 결과들에 따르면, 식역하 광고는 구매에 유의한 영향을 미치지 못하는 것으로 나타났다. Vicary의 영화관 실험을 똑같은 조건에서 수행한 후속 연구들도 매출 증가에 미치는 효과를 찾지 못했다. 그렇다고 식역하 정보가 아무런 영향도 없는 것은 아니며, 감정이나 충동 등을 활성화시킬 수 있다. 예를 들어, 사람들은 위협이 되는 대상이 식역하 수준으로 제시된 경우, 대상을 인지하지 못하지만 공포감(fear)이 자동으로 생길 수 있다. 뱀(snake)사진이 모니터에 3/100초 동안 제시된 경우 사람들은 이 사진을 인지하지 못한다. 그러나 뇌의 편도체(amygdala)라는 부위가 이를 감지해 공포감을 불러일으킨다.[7] 식역하 광고가 갈증이나 배고픔 같은 기본적 충동(drives)이나 감정을 불러일으킬 수는 있으나, 소비자 구매 의사결정에는 유의한 영향을 미치지는 않는다고 여겨진다. 소비자 의사결정은 인지하거나 기억하는 많은 의식가능한(supraliminal: 초식역) 정보에 근거해 이루어지기 때문에, 식역하 정보가 소비자의 의지에 반하는(against one's will) 구매를 하도록 하지는 못하는 것으로 알려져 있다.[8] 또한, 많은 나라에서 식역하 광고를 금지하고 있다. 우리나라의 경우 방송통신심의위원회규칙 제15조(잠재의식광고의 제한)에서 "방송광고는 시청자가 의식할 수 없는 음향이나 화면으로 잠재의식에 호소하는 방식을 사용하여서는 아니된다."라고 명시한다.

6.2 주 의

1. 주의의 정의와 특성

소비자의 **인지적 자원**(cognitive resources)은 한정되어 있기 때문에 어떤 시점에서 자신이 접하는 모든 정보를 처리하는 것은 불가능하다. 결과적으로 개인의 정보처리 시스템은 유입정보를 끊임없이 감시하고 계속적인 정보처리를 위하여 이 중의 일부를 선택하게 되는데 이러한 메커니즘이 곧 주의이다. 그러므로 **주의**(attention)는 정보처리자원을 특정 자극에 집중하는 인지작용이라고 할 수 있다.

주의의 특성으로 선택적 주의와 주의의 분산이 있다. 앞에서 설명한 바와 같이 소비자는 자신의 환경에서 제시되는 정보들 중 관심을 끌 만한 일부의 정보에만 주의를 기울이는데 이를 **선택적 주의**(selective attention)라고 한다. 이러한 선택적 주의 메커니즘에 의해 소비자가 일상생활에서 접하게 되는 정보들 중 많은 것들은 무시된다. 소비자는 자신의 욕구 충족 혹은 목표나 가치 실현과 관련있는 것으로 생각되는 대상에 주로 주의를 기울인다. 경우에 따라 주의는 통제불능하며 무의식적이다. 예를 들어, 누군가 자신의 이름을 부르면 자신도 모르게 머리를 돌리고, 점포에서 파격세일이라는 문구를 보게 되면 자연히 어느 정도 주의를 하게 된다.

소비자는 동시에 두 개 이상의 자극물에 주의를 기울일 수 있으며, 이 특성을 **주의의 분산**(divided attention)이라 한다. 예를 들어, 운전을 하면서 옆 사람과 대화를 하는 것과 같은 멀티태스킹(multitasking)이 가능한 이유는 주의를 분산하는

소비자행동 Highlight

보이지 않는 고릴라

Simons and Chabris의 보이지 않는 고릴라(invisible gorilla) 실험은 선택적 주의를 보여주는 예이다. 실험참가자들은 두 팀의 학생들이 농구공을 패스하는 짧은 비디오를 시청했다. 한 팀은 흰색 티셔츠를, 다른 팀은 검은색 티셔츠를 입고 있으며, 실험참가자는 흰색 팀이 얼마나 많이 패스를 했는지를 세도록 요구되었다. 비디오 중간에 고릴라 옷을 입은 학생이 등장해 화면 중앙에서 머무른 후 사라진다. 놀랍게도 실험참가자 중에서 50%가 고릴라가 나타났다는 것을 알아채지 못했다. 이러한 결과가 나온 이유는 제한된 주의의 용량을 패스 개수를 세는 데 집중해 사용하는 경우, 다른 노출된 정보를 지각하지 못하는 선택적 주의 때문이다. 실험에 사용된 동영상은 Youtube에서 2,900만 건 이상의 조회수를 기록했다.

자료원: Simons, Daniel J. and Christopher F. Chabris (1999), "Gorillas in Our Midst: Sustained Inattentional Blindness for Dynamic Events," *Perception*, 28 (9), 1059-1074.

것이 가능하기 때문이다. 그러나 인지적 자원은 한정되어 있기 때문에, 하나의 자극에 많은 인지적 자원이 사용되면 주의의 분산이 어려워진다. 예를 들어, 운전 중에 앞차가 갑자기 끼어드는 경우 운전에 주의를 집중하기 때문에 대화를 지속할 수 없다. 이와 유사하게, 운전 중에 스마트폰 사용을 금지하는 이유도 스마트폰 사용이 운전에 대한 주의를 떨어뜨려 사고율이 증가하기 때문이다.

2. 주의에 영향을 주는 개인적 요인

소비자의 주의에 영향을 미치는 요인은 개인적 요인과 자극적 요인의 두 가지로 구분할 수 있다. 이하에서는 이 중 개인적 요인에 대하여 살펴보기로 한다.

(1) 관여도, 욕구, 동기

소비자의 선택적 주의에 영향을 미치는 중요한 요인 중 하나는 대상에 대한 소비자의 관여도이다. 소비자는 지속적 혹은 상황적으로 높게 관여된 제품군에 관련된 정보에 노출되면 주의를 기울이게 된다. 예를 들어, 태블릿 PC에 많은 관심을 갖는 소비자는 새로운 제품 광고에 노출되면 자연히 주의를 기울인다(지속적 관여). 또한 소비자는 정보에 노출되었을 때 그 정보가 자신의 욕구 혹은 환기된 동기(aroused motive)와 관련성이 높을수록 더 많은 주의를 기울인다(상황적 관여). 이와 같이 자신과의 관련성이 높은 정보에는 주의를 기울이고 그렇지 않은 정보에는 주의를 기울이지 않는 메커니즘을 **지각적 경계**(perceptual vigilance)라고 한다. 여대생들을 대상으로 수행한 한 연구에서는 다이어트를 하는 학생들은 하지 않는 학생들에 비해 과거보다 식품광고가 더 많아진 것으로 생각하는 것으로 나타났다. 이는 그 학생들이 다이어트로 인해 배가 고픈 상태에 있으므로 타인들보다 식품광고에 더 민감하게 주의했기 때문이다.[9]

(2) 신념과 태도

사람들은 가급적 일관된 신념과 태도를 유지하려는 경향이 있다. 따라서 소비자는 자신의 기존 신념과 태도에 크게 불일치하는 정보에 노출되면 이를 회피하는 경향이 있다. 그러나 그러한 정보에 강제적으로 노출되면 그 정보를 왜곡시킴으로써 자신의 기존 신념과 태도를 보호하려는 심리적 경향이 있는데 이를 **지각적 방어**(perceptual defense)라고 한다. 예를 들어, 공공장소에서 흡연하는 데 대해 적극적

소비자행동 Highlight

환기와 주의 정도

환기(각성: arousal)는 정신을 바짝 차리고 있는 정도(a state of wakefulness or alertness)를 말한다. 사람들이 잠들어 있을 때 환기수준은 가장 낮으며, 졸고 있을 때 환기수준은 낮은 편에 속한다. 반대로 롤러코스터(roller coaster)를 탈 때나 신체적으로 위험한 상황과 같이 초긴장상태에 있을 때 환기수준은 극도로 높다. 환기수준과 주의 정도는 역-U 관계가 있는 것으로 제안된다. 즉, [그림 6.2]에서 볼 수 있듯이 환기수준이 낮은 경우와 반대로 높은 경우 주의 정도는 낮으며, 환기수준이 적정한 수준일 때 주의 정도는 높다. 이는 환기수준이 매우 낮을 때와 그리고 매우 높을 때 정보처리를 위해 사용할 수 있는 인지적 자원이 적어지기 때문이다.

이와 관련하여 Pavelchak, Antil, and Munch의 연구에서는 Super Bowl 미식축구경기 중계에 삽입된 광고의 내용을 시청자들이 어느 정도 기억하는지에 대해 조사하였다. 연구결과, 경기를 하는 두 팀이 속한 도시의 시청자들에 비해 다른 도시의 시청자들이 광고내용을 더 많이 기억하는 것으로 나타났다. 이는 그 두 도시의 시청자들은 다른 도시의 시청자들에 비해 경기관람에 몰두하여 환기수준이 매우 높아 주의 정도가 낮았기 때문으로 볼 수 있다.

자료원: Pavelchak, M. A., John H. Antil, and James M. Munch (1988), "The Super Bowl: An Investigation into the Relationship Among Program Context, Emotional Experience, and Ad Recall," *Journal of Consumer Research*, 15 (3), 360-367.

그림 6.2 환기와 주의 정도의 역-U 관계

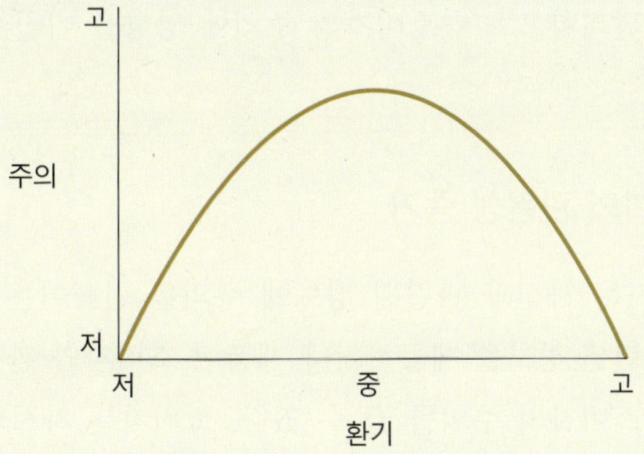

으로 반대하는 사람들은 '흡연자의 권리'를 주장하는 캠페인에 노출된다면 이에 주의를 기울이지 않거나 마음속으로 거부할 수 있다. 사람들은 자신의 신념과 태도에 크게 불일치하는 정보에 노출되면 지각적 방어 메커니즘이 작용할 수 있으므로 금연광고 등에서 극도로 부정적인 결과가 초래되는 상황을 묘사하면 오히려 효과가 떨어질 수도 있다.

(3) 감정상태

개인의 **감정상태**(affective states)는 주의에 영향을 미칠 수 있다.[10] 긍정적 기분(positive affect)의 사람들은 자신들의 환경에서 긍정적 정보에 선택적으로 주의를 기울이는 경향이 있다. 기분이 좋을 때 쇼핑을 하면 제품의 긍정적인 속성이나 혜택에 주목하고 구매에 대한 긍정적인 이유를 생각하는 성향이 더 많이 나타난다. 부정적 기분(negative affect)의 경우 사람들은 부정적 정보에 주목하는 경향이 있다. 그러나 기분이 좋지 않을 때 반대로 긍정적인 정보에 주의를 기울이기도 하며, 이 경우는 긍정적인 정보가 기분전환(mood repair) 효과가 있을 것으로 기대되는 경우이다.[11] 예를 들어, 부정적인 기분을 벗어나기 위해 즐거운 자극(예, 영화, 음악)이나 기분전환에 도움이 되는 제품이나 서비스(예, 초콜릿, 미용)에 주의를 기울이기도 한다.

3. 주의에 영향을 주는 자극 특성: 마케팅 시사점

앞에서 설명한 바와 같이 소비자가 노출된 자극물에 대하여 주의를 하는가의 여부는 자극물의 특성에 의해서도 영향을 받는다. 그러므로 마케터는 자극물의 제시방법을 달리함으로써 소비자의 주의에 영향을 미칠 수 있다. 이하에서는 이를 설명한다.

(1) 개인과의 관련성 증가

소비자는 자신과 관련된 정보에 주의를 기울이는 경향이 있기 때문에, 표적소비자와 관련된 정보를 제공하거나 제품이 소비자와 관련성이 높다는 메시지를 전달함으로써 소비자의 주의를 끌 수 있다. 소비자는 자신과 유사한 인구통계적 특성을 갖는 모델이 출연하는 광고에 보다 주의를 하는 경향이 있다. 예를 들어, 저렴한 가격에 좋은 품질의 '착한교복' 광고를 위해, 몇몇 지자체는 대회를 통해 선발한 고등학생 교복모델을 이용한 패션쇼 등의 행사를 가졌다. 광고메시지에서 제품과 소비자의 관련성을 강조하기도 한다. 예를 들어, 미국의 신용카드 업체인 Brex의 주요 사업은 스타트업 기업에게 법인카드를 제공하는 것이다. Brex는 많은 스타트업 기업이 있는 샌프란시스코 베이(San Francisco Bay) 지역에서 "스타트업 기업의 첫 번째 법인카드"를 제공한다는 옥외광고를 통해 제품과 관련성이 높은 스타트업 종사자를 주 고객으로 공략하였다.

소비자와 제품과의 관련성: 스타트업 기업을 주 고객으로 하는 신용카드 업체인 Brex는 제품과 관련성이 높은 스타트업 기업이 많이 위치한 샌프란시스코 지역에 광고를 집중했다.

(2) 즐거움 제공

소비자는 즐거움을 제공하는 자극에 보다 주의를 기울이는 경향이 있다. 일반적으로 사람들은 자신이 호감을 갖는 사람을 접하게 되면 좋은 감정을 갖는다. 이러한 이유로 많은 광고물에서 인기 높은 연예인이나 운동선수를 **광고모델**로 출연시킨다. 그 밖에 **유머**나 즐거운 **음악**의 이용, **성적 소구**(sexual appeal) 등도 소비자의 광고에 대한 주의를 높이기 위해 사용된다.

(3) 특이한 자극 제시

진기한 자극(novel stimuli)일수록 주의를 유발한다. 패션 브랜드 베네통(Benetton)는 진기한 자극을 이용한 광고로 유명하다. 다양한 인종으로 구성된 가족, 미국 대통령 오바마와 중국 주석 후진타오의 키스 장면 등을 광고에 담아 사람들의 주의를 유발하였다. 진기한 자극은 시각적 요소뿐만 아니라 특이한 선율, 갑작스런 소리의 정지나 변화 같은 청각적 요소도 포함한다.

또한 **호기심**(curiosity)을 유발함으로써 주의를 끌 수 있다. **티저 광고**(teaser ad)는 제품에 대한 중

성적 소구: 로맨틱하고 섹시한 이미지는 소비자의 주의를 유발한다.

진기한 자극에 의한 주의 유발: 한 화장품 회사는 전형적인 화장품 모델과는 다른 모델을 사용해 소비자의 주의를 끄는 광고를 제작했다.

질문을 통한 호기심 유발: 광고에서 질문을 제시하는 것은 청중의 호기심을 높이는 방법 중의 하나이다.

Skittles 광고: 밝고 강렬한 색상은 주의를 유발시킨다. 또한 제품의 강렬한 색이 무난한 하늘색 배경과 대조되어 소비자로 하여금 제품에 더 주목하게 만들기도 한다.

요한 정보를 의도적으로 제시하지 않아 소비자의 궁금증을 유발하여 주의를 끌고자 하는 광고로서 신제품 출시때 많이 이용된다. 예를 들어, 새로 출시되는 자동차 광고를 할 때, 전체 모습이 아닌 실루엣이나 자동차의 일부분만을 보여줌으로써 제품에 대한 호기심을 유발할 수 있다. 광고에서 청중에게 질문을 던져 그 답이 무엇인지 생각하게 하는 것도 호기심을 높이기 위해 사용되는 방법 중 하나이다.

(4) 정보처리가 쉽게 제시

소비자는 정보처리가 쉬운 자극물에 보다 주의할 수 있다. 다른 광고물에 비해 **두드러진 자극**(prominent stimuli)은 정보처리를 쉽게 하여 주의를 끌 수 있다. 자극물을 두드러지게 하는 방법은 다음과 같다.

- **크기**: 광고물이 클수록 주의를 유발한다. 자극물의 크기는 절대적인 면에서뿐만 아니라 상대적으로도 고려되어야 한다. 즉 동일한 크기의 인쇄광고라도 그 광고물이 삽입된 페이지의 지면에 따라 상대적 크기는 다르다.
- **컬러**(color): 흑백보다는 일반적으로 컬러광고가 주의를 유발할 수 있다. 특히, 강한 색은 보다 주의를 유발하고 기억에 남을 수 있다.
- **강도**(intensity): 큰 소리, 밝은 색깔 등과 같이 자극의 강도를 강하게 함으로써 주의를 끌 수 있다.

- **대조**(contrast): 주위의 배경과 대조를 이루는 자극은 주의를 끈다. 예를 들어, 다른 광고들(clutter ads)이 모두 컬러광고인 경우 흑백광고는 **대조효과**(contrast effect)에 의해 주의를 유발할 수 있다.

4. 적응수준과 주의

광고의 경우 소비자의 광고에 대한 노출, 광고메시지에 대한 주의와 이해 수준을 높이기 위해 반복적으로 제시한다. 그러나 반복적인 광고는 소비자의 적응수준을 높여 효과가 감소할 수 있다. **적응**(adaptation)은 소비자가 동일한 자극에 반복적으로 혹은 연속적으로 노출되는 경우 그 자극을 주의 혹은 의식하지 않게 되는 현상을 말한다. 사람들은 에어컨이 설치된 사무실, 음식냄새가 나는 주방, 떠들썩한 파티에 처음으로 접할 때는 이 자극들을 지각하지만 시간이 지남에 따라 점차 적응하게 되어 별로 의식하지 못하게 된다. 지나친 광고의 반복 노출은 주의를 감소시킬 뿐만 아니라, 광고에 대한 부정적인 생각을 증가시키고 광고에 대한 태도를 부정적으로 변화시킬 수도 있다.[12]

부정적인 영향을 줄이면서 반복으로 인한 광고효과를 유지하는 방법으로 **광고실행**(advertising execution)의 다양화가 있다. 즉, 핵심 메시지나 테마는 그대로 유지하더라도 배경 요소, 모델 등 연출을 달리하거나 시리즈 광고 등을 할 수 있다.

광고실행 다양화: Absolut 보드카 광고는 제품의 병 모양을 다양한 방법으로 보여준다. 도시 시리즈 광고들은 각 도시의 특색을 이용하여 광고의 통일된 테마(병 모양)를 제시한다. 뉴욕(New York)편은 교통체증과 노란색 택시를, 뉴올리언스(New Orleans)는 재즈음악을 상징하는 이미지를 이용한다. 바람이 많이 불어 Windy city라는 별명을 가지고 있는 시카고(Chicago)의 경우 바람에 병의 글자와 뚜껑이 날리는 모습을 보여준다.

예를 들어, 부동산 중개 플랫폼인 다방은 광고모델 혜리가 현재 거주지에서 문제를 경험하는 다양한 상황을 시리즈 광고로 보여주었다. 예를 들어, 창밖으로 네온사인이 너무 밝아서 잠을 잘 수 없거나, 아래층의 고기집 연기가 올라오거나, 너무 추워 잠을 잘 수 없는 상황 등을 보여주어, 새로운 거주지가 필요한 상황이라는 공통된 핵심 메시지를 소비자에게 전달하였다.

6.3 이 해

정보처리과정에서 주의의 다음 단계는 **이해**(comprehension) 단계이다. 이해는 유입된 정보의 내용을 조직화하고 그 의미를 해석하는 것으로 인지심리학(cognitive psychology)에서는 지각에 해당한다. **지각**(perception)은 개인이 자극물의 요소들을 통합하여 조직화하고 해석(interpretation)하는 과정이다. 지각은 지각적 조직화와 지각적 해석의 두 단계로 구성된다. 어떤 제품의 광고를 보고 난 후 그 제품에 대한 평가(혹은 태도)는 소비자들 간에 상당한 차이가 있을 수 있다. 혹은 어떤 판매원으로부터 제품에 대한 이야기를 들은 소비자들의 그 판매원과 제품에 대한 평가도 매우 다를 수 있다. 이처럼 동일한 자극에 노출된 경우 개인의 지각은 개인마다 다른데, 이는 지각적 조직화와 지각적 해석이 다르기 때문이다.

한 대상에 대한 다른 지각은 다른 태도와 행동을 유발하게 된다. 그러므로 마케터는 소비자의 지각과정을 이해함으로써 소비자가 자사제품에 대해 가급적 긍정적으로 지각하도록 정보를 제시할 필요가 있다. 이하에서는 소비자의 지각과정(perceptual process)을 구체적으로 설명한다.

1. 지각적 조직화

(1) 지각적 조직화와 Gestalt 심리학

사람들은 어떤 여인의 얼굴을 볼 때 순간적으로 '미인이다 혹은 아니다'라고 생각한다. 이는 그 여인의 눈, 코, 귀, 피부 등의 여러 부분적 요소들을 순간적으로 하나의 전체로서 지각하기 때문이다. 소비자가 어떤 제품에 관하여 갖는 이미지는 자신의 경험과 외부정보를 통합하여 전체적으로 그 제품에 부여하는 의미이다. 다시 말하면 브랜드의 물리적 특성, 소비 · 사용에 따른 편익, 가격, 유통경로, 광고 캠페인 등 그 제품과 관련된 모든 요소들이 그 제품에 대한 이미지를 결정짓는 것이다. 이처럼 **지각적 조직화**(perceptual organization)는 소비자가 정보처리 대상의 여러 요소들을 **통합**(integration)하는 메커니즘을 가리킨다.

통합의 원리를 연구하는 심리학 분야를 **Gestalt 심리학**이라고 한다. 'Gestalt'는 전체적인 형상(total configuration or whole pattern)의 의미를 지닌다. Gestalt 심리학은 20세기 초 독일에서 시작된 심리학의 한 사조로서 자극물을 구성하는 요소들을 개인이 어떻게 통합하는가를 연구한다. Gestalt 심리학자들은 전체(the whole)는 부분의 합(the sum of its parts)보다 더 크다고 보며, 사람들은 'good gestalt'를 갖기 위해 노력하는 것으로 본다. 즉, 사람들은 어떤 대상을 가급적 단순하고, 완전하고, 그리고 의미 있는 것으로 지각하며, 이 메커니즘은 무의식적으로 작용한다고 한다.

(2) 지각적 조직화의 원리

Gestalt 심리학의 가설을 토대로 하는 **지각적 조직화의 원리**에는 단순화, 완결, 집단화, 형상과 배경이 있다. 지각적 조직화의 원리는 주로 시각 자극에 대한 지각에 적용되며, 소비자의 흥미를 유발시킬 수 있기 때문에 광고에 많이 활용된다.

① 단순화

단순화(simplicity)는 개인이 자극의 요소들을 통합하여 전체로서 이해할 때 가급적 단순한 형태로 이해하는 경향을 말한다. 예를 들어, [그림 6.3] A의 여덟 개의 점을 보면 대부분의 사람들은 C와 같이 정사각형 두 개를 겹친 것으로 보지 않고 B

그림 6.3 단순화의 예

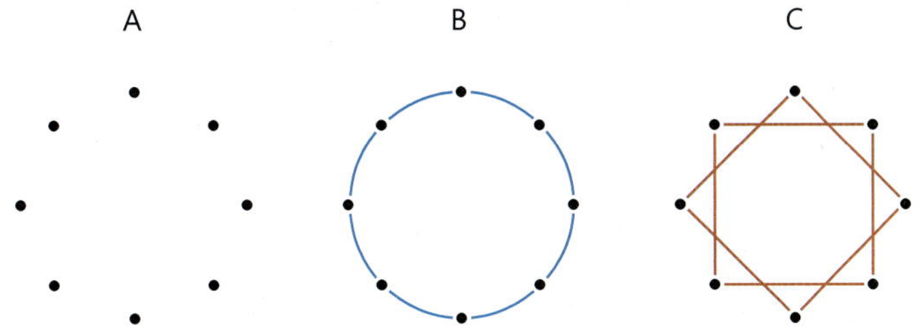

그림 6.4 완결성의 예

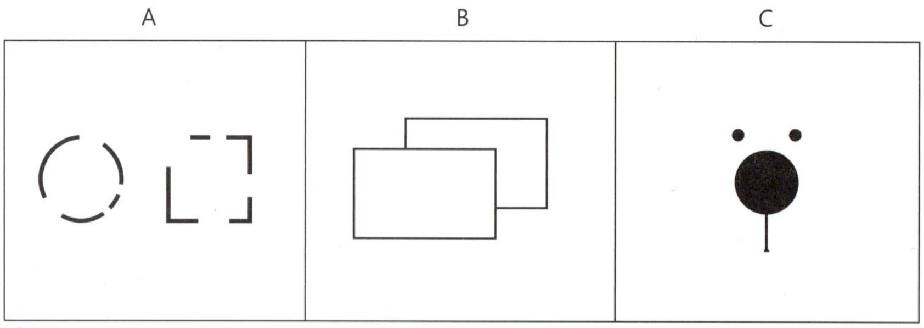

와 같이 원을 나타내는 것으로 지각한다.

② 완 결

완결(closure)은 자극이 불완전할 때 불완전한 부분을 완전하게 메워서 가급적 완전한 전체(a complete picture)로서 지각하는 경향을 말한다. [그림 6.4]는 완결성의 원리를 보여주는데 사람들은 A의 경우 끊긴 부분을 메워서 원과 사각형의 이미지로 지각하고, B의 경우 가린 부분을 메워서 두 개의 사각형이 겹쳐진 것으로 생각하는 것이다. C의 경우 단순한 점과 선으로 제시된 이미지의 빈 공간을 자동적으로 채워넣어 전체 이미지를 흰 눈을 배경으로 한 흰곰 이미지로 지각한다. 이러한 개인의 심리가 존재하기 때문에 마케터는 때로는 고의로 불완전한 자극을 제공함으로써 소비자로 하여금 완결의 과정을 겪도록 하고, 이에 따라 그 자극을 기억 속에 각인시킬 수 있다.

완결성을 이용한 광고: 코로나19(COVID-19)로 인해 대면접촉이 제한되었던 당시의 기네스(Guinness) 맥주 광고. 검은 배경 상단에는 소파가, 중간에는 기네스 상표가, 아래에는 "집에 머무르세요(Stay at home)"라는 메시지가 독립적으로 배치되어 있다. 개별적인 광고의 요소는 코로나 시대에 집의 소파에서 기네스 맥주를 즐기라는 메시지를 전달한다. 다른 한편, 이 광고를 보는 소비자는 다른 세 독립적인 정보를 하나의 완결된 형태로 지각해 기네스 맥주잔에 담겨 있는 맥주거품 가득한 흑맥주의 이미지를 자연스럽게 보게 된다.

이러한 예로, 씨리얼 제조회사 Kellogg는 입간판 광고를 할 때 기업명을 오른쪽에 위치시키면서 맨 뒤의 'g'를 빠뜨림으로써 소비자의 주의를 끌고 소비자로 하여금 자사의 기업명을 한 번 더 되새기도록 하였다. Reynolds회사는 Salem 담배의 TV 광고에서 처음에는 "You can take Salem out of the country, but you can't take the country out of Salem"이

그림 6.5 집단화의 예

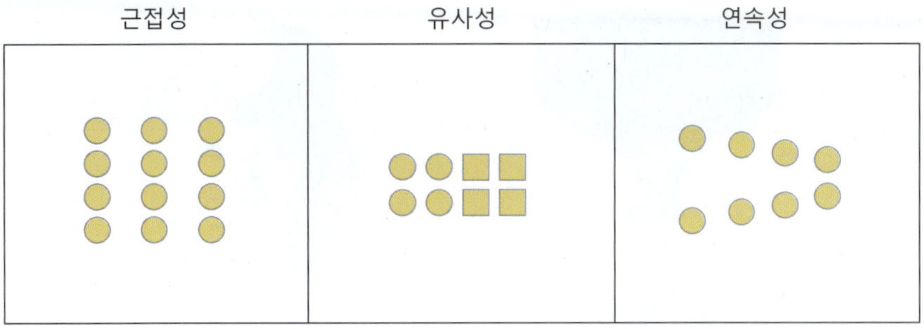

라고 반복하여 소비자들의 기억 속에 강하게 부각시켰다가, 나중에는 ... but 까지만 제시함으로써 상당한 광고효과를 얻었다. 한 연구에서는 완전한 광고와 불완전한 광고가 광고회상에 미치는 영향을 비교하였는데, 실험 결과 불완전한 광고가 완전한 광고보다 34%의 높은 회상을 가져왔다.[13]

③ 집단화

집단화(grouping)는 여러 요소들을 분리된 단위들이 아닌 청크(chunk, 묶음)로서 지각하는 것을 말한다. 집단화의 원리에는 근접성, 유사성, 그리고 연속성이 있는데 이는 [그림 6.5]에 나타나 있다. **근접성**(proximity)은 한 요소가 가장 가까운 다른 요소와 관련지어 지각되는 것을 말한다. 맨 왼쪽에 있는 12개의 원들을 볼 때 대부분의 사람들은 4행의 세 원들보다는 3열의 네 원들로 지각한다. **유사성**(similarity)은 자극의 요소들 중 유사한 것끼리 연결하여 지각하는 경향이다. 예를 들면 가운데 그림을 볼 때 많은 사람들은 한 세트의 정사각형 네 개와 한 세트의 원 네 개로 지각한다. **연속성**(continuity)은 자극의 요소들을 분리하여 단속적으로 지각하지 않고 연속적으로 지각하는 것을 말한다. 예를 들어, 오른쪽 그림을 볼 때 대부분의 사람들은 원이 4열종대가 아닌, 원들이 오른쪽으로 가면서 모이는 형태로 지각한다.

집단화에 의한 지각: Absolut 보드카의 도시 시리즈 광고 중 보스턴(Boston) 편은 바다에 떠 있는 보드카 박스들을 보여준다. 이 이미지는 과도한 세금에 대한 불만으로 차(tea) 상자를 바다에 던져버린 보스턴 차 사건을 떠올리게 한다. 이 광고는 바다에 떠있는 박스들이 Absolut 병모양으로 지각되는 집단화 원리를 이용했다.

그림 6.6 형상과 배경

④ 형상과 배경

사람들은 한 대상을 이해할 때 그 대상을 주된 부분과 부수적 부분의 두 가지의 요소로 조직화하는 경향이 있다. 첫째는 **형상**(figure)인데 이는 자극에서 주된 요소로 받아들이는 부분이다. 둘째는 **배경**(ground)인데 이는 부수적 요소로 지각하는 부분이다. [그림 6.6]의 왼쪽 그림을 볼 때 검은 부분을 형상으로, 흰 부분을 배경으로 생각하면 이를 와인 글래스로 지각한다. 마주하는 두 사람의 얼굴로 보는 경우에는 흰 부분이 형상이 된다. 오른쪽 그림도 어느 부분을 형상과 배경으로 여겨지는지에 따라 여인의 얼굴이나 색소폰을 연주하는 사람으로 지각된다. 형상과 배경도 소비자의 흥미를 이끌어 내기 때문에, 광고의 시각 메시지 전달에 이용되기도 한다.

형상과 배경을 활용한 광고: 호주 멜버른(Melbourne)의 Food & Wine 축제의 포스터는 형상과 배경을 활용하였다. 광고의 어느 부분이 형상이나 배경으로 지각되는지에 따라, 광고의 이미지는 포크로 지각될 수 있고, 와인병으로 지각될 수도 있다.

제품 광고에서 모델이 표적소비자에게 매우 인기있는 연예인이면 소비자가 그 연예인의 모습에만 주시하고 브랜드명이나 제품정보를 그대로 지나칠 수 있다. 이는 너무 두드러진 모델을 이용하는 경우 발생할 수 있는 문제로서 배경으로 지각되어야 할 요소가 형상으로 지각되는 것이다. 광고를 기획하는 경우 이 점을 유의해야 한다.

2. 지각적 해석

소비자가 자극의 요소들을 조직화하게 되면 그 자극을 해석하게 된다. 여기서 유의할 점은 비록 지각적 조직화 다음에 **지각적 해석**(perceptual interpretation)을 한다고 하지만 이 두 가지는 동시에 일어난다고 할 만큼 순간적으로 이루어진다는 것이다. 지각적 해석에는 유입정보와 아울러 장기기억 속에 저장되어 있던 관련정보(지식)가 인출되어 작용한다. 예를 들어, 소비자가 LG전자 신제품 노트북 컴퓨터 광고에 노출되어 정보를 처리할 때 LG전자, 노트북 컴퓨터, LG전자 노트북 컴퓨터 등과 같은 관련정보가 활성화되어 해석에 사용된다. 지각적 해석에는 지각적 범주화와 지각적 추론의 두 가지 기본원리가 적용된다.

(1) 지각적 범주화

지각적 범주화(perceptual categorization)는 소비자가 기억 속에 가지고 있는 범주(category)와 관련된 지식을 이용해 새로운 마케팅자극을 이해하는 과정을 의미한다. **제품범주**(product category)는 유사한 대안들로 구성되어 있다. 예를 들어, 스마트폰 범주에는 애플, 삼성 브랜드의 스마트폰 제품들이 포함된다. 소비자의 범주지식은 장기기억에 저장된 연산망(network)으로 이루어진 스키마(schema)의 한 종류이다. 범주지식은 수직적으로 **계층적 범주구조**(hierarchical category structure)로 조직되어 있다. 계층적 구조는 상위의 포괄적이고 추상적인 범주에서 하위의 제한적이고 구체적인 범주까지 수직적 단계로 이루어져 있다. 계층적 범주구조는 제품뿐만 아니라 일상생활에 다양하게 존재한다. 예를 들어, 동물(animal)은 절지동물, 연체동물, 척추동물로 분류되고, 척추동물은 다시 조류, 어류, 포유류 등으로 분류된다. [그림 6.7]은 PC 제품군의 계층적 범주구조의 예를 보여준다. 가장 상위에 PC 제품군 범주가 있으며, 그 하위에 노트북 PC와 데스크탑 PC의 제품유형 범주가 있다. 노트북 PC 제품유형에는 삼성, LG, 애플과 같은 브랜드 하위 범주가 있으며, 가장 하위 수준에는 제품모델이 있다.

범주지식 구조의 수평적(horizontal) 특징은 범주를 구성하는 대안들의 전형성이다. **전형성**(prototypicality or typicality)은 범주의 구성원이 해당하는 범주를 대표하는 정도를 의미한다. 예를 들어, [그림 6.7]에서 노트북 PC 제품유형의 경우 삼성, LG, 애플과 같은 다양한 브랜드가 속해 있으며, 이들의 전형성은 동일하지 않다. 세계 시장에서 McDonald's, Kleenex, Coca Cola는 각각 햄버거, 화장지, 청량

그림 6.7 PC 제품군의 계층적 범주구조의 예

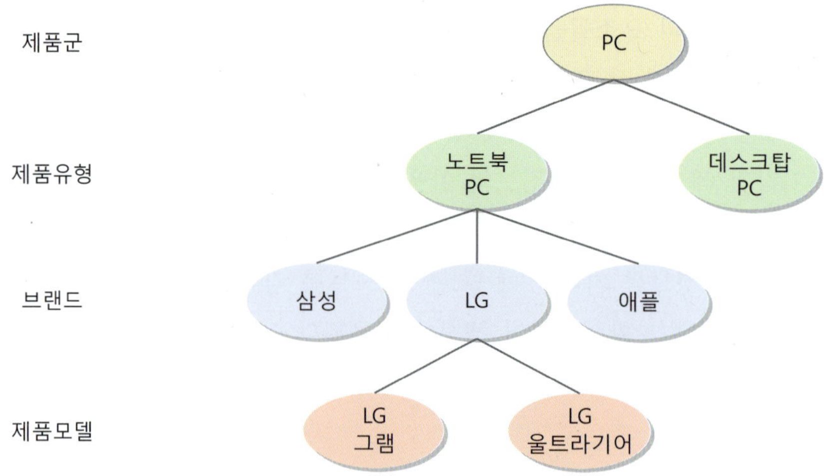

음료의 제품군에서 전형성이 가장 높은 브랜드이다. 전형성이 높은 브랜드는 주로 시장선도 기업이며, 소비자의 브랜드태도가 긍정적이고 기억에서 쉽게 인출되는 경향이 있다.

지각적 범주화는 새로운 마케팅자극에 대한 이해를 적은 노력으로 효과적으로 할 수 있게 해준다. 예를 들어, 애플에서 새로운 스마트폰 제품이 출시된 경우, 소비자는 스마트폰 범주에 대한 기존 지식을 이용하여 신제품의 기능에 대한 이해를 쉽게 할 수 있다. 반대로 관련된 범주지식이 없는 경우 제품에 대한 이해가 더 어렵다. 예를 들어, 애플이 아이패드(iPad)를 처음 출시했을 때, 소비자들은 태블릿 PC 범주에 대한 지식을 가지고 있지 않았다. 그 당시 노트북 PC나 스마트폰은 이미 대중화되어 사람들이 충분한 지식을 가지고 있었으나, 아이패드는 처음 대중에게 소개된 태블릿 PC였다. 사람들은 당시 자신이 가지고 있던 스마트폰이나 노트북 PC 범주지식을 이용해 아이패드가 어떤 제품인지 이해하려고 노력했기 때문에 제품에 대한 이해에 어려움을 겪었다. 어떤 소비자들은 스마트폰 범주에 근거해 아이패드를 화면크기가 큰 아이폰으로 이해했으며, 노트북 PC 범주에 따른 이해를 한 소비자들은 노트북의 한 종류로 이해하였다.[14] 신제품은 혁신성이 강할수록 소비자가 그 제품을 범주화시키는 데 보다 오랜 시간이 걸리며, 아이패드의 경우 소비자가 태블릿 PC라는 범주지식을 가지게 된 것은 어느 정도 시간이 흐른 뒤였다.

지각적 범주화는 어떤 제품과 경쟁을 할지 여부에도 영향을 준다. 예를 들어,

그림 6.8 7UP의 지각적 재범주화

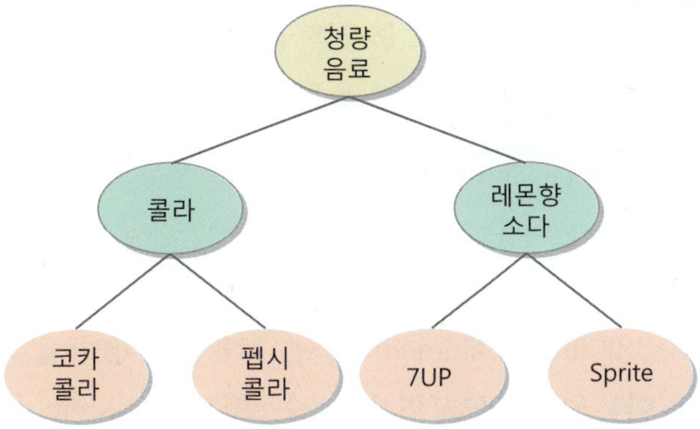

와인쿨러가 미국시장에 처음으로 출현했을 때 와인, 맥주, 그리고 청량음료 등의 제조업체들은 장기적으로 자신들에게 와인쿨러가 영향을 미칠 것을 염려하였다. 와인쿨러는 흰 와인과 감귤류 주스(citric juices)를 대체로 반반씩 혼합한 것으로 5~6%의 알코올 도수를 가졌는데, 소비자들은 이를 와인으로 볼 수도 있고 맥주의 대체품으로 생각할 수도 있고 혹은 청량음료로 여길 수도 있었기 때문이다.

지각적 재범주화(perceptual recategorization)란 소비자가 제품을 기존의 제품범주가 아닌 다른 제품범주로 지각하도록 범주구조를 변화시키는 것을 의미한다. 마케터는 자사의 브랜드가 바람직하게 범주화되지 않았다고 판단하면 재범주화를 시도할 수 있다. 예를 들어, 7UP의 경우 출시 초기에 소비자들은 이 제품을 보드카와 같은 강한 술을 칵테일로 만들어 마실 때 사용하는 믹서(mixer)로 지각하였다. 이에 따라 당연히 매출이 부진할 수밖에 없었다. 이에 7UP은 Uncola 캠페인을 벌였다. 콜라는 아니지만 청량음료로서 콜라를 대신할 수 있는 제품으로 7UP을 새롭게 포지션하였다. 이 캠페인은 크게 성공하여 많은 소비자들이 콜라 대신 7UP을 마심으로써 매출이 크게 신장하였다. Uncola 캠페인의 성공요인은 지각적 재범주화를 통해 소비자의 7UP에 대한 범주지식을 변화시킬 수 있었기 때문이

7UP의 Uncola 캠페인: 7UP의 Uncola 캠페인은 이 제품이 콜라와 유사하나 대안이 될 수 있다는 메시지를 전달해서 7UP에 대한 소비자의 범주구조를 성공적으로 바꿀 수 있었다.

다. 소비자는 7UP이 코카콜라나 펩시콜라와는 유사하지만 대체되는 제품범주에 속한다고 지각하였으며, [그림 6.8]과 같은 범주구조를 가지게 되었다.

(2) 지각적 추론

지각적 추론(perceptual inference)은 대상의 속성을 평가할 때 직접적인 평가를 하지 않고 다른 정보를 이용해 추리하는 것을 말한다. 이때 추론의 방향은 소비자가 가지고 있는 지식이나 신념에 의해 결정된다. 소비자는 제품 품질을 평가할 충분한 정보를 갖고 있지 못한 경우 가격이 높을수록 품질이 더 좋은 것으로 생각하는 경향이 있는데, 이는 **가격-품질 연상**(price-quality association)에 의한 지각적 추론이다. 소비자들은 가격이 높은 제품은 대체로 품질이 좋다는 믿음을 가지고 있으며, 이에 따라 가격이 높을수록 품질이 좋을 것이라는 기대(expectation)가 형성되기 때문이다. 이러한 소비자들의 심리 때문에 경우에 따라 기업은 자사의 가격이 높다는 것을 강조하기도 한다. 예를 들어, 딤채의 인쇄광고는 "조금 비싸도 딤채로 사기로 했습니다"라는 메시지를 제시한다.

소비자는 또한 광고를 많이 하는 브랜드의 품질을 더 높게 추론하는 경향이 있다. 이러한 현상에 대한 한 가지 이유는, 사람들은 노력을 많이 할수록 성공할 가능성이 높을 것으로 생각하는 경향이 있는데, 광고의 양을 노력의 지표로 받아들이기 때문이다. 품질보증(warranties) 기간도 품질 시그널로 작용할 수 있다. 소비자들은 품질이 좋지 않으면 그러한 보증을 하지 않을 것으로 생각하기 때문이다. 현대자동차가 미국 시장에서 품질보증기간을 경쟁기업들보다 길게 한 것이 성공의 한 이유라고 할 수 있다.

이와 같이 어떤 한 요소로부터 다른 요소를 추리하여 소비자가 갖는 신념을 **추론적 신념**(inferential beliefs)이라고 한다. 품질에 대한 추론적 신념을 가져올 수 있는 단서(cue)로는 가격, 광고, 보증기간 이외에도 패키지, 브랜드명, 제조회사, 판매점포, 제조국가, 시장점유율 등이 있다.

추론적 신념: 제품의 인기나 시장점유율도 추론적 신념의 단서로 자주 사용된다.

소비자행동 Highlight

가격-품질 연상은 제품속성정보가 주어진 경우에도 작용할 수 있는가?

- 해석수준이론적 접근 -

해석수준이론(construal level theory)은 사람들은 특정 대상/사건(event)과의 심리적 거리(psychological distance)의 정도에 따라 그 대상/사건에 대해 다른 심적 표상(mental representation)을 형성하는 것으로 제안한다. 이 이론은 심리적 거리를 시간적 거리(temporal distance), 사회적 거리(social distance), 공간적 거리(spatial distance), 그리고 가상적 거리(hypothetical distance)의 네 가지로 구분한다. 각각의 심리적 거리는 자신과 다른 대상/사건 간의 거리가 시간적으로(내일 vs. 1년 후), 사회적으로(가족 vs. 전혀 알지 못하는 제3자), 공간적으로(한국 vs. 미국), 혹은 가상적으로(실제 사건 vs. 가상 사건) 얼마나 가까운가 혹은 먼가를 의미한다.

그리하여 대상/사건이 심리적으로 거리가 멀수록 추상적, 일반적 스키마에 의존하는 **상위수준의 해석**(high-level construal)이 발생하고, 가까울수록 구체적, 특정 스키마에 의존하는 **하위수준의 해석**(low-level construal)이 발생한다는 것이다. 예를 들어, 결혼 일자는 물론 결혼 상대가 정해지지 않은 사람에게(시간적 거리가 멈) "결혼이라고 하면 무엇이 생각나는가?"라고 물으면 '두 사람의 결합,' '지금까지와는 전혀 다른 일상생활' 같은 추상적 생각을 하지만, 결혼 일자와 장소가 정해진 사람에게(시간적 거리가 가까움) 동일한 질문을 하면 '누구를 초대할 것인가,' '어떤 음식을 제공할 것인가'와 같은 보다 구체적 생각을 하는 것이다.

가격-품질 연상(price-quality association)에 관하여 여러 연구자들이 소비자에게 제품속성정보를 제공했을 때도 가격이 품질 평가에 상당한 영향을 미치는지를 연구하였다. 이 분야의 연구들 중 일부에서는 제품속성정보가 주어져도 소비자는 품질추론시 가격에 의존하는 것으로 나타났으나, 다른 연구들에서는 가격에 의존하지 않는 것으로 나타났다. 이러한 혼재된 연구 결과를 Yan and Sengupta는 해석수준이론으로 설명하고자 하였다. 그들은 소비자는 가격을 품질의 신호로 받아들일 수도 있고 혹은 화폐적 희생(하나의 속성)의 의미로 받아들일 수도 있는데, 심리적 거리가 멀수록 가격에 대해 추상적 표상이 형성되어 가격을 품질의 신호로 받아들이고 가까울수록 구체적 표상이 형성되어 금전적 희생으로 받아들이는 것으로 제안하였다. 그들의 연구에서는 품질추론시 심리적 거리가 먼 경우(예를 들어, 제품을 몇 달 후에 구매) 가격을 품질의 신호로 받아들여 가격 의존도가 높아지지만 심리적 거리가 가까운 경우(점포 내에서 제품을 곧 구매하려고 함) 가격 의존도가 낮아지고 속성 의존도가 높아지는 것으로 나타났다.

이학식, 박지은, 윤나라의 연구에서는 Yan and Sengupta의 연구를 확장하여 가격-품질 관계에 대한 심리적 거리의 조절효과(moderating effect)를 제품지식이 2차 조절하는지를 조사하였다. 이 연구에서는 가격-품질 관계에 대한 심리적 거리의 조절효과는 소비자가 제품지식을 적게 가진 경우에만 나타났다. 즉, 제품지식을 적게 가진 소비자는 품질추론시 심리적 거리가 먼 경우 가격에 의존하지만 제품지식을 많이 가진 소비자는 심리적 거리와 상관없이 속성에 의존하는 것으로 나타났다.

자료원: Yan, Dengfeng and Jaideep Sengupta (2011), "Effects of Construal Level on the Price-Quality Relationship," *Journal of Consumer Research*, 38 (2), 376-389; 이학식, 박지은, 윤나라 (2014), "가격-품질 관계에 대한 심리적 거리와 제품지식의 조절적 영향," *마케팅연구*, 29 (1), 197-225.

3. 이해에 대한 개인적 요인의 영향

6.2에서는 주의에 영향을 미치는 요인을 개인적 요인과 자극적 요인으로 구분하여 서술하였다. 이와 유사하게 이해에 대한 영향요인도 개인적 요인과 자극적 요인으로 나누어 서술한다. 동일한 정보에 노출되었을 때 개인마다 다르게 이해하는 것은 개인적 요인이 이해에 상당한 영향을 미칠 수 있기 때문이다. 이해에 대한 개인적 영향요인은 다음과 같다.

(1) 동 기

소비자의 **동기**(motivation)는 주의에 영향을 미치는 것과 마찬가지로 이해에 영향을 미칠 수 있다. 소비자는 자극물에 노출된 시점의 동기가 무엇인가에 따라 그 자극물을 달리 이해할 수 있다. 예를 들어, 한 연구에서 식사 후 경과한 시간이 서로 다른 여러 사람들에게 애매모호한 그림을 제시하였을 때, 식사 이후 경과한 시간이 길수록 그 그림을 음식과 관련된 것으로 지각하는 경향이 높은 것으로 나타났다. 또한 노출된 광고자극에 대해 높게 관여되어 정보처리 동기가 강할수록 그 광고 메시지를 깊게 생각하는 경향이 있으며 그렇지 않은 경우에 비하여 이해는 다를 수 있다(제9장 정교화가능성 모델 참조).

(2) 지 식

소비자는 노출된 정보에 더 많은 **지식**(knowledge)을 가질수록 그 정보를 보다 정확하게 이해한다. 예를 들어, PC나 카메라와 같이 제품 평가를 위하여 어느 정도의 제품지식이 필요한 경우, 제품지식이 많은 소비자는 제품속성 정보에 근거해 제품의 품질이나 가치를 올바르게 평가할 수 있다. 또한 소비자가 제품 광고에 노출되어 그 자극을 이해할 때 그 제품에 대해 많은 지식을 가진 소비자는 메시지 주장에 대해 깊게 생각하는 반면 그렇지 않은 소비자는 배경적 요소에 보다 집중하는 경향이 있다.

(3) 기 대

대상에 대한 **기대**(expectation)는 자극에 대한 이해에 영향을 미친다. 예를 들어, [그림 6.9]의 자극물은 숫자 13이나 알파벳 B로 지각될 수 있다. 만약 그 자극에 앞서 숫자가 제시되었다면 또 다른 숫자가 있을 것으로 기대하기 때문에 이를 13으로 지각하는 경향이 있다. 그러나 이전에 다른 알파벳이 제시되었다면, 동일한 자극을 B로 지각하기 쉽다. 다른 예로, 맥주 맛 테스트를 할 때 어떤 브랜드인지 알고 있는 레이블드 테스트(labeled test)를 하면 유명브랜드의 맥주 맛이 우수하다고 평가하는 경향이 있다. 이는 유명브랜드는 맛이 우수할 것이라는 기대를 가지며 **동화효과**(assimilation effect)가 발생하여 평가가 그 기대에 동화되기 때문이다. 따라서 객관적인 맛 테스트는 브랜드, 가격 등으로 인한 기대효과를 없애기 위해 블라인드 테스트로 이루어진다.

그림 6.9 기대와 이해

4. 이해에 대한 자극적 요인의 영향: 마케팅 시사점

소비자에게 자극을 제공하는 방식에 따라 소비자의 이해는 달라질 수 있다. 이는 기업이 제공하는 마케팅자극을 변화시킴으로써 자사제품에 대한 소비자의 지각을 변화시킬 수 있음을 시사한다. 이하에서는 자극의 변화가 이해에 미치는 영향을 설명한다.

(1) 감각적 요소

동일한 자극물이라도 색깔이나 냄새 등 **감각적 요소**(sensory factors)에 따라 소비자의 지각은 달라질 수 있다. 예를 들어, 커피 병의 레이블(label)을 연한 갈색으로 하는 경우보다 짙은 갈색으로 하는 경우, 소비자는 커피 맛이 더 강하다고 생각할 수 있다. P&G는 세제 Cheer를 출시했을 때 판매가 부진하였으나 세제의 색깔을 깨끗함을 연상시키는 파란색으로 변경시키자 매출이 상당히 신장되었다.[15] 패스트푸드 판매점은 오렌지, 노랑 등 자극적 색깔을 사용하여 고객들의 활동을 촉진시키고자 한다. 반대로 칵테일 바는 깊고 부드러운 색깔을 사용하여 고객들이 편안하게 느껴 장시간 머무르게 한다. 감각적 요소를 활용하는 감각마케팅(sensory marketing)은 널리 사용되며, 더 구체적인 내용은 본 절의 후반부 '6. 감각마케팅'에서 다룬다.

(2) 프레이밍효과

제4장에서 다루었듯이 동일한 정보가 다른 방법으로 제시될 수 있을 때, 정보제시방법이 지각이나 의사결정에 영향을 미칠 수 있으며, 이를 **프레이밍효과**(framing effect)라 한다. 예를 들어, 식품의 지방 함량에 대한 정보를 '10% 지방(10% fat)'으로도 표시할 수도 있고 '90% 무지방(90% fat-free)'으로 표시할 수도 있다. 동일한 성공확률을 '95% 성공확률'이나 '5% 실패확률'로 제시할 수 있다. 동일한 제품정보가 부정적인 측면보다 긍정적인 측면으로 표현될 때 대상에 대해 더 긍정적인 평가를 하는 경향이 있으며, 이를 **속성 프레이밍효과**(attribute framing effect)라 한다. 예를 들어, Levin and Gaeth의 연구에 따르면 동일한 소고기를 살코기 75%라고 제시한 경우와 지방 25%라고 제시한 경우에, 살코기 75%라고 동일 속성을 긍정적으로 제시한 경우에 품질이나 맛에 대한 지각이 더 긍정적이었다.[16]

PAD 전략: '하루 15센트' 같이 짧은 시간단위의 작은 금액으로 비용을 제시함으로써 구매의도를 높이는 프레이밍을 PAD 전략이라 하며, 오래전부터 사용된 가격제시 전략이다.

프레이밍효과는 동일한 가격이나 판매촉진에 대한 정보가 다른 방식으로 제시될 때도 나타날 수 있다. 예를 들어, 동일한 비용에 대한 소비자의 선호는 시간에 따른 프레이밍에 따라 달라질 수 있다. 기부참여를 홍보할 때 '하루에 850원' 기부와 같이 일(day)단위로 제시할 수도 있고 '1년에 30만원' 기부와 같이 연(year)단위로 제시할 수도 있다. '하루에 850원'의 실제 비용은 더 높음에도 불구하고 사람들이 기부에 참여하려는 의도는 더 높았다. 제시되는 금액이 손실이 아닌 일상적인 지출로 지각되는 경우, 짧은 시간단위로 제시된 가격을 선호하며 이를 PAD(pennies-a-day: 하루 1센트) 효과라고도 한다.[17]

(3) 대조효과

배경이나 최근에 접한 정보와 반대되는 방향으로 자극이 지각되는 현상을 **대조효과**(contrast effect)라고 한다. 대조효과는 감각(sensory) 지각에서 주로 나타난다. 오른손은 찬 물에 왼손은 뜨거운 물에 담그고 있다가 양 손을 미지근한 물에 담그면 대조효과로 인해 오른손은 따뜻하게 왼손은 차갑게 온도를 느끼게 된다. [그림 6.10]은 대조효과가 자극의 크기 지각에 미치는 영향을 보여준다. A 그림에서 보듯이 대조효과로 인해 더 작은 원을 배경으로 하는 좌측의 원이 더 큰 원을 배경으로 하는 우측의 원보다 더 크게 지각되며, 이러한 현상을 Delboeuf 착시라고 한다. [그림 6.10]의 B 그림에서 두 접시에 담긴 음식 양은 동일하다. 그러나 접시의 크기에 따라 양이 달라 보이며, 큰 접시에 담긴 음식의 양이 더 적어 보인다. Van Ittersum and Wansink의 연구에 따르면 음식을 담는 그릇이 클수록 대조효과에 의해 양이 적어 보여서 음식을 더 많이 담는 경향이 있는 것으로 나타났다.[18] 따라서 체중조절을 원하는 경우 작은 크기의 그릇을 사용하는 것이 도움이 될 수 있다.

대조효과는 소비자의 가격과 같은 제품속성 지각에도 빈번하게 나타난다. 예를 들어, 고급 승용차의 높은 가격을 먼저 본 후에는 쏘나타의 가격이 상대적으로 저렴

그림 6.10 대조효과

소비자행동 Highlight

미녀삼총사 효과

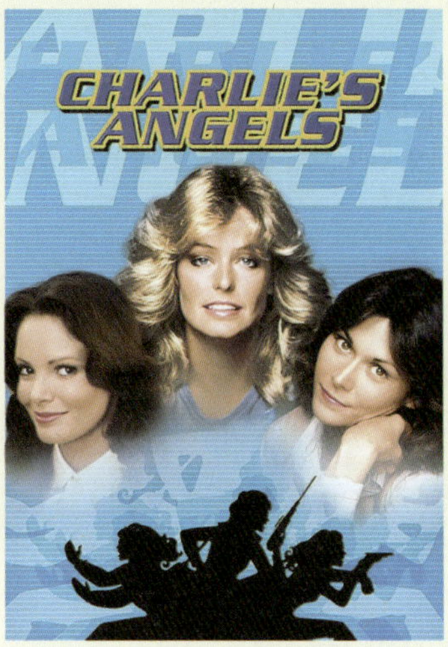

Kenrick and Gutierres의 연구는 신체적 매력 평가에 나타나는 대조효과를 보여주었다. 그들은 남자 대학생들을 실험집단과 통제집단으로 나누고 실험집단에는 미녀 배우들이 출연하는 TV 드라마 미녀삼총사(원제는 Charlie's Angels)를 보여주고 통제집단에는 그 프로그램을 보여주지 않았다. 다음으로 소개팅 대상으로 가정하고 평균 정도의 매력도를 지닌 여성의 사진을 보여주고 매력도를 평가하도록 하였다. 그 결과 실험집단의 대학생들은 통제집단의 대학생들보다 상대방 여성을 덜 매력적인 것으로 평가하였다. 이러한 현상은 미녀삼총사 효과(Charlie's Angels effect)라고도 불린다.

자료원: Kenrick, Douglas T. and Sara E. Gutierres (1980), "Contrast Effects and Judgments of Physical Attractiveness: When Beauty Becomes a Social Problem," *Journal of Personality and Social Psychology*, 38 (1), 131-140.

하게 느껴지나, 반대로 저가의 승용차를 본 후에는 쏘나타의 가격이 높다고 지각될 수 있다. 백화점 1층에는 주로 명품, 귀금속, 화장품과 같이 가격이 높은 제품들이 판매된다. 백화점에 들어선 고객이 단위가격이 비싼 제품에 노출된 경우, 대조효과로 인해 다른 층에서 판매되는 제품을 상대적으로 저렴하게 지각할 수 있다.

(4) 순서효과

동일한 내용이라도 그 내용의 순서를 달리함으로써 개인은 다르게 이해할 수 있다. 예를 들어, 'A는 친절하고 성실하나 자기과시욕이 강하고 의지가 약하다'와 같이 긍정적인 면을 먼저 들은 경우와 'A는 의지가 약하고 자기과시욕이 강하나 성실하고 친절하다'와 같이 부정적인 면을 먼저 들은 경우, 우리는 A를 동일하게 지각할까? 독자는 두 가지 표현의 차이에 따라 A에 대한 인상이 다를 수 있음을 알 수 있을 것이다.

순서효과(order effects)에는 두 가지가 있다. 첫째는 **초기효과**(primacy effect)로서 처음에 제시된 정보에 많은 비중을 두어 지각하는 것이다. 둘째는 **최근효과**(recency effect)로서 자극의 내용들이 차례로 제시된 경우 마지막에 제시된 정보에 비중을 많이 두어 지각하는 것이다. 이 분야의 연구에 따르면 자극물에 대한 태도형성에는 초기효과가 크게 작용한다. 즉, A라는 사람에 대한 평가는 긍정적 면을 먼저 접한 경우에 더 긍정적이다. 그러므로 여러 개의 정보를 차례로 제시하는 경우 자사 브랜드의 호의적 태도 형성에 매우 중요한 정보는 처음에 제시하는 것이 더 바람직하다. 정보의 기억(회상)에는 초기효과와 최근효과 모두 존재한다. 처음 제시된 정보에는 많은 주의를 기울이기 때문에, 그리고 나중에 제시된 정보는 회상 시점에서 볼 때 시간적으로 가깝기 때문에 중간에 제시된 정보보다 기억이 더 용이하다. 따라서 TV광고와 같이 여러 개의 광고가 연속적으로 나오는 경우, 맨 처음이나 맨 마지막 위치가 소비자의 기억에는 더 유리하다. 기억의 초기효과와 최근효과는 제7장에서 추가적으로 설명한다.

5. 이해와 오해

마케터는 전달하는 정보를 자신의 의도대로 소비자가 정확히 이해해 주기를 바란다. 그러나 현실적으로 소비자들은 유입된 정보를 이해할 때 마케터가 원하는 방식으로 이해하지 않는 경우가 얼마든지 있다.[19] **오해**(miscomprehension)는 소비자의 정보처리 동기(motivation), 정보처리 능력(ability), 그리고 정보처리 기회(opportunity)에 영향을 받을 수 있다. 구체적으로, 소비자는 관여도가 낮아 정보처리 동기가 낮을 때 정보를 제대로 이해하지 못할 가능성이 높다. 이는 동기가 낮으므로 정보처리를 할 수 있도록 충분한 인지적 자원(cognitive resources)을 그 정보에 할당하지 않기 때문이다.

다음으로 정보처리 능력(혹은 지식)이 적은 경우 정보를 옳게 이해하지 못할 수 있다. 그러므로 마케터는 표적소비자의 정보처리 능력을 고려하여 정보를 구성해야 할 것이다. 끝으로, 충분한 기회 혹은 시간이 주어지지 않은 경우 정보를 옳게 이해하지 못할 수 있다. 이는 방송광고의 경우 전달하고자 하는 메시지를 천천히 그리고 반복적으로 제시함으로써 해결할 수 있다. 인쇄광고의 경우 보다 구체적인 정보를 제시함으로써 해결할 수 있다.

6. 감각마케팅

감각마케팅(sensory marketing) 혹은 **오감마케팅**은 다섯 가지 지각(감각)요소인 시각, 청각, 후각, 촉각, 미각에 호소하여 소비자의 긍정적인 반응과 구매를 유도하는 전략이다.[20] 〈표 6.1〉은 다섯 가지 감각과 관련된 자극의 예를 보여준다. 감각을 활용한 마케팅은 광고나 온라인 상점과 같은 비접촉 매체환경에서 많이 사용되지만, 오프라인 매장과 같이 실제 소비자가 제품이나 구매환경을 실제 접촉하는 상황에서 더 효과적으로 활용될 수 있다. 예를 들어, TV나 온라인광고 환경의 경우, 시각정보는 사진, 이미지, 영상 등을 이용한 저장과 전달이 용이하며, 청각정보도 녹음이나 동영상을 이용하여 전달할 수 있다. 이에 비해 후각, 촉각, 미각적 요소는 많이 이용되지 않는데 이 요소들은 정보의 저장이나 전달이 쉽지 않기 때문이다. 그러나 점포 내부에서는 현장에서 풍부한 양의 오감 정보를 제공함으로써 소비자의 오감을 자극할 수 있다. 예를 들어, 광고에 보이는 의류제품의 재질은 시각적 이미지로 상상할 수밖에 없지만, 점포에서는 제품을 직접 만져보고 구매를 결정할 수 있다. 음식의 경우도 유사하게 소비자는 오프라인 매장에서는 시식을 통해 맛을 경험하고 구매결정을 내릴 수 있다.

(1) 시 각

① 매장색조

점포 내부의 전반적인 **색조**(color tone)는 소비자의 생체적, 심리적 반응에 영향을 미친다. 빨강, 오렌지, 노랑과 같은 붉은 계열의 색과 파랑, 녹색과 같은 푸른 계열의 색은 소비자에게 미치는 영향이 다른 것으로 나타났다.[21] 붉은 계열의 색은 소비자의 긴장감, 환기수준, 식욕을 높이는 반면, 유쾌하지 않은 느낌도 갖게 하는

표 6.1 감각유형과 감각자극의 예

감각	자극의 예
시각	매장과 제품의 색조와 밝기, 제품 디자인
청각	음악의 빠르기(템포), 소리의 크기, 배경음악의 종류
후각	매장의 향기, 제품 향기
촉각	제품의 재질, 촉감
미각	시식

매장 색조: 붉은 계열의 색은 회전율이 중요한 패스트푸드 점포에서 주로 사용된다. 푸른 계열의 색은 소비자가 차분하게 제품정보를 살펴볼 수 있는 환경을 제공한다는 점에서 가전제품 매장에서 주로 사용된다.

것으로 나타났다. 따라서 붉은 색조는 식욕과 환기수준을 높여 소비자로 하여금 음식을 더 빨리 먹도록 유도한다는 점에서, 회전율이 중요한 패스트푸드 점포의 인테리어와 가구에 주로 사용된다. 푸른 계열의 색조는 침착하고 차가운 이미지를 주며, 소비자는 더 편안한 느낌을 가진다. 푸른색 환경에서 소비자는 더 많은 제품정보를 탐색하고 더 많은 구매를 하는 것으로 나타났다.

② 제품의 색상

색상(hue)은 고유의 연상되는 이미지를 가지고 있다.[22] 따라서 제품의 색상은 제품 이미지 지각에 영향을 미친다. 〈표 6.2〉는 색상에 관련된 이미지와 제품에 사용된 예를 보여준다. 마케터는 제품 이미지와 일치하는 색상을 제품, 포장, 브랜드 로고에 사용함으로써 의도하는 이미지를 소비자에게 효과적으로 전달할 수 있다.[23] 예를 들어, 몽블랑 만년필은 고급스러운 이미지를 주는 검은색이며, 제품의 순수함을 강조하는 아이보리 비누의 색상은 하얀색이다. 반대로 제품과 색상 이미지가 불일치하는 경우, 이미지 효과가 줄어들 수 있다. 에너지드링크 제품 핫식스(HOT6)

표 6.2 색의 연상이미지와 제품사용 예시

색상	연상이미지	제품 사용 예
빨강	파워, 열정, 위험, 섹시	소화기, 신라면
파랑	차가움, 깨끗함, 친근	리스테린, 포카리스웨트
녹색	침착, 차분, 쿨함, 자연	건강식품, 칠성사이다
검정	권위, 명망, 고급, 지적임	몽블랑 만년필, 현대카드 The Black
흰색	깨끗함, 순수	아이보리 비누, 엘라스틴 샴푸

가 처음 출시되었을 때, 캔의 색상은 은색이었다. 은색은 고급스러운 이미지를 전달하지만, 에너지드링크의 각성효과를 전달하기에는 적절한 색은 아니었다. 이후 캔의 색상을 파란색과 빨간색으로 변경하여 강렬함과 젊은 이미지를 효과적으로 전달할 수 있게 되었다.

색의 명도(lightness)와 채도(saturation)도 제품평가에 영향을 미친다. 검은색 포장의 제품은 흰색에 비해 제품의 내구성은 더 좋으나 사용의 편리성은 떨어진다고 지각된다.[24] 또한 흑백 이미지는 노스탤지어(nostalgia) 감성을 자극하는 경향이

소비자행동 Highlight

신용카드 컬러 마케팅

현대카드는 컬러의 활용도가 낮았던 분야에 컬러 콘셉트를 도입해 획기적인 성공을 거두고 있다. 그 시작은 'the Black'으로, 'the Purple', 'the Red', 'the Green'에 이어 최근 선보인 'the Pink'까지 이어지며 컬러 시리즈에 지평을 열었다. 신용카드의 본질을 '결제'에서 사용자의 '정체성'까지 드러내는 수단으로 확장시켰다는 평가를 이끌어냈다.

현대카드가 선택한 컬러들은 각 색의 성격과 해당 카드를 사용한 타겟(target) 고객의 정체성과 결을 같이 한다. 'the Black'의 경우 검정색이 가지는 위엄 있고 부유한 이미지를 고려해 오피니언 리더나 부를 갖춘 상위 0.05% 이상의 VVIP 카드에 적용했다. 그리고 'the Purple'은 귀족적인 이미지를 차용해 사회적 영향력이 큰 전문직이나 기업 임원들에게 발급했다. 'the Red' 부터는 사회적으로 새롭게 정의되는 '프리미엄'에 대한 인식을 반영했다. 전통적인 '프리미엄'이 사회경제적으로 안정된 4050을 의미했다면, 현대카드는 새로운 소비 주도층으로 트렌드를 선도하는 3040 직장인을 '뉴 프리미엄'으로 정의했다. 'the Green'은 자연이나 평화, 친환경 등을 상징하는 초록색을 사용해 개성과 자신만의 라이프스타일을 추구하면서도 경제성을 중시하는 새로운 프리미엄 고객을 위한 상품이다. 새롭게 출시한 'the Pink'는 쇼핑을 즐기는 MZ세대를 겨냥한 프리미엄 카드로 백화점과 면세점 쇼핑에 많은 혜택을 제공한다.

자료원: 조선일보(2018. 8. 23.); 한국금융신문(2021. 11. 16.)

있다. 따라서 노스탤지어를 활용하는 마케팅의 경우 흑백이미지가 더 유용하게 사용될 수 있다.[25]

③ 패키지 디자인

패키지(package)는 제품의 얼굴이다. 패키지의 커뮤니케이션 역할(가령, 제품정보의 효율적 제공, 제품이미지의 전달 등)의 중요성이 증대되고 있다. 패키지는 제품에 대한 전반적인 속성이나 이미지를 전달할 뿐만 아니라 식품의 영양소나 칼로리와 같은 제품에 대한 구체적인 정보를 제시한다. 패키지를 구성하는 디자인, 색상, 사이즈, 소재, 레이블 등의 여러 요소가 소비자의 제품에 대한 주의, 기대, 평가 및 구매에 영향을 미친다.[26] 이하에서는 패키지 디자인이 제품 속성 지각에 미치는 효과를 중심으로 설명하기로 한다.

패키지 디자인에 따른 제품 용량과 칼로리 지각: 좁고 긴 형태의 패키지 제품(왼쪽)은 넓고 낮은 형태의 패키지 제품(오른쪽)보다 용량은 더 크고, 칼로리는 더 낮은 것으로 지각된다. [자료원: Koo, Jieun and Kwanho Suk(2016) "The Effect of Package Shape on Calorie Estimation," *International Journal of Research in Marketing*, 33 (4), p. 866]

제품 패키지 디자인은 제품 부피나 크기에 대한 소비자 지각에 영향을 준다. 예를 들어, 동일한 1,000ml 용량의 음료수 제품이 두 개의 다른 패키지 형태로 디자인될 수 있다. 하나는 좌우가 좁고 높이가 높은 형태의 디자인이고, 다른 하나는 좌우가 넓고 높이가 낮은 형태의 디자인이다. 이 경우 두 패키지의 재질, 색상, 그리고 실제 용량이 모두 동일하다. 소비자는 좁고 긴 형태 디자인의 제품이 부피가 더 크다고 지각하는데, 이와 같은 현상을 **연장편향**(elongation bias)이라 한다.[27] 용량지각의 착시현상이 나타나는 이유는, 자극의 부피나 크기 지각은 사물의 높이에 가장 큰 영향을 받기 때문이다. 즉 동일한 크기의 자극이 높이가 높게 제시되면 크기가 더 크다고 지각되는 경향이 있다.

패키지의 형태는 식품 칼로리 지각에도 영향을 미친다. 동일한 제품에 다른 형태의 패키지가 사용된 경우, 소비자는 좁고 긴 형태의 패키지 식품이 넓고 낮은 형태의 패키지 식품보다 칼로리가 더 낮다고 지각하는 경향이 있다.[28] 다이어트 식품의 경우 패키지를 좁고 긴 형태로 디자인함으로써, 소비자로 하여금 저칼로리 제품이라는 메시지를 효과적으로 전달할 수 있다.

(2) 청 각

소비자는 점포 내부의 다양한 종류의 **청각**(audition) 자극에 노출되지만 소비자행동에 가장 많이 연구된 주제는 배경음악이 소비자 태도와 행동에 미치는 영향이다. 음악이 소비자행동에 미치는 영향에 대한 연구들에 따르면 템포나 볼륨과 같은 음악의 특성이 소비자의 감정, 태도, 구매시간, 매출 등에 영향을 미친다.[29]

음악의 템포(빠르기)는 소비자의 자극에 대한 반응속도와 매장에 머무르는 시간에 영향을 미친다. Milliman은 실제 슈퍼마켓의 배경음악 템포가 고객의 행동에 미치는 효과를 연구하였다.[30] 그는 매장 내에 흐르는 음악의 템포가 점포 내에서의 고객의 걸음속도, 1일 매출액, 고객이 배경음악을 인지했는지 여부 등에 어떠한 영향을 미치는지를 측정하였다. 연구결과에 의하면 매장 내의 한 지점에서 다른 지점으로 이동하는 속도는 배경음악의 템포가 느린 경우 더 느렸으며, 빠른 템포의 음악이 배경음악인 경우에는 고객들의 걸음속도는 빨라졌다. 느린 템포의 음악은 고객들이 점포 내에 더 오랫동안 머무르게 하여, 점포의 매출이 증가하는 효과가 나타났다. 평균적으로 느린 템포의 음악은 빠른 템포보다 38.2% 더 많은 매출을 기록하였다. 흥미로운 사실은 쇼핑 후 방문고객에 대한 설문조사에서 고객들은 쇼핑 동안 음악이 제공되고 있었음을 전혀 의식하지 못했다는 것이다. 따라서 배경음악은 소비자가 이를 의식하지 못하는 상황에서 구매행동에 영향을 미칠 수 있음을 시사한다.

음악의 볼륨(시끄러운 정도)도 소비자행동에 영향을 미친다. Biswas, Lund, and Szocs의 연구에 따르면 식당의 음악 볼륨이 고객의 음식선택에 영향을 미쳤다. 연구자들은 식당에서 하루는 평소보다 낮은 볼륨으로, 다음날은 높은 볼륨으로 배경음악을 틀었다.[31] 볼륨이 낮은 경우 샐러드나 야채샌드위치 같은 건강에 좋은 음식의 매출이 더 높았고, 볼륨이 높은 경우에는 케이크나 초콜릿 같이 맛은 좋으나 건강에 이롭지 않은 음식의 매출이 증가하였다. 이 결과는 배경음악의 볼륨은 매장 특성을 고려해야 함을 의미한다. 샐러드바나 건강식품 매장의 경우 조용한 배경음악이, 패스트푸드 식당의 경우 높은 볼륨의 음악이 매출증가에 더 큰 기여를 할 수 있다.

(3) 후 각

후각(olfaction) 정보의 영향에 관한 연구에 따르면, 점포 내의 향(ambient scent)도 소비자의 반응(감정적·인지적 반응, 구매행동)에 영향을 줄 수 있다. 꽃향, 민트향과 같이 좋은 기분을 유발하는 향을 점포에서 사용하는 경우, 소비자는 점포 및 점포에서 판매되는 제품을 더 긍정적으로 평가하였다.[32] 점포의 향이 제품

매장내 향기와 음악의 일치성: 매장내 향기와 배경음악이 일치할 때 매장의 향기의 긍정적 효과는 증가한다. 크리스마스를 연상시키는 향의 효과는 크리스마스 배경음악을 사용할 때 더 크게 나타난다.

평가에 미치는 영향은 향과 배경음악이 일치할 때 더 큰 것으로 나타났다.[33] 예를 들어, 크리스마스를 연상시키는 향의 긍정적인 효과는 크리스마스 음악을 배경음악으로 사용할 때 더 크게 나타난다.

매장의 일반적인 향뿐만 아니라 제품의 향도 소비자의 제품선호에 영향을 미치며, 그 효과는 제품과 향의 특성이 일치하는 정도에 따라 달라진다. 예를 들어, 선크림이나 세제가 코코넛 향이나 레몬 향이 나는 경우 소비자의 평가는 더 긍정적이 된다.[34] 제품이 밀봉 포장이 되어 소비자가 직접 제품의 향을 경험하지 못하는 경우, 향을 상상하게 하는 것만으로도 제품선호에 영향을 미칠 수 있다. 소비자의 쿠키 제품에 대한 평가는 쿠키 사진과 함께 "사진을 보고 쿠키의 향기를 상상해보세요"라는 메시지를 준 경우가 사진만 제시한 경우보다 더 긍정적인 것으로 나타났다.[35]

(4) 촉 각

매장에서 고객은 전시된 제품과 다양한 신체접촉을 한다.[36] 제품과의 접촉을 통해 소비자는 다양한 제품정보를 파악한다. 손으로 제품을 들어 올려 제품정보를 더 자세히 살펴보거나 무게를 가늠하기도 한다. 의류와 같이 촉각정보가 중요한 제품의 경우 대부분의 소비자는 제품을 만져봄으로써 제품의 촉감이나 재질 등의 촉각정보를 파악한 후 구매결정을 한다.

촉각(haptic)효과에 대한 연구들은 제품을 만져보는 경험이 소비자의 제품에 대한 선호를 증가시킨다는 결과를 보여주었다. 실제 매장에서 "신선함을 느껴보세요(feel the freshness)"와 같은 메시지를 이용해 소비자의 촉각경험을 권장한 경우, 소비자는 자신이 만져본 제품에 대해 더 강한 구매의도를 가지는 것으로 나타났다.[37] 제품 촉각경험은 소비자의 제품평가에 대한 확신(confidence)과 제품을 소유한 것과 같은 느낌을 증가시키며, 이는 제품에 대한 긍정적인 태도에 영향을 미친다. 반대로 제품을 만져보지 못하게 하는 것은 소비자의 좌절감을 증가시키며, 이는 제품평가에 부정적인 영향을 준다.[38]

(5) 미 각

다른 감각과는 달리 **미각**(taste)경험은 직접적인 소비를 통해 이루어진다. 즉, 매장에서 제품의 시각, 청각, 후각, 촉각경험은 구매나 소비가 없이도 가능하다. 그러나 미각경험은 구매한 제품의 소비나 매장에서의 시식으로만 가능하다. 점포 외부에서 이루어지는 식품 마케팅은 소비자에게 맛에 대한 정보를 다른 감각요인을 통해 전달하려 노력한다. 식품을 판매하는 홈쇼핑의 경우 풍부한 시각, 청각 정보와 쇼호스트의 맛에 대한 반응을 시청자에게 전달한다. 소비자가 매장을 방문한 경우에는 시식을 통해 식품의 맛을 평가할 수 있다. 시식은 구매 의사결정에 강한 영향을 미친다. 한 연구에 따르면 초콜릿 매장에서 샘플을 받은 소비자의 경우 84%가 초콜릿을 구입하였으나 샘플을 받지 못한 소비자의 경우 구매비율은 59%였다.[39]

소비자의 맛 평가는 주관적 요소가 강하며, 맛에 대한 기대나 선입견에 영향을 받는다.[40] 예를 들어, 맛 평가는 원산지 정보가 어떻게 제시되는지에 따라 달라질 수 있다. 동일한 와인이 유명한 와인 생산지인 캘리포니아(California)산이나 미국 중북부 지역인 노스다코타(North Dakota)산으로 제시됐을 때, 소비자는 캘리포니아산 와인을 더 선호하였다.[41] 유사하게 건강식품의 맛에 대한 기대도 맛 지각에 영향을 미친다. 소비자는 '건강에 좋은 식품 = 맛없는 식품'이라는 기대를 가지고 있으며, 동일한 음식의 맛에 대한 평가는 건강에 좋다는 표시가 있는 경우 덜 긍정적이었다.[42] 따라서, 순수한 음식 맛에 대한 소비자 조사는 제품에 대한 정보가 주어지지 않는 블라인드 테스트를 통해 이루어진다.

마케터들은 블라인드 테스트를 마케팅에 이용하기도 한다. 성공적인 마케팅 사례 중 하나인 펩시챌린지(Pepsi Challenge) 캠페인은 블라인드 맛 테스

펩시챌린지(Pepsi Challenge) 캠페인: 펩시콜라는 자신의 강점인 단맛을 강조하는 펩시챌린지 캠페인으로 시장점유율을 높일 수 있었다.

트를 활용하였다. 1975년부터 시작한 이 캠페인은 쇼핑몰과 같은 공공장소에서 일반대중을 상대로 콜라 맛 선호를 테스트하였다. 간이테이블에 하나는 코카콜라, 다른 하나는 펩시콜라가 담겨 있는 두 개의 잔이 준비되었으며, 참여자는 제품정보 없이 선호하는 맛의 콜라를 선택하였다. 블라인드 테스트에서 맛을 구별하는 것은 쉽지 않으며, 많은 사람들이 설탕의 양이 더 많은 펩시를 선택했다. 이들 중 많은 사람들은 코카콜라를 주로 마시던 사람들이었다. 이 캠페인은 소비자에게 펩시가 맛은 더 좋은 제품이라는 인식을 갖게 했으며, 한때 펩시의 매출액이 코카콜라를 추월하기도 했다.

생각해 볼 문제

1. 최근 자신이 본 TV광고 혹은 신문광고들 중 특별히 기억나는 광고를 선정하여 소비자 정보처리과정에 맞추어 자신의 정보처리과정을 분석해 보시오. 분석과정에 다음을 포함하시오.
   –자신이 그 광고에 주의를 기울인 이유(관여도, 광고의 특이성 등).
   –그 광고의 잘된 점과 부족한 점을 소비자 정보처리 관점에서 분석함.
   –그 광고의 정보를 처리할 때 장기기억으로부터 인출된 스키마.
   –그 제품과 관련하여 현재 장기기억에 저장된 제품지식.

2. 자극물을 제시하는 방식에 따라 소비자로부터 높은 수준의 주의를 유발할 수 있다. 현재 실행되고 있는 TV 혹은 신문 광고들 중 특히 자신의 주의를 유발시킨 광고가 있는가? 어떤 이유에서 자신은 그 광고에 주의를 기울였는가?

3. 감각마케팅의 사례를 하나 선정하여, 감각정보의 제공(예, 색, 냄새, 촉감)이 그렇지 않은 경우에 비해 소비자 제품 선호에 어떤 긍정적인 영향을 주었을지를 논의해 보시오.

제 7 장

기 억

광고모델 혜리가 출연한 광고캠페인 전개를 통해 MZ세대 소비자들의 단기기억과 장기기억 강화에 성공한 60년 전통 감기약 동아제약 '판피린'

1961년 출시된 동아제약 '판피린'은 대한민국 대표 감기약으로 자리잡았다. 판피린은 2023년 발매 62년을 맞이해 MZ세대를 겨냥한 광고캠페인을 전개했다.

"감기 조심하세요"라는 슬로건으로 우리에게 친숙한 동아제약의 판피린은 오래전부터 광고활동을 펼쳐왔다. 동아제약은 1960년대부터 판피린 광고를 지속적으로 선보여 한국인의 초기 감기약으로서의 판피린을 소비자들의 기억 속에 깊숙이 각인시켰다. 반복광고에 따른 높은 브랜드인지도 구축 탓에 많은 소비자들은 아직도 날씨가 추워지거나 일교차가 큰 환절기가 오면 "감기 조심하세요"라고 외치는 판피린 광고를 무의식중에 떠올린다. 1960년대 말부터 지속적으로 광고캠페인에 사용해온 땡땡이 두건을 쓴 브랜드 캐릭터와 '감기 조심하세요' 광고슬로건 등은 브랜드자산를 구축하는 데 기여한 주요 브랜드연상들이다.

MZ세대를 겨냥해 선보인 광고캠페인의 주제(ad concept 혹은 theme)는 판피린 주 판

매채널이 약국임을 강조하고 대한민국 대표 액상 감기약으로서의 브랜드입지를 강화하는 것이다. 이에 맞추어 광고모델은 밝고 건강한 이미지로 인기를 끌고 있는 배우 혜리가 발탁되었다. 광고컨셉에 맞추어 광고모델 혜리는 약국에서 제일 많이 팔리는 감기약 이름을 묻는 질문에 기억증대기법을 활용해 "피리린 판피린~"이라고 대답하고, 판피린은 어디서 살 수 있느냐는 질문에 "액상은 약국에~"라고 중독성 있는 운율을 사용해 대답한다.

이 광고캠페인은 밝은 이미지의 배우 혜리, 반복적이고 쉽게 따라할 수 있는 광고메시지를 기반으로 '당신이 찾는 판매 1위 감기약, 액상 판피린은 약국에 있다'는 핵심 제품정보를 소비자들에게 명확히 전달하고 있다. 나아가 감기 조심하세요, 판피린 캐릭터 등 브랜드자산 구축에 기여한 주요 브랜드연상들은 MZ세대를 겨냥한 마케팅 커뮤니케이션의 효과를 높이는 데 기여했다. 이에 따라 MZ세대가 많이 이용하는 SNS에 올린 판피린 패러디 영상이 인기를 끌기도 했다.

자료원: *헤럴드경제*, 2023.03.05; *매경*, 2022.03.31; *파이낸셜뉴스*, 2021.12.21.

소비자는 정보처리과정을 통하여 형성/변화된 신념과 태도를 기억 속에 저장하였다가, 후에 새로운 제품정보에 노출되었을 때 이에 대한 의미를 부여하기 위해 기억 속에 저장된 정보를 이용한다. 소비자는 제품을 구매할 때 여러 경쟁브랜드들 중 극히 일부분만을 구매대상으로 고려하는 것이 보통이다. 따라서 소비자가 자사브랜드를 바람직한 브랜드대안의 하나로 기억하고 있는지, 그리고 자사브랜드에 관련된 정보를 기억 속에서 쉽게 끄집어 낼 수 있는지는 마케터의 전략적 의사결정에 중요한 정보이다. 치열한 시장경쟁에서 자사브랜드가 경쟁브랜드보다 먼저 주의를 끌어야 할 뿐 아니라, 기억에 오래 남도록 마케팅노력을 기울여야 한다. 이를 위해 마케터는 소비자의 제품/브랜드에 대한 기억형성과정 및 관련정보의 인출과정에 대하여 이해해야 할 것이다.

제6장에서는 정보처리에 대해 설명하였다. 정보처리는 단기기억에서 이루어지며, 처리된 정보가 리허설과정을 거치게 되면 장기기억에 저장될 수 있다. 또한 단기기억에서 유입된 정보를 처리할 때 장기기억의 기존정보가 인출이 된다. 본 장에서는 이러한 기억의 구조와 기능을 설명한다.

7.1 기억의 구조와 기능

기억구조를 설명하는 대표적 모델에는 다중기억구조모델이 있다. **다중기억구조모델**(multiple store model of memory)은 [그림 7.1]과 같이 기억이 감각기억, 단기기억, 그리고 장기기억으로 구성되며, 각각 다른 기능을 수행하는 것으로 설명한다.[1] 소비자의 정보처리과정은 정보가 감각기관을 통해 들어오면서 시작된다. 감각기관을 거쳐 유입된 정보의 강도가 어느 정도 강하면 감각기억(sensory memory)은 이를 감지한다. 감각기억은 유입정보를 매우 짧은 시간 동안(몇 분의 1초 동안) 보유하며, 계속적인 주의가 주어지는 정보는 단기기억(short-term memory)으로 이전된다. 그리고 주의가 주어지지 않는 정보는 기억에서 사라진다. 단기기억은 유입된 정보를 처리하는 부분으로, 감각기억으로부터 이전된 정보를 장기기억으로부터 인출된 관련 정보와 결합하여 해석을 하게 된다. 단기기억에서 처리된 정보 중 일부는 리허설을 통해 장기기억(long-term memory)으로 이전되며, 리허설되지 않은 정보는 망각된다. 단기기억으로부터 이전된 정보는 장기기억에 저장되는데, 저장된 정보는 차후 필요시 단기기억으로 인출된다.

그림 7.1 다중기억구조모델 (Multiple Store Model of Memory)

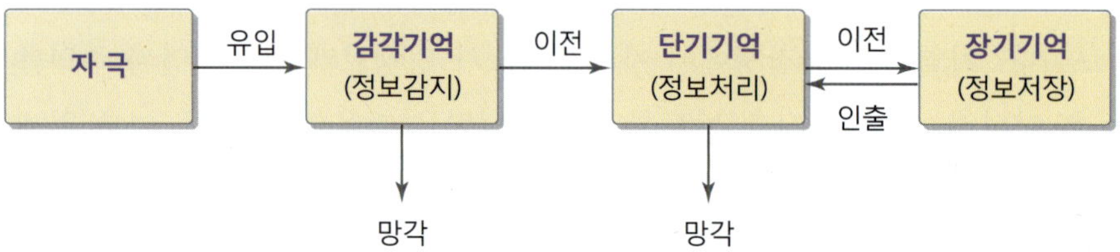

이하에서는 감각기억, 단기기억, 그리고 장기기억의 기능에 대해 설명한다.

7.2 감각기억과 단기기억

1. 감각기억

마케팅자극은 감각기관을 거쳐 감각기억에 도달한다. **감각기억**(sensory memory)은 **감각저장소**(sensory store 또는 sensory register)로 불리기도 하는데, 유입정보가 어느 정도 강하여 절대적 식역수준을 초과하면 감각기억은 그 정보를 감지한다. 소비자는 감각기억에 유입된 마케팅자극을 거의 무의식상태에서 분석하여 추가적 정보처리능력을 할당할 것인지를(계속적으로 정보처리를 진행할 것인지를) 결정한다.

감각기억은 감각기관을 통해 유입된 정보를 아주 짧은 시간 동안(즉 몇 분의 1초 동안) 저장하는데, 계속적인 정보처리를 위해 단기기억으로 이전하지 않으면 그 정보는 곧바로 기억(즉 두뇌)에서 사라진다. 감각기억 속에 유입된 대부분의 정보는 아주 짧은 시간 머무른 후 사라지기 때문에, 소비자는 특정시점에 노출되는 수많은 마케팅자극에 효율적으로 대처할 수 있다. 또한 감각기억은 유입정보들 중 보다 관심을 끄는 정보만을 단기기억에서 처리할 수 있도록 통제하는 기능을 가진다. 일반적으로 감각기억에 유입된 마케팅자극이 소비자와의 관련성이 높으면 단기기억으로 이전된다.

감각기억과 관련된 개념으로 **체화된 인지**(embodied cognition)가 있다. 체화된 인지는 신체적인 감각경험이 개인의 사고, 태도, 행동 등에 영향을 미치는 경향성을 말한다. 우리는 '몸이 먼저 반응한다'는 표현을 흔히 사용한다. 신체적 경험을 통해 형성된 지식은 장기기억에 저장되어 있어 필요한 경우에 자동적으로 점화된다. Williams and Bargh는 실험참가자들에게 따뜻한(혹은 차가운) 커피 컵을 들어 달라는 부탁을 한 다음 처음 보는 사람에 대한 인상을 평가하는 연구를 하였다.[2] 실험결과 따뜻한 커피 컵을 들었던 사람들은 타인에 대한 긍정적 평가를, 그리고 차가운 커피 컵을 들었던 사람들은 부정적 평가를 내린 것으로 나타났다. 이 실험에서 따뜻한 컵을 든 사람이 타인에 대해 긍정적인 평가를 내린 것은 따뜻함이라는 개념이 커피의 온도를 평가할 때뿐 아니라 사람의 성품을 평가할 때도 사용된다는 점에서 공통점을 갖고 있으며 체화된 인지경험을 통해 이러한 은유적 관계가 무의식적으로 형성되었기 때문으로 볼 수 있다. 마케터는 체화된 인지를 활용해 소비자 반응에 영향을 미칠 수 있다. 가령, 커피 맛을 진하게 느끼도록 하고 싶다면 소비자들에게 무거운 커피 잔을 들도록 하면 된다. 무거움이라는 감각적 경험이 묵직함, 진함 등의 은유적 의미를 무의식적으로 활성화시켜 커피 맛을 더 진하게 느낄 수 있는 것이다.

2. 단기기억

(1) 단기기억의 특성

감각기억으로부터 이전된 정보는 단기기억에서 처리된다. **단기기억**(short-term memory)은 정보처리가 이루어지는 동안 유입된 정보가 일시적으로 저장되는 장소이다. 예를 들어, 소비자가 자신이 보고 있는 TV광고에 관심을 보인다면, TV광고 내용에 대한 지각과정은 단기기억에서 이루어지는 것으로 볼 수 있다. 단기기억은 유입된 마케팅정보를 적극적으로 처리한다는 점에서 **운영기억**(working memory)이라고도 한다.

단기기억에는 청각 및 시각정보가 함께 잠정적으로 저장될 수 있다. 그런데 계속적인 정보처리가 이루어지기 위해 일반적으로 시각정보는 청각정보(또는 언어적 정보)로 부호화된다. 단어 기억테스트에 관한 실험에 의하면 단어에 A가 포함된 경우 A를 H로 잘못 인출하는 가능성보다 K나 J로 잘못 인출할 가능성이 높은 것으로 나타났다. 이는 개인이 시각정보에 접하더라도 청각정보로 부호화했음을 보여준다.

단기기억은 다음과 같은 특성을 가진다.

첫째, 단기기억은 처리용량의 한계(limited capacity)로 인하여 일정시점에서 처리될 수 있는 정보의 양은 제한적이다. Miller에 의하면, 어떤 시점에서 처리할 수 있는 정보의 양은 5개 내지 9개의 정보단위(chunk)이다.[3] 여기서 **정보단위**(chunk)란 서로 관련성이 있으며 의미를 가진 정보들의 묶음을 말한다. 만약 소비자가 유입된 여러 정보를 별개로 하나하나씩 처리한다면, 단기기억의 처리능력 한계로 인해 유입정보들 중 극히 일부분만이 일정시점에서 처리될 것이다. 그러나 관련있는 정보들을 하나의 정보단위로 묶을 수 있으면, 단기기억의 정보처리능력은 증가될 수 있다. 이는 단기기억의 용량은 제한되어 있으나 각 정보단위에 포함된 정보의 수는 제한을 받지 않을 수 있기 때문이다.

예를 들어, 745-3953이라는 전화번호를 외우려고 하는 경우를 생각해보자. 이 전화번호를 볼 때 개인이 특별한 생각이 나지 않으면 정보단위는 7개이다. 그러나

745가 자신의 집 전화의 국번호와 같다고 생각하면 정보단위의 수는 5개가 된다. 이는 그 개인이 745를 묶어서 어떤 한 정보단위로 의미를 부여할 수 있기 때문이다. 더욱이 이 경우 3953이 자신의 차번호와 같다고 생각하면 그에게 이 전화번호는 2개의 정보단위로 받아들여질 수 있다.

둘째, 단기기억은 처리된 정보를 장기기억으로 이전시키는 역할을 한다. 제품정보가 단기기억에 계속 머물러 있기 위해 또는 장기기억으로 이전되어 저장되기 위해서 리허설이라는 과정이 필요하다. 단기기억에서 처리된 정보는 일시적으로 저장되므로 이에 대한 리허설이 이루어지지 않으면 처리된 정보는 곧 사라진다.

리허설(rehearsal)은 처리된 정보를 마음속으로 반복하거나 깊게 생각하는 것을 말한다. 리허설에는 유지 리허설과 정교화 리허설이 있다. **유지 리허설**(maintenance rehearsal)은 처리된 정보를 마음속으로 반복하는 것을 말한다. 예를 들어, 전화번호를 외우기 위해 마음속으로 그 번호를 반복하거나 새로운 브랜드명을 들었을 때 이를 마음속으로 반복하는 것이다. **정교화 리허설**(elaborative rehearsal)은 유입정보의 의미를 마음속 깊이 생각하고 의미를 부여하는 것을 말한다. 그런데, 이러한 정교화 리허설을 하기 위하여 장기기억에 있는 기존의 지식이 인출되어 유입정보와 결합된다. 따라서 정교화 리허설을 하게 되면 정보의 단순한 반복인 유지 리허설보다 더 깊은 수준의 정보처리가 이루어진다.

정보를 많이 리허설할수록 그 정보는 장기기억에 저장될 가능성이 높다. 단기기억에서 처리된 정보가 장기기억으로 이전되어 저장되기 위해 필요한 리허설의 정도는 정보처리의 목표가 **재인**(recognition)인가 또는 **회상**(recall)인가에 따라 다른데, 상대적으로 재인보다 회상은 많은 리허설을 필요로 한다. 여기서 재인이란 소비자가 어떤 마케팅자극에 노출되었을 때 그 자극에 과거에 노출된 적이 있다고 알아차리는 것을 말하며, 회상은 저장된 정보를 기억으로부터 인출하는 것을 말한다. 예를 들어, 소비자에게 여러 브랜드의 광고물을 보여주는 실험을 생각해보자. 광고에 노출된 소비자에게 자신이 본 브랜드를 말해보라고 한다면 이는 회상을 테스트하는 것이고, 많은 브랜드명을 제시한 다음 광고에서 본 브랜드를 선택하라고 한다면, 이는 재인을 테스트하는 것이다.

(2) 단기기억과 정보과부하 가설

정보과부하(information overload) 가설은 소비자가 제한된 시간에 처리할 수 있는 정보의 양은 제한적이기 때문에 정보처리능력을 초과할 정도로 많은 정보가 주어지면 오히려 최선의 제품을 선택할 가능성이 낮아진다는 것이다.[4] Jacoby,

소비자행동 Highlight

'작심삼일'로 끝나는 것은 의지력 부족이 아닌 정보처리능력의 한계

새해 첫날 '담배를 끊겠다'고 굳은 다짐을 하지만, 얼마 지나지 않아 대부분의 사람들이 포기한다. 해마다 반복되는 작심삼일(作心三日)에 가족들은 의지력이 약하다고 핀잔을 늘어놓는다. 하지만 심리학 분야 작가인 Jonah Leher는 2009년 12월 26일 월스트리스저널(WSJ)에서 "작심삼일은 뇌의 인지능력 한계 때문이지, 의지력이 문제가 아니다"라고 밝혔다. 뇌가 한 번에 다룰 수 있는 정보단위 개수는 '7±2'이다. 세계 각국의 기본 전화번호가 지역번호 세 자리(혹은 네 자리)와 개인번호 네 자리인 것도 그 때문이다. 우리의 뇌가 일상적인 정보를 처리하는 것만도 버거운데, 새해 첫날 결심처럼 복잡한 정보를 계속 처리할 수 없다는 것이다. 마치 컴퓨터 램(RAM) 메모리가 작으면 화면에 여러 창을 띄우고 작업을 할 수 없는 것과 마찬가지이다.

이는 실험으로도 입증됐다. 미국 스탠퍼드대의 연구에서는 한 집단에는 복도를 걸어가며 두 자리 숫자를, 다른 집단에는 일곱 자리 숫자를 기억하게 하면서 건강식품인 샐러드와 몸에 나쁜 초콜릿 케이크 중 하나를 선택하게 했다. 그러자 일곱 자리 숫자를 기억한 집단에서 초콜릿 케이크를 고른 비율이 샐러드를 고른 사람에 비해 두 배나 높았다. 뇌가 일곱 자리를 처리하는 것이 버거워 몸에 좋고 나쁜지를 판단할 여유가 없었기 때문이다. 또 뉴욕주립대 연구진은 피실험자들을 두 집단으로 나누어 한 집단은 쉬운 문제 그리고 다른 집단은 어려운 문제를 풀게 한 다음 맥주를 시음하게 했다. 그러자 어려운 문제를 푼 집단은 쉬운 문제를 푼 집단보다 맥주를 훨씬 더 마신 것으로 나타났다. 정보처리 부담이 자제력을 잃게 한 것이다.

자료원: *조선일보*, 2010.01.06.

Speller, and Kohn은 2개에서 16개까지의 제품정보를 소비자들에게 제시해본 결과 정보가 많을수록 소비자들은 더 만족스럽게 생각했으나, 실제로는 정보가 너무 많은 경우 올바른 의사결정을 내리지 못하는 것을 발견하였다. 그들의 연구결과는 제공되는 제품정보의 양이 단기기억의 정보처리능력을 초과하면 소비자의 의사결정에 역기능적(dysfunctional) 결과를 초래하기 때문에 적당한 양의 정보를 제공하는 것이 소비자의 의사결정을 위해 보다 바람직하다는 것을 시사한다.

정보과부하 가설은 소비자에게 제품정보를 보다 많이 제공할수록 좋다는 기존의 소비자정책과 상반된다. 가급적 많은 제품정보를 제공해야 한다는 견해는 소비자마다 필요로 하는 제품정보가 상이하기 때문이라는 데 토대를 둔다. 정보과부하 가설과 관련된 후속 연구에서는 정보과부하 가설이 일반적 현상이 아니고 조건적으로 나타났다.[5] 즉, 소비자의 관여도가 높고 정보처리시간이 충분할 경우에는 정보과부하현상이 나타나지 않았다. 그러나 관여도가 높더라도 시간제약이 있을 때는 정보과부하현상이 나타났다.

이러한 연구결과에 근거하여 다음과 같은 전략을 제시할 수 있다. 고관여제품일수록 마케터는 많은 정보를 제공하는 것이 효과적일 수 있지만, 저관여제품의 경우 특히 제한된 시간에 많은 정보를 제공하는 것은 바람직하지 못할 것이다. 또한 인쇄매체나 포장으로 정보를 제공하는 경우 소비자는 정보처리에 필요한 만큼 충분한 시간을 할애할 수 있으므로 정보를 많이 제공하는 것이 효과적일 수 있다. 이에 비해 TV광고를 통해 정보를 제공하는 경우 소비자가 정보를 처리하는 데는 시간적 제약이 크므로 매우 중요한 정보만을 이해하기 쉬운 방법으로 제시하는 것이 효과적일 것이다.

(3) 단기기억의 리허설을 도와주기 위한 마케팅전략

소비자는 단기기억의 정보처리능력의 한계로 인하여 수많은 제품정보 중에서 극히 일부분만을 기억하기 때문에 제품정보의 홍수 속에서 살고 있는 소비자에게 어떠한 방법으로 자사브랜드와 정보를 기억시킬 것인가는 마케터에게 중요한 과제이다. 단기기억의 리허설을 도와주기 위한 전략으로는 ① 시각화를 유도하는 방법, ② 기억증대기법을 이용하는 방법, ③ 음악의 사용, ④ 반복광고 등이 있다.

① 시각화에 의한 기억증대전략

시각화(visualization)에 의한 기억증대전략은 소비자에게 **심상**(mental imagery)을 이끌어 내는 기법이다. 심상이란 마음속으로 어떤 개념을 시각화하는 것을 말하며, 일반적으로 심상은 기억을 촉진시킨다. 심상을 보다 쉽게 이해하기 위해 다음과 같은 단어들을 생각해보자: 볼펜, 테니스라켓, 무용, 만족. 볼펜과 테니스라켓 같은 단어들은 당신의 마음속에 분명한 이미지를 떠오르게 한다. 무용이라는 단어도 시각적 요소를 불러일으킨다. 그러나 만족이라는 단어는 상당히 추상적이기 때문에 이미지를 떠올리기가 쉽지 않을 것이다. 따라서 이를 기억하는 데 상당한 학습을 필요로 한다.

Lutz and Lutz는 소비자의 심상을 이끌어내기 위한 커뮤니케이션 전략으로 ① 그림을 사용하는 방법, ② 구체적인 정보를 사용하는 방법, 그리고 ③ 심상지시방

시각화에 의한 기억증대전략의 예: 언어적 정보와 시각적 정보(그림)를 함께 제공하면 소비자의 기억을 촉진하는 데 보다 효과적이다. 수분충전 음료브랜드 링티는 "링티는 링거가 아닙니다. 링티는 마시는 겁니다."라는 광고메시지와 링거를 연상시키는 브랜드명과 병 디자인을 보여주는 광고캠페인을 통해 링티=경구수액, 즉 빠른 수분흡수로 회복력을 높이는 음료라는 제품컨셉을 명확하게 전달하고 있다.

법을 제시하였다.[6]

첫째, 인지심리학(cognitive psychology) 분야에서 기억에 관한 연구에 의하면 사람들은 단어(언어적 정보)보다 그림(시각적 정보)을 더 잘 기억한다고 한다. 이와 관련된 이론이 **이중부호화이론**(dual-coding theory)으로, 이 이론은 그림이 기억 속에 저장될 때는 언어적 형태와 시각적 형태가 함께 저장되지만, 단어는 주로 언어적 형태의 정보만이 저장되며 시각적 형태의 정보가 저장될 가능성이 낮다고 제안한다.[7] 따라서 언어적 정보와 그림을 함께 제공하는 것이 언어적 정보만을 제공하는 것보다 기억증대에 보다 효과적이다. 이중부호화이론이 시사하는 바는 심상을 이끌어내는 것이 광고, 구매시점 자극, 기타 마케팅 커뮤니케이션에서 매우 중요하다는 사실이다. 또한 브랜드명이 브랜드명과 관련이 있는 그림과 함께 쌍을 이룰 때 사람들은 브랜드명을 더 잘 기억한다.[8] 인쇄광고(시각적 형태의 정보)나 라디오 광고(청각적 형태의 정보)보다 TV광고(시각적 및 청각적 정보)가 더 효과적인 것도 같은 이유에서다.

둘째, 사람들은 추상적 정보보다는 구체적 정보를 더 쉽게 저장하고 인출한다. 따라서 구체적 명사를 사용한 브랜드명이 소비자의 기억력을 높이는 데 보다 효과적일 것이다. 예를 들어, 구강청정제 가그린, 식물나라 비누, 2080치약(20개의 치아를 80세까지 유지하는 데 도움을 주는 치약이라는 의미), 캐주얼 의류브랜드 폴로 등은 구체적인 브랜드명의 한 예이다. 또 다른 예로서 캔맥주 광고에서 추상적인 메시지를 담은 "저렴한 가격과 훌륭한 맛"이라는 내용보다는 "6개들이 캔맥주의 가격

이중부호화이론을 적용한 예: 언어적 정보와 이와 관련이 있는 그림을 함께 제시하면 제품정보에 대한 기억을 높일 수 있다.

이 10,000원밖에 되지 않으며, 소비자의 시음결과 다른 맥주보다 더 맛이 좋다고 말하였다"라는 메시지가 기억증대에 보다 효과적일 수 있다.

마지막으로, 소비자에 대한 **심상지시전략**(imagery instructions)은 소비자로 하여금 상상을 통하여 마음속에 어떤 장면을 시각화하도록 하는 기법이다. 예를 들어, 하와이 관광여행에 대한 광고에서 소비자로 하여금 "하늘색의 바다와 끝없이 펼쳐진 흰 모래사장, 그리고 녹색의 야자수"를 상상해 보도록 유도함으로써 소비자의 기억을 도울 수 있다.

② 기억증대기법(Mnemonic Devices)의 이용

단어의 리듬을 이용하는 단순한 기법을 사용하여 기억증대를 도울 수 있다. 기업은 자사의 브랜드명을 소비자에게 쉽게 기억시키기 위하여 광고에서 브랜드명과 관련된 어구를 브랜드명과 반복적으로 연결시키는 방법을 자주 사용한다. 알만한 사람은 다 알잖아요-알마겔(위장약), OK-SK, 시력이 나쁜 눈을 모아 모아-모아겐, 피로는 바로 바로 풀어줍시다-바로코민, 잇몸튼튼 이가탄탄-이가탄 등은 광고에서 기억증대기법을 이용한 예들이다.

③ 음악의 사용

소비자의 기억을 돕기 위해 사용될 수 있는 또 다른 효과적 수단은 광고에 음악을 활용하는 것이다. 다음은 광고음악이 브랜드 구축에 도움을 준 예이다.

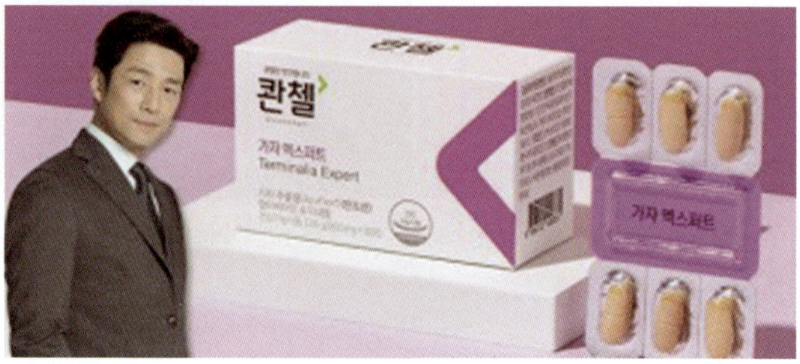

제품정보에 대한 기억을 높이기 위한 기억증대기법의 예: 광고모델인 배우 지진희가 “관절엔 콴첼“이라고 외치는 관절약 브랜드 ‘콴첼’ 광고는 제품정보와 브랜드명에 대한 기억을 높이기 위해 기억증대기법을 활용하고 있다.

‘손이 가요 손이 가~ (농심 새우깡)’
‘하늘에서 별을 따다 하늘에서 달을 따다 두 손에 담아드려요~오오오 (오란씨)
‘열두시에 만나요~ (부라보콘)

음악을 이용한 광고메시지 전달은 소비자에게 브랜드 친숙성을 높이고 제품정보에 대한 회상력을 향상시키는 데 도움을 준다. 음악을 이용한 메시지 전달의 효과에 관한 한 연구에 의하면 광고메시지를 읽어 주었을 경우와 노래로 전달했을 경우의 효과를 비교한 결과 응답자들은 노래로 불려진 광고메시지의 내용을 더 많이 회상한 것으로 나타났다.[9] 이는 노래가사를 그냥 외우는 것보다 음악을 듣거나 스스로 불러봄으로써 훗날 그 가사를 쉽게 인출하는 것으로 쉽게 이해할 수 있다.

예를 들어, LG생활건강의 닥터그루트가 탈모증상 완화 샴푸브랜드들 중 재구매율 1위를 차지하는 데 있어 중독성 있는 노랫말과 발랄한 율동을 담은 출시초기 TV광고 캠페인이 큰 역할을 하였다. 닥터그루트의 광고캠페인은 아이돌 그룹 슈퍼주니어의 멤버 김희철이 ‘탈모가 고민이라면 그루트, 그루트, 닥터그루트로 감아라~!’라는 가사를 담은 그루트 송을 틀어놓고 사무실, 마트, 시내를 돌아다니며 춤

LG생활건강의 탈모증상케어 샴푸브랜드 닥터그루트의 광고캠페인의 예: 이 광고는 아이돌 그룹 슈퍼주니어의 멤버 김희철이 "탈모가 고민이라면 그루트, 그루트, 닥터그루트로 감아라~!"라는 가사의 그루트송을 틀어놓고 사무실, 마트, 시내를 돌아다니며 춤추는 광고를 도입함으로써 유튜브 등 SNS에서 큰 구전을 유발하였다.

추는 광고를 도입함으로써 유튜브 등 SNS에서 큰 구전을 유발하였다. 2019년에 도입된 후속광고물도 전편과 마찬가지로 광고모델 김희철이 탈모고민이 있는 직장인, 엄마들, 그리고 마트고객 등과 함께 광고에 등장해 일명 '그루트송'을 부르면서 재구매율 1위 샴푸브랜드라는 것과 다양한 계층의 탈모증상에 맞춤형 솔루션을 제공한다는 차별적 제품특성을 강조하였다.

④ 반복광고

많은 소비자들은 광고에 노출되는 경우 그다지 주의를 기울이지 않으므로 1회 노출로 브랜드나 제품정보를 기억에 저장할 가능성이 낮다. 따라서 소비자가 제품정보를 충분히 이해하고 이를 기억하도록 하기 위해서 마케터는 반복적으로 제품광고를 제공해야 한다.

제품광고의 횟수가 늘어날수록 제품정보에 대한 학습효과가 증가하지만 그 증가율은 감소한다. 그러나 반복횟수가 지나치면 광고효과가 감소할 수 있는데 이를 **광고효과의 감퇴**(advertising wearout)라고 한다. 즉, 소비자가 동일한 광고에 너무 많이 노출되면 지루함을 느끼게 되며 제품에 대해 부정적인 생각을 하게 된다. 따라서 제품태도가 부정적으로 변할 수 있다. 그러므로 마케터는 소비자의 제품정보에 대한 이해 및 기억증대를 위하여 동일한 메시지를 반복적으로 광고하되 **광고실**

광고효과 감퇴 방지의 예: TS샴푸는 자연성분만으로 제조해 탈모예방에 도움이 된다는 메시지를 담은 광고캠페인을 도입하면서 축구선수 손흥민, 배우 송지효, 가수 임영웅 등을 등장시킨 다양한 광고물에 의하여 광고효과 감퇴(advertising wearout)를 방지하려고 하였다.

행방법(advertising execution)을 다르게 함으로써 광고효과의 감퇴를 방지할 수 있다. 광고효과의 감퇴방지를 위해 실제로 많은 광고들에서 실행을 달리하고 있다. 예를 들어, 삼성세탁기 광고의 경우 살균세탁기능이라는 메인 컨셉은 유지하면서 이불편, 란제리편, 수건편 등으로 구성된 시리즈 광고를 통해 실행방식을 변화시켰다. 끝으로, 비록 동일한 광고를 실행하는 경우 광고효과 감퇴의 한계점은 있으나, 브랜드명을 강제로 기억시킨다는(유지 리허설) 점에서는 그 효과를 긍정적으로 볼 수 있다.

7.3 장기기억

단기기억에서 처리된 정보는 **장기기억**(long-term memory)으로 들어가 거의 영구적으로 저장된다. 장기기억에 저장된 정보는 후에 단기기억에 인출되어 의사결정에 사용되거나 혹은 단기기억에 유입된 새로운 정보를 처리하는 데 사용된다. 인지심리학 연구자들은 장기기억에 거의 무제한의 정보를 저장할 수 있다고 본다. 그러나 실제로 장기기억에 저장된 정보 중 일부만이 인출 가능하기 때문에 장기기억에 얼마나 많은 정보가 저장되어 있는가(availability)보다 필요한 시점에서 필요한 정보를 인출할 수 있는가(accessibility)가 의미를 갖는다.

1. 장기기억 내의 정보의 유형

장기기억에 저장된 정보를 지식(knowledge)이라고 하는데, 지식은 서술적 지식과 절차적 지식으로 나눌 수 있다.[10] **서술적 지식**(declarative knowledge)은 사실(facts)과 사건(events)에 대한 기억을 말한다. 서술적 지식에는 의미적 지식과 사건적 지식이 있다. **의미적 지식**(semantic knowledge)은 사실, 어휘, 일반 개념, 세상사 등 장기기억에 저장된 지식의 가장 많은 부분이 이에 해당한다. 예를 들어, 어떤 소비자가 가진 '애플은 스마트폰의 대표 브랜드이며 전 세계의 모든 브랜드 중에서 브랜드 가치가 가장 높다'라는 지식은 의미적 지식에 해당한다. 소비자는 의미적 지식을 기억에 저장할 때 제공된 정보를 그대로 저장하기도 하지만 주관적으로 해석하여 저장하기도 한다. 가령, 경영대 학생은 교수로부터 소비자행동 강의를 들은 후 '소비자행동에 대한 지식은 마케팅을 위해 참으로 중요하다'라고 저장할 수 있다. **사건적 지식**(episodic knowledge)은 사람들이 일생생활에서 경험하는 구체적 표상들에 대한 기억이다. 예를 들어, 어떤 사람이 설악산 대청봉에 올라갔을 때 펼쳐진 전경에 대한 기억, 그리고 그때 코카콜라를 마셨을 때 느꼈던 시원함에 대한 기억은 사건적 지식에 해당한다.

한편 **절차적 지식**(procedural knowledge)은 일의 수행절차, 몸의 균형, 악기 연주, 자전거 타기 등 절차와 관련된 지식이다. 예를 들어, 어떤 사람이 자전거를 탄 지 10년이 지난 후에도 자전거를 탈 수 있는 것은 그에 대한 절차적 지식이 저장되어 있기 때문이다. 또한 소비자가 패스트푸드점에 가는 경우, 키오스크에서 먼저 주문을 하고 대금을 지불한 다음 음식을 받아 자리에 가서 먹은 후 스스로 남은 것을 버리고 가는 일련의 행위를 할 수 있는 것은 그러한 절차적 지식을 가졌기 때문이다.

소비자들은 새로운 제품정보를 접할 때 기억 속에 관련 지식을 어느 정도 가지고 있는가에 따라 이해의 정도가 다르다. 예를 들어, 신제품 태블릿PC 브랜드에 관한 정보를 접할 때 태블릿PC에 대해 이미 많은 지식을 가진 소비자는 그 태블릿PC 브랜드를 이해하는 데 관련된 정보를 적절히 인출하므로 그 태블릿PC 브랜드를 쉽게 이해할 수 있다. 그러나 태블릿PC에 관해 아는 것이 별로 없는 소비자는 상대적으로 그 태블릿PC 브랜드의 특징을 이해하기 어렵다. 제6장에서는 이 내용을 지각적 범주화로 설명하였다.[11]

소비자행동 Highlight

왜 소비자들은 코카콜라를 펩시콜라보다 더 좋아한다고 말할까?

- 소비자는 코카콜라의 맛뿐 아니라 의미적 지식도 함께 장기기억에 저장한다 -

블라인드 맛 테스트에서는 코카콜라보다 펩시콜라의 맛이 더 좋다는 소비자들이 많은데, 브랜드를 보면서 맛을 비교하면 코카콜라의 맛이 더 좋다고 말하는 사람이 훨씬 많다. 왜 이런 일이 일어나는 걸까?

신경과학자 Read Montague는 67명의 피실험자들을 기능성 자기공명영상(fMRI) 장치 안에 들어가게 한 후, 빨대를 통해 콜라를 넣어주고 그들의 대뇌 반응을 살펴보았다. 먼저 본인이 마신 콜라의 브랜드를 모르는 상태에서는 모두 동일한 뇌 영역, 측중격핵(달콤한 맛을 느끼는 부분)이 크게 활성화되었다. 그러나 코카콜라 시음자들에게 브랜드를 알려주었을 때는 측중격핵 외에도 정서적 판단과 브랜드 가치를 평가하는 영역인 복내측 전전두엽 피질의 활동이 크게 증가하였다. 펩시 시음자들은 그렇지 않았다. 이 영역은 의사결정을 하는 데 필수적인 뇌영역 중 하나이다. 이 결과는 소비자의 뇌에 코카콜라에 대한 정서와 기억이 펩시콜라보다 훨씬 더 강하게 작용하고 있음을 보여주는 것으로, 이전의 코카콜라에 대한 좋은 감정이 코카콜라를 마시는 데 따른 즐거움의 기대를 형성한 것이다. 이는 곧 기대에 따라 지각이 달라질 수 있음을 보여준다.

코카콜라는 1886년에 처음 생산된 이후로 공격적이고 기발한 광고를 활용함으로써 미국문화의 아이콘으로 소비자들의 마음속 깊숙이 자리 잡았다. 코카콜라는 브랜드이미지가 제품보다 더 중요하다는 사실을 포착해낸 최초의 회사들 중 하나였다. 지난 한 세기 동안 이 회사는 어딜 가나 눈에 띄는 트레이드마크인 그 특이하고 유명한 붉은색 캔을 텔레비전 광고와 잡지광고, 특히 할리우드 영화에 소개하는 데 수십억 달러를 쏟아부었다. 사실 코카콜라는 많은 다른 것들도 상징하지만, 무엇보다도 크리스마스를 상징한다. 코카콜라 측은 "코카콜라 하면 떠오르는 빨간 옷의 산타, 북극곰 같은 상징들은 대부분 겨울광고에서 나왔다"며 "이로 인해 친근한 이미지로 소비자에게 다가갈 수 있었다"고 풀이했다. 이처럼 코카콜라 브랜드 구축의 일등공신 중 하나는 산타다.

산타클로스를 생각하면 무엇이 연상되는가? 아마도 빨간색 옷과 모자, 검은색 부츠와 벨트를 착용하고 불그레한 얼굴에 사람 좋은 미소를 띤 인자하고 뚱뚱한 남자가 떠오를 것이다. 스웨덴의 만화가인 Haddon Sundblom이 만들어낸 산타의 이러한 이미지는 사실 성 니콜라스가 세계의 목마른 아이들에게 코카콜라를 전달하는 광고를 그려 달라는 코카콜라 회사의 주문을 받고 그린 것이었다. 산타의 옷이 코카콜라의 브랜드와 똑같은 빨간색이라는 사실을 눈치 챈 적이 있는가? 그것은 우연의 일치가 아니다. 코카콜라는 그 색깔의 특허권을 가지고 있다. 산타는 분명히 코카콜라 쪽 사람이다.

그뿐만이 아니다. 코카콜라는 자유를 상징

코카콜라가 크리스마스 시즌용으로 제작한 광고

하기도 한다. 1989년 11월 베를린 장벽이 무너지면서 벌어진 축제의 한복판에서 코카콜라가 무료로 제공되었다. 자유의 승리에 환호하던 그날 사람들은 코카콜라를 제공받았다. 어쩌면 바로 그 순간에 그것이 자유와 그 밖의 미국적 이상들과 연결되면서 코카콜라에 대한 소비자들의 개인적 선호가 더욱 확고해졌을 수도 있다. 2004년 타임스스퀘어에서 새로운 코카콜라 광고판이 공개될 때, 뉴욕시장이었던 Michael Bloomberg는 전국에 중계되는 텔레비전 방송에서 이렇게 선언했다. "이 광고판은 다른 무엇보다도 미국을 가장 상징적으로 보여주고 있습니다. 코카콜라는 뉴욕시와 미국의 훌륭한 동반자였습니다. 코카콜라는 모든 사람이 옳다고 여기는 가치를 옹호해 주었습니다."

이러한 메시지에 끊임없이 노출된 결과 우리는 코카콜라 캔에 표시된 브랜드를 볼 때마다 기분이 좋아지고, 코카콜라를 마실 때마다 기억으로부터 그 긍정적인 감정이 인출되어 탄산음료의 맛을 더 좋게 만들어주는 것이다. 코카콜라에는 그냥 설탕과 천연 조미료 맛이 나는 것이 아니라 자유의 맛이 난다.

자료원: *중앙일보*, 2012.12.21; Iyengar, S. (2010), *The Art of Choosing*, Twelve Hachette Book Group, pp. 162-163; 정재승 (2009), "맛 좋은 펩시가 코카콜라를 못 이긴 이유," *동아비즈니스리뷰*, 2009.12.02, pp. 52-53.

2. 장기기억 속의 지식구조

(1) 네트워크 조직과 활성화의 확산

장기기억에 저장된 정보 또는 지식은 **네트워크 조직**(network organization)을 갖는 것으로 받아들여진다. 대표적으로 Collins and Loftus가 제시하는 네트워크 모델(network model)은 어떤 사람이 특정의 정보에 노출될 때, 그 정보는 이미 기억에 저장되어 있던 다른 개념들과 연상관계(association)를 형성하며 형성된 연상관계를 저장한다고 본다.[12] 여기서 관련 정보들 간의 연상관계는 **마디**(node: 개념)와 마디들 간의 **연결고리**(link)에 의해 설명된다. 따라서 네트워크 모델에서는 어떤 정보를 새로이 이해한다는 것은 곧 관련마디들 간에 새로운 연상관계를 형성하는 과정으로 간주된다. 하나의 마디(개념)가 다른 마디(개념)들과 관련이 높을수록 개념들 간의 연결관계가 강하게 된다.

소비자가 단기기억에 유입된 새로운 정보를 처리하기 위해서는 장기기억으로부터 관련정보들이 활성화되어야(activated) 한다. 개념들은 서로 그물처럼 연결되어 있으므로 하나의 개념이 먼저 활성화되면 그 개념은 그와 연결된 다른 개념들을 연속적으로 활성화시켜 새로운 정보를 처리하는 데 이용될 수 있다. 어떤 개념이 활성화되는 것은 그 개념이 장기기억으로부터 단기기억으로 이전되는 것이다. 이와 같이 네트워크로 연결된 관련정보들 간의 활성화과정을 **활성화의 확산**(spread of activation)이라고 부른다. 활성화의 확산은 강하게 연결된 개념들 사이에는 거의 무의식적으로 짧은 순간에 이루어지지만 그렇지 않은 경우에는 상당한 시간과 인지적 노력이 요구된다(즉 어떤 개념을 생각해내는 데 오래 걸린다).

[그림 7.2]를 가지고 장기기억 속에 저장된 정보의 네트워크 조직의 메커니즘을 설명하기로 한다. [그림 7.2]는 어떤 소비자의 장기기억 내의 지식구조를 나타내고 있으며, 그 소비자가 지금 갈증이 난 상태에 있다고 가정한다. 그 소비자는 갈증이 나는 상황에서의 다양한 경험을 가지고 있기 때문에 갈증이라는 마디(node)

그림 7.2 갈증과 관련된 장기기억 내 지식구조의 예

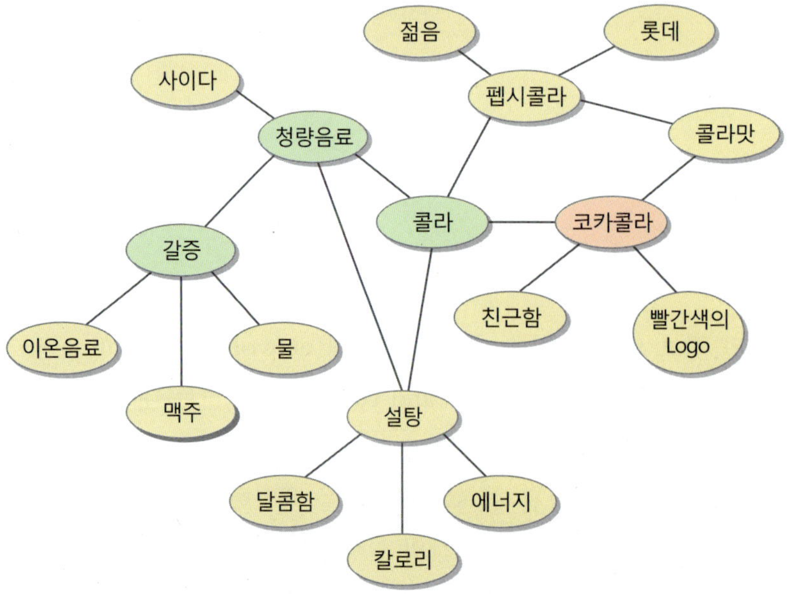

와 관련된 마디들(nodes)이 연결고리(links)를 통해 상호연결되어 있다. 그 소비자가 갈증해소를 위해 어떤 음료를 마실 것인가는 어떤 선택대안이 먼저 떠오르는가에 의해 결정될 것이다. 즉, 장기기억 속의 어떤 마디(개념)가 먼저 활성화되어 단기기억 속에 유입되면 이와 관련된 다른 마디(개념)들이 연결고리를 통해 연쇄적으로 활성화되어 특정대안을 선택하게 된다.

예를 들어, 만약 한 소비자가 갈증해소의 대안으로 청량음료가 적절하다고 느낀다면 청량음료라는 마디가 먼저 활성화될 것이며, 코카콜라에 대한 브랜드충성도가 높으면 청량음료와 관련된 마디들 중 코카콜라라는 마디가 활성화될 것이다. 한 브랜드와 관련하여 네트워크로 연결된 마디들로는 다음과 같은 것들이 있다.[13] ① 브랜드명, ② 브랜드의 특성, ③ 브랜드광고, ④ 제품범주, ⑤ 브랜드 및 광고에 대한 평가적 반응. [그림 7.2]에서 보면 소비자는 브랜드명(가령, 코카콜라)을 중심으로 이와 관련된 개념들과의 연상관계(semantic associations)를 형성한다. 소비자의 장기기억 속에 저장된 대표적인 제품정보의 하나가 **브랜드지식**(brand knowledge)인데, 이는 브랜드라는 마디(개념)와 이와 관련된 마디들 간의 연상관계가 상호연결되어 있는 것으로 정의될 수 있다.

(2) 프라이밍

네트워크 모형은 회상이 잘 되는 제품정보를 제공하는 것이 네트워크상의 다른 관련정보를 활성화시키는 데 도움을 줄 수 있다는 것을 시사한다. 많은 기업들이 자사브랜드의 판매량이나 점유율을 부각시키는 광고를 하는 이유는, 시장선도 제품브랜드들에 대해 소비자들이 가지고 있는 브랜드지식을 활성화시켜 자사제품에 대한 유리한 평가를 이끌어내려는 데 있다. 이처럼 먼저 제시된 정보가 그 다음에 제시된 정보를 처리하는 데 영향을 주는 현상을 **프라이밍**(priming)이라고 한다. 또한 어떤 정보 단서가 그와 관련된 다른 정보들을 활성화시킬 때 그 정보를 프라이밍 자극이라고 하며, 어떤 단서가 주어지면 관련 정보가 쉽게 회상되는 효과를 **프라이밍효과**(priming effect)라고 한다. 예를 들어, 구매시점의 디스플레이나 패키지에 부착된 광고사진은 해당 브랜드광고의 내용을 회상하는 데 도움을 주는 프라이밍 자극으로 작용할 수 있다.

애플은 오랜 기간 동안 사과로고와 'Think Different'라는 슬로건을 결합한 광고캠페인을 실시해왔다. 즉 창의적인 사람이 되고 싶으면 애플제품을 사용하라는 메시지를 전달하려고 한 것이다. Fitzsimons, Chartrand, and Fitzsimons는 애플의 사과로고를 프라이밍 자극으로 사용하면 사람들의 창의성이 높아지는지를 연구하였는데, 이 실험에서 애플의 사과로고를 보여준 집단이 그렇지 않은 집단에 비해 창의성 테스트 점수가 더 높은 것으로 나타났다.[14] 이러한 연구결과는 애플의 사과로고가 창의성 관련 지식과 동기를 프라임시켜 사람들이 보다 창의적이 될 수 있음을 시사한다. North, Hargreaves, and McKendrick은 영국의 슈퍼마켓에서 수행한 연구에서 배경음악의 국적이 와인선택에 미치는 영향에 대하여 분석하였다.[15] 연구결과에 따르면 배경음악으로, 프랑스 음악이 흘러나왔을 때는 프랑스산 와인 구매비율이 독일산 와인 구매비율보다 높고, 독일음악이 흘러나왔을 때는 독일산 와인 구매비율이 더 높은 것으로 나타났다. 이러한 연구결과가 시사하는 바는 배경음악의 국적이 프라이밍 자극 역할을 해 장기기억에 저장된 독일 혹은 프랑스에 대한 스키마가 활성화되어 와인선택에 영향을 미치게 된다는 것이다.

소비자행동 Highlight

뉴스에서 화성탐사 기사가 나면 Mars 초콜릿 바의 매출이 증가하는 이유는 무엇일까?

Mars, Inc.는 캔디제품, 식품, 애완동물용 식품 등을 생산하는 회사이다. 그러나 Mars는 Snickers, Twix, Milkyway, 3 Musketeers, Mars 초콜릿 바 같은 캔디 바 제품으로 널리 알려져 있다. 1911년 Frank C. Mars가 세운 이 회사는 지금도 Mars 가문이 소유하고 있다. 이 회사는 화성(Mars)과 전혀 관련이 없지만, 소비자들은 뉴스에서 화성이 언급되면 더 많은 Mars 초콜릿 바를 구매한다. 이러한 상황은 NASA(미 항공우주국)가 Pathfinder 우주선을 화성표면에 착륙시켰을 때에도 일어났다. 화성이 뉴스에서 언급될 때면 언제나 Mars 초콜릿 바의 매출은 일시적으로 급상승한다. 왜 이런 일이 일어날까?

Berger and Fitzsimons(2008)의 연구에 따르면 소비자는 특정 제품을 떠오르게 하는 환경적 단서에 자주 혹은 최근에 접하게 되면 그 제품을 보다 긍정적으로 평가한다. 이러한 현상은 프라이밍 효과(priming effect) 때문에 발생하는데, 프라이밍 효과는 특정의 생각을 기억에서 더 쉽게 떠올릴 가능성이 일시적으로 증가하는 것이다. 기억에서 쉽게 인출되는 정보는 종종 더 관련성이 있고, 친숙하고, 정확하거나 타당성이 있어 보인다. 흥미 있는 사실은 프라이밍 효과가 자동적으로, 즉 의식하지 않은 상태에서 발생된다는 것이다. 즉 소비자들은 화성에 관한 뉴스를 보는 것이 Mars 초콜릿 바에 관한 생각에 영향을 미친

프라이밍 효과(priming effect)의 예: 화성이 뉴스에서 언급될 때면 언제나 Mars 초콜릿 바의 매출이 일시적으로 급상승한다.

다는 것을 인식하지 못한다.

프라이밍 효과는 주위에서 자주 일어난다. 할로윈(Halloween) 데이에 일어나는 일들을 생각해보자. 할로윈 데이 동안 미국 소비자들은 오렌지 색 호박을 온 사방에서 목격할 수 있으며 이는 오렌지 색을 선학습시킨다(prime). Berger and Fitzsimons는 오렌지 색을 선학습(조건화)시키는 것이 소비자에게 미치는 영향을 조사하기 위해 슈퍼마켓을 방문한 소비자들에게 머리에서 곧바로 떠오르는 캔디/초콜릿 제품과 청량음료를 나열하도록 요청했다. 쇼핑객들은 할로윈 데이가 지난 1주일 후(즉, 오렌지 색상에 대한 생각이 덜 떠오르는 시점)보다는 할로윈 데이 하루 전(즉, 오렌지 색상이 기억에서 쉽게 떠오르는 시점)에 Reese's(오렌지 색 패키지로 포장되어 있음) 같은 오렌지 색 캔디와 Orange Crush, Sunkist 같은 오렌지 색 청량음료를 더 많이 열거했다. 후속실험에서는 소비자들에게 오렌지 색 펜 혹은 그린 색 펜을 무작위로 제공한 다음 20개의 서로 다른 제품범주(캔디, 청량음료, 세제 등)별로 주어진 두 개의 제품 중 하나를 선택하도록 요청했다. 그 결과 오렌지 색 펜을 사용한 소비자는 오렌지 색 제품을, 그리고 그린 색 펜을 사용한 소비자는 그린 색 제품을 더 많이 선택했다.

이러한 연구결과들이 시사하는 바는 자주 혹은 최근에 접한 환경적 자극을 제품과 연관시킬 경우 소비자들은 의식하지 못하는 상태에서 그 제품을 보다 더 빠르고 호의적으로 평가한다는 것이다.

자료원: Berger, Jonah and Grainne M. Fitzsimons (2008), "Dogs on the Street, Pumas on Your Feet: How Cues in the Environment Influence Product Evaluation and Choice," *Journal of Marketing Research*, 45 (1), 1-14.

(3) 스키마와 스크립

네트워크 형태의 지식구조에는 스키마와 스크립의 두 가지가 있다.[16] **스키마**(schema)는 한 개념과 관련된 서술적 지식들 간의 연상적 네트워크이다.[17] 예를 들어, [그림 7.2]의 코카콜라에 대한 브랜드지식은 코카콜라에 관한 스키마이다. 소비자는 제품범주(TV, PC, 스마트폰)에 대한 스키마, 점포(신세계, 7-Eleven)에 대한 스키마, 다른 사람(폴로전문점의 영업사원)에 대한 스키마 등 소비생활과 관련된 다양한 개념들에 대한 스키마를 기억 속에 저장하고 있다.

그림 7.3 KFC점에서의 행동에 관한 스크립

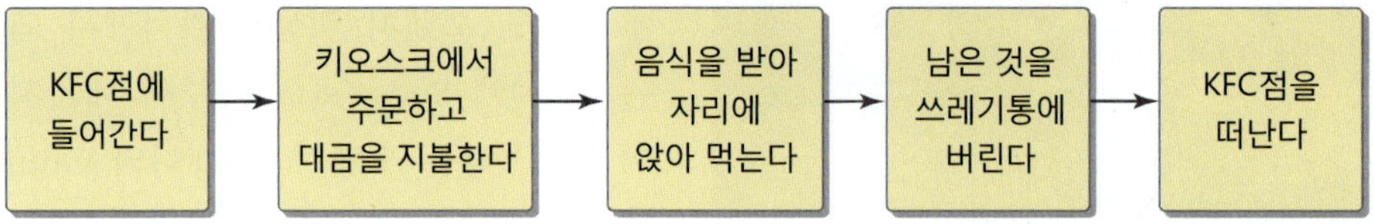

스크립(script)은 절차적 지식들 간의 연상적 네트워크를 말하며, 일반적으로 어떤 상황에서 소비자가 취해야 할 적절한 행위의 절차에 관한 지식을 포함한다.[18] 예를 들어, 소비자는 여러 패스트푸드점에서 식사를 할 때마다 동일한 상황이 반복되는 것을 경험하면, 기억 속에 'if-then'의 인지적 시스템, 즉 스크립을 형성한다. 가령, 소비자는 KFC점 방문과 관련하여 [그림 7.3]과 같은 스크립을 기억에 보유할 수 있다. 따라서 스크립은 구매의사결정마다 인지적 노력을 기울일 필요 없이 바로 적정행동으로 들어갈 수 있게 한다.

기업은 자사에 유리한 스크립을 형성시키기 위해 쿠폰과 같은 판촉수단을 활용한다. 가령, 제조업체가 250~500원 정도 가격을 할인해 주는 쿠폰을 주기적으로 제공하면, 소비자는 머릿속에 '구매하기 전에 할인쿠폰을 기다린다'라는 스크립을 형성하게 된다. 그 소비자는 이에 맞추어 구매행동을 하기 때문에 쿠폰 없이 정가로 시리얼을 구매하려 하지 않을 것이다. 따라서 쿠폰을 주기적으로 제공하는 것은 정가로 구매할 소비자에게 정가로 판매할 기회를 놓치게 되므로 효과적인 방법이 아닐 수 있다.

3. 장기기억과 정보저장의 용이성

소비자는 직접경험, 광고, 구전 등의 다양한 원천으로부터 정보를 접하게 된다. 정보가 얼마만큼 잘 저장되는가는 ① 소비자의 유입정보에 대한 관심과 ② 유입정보와 관련된 지식, 그리고 ③ 정보처리의 용이성에 의해 영향을 받게 된다. 즉 소비자가 유입정보에 대한 관심이 높을수록, 관련 지식을 많이 보유하고 있을수록, 그리고 처리가 용이하도록 정보가 제시되면, 이러한 정보는 기억 속에 저장될 가능성이 높다.

소비자의 유입정보에 대한 높은 관심은 상황적 혹은 지속적 관여도가 높을 때 발생된다. 정보처리의 용이성은 ① 유입된 정보의 체계화 정도, ② 정보제공량, ③

정보처리를 방해하는 경쟁요인들, ④ 정보가 제시되는 순서 등에 의해 결정된다. 유입된 정보가 기존의 신념이나 지식에 의해 의미있게 분류될 수 있고, 정보량이 적절하며, 정보저장을 방해하는 경쟁요인들이 적을수록, 정보처리가 용이하여 보다 쉽게 기억 속에 저장될 것이다.

또한 정보가 제시되는 순서도 정보의 저장에 영향을 미친다. 다양한 제품정보나 광고에 노출되었을 때 소비자는 초반(먼저)에 제시된 정보와 후반에 제시된 정보를 중간에 제시된 정보보다 잘 기억하는 경향이 있다. 초기에 제시된 정보가 보다 쉽게 기억되는 현상을 **초기효과**(primacy effect)라고 한다. 초기효과는 처음 제시된 정보가 먼저 제시된 정보가 없어 다른 정보로부터 방해를 받지 않아 리허설될 시간이 충분하기 때문에 발생된다. 이에 반해 최종적으로(최근에) 제공된 정보가 쉽게 기억되는 현상을 **최근효과**(recency effect)라고 한다. 최근효과는 최근에 저장된 정보가 장기기억으로부터 잘 인출되어 발생된다. 따라서 TV나 잡지광고에서 자사 제품의 광고를 초반부나 후반부에 삽입하는 것이 중반부에 삽입하는 것보다 효과적이다.

최근효과의 예: 삼성전자 BESPOKE 냉장고 광고에서는 마지막 부분에 BESPOKE라는 브랜드명을 제시함으로써 브랜드명에 대한 기억을 높이려고 한다.

국내의 많은 TV광고들은 브랜드명을 마지막에 삽입하는데 이는 광고메시지의 내용에서 브랜드명이 가장 중요한 것이기 때문이라고 할 수 있다. 예를 들어, 삼성전자 BESPOKE 냉장고 광고 시리즈에서는 자신의 취향에 맞추어 설계할 수 있는 냉장고라는 제품컨셉을 먼저 제시해 소비자의 주의와 호감을 이끌어 내고, 광고의 끝부분에 BESPOKE 냉장고라는 브랜드명을 제시하여 최근효과를 유도하였다.

4. 장기기억으로부터의 정보인출

소비자는 의사결정과정에서 내적탐색을 하거나 정보처리과정에서 유입정보를 지각(해석)할 때 관련된 정보를 기억으로부터 인출하게(retrieve) 된다. 그런데 소비자는 한때 리허설에 의해 정보를 저장하더라도 의사결정시 그 정보를 인출해내지 못하는 경우가 많다. 이를 설명해주는 이론으로는 다음의 두 가지 이론이 있다.

소비자행동 Highlight

구입해야 할 이유를 많이 제시하는 것이 좋을까?

- 기업은 소비자들이 장기기억에 제품정보를 저장하기 용이하도록 해야 한다 -

BMW가 좋은 이유를 한 개만 기억하게 하는 게 좋을까, 열 개를 기억하게 하는 게 좋을까? 브랜드의 장점이 많다면 여러 개를 기억하게 하는 게 더 좋을 수 있다. 하지만 경우에 따라서는 하나의 개념에 집중하는 게 더 좋을지도 모른다. Wänke, Bohner, and Jurkowitsch(1997)는 이 질문에 해답을 주는 연구를 수행하였다. 이들은 피실험자들을 두 개의 집단으로 나누고, A집단에는 "BMW가 좋은 이유를 한 개만 적어주세요"라고 요청하고 B집단에는 "BMW가 좋은 이유를 열 개만 적어주세요"라고 요청했다. 이후, 각 집단에 BMW 브랜드를 얼마나 긍정적으로 평가하는지 기술하게 했다.

이 질문에 대한 결과는 매우 흥미롭게 나타났다. BMW가 좋은 이유를 하나만 써 달라는 요청을 받은 A집단은 BMW 브랜드에 대해 5.8점의 선호도를 보인 반면, BMW가 좋은 이유 10개를 적어달라는 요청을 받은 B집단은 4.2점의 선호도를 보였다. 다른 모든 조건은 동일했고 오직 좋은 이유를 한 개 혹은 열 개를 적으라고 했을 뿐인데, 브랜드에 대한 선호도에 큰 차이가 나타났다. 왜 이런 결과가 나타났을까?

BMW가 좋은 이유를 하나만 적으라고 하면 피실험자들은 그 이유를 쉽게 생각할 수 있다. 한 개를 생각해 내는 건 그리 어렵지 않기 때문이다. 예를 들어, 훌륭한 디자인, 강력한 파워, 최고의 브랜드와 같은 답을 쉽게 기억해 낼 수 있다. 그러나 BMW가 좋은 이유를 열 개 적으라고 하면 피실험자들은 이 과제를 수행하는 데 어려움을 느낀다. 일반적으로 브랜드의 장점을 열 개씩이나 생각해 내기란 쉽지 않기 때문이다. 평균적으로 피실험자들은 좋은 이유를 3~4개 정도 생각해 내는 것으로 나타났다. 그 이상은 잘 생각해 내지 못한다. 즉, 이들에게 주어진 과제는 열 개의 이유를 생각하는 것이었지만 실제 이들이 수행한 기억내용은 3~4개에 불과했다. 이렇게 되면 어떤 결과가 나타날까? 장점을 한 개만 적은 피실험자들은 자신들이 적은 이유를 통해 BMW에 대한 선호도가 높아진다. 스스로 '그래, 바로 이 점 때문에 BMW가 좋은 거야'라는 평가를 내린다. 반면, 열 개를 적어 내라고 지시받은 그룹은 실제 3~4개의 이유만 찾는 데 그치므로 BMW가 좋은 이유가 생각보다 많지 않다고 인식한다. 그 결과 BMW에 대한 선호도가 낮아진다.

이 연구가 의미하는 바는 좋은 내용을 많이 전달하는 것보다 기억하기 쉽게 집중해서 전달하는 것이 브랜드 선호도 형성과 선택에 훨씬 더 효과적일 수 있다는 사실이다. 판단 및 구매결정 과정에서 메시지 내용보다는 메시지의 기억 용이성이 더 중요할 수 있는 것이다. 이처럼 의사결정과정에서 기억하기 용이한 정보를 더 중요시 여기는 성향을 **이용가능성 휴리스틱**(availability heuristic)이라고 한다. 사람은 생각보다 합리적 판단을 하지 않는 경향을 보이는데, 최소비용으로 최대의 효과를 거두기 위해 종종 이용가능성 휴리스틱을 의사결정 기준으로 사용한다. 따라서 소비자에게 너무 많은 제품정보를 전달하는 건 오히려 역효과를 불러일으킬 수 있다. 자세한 제품정보보다 의사결정과정에서 당장 생각나는 정보가 더 중요한 것이다.

자료원: Wänke, Michaela, Gerd Bohner, and Andreas Jurkowitsch (1997), "There Are Many Reasons to Drive a BMW: Does Imagined Ease of Argument Generation Influence Attitudes?," *Journal of Consumer Research*, 24, September, 170-177; *동아비즈니스리뷰*, 122호, 2013.02.01.

첫째, **쇠퇴이론**(decay theory)으로, 이는 기억의 자국(trace)이 시간이 경과함에 따라 서서히 사라진다는 것이다. 즉 이 이론은 어떤 정보가 생각나지 않는 것은 시간이 지나면서 그 정보의 자국이 희미하거나 사라졌기 때문인 것으로 설명한다. 이 이론은 어떤 정보를 저장한 지 오래될수록 잘 기억이 나지 않는 현상을 설명해준다.

둘째, **방해이론**(interference theory)으로, 이는 특정 정보를 인출하고자 할 때 다른 정보가 방해한다는 것이다. 우리는 한때 생각나지 않던 정보도 시간이 지난 다음에 다시 생각나는 경우를 흔히 경험한다. 이 이론은 이러한 현상을 설명해주는데, 그 정보가 희미하거나 사라졌기 때문이 아니라 다른 정보의 방해로 그 정보에 접근하지 못하는 것으로 보는 것이다.

저장된 정보에의 접근가능성(accessibility)을 어렵게 하는 중요한 요인으로는 유사정보에 의한 방해를 들 수 있다. 이 견해에 의하면 소비자가 기억 속에 유사한 정보를 많이 저장할수록 특정 정보에의 접근가능이 어려워진다. 예를 들어, 소비자가 특정 제품군의 브랜드명을 보다 많이 알수록 경쟁브랜드들의 영향으로 인하여 특정브랜드의 인출이 잘 되지 않는다.[19]

경쟁정보들로 인한 정보인출의 방해는 선입정보방해와 후입정보방해로 나눌 수 있다. 과거에 저장된 정보가 보다 최근에 저장된 정보의 인출을 방해하는 현상을 **선입정보방해**(proactive interference)라고 부르며, 보다 최근에 저장된 정보가 이보다 먼저 저장된 정보의 인출을 방해하는 현상을 **후입정보방해**(retroactive interference)라고 한다. 예를 들어, 소비자가 10~20개의 광고를 연속적으로 본 후 어느 정도 시간이 경과한 후 특정광고의 내용을 인출하고자 할 때 먼저 본 광고들이 그 광고정보의 인출을 방해하는 현상은 선입정보방해이며, 나중에 본 광고들이 그 광고정보의 인출을 방해하는 현상은 후입정보방해이다.

경쟁정보의 방해와 관련하여 여러 연구가 수행되었다.[20] Burke and Srull의 연구에서는 응답자들에게 일련의 인쇄물광고를 보여주었는데 동일한 제조업자의 타 제품 광고와 경쟁브랜드광고가 특정브랜드의 정보에 대한 기억을 방해하는 것으로 나타났다. 방해효과는 특히 경쟁정보들이 특정브랜드의 정보와 유사할 때 두드러졌다. 이러한 연구결과를 토대로 하면 유사한 제품주장을 하는 일련의 광고에 노출된 소비자는 혼란을 느껴 학습(즉, 기억)에 방해를 받게 될 것으로 예상할 수 있다. 경쟁브랜드의 방해를 완화할 수 있는 한 가지 방법으로, Keller는 특정브랜드를 반복광고함으로써 경쟁브랜드들의 광고에 의한 방해현상을 완화시킬 수 있음을 발견하였다.

경쟁정보의 방해와 관련된 개념으로 **von Restorff효과**가 있다. von Restorff효과는 비교적 동질적인 일련의 자극들 사이에 위치한 독특한 자극이 보다 쉽게 회상되는 현상을 말하는데, 이는 선입정보방해와 후입정보방해를 최소화시킬 수 있기 때문이다. von Restorff효과는 자극의 현저성이 소비자의 기억에 중요함을 시사한다. 자극의 **현저성**(salience)은 기억 내에서 특정의 자극이 활성화되는 정도를 말한다.[21] 소비자가 어떤 제품을 최근에 구매했을수록, 한 브랜드가 독특한 특성을 가졌을수록, 광고가 독특할수록, 그리고 동일 브랜드 광고에 반복적으로 노출될수록, 현저성은 높아질 것이다. 따라서 마케터는 제품의 특성을 독특하게 하거나, 광고량을 늘리거나, 광고에서 진기함(novelty), 대조, 색상 등과 같은 자극요인에 의해 현저성을 높일 수 있다.[22]

von Restorff효과의 예: SKY Dupont 광고는 세련된 건물 사이에 휴대폰을 노출시킴으로써 이를 쉽게 회상할 수 있도록 유도한다.

한 연구에 의하면, 특정 브랜드의 현저성이 높을수록, 경쟁브랜드들에 대한 회상이 낮아지는 것으로 나타났다.[23] 이러한 현상은 기억 속에 현저성이 높은 브랜드의 저장이 후입 및 선입정보방해를 통해 경쟁브랜드들의 회상을 어렵게 하기 때문에 발생되는 것으로 볼 수 있다. 그러므로 마케터가 자사브랜드의 현저성을 높이는 마케팅전략을 개발할 수 있다면 자사브랜드의 회상은 증가시키는 반면에 경쟁브랜드들에 대한 회상은 감소시킬 수 있다. 그 결과 그 소비자의 상기브랜드군(evoked set)의 크기는 작아질 것이며, 결국 자사브랜드가 선택될 확률은 높아지게 된다.

5. 정보인출을 용이하게 하기 위한 마케팅전략

소비자가 특정의 브랜드를 선택하는 데 있어 정보인출의 용이성이 갖는 중요성을 고려할 때, 기업은 소비자들이 기억 속에 저장된 정보를 쉽게 인출할 수 있는 방법에 대해 이해할 필요가 있다. 제품정보의 인출을 용이하게 하는 데 영향을 미치는 요인들로는 ① 마케팅자극 자체의 특성, ② 인출단서의 제공 여부, ③ 소비자의 특성 등을 들 수 있다.

(1) 마케팅자극 자체의 특성

기업은 소비자에게 제시되는 제품정보의 특성을 고려하여 그 정보의 인출능력을 강화시킬 수 있다. 이하에서는 정보의 인출을 용이하게 하는 데 기여하는 정보특성에 대해 설명한다.

- **저장된 정보에 대한 호의성:** 대체로 전반적인 제품평가 혹은 느낌이 구체적인 브랜드정보에 비해 더 잘 인출되는 경향이 있다.[24] 이는 특정의 구체적 정보에 대한 회상력이 전반적인 느낌이나 평가에 비해 더 빨리 감퇴하는 데 그 이유가 있다. 예를 들어, 우리는 일상생활에서 어떤 것을 좋아하거나 싫어하는 것은 기억하지만 이에 대한 구체적인 이유는 잘 기억하지 못하는 경우를 흔히 경험하게 된다. 이와 유사하게 우리는 별 감정을 갖지 않은 브랜드보다는 좋아하거나 싫어하는 브랜드를 더 쉽게 알아보거나 떠올릴 수 있다.
- **제시된 정보(마케팅자극)의 현저성(salience):** 정보의 현저성이 높다는 것은 특정의 자극이 주변의 다른 자극들보다 두드러져 보일 경우를 말한다. 두드러져 보이는 마케팅자극은 다음과 같은 점에서 인출에 영향을 미친다. 첫째, 현저성이 높은 자극은 주의를 유발하고 현저성이 낮은 자극들에 대한 주의를 분산시킨다. 둘째, 소비자는 현저성이 높은 자극에 대해 더 많은 정보처리 노력(elaboration)을 기울이며 그 결과가 리허설이 잘 되어 그 자극은 장기기억 내의 관련 스키마에 잘 자리 잡게 된다. 셋째, von Restorff 효과에서 설명하였듯이 소비자들이 특정 브랜드의 현저성이 높은 경우 그 브랜드를 보다 잘 회상하

고 경쟁브랜드들의 회상력이 낮아진다. 이에 따라 그 특정 브랜드가 더 잘 인출된다.[25]

프리미엄 햄버거 브랜드 버거킹은 딜리버리 서비스를 이용하는 고객들을 대상으로 반려견 간식 독퍼(Dogpper)를 무료증정하는 이색적인 광고캠페인을 진행하였다. 버거킹 '독퍼' 광고캠페인은 집에서 햄버거를 즐길 때 반려견들의 초롱초롱한 눈을 외면해야만 했던 소비자들의 곤혹스러움을 해결하는 데 도움을 주는 것에 그 목적이 있다. 이 캠페인의 핵심소재는 버거킹의 와퍼를 패러디한 '독퍼'로서, 이는 불맛을 느낄 수 있는 반려견 비스킷이다. 캠페인 기간 동안 버거킹은 버거킹 앱과 배달의 민족 앱을 통해 주문하는 고객들을 대상으로 무료로 독퍼를 증정하는 행사를 하였다. 독퍼는 반려견들에게 친숙한 뼈다귀 모양으로 만들어졌는데, 반려견들도 사람이 먹는 와퍼와 비슷한 맛과 향으로 즐길 수 있게 한 것이 특징이다.

- **마케팅자극(브랜드)의 전형성**(prototypicality): 소비자들에 의해 선호되거나 해당 제품범주를 대표하는 브랜드가 기억으로부터 쉽게 인출되는 경향이 있

정보인출을 용이하게 하기 위한 광고의 예: 현저성이 높은 자극이 더 잘 기억되어 인출될 가능성이 높아진다.

다.[26] 소비자들은 브랜드의 제품정보에 대해 많이 기억하지 않으려 한다. 따라서 브랜드의 주요 속성을 많이 전달하려고 하면 오히려 역효과가 일어날 수 있다. 그런 측면에서 특정 제품범주의 대표가 되는 것은 중요하다. 소비자들은 시장에 먼저 진입한 개척브랜드를 해당 제품범주에서 전형적인(prototype) 브랜드로 지각하는 경향이 있다. 이에 따라 시장개척 브랜드는 후발브랜드보다 더 잘 회상되는 시장선점우위를 갖게 된다. 예를 들어, FedEx는 특송화물 시장의 대표 브랜드다. 사람들은 특송화물을 보내려고 할 때 자동적으로 FedEx를 먼저 생각하게 된다. 왜냐하면 기억에 저장된 관련 브랜드들 중에서 이용가능성이 가장 높아 강력한 기억용이성을 갖기 때문이다. 검색시장의 대표주자 Naver, 피부보습시장의 대표브랜드 Vaseline, 투명테이프의 대표브랜드 Scotch 등도 동일한 예이다. 이처럼 특정 제품범주를 점령하는 것은 매우 강력한 기억용이성을 갖게 된다. 즉, 제품범주의 대명사가 되면 기억용이성이 매우 높아지고, 그 결과 소비자의 선택확률이 높아질 것이다.

정보인출을 용이하게 하기 위한 광고의 예: 해당 제품범주를 대표하는 브랜드가 기억으로부터 가장 쉽게 인출되는 경향이 있다.

- **저장된 정보들 간의 일관성(congruence):** 기억 속에 저장된 관련정보들 간에 일관성이 있다면 기억으로부터의 정보인출이 보다 쉽게 이루어진다.[27] 예를 들어, 재미, 느긋함, 즐거움 등의 속성은 고급휴양지라는 정보단위와 서로 일관성을 갖기 때문에, 하나의 정보단위가 인출되면 관련된 다른 정보단위들도 활성화의 확산에 의해 쉽게 인출될 것이다. The Body Shop은 저장된 제품정보들 간의 일관성을 유지함으로써 기억 속에 강한 연상 네트워크를 구축하는 데 성공하였다. The Body Shop은 합리적인 가격을 가진 고품질 자연주의 화장품을 브랜드컨셉으로 한다. 그리하여 제품생산과 제품원료, 매장 등에 있어 일관된 브랜드컨셉을 유지함으로써 브랜드연상을 효과적으로 관리하고 있다. 또한 제품생산과정에서 생산자와 원료공급자 간에 이윤을 공정하게 배분한다. 그리고 소비자들이 자연주의 화장품의 브랜드이미지를 갖도록 하기 위해 천연원료를 사용해 제품을 생산하고 FSC가 새겨진 목재를 이용하여 매장 내부를 장식한

The Body Shop은 소비자에게 제공되는 정보들 간의 일관성을 유지해 강력하고 긍정적인 브랜드이미지를 창출하는 데 성공하였다.

다. FSC마크는 지구환경을 훼손하지 않고 벌목으로부터 보호된 산림에서 길러진 나무를 사용한 제품에만 부착된다. 나아가 동물실험 반대 등의 사회적 활동을 통해 고객의 마음속에 이러한 브랜드이미지를 더욱 강화시키고 있다.

- **유사정보들의 추가적 제공:** 학습된 정보들이 서로를 보완하게 되면 정보의 인출가능성이 높아진다.[28] 예를 들어, 브랜드명, 광고주장, 광고에서 보여주는 사진이 동일한 정보를 제공할 때, 각 정보에 대한 인출가능성이 높아진다. 일반적으로 광고에서 보여주는 시각적 정보가 언어적 정보와 동일한 정보를 전달할 때, 후에 그 정보에 대한 기억력이 강화된다.

(2) 인출단서의 제공

정보의 회상에 이용될 수 있는 인출단서를 제공하면 이는 프라이밍 자극으로 작용하여 저장된 정보가 쉽게 인출될 수 있다. 예를 들어, TV광고의 음악이나 메시지를 라디오 광고에 사용하면 소비자는 TV광고의 내용을 자연스레 떠올릴 수 있다. 또한 TV광고 모델의 사진을 제품 패키지에 사용하면 광고내용의 인출을 용이하게 할 수 있다. 남양유업의 프렌치카페 커피믹스 광고 모델로 출연했던 탈렌트 김태희의 사진을 패키지에 실은 경우나 이에 대응해 출시된 동서식품의 맥심 화이트 골드의 광고에 출연한 피겨선수 김연아의 사진을 패키지에 부착한 경우가 그 예이다.

또한 소비자는 저장된 정보를 인출하려는 시점의 상황이 정보를 저장할 당시의 상황과 유사할수록 저장된 정보를 쉽게 인출할 수 있다. 특히 정보를 저장할 때 소비자가 경험했던 기분(mood)과 그 정보를 인출할 시점에 갖게 되는 기분이 유사할수록 그 정보의 인출이 보다 용이해지는데, 이를 **무드일치효과**(mood-congruence effect)라고 한다.[29] 과거 유행했던 노래의 가사 중에 '비가 오면 생각나는 그 사람'이라는 구절이 있다. 이 노래의 가사를 여기에 적용시켜보면 '그 사람과 헤어지던 당시 비가 왔으므로 비가 오면 그 사람이 생각난다'라고 해석할 수 있다.

인출단서 제공의 예: 동서식품은 맥심 화이트골드 커피믹스를 출시하면서 광고모델로 출연했던 피겨여왕 김연아의 사진을 제품패키지에 실었다.

(3) 소비자의 특성

소비자의 특성도 제품정보의 인출에 영향을 준다. 제품정보의 인출에 영향을 주는 주요한 소비자특성들에는 기분과 제품지식의 전문성, 그리고 이용가능성 휴리스틱이 있다.

- **기분(mood):** 기분은 감정에 비해 강도가 약하며 오래 지속되는 것으로 받아들여진다. 또한 감정은 어떤 대상과 관련되는 데 비해, 기분은 특정 대상과 관련되지 않을 수 있다. 기분이 기억성과에 미치는 영향과 관련된 연구에서는 긍정적 기분의 소비자는 긍정적 정보를 더 잘 회상하고, 부정적 기분의 소비자는 부정적 정보를 더 잘 회상하는 것으로 나타났다.[30]
- **전문성(expertise):** 특정 제품범주에 전문지식을 가진 소비자는 초보소비자에 비해 그 제품범주와 관련된 연상적 네트워크의 폭과 깊이가 훨씬 풍부하다. 따라서 전문지식을 가진 소비자는 정보인출 시점에서 활성화의 확산이 보다 광범위하고 신속하게 이루어지며, 이에 따라 더 많은 브랜드대안, 브랜드속성, 제품편익들을 회상할 수 있다.[31]
- **이용가능성 휴리스틱(availability heuristic):** 소비자는 구체적이고 생생한 정보나 독특한 정보를 더 잘 기억하는데, 의사결정이나 선택상황에서 장기기억

속에 저장된 이러한 정보에 의존하는 현상을 **이용가능성 휴리스틱**이라고 한다. 이러한 휴리스틱은 여러 선택대안을 평가하는 데 투입해야 할 시간과 심리적 에너지를 절약해 주지만 종종 편향된 판단을 하게 만든다. 가령, 당신이 평소에 알고 지내는 한 직장동료를 위해 넥타이를 선물하는 상황을 가정해보자. 당신은 그에게 넥타이를 사주려고 하지만, 그 사람이 무슨 색을 좋아하는지 모를 수 있다. 그래서 그가 무슨 색의 옷을 즐겨 입는지 기억해내려고 노력한다. 그것은 아주 합리적인 생각처럼 보이지만, 사실 당신 머릿속에 떠오른 색이 그 동료가 가장 많이 착용했던 색이 아닐 수도 있다. 우리는 대체로 객관적인 사실이나 통계치보다는 감각기관을 흥분시키거나 감정을 불러일으키는 자극이나 정보를 더 잘 기억한다. 이는 빨강이 회색보다 더 밝고 두드러져 보이는 색이기 때문에 그 동료가 빨간 넥타이를 맸던 횟수를 과대평가하고 회색 넥타이를 맸던 횟수는 과소평가할 수 있음을 의미한다.

6. 정보저장과 인출의 두 가지 메커니즘: 명시적 기억과 암묵적 기억

정보의 저장과 인출에는 명시적 기억과 암묵적 기억이 관여한다. 먼저, **명시적 기억**(explicit memory)은 어떤 특정 정보를 기억하고 있다는 개인의 의식이 있는 기억을 말한다. 이는 어느 정도 의식한 상태에서 그 정보를 저장했기 때문이다. 우리가 일반적으로 기억이라고 하면 명시적 기억을 말한다. 기억의 측정에 흔히 사용되는 회상검사(recall test)와 재인검사(recognition test)는 명시적 기억에 관한 검사 방법이다.

암묵적 기억(implicit memory)은 과거에 학습에 대한 의식적인 지각은 없지만 현재의 행동에 영향을 주는 기억을 말한다. 소비자는 어떤 브랜드의 광고에 노출된 후 그것에 노출되었다는 사실을 의식하지 않더라도 그 광고에 노출되지 않은 경우에 비해 그 브랜드를 선택할 확률이 높을 수 있는데 이러한 현상은 암묵적 기억에 의해 설명될 수 있다. 이는 소비자가 의식하지 않은 상태에서도 정보를 저장할 수 있음을 보여준다.[32]

예를 들어, 당신이 김포공항으로 가는 올림픽도로를 빠르게 운전하면서 'Lucent(미국의 세계적인 정보통신업체)'라는 기업명이 적힌 입간판을 지나쳤다고 하자. 후에 당신에게 과거에 보았던 입간판을 기억하는지와 기억한다면 어떤 내용인지를 물어본다면, 당신은 무슨 내용인지는 두고라도 입간판을 본 사실조차를 기억하지 못할 수 있다. 즉 당신은 명시적 기억을 가지고 있지 않는 것이다. 그러나

Luc-로 시작되는 단어 중 먼저 생각나는 것을 말해보도록 요구한다면, Lucent라고 답할 가능성이 높다. 이러한 답이 가능하다는 사실은 자신도 모르게(무의식상태에서) 입간판에 적혀 있던 Lucent에 대한 정보들이 부호화되어 기억 속에 저장되었다는 것을 시사하는 것이다.

명시적으로 기억할 수 없는 어떤 정보에 대해서 암묵적 기억이 어떻게 이루어질 수 있을까? 이에 대한 부분적인 답으로는 앞에서 언급한 프라이밍 효과를 들 수 있다. 소비자가 Lucent라는 기업명에 잠깐 노출되었다는 사실은 기억 속에서 그 기업명을 처리하기 위한 에너지가 활성화되었음(프라이밍이 이루어졌음)을 뜻한다. 즉 Luc-라는 정보는 Lucent라는 기업명이 쉽게 회상될 수 있도록 이를 활성화시키는 프라이밍 자극의 역할을 하게 되는 것이다.

프라이밍효과(priming effect; 선학습 효과, 점화효과)는 암묵적 기억 현상의 가장 흔한 유형이다. 예를 들어, 이전에 보았던 광고물에 담긴 메시지에 대한 선학습이 지금 보고 있는 광고물을 해석하는 데 영향을 줄 수 있다. 한 연구에서 피실험자들은 두 가지 PC광고물 중 하나를 제공받았는데, 한 광고물은 용도가 다양한 컴퓨터인 Versa-com 컴퓨터 광고이고, 다른 광고물은 사용하기 매우 쉬운 컴퓨터인 Ez-com 컴퓨터 광고였다.[33] 이에 따라 피실험자들은 '용도가 다양함' 혹은 '사용하기 쉬움'으로 선학습되었다. 그런 다음 그들은 여러 가지 제품특성을 가지고 있다는 PC-3000이라는 다른 컴퓨터의 광고물을 제공받았다. 연구결과에 의하면 '사용하기 쉬움'으로 선학습된 피실험자들에 비해 '용도가 다양함'으로 선학습된 피실험자들이 PC-3000을 더 호의적으로 평가하였다. 이러한 결과가 나온 이유는, Versa-com 광고에 노출된 피실험자들은 용도가 다양한 컴퓨터가 좋다는 암묵적 기억을 가진데 비해, Ez-com 광고에 노출된 피실험자들은 사용하기 쉬운 컴퓨터가 좋다는 암묵적 기억을 가졌으며 이 암묵적 기억이 프라이밍 자극으로 작용했기 때문으로 볼 수 있다.

7.4 기억제어과정

소비자는 일상생활에서 계속적으로 새로운 정보에 접하고 그 정보를 단기기억에서 처리하는데, 새로운 정보를 처리하기 위하여 장기기억에 저장되어 있는 정보

그림 7.4 기억제어과정

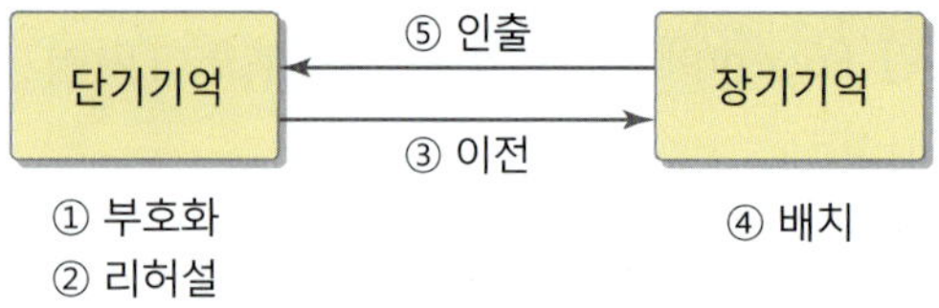

를 인출한다. 새로이 처리된 정보 중 일부는 장기기억에 저장된다. 그리고 그 저장된 정보를 차후 필요시 단기기억으로 인출하는 과정을 겪는다. 이러한 일련의 메커니즘을 **기억제어과정**(memory control process)이라고 한다. 기억제어과정에는 [그림 7.4]에서 볼 수 있듯이 부호화(coding), 리허설(rehearsal), 이전(transfer), 배치(placement), 인출(retrieval)이 있다.

1. 부호화

부호화(coding)는 유입자극에 의미를 부여하는 것으로 정보처리과정의 **지각**(perception)에 해당한다. 소비자는 마케팅자극을 이해하기 위하여 장기기억에 저장된 다른 정보를 인출하여 사용한다. 예를 들어, 소비자가 카우보이가 모델로 사용된 말보로담배 광고에 노출되는 경우를 생각해보자. 이 소비자는 말보로-카우보이를 연결지어 생각하면서 장기기억에 저장되어 있는 카우보이 관련 스키마를 자연스럽게 단기기억으로 가져와 말보로를 카우보이 스키마에 연결짓게 된다. 이에 따라 말보로-카우보이-강인한 남성의 관계가 형성되며, 소비자는 말보로를 남성적 이미지의 담배로 부호화할 수 있다.

마케터는 소비자들이 자사브랜드에 대한 정보를 자사가 원하는 방식으로 부호화하도록 정보를 제시해야 한다. 이는 소비자가 자사브랜드에 대한 정보를 경쟁브랜드와 잘못 연결지어 부호화할 수 있기 때문이다. 이러한 예로 과거 롯데 델몬트주스의 사례를 생각할 수 있다. 그 당시 델몬트주스 광고에서 사용한 '따봉'이라는 문구는 소비자들의 높은 인지도와 회상률을 획득하였지만, 광고를 본 후 많은 소비자들은 '따봉'이라는 말이 경쟁사인 해태의 썬키스트 훼밀리주스의 광고에서 나온 말로 생각하였다. 이는 그 당시 오렌지주스로 널리 알려져 있던 브랜드는 훼밀리주스였는데, 소비자들은 따봉을 생각하면서 델몬트주스를 생각하지 않고 다만 오렌지

쥬스만 생각하였으며, 결국 따봉-오렌지주스를 연결하여 부호화한 것으로 볼 수 있다. 이에 따라 따봉을 오렌지주스-훼밀리주스가 연결된 스키마에 배치를 한 것이다.

2. 리허설

앞에서 본 바와 같이 **리허설**(rehearsal)에는 정교화 리허설(elaborative rehearsal)과 유지 리허설(maintenance rehearsal)이 있다. 소비자는 유입정보를 필요로 하는 경우 단기기억에서 정교화 리허설을 함으로써 그 정보를 장기기억으로 이전시킨다. 이에 비해 소비자가 그 정보에 대한 필요성을 갖지 않는 경우 정교화 리허설을 하지 않는다. 사실 현실적으로 소비자들은 수많은 광고에 노출되지만 대부분의 경우 정교화 리허설을 하지 않는다. 마케터는 이를 극복하기 위하여 반복광고나 한 광고 내에서 브랜드명의 반복 등의 방법을 사용하는데, 이는 곧 강제적으로 유지 리허설을 시키는 것으로 볼 수 있다.

3. 이 전

단기기억에서 리허설을 거친 정보는 자연스럽게 장기기억에 **이전**(transfer)되며, 리허설을 거치지 않은 정보는 기억시스템에서 사라진다.

4. 배 치

배치(placement)는 단기기억으로부터 이전된 정보가 장기기억의 스키마에 연결되는 메커니즘을 말한다. 배치는 제6장에서 설명한 지각적 범주화와 관련이 있다. 앞에서 예를 든 '따봉'의 경우 소비자들이 따봉을 생각하면서 훼밀리주스를 생각해내는 것은 소비자들이 따봉-오렌지주스를 연결하여 부호화하고 결국 새로운 개념인 따봉을 오렌지주스-훼밀리주스의 스키마에 배치한 것으로 볼 수 있다. 결국 배치를 잘못하는 것은 부호화를 정확히 하지 않았기 때문이라고 할 수 있다. 또한 배치를 잘못하면 인출을 제대로 할 수 없다.

장기기억의 지식체계는 도서관의 장서진열체계에 비유될 수 있다. 도서관에는 수많은 서적들이 정해진 규칙에 따라 진열되어 있으며, 이용자는 그 규칙을 따르면 원하는 책을 쉽게 찾을 수 있다. 만약 이용자가 어느 책을 읽은 다음 옳지 않은 서가에 꽂게 되면 배치를 잘못하는 것이며, 다음에 다른 이용자는 이 책을 찾는 데 어려움을 겪거나 찾지 못할 수 있다.

5. 인 출

장기기억에 저장된 정보는 필요시 단기기억으로 **인출**(retrieval)된다. 소비자는 의사결정과정과 정보처리과정에서 필요한 정보를 자연스럽게 인출한다. 즉, 의사결정을 위한 내적탐색과정에서 문제해결에 필요한 정보가 인출되며, 정보처리과정에서는 유입정보를 해석하는 데 관련된 정보가 또한 인출된다.

특정 정보의 인출은 그 정보가 연결된 스키마의 다른 정보가 먼저 활성화되고 이어서 그 정보가 활성화됨으로써 이루어진다. 그러므로 마케터는 자사의 브랜드가 쉽게 활성화되도록 하기 위해서는 소비자의 문제를 일으키는 요인과 자사의 브랜드의 연결관계가 강해지도록 해야 한다. 예를 들어, 갈증이 나는 경우 코가콜라가 쉽게 생각나도록 하기 위해서는 갈증을 느끼는 소비자가 코카콜라를 마시고 갈증을 해소하는 상황을 보여줄 수 있는 것이다. 이 경우 소비자가 동일한 광고에 반복적으로 노출되거나 갈증해소를 위해 코카콜라를 소비하는 경험을 많이 할수록 장기기억에서 갈증과 코카콜라의 연결관계는 더욱 강해지고 차후 갈증상황에서 코카콜라가 쉽게 활성화되어 인출될 수 있다.

❙ 생각해 볼 문제

1. 단기기억의 주요 특징은 무엇이며 이러한 특징이 기업의 마케팅전략 수립에 어떤 시사점을 제공하는지에 대해 생각해보시오.

2. 장기기억 속에 저장된 지식은 네트워크 조직을 가진다고 가정된다. 특정의 브랜드를 가지고 네트워크 조직을 구성해 보고, 왜 이를 이해하는 것이 중요한지를 생각해보시오.

3. 기억에 저장된 정보가 인출되지 않는 경우가 흔히 발생되는 이유는 무엇인가? 장기기억에 저장된 정보의 인출을 돕기 위한 마케팅전략에 대해 특정의 사례를 가지고 토의해보시오.

Consumer Behavior

제 4 부

태 도

제 8 장

태도 I: 개념과 태도-행동 관계

팬덤과 굿즈 마케팅

굿즈(Goods)는 원래 일반적인 제품을 의미하는 단어이나 한국과 일본에서는 특정 대상의 팬들을 대상으로 판매하는 브랜드, 인물, 작품 등의 파생상품을 의미한다. 스타벅스의 경우 다이어리, 텀블러, 머그컵 등 다양한 브랜드 굿즈를 선보였으며, 한정수량 제품이 나올 때면 이를 구입하기 위해 많은 사람들이 새벽부터 매장 앞에 줄을 서곤 한다.

굿즈는 주로 팬덤이 강한 소비자를 표적으로 하고 있다. 팬덤(fandom)이란 특정 대상에 대한 매우 강하고 긍정적인 태도라고도 정의할 수 있으며, 팬덤이 강한 소비자는 팬덤의 대상에 대한 긍정적인 행동을 할 뿐만 아니라, 그 파생상품인 굿즈 수집에도 열광적인 경향이 있다. 방탄소년단(BTS)의 경우 포토카드, 사진집부터 마스크, 칫솔, 에어팟 케이스까지 다양한 캐릭터 상품이 존재하며, 일부 방탄소년단 팬들은 BTS 굿즈 수집이 취미라고 말할 만큼 다양한 굿즈를 구매한다.

굿즈 마케팅: 트로트 가수 임영웅 굿즈 패키지. 연예인에 대한 팬들의 열광적인 태도는 굿즈 구매로 이어진다.

한 설문조사에 따르면 10-20대 응답자 중 94%가 굿즈를 구매해 본 경험이 있다고 밝혔다. 그중 연예인 굿즈를 구매해 봤다는 비율이 40%로 가장 높았고, 구매이유로 71%가 좋아하는 대상과 관련된 물건이기 때문이라고 응답했다. 가장 선호하는 굿즈는 포토북 및 포토카드(51%)로 나타났으며, 이어 의류 및 패션잡화(21%), 생활용품(7%), 문구류(5%) 순이었다. 또한 89%가 기본 굿즈보다 한정판 굿즈에 구매 욕구를 더 크게 느낀다고 응답했다.

팬덤으로 인한 굿즈 구매는 MZ세대에만 국한되지는 않는다. 트로트 가수 임영웅의 경우 40대 이상 중장년층 여성 팬들이 많다. 임영웅의 콘서트는 표를 구하기가 어려운 것으로 유명하며, 중장년 임영웅 팬들의 자녀들은 부모님을 대신해 표를 구하기 위해 애를 쓴다. 임영웅의 팬들은 임영웅 굿즈 제품뿐만 아니라 임영웅이 광고한 제품의 구매에도 열을 올린다. 임영웅이 모델인 샴푸의 경우 홈쇼핑 판매에서 조기매진되기도 했다. 임영웅 팬들의 경우 구매력이 높으며, 팬덤이 실제 굿즈 구매로 이어지는 경우가 많다. 설문조사 결과도 팬덤이 굿즈 구매로 이어지는 정도는 구매력이 커질수록 강한 것을 보여주었다. 굿즈 구매 1회당 5만 원 이상을 지출한다고 답한 비율은 중학생 22%, 고등학생 32%, 대학생 35%인 것으로 나타났다.

자료원: *매일경제* 2023.05.26; *한경Business* 2023.06.09.

내 제품에 대한 소비자의 반응이 팬덤이 강한 소비자의 굿즈에 대한 열광과 같다면 소비자들은 제품을 구입하기 위해 새벽부터 줄을 서고, 웃돈을 주고서라도 한정판을 구입하기도 한다. 이는 마케터가 꿈꾸는 이상적인 상황일 것이다. 초기의 애플 아이폰 제품에 대한 소비자의 반응도 유사했다. 제품 발매 전날에 매장 앞에서 밤을 새우고, 제품을 구입한 소비자는 환호했다. 이와 같은 대상에 대한 강한 열망은 태도로 설명될 수 있다.

태도는 대상에 대한 평가가 얼마나 긍정적 혹은 부정적인지를 의미한다. 사회심리학(social psychology)에서 연구되기 시작한 다양한 태도이론들은 소비자 상황에도 적용되어 소비자의 브랜드, 점포, 기업 등에 가지고 있는 긍정적 혹은 부정적인 평가가 어떻게 형성, 유지, 변화되는지를 설명해준다. 태도는 행동에 영향을 미친다. BTS나 임영웅 팬들의 열성적인 행동은 대상에 대한 매우 긍정적이고 강한 태도를 가지고 있기 때문으로 설명될 수 있다. 마케터는 소비자 태도를 조사함으로써 마케팅 노력의 성과를 파악할 수 있다. 또한, 태도는 구매행동의 선행변수이기 때문에 소비자의 태도를 긍정적으로 변화시킴으로써 구매를 유도할 수 있다는 점에서도 태도는 소비자행동 연구에 있어서 오랫동안 가장 중요한 연구주제가 되어왔다.

본 장에서는 먼저 태도의 개념, 기능, 차원을 설명한다. 다음으로 태도가 행동에 미치는 영향, 그리고 행동이 태도에 미치는 영향에 대한 이론을 설명하고 마케팅 시사점을 제시한다.

8.1 태도의 정의와 차원

1. 태도의 정의

(1) 태도의 정의와 중요성

태도(attitude)는 대상에 대한 일관성 있는 평가라고 정의된다.[1] 태도에 관한 많은 연구가 있었던 만큼 여러 정의가 있지만, 태도를 정의함에 있어서 공통점은 태도는 특정 대상을 좋아하거나 싫어하는 정도라고 할 수 있다. 태도의 대상은 제품, 개인, 집단, 아이디어, 행동과 같이 다양하다. 소비자는 브랜드, 기업, 매장과 같은 대상(object)에 대한 태도뿐만 아니라, 특정 제품을 구입하거나 보유하는 것과 같은 행동(action)에 대한 태도도 가지고 있다. 브랜드에 대한 전반적인 평가(overall evaluation)를 의미하는 **브랜드 태도**(brand attitude)는 소비자의 제품 구매와 브랜드의 지속적인 성공 여부를 결정하는 중요한 변수로 여겨지고 있다. 따라서 마케터의 중요한 임무 중의 하나는 소비자가 자사의 제품에 대해 가지는 태도를 긍정적으로 형성, 유지시키는 것이다.

태도가 소비자행동 연구에서 중요한 주제인 이유는 두 가지로 설명할 수 있다. 첫째, 기업은 소비자의 태도를 측정함으로써 소비자가 자사의 제품을 어떻게 평가하는지를 알 수 있으며, 경쟁제품에 대한 태도와의 비교를 통해 상대적인 선호도를 알 수 있다. 또한, 시간이나 사건에 따른 태도 변화를 파악할 수 있다. 예를 들어, 새로운 광고 캠페인 이전에 측정한 태도와 이후에 측정한 태도를 비교함으로써 그 광고가 얼마나 효과적인지를 파악할 수 있다.

둘째, 태도는 행동과 연관성이 있다. 소비자가 특정 제품에 대해 매우 긍정적인 태도를 가지고 있는 경우, 그 제품을 구입할 확률이 높을 것으로 기대할 수 있다. 예를 들어, BTS 팬들이 음반, 기념품, 굿즈, 콘서트티켓을 구입하는 것은 BTS에 매우 긍정적인 태도를 가지고 있기 때문이다. 태도의 형성과 변화에 대한 다양한 이론이 존재하며, 기업은 이를 이용하여 소비자 태도를 긍정적으로 변화시킴으로써 소비자의 제품 구매증가를 기대할 수 있다.

(2) 태도의 세 요소

태도는 인지적 요소, 감정적 요소, 그리고 행동적 요소의 세 가지 하위 요인으

그림 8.1 태도의 세 요소

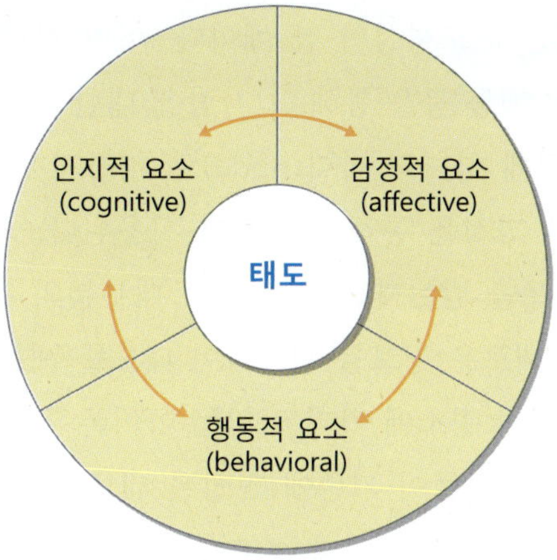

로 이루어진 다차원적 개념으로 이해된다. **인지적 요소**(cognitive component)는 한 대상에 대해 개인이 가지는 지식이나 신념을 말한다. "자동차 K8은 고장이 잘 안 난다"와 같은 제품에 대한 지식이 이에 해당한다. **감정적 요소**(affective component)는 대상에 대한 긍정적 혹은 부정적인 느낌으로서, "나는 K8을 좋아한다"가 그 예가 된다. **행동적 요소**(behavioral component)는 대상과 관련된 행동을 하려는 성향이다. 예를 들어, "나는 K8을 사고 싶다"는 구매와 관련된 행동적 요소이다. 세 가지 차원의 태도모형은 Affect(감정), Behavior(행동), Cognition(인지)의 알파벳 세 글자를 딴 ABC 태도모형이라고도 한다.

[그림 8.1]은 인지, 감정, 행동의 다차원 태도의 모형을 보여준다. 중심의 태도는 세 요소와 연관성이 있어 태도와 구성요소는 일관성을 유지한다. 또한 그림의 화살표가 보여주듯이 세 요소도 서로 연관되어 있어 한 요소의 변화는 다른 요소에 영향을 준다. 예를 들어, 소비자에게 제품에 대한 새로운 정보가 전달되어 인지적 요소가 변경되면 감정적 요소와 행동적 요소도 변경될 수 있다.

(3) 태도의 형성과 변화

태도는 대상에 대한 '어느 정도 일관성 있는' 평가라고 정의된다. 그러나 태도가 항상 동일하게 유지되는 것은 아니며, 한번 형성된 태도는 지속적으로 유지될 수도 있으나 새로운 정보에 의해 변하기도 한다. 특정 대상에 대한 태도를 처음 갖는 과정을 **태도형성**(attitude formation)이라 한다. 신제품이 시장에 도입되는 경우, 소비자는 처음 접하는 제품에 대한 태도를 가지고 있지 않다. 신제품 정보를 살펴본 후 평가를 내리는 과정은 태도형성의 한 예이다. 어떤 사람을 처음 만났을 때, 그 사람과의 대화나 관찰된 행동 등을 통해 그 사람에 대한 태도를 형성한다.

형성된 태도는 기억에 하나의 마디(node)로 저장되며, 관련된 정보를 접하는 경우 활성화(activation) 과정을 통해 인출되어 사용된다.[2] "애플 아이폰을 어떻게 평가하십니까?"라는 질문을 받는다고 가정하자. 대부분의 경우 이 질문에 답을 하기 위해 아이폰에 대한 새로운 정보를 검색하여 태도를 새롭게 형성하지는 않는다. 대신에 기억 속에 저장되어 평소에 가지고 있는 아이폰에 대한 태도를 떠올려 답을 할 것이다. 이와 같이 소비자들이 기존에 형성된 태도를 가지고 있는 경우 인출된 태도는 의사결정에 영향을 미칠 수 있다.

형성된 태도가 항상 동일하게 유지되는 것은 아니다. 새로운 정보를 반영해 기존의 태도와 다른 태도를 형성하는 과정을 **태도변화**(attitude change)라 한다. 예를 들어, 어떤 기업에 긍정적 태도를 가지고 있을 때 그 기업이 환경오염과 같은 부정적인 행위를 한 경우, 새로운 정보를 기반으로 태도가 부정적인 방향으로 변화할 수 있다. 마케터는 광고 등과 같은 설득 메시지를 소비자에게 제시함으로써 자사 브랜드에 대한 태도를 긍정적인 방향으로 변화시키려고 노력한다. 태도의 형성과 변화에 관한 이론과 시사점은 제9장에서 설명한다.

(4) 태도의 기능

소비자가 대상에 대한 태도를 지속적으로 유지하는 이유는 태도가 다양한 **기능**(function)을 제공하기 때문이다. 이는 소비자가 자신의 특정한 동기(motivation)를 만족시키기 위해 태도를 유지하고 활용함을 의미하기도 한다. 예를 들어, 소비자의 스타벅스 브랜드에 대한 긍정적인 태도는 다양한 동기로 형성되고 유지될 수 있다. 소비자 A는 커피 향과 맛 때문에 긍정적인 태도를 가지고 있는 데 비해, 소비자 B는 스타벅스 브랜드의 세련된 도시 이미지가 좋아서 호의적 태도를 갖는다. 마케터가 자사 브랜드로부터 소비자가 얻고자 하는 기능이 무엇인지를 이해하는 것은 중요하다. 소비자 A에게는 스타벅스 커피의 차별화된 맛과 향기를 강조하고, B에게는 스타벅스의 브랜드 이미지를 강조하는 것이 더 효과적일 수 있다. Katz는 태도가 갖는 기능을 실용적 기능, 지식기능, 가치표현적 기능, 자기방어적 기능의 네 가지 유형으로 분류하였다.[3]

① 실용적 기능

사람들은 가급적 자신에게 주어지는 긍정적인 보상(reward)을 최대화하고, 부정적인 처벌(punishment)을 최소화하는 방향으로 행동하려는 경향이 있다. 그리하여 **실용적 기능**(utilitarian function)을 토대로 태도를 형성한 소비자는 비용(costs)보다 더 큰 편익(benefits)을 제공해주는 대상에 대해 더 호의적이다. 이때 각 브랜드에 대한 태도는 선택에 영향을 미치는 실용적 기능을 수행한다. 예를 들어, 워킹화의 경우 가벼운 무게, 편리한 탈착기능, 키높이 효과, 편안한 소재 등과 같은 편익은 소비자에게 더 큰 실용적 기능을 제공하여 태도를 긍정적으로 변화시킨다.

실용적 기능을 강조하여 호의적 태도 형성: 워킹화의 다양한 제품편익은 소비자에게 실용적 기능 측면에서 호의적 태도를 형성하도록 한다.

② 지식기능

태도의 **지식기능**(knowledge function)은 태도가 새롭게 접하는 정보를 이해하는 데 도움을 주는 준거체계(frame of reference)로서의 작용을 의미한다. 소비자는 자신이 기존에 가지고 있는 태도에 근거하여, 그 대상과 관련된 새로운 제품 정보를 해석한다. 소비자는 외부 자극을 지각할 때 선택적 지각(selective perception) 메커니즘에 따라 자신의 방식으로 지각할 수 있는데, 이러한 선택적 지각 메커니즘은 태도의 지식기능에 의해 설명이 가능하다. 예를 들어, 소비자가 어떤 제품에 호의적 태도를 가지고 있을 때 그 제품에 대한 부정적 정보에 노출되면 이를 받아들이지 않거나 평가절하하는 경향이 있다. 반대로 부정적 태도를 가졌던 제품에 대한 긍정적 정보에 노출되면 이 또한 부정하거나 평가절하할 수 있다. 소비자가 호의적 태도를 갖는 기업이 신제품을 개발하면 소비자는 자연스럽게 긍정적 태도를 가질 수 있는 것도 태도의 지식기능에 의해 설명할 수 있다.

③ 가치표현적 기능

태도는 자아개념(self-concepts)이나 중요한 가치(values)를 표현하며, 이를 **가치표현적 기능**(value-expressive function)이라 한다. 일본 제품 대신 국산 제품을 구입함으로써 자신의 애국심을 표현할 수 있다. 정장보다 캐주얼을 선호한다고 이야기함으로써 자신이 자유분방한 가치관을 갖고 있는 것을 간접적으로 나타낼 수

제품을 통한 가치의 표현: 핑크리본(pink ribbon)은 유방암 인식의 국제 상징이다. 핑크리본 상징이 있는 제품의 사용은 유방암 환자에 대한 후원을 상징한다. 더 나아가 여성의 아름다움과 건강을 상징하기도 한다.

있다. 일회용 컵 대신 머그잔이나 텀블러를 사용하는 것은 실제 환경보호에도 도움이 될 뿐만 아니라, 사용자의 환경친화적 이미지를 타인에게 전달하기도 한다. 소비자의 태도가 주로 가치표현적 기능과 관련되는 경우 마케터는 소비자가 중요하게 여기는 이미지나 가치를 자사의 브랜드와 연관시킴으로 표적소비자를 설득할 수 있다. 예를 들어, 성공, 지위 등의 이미지를 강조하는 고급 승용차 광고는 가치표현적 기능을 추구하는 소비자에게 더 효과적일 수 있다.

④ 자기방어적 기능

태도는 내부적 불안감(internal insecurities)이나 외부적 위협(external threats)으로부터 개인을 보호하는 **자기방어적 기능**(ego-defensive function)도 가지고 있으며, 이는 프로이트 심리학에 그 토대를 두고 있다. 이 영향은 자신의 내면적 가치관을 나타내려는 가치표현적 기능과 기능 면에 있어서 반대 방향으로 나타날 수 있다. 이를 소비자의 제품 구매와 관련지으면, 소비자는 자신의 약점이 드러나는 제품의 사용을 회피하고 반대로 그러한 약점을 감추어 주거나 보완하는 제품을 사용하려 한다. 또한, 특정 대상에 대해 불안감을 가지는 경우, 이를 해소해 줄 수 있는 제품에 긍정적인 태도를 가진다. 예를 들어, 자신이 그다지 남자답게 비치지 못한다고 여기는 남자들일수록 남성적 이미지가 강한 제품(술, 담배 등)을 많이 소비·사용하려 할 수 있다. 자신의 체취로 인해 타인에게 비호감을 줄 수 있다는 불안감을 가지는 소비자는 향수를 사용함으로써 불안감을 해소하려 할 수 있다.

(5) 태도의 측정

측정이란 대상의 상태나 정도를 계량화(quantification)하는 과정을 의미한다. 태도 연구를 위해서는 신뢰성 있는 측정방법과 도구를 이용한 태도의 측정이 필요하다. 태도측정은 특정 대상을 좋아하거나 싫어하는 정도를 숫자로 나타내는 과정을 의미한다. 태도는 소비자행동 연구에서 가장 중요한 연구주제 중 하나였던 만큼, 태도를 어떻게 측정할지에 대한 많은 연구가 있었다.[4] 태도는 개인의 심리적 특성 측정기법을 연구하는 심리측정학(psychometrics)의 중요한 주제이며, 이 분야의 발전에도 많은 기여를 하였다. 단순한 척도부터 매우 복잡한 과정의 측정도구까지 다양한 태도 측정방법이 제시되고 검증되었다.

태도를 측정하는 방법은 직접측정과 간접측정으로 나눌 수 있다. 전통적으로 태도는 응답자가 자신의 태도를 표현하는 방식인 직접측정방법으로 측정되었다. 대상에 대한 행동이나 반응으로 태도를 추론하는 간접측정방법도 태도 연구에서 사용된다.

① 직접측정: 명시적 태도

태도 측정에 일반적으로 사용되는 방법은 대상에 대한 선호 정도를 스스로 평가하여 척도에 응답하는 **직접측정**(direct measurement)방법이다. 이와 같이 자기보고법(self-report)을 사용해 측정된 태도를 **명시적 태도**(explicit attitude)라 한다. 직접측정방법은 대부분 등간(interval)척도를 이용하여 응답자의 주관적 태도를 측정한다. 예를 들어, 제9장에서 소개될 정교화가능성 모델에 관한 Petty, Cacioppo, and Schumann의 연구에서는 제품에 대한 태도를 [그림 8.2]와 같은 세 개의 9점 척도를 이용하여 측정하였다.[5] 이 경우 세 항목에 대한 각 응답자의 응답의 평균값이 그 응답자의 태도점수이다.

척도를 사용해 측정한 태도의 절댓값 자체는 큰 의미가 없는데, 이는 사용된 척도의 범위(예, 7점, 9점, 100점 척도) 등에 따라 점수가 달라지기 때문이다. 척도로 측정된 태도점수는 대상이나 시간에 따른 태도 차이의 비교에는 효과적으로 사용될 수 있다. 즉, A제품과 B제품에 대한 상대적인 선호 비교나, A제품의 태도가 시간이 지남에 따라 어떻게 변하는지를 알아보기 위해 사용될 수 있다.

직접측정은 간단한 방법으로 태도를 측정할 수 있다는 장점이 있는 반면에, 사회적 압력 등에 의해 왜곡된 응답을 할 수 있다는 단점이 있다. 예를 들어, 인종에

그림 8.2 태도 측정에 사용되는 척도의 예

	−4	−3	−2	−1	0	+1	+2	+3	+4	
나쁘다	○	○	○	○	○	○	○	○	○	좋다
불만족스럽다	○	○	○	○	○	○	○	○	○	만족스럽다
선호하지 않는다	○	○	○	○	○	○	○	○	○	선호한다

대한 편견이 강한 응답자는 사회적 압력 때문에 자신의 실제 태도와 다른 응답을 할 수 있다. 소비자 구매상황에서도 일부러 본인의 태도와 다른 응답을 할 수 있다. 예를 들어, 특정기업 제품에 대해 불매운동과 같은 사회적 압력이 있는 경우, 본인의 실제 태도와는 다른 응답을 할 수도 있다. 이러한 관점에서 아래의 간접측정방법이 제기되었다.

② 간접측정: 암묵적 태도

태도는 **간접측정**(indirect measurement)방법을 통해서도 측정할 수 있다. 예를 들어, 대상에 대한 행동이나 신체반응(예, 심장박동)을 통해 측정하기도 한다. 그러나 이런 방법들은 태도를 점수로 표현하기 쉽지 않다는 한계가 있다. 간접측정방법은 주로 대상에 대한 반응속도(response latency)를 이용해 태도를 측정한다. 간접측정방법으로 추론된 태도를 **암묵적 태도**(implicit attitude)라 한다.[6]

암묵적 연상 테스트(implicit association test: IAT)는 태도 연구에서 많이 사용되는 암묵적 태도 측정방법이다. 암묵적 연상 테스트는 응답자의 대상에 대한 반응속도를 이용해 태도를 추정한다.[7] 구체적인 측정방법은 [소비자행동 Highlight]에 제시되어 있다. 이 방법의 특징은 응답자의 무의식적인 반응속도에 근거하기 때문에, 응답자의 의도적 왜곡이 없는 태도를 측정할 수 있다는 점이다. 암묵적 태도의 측정은 심리학 분야에서는 인종, 성별, 나이 등과 관련된 사회적 편견(stereotypes)을 연구하는 데 많이 활용되어 왔으며, 소비자 분야에서는 주로 무의식적 태도 형성에 적용되었다.

소비자행동 Highlight

암묵적 태도의 측정

암묵적 연상 테스트(IAT: implicit association test)는 사회심리학자 Anthony Greenwald와 그의 동료들이 개발한 암묵적 태도 측정방법이다.[8] IAT의 기본원리는 두 개념이 연관성을 가지고 있을 때, 하나의 개념을 접하면 다른 개념을 더 쉽게 떠올릴 수 있고, 빠르게 반응한다는 것이다. 예를 들어, '의사'라는 단어에 노출된 경우 '병원'이나 '간호사'와 같은 관련된 대상을 기억에서 쉽게 인출할 수 있고, 이 단어에 대한 응답을 더 쉽고 빠르게 할 수 있다. IAT는 연상에 의한 반응 속도를 측정함으로써 대상에 대한 암묵적 태도를 추정한다. 특정 브랜드에 대해 긍정적인 태도를 가지고 있는 경우 태도와 일치하는 긍정적인 단어(예, 행복)에는 더 빠르게 반응하는 반면, 태도와 불일치하는 부정적인 단어(예, 불행)에는 더 느리게 반응한다. 반대로 브랜드태도가 부정적인 경우, 부정적 단어에는 빠르게, 긍정적 단어에는 느리게 반응한다.

아래의 예는 인종(흑인)에 대한 부정적인 암묵적 태도를 가지는 경우 이를 측정하는 방법을 보여준다. IAT는 암묵적 태도를 PC를 이용하여 측정한다. 조사참여자는 두 개의 과제를 수행한다. 첫 번째는 '인종구분 과제'이며, 화면에 제시된 인물 사진이 흑인인지 백인인지를 응답하는 것이다. 두 번째 '단어의미 과제'에서는 화면에 나타난 단어가 긍정적인 단어(예, 희망)인지 부정적인 단어(예, 재난)인지 판단한다. 응답은 키보드의 왼쪽 자판(예, 키보드 왼쪽에 위치한 'A' 자판)이나 오른쪽 자판(예, 키보드 오른쪽에 위치한 'L'자판)을 이용한다. 태도대상인 인종과 제시된 단어의 일치성은 응답에 사용되는 자판의 위치로 결정된다.

동일위치(일치성) 자판의 경우, 흑인에 대한 응답과 부정적 단어에 대한 응답에 동일한 자판(예, 왼쪽의 'A'자판)이 사용된다. 인종구분 응답 과제의 경우, 화면에 흑인과 백인의 이미지가 랜덤하게 나타나며, 흑인의 경우 왼쪽 자판, 백인의 경우 오른쪽 자판을 이용해 응답한다. 단어의미 응답 과제에서는 긍정적 단어와 부정적 단어가 랜덤하게 제시되며 부정적인 단어에 대한 응답('나쁘다')에는 왼쪽 자판이, 긍정적 단어에 대한 응답('좋다')에는 오른쪽 자판이 사용된다. 따라서 동일위치 자판의 경우 흑인에 대한 응답에 사용한 왼쪽 자판(예, 'A'자판)이 '나쁘다'라는 응답에 사용된다. 오른쪽 자판(예, 'L'자판)은 '백인'과 '좋다' 응답에 사용된다. 응답자가 흑인에 대한 부정적 태도를 가지고 있는 경우, 사용되는 자판 위치의 일치로 인해 단어의미에 대한 평가가 빨라진다.

한편, 다른위치(불일치성) 자판의 경우, 흑인에 대한 응답과 부정적 단어에 대한 응답에 다른 자판이 사용된다. 이 경우, 왼쪽 자판은 '흑인'에 대한 응답과 '좋다'라는 긍정적인 단어에 대한 응답에 사용된다. 오른쪽 자판은 '백인'에 대한 응답과 '나쁘다'라는 부정적인 단어에 대한 응답에 사용된다. 응답자가 흑인에 대해 부정적인 태도를 가지고 있는 경우, 사용되는 자판 위치의 불일치로 인해 단어의미에 대한 응답이 느려지는 경향이 있다.

연구참여자들은 인종구분과 단어평가 과제를 동일위치 자판과 다른위치 자판을 사용해 응답한다. 이때 동일위치와 다른위치의 자판을 사

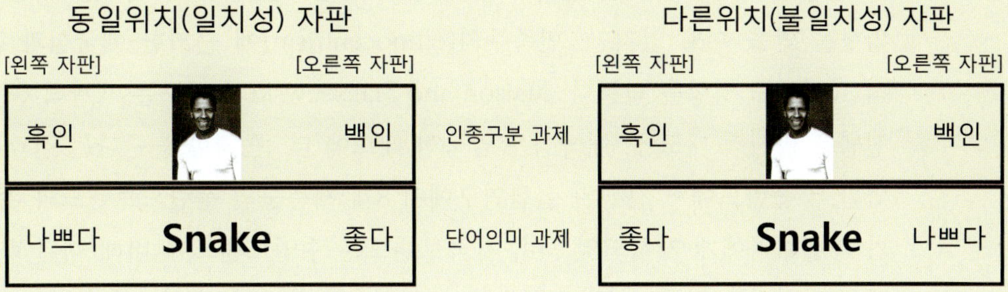

용하는 순서와 자판의 할당(흑인에 대한 응답을 왼쪽 혹은 오른쪽 자판으로 응답)의 영향은 정교한 실험설계를 통해 통제된다. 암묵적 태도는 자판위치에 따른 단어의미에 대한 응답속도의 차이로 측정된다. 즉, 흑인에 대한 부정적 태도를 가지고 있는 응답자의 경우, 동일위치 자판의 경우 단어의미에 대한 응답이 빠르고 다른위치 자판의 경우 응답이 느리게 나타난다. 자판위치에 따른 응답속도의 차이가 암묵적 태도 점수로 측정되며, 속도 차이가 클수록 인종에 대한 부정적인 태도를 가지고 있다고 여겨진다. 흑인에 대해 부정적인 태도를 가지고 있지 않은 경우에는 자판위치에 따른 응답속도의 차이가 나지 않는다. 인종 외에 외모, 나이, 성별 등과 같은 다양한 대상에 대한 암묵적 태도는 Project Implicit 웹사이트(http://implicit.harvard.edu/implicit/)에서 측정이 가능하다.

③ 명시적 태도와 암묵적 태도: 형성 과정과 영향의 차이

명시적 태도와 암묵적 태도의 관련성에 대한 연구에 따르면 두 종류의 태도 간에 유사성도 있지만, 형성 과정과 영향에 있어서 차이가 존재한다. 명시적 태도는 주로 대상에 대한 지식, 신념 등을 통해 형성되며, 암묵적 태도는 조건화(conditioning)와 같은 과정을 통해 무의식적으로 형성될 수 있다.[9] 예를 들어, 특정 음료수 제품에 대한 명시적인 태도는 제품의 맛, 영양성분과 같은 속성에 대한 신념에 기반을 둔다면, 암묵적 태도는 매력적인 광고모델과의 연상에 따라 달라질 수 있다. 행동과의 연관성에 있어서도 두 유형의 태도는 차이가 있다. 명시적 태도는 의도적으로 계획된 행동에 더 큰 관련성이 있는 데 비해, 암묵적 태도는 무의식적인 행동과 관련성이 더 높다. 또한, 암묵적 태도의 영향은 명시적 태도의 유무에 따라 달라질 수 있다. 즉, 소비자의 암묵적 태도가 브랜드 선택에 미치는 영향은 브랜드에 대한 명시적 태도를 가지고 있지 않은 경우에 더 크게 나타난다.[10]

명시적 태도와 암묵적 태도에 영향을 미치는 요인이 다른 경우, 두 태도의 차이가 발생할 수 있다. 예를 들어, 자국제품과 수입제품에 대한 태도는 객관적 품질에 영향을 받을 수도 있지만, 민족주의(ethnocentrism)에 근거한 애국심과 같은 감정적 요인에도 영향을 받는다. Maison and Maliszewski의 연구는 객관적 품질에 대한 신념은 명시적 태도에, 애국심은 암묵적 태도에 더 큰 영향을 준다는 결과를 보여주었다.[11] 폴란드에서 진행된 실험연구에서 8개 제품군의 폴란드브랜드와 수입브랜드가 피실험자에게 제시되었으며, 자국브랜드는 수입브랜드에 비해 객관적인 품질이 낮게 인식되는 것들이었다. 예를 들어, 탄산음료의 경우 수입브랜드인 Pepsi와 자국

브랜드인 Hoop가 제시되었다. 자국브랜드와 수입브랜드에 대한 명시적 선호(태도)는 피실험자가 두 브랜드 중에서 어느 것을 선택하는지 여부로 측정되었다. 자국브랜드와 수입브랜드에 대한 암묵적 태도는 IAT(implicit association test) 방법으로 측정되었다(소비자행동 Highlight 참고). 자국브랜드(예, Hoop)가 긍정적 의미의 단어(예, 희망)와 연관되었을 때의 반응속도가 부정적 의미의 단어(예, 좌절)와 연관되었을 때의 반응속도보다 얼마나 빠른지 여부로 암묵적 태도가 측정되었다. 연구결과 명시적 태도에서는 수입브랜드에 대한 평가가 더 긍정적이었다. 즉, 수입브랜드를 선택한 비율이 자국브랜드를 선택한 비율보다 높았다. 그러나 암묵적 태도의 경우 자국브랜드에 대한 태도가 더 긍정적이었다. 이 결과는 애국심과 같은 감정적 요인이 태도에 미치는 영향이 암묵적 태도에서 더 크게 나타날 수 있음을 보여주었다.

명시적 태도와 암묵적 태도: 수입브랜드인 Pepsi와 자국브랜드인 Hoop을 대상으로 한 조사에서, 폴란드 소비자는 Pepsi에 대하여 더 긍정적인 명시적 태도를 가지고 있었다. 그러나 암묵적 태도는 자국브랜드인 Hoop가 더 긍정적이었다. 이는 애국심이 태도에 미치는 영향이 암묵적 태도에서 더 강하기 때문인 것으로 해석될 수 있다.

소비자의 마케팅 정보에 대한 주의도 명시적, 암묵적 태도에 다른 영향을 줄 수 있다.[12] 예를 들어, 소비자는 방문한 매장의 '10% 할인'과 같은 판촉메시지에 주의를 잘 기울이지 않기 때문에, 이 정보는 명시적 태도에 거의 영향을 미치지 않는다. 그러나 이 정보에 대한 무의식적인 처리로 인해 암묵적 태도에 영향을 미칠 수 있다.

2. 태도의 차원

(1) 태도의 대상

태도는 반드시 어떤 **대상**(object)과 관련지어진다. 우리가 생각할 수 있는 유형 및 무형의 모든 것들은 태도의 대상이 될 수 있다. 이하에서는 이를 구체적으로 서술한다.

소비자는 기업, 제품, 브랜드, 점포 등에 대한 태도를 가진다. 여기서 제품은 제품군(예, 스마트폰)을 의미하며, 브랜드는 한 제품군 내의 특정 기업의 제품(예를 들어, 삼성 갤럭시)을 의미한다. 이 중 **브랜드에 대한 태도**(attitude toward brand)는 소비자행동 연구에서 가장 많이 연구되는 주제이다. 이는 특정 브랜드의 구매에 가장 큰 영향을 주는 변수가 바로 그 브랜드에 대한 태도이기 때문이다. 기업에 대한 태도 또한 그 기업 제품이나 서비스의 구매에 영향을 준다. 소비자는 사회적 책임(corporate social responsibility)의 측면에서 좋은 이미지를 가지는 기업의 제품이나 서비스를 보다 구매하려 하며, 반대로 나쁜 이미지를 가지는 기업의 제품이나 서비스는 회피하려 한다.

소비자는 또한 광고, 판매촉진과 같은 기업의 마케팅 활동에 대한 태도를 가질 수 있다. **광고에 대한 태도**(attitude toward ad)는 특정 브랜드 광고에 대한 태도를 의미하며, 그 브랜드에 대한 태도에 영향을 미친다. 이에 대한 내용은 제9장에서 다룬다. 소비자는 또한 사은품 증정이나 가격할인과 같은 기업의 판매촉진 활동에 대해서도 태도를 가질 수 있다.

특정 개인, 집단, 장소도 태도의 대상이 된다. 사람들은 자신의 주변 사람들뿐만 아니라, 직접 접하지 못하는 유명인이나 정치인에 대한 태도를 갖기도 한다. 이에 따라 정치인들은 유권자들이 자신에 대해 보다 호의적 태도를 갖도록 캠페인을 한다. 유명 스포츠맨이나 연예인에 대한 사람들의 태도는 기업의 광고모델 선정 시 중요하게 고려된다. 사람들은 도시, 지역, 국가 등에 대해서도 태도를 가질 수 있으며 이는 행동에 직접적 영향을 미칠 수 있다. 예를 들어, 사람들의 여행지 선택은 방문하는 장소에 대한 태도에 영향을 받는다. 한국관광공사는 외국인을 대상으로 한국에 대한 여러 가지 홍보를 하고 있다. 이는 긍정적인 태도를 형성함으로써 보다 많은 외국인들을 관광객으로 유치하기 위함이며, 외국인들에게 인기있는 한류스타들이 주로 광고에 출연한다.

사람들은 또한 종교, 정치 이데올로기, 제도, 아이디어 등과 같은 추상적 대상에 대해서도 태도를 가진다. 특정 종교에 대한 태도가 호의적일수록 그 종교에 대한 종교인이 될 수 있다. 정치 이데올로기에 대한 태도에 따라 보수성향과 진보성향으로 구분할 수 있는데, 이는 제품 구매와 소유와 같은 소비자행동에도 관련성이 있다.[13] 보수주의자와 진보주의자가 가정에서 어떠한 물품을 보유하고 있는지를 조사한 연구에 따르면, 보수주의자들의 가정에는 청소도구, 세탁기, 일정을 표시할 수 있는 달력, 국기 등이 상대적으로 더 많았다. 이는 보수주의자의 정돈과 계획을 추구하는 성향을 보여준다고 할 수 있다. 진보주의자들의 가정에는 상대적으로 다양한 이슈의 책, 여러 장르의 음악 CD, 여행관련 물품, 세계지도 등이 더 많았다. 이는 상대적으로 덜 성실하지만 개방적인 성향과 연관이 있다고 해석할 수 있다.

특정 행동 또한 태도의 대상이 될 수 있다. 이 경우 태도는 행동에 대한 태도(attitude toward behavior)라 한다. 소비자는 특정 브랜드에 대해 태도를 가질 수 있듯이 '특정 브랜드를 구매하는 행동에 대한 태도'를 가질 수 있다. 특정 브랜드에 대한 태도보다 그 브랜드를 구매하는 것에 대한 태도가 구매에 더 큰 영향을 미칠 수 있다.[14] 그러므로 기업은 소비자가 자사의 브랜드에 대해서가 아니라 그 브랜드를 소비·사용하는 데 대해 호의적 태도를 가지도록 프로모션하는 것이 바람직할 수 있다. 예를 들어, 매일우유는 소비자들이 '저지방&칼슘 우유'를 규칙적으로 마시는 행동에 대해 긍정적 태도를 가지도록 하기 위하여 '가볍게 시작하는 특별한 아침' 프로모션을 하였다.

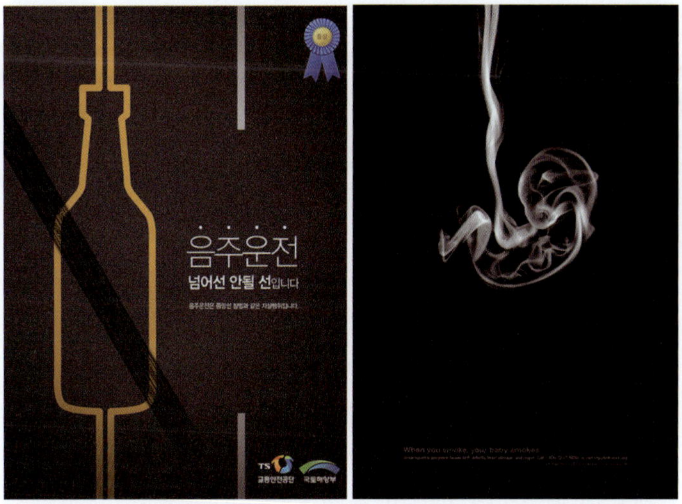

행동에 대한 부정적인 태도의 형성: 음주운전이나 흡연과 같이 사회나 건강에 부정적인 행동의 경우, 행동에 대한 부정적인 태도를 형성, 유지하기 위한 캠페인을 한다.

사회적으로 부정적인 행동의 경우, 이를 줄이기 위하여 공공캠페인을 통해 그 행동에 대해 부정적 태도를 가지도록 한다. 흡연, 마약, 음주운전과 같은 행동에 따른 부정적인 결과를 보여주는 것이 그 예가 된다.

소비자행동 Highlight

착한기업의 후광효과

기업의 사회적 책임(corporate social responsibility: CSR) 활동은 기업의 사회적 의무에 대한 대응활동으로 정의된다. 기업의 CSR활동은 또한 기업의 마케팅 성과와도 연관이 있다는 점에서도 그 중요성이 인식되고 있다. 기업의 CSR활동은 기업이미지, 브랜드태도, 매출액, 수익률, 기업가치 등과 같은 중요한 기업성과 변수와 긍정적인 관련성이 있다는 결과를 많은 연구들이 제시하였다. 실제로 착한기업으로 알려진 오뚜기의 경우 제품 매출의 지속적인 성장이 있어온 반면에, 나쁜기업 이미지를 가지고 있는 일부 식품회사들은 매출이나 이익의 감소를 경험하였다. 그러나 모든 CSR활동이 긍정적인 기업의 성과로 연결되지는 않는다. 소비자가 기업의 CSR활동을 공동체의 이익을 위한 사회적 동기로 인한 것으로 여기는 경우에만 CSR활동이 기업성과에 긍정적인 영향을 주는 것으로 나타났다.

진정성 있는 CSR활동의 긍정적인 영향은 소비자가 가지는 기업에 대한 긍정적인 태도의 결과로 이해할 수 있다. 기업에 대한 태도가 긍정적이며 강할수록 해당기업의 제품을 구매하거나 타인에게 추천하고자 하는 의도가 높은 경향이 있다. CSR활동이 기업성과에 미치는 영향은 앞으로 더욱 커질 것으로 예상되며, 이는 소비의 주역으로 성장하는 밀레니얼 세대가 제품구매시 기업의 CSR을 중요하게 여기는 경향이 더 크기 때문이다. 마케팅 조사회사인 닐슨(Nielson)에 따르면 제품구매 결정에 기업의 CSR활동이 중요하다고 응답한 밀레니얼 세대는 42%로 전체 평균 35%보다 높은 것으로 나타났다. 최근에는 CSR의 확장된 개념인 ESG에 대한 사회적 관심이 증가하고 있으며, 연구결과에 따르면 ESG를 지향하는 기업일수록 마케팅 성과가 더 높은 것으로 나타났다. ESG는 환경(Environment), 사회(Social), 지배구조(Governance)의 알파벳 앞글자를 딴 것으로 CSR보다 더 구체적이고 측정가능하다는 차이점이 있으나, 사회구성원으로서의 기업의 책임을 지향한다는 점에서는 동일하다고 할 수 있다.

자료원: *매일경제* 2023.05.26; *헤럴드경제* 2017.10.09.

(2) 태도의 구체성

태도의 또 다른 차원은 태도의 **구체성**(specificity)이다. 예를 들어, A기업의 친환경세제 제품 구매와 관련하여 다음과 같은 여러 가지 태도를 생각할 수 있다.

- 환경보호에 대한 태도
- 친환경제품에 대한 태도
- 친환경세제에 대한 태도
- A브랜드 친환경세제에 대한 태도

위에 제시된 태도는 구체성의 정도에서 차이가 난다. 환경보호에 대한 태도가 가장 덜 구체적이며, A브랜드 친환경세제에 대한 태도가 가장 구체적이다. 이와 같이 특정 대상과 관련된 다양한 구체성의 태도가 존재한다. 일반적으로 대상에 대한 태도보다 행동에 대한 태도가 더 구체성이 높다. 다음의 예를 보자.

- A브랜드 친환경세제 구입에 대한 태도
- 다음 구매 시에 A브랜드 친환경세제 구입에 대한 태도

위의 두 행동에 대한 태도는 앞서 제시된 대상에 대한 태도보다 더 구체적이며, '다음 구매 시에 A브랜드 친환경세제 구입에 대한 태도'가 가장 구체적이다. 태도의

구체성에 대한 이해가 중요한 이유는 태도가 구체적일수록 행동과의 연관성이 높기 때문이다. 위의 예의 경우, 다음 구매 시에 소비자가 A브랜드 친환경세제 구입에 대한 예측력은 여섯 개의 태도 중 '다음 구매 시에 A브랜드 친환경세제 구입에 대한 태도'가 가장 높다. 태도의 구체성과 관련된 내용은 '8.2 태도가 행동에 미치는 영향'에서 추가적으로 설명한다.

(3) 태도의 강도

① 태도강도의 정의와 특성

태도는 대상에 대한 평가가 긍정적인지 부정적인지의 여부와 관련되며 이를 태도의 **방향성**(valence)이라고도 한다. 방향성과 독립적으로 존재하는 태도의 차원으로 태도 강도가 있다. **태도강도**(attitude strength)는 태도가 의사결정과 행동에 중대한(consequential) 영향을 주는 정도로 정의된다.[15] 태도는 강도 수준에 따라 강한 태도와 약한 태도가 존재하며, 태도 강도는 긍정-부정의 방향성과는 독립된 개념이다.[16] 즉, 방향성에서 동일하게 긍정적인 두 태도(예를 들어, 그림 8.2의 예에서 +3인 경우)도 강도에 있어서는 다를 수 있다.

태도의 강도는 태도의 지속성, 영향력, 접근가능성과 연관된다.[17] 첫째, 강한 태도는 약한 태도보다 **지속성**(stability)이 강하다. 태도의 지속성은 두 가지 측면에서 정의된다. 지속성의 한 측면은 반대되는 정보에 대한 **저항력**(resistance)이다. 태도가 강한 경우, 자신이 가지고 있는 태도와 불일치하는 설득 메시지나 정보에도 태도는 잘 변하지 않는다. 지속성의 또 다른 측면은 시간 변화에 따른 태도의 **일관성**(consistency)이다. 강한 태도는 태도를 강화시키는 새로운 정보가 없는 경우에도 시간이 지나도 동일한 수준으로 지속된다.

둘째, 태도가 강할수록 정보처리, 의사결정, 행동 등에 미치는 **영향력**(impact)이 강하다. 태도-행동의 관계에 대한 연구에 따르면, 태도 강도가 높을수록 태도와 행동이 일치할 가능성이 높다. 예를 들어, 선거에서 후보에 대한 태도가 실제 투표 행동에 미치는 영향은 태도 강도가 높을수록 더 큰 것으로 나타났다.[18]

셋째, 강한 태도는 또한 기억에서 **접근가능성**(accessibility)이 높다. 브랜드 태도는 기억에 하나의 마디(node)로 저장이 되어 있으며, 브랜드 연산망(network)을 구성하는 하나의 요소이다. 접근가능성이란 기존에 형성되어 장기기억에 저장된 브랜드 태도가 단서가 주어지는 경우 얼마나 쉽게 인출되는가를 말한다. 태도가 강할수록 접근가능성이 높으며, 구매행동에 더 강한 영향을 미친다.

제품 경험과 태도: 테슬라는 소비자에게 시승 경험을 할 수 있는 기회를 제공한다. 시승과 같이 직접경험을 통해 형성된 태도는 광고 정보에 근거해 형성된 태도보다 강도가 높으며 구매행동과의 연관성이 강하다.

② 태도 강도의 영향요인

태도의 강도에 영향을 주는 요인으로 관여도, 대상에 대한 경험, 반복광고 노출 등이 있다. 먼저, 관여도에 따라 태도형성 과정이 다르며 이에 따라 태도의 강도는 달라질 수 있다. 고관여 상황에서 태도는 구체적인 제품 품질정보 등 중심단서에 기반해 형성되며, 저관여 상황에서 태도는 주변단서에 더 큰 영향을 받는다. 고관여 상황에서 중심단서에 의해 형성된 태도는 강도가 더 높으며, 더 지속적이고, 행동과의 연관성이 크다. 이와 관련된 내용은 제9장의 정교화가능성 모델에서 구체적으로 설명한다.

태도의 강도에 영향을 미치는 또 다른 요인은 직접경험의 유무이다. 직접경험에 의해 태도가 형성된 경우 태도 강도는 높다. 예를 들어, 타인으로부터의 구전이나 광고에서 보여주는 제품 정보만을 토대로 형성된 태도보다, 실제 제품 사용이나 시용(trial)에 의해 형성된 태도의 강도가 더 높다. 광고에 노출되어 형성된 태도의 경우 광고노출 횟수가 많을수록 태도 강도는 높다.

8.2 태도가 행동에 미치는 영향

1. 태도와 행동의 관계

앞에서 거듭 기술하였듯이 일반적으로 태도는 행동에 미치는 영향이 큰 것으로 여겨진다. 그러나 초기 심리학의 태도 연구에서는 태도와 행동의 관련성이 그다지 크지 않은 것으로 나타난 경우가 많았다.[19] 이 결과는 태도와 행동의 연관성이 크지 않다는 점을 의미하기보다는 기존 연구의 한계점을 제시했다고 할 수 있다. 이후 연구자들은 태도에 대한 이론을 더욱 발전시켜, 행동을 더 잘 설명할 수 있는 새로운 태도 이론과 모형을 개발하였고, 태도-행동의 관련성에 영향을 미치는 여러 변수에 대한 이해도 높아지게 되었다.

2. 태도와 행동의 연관성에 영향을 미치는 요인

태도가 행동에 미치는 영향은 다양한 요인에 따라 달라질 수 있다. 구체성, 강도와 같은 태도의 특성, 사회적 영향, 환경요인에 따라 태도와 행동과의 관련성이 강하거나 약하게 나타날 수 있다.

(1) 측정된 태도의 구체성

태도의 **구체성**(specificity)은 태도-행동의 관계에 영향을 준다. 측정된 태도가 구체적일수록 행동에 대한 예측력이 강하다. 예를 들어, Jaccard, King, and Pomazal은 측정된 태도가 '이번 일요일에 교회에 가는 행동'을 얼마나 잘 예측하는지를 연구하였다.[20] 이 연구에서 측정된 태도는 '종교(기독교)에 대한 태도,' '교회에 대한 태도,' '이번 일요일에 교회에 가는 행동에 대한 태도'와 같이 구체성의 수준이 달랐는데, 각각의 태도와 실제 행동의 상관관계(r)는 다음과 같이 나타났다.

r = .18: 종교(기독교)에 대한 태도
r = .47: 교회에 대한 태도
r = .65: 이번 일요일에 교회에 가는 행동에 대한 태도

위에 제시된 것처럼 세 가지 태도 중 가장 구체적인 '이번 일요일에 교회에 가는 행동에 대한 태도'와 실제 행동과의 상관관계가 가장 높은 것으로 나타났다. 이처럼 측정하는 태도가 구체적일수록 행동을 더 잘 예측할 수 있다.

(2) 태도의 강도

태도의 **강도**(strength)가 높을수록 그 태도는 행동으로 이어질 가능성이 더 높다. 예를 들어, 한 브랜드에 대한 두 소비자 A와 B의 태도점수가 7점 척도(−3 매우 나쁘다 ~ +3 매우 좋다)에서 모두 +2로 동일하다. 그러나 A의 태도가 B의 태도보다 더 강하면 그 브랜드를 구매할 가능성은 A의 경우가 B의 경우보다 더 높다.

Berger and Mitchell의 연구에 따르면 광고에 노출되어 형성된 태도의 경우 광고노출 횟수가 많을수록 태도 강도는 높으며, 구매행동에 영향이 큰 것으로 나타났다.[21] 이 연구는 다음과 같이 수행되었다. 한 조건의 피실험자들은 스낵에 대한 광

고를 한 번 보았고, 다른 조건의 피실험자들은 동일한 광고를 세 번 보았다. 두 조건의 피실험자들 간에 태도의 방향성은 차이가 없었다. 그러나 광고노출 횟수는 태도 강도에 영향을 미쳤으며, 세 번 노출된 조건의 피실험자들의 태도 강도가 더 높았다. 또한 태도가 실제 선택에 미치는 영향은 태도 강도가 높은 세 번 노출조건에서 더 큰 것으로 나타났다. 이 결과는 소비자가 동일한 광고에 반복 노출되는 경우 태도는 더 이상 호의적으로 변하지 않더라도 그 태도가 행동에 미치는 영향력은 커짐을 시사한다.

앞에서 기술했듯이 태도 강도가 높을수록 기억에서의 **접근가능성**(accessibility)이 높다. 기억에 저장된 정보나 태도의 접근가능성은 반응시간으로 측정한다. 태도에 대한 응답이 빠를수록 그 태도는 기억에서 잘 떠오르며 강도가 높다고 할 수 있다. 예를 들어, 다음 선거에 투표를 할 의향이 있는지에 대한 질문에 한 사람은 즉각적으로 '예'라고 응답했고, 다른 사람은 2초 정도 잠시 생각을 한 후에 '예'라고 응답했다면, 첫 번째 응답자의 태도 강도가 두 번째 응답자의 태도 강도보다 더 높다고 할 수 있다. 투표 의도에 대한 응답속도와 투표행동을 조사한 한 연구는 응답속도가 빠를수록 실제 투표에 참여 정도가 높다는 결과를 보여주었다.[22]

(3) 사회적 영향

태도가 행동에 미치는 효과의 강도는 사회적 영향력에 따라 달라질 수 있다. 사회적 영향력은 중요한 주변 사람들이 행동에 미치는 영향을 의미하며, 주변 사람들과의 관계가 강할수록 사회적 영향력은 더 커지게 된다. 즉, 소비자는 중요한 주변 사람들의 뜻에 따라 자신의 태도대로 행동하지 않을 수 있다. 이와 관련된 내용은 제9장의 합리적 행동이론에서 다룬다. 또한 타인과 공동으로 소비·사용하는 제품이나 서비스에 대한 의사결정의 경우 타인의 영향을 많이 받을 수 있다. 이와 관련된 내용은 제13장의 가족의사결정에서 다룬다.

(4) 상황적 영향

태도와 행동의 관계는 상황변수에 따라 달라질 수 있다. 예를 들어, 선호하는 제품이 품절이 되었거나, 덜 선호하는 제품이 특가 세일과 같이 매력적인 판촉을 하는 경우, 태도와 구매의 관계가 약해질 수 있다. 또한 태도가 긍정적인 경우에도 구매력이 없는 경우 행동과의 관계는 약해진다. 예를 들어, 비싼 고급제품에 대한 긍정적인 태도를 가지고 있지만 예산의 한계로 다른 제품을 구입하는 경우가 이에 해당한다. 태도 측정시점과 행동시점의 시간간격도 영향을 미친다. 태도가 측정된 시점과 행동과의 시간간격이 클수록 태도의 영향력은 낮아지게 된다.

8.3 행동이 태도에 미치는 영향

태도가 행동에 영향을 미치기도 하지만, 행동이 태도를 형성하거나 변화시키기도 한다. 행동과 태도가 불일치할 때, 행동과 일치하는 방향으로 태도가 변화되기도 한다. 또한 자신 스스로의 행동이나 신체 반응에 따라 태도가 형성·변화하기도 한다. 이하에서는 행동이 태도에 미치는 영향에 관한 이론과 그 시사점을 다룬다.

1. 인지부조화 이론

(1) 인지부조화의 의미

Leon Festinger의 **인지부조화 이론**(theory of cognitive dissonance)에 의하면 두 개의 인지(cognition) 간의 관계는 조화적(consonant) 관계, 부조화적(dissonant) 관계, 혹은 무관한(irrelevant) 관계 중 하나에 해당한다.[23] 이 중 **조화적 관계**는 "나는 쏘나타를 샀다. 그런데 그 차는 최근 자동차 평가기관에서 높게 평가되었다"와 같이 두 개의 인지가 잘 부합하는 관계를 가리킨다. **부조화적 관계**는 "나는 쏘나타를 샀다. 그런데 그 차는 최근 자동차 평가기관에서 낮게 평가되었다"와 같이 두 개의 인지가 서로 충돌하는 상황이다. **무관한 관계**는 "나는 쏘나타를 샀다. 오늘 하늘이 푸르다"와 같이 두 개의 인지가 무관한 경우이다. 만약 어떤 시점에서 개인이 갖는 두 개의 인지 간에 충돌이 일어나면 이를 인지부조화라고 부른다.

(2) 인지부조화를 경험하기 쉬운 상황

개인이 인지부조화를 경험하기 쉬운 상황은 다음과 같다.[24]

① 중요한 의사결정을 한 이후

개인이 중요한 의사결정을 한 후 선택한 대안이 선택하지 않은 대안에 비하여 갖는 상대적 단점 때문에 인지부조화가 야기될 수 있다. 예를 들어, '나는 쏘나타를 구매하였다'라는 인지와 '그런데 이 쏘나타의 디자인은 SM5에 비해 못하다'라는 인지는 부조화를 야기한다. 이를 **의사결정후 부조화**(post-decision dissonance)라고 하는데 제5장에서 다룬 구매후 부조화가 이에 해당한다. 의사결정이 중요할수록 인지부조화를 경험하기 쉬운데, 이는 중요한 의사결정일수록 그 의사결정이 잘못된 경우 초래되는 손실 혹은 비용이 크기 때문이다. 또한, 대안이 유사하여 의사결정이 어려울수록 인지부조화가 발생할 가능성은 높다.

② 태도불일치 행동(attitude discrepant behavior)을 한 경우

개인이 처벌 혹은 보상 때문에 자신의 태도에 반하는 행동(counterattitudinal behavior)을 한 경우 인지부조화가 발생한다. 이때 처벌 혹은 보상의 크기가 작을수록 인지부조화는 더욱 크다. 이는 처벌 혹은 보상의 크기가 작을수록 자신의 태도불일치 행동을 정당화시키지(justify) 못하기 때문이다. 예를 들어, 소비자가 별로 좋아하지 않는 브랜드가 세일이어서 구매한 경우, '나는 그 브랜드를 그리 좋아하지 않는다'라는 인지와 '그런데 그 브랜드를 구매했다'라는 인지는 부조화를 야기한다. 이 경우 세일 폭이 작을수록 (보상이 작으므로) 인지부조화는 크다.

③ 불일치 정보(discrepant information)에 노출되는 경우

개인이 의사결정 후 의사결정에 배치되는 정보에 노출되면 인지부조화가 발생한다. 이때 의사결정이 중요할수록 인지부조화는 커진다. 예를 들어, 소비자가 쏘나타를 구매한 후 "현대 차는 트랜스미션이 약하다"라는 말을 들으면, 인지부조화가 발생할 수 있다.

(3) 인지부조화의 감소와 태도변화

개인은 인지부조화를 경험하면 이를 감소시킴으로써 **인지적 조화**(cognitive consonance) 상태로 가려는 경향이 있으며, 이 과정에서 태도가 변화될 수 있다. 인지부조화가 발생하는 각각의 상황에 따라 어떻게 인지부조화가 감소되며, 태도가 변화하는지 서술한다.

① 의사결정후 발생한 인지부조화의 감소

개인은 의사결정후 인지부조화를 경험하면 자신의 인지부조화를 야기한 속성과 관련하여 선택한 대안이 선택하지 않은 대안에 비하여 못하지 않다고 스스로 위안하거나 다른 장점이 많으므로 전체적으로는(보완적 방식) 선택한 대안이 더 낫다고 생각함으로써 인지부조화를 감소시키려고 한다. 예를 들어, 쏘나타와 SM5를 대

소비자행동 Highlight

여우와 신포도 우화와 인지부조화

이솝(Aesop) 우화 '여우와 신포도(the fox and the sour grapes)'에서 나타나는 여우의 포도에 대한 태도 변화는 인지부조화 이론으로 설명될 수 있다. 배고픈 여우는 길을 가다 맛있어 보이는 포도를 발견한다. 이때 여우는 포도에 대한 긍정적(+)인 태도를 가지게 된다. 높은 포도나무에 열린 포도를 먹기 위해 여우는 열심히 위로 뛰어본다. 이는 포도에 대한 긍정적인 태도와 일치하는, 포도를 얻기 위한 긍정적(+) 행동이다. 여우는 열심히 뛰어 보지만 결국 높이 달린 포도에 닿지를 못하고 결국은 포기하게 된다. 긍정적인 결과를 기대한 행동을 했지만, 포도와 관련한 여우의 행동 결과는 부정적(−)이었다. 이제 여우의 태도(+)와 행동(−)은 불일치하며, 여우는 인지부조화를 경험하게 된다. 포도를 먹지 못한 여우가 인지부조화를 줄여 마음의 평화를 얻는 방법은 긍정적이었던 포도에 대한 태도를 부정적으로 바꾸는 것이다. 결국 여우는 자신이 먹지 못한 포도를 덜 익은 신맛의 포도라는 부정적(−) 태도를 가지게 된다.

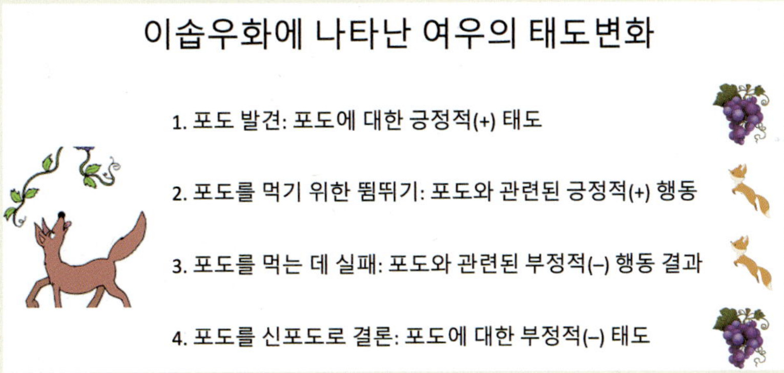

안으로 고려하다가 쏘나타를 구매한 소비자가 디자인 때문에 인지부조화를 경험하고 있다면, '쏘나타의 디자인도 그리 나쁘지 않다' 혹은 '쏘나타는 다른 장점이 많다'라고 의도적으로 생각할 수 있다. 이 과정에서 선택한 대안에 대한 태도가 보다 호의적으로 변할 수 있다. 또한 자신의 결정을 지지해주는 정보를 탐색함으로써 인지부조화를 감소시키려고 할 수 있다.

② 태도불일치 행동에 의해 발생한 인지부조화의 감소

처벌이나 보상 때문에 태도에 반하는 행동을 하여 인지부조화가 발생한 경우, 행동은 되돌릴 수 없으므로 태도를 행동에 준하는 방향으로 변화시킴으로써 인지부조화가 감소될 수 있다. 예를 들어, 소비자가 좋아하지 않는 브랜드를 세일(보상) 때문에 구매한 후 구매는 되돌릴 수 없으므로 그 브랜드에 대한 태도를 보다 긍정적으로 변화시킬 수 있다. 혹은 그 세일의 폭을 의도적으로 더 크게 생각함으로써 (태도불일치 행동을 정당화시킴) 인지부조화를 감소시킬 수 있다.

③ 불일치 정보에 노출되어 발생한 인지부조화의 감소

의사결정에 배치되는 정보에 노출되면 인지부조화가 발생할 수 있으므로 그러한 정보를 회피하려 한다. 그리고 이미 불일치 정보에 노출된 경우 그 정보를 왜곡(distort)시킴으로써 인지부조화를 감소시키려 할 수 있다. 예를 들어, 쏘나타를 구매한 소비자가 '그 차는 트랜스미션이 약하다'라는 말을 들어 인지부조화를 경험한다면 '과거 그랬는지 몰라도 미국에서 잘 팔리는 것을 보면 지금은 그렇지 않을 것이다'라고 유입정보를 왜곡함으로써 인지부조화를 감소시킬 수 있다. 이 경우 소비자는 자신이 구매한 쏘나타에 대한 태도가 부정적으로 변화하는 것을 방지할 수 있다.

(4) 인지부조화 이론의 마케팅 시사점

위의 세 가지 인지부조화 발생상황 중 소비자의 태도변화에 관련성이 보다 높은 것은 의사결정후 인지부조화와 태도불일치 행동에 의한 인지부조화이다. 그런데 제5장에서 의사결정후 부조화(구매후 부조화)는 이미 설명하였으므로 여기서는 태도불일치 행동에 의해 유발되는 인지부조화와 관련지어 마케팅 시사점을 제시한다.

예를 들어, 위에서 서술한 바와 같이 좋아하지 않던 브랜드를 세일하기 때문에 구매한 소비자는 인지부조화를 경험하고 이를 감소시키려는 과정에서 그 브랜드에 대한 태도가 긍정적으로 변할 수 있다. 마케터는 자사 브랜드에 대하여 호의적 태도를 갖지 않는 소비자에게 세일 등의 유인을 제시하여 구매하도록 함으로써 인지부조화를 유발하고 소비자가 인지부조화를 감소시키려고 노력하는 과정에서 태도변화를 기대할 수 있다.

2. 자기지각이론

(1) 자기지각이론

사회심리학자 Daryl Bem이 제안한 **자기지각이론**(self-perception theory)에 따르면 사람들은 다른 사람의 행동을 관찰하여 그의 태도를 추론하는 것과 마찬가지로, 자신의 행동이나 신체적 반응을 관찰하여 자신의 태도를 추론하는 경향이 있다.[25] 예를 들어, 이성을 만났을 때 가슴이 뛰고 손에 땀이 난다면, 이러한 자신의 반응을 통해 이성에 대한 호감의 정도를 추론할 수 있다. 행동이나 신체적 반응에 근거한 태도 변화는 원래 가지고 있던 태도가 강하지 않은 경우 주로 나타난다.

무언가를 원인으로 하여 행동이나 신체적 반응이 일어나는 경우, 사람들은 때로는 그 원인을 실제 대상이 아닌 인접한 다른 대상에 귀인하기도 하며, 이 경우 그 다른 대상에 대한 태도가 변할 수 있다. 예를 들어, 이성과 데이트를 할 때 놀이공원에서 롤러코스터(roller coaster)를 함께 타라는 이야기가 있다. 이는 롤러코스터를 탈 때 느끼는 흥분감, 짜릿한 기분, 심장 박동과 같은 반응이 데이트를 하는 상대방 때문일 것이라고 생각하는 경우, 상대방에 대한 태도가 더 호의적으로 변할 수 있다는 것을 의미한다.

그렇다면 함께 롤러코스터를 타는 것이 정말로 태도 변화에 효과가 있을까? 이 질문에 대한 답은 Dutton and Aron의 연구에서 찾아볼 수 있다.[26] 이 연구에서 여성 조사원이 남성 응답자에게 간단한 설문조사를 하였다. 설문조사는 다른 두 장소에 있는 다리(bridge) 위에서 이루어졌다. 한 장소의 다리는 평범하고 안전한 다리였으며, 다른 장소의 다리는 협곡의 높은 곳에 설치된 흔들리는 현수교였다. 설문조사가 끝난 후 여성 조사원은 남성 응답자에게 자신의 명함을 주며 설문에 대해 궁금한 점이 있으면 전화로 문의하라는 이야기를 했다. 실제 이 연구에서 보고자 했던 것은 설문에 응답한 남성 중에서 얼마나 많은 사람이 여성 조사원에게 전화를 했는지였다. 자기지각이론에 따르면 높은 현수교에서 사람들이 경험하는 신체 반응을 여성 조사원의 매력 때문인 것으로 귀인할 경우 조사원에게 긍정적인 태도를 가지게 되고 전화를 걸 확률이 높아질 수 있다(일반적으로 설문 내용이 궁금해 전화하는 경우는 매우 드물다). 실제 전화를 건 비율은 자기지각이론이 예측한 것과 동일하게 나타났다. 안전한 다리에서 응답한 남성 중 전화를 건 비율은 12.5%였으나, 높은 흔들다리에서 응답한 남성의 경우 전화를 건 비율은 50%에 달했다.

(2) Foot-in-the-Door 기법에 의한 순응행동의 유인

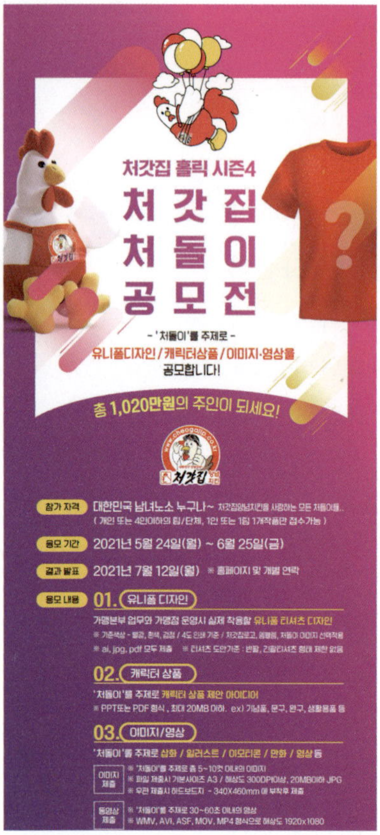

자발적 참여 유도로 인한 태도의 변화: 자기지각이론에 따르면 공모전과 같은 브랜드 관련 행사에 자발적으로 참여하는 행동은 브랜드에 대한 태도에 긍정적인 영향을 미칠 수 있다.

Foot-in-the-Door는 자기지각이론을 토대로 하여 개인의 순응(compliance)을 이끌어내기 위한 기법이다. 이 기법은 개인에게 작은 요구를 하여 그가 이를 수용하면 자신의 (수용)행동으로부터 자신이 그러한 행동을 지지하는 태도를 갖는 것으로 추론하도록 하고, 다음에 같은 종류의 더 큰 요구를 하여 먼저 추론한 태도로 인해 그 요구를 수용하도록 하는 기법이다.

Foot-in-the-Door기법을 설명하기 위해 Freedman and Fraser의 실험을 소개한다.[27] 이 실험은 두 그룹의 주부들을 대상으로 실시되었다. 먼저 한 그룹의 주부들에게 안전운전에 대한 법안이 통과되도록 국회에 청원하는 서명운동에 동참할 것을 요구하였다(작은 요구). 몇 주 후 그 요구에 동의했던 주부들에게 집 앞의 정원에 “조심해서 운전하세요(Drive Carefully)”라는 큰 팻말을 부착하도록 요구를 했는데(큰 요구) 그들 중 다수가(55%) 그 요구를 들어주었다. 반면에 다른 그룹의 주부들에게는 법안 통과를 위한 서명요구 없이 바로 팻말부착을 요구했는데 그들 중 소수(17%)가 그 요구를 들어주었다.

이 연구결과는 자기지각이론에 의해 설명될 수 있다. 즉, 서명요구를 받고 이에 응한 주부들은 그 요구를 수용한 후, 자신을 ‘안전운전에 관심이 많은 건전한 시민’으로 생각하게 된다. 따라서 다음에 같은 종류의 큰 요구를 했을 때, 이미 호의적인 태도를 가지고 있었기 때문에 이를 쉽게 수용한다. 그러나 처음에 서명요구를 받지 않은 주부들은 그러한 태도 추론과정을 거치지 않았기 때문에 큰 요구를 받았을 때 대부분이 거절한 것으로 설명할 수 있다.

Foot-in-the-Door 효과가 주는 시사점은 소비자로 하여금 작은 긍정적인 행동을 하도록 유도함으로써 제품에 대한 태도를 변화시킬 수 있다는 것이다. SNS를 이용한 마케팅의 경우 전통적 마케팅보다 더 용이하게 소비자의 작은 행동을 유도할 수 있다. 예를 들어, 브랜드 페이스북(facebook)에 ‘좋아요’ 버튼을 누르거나 콘테스트 참여는 브랜드태도에 긍정적인 영향을 미칠 수 있다.

(3) 자기지각이론과 판매촉진 효과

제품을 구입한 이유에 대한 해석은 제품에 대한 태도와 미래의 구매행동에 영

표 8.1 이전 구매상황이 다음 구매 시 동일 브랜드 제품 구매에 미치는 영향

이전 구매상황	다음 구매 시 동일 브랜드 구매비율
판촉 없이 구매	60%
쿠폰을 사용한 구매	35%
단기 가격할인시 구매	56%

향을 줄 수 있다. 예를 들어, 아무런 판촉이 없는 상황에서 구입한 브랜드와 판촉이 있는 상황에서 구입한 브랜드가 있다. 판촉이 없는 상황에서 구매한 경우, 소비자는 구매이유를 자신이 그 브랜드를 좋아하기 때문이라고 해석할 수 있다(내적 귀인). 이와 같이 긍정적인 태도가 추론된 경우, 동일한 브랜드를 다시 구매할 가능성이 높아질 수 있다. 그러나 판매촉진된 브랜드를 구매한 경우 그 이유는 브랜드에 대한 긍정적인 태도가 아니라 할인(판촉)이 있었기 때문이라는 외적 귀인을 할 수 있으며, 이 경우 동일한 브랜드를 다시 구입할 가능성은 상대적으로 낮아질 수 있다.

〈표 8.1〉은 실제 소비자의 마가린 제품 구매에서 나타난, 이전 구매상황이 동일한 브랜드 제품 구매에 미치는 영향을 보여준다.[28] 세 가지 상황 중에서 이전에 판매촉진이 없는 상황에서 제품을 구매한 경우, 동일 브랜드 제품 구매비율이 가장 높았다. 이전 구매시에 쿠폰을 사용했거나 가격할인된 제품을 구매한 경우, 동일 브랜드 제품 구매비율은 상대적으로 낮았다.

쿠폰, 가격할인과 같은 판매촉진은 단기적으로는 매출 증가에 효과적인 마케팅 전략이지만 장기적으로는 소비자 구매에 부정적인 영향을 줄 수도 있다. 판매촉진의 장기적 효과에 관한 Mela, Gupta, and Lehmann 연구에 따르면 판매촉진은 소비자의 가격 민감도와 판매촉진 민감도를 높일 수 있다.[29] 판매촉진의 경우 소비자의 구매경험을 통한 제품 태도의 강화라는 긍정적 효과는 상대적으로 작은 반면에, 소비자로 하여금 가격할인이나 판매촉진에 더 많은 주의를 기울이게 만들 수 있다. 낮은 가격이나 판매촉진의 유무가 제품 속성이나 품질보다 소비자의 구매결정에 더 큰 영향을 주는 경우, 기업의 성과에 장기적으로 부정적인 영향을 미칠 수 있다.

3. 인지부조화 이론과 자기지각이론의 비교

인지부조화 이론과 자기지각이론은 행동이 태도에 미치는 영향을 설명한다는 점에서 유사하나 기본적으로 태도변화가 나타나는 상황과 조건에서 차이가 있다.[30] 인지부조화 이론이 제시하는 태도변화가 나타나는 상황은 태도와 행동이 불일치하는 경우이며, 인지부조화를 해결하기 위한 태도변화가 이루어진다. 그러나 자기지각이론은 태도와 행동의 불일치 상황이 아닌 일반적인 상황에서 행동에 근거한 태도 형성과 변화를 설명한다.

두 이론의 또 다른 차이는 기존에 가지고 있던 태도의 강도이다. 태도-행동의 불일치 상황으로 인해 인지부조화가 나타났다면, 이는 이전에 가지고 있던 태도가 어느 정도 확립되어 있음을 의미한다. 즉, 태도 강도가 낮은 경우에는 불일치로 인한 인지부조화를 경험할 가능성이 낮다. 반대로 자기지각이론에 따른 태도변화는 기존에 확고한 태도가 없는 경우에 주로 발생한다. 즉, 롤러코스터의 가슴떨림으로 인해 상대방에 대한 호의가 강해지는 것은, 연애 초기에 더 크게 나타날 수 있지만 연애기간이 오래될수록 그 효과는 작아질 수 있다. 유사하게 구매행동에 근거한 태도변화도 브랜드태도의 강도가 높지 않은 상황에서 더 크게 나타날 수 있다.

❙ 생각해 볼 문제

1. (1) 자신이 오래지 않아 구매할 가능성이 있는 비교적 고가의 제품군을 선정하여 그중 대표적 브랜드들을 선정하시오.
   (2) 각 브랜드에 대한 태도, 각 브랜드를 구매하는 데 대한 태도, 그리고 각 브랜드의 구매의도를 7점 척도상에 나타내시오.
   (3) 브랜드 태도-구매의도의 일치 정도와 브랜드 구매태도-구매의도의 일치 정도를 비교하시오.
   (4) 후자의 경우가 더 높다면 이는 어떤 의미인가?

2. 자신이 가장 최근에 구입한 고가 제품(예, 스마트폰, 노트북 PC)을 생각해 보시오. 구매후 인지부조화를 줄이기 위해 어떤 선택적 정보탐색이나 정보해석을 했는지 생각해 보시오.

3. SNS에서 컨테스트와 같이 소비자의 참여를 유도하는 사례를 찾으시오. 그 사례가 참여자의 태도를 변화시킬 수 있을지 생각해 보시오.

제 9 장

태도 Ⅱ: 태도의 형성과 변화

코로나와 마스크 광고

코로나(COVID-19) 바이러스로 인한 질병의 확대는 많은 일상생활에 변화를 주었지만, 그중에서 주목할 만한 점은 일부 제품에 대한 관여도를 변화시켰다는 점이다. 그중 대표적인 것이 마스크라고 할 수 있다. 코로나 이전에는 마스크가 겨울철의 보온용으로 주로 사용

코로나 이전의 저관여 광고(왼쪽)와 코로나 이후의 고관여 광고(오른쪽)

되었으며, 일상적으로 사용하는 사람도 많지 않았다. 마스크 착용에 대한 부정적인 인식도 있었으며, 이는 마스크가 얼굴을 가리기 위한 용도로 사용되거나 아픈 사람 이미지를 보여주기 때문이었다. 코로나 이전에는 마스크가 대부분의 사람들이 크게 관심을 두지 않는 전형적인 저관여 제품이었다고 할 수 있다. 코로나 이전에는 마스크에 대한 광고와 같은 마케팅 활동이 적었으며, 광고에 나타난 마스크의 모습도 감기예방을 상징하는 정도에 불과했다.

코로나 발생 이후 마스크가 코로나의 예방과 확산을 막는 필수품이 되면서 관여도가 높아지게 되었다. 사람들은 마스크에 대한 관심과 지식수준이 높아지면서, 이전에는 전문용어였던 미세먼지 차단 성능을 나타내는 KF80이나 KF94 같은 용어에도 익숙하게 되었다. 마스크에 대한 소비자의 관심은 구매행동에도 영향을 미쳐, 마스크 구입 시에 성능이나 재료 등을 꼼꼼히 살펴보게 되었다. 마스크에 대한 광고도 대폭 증가했다. 코로나 초기의 광고는 주로 마스크의 기능에 초점을 두었으나, 코로나가 장기화되어 필수품이 된 이후에는 미용이나 패션을 강조하는 방향으로 변화하기도 했다. 마스크 착용에 대한 공익광고도 제품과 관련된 지각된 위험(perceived risk)을 상기시키는 메시지 사용과 같은, 고관여 제품 광고의 특징을 보여주고 있다. 한 공익광고는 공포소구(fear appeal)를 사용해서 마스크를 쓰고 일상생활을 하는 모습과 병원에서 산소호흡기 마스크를 쓰고 있는 모습을 대비시켜 마스크를 사용하지 않는 경우 심각한 신체적 위험에 처할 수 있음을 강조했다.

제8장은 태도의 정의와 차원 그리고 태도와 행동의 관계를 다루었다. 본 장은 태도 형성 및 변화에 관한 다양한 이론들을 설명한다. 태도이론은 관여도를 중심으로 고관여 태도이론과 저관여 태도이론으로 나눌 수 있으며, 각 상황에서 설득메시지(persuasive message)의 영향은 다르게 나타난다. 앞에서 제시된 사례는 마스크에 대한 마케팅이나 광고가 저관여 상황과 고관여 상황에서 달라졌음을 보여준다. 본 장에서는 (1) 고관여 태도이론, (2) 저관여 태도이론, (3) 고관여와 저관여 상황의 태도변화를 통합한 정교화가능성 모델, 그리고 (4) 설득메시지에 대한 소비자의 반응을 다룬다.

9.1 고관여 태도이론

고관여 상황에서 태도가 어떻게 형성되는가 혹은 태도의 토대가 무엇인가를 설명하는 이론들 중 전통적인 견해는 인지적 학습이론이다. **인지적 학습이론**(cognitive learning theory)에 의하면 소비자는 제품의 속성에 대한 신념에 의해 태도를 형성하고 태도를 바탕으로 구매 여부를 결정한다. 여기서 인지적 학습이란 인지적 과정(즉, 사고과정)을 통해 대상에 대한 태도가 형성되는 것을 말한다. 즉, 소비자는 구매에 선행하여 **속성신념**(attribute beliefs)-**태도**(attitude)-**구매의도**(purchase intention)의 단계를 거치는 것으로 간주되었다. 인지적 학습이론을 토대로 하여 이러한 소비자의 제품속성신념과 태도형성과의 관계를 설명하기 위해 개발된 이론이 다속성 태도모델(multiattribute attitude model)이다. 태도형성을 설명하기 위해 여러 가지 다속성 태도모델이 개발되었는데, 여기에서는 소비자행동연구에서 많이 인용되는 Fishbein 태도모델과 합리적 행동이론 및 확장된 Fishbein 모델, 그리고 계획적 행동이론을 설명한다.

1. 다속성 태도모델

(1) Fishbein 다속성 태도모델

Fishbein 다속성 태도모델(Fishbein multiattribute attitude model)은 사회심리학자 Martin Fishbein이 개발한 것으로, 한 대상에 대한 개인의 태도는 그 대상의 중요한 속성들(salient attributes)에 대한 **신념**(beliefs)과 그 속성에 대한 **평가**(evaluation)에 의해 결정된다고 제시한다.[1] Fishbein 다속성 태도모델은 일반적으로 'Fishbein 태도모델'이라고 한다. Fishbein 태도모델에서 대상은 사람, 사물, 의견, 기관 등 태도의 대상이 될 수 있는 것은 모두 적용될 수 있다. 그러나 본서는 소비자행동과 관련된 제품, 브랜드 등에 적용시켜 설명한다.

Fishbein 태도모델은 다음의 수식으로 표현된다.

$$A_o = \sum_{i=1}^{n} b_i e_i$$

A_o: 대상에 대한 태도(attitude toward the object)
b_i: 속성 i 에 대한 소비자 신념(belief)
e_i: 속성 i 에 대한 소비자 평가(evaluation)
n: 태도에 영향을 미치는 중요한 속성의 수

이 모델에 따르면 대상에 대한 태도는 제품 평가에 중요하게 고려되는 n개의 속성에 의해 결정된다. 예를 들어, 소비자의 TV 제품 평가가 화질, 가격, A/S, 디자인의 네 가지 속성에 주로 영향을 받는다면, 이 네 속성에 대한 신념과 평가가 태도모델에 포함된다. 태도가 다수의 속성에 의해 결정된다는 의미에서 **다속성**(multiattribute) 태도모델로 불린다.[2]

속성 i에 대한 신념(b_i)은 한 브랜드(예, 삼성 TV)의 특정속성(예, 화질)에 대한 소비자의 주관적 평가를 의미한다. 신념은 소비자의 경험, 외부정보(광고, 구전 등), 혹은 추론(inference)에 의해 결정된다. 신념의 강도는 다음과 같은 방법으로 측정될 수 있다.

삼성 TV의 화질은 선명할 것 같은가?

전혀 그럴 것 같지 않다 (extremely unlikely)	−3	−2	−1	0	+1	+2	+3	매우 그럴 것 같다 (extremely likely)

속성 i에 대한 평가(e_i)는 한 제품군(예, TV)의 특정속성이 얼마나 바람직한지에 대한 소비자의 판단을 의미한다. 신념의 강도가 특정 브랜드에 대한 것인 데 비해 속성에 대한 평가는 제품군에 대한 것이며, 모든 브랜드에 동일하게 적용된다. 이는 다음과 같은 방법으로 측정된다.

TV의 화질이 선명하다

매우 나쁘다 (very bad)	−3	−2	−1	0	+1	+2	+3	매우 좋다 (very good)

태도형성에 대한 Fishbein 태도모델을 설명하기 위하여 TV를 예로 든다. 어떤 소비자는 TV 구매를 위한 브랜드대안으로 동일한 크기의 삼성, LG, 소니 제품을 고려하고 있으며 TV 구매에 중요한 속성으로 화질, 가격, A/S, 디자인을 들고 있다. 그 소비자의 각각의 속성에 대한 신념(belief: b_i)과 평가(evaluation: e_i)는 〈표 9.1〉과 같다.

표 9.1 Fishbein 태도모델의 예

속성	평가(e_i)	삼성 TV 신념(b_i)	LG TV 신념(b_i)	소니 TV 신념(b_i)
화질	+3	+3	+2	+1
가격	+2	−2	−2	−2
A/S	+1	+3	+2	+1
디자인	+1	0	+3	+3
각 브랜드에 대한 태도		+8	+7	+3

Fishbein 모델의 장점 중의 하나는 대상에 대한 태도를 점수로 표현할 수 있다는 점이다. 소비자가 각 브랜드에 대해 갖는 태도는 각 속성별로 신념과 평가를 곱한 후, 이 값들을 모두 합한 것이다. 예를 들어, 삼성 TV에 대한 태도 $A_o=(+3)(+3)+(-2)(+2)+(+3)(+1)+(0)(+1)=8$이며, 나머지 브랜드에 대해서도 동일한 방법으로 계산할 수 있다. 위의 결과를 볼 때 Fishbein 태도모델에 의하면, 이 소비자는 삼성, LG, 소니의 순서로 선호할 것으로 예측된다. 소비자가 고려하는 브랜드 대안들에 대해 실제로 이러한 수식 계산과정을 거쳐서 태도를 형성하는 경우는 실상 거의 없을 것이다. 다만 Fishbein 태도모델이 제안하는 것은 이와 유사한 심리적 과정을 거쳐 브랜드에 대한 태도가 형성된다는 것이다.

Fishbein 태도모델은 또한 특정 브랜드태도가 긍정적이거나 부정적인 이유를 설명해준다. 삼성 TV의 태도점수가 높은 이유 중의 하나는 가장 중요한 속성인 화질에 대한 신념이 가장 긍정적이기 때문이다. 디자인 속성의 신념점수는 낮았지만, 디자인의 중요도는 상대적으로 낮았다. 반대로 소니의 경우 가장 중요한 화질의 평가가 좋지 않으며, 상대적으로 덜 중요한 디자인에서만 강점이 있는 이유 때문에 태도점수가 가장 낮았다.

(2) 다속성 태도모델의 마케팅 시사점

Fishbein 태도모델의 또 다른 장점 중의 하나는 브랜드태도 변화를 위한 마케팅 시사점을 제공한다는 것이다. 소비자가 자사제품에 대해 갖는 태도를 변화시키기 위해서는 다음의 전략을 사용할 수 있다.

첫째, **속성신념**(b_i)을 변화시킨다. 〈표 9.1〉의 예를 적용시킬 때 LG전자의 경우 소비자신념에 있어서 자사제품의 상대적 약점인 화질을 강화하고 이를 설득시킴으로써 태도점수를 향상시킬 수 있다. 구체적으로 현재의 +2에서 +3으로 향상시킨

중요한 속성의 우수함을 강조: LG전자 시그니처 올레드TV 광고는 스테인드글라스를 TV화면으로 구현한 영상을 보여줌으로써 TV에서 가장 중요한 속성인 화질의 우수성을 강조한다.

다면 태도점수는 +7에서 +10으로 변화될 것이다. 속성신념을 변화시키기 위해 실제로 제품 성능을 개선할 수 있다. 또한 속성신념은 주관적인 판단이기 때문에 광고와 같은 설득메시지로 변화시킬 수도 있다.

둘째, 속성과 관련된 **평가**(e_i)를 변화시킨다. 〈표 9.1〉의 경우, 소비자는 삼성 브랜드의 A/S를 높게 평가한다는 사실로부터 삼성전자는 TV는 오래 사용하는 내구재이므로 A/S를 잘 하는 것이 매우 바람직하다고 강조할 수 있다. 이에 따라 소비자가 'TV의 A/S가 좋다'라는 진술에 대한 평가를 +1에서 +2로 증가시킨다면 경쟁브랜드들의 태도점수는 각각 +2와 +1이 향상되는 데 비해 자사의 브랜드는 +3이 향상될 수 있다.

새로운 속성을 제공: 현대카드는 매년 빌리 조엘, 콜드플레이, 브루노 마스 같은 해외 유명 아티스트를 초대해 초대형 공연을 펼치는 슈퍼콘서트를 개최하며, 현대카드 이용자는 할인혜택을 받는다. 경쟁자가 제공하지 못하는 차별화된 혜택은 태도에 긍정적인 영향을 미친다.

셋째, 자사 브랜드가 차별화된 중요한 속성을 가지고 있다면 그 속성을 중요한 속성으로 생각하도록 한다. 예를 들어, 진통제 타이레놀(Tylenol)의 "위장에 부담이 없어서 빈속에도 복용이 가능하다"라는 광고 메시지는 소비자로 하여금 '위장에 부담이 없다'는 속성을 중요한 것으로 인식하게 함으로써 타이레놀의 태도에 긍정적인 영향을 줄 수 있다. 다른 예로, 현대카드는 매년 유명 음악가의 현대카드 슈퍼콘서트를 기획하며, 현대카드 사용자에게 할인 등의 혜택을 제공한다. 타사 신용카드와 차별화된 현대카드의 문화 혜택은 태도에 긍정적인 영향을 줄 수 있다.

넷째, 경쟁자의 속성에 대한 신념을 변화시키는 전략도 가능하다. 이는 주로 비교광고를 통해 이루어진다. 자사의 제품과 경쟁자의 제품 속성을 비교함으로써 자사제품의 우수함을 전달하는 직접 비교광고는 자사제품 속성신념에 긍정적인 영향을 미칠 뿐만 아니라 경쟁자 속성신념을 부정적으로 변화시킬 수 있다. 예를 들어, 미국 통신사 버라이즌(Verizon)의 비교광고는 자사가 경쟁사인 AT&T보다 더 넓은 지역을 커버함을 보여줌으로써, 자사의 서비스에 대한 소비자 신념을 긍정적으로 변화시킬 뿐만 아니라 경쟁자의 서비스에 대한 신념을 부정적으로 변화시키고자 했다.

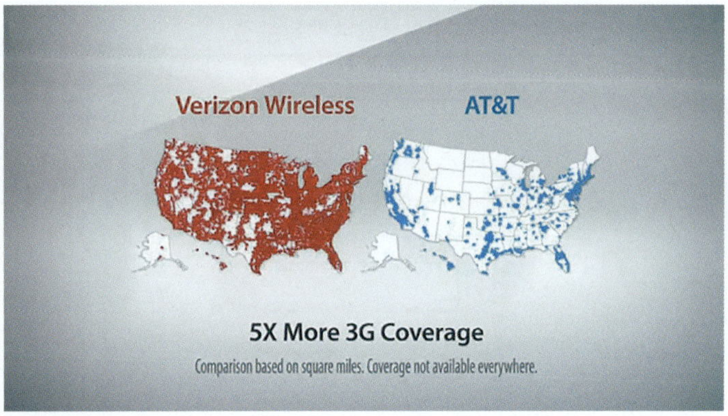

비교광고를 통한 속성신념의 변화: 속성의 직접적인 비교는 자사의 속성에 대한 신념과 태도를 변화시킬 뿐만 아니라 경쟁자의 속성신념과 태도에도 영향을 줄 수 있다.

2. 합리적 행동이론과 확장된 Fishbein 모델

(1) 합리적 행동이론

Fishbein and Ajzen은 행동에 대한 설명력이나 예측력이 높은 태도모델을 제시하기 위하여 Fishbein 태도모델을 확장한 **합리적 행동이론**(theory of reasoned action)을 개발하였다.[3] 그들은 인간은 많은 경우 무의식적으로 혹은 기분에 따라 행동하지 않으며, 어떤 행동의 수행 여부를 결정할 때 그 행동의 수행결과가 자신에게 초래할 결과를 합리적으로 생각하고, 보다 긍정적인 결과를 초래할 것으로 생각할수록 그 행동을 수행할 가능성이 높다고 제안한다. 또한 대부분의 행동은 개인의 자발적 통제하에 있으므로 행동의도가 행동에 선행한다고 제안한다.

(2) 확장된 Fishbein 모델

합리적 행동이론에 토대를 둔 **확장된 Fishbein 모델**(extended Fishbein model)의 특징은 다음과 같다([그림 9.1] 참조). 첫째, 다속성 태도모델과는 달리 **행동의도**(behavioral intention)를 포함하며, 실제 행동에 직접적인 영향을 미치는 요인은 태도가 아닌 행동의도이다.

그림 9.1 확장된 Fishbein 모델의 개념적 틀

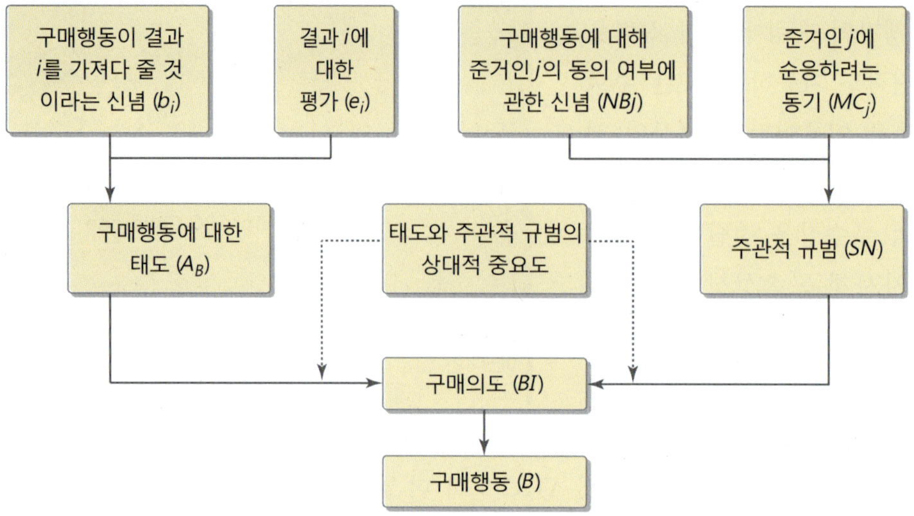

자료원: Ajzen, Icek and Martin Fishbein (1980), *Understanding Attitudes and Predicting Social Behavior*, Englewood Cliffs, NJ: Prentice-Hall, p. 84.

둘째, **행동의도**(behavioral intention)에 영향을 미치는 요소는 행동에 대한 태도와 주관적 규범이다. 행동에 대한 태도는 개인적 요인이며, 주관적 규범은 사회적 요인이다. 즉, 행동의도는 행동주체의 개인적 요인뿐만 아니라 사회적 요인에 의해서도 결정된다.

셋째, 행동의도에 영향을 미치는 개인적 요인은 '행동에 대한 태도'이다. '**대상에 대한 태도**(attitude toward the object: A_o)'에 관한 기존 Fishbein 태도모델과는 달리, 합리적 행동이론은 '**대상과 관련된 행동에 대한 태도**(attitude toward the behavior: A_B)'가 행동의도에 영향을 미칠 것이라고 제안한다. 확장된 Fishbein 모델의 행동에 대한 태도(A_B)는 행동으로부터 얻을 수 있는 결과(consequences)에 대한 신념(b_i)과 결과에 대한 평가(e_i)에 의하여 결정된다는 점에서 초기 Fishbein 모델과 차이가 있다. 대상에 대한 태도와 행동에 대한 태도는 다르게 형성될 수 있다. 예를 들어, 고가의 명품 브랜드와 관련된 '대상'에 대한 태도는 브랜드에 대한 평가를 의미하며, '행동'에 대한 태도는 고가의 명품 제품을 구매하는 행동에 대한 평가를 의미한다. 많은 소비자들이 명품 브랜드 자체에 대해 긍정적인 태도를 가지고 있다. 그러나 구매는 상당한 비용지출을 해야 하기 때문에 구매하는 행동에 대해서는 부정적 태도를 가질 수 있다.

넷째, 행동의도는 사회적 요인인 주관적 규범에도 영향을 받는다. **주관적 규범**(subjective norm: *SN*)은 그 행동과 관련하여 사회적 측면에서 타인의 영향을 의미한다. 주관적 규범은 규범적 신념과 순응동기의 두 가지 요인에 의해 결정된다. **규범적 신념**(normative belief: *NB*)은 준거인(혹은 준거집단)이 자신의 행동을 지지 혹은 반대할 것인지에 대한 개인의 생각이다. 예를 들어, 고급 승용차 구매에 대해 긍정적 태도(행동에 대한 태도)를 갖는 사장은 사원들(준거집단)이 자신의 승용차 구매에 부정적일 것이라는 생각을 가질 수 있다. **순응동기**(motivation to comply: *MC*)는 개인이 그 준거인(혹은 준거집단)의 의견을 얼마나 수용하는가에 관한 것이다. 만약 그 사장이 사원들의 뜻에 대한 순응동기가 크다면 승용차 구매의도는 낮지만, 순응동기가 낮다면 구매의도는 높을 것이다. 이처럼 규범적 신념이 동일하더라도 순응동기에 따라 주관적 규범의 영향력은 달라진다.

(3) 확장된 Fishbein 모델에 의거한 구매행동의 예측

지금까지 설명한 확장된 Fishbein 모델의 구조는 [그림 9.1]에 나타나 있으며, 이는 다음과 같은 수식으로 나타낼 수 있다.

$$B \approx BI = W_1 A_B + W_2 SN$$

여기서 $A_B = \sum_{i=1}^{n} b_i e_i$

$$SN = \sum_{j=1}^{m} NB_j MC_j$$

B: 구매행동(behavior)
BI: 구매의도(behavioral intention)
A_B: 구매행동에 대한 태도(attitude toward behavior)
b_i: 구매행동이 결과 i를 가져다 줄 것이라는 행동적 신념(behavioral belief)
e_i: 결과 i에 대한 소비자 평가(evaluation)
SN: 주관적 규범(subjective norm)
NB_j: 규범적 신념(normative belief)
MC_j: 준거인 j의 뜻에 순응하려는 동기(motivation to comply with referent j)
n: 중요한 속성의 수
m: 중요한 준거인(혹은 준거집단)의 수
W_1, W_2: 상대적 중요도에 대한 가중치(weight)

표 9.2 제네시스와 K9 구매에 대한 태도점수

속성	평가(e_i)	제네시스		K9	
		신념(b_i)	평가×신념	신념(b_i)	평가×신념
엔진 성능	+3	+3	+9	+2	+6
승차감	+3	+1	+3	+2	+6
품위	+1	+2	+2	0	0
가격	−1	+3	−3	+2	−2
계			+11		+10

소비자가 구매에 앞서 갖게 되는 구매의도가 어떻게 결정되는지를 예를 통해서 설명한다.

① 태도와 주관적 규범의 결정

A씨는 새 승용차를 구매하려고 한다. 현재 제네시스와 K9을 대안으로 고려하고 있다. 먼저 A씨의 두 대안에 대한 태도와 주관적 규범이 어떻게 결정되는지를 위의 수식에 따라 예시한다. A씨의 승용차구매와 관련된 중요한 속성은 엔진 성능, 승차감, 품위, 그리고 가격이다. 각 대안에 대한 태도는 네 가지 속성별로 초래되는 결과에 대한 신념과 그 결과에 대한 평가에 의해 결정된다. 속성신념(−3=전혀 그렇지 않다, 3=매우 그렇다)과 평가(−3=매우 나쁘다, 3=매우 좋다)는 각각의 척도에 의해 측정될 수 있다. A씨의 신념과 평가를 측정하여 태도점수를 계산하면 〈표 9.2〉와 같다.

주관적 규범(subjective norm)은 A씨의 승용차 구매에 영향을 주는 주변 사람들의 영향력을 의미한다. 주변 준거인들의 각 대안 구입에 대한 의견이나 평가가 A씨의 구매의도에 영향을 미치게 된다. A씨의 경우 영향을 주는 준거인(집단)은 배우자, 자녀, 직장상사가 있다. 각 준거인의 일반적인 영향력은 준거인에 대한 순응동기(motivation to comply)로 측정될 수 있다("나는 일반적으로 _____의 의견을"; −3=전적으로 따르지 않는다, 3=전적으로 따른다). 규범적 신념(normative belief)은 각 준거인의 제네시스와 K9 구매에 대한 평가를 측정한다("준거인 _____는 나의 제네시스 구입을"; −3=반대할 것이다, 3=지지할 것이다). 규범적 신념과 순응동기를 측정하여 주관적 규범의 점수를 계산하면 〈표 9.3〉과 같다.

표 9.3 제네시스와 K9 구매에 대한 주관적 규범

준거인	순응동기(MC_i)	제네시스		K9	
		규범적 신념(NB_j)	순응동기×규범적 신념	규범적 신념(NB_j)	순응동기×규범적 신념
배우자	+3	+2	+6	+1	+3
자녀	+2	0	0	+2	+4
직장상사	+1	+1	+1	+1	+1
계			+7		+8

② 구매의도의 결정

이 소비자의 태도점수와 주관적 규범점수는 〈표 9.2〉와 〈표 9.3〉에 나타난 바와 같이 제네시스의 경우 +11과 +7, K9의 경우 +10과 +8이다. A씨가 자신의 태도와 주관적 규범에 각각 0.6과 0.4의 가중치를 부여한다면 각 대안에 대한 행동의도 점수는 다음과 같이 계산된다.

$$\text{제네시스 } BI = W_1A_B + W_2SN = 0.6 \times 11 + 0.4 \times 7 = 9.4$$
$$\text{K9 } BI = W_1A_B + W_2SN = 0.6 \times 10 + 0.4 \times 8 = 9.2$$

확장된 Fishbein 모델에 따르면 이 소비자는 구매의도 점수가 높은 제네시스를 선택할 가능성이 높다. 이 소비자가 주변의 영향을 더 받는 경우 SN의 가중치가 커짐을 의미하며, 행동의도 점수는 달라질 수 있다. 예를 들어, 위의 예에서 A_B와 SN에 대한 가중치가 0.3과 0.7로 사회적 영향이 더 큰 경우, 제네시스와 K9의 구매의도 점수는 각각 8.2와 8.6으로 순위가 바뀔 수 있다.

(4) 확장된 Fishbein 모델의 마케팅 시사점

초기의 Fishbein 태도모델은 대상에 대한 태도의 형성과정을 설명하는 데 비해 확장된 Fishbein 모델에서는 행동에 대한 태도가 중요한 요소이다. 대상에 대한 태도는 제품의 **물리적 속성**(physical attributes)과 관련되는 데 비해, 행동에 대한 태도는 그 제품을 소비·사용하는 경우 소비자가 얻을 수 있는 **편익**(benefits)과 관련된다. 소비자가 제품을 구매하는 것은 그 제품의 속성 때문이라기보다, 제품의 구

준거인의 영향: 기아 K3 광고는 제품 구매에 있어서 아내의 영향을 보여준다. 이 광고는 1992년 기아 캐피탈 광고(우측 상단)와 동일한 메시지를 사용하였고 사진의 색감이나 광고 구성을 복고풍으로 하였다.

매를 통해 얻을 수 있는 편익 때문이다. 따라서 마케터는 자사제품을 커뮤니케이션할 때 그 제품이 어떤 특징(속성)을 지녔다는 점보다 그 제품을 소비·사용하면 소비자에게 어떤 편익이 주어지는지를 강조할 필요가 있다. 예를 들어, 아시아나 항공사는 광고에서 "기내까지 연결되는 무선 인터넷 서비스, 당신의 비즈니스 열정, 아시아나가 하늘까지 연결해드립니다"라는 정보제시와 더불어 기내에서 무선 인터넷 서비스를 이용하는 모습을 제시함으로써 소비자를 설득하고자 하였다.

확장된 Fishbein 모델의 또 다른 특징은 주관적 규범에 있다. 마케터는 가끔 특정제품을 구매함으로써 가족이나 동료로부터 지지를 받는 상황을 실연하는데 이러한 노력은 주관적 규범으로 설명이 가능하다. 기아 K3 광고는 "아내가 추천하고 부러움은 제가 받습니다"라는 카피를 사용해 구매결정시 준거인 의견의 중요성을 강조하였다.

3. 계획적 행동이론

합리적 행동이론은 개인이 어떤 행동 수행에 대해 호의적 태도를 가지고 또한 자신에게 중요한 사람들이 그 행동을 지지할 것으로 생각하면 그 행동의도를 갖고 이에 따라 행동이 수행되는 것으로 본다. 그러나 이 이론은 다음의 두 가지 상황의 소비자의 행동을 설명하지 못한다.

① 소비자가 추석 연휴기간 동안 귀성을 하기 위하여 기차표를 매우 사고 싶고 또 자신의 기차표 구매를 주위 사람들이 지지할 것으로 생각했지만 매진되었을 것으로 생각하고 구매를 포기해 버렸다(구매의도가 형성되지 않음).

② 소비자가 더운 날씨 때문에 에어컨을 구매하려고 점포에 갔으나 품절로 구매할 수 없었다(구매의도는 가지나 구매행동이 수행되지 않음).

그림 9.2 계획적 행동이론

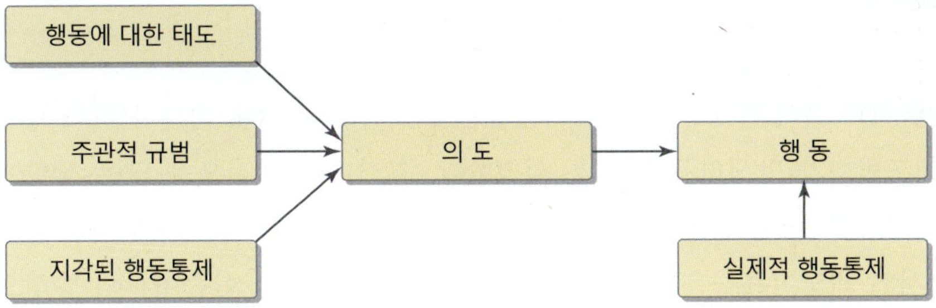

이러한 상황을 설명하기 위하여 합리적 행동이론 이후 **계획적 행동이론**(theory of planned behavior)이 제시되었다.[4] 계획적 행동이론은 [그림 9.2]에서 볼 수 있듯이 행동에 대한 태도와 주관적 규범뿐만 아니라 지각된 행동통제가 행동의도에 영향을 미칠 수 있는 것으로 보는 점이 합리적 행동이론과 다르다. 여기서 **지각된 행동통제**(perceived behavioral control)는 개인이 그 행동을 수행하는 것을 얼마나 쉽게 생각하는가를 말한다(perceived ease of performing the behavior).

그러므로 상황 ①의 경우 소비자는 지각된 행동통제가 낮아 의도가 형성되지 않은 것으로 설명된다. 이에 비해 상황 ②의 경우 소비자의 지각된 행동통제는 높으나 **실제적 행동통제**(actual behavioral control)가 낮아 의도대로 행동수행이 불가능하였다. 여기서 실제적 행동통제는 개인이 수행하고자 하는 행동을 실제로 수행할 수 있는가를 말한다. Ajzen은 행동통제를 결정짓는 요인은 자원(resources)과 기회(opportunities)라고 하였다. 상황 ①의 소비자의 경우 자원은 있으나 기회가 없다고 생각하여 지각된 행동통제가 낮았다. 이에 비해 상황 ②의 소비자는 자원과 기회가 모두 있을 것으로 생각하였기 때문에 지각된 행동통제는 높았다. 그러므로 행동의도는 태도, 주관적 규범, 그리고 지각된 행동통제의 함수이며, 행동은 행동의도와 실제적 행동통제의 함수이다.

9.2 저관여 태도이론

지금까지 살펴본 고관여 태도이론들은 소비자의 속성에 대한 신념과 평가를 토대로 태도변화가 발생하는 과정을 설명한다. 그러나 현실적으로 많은 상황에서 소비자의 의사결정, 정보처리, 태도변화는 낮은 관여도 수준에서 이루어진다. 저관여 상황에서의 태도이론들은 관여도가 낮은 경우에는 인지적 학습이론의 방식으로 태도 형성과 변화가 이루어지지 않는다고 제안한다.

Krugman의 저관여 하이어라키는 저관여 상황에서의 태도형성의 특성과 고관여 상황과의 차이를 설명한다. 소비자는 일상생활에서 필요한 편의품을 구매할 때 제품속성들에 대한 구체적 신념을 형성하지 않은 상태에서 광고에서 접한 적이 있는 브랜드를 구매하고 소비·사용을 통해 그 브랜드를 평가하는 경우가 흔히 있다. Krugman은 이러한 점에 착안하여 소비자는 저관여제품 광고에 노출되었을 때 그 정보를 소극적·수동적으로 처리하므로 브랜드태도를 형성할 만큼 구체적 속성신념이 형성되지 않으며, 단지 동일한 광고에 반복적으로 노출되면 브랜드명과 같은 약간의 정보가 기억 속에 저장될 수 있다고 하였다. 그리고 훗날 그 브랜드가 속한 제품군에서 구매해야 하는 상황에 처하게 되면 그 브랜드명이 자연스럽게 인출되어 그 브랜드를 구매하게 되고 소비·사용 경험을 통해 비로소 태도가 형성되는 것으로 보았다.[5]

Krugman의 이러한 견해는 그 후 Ray 등에 의해 이론적으로 체계화되었다. Ray 등은 태도 형성 및 변화의 두 가지 하이어라키를 제안하였다. 이 중 전통적 견해를 **인지**(cognition) → **태도**(attitude) → **행동**(behavior)의 관계로 설정하고 이를 **학습 하이어라키**(learning hierarchy)로 불렀다. 이 하이어라키는 인지적 학습을 토대로 태도가 형성된다는 점에서 고관여 상황의 태도변화를 설명한다. Fishbein 태도모델은 학습 하이어라키에 해당한다. 이에 비해 그들은 Krugman의 주장을 **인지 → 행동 → 태도**의 관계로 설정하고 이를 **저관여 하이어라키**(low involvement hierarchy)라고 하였다.[6]

이 두 가지 하이어라키의 차이점은 학습 하이어라키의 경우 태도는 행동에 선행하지만, 저관여 하이어라키의 경우 태도는 행동결과에 따라 결정된다는 점이다. 즉, 저관여 하이어라키는 소비자가 그 브랜드를 소비·사용 경험 후 보다 구체적 인지(속성신념)를 형성하며 이에 따라 태도가 형성되는 것으로 제안한다. 이와 같이 저관여 소비자는 구매 이후 태도를 형성할 수 있으므로 편의품 같은 저관여 제품(특히 신제품)의 경우 반복적 노출에 의해 소비자의 상기상표군에 쉽게 속하게 하고, 무료샘플이나 특별세일 등에 의한 시용(trial)을 유도할 필요가 있다.

저관여 상황에서 태도 형성과 변화를 설명하는 많은 이론이 제시되었다. 저관여 태도이론은 두 가지 유형으로 나누어 볼 수 있다. 첫 번째 유형의 이론들은 브랜드태도가 연상(association)되는 대상에 따라 달라질 수 있다고 제시한다. 관련된 이론으로 연상에 의한 태도변화, 균형이론, 광고에 대한 태도모델이 있다. 이 이론들은 공통적으로 브랜드가 긍정적인 대상과 연상이 되는 경우 그 긍정적인 대상에 대한 호감이 브랜드로 전이(transfer)되어 태도가 변화할 수 있다는 견해이며, 주변단서(peripheral cues)가 태도에 미치는 영향을 설명한다(주변단서는 9.3 정교화가능성 모델에서 설명). 두 번째 유형의 이론들은 대상이 친숙하거나 정보처리가 용이한 경우 긍정적인 태도가 형성된다고 제시한다. 대상에 대한 정보를 자주 접하는 경우, 대상에 대한 친숙도가 높아지며 관련된 정보를 더 쉽게 처리할 수 있다. 이 경우 대상에 대한 태도는 긍정적으로 변화한다. 이 유형에 속하는 태도이론으로 단순노출 효과와 정보 처리용이성 효과가 있다.

1. 연상에 의한 태도변화

저관여 상황에서 브랜드와 주변단서(peripheral cues)의 연상(association)은 태도에 영향을 준다. 마케팅 커뮤니케이션에 자주 사용되는 긍정적인 주변단서는 매력적인 광고모델, 멋진 사진, 즐거운 음악, 유머 등이 있다. 브랜드와 주변단서의 연상 형성은 반복적으로 두 정보를 동시에 제시함으로써 이루어진다. 예를 들어, 즐거운 음악이 배경으로 사용된 광고에 반복적으로 노출되는 경우, 브랜드와 즐거운 음악과의 연상이 형성되며 이 과정을 **연상화**(pairing)라 한다. 연상형성 과정은 제10장의 고전적 조건화로 설명된다.

연상의 형성에 있어서 하나의 고려할 점은 얼마나 다양한 주변단서와 연상을 형성할 것인지이다. 매력적인 모델을 사용하는 경우 한 명의 모델을 지속적으로 사용할 수도 있고, 다수의 모델을 사용할 수도 있다. 연상화 다양성 연구에 따르면, 브랜드가 하나의 대상과 연상되는 경우보다 공통적인 이미지를 가지는 다수의 대상과 연상되는 경우가 태도에 미치는 효과가 더 강하다.[7] 포카리스웨트 광고의 경우 손예진, 문채원, 트와이스, 오예주 등 다양하지만 매력적인 외모라는 공통점이 있는

연상 형성과 태도변화: 브랜드와 매력적인 모델의 연상 형성은 브랜드태도에 긍정적인 영향을 줄 수 있다. 연상 다양화 효과에 따르면, 다수의 매력적인 모델의 사용이 한 명의 매력적인 모델 사용보다 태도에 더 긍정적인 영향을 미친다.

모델을 사용해왔으며, 이는 연상화에 의한 태도변화 측면에서 효과적이라고 할 수 있다.

연상의 형성은 브랜드태도뿐만 아니라 제품 속성에 대한 신념(belief)에도 영향을 준다. 연상이 특정 속성의 신념에 미치는 영향을 **속성조건화**(attribute conditioning)라 한다.[8] 세계에서 가장 섹시한 배우 중 한 명으로 뽑히는 조지 클루니(George Clooney)는 오랫동안 커피 브랜드인 네스프레소(Nespresso) 광고모델을 하였다. 조지 클루니와 브랜드와의 연상은 섹시함이라는 제품 이미지를 형성할 수 있다. 실제 실험연구 결과는 광고모델의 특성이 제품의 속성신념에 영향을 주는 것으로 나타났으며, 섹시한 이미지의 모델 사용은 브랜드의 섹시한 이미지를, 지적인 이미지의 모델 사용은 브랜드의 지적인 이미지를 증가시켰다.

2. 균형이론

(1) Heider의 균형이론

균형이론(balance theory)에 따르면, 사람들은 자신의 신념과 태도들 간에 일관성(조화)을 유지함으로써 심리적으로 편안한 느낌을 가지고 싶어하며, 이로 인해 태도의 형성이나 변화가 발생할 수 있다.[9] 균형이론은 개인의 태도들 간에 균형(balance) 상태를 유지하려 하며, 불균형(unbalance)이 발생한 경우 균형을 회복하기 위해 기존의 태도를 변화시키며 이에 따라 심리적 편안함이 유지되는 것으로 제안한다. Heider의 균형이론은 세 요소 간의 **삼각관계**(triad)에서 태도 간의 균형을 설명한다. 이 삼각관계는 개인(person: P), 타인(other: O), 태도대상(X) 간의 관계로 구성되어 있는데 다양한 유형의 대상에 적용 가능하다. 세 요소들 간에는 세 개의 관계가 존재하며, 각 관계는 긍정적 관계(+) 혹은 부정적 관계(−)로 설정된다. 세 요소들 간의 가능한 관계는 [그림 9.3]에 나타난 바와 같이 여덟 가지가 있다. 상황에 따라 구성요소 간의 삼각관계는 균형 혹은 불균형 상태를 이루게 된다.

세 관계가 모두 긍정적 (+, +, +)이거나 한 관계가 긍정적이고 다른 두 관계가 부정적(+, −, −)인 경우 균형상태이며, 세 관계가 모두 부정적(−, −, −)이거나 두 관계가 긍정적이고 다른 한 관계가 부정적(+, +, −)인 경우는 불균형상태이다. 세 관계를 곱한 값이 양(+)이면 균형상태, 음(−)이면 불균형상태라고 할 수 있다.

주변 사람들과의 관계도 균형상태와 불균형상태가 존재한다. 삼각관계의 세 주체가 자신(P), 친구(O), 제3자(X)인 관계를 생각해 보자. 나와 친구의 관계는 오랫동안 긍정적이다. 자신과 친구 모두 새로 알게 된 제3자와 좋은 관계를 가지고 있다면, [그림 9.3] B1의 균형상태이다(+, +, +). 자신과 친구 모두 제3자를 싫어하는 경우 [그림 9.3] B2의 균형상태이다 (+, −, −). 그러나 자신이 제3자에 호감을 가진 상태에서 친구가 제3자를 싫어하는 경우 불균형상태가 된다([그림 9.3]의 U1). 이 경우 심리적으로 편한 상태가 아니며, 관계 중 하나를 바꾸어 균형상태에 이르

그림 9.3 균형상태와 불균형상태의 삼각관계

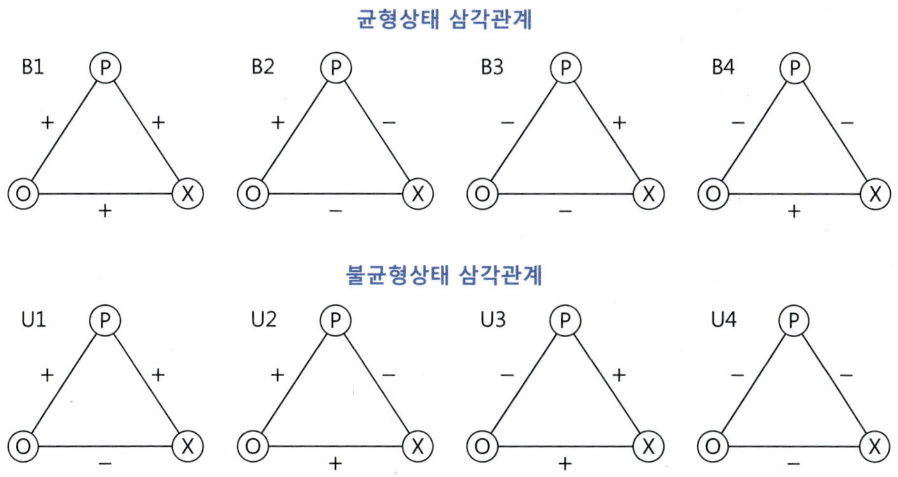

* 여기서 +는 두 요소들 간의 긍정적 관계, 그리고 −는 부정적 관계를 나타낸다.

려고 한다. 다음과 같은 변화의 노력이 가능하다: ① 친구를 설득해 친구와 제3자의 관계를 긍정적으로 변화(B1 상태), ② 친구가 싫어하기 때문에 제3자를 멀리함(B2 상태), ③ 제3자와의 관계를 유지하기 위해 친구를 멀리함(B3 상태). 이처럼 불균형 상태를 균형상태로 바꿀 수 있는 다양한 유형의 태도변화가 존재한다.

균형이론을 확장한 **일치성이론**(congruity theory)에 따르면 어느 태도에서 변화가 나타날지는 기존 태도의 극단성(extremity)의 영향을 받는다.[10] 태도의 극단성은 중립적(neutral)인 태도에서 벗어난 정도를 의미한다. 예를 들어 태도가 '−3=매우 부정적, +3=매우 긍정적' 척도로 측정된 경우, 양극단(−3점이나 +3점) 부근의 점수가 극단적 태도이다. 균형상태에 이르기 위한 태도의 변화는 극단성이 낮은 태도에서 주로 나타나며, 매우 긍정적이거나 부정적인 극단적인 태도는 유지되는 경향이 있다.[11]

(2) 균형이론의 마케팅 시사점

① 주변단서를 이용한 태도 형성

균형이론은 **주변단서**(peripheral cues)가 태도에 미치는 영향을 설명해준다. 새로 출시된 맥주 브랜드인 켈리는 배우 손석구를 모델로 사용하였다. 손석구는 많은 소비자가 좋아하는 배우이며, 따라서 소비자와 손석구의 관계는 긍정적(+)이다. 손석구가 신제품 광고모델을 했으므로 손석구와 그 제품의 관계는 긍정적(+)이다. 두 관계가 긍정적인 상태에서 소비자가 신제품에 대한 긍정적인(+) 태도를 갖게 되면 균형상태가 된다. [그림 9.4]가 제시하는 바와 같이 균형이론은 선호되는 주변단서가 태도에 미치는 영향을 설명해 준다.

그림 9.4 광고모델과 같은 주변단서로 인한 신제품에 대한 태도 형성

② 기존 태도의 극단성을 고려한 설득전략

균형이론을 확장한 **일치성이론**에 따르면 불균형상태에서 태도변화는 주로 중립적인 태도에서 나타나며 극단적인 태도는 유지된다. 따라서 균형이론을 적용한 설득전략은 기존 태도를 고려해야 한다. 광고모델에 의한 브랜드태도 변화는 광고모델에 대한 태도가 호의적일수록, 그리고 브랜드태도가 중립적일수록 더 크게 나타날 수 있다. 그러나 소비자가 극단적인 브랜드태도를 가지고 있을 때, 주변단서를 이용한 설득전략이 브랜드태도가 아닌 주변단서의 평가에 영향을 미칠 수도 있다. 예를 들어, 인기를 조금 얻고 있는 연예인이 평가가 매우 나쁜 제품의 광고에 출연하는 경우 연예인으로서의 인기에 치명적인 결과를 가져올 수 있다.

일상생활에도 적용해 볼 수 있다. 예를 들어, 주변의 사람들과 정치성향이 다른 경우는 불균형상태이다. 예를 들어, 내가 싫어하는 정당을 주변 사람이 지지하는 경우 [그림 9.3]의 U2에 해당하는 불균형조건이다. 이 경우 사람들은 불균형상태를 벗어나기 위해, 상대방의 정치성향을 바꾸려 설득하는 경우가 있다. 그러나 정치성향은 잘 변하지 않는 태도이다.[12] 설득노력이 도리어 주변 사람과의 관계에 부정적인 영향을 줄 수 있다([그림 9.3]의 B4).

3. 광고에 대한 태도모델

(1) 광고에 대한 태도와 브랜드태도

저관여 태도변화에 영향을 미치는 또 다른 요인은 **광고에 대한 태도**(attitude toward the ad: 이하 광고태도)이다. **광고태도**(ad attitude)는 소비자가 특정 광고 자체를 좋아하는 정도라고 정의된다. 광고의 설득메시지에 대한 인지적 반응과는 달리, 광고태도는 광고 자체가 주는 즐거움에 대한 감정적 반응과 연관이 있다. 매력적인 광고모델, 유머, 즐거운 음악과 같은 광고의 요소는 소비자의 특정 광고태도를 높일 수 있다.

광고에 대한 태도모델에 따르면 광고에 대한 긍정적인 태도는 브랜드에 대한 긍정적인 태도로 전이될 수 있다.[13] 광고가 브랜드태도에 미치는 영향은 두 가지 다른 경로가 있으며, 이는 [그림 9.5]와 같다. 하나의 경로는 광고에 제시된 설득메시지로 인한 브랜드의 속성신념을 형성하고 이를 토대로 긍정적 **브랜드태도**(brand attitude)를 형성하는 것으로, Fishbein 태도모델과 같은 고관여 태도형성 과정이다. 또 다른 경로는 소비자가 광고에 대해 호의적 태도를 가질수록 더 긍정적인 브랜드

그림 9.5 광고가 브랜드태도에 영향을 미치는 두 가지 경로

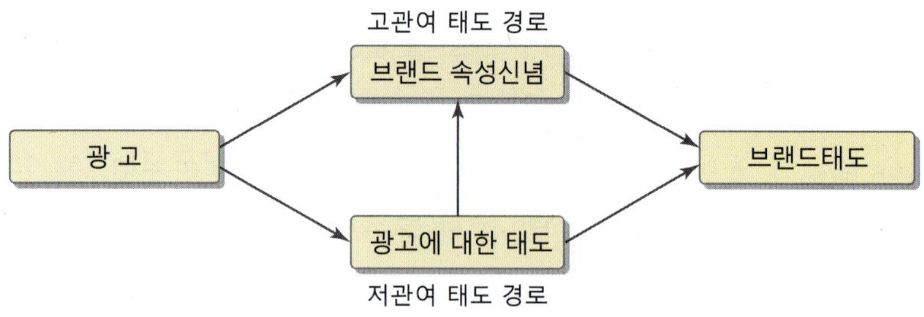

태도를 가지는 것이다. 속성신념 변화로 인한 태도변화는 주로 고관여 상황에서, 광고태도로 인한 태도변화는 주로 저관여 상황에서 나타난다.

광고가 브랜드태도에 미치는 두 경로의 영향이 독립적으로 존재하는 것이 아니라 하나의 경로가 다른 경로에 영향을 줄 수도 있다. MacKenzie, Lutz, and Belch는 소비자가 광고에 대해 호의적 태도를 가지면 광고메시지의 주장을 잘 받아들이는 경향이 있음을 보여주었다. 이에 따라 광고태도는 브랜드태도에 직접적으로뿐만 아니라 브랜드 속성신념을 통해서도 영향을 미친다는 **이중매개가설**(dual mediation hypothesis)을 제시하였다.[14] 이는 [그림 9.5]에서 '광고에 대한 태도 → 브랜드태도'와 '광고에 대한 태도 → 브랜드 속성신념 → 브랜드태도'로 나타나 있다.

(2) 광고태도 영향력의 마케팅 시사점

광고에 대한 태도모델은 광고 제작 시 가급적 소비자가 그 광고를 좋아하도록 기획이 이루어져야 된다는 중요한 시사점을 제공한다. 브랜드태도에 대한 광고태도의 영향력이 제기되기 전에도 광고기획자들은 소비자들이 좋아하는 광고를 만드는 데 관심을 기울여 왔다. 광고 성공의 3B라고 알려진 아기(baby), 미녀(beauty), 동물(beast)은 사람들로 하여금 광고에 관심을 가지고 호감을 이끌어내는 요소로 광고에서 널리 사용되고 있다. 그러나 소비자의 호감을 이끄는 데만 너무 관심을 기울이는 경우, 광고의 설득메시지가 명확하지 않을 수 있다는 우려가 있다. 재미있는 유머광고는 소비자의 긍정적인 태도를 이끌어내지만, 유머만 지나치게 강조할 경우 의도한 메시지 자체가 전달이 안 될 수 있다. 신념 변화에 기반한 기존의 태도이론은 이러한 유형의 광고가 존재하는 이유를 잘 설명할 수 없지만, 광고에 대한 태도모델은 소비자가 광고를 좋아하는 자체만으로도 태도에 긍정적인 영향을 줄 수 있

으며, 이 효과는 저관여 제품이나 상황에서 더 크다는 것을 제시한다.

4. 단순노출 효과

저관여 소비자의 태도형성을 설명하는 또 다른 이론은 Robert Zajonc가 제시한 **단순노출 효과**(mere exposure effect)이다.[15] 단순노출 효과란 어떤 대상에 반복적으로 노출되면 그 대상에 대해 보다 호의적인 태도가 형성되는 현상을 의미한다. 반복된 노출이 태도에 미치는 영향은 대상에 대한 인지(cognition)가 없는 상태에서도 발생한다. Zajonc는 미국 대학생에게 [그림 9.6]과 같은 중국 한자와 유사하게 생긴 임의로 만든 문자를 보여주었다. 조건에 따라 동일한 문자가 낮은 빈도 혹은 높은 빈도로 제시되었다. 이후 연구에 참여한 대학생들은 각 문자가 얼마나 좋은 의미를 가지고 있는지를 평가했다. 그 결과 그들은 [그림 9.6]에서 볼 수 있듯이, 보다 많이 노출된 문자가 더 좋은 의미를 갖는 것으로 평가하였다. 흥미로운 사실은 노출로 인한 태도형성이 대상을 인지하지 못하는 경우에도 발생한다는 것이다. 노출된 횟수와 상관없이 응답자들은 자신에게 어떤 문자가 제시되었는지 정확히 기억하지

그림 9.6 노출빈도와 선호

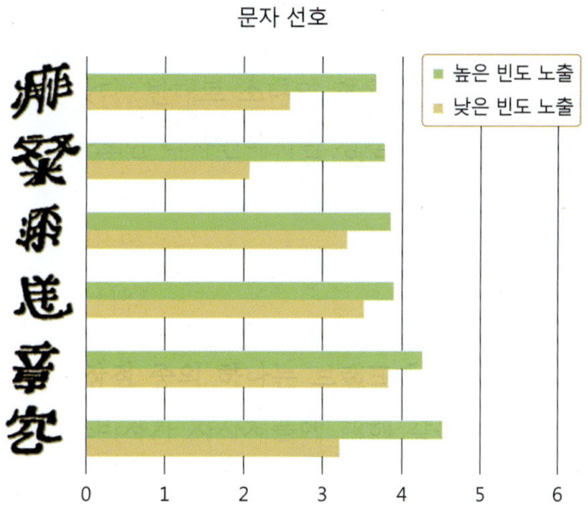

자료원: Zajonc, Robert B. (1968), "Attitudinal Effects of Mere Exposure," *Journal of Personality and Social Psychology*, 9 (2, part 2), p. 16.

단순노출 효과와 사진 선호: 왼쪽은 원래 사진 이미지이고 오른쪽은 좌우를 바꾼 이미지이다. 타인이 사진을 평가할 때는 원래 이미지를 더 선호하고, 자기 자신의 사진을 평가할 때는 좌우가 바뀐 이미지를 더 선호한다. 이는 단순노출 효과로 설명된다.

못했다.[16]

단순노출 효과는 얼굴 이미지와 같은 친숙한 대상에 대한 선호에도 나타난다. 우리가 보는 자신의 얼굴 이미지는 주로 거울에 비친 모습이다. 따라서 자기 자신에게 더 친숙한 얼굴은 거울에 비친 좌우가 바뀐 이미지이다. 그러나 타인들이 나를 보는 이미지는 사진에 찍힌 이미지처럼 좌우가 바뀌지 않은 모습이다. 어느 얼굴 이미지에 더 많이 노출되었는지는 사진에 대한 선호에 영향을 준다. Mita, Dermer, and Knight는 인물의 사진을 찍은 후 보통 방식으로 인화하거나, 좌우를 바꾸어 인화한 후에 어느 이미지를 더 선호하는지를 평가하도록 하였다.[17] 그 결과 친구의 사진을 평가하는 경우 좌우가 바뀌지 않은 사진을 더 선호하였으나, 자기 자신의 사진을 평가할 때는 좌우가 바뀐 사진을 더 선호하는 것으로 나타났다.

단순노출 효과는 소비자가 주의를 기울이지 않더라도 광고나 마케팅 메시지에 반복적인 노출은 태도를 변화시킬 수 있음을 시사한다. 대부분의 인터넷 사용자는 방문한 웹사이트의 배너광고에 주의를 기울이지 않으며, 인터넷 사용 후에 어떤 광고가 있었는지 기억하지 못한다. 인지적 정보처리 관점에서 보면 기업이 비용을 지불하며 배너광고를 하는 것은 효과가 작은 비효율적인 커뮤니케이션이다. 그러나 단순노출 효과에 따르면 배너광고의 반복적 노출은 태도에 긍정적인 영향을 줄 수 있다. Fang, Singh, and Ahluwalia의 실험연구에 따르면 사람들은 자신이 어떤 배너광고에 노출되었는지 기억하지 못했지만, 반복적으로 노출된 배너광고에 더 긍정적인 태도를 가졌다.[18]

5. 정보처리용이성 효과

저관여 상황에서 태도는 처리용이성에 따라 달라질 수 있다.[19] **정보처리용이성**(processing fluency)은 제시된 정보를 쉽게 처리할 수 있는 정도에 대한 주관적 경험을 의미한다. 처리용이성은 대상에 대한 태도에 영향을 미치며, 정보처리가 용이할수록 관련된 대상을 더 긍정적으로 평가한다. 정보의 처리용이성은 (1) 정보의 친숙도와 (2) 지각용이성의 두 요인에 영향을 받는다. 두 요인 모두 태도를 호의적으로 변화시킨다.

(1) 정보 친숙도와 태도

정보에 대한 **친숙도**(familiarity)는 동일한 정보에 얼마나 많이 접했는지를 의미한다. 친숙한 정보는 더 쉽게 처리되며, 태도에 긍정적인 영향을 준다. 전형성이 높은 브랜드에 대한 선호는 친숙도 효과로 설명된다. **전형성**(typicality)은 브랜드가 제품군을 대표하는 정도라고 정의되며, 친숙한 브랜드일수록 전형성이 높다(제6장 참조). 즉, 스타벅스가 카페베네보다, 코카콜라가 펩시콜라보다 전형성이 높다. 브랜드의 전형성이 높을수록 소비자는 브랜드를 잘 기억하고 긍정적인 태도를 가진다. 이러한 전형성 우위(typicality advantage)는 소비자가 가지는 브랜드에 대한 친숙도로 설명된다.[20]

마케팅 메시지는 숫자정보를 포함하는 경우가 있다. 모든 숫자의 친숙도는 동일하지 않다. 우리가 주변에서 자주 접하는 숫자는 친숙하며 처리용이성이 높다. 예를 들어, 10 이하의 숫자, 5의 배수, 10의 배수는 일상생활에서 많이 사용된다. 또한 6, 8, 12, 24와 같은 숫자는 자주 사용하는 계산의 결과이며(예, 2×6=12, 3×4=12), 친숙도와 처리용이성이 높다. 반대로 13, 17, 19와 같은 소수(prime number)는 상대적으로 덜 사용되어 처리용이성이 낮다. '배스킨라빈스31'과 같이 언어와 숫자가 조합된 브랜드 이름을 알파뉴메릭(alphanumeric) 브랜드라고 하며, 숫자의 친숙성이 브랜드태도에 영향을 미칠 수 있다. King and Janiszewski의 연구는 Resorcinol25나 Zinc24와 같이 친숙한 숫자를 포함하는 브랜드가 Resorcinol26나 Zinc31과 같이 덜 친숙한 숫자의 브랜드보다 더 선호된다는 결과를 보여주었다.[21]

숫자정보의 처리용이성은 판매촉진 평가에도 영향을 미칠 수 있다. Coulter and Roggeveen은 할인율의 처리용이성에 따른 판촉 효과를 연구하였는데, 〈표 9.4〉는 연구결과를 요약해 보여준다. 첫 번째 할인의 경우 제시된 숫자 정보가 모두

표 9.4 처리용이성이 다른 가격할인 정보

	처리용이성 높음 할인율: 70%	처리용이성 낮음 할인율: 71%
정상 가격	10,000원	10,100원
할인 가격	3,000원	2,900원
할인 금액	7,000원	7,200원

1,000의 배수로 처리용이성이 높지만, 두 번째 할인의 경우 제시된 숫자들은 많이 쓰이지 않는 처리용이성이 낮은 숫자이다. 이 연구에서는 두 번째 할인에 비해, 첫 번째 할인의 경우 할인율은 70%로 더 낮으나 판촉에 대한 태도가 더 긍정적이었고 구매의도도 더 높은 것으로 나타났다.[22]

(2) 지각용이성과 태도

지각용이성(perception fluency)은 제시되는 정보의 특성으로 인해 지각을 쉽게 할 수 있는 정도를 의미하며, 처리용이성과 태도에 영향을 미친다. 제시된 제품 정보가 시각적, 청각적으로 지각이 용이한 경우 대상에 대한 태도가 긍정적인 경향이 있다. Alter and Oppenheimer는 회사 이름이 쉽게 발음될 수 있는 정도가 주식투자 및 수익률과 연관성이 있음을 보여주었다. 사람들은 'Queown'과 같은 발음하기 어려운 기업보다 'Kellings'와 같이 발음하기 쉬운 기업에 투자를 하기 원했으며, 쉬운 이름의 기업의 단기 주식 수익률이 어려운 이름의 기업보다 높았다.[23]

노트북 14ZD990 *코어i5-8세대* *I1920-i5-8265U 1.6GHz* *35.56cm (14인치)* *8GB/ DDR4*	노트북 14ZD990 코어i5-8세대 I1920-i5-8265U 1.6GHz 35.56cm (14인치) 8GB/ DDR4

시각 정보의 지각용이성과 태도: 가독성이 높은 폰트로 제시된 제품정보는 가독성이 낮은 정보보다 태도에 더 긍정적인 영향을 미친다.

시각적 정보처리 용이성도 제품 태도에 영향을 준다.[24] 시각 지각에 영향을 미치는 요인 중의 하나는 폰트의 가독성이다. 제품정보를 가독성이 높은 폰트로 제시한 경우가 가독성이 낮은 폰트로 제시한 경우보다 대안에 대한 선호 정도가 더 높았다. 시각 지각에 영향을 미치는 또 다른 요인은 배경과의 대조(contrast)이다. 배경과 색이나 명도가 달라 대조효과가 크게 제시된 정보는 높은 지각용이성으로 인해 태도에 더 긍정적인 영향을 준다.

과거, 현재 이미지와 제품 태도: 제품이나 서비스의 효과를 과거와 현재를 비교해서 제시하는 경우, 과거 이미지를 왼쪽에 현재 이미지를 오른쪽에 배치하는 것이 처리용이성이 높으며, 태도에 더 긍정적인 효과가 있다.

시각적 정보의 좌우 위치도 처리용이성과 연관이 있다. 사람들이 시간에 대해 가지고 있는 이미지는 시간은 왼쪽에서 오른쪽 방향으로 흐른다는 것이다. 따라서 사람들은 '왼쪽-과거(past-left), 오른쪽-미래(future-right)'의 이미지를 가지고 있다. 시간과 관련된 시각적 정보가 사람들이 가지고 있는 이미지와 일치하도록 제시될 때, 대상은 더 쉽게 처리되며 더 긍정적인 태도를 갖게 된다. 마케팅에서 많이 사용되는 설득메시지 중의 하나는 제품이나 서비스의 효과를 '과거상태'와 '현재상태' 혹은 '사용 전'과 '사용 후'를 비교해 제시하는 것이다. 예를 들어, 위의 다이어트 프로그램 광고의 경우 프로그램 시작 전과 마친 후의 체형 변화를 보여줌으로써 그 효과를 제시한다. Chae and Hoegg의 연구는 제품에 대한 태도는 '이전(before)' 이미지를 왼쪽에 '이후(after)' 이미지를 오른쪽에 제시한 경우가 반대 위치로 제시한 경우보다 더 긍정적이라는 결과를 보여주었다.[25]

9.3 관여도에 따른 태도 형성과 변화: 정교화가능성 모델

정교화가능성 모델은 고관여 상황과 저관여 상황의 태도 형성과 변화의 차이를 통합하여 설명하는 이론이다. 관여도 수준에 따라 태도형성에 미치는 설득메시지의 영향, 태도 형성과 변화의 메커니즘, 그리고 형성된 태도의 강도가 달라진다. 이하에서는 설득적 메시지(특히, 광고)에 노출된 경우, 관여도에 따라 소비자의 태도 형성과 변화 과정이 어떻게 다른지에 관해 살펴본다.

1. 정교화가능성 모델

사회심리학자인 Richard Petty와 John Cacioppo가 개발한 **정교화가능성 모델**(elaboration likelihood model: ELM)은 태도형성의 두 가지 경로를 제안한다.[26] 정교화(elaboration)는 소비자가 메시지 정보에 주의를 기울이며 자신의 욕구와 관련지어 정보를 처리하려는 노력의 정도를 말한다. 정교화가능성이 높을 때 태도는 주로 제품정보에 영향을 받아 형성되는데, 이때 태도형성에 이용되는 제품정보를 **중심단서**(central cues)라 부르고 이러한 태도형성 경로를 **중심경로**(central route)라고 한다. 반면에 정교화가능성이 낮을 때는 광고모델, 배경음악 등 제품 평가에 덜 중요하지만 처리하기 쉬운 **주변단서**(peripheral cues)에 의해 태도가 형성되며, 이 태도형성 경로를 **주변경로**(peripheral route)라 한다.[27]

정교화가능성은 소비자의 제품정보처리 **동기**(motivation)와 **능력**(ability)에 의해 결정된다. 제품정보를 처리하려는 동기는 관여도와 관련성이 있다. 제품이 자신과의 관련성(personal relevance)이 높거나 중요한 경우, 높은 관여도로 인해 정보처리에 대한 동기가 높아지게 된다. 또 다른 요인은 제시된 정보를 처리하고 이해할 수 있는 능력이다. 제품에 대한 지식은 정보처리 능력과 관련이 있으며, 지식이 많을수록 구체적인 제품정보를 기반으로 태도를 형성할 수 있다. 정보처리 능력은 상황적 요인과도 관련이 있다. 예를 들어, 제품을 평가할 시간이 충분하지 않은 경우,

그림 9.7 정교화가능성 모델

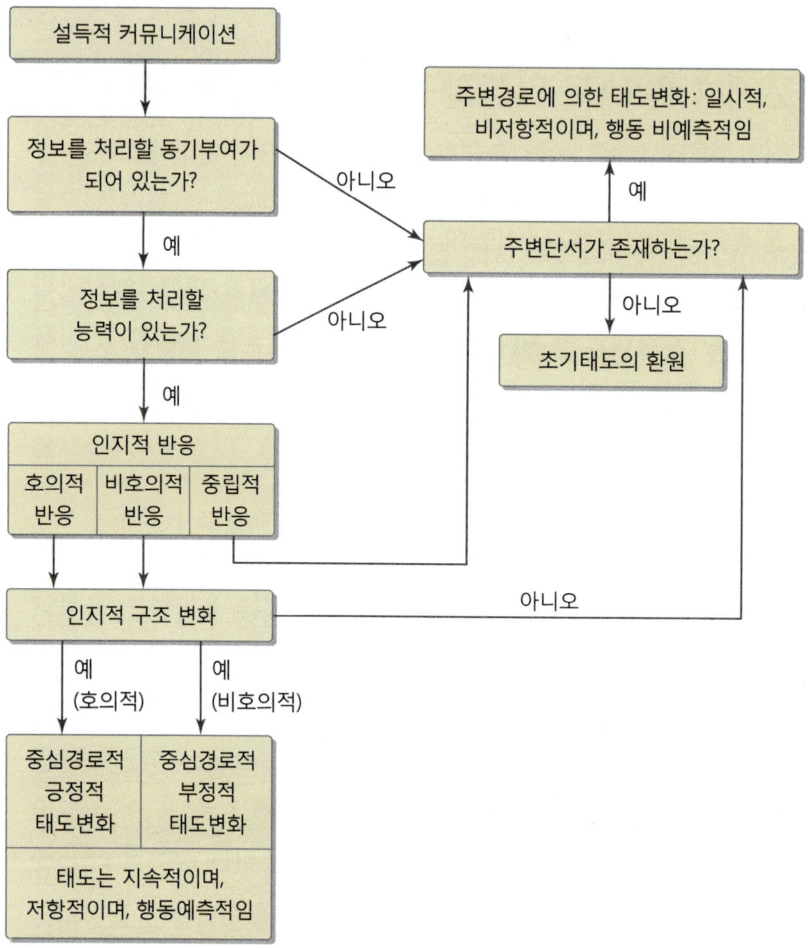

자료원: Petty, Richard E., Rao H. Unnava, and Alan J. Strathman (1991), "Theories of Attitude Change," in *Handbook of Consumer Behavior,* ed. Thomas S. Robertson and Harold H. Kassarjian, Englewood Cliffs, NJ: Prentice-Hall, p. 244.

정보에 대한 이해를 기반으로 한 태도변화가 어려워진다. 동기와 능력의 수준이 둘 다 높은 경우 정교화가능성이 높으며 중심경로를 통한 태도변화가 이루어진다. 동기와 능력 중 하나라도 결여되는 경우 정교화가능성이 낮으며 주변경로를 통해 태도가 변하게 된다.

정교화가능성 모델에 따르면, 중심경로를 통하여 형성된 태도의 강도(strength)는 높다. 즉, 태도는 비교적 장기간 지속되며, 부정적 정보에 노출되더라도 이에 저항적이며(resistant), 행동에 영향을 미칠 가능성이 높다. 주변경로를 통하여 형성된 태도는 비교적 일시적이며, 부정적 정보에 노출되면 쉽게 변할 수 있으며, 행동으로 이어질 가능성이 낮다. 정교화가능성 모델은 [그림 9.7]과 같이 요약될 수 있다.

2. 정교화가능성 모델에 대한 실험

심리학에서 개발된 정교화가능성 모델을 소비자행동 연구에 적용한 Petty, Cacioppo, and Schumann은 소비자 관여도에 따라 태도형성 경로가 달라진다는 것을 실험연구를 통해 제시하였다.[28] 그들은 이 연구를 위하여 실험용 광고로서 가상의 신제품 면도기 광고를 제작하고 피실험자들의 관여도를 조작하였다.

실험용 광고는 다음과 같이 제작되었다. 중심단서의 조작을 위하여 강한 주장(strong arguments)과 약한 주장(weak arguments)의 두 가지를 개발하였다. 강한 주장에는 그 면도기가 과학적으로 설계되었다는 점과 제품의 우수성을 강조하는 정보가 포함된 반면, 약한 주장에는 제품의 모양이 세련되었다는 점이 강조되었으나 제품의 우수성은 그리 강조되지 않았다. 또한, 주변단서의 조작을 위하여 광고모델로서 유명한 스포츠맨과 평범한 일반인을 이용하였다. 중심단서와 주변단서가 모두 두 가지로 조작되었으므로 이들의 결합에 의해 네 개(2×2)의 인쇄광고가 제작되었다.

피실험자들의 관여도는 다음과 같이 조작되었다. 160명의 피실험자들을 무작위로 두 집단으로 나누어 광고를 보여주기 전에 다음과 같이 알려 주었다. 한 집단의 피실험자들에게는 실험참여의 대가로 실험이 끝난 후 실험용 면도기가 포함된 여러 브랜드의 면도기들 중 하나를 선택하도록 할 것이며, 그 지역에서 그 면도기가 곧 광고되고 판매될 것이라고 하였다(상황적 고관여로 조작). 다른 집단의 피실험자들에게는 치약을 선물로 줄 것이며, 당분간 그 지역에서 그 면도기가 판매되지 않을 것이라고 하였다(상황적 저관여로 조작).

그림 9.8 관여도, 모델의 매력도, 주장의 질과 브랜드태도 간의 관계

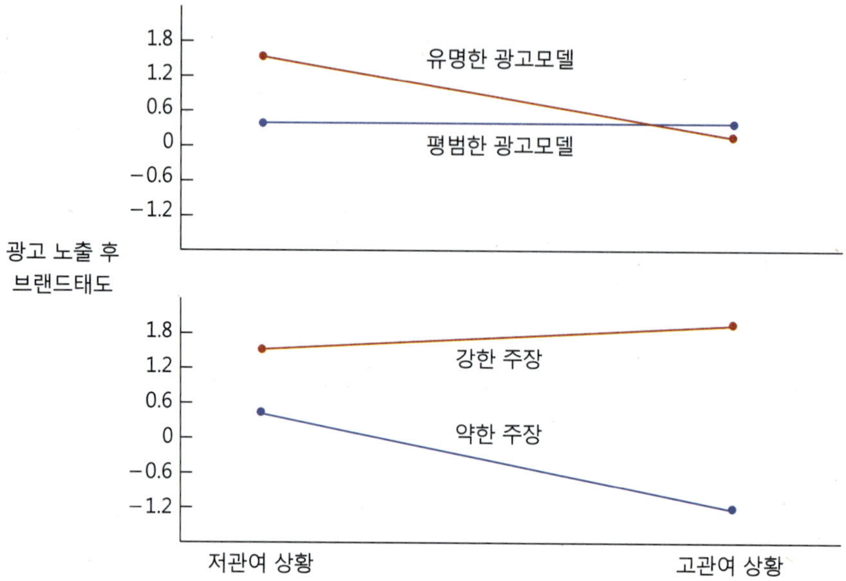

자료원: Petty, Richard E., John T. Cacioppo, and David Schumann (1983), "Central and Peripheral Routes to Advertising Effectiveness: The Moderating Role of Involvement," *Journal of Consumer Research,* 10 (2), p. 142.

각 피실험자에게 네 가지 광고 중 한 가지의 광고가 포함된 12개의 광고를 보여 준 다음 설문지를 이용하여 실험용 면도기에 대한 태도를 측정하였다. 연구 결과 [그림 9.8]과 같이 광고모델의 매력도가 브랜드태도에 미치는 영향력은 고관여 소비자보다 저관여 소비자에게 더 크며, 주장의 질의 영향력은 저관여 소비자보다 고관여 소비자의 경우 더 큰 것으로 나타났다.

3. 정교화가능성 모델의 마케팅 시사점

첫째, 설득메시지의 사용은 제품이나 표적소비자의 관여도를 고려해야 한다. 고관여 소비자를 표적으로 한다면 광고에서 경쟁브랜드에 비한 차별적 특성이나 혜택 등 중심단서를 설득력 있게 제시하는 것이 효과적일 것이다. 반대로 저관여 소비자를 주된 표적으로 한다면 구체적 제품정보보다 광고분위기, 음악, 혹은 광고모델 등 주변단서에 중점을 두어 광고를 기획해야 할 것이다. 구매 상황의 경우 고관여 쇼핑객들은 제품의 특성이 선택에 매우 중요하지만, 저관여 쇼핑객들에게는 매력적

중심단서와 주변단서를 강조한 광고: 의류관리기인 스타일러는 상대적으로 고관여 상황에서 구매결정이 이루어지므로 광고는 제품의 다양한 기능과 편익을 강조한다. 저관여 제품인 음료수 광고는 제품에 대한 구체적인 정보 없이 광고모델 뉴진스의 매력을 보여준다.

인 점포내 전시, 판매원의 매력도, 제품포장 등도 선택에 영향을 미칠 수 있다.

둘째, 자세한 정보를 제공하여 중심단서로 소구하고자 하면 방송매체보다 인쇄매체가 더 효과적일 수 있다. 인쇄매체를 이용하면 정보를 자세히 제공할 수 있고 그러한 정보를 필요로 하는 소비자가 천천히 정보를 습득할 수 있다(정보처리자 통제). 이에 비해 방송매체를 이용하면 대개의 경우 광고시간이 짧으므로 정보를 제공하는 데 한계가 있다(매체 통제). 그러나 주변단서에 의해 소구하고자 하면 신문이나 잡지 광고보다 TV 광고가 영상과 음악 등을 이용해 감정을 유발할 수 있으므로 더 효과적일 수 있다(뒤의 감정적 반응 참조).

셋째, 광고에 따라 중심단서 혹은 주변단서에 치중하기도 하지만 두 가지 단서를 모두 사용하는 광고도 흔히 발견된다. 특히, TV 광고의 경우 인기 연예인이나 스포츠맨이 광고모델로 출연하여 소수의 핵심속성을 제시하는 광고가 많다. 이 경우 그러한 모델은 소비자의 주의 유발과 아울러 주변단서로 작용할 수 있으며 소수의 핵심속성은 중심단서로 작용할 수 있다.

9.4 설득메시지에 대한 소비자의 반응

지금까지 고관여와 저관여 상황에서 설득메시지가 태도에 미치는 영향에 관한 다양한 이론을 설명하였다. 그러나 모든 설득메시지가 태도에 영향을 주는 것은 아니다. 설득메시지가 태도에 미치는 영향은 메시지에 대한 인지적·감정적 반응, 메시지의 수용 영역, 소비자의 설득지식 등에 따라 달라질 수 있다.

1. 인지적 반응과 감정적 반응

소비자가 설득적 커뮤니케이션에 노출될 때 소비자의 태도는 설득적 메시지 그 자체에 의해 영향을 받는 것이 아니라 그 메시지에 대한 소비자의 반응에 영향을 받는다. 소비자의 반응은 인지적 반응과 감정적 반응의 두 가지 유형이 있으며, 반응의 유형에 따라 태도변화 과정이 달라질 수 있다.

(1) 인지적 반응

설득메시지에 대한 **인지적 반응**(cognitive responses)은 소비자가 정보처리를 하는 동안 자연스럽게(spontaneously) 갖는 생각으로서 이를 광고와 관련지으면 광고 메시지에 대한 것, 광고실행에 대한 것, 그리고 광고와 무관한 것이 있다.[29]

먼저, 광고 메시지에 대한 것으로 지지주장과 반박주장이 있다. **지지주장**(support arguments)은 그 제품의 바람직한 속성 혹은 편익에 관한 생각으로, 소비자가 광고메시지에 동의하여 "저 농축 세제를 사용하면 세탁이 더 잘 될 것 같다"라는 생각은 이에 해당한다. **반박주장**(counterarguments)은 그 제품의 바람직하지 못한 속성, 소비 결과 초래될 문제에 관한 생각, 혹은 메시지 주장의 타당성에 대한 비판적 생각 등으로, "저 세제보다는 내가 사용하는 세제가 더 낫다"와 같은 생각은 이에 해당한다.

광고 실행에 대한 반응으로는 실행지지와 실행격하가 있다. **실행지지**(execution bolstering)는 광고 실행에 대한 긍정적 반응으로, 예를 들어, "저 광고의 제작사는 배경이 멋진 곳을 잘 찾아서 촬영을 했다"는 생각은 이에 해당한다. **실행격하**(execution derogation)는 광고 실행에 대한 부정적 반응으로, "뭐 저런 부적절한 모델을 사용했을까"라는 생각은 이에 해당한다. 인지적 반응은 소비자의 브랜드태도에 영향을 미치는데, 지지주장과 실행지지는 긍정적으로, 그리고 반박주장과 실행격하는 부정적으로 영향을 미친다.[30]

소비자는 유입정보가 기존의 신념체계, 태도 등과 일치하면 지지주장 반응을 하고, 불일치하면 반박주장 반응을 한다. 따라서 소비자들의 신념 혹은 태도에 너무 상반되는 메시지는 거부되기 쉽다. 그러므로 마케터는 자사의 메시지가 표적소비자에게 어떻게 받아들여질까를 유의해야 한다. 예를 들어, 소형 승용차를 광고하면서

"승차감이 대형차에 비해 별로 손색이 없다," 혹은 명백한 근거를 제시하지도 않고 "자사의 브랜드가 세계 제일이다" 등의 메시지는 반박주장을 불러일으킬 수 있다. 더욱이, 지나치게 과장된 메시지는 대조효과(contrast effect)를 불러일으켜 기존의 평가(신념과 태도)를 더욱 절하시키는 역효과를 가져올 수도 있다.

(2) 감정적 반응

앞에서 서술한 바와 같이 소비자가 광고에 노출된 후 브랜드태도를 형성하는 데는 광고태도가 상당한 영향을 미칠 수 있다는 주장이 제기되고 여러 연구자들에게 받아들여졌다. 이러한 연구는 그 후 소비자의 **감정적 반응**(emotional responses, affective responses; 정서적 반응)에 대한 관심으로 발전하였다. 소비자의 감정적 반응은 광고를 시청하는 동안에 자연스럽게 가질 수 있는 느낌(feelings) 혹은 감정(emotion, affect)을 의미한다.

앞에서 광고태도는 브랜드태도에 영향을 미치는 것으로 설명하였는데, 감정적 반응 분야의 연구에 의하면 감정적 반응은 광고태도에 영향을 미치고 이는 다시 브랜드태도에 영향을 미치는 것으로 나타났다. 이 중 긍정적 반응은 광고태도와 브랜드태도에 긍정적으로, 그리고 부정적 반응은 부정적으로 영향을 미치는 것으로 밝혀지고 있다.[31] 또한 감정적 반응의 영향력은 소비자가 그 제품의 소비경험이 없는 경우에 보다 크게 나타나는 경향이 있다. 이는 소비자가 소비경험을 가지고 있는 경우 광고노출에 따른 감정적 반응보다는 기존의 브랜드태도가 광고노출 이후의 브랜드태도에 영향을 크게 미치기 때문이다.[32]

감정적 반응이론이 제시하는 마케팅 시사점은 소비자가 광고에 노출된 후 호의적인 브랜드태도를 갖도록 하기 위해서는 긍정적인 감정을 가질 수 있도록 광고를 실행해야 한다는 것이다. 특히 상대적으로 저관여제품, 상징적/자기표현적 제품인 경우, 그리고 신제품 광고기획시 이 점을 고려할 필

인지적 반응과 감정적 반응에 의한 태도변화: 박카스 광고는 화재진압하는 소방관들의 모습을 보여주고 있다. 이 광고는 박카스가 힘든 소방관들이 지치지 않도록 피로회복에 도움이 된다는 인지적 반응을 유발시킨다. 또한 소방관의 헌신적인 노력과 희생에 대한 감사의 마음과 같은 긍정적인 감정도 불러일으킨다.

요가 있다. 일반적인 감정적 반응이 아닌 특정 유형의 감정적 반응을 유발시키는 광고도 사용된다. 소비자행동과 관련되어 많이 적용되는 감정적 반응은 유머와 공포이며, 마케팅 커뮤니케이션의 유머소구와 공포소구에 대한 내용은 제15장에서 다룬다.

2. 수용영역과 태도변화

(1) Sherif의 사회판단이론

소비자가 대상에 대해 기존에 의견이나 태도를 가지고 있을 때, 새롭게 제시된 정보를 반영한 태도변화가 일어날지의 여부는 설득정보의 수용가능성에 따라 달라진다. **사회판단이론**(social judgment theory)에 의하면 개인은 설득적 메시지에 노출되었을 때, 그 메시지가 **수용영역**(latitude of acceptance)에 속하면 설득이 이루어지고, **거부영역**(latitude of rejection)에 속하면 설득이 이루어지지 않으며, **중립영역**(latitude of noncommitment)에 속하면 수용도 아니지만 그렇다고 거부도 아닌 입장을 취한다.[33]

메시지 수용영역을 [그림 9.9]를 이용해 설명하면, 현재 대상에 대한 태도는 긍정적이다. 설득메시지가 현재 태도와 크게 다르지 않은 경우 수용영역에 속하게 된다. 메시지가 현재 태도와 크게 다르면 거부영역에 포함된다. 수용영역과 거부영역 사이에 중립영역이 존재한다. 소비자는 메시지가 수용영역에 해당하면 설득메시지를 태도에 반영하여 태도가 설득메시지 방향으로 변화하는데, 이를 **동화효과**(assimilation effect)라 한다. 반대로 기존태도 또는 신념에 상반되는 메시지, 즉 거

그림 9.9 메시지의 수용, 중립, 거부영역

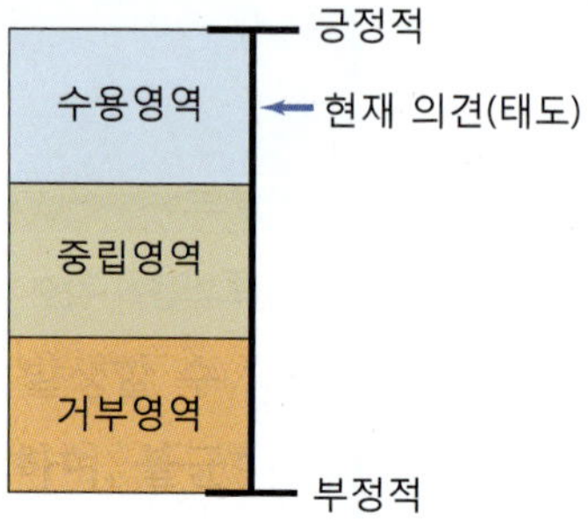

부영역에 해당하는 메시지는 실제보다 더 부정적으로 해석할 수 있는데, 이를 **대조효과**(contrast effect)라 한다.

사회판단이론에 따르면 설득적 메시지의 수용영역과 거부영역의 크기는 메시지에 대한 개인의 관여정도(involvement level)에 의해 결정된다. 개인은 한 대상에 대한 관여도가 높을수록 자신의 의견을 강하게 가지는 경향이 있으며, 자신의 의견에 반하는 설득적 메시지에 대해서는 수용영역이 좁고 거부영역이 넓다. 따라서 어떤 제품군에 높게 관여된 소비자가 비호의적 태도를 갖는 브랜드에 대한 설득적 메시지에 노출되더라도 기존의 태도가 변화될 가능성은 낮다. 이에 비해 관여도가 낮은 개인은 설득적 메시지에 대한 수용영역이 넓고 거부영역이 좁다. 따라서 저관여 소비자는 자신이 비호의적 태도를 갖는 브랜드의 설득적 메시지에 노출될 때 그 정보를 비교적 쉽게 수용하며 이에 따라 태도가 비교적 쉽게 변화될 수 있다.

(2) 수용영역의 마케팅 시사점

첫째, 〈표 9.5〉에 제시된 바와 같이 고관여 소비자는 수용영역이 좁으므로 수용가능한 브랜드 대안의 수는 상대적으로 적으며, 각 브랜드를 평가할 때 고려하는 속성의 수는 많다. 또한 브랜드충성도가 높아 브랜드전환을 잘 하지 않는다. 이에 비해, 저관여 소비자는 수용영역이 넓으므로 수용가능한 브랜드 대안의 수는 상대적으로 많으며, 소수의 속성만을 평가한다. 또한 브랜드충성도가 낮아 비교적 쉽게 브랜드전환을 할 수 있다. 따라서 저관여 소비자 혹은 저관여 제품의 경우 마케터는 소비자의 브랜드전환을 비교적 쉽게 유도할 수 있다.

둘째, 일단 수용된 메시지는 동화효과에 의해 더욱 긍정적으로 평가되고 거부된 메시지는 대조효과에 의해 더욱 부정적으로 평가될 수 있다. 그러므로 마케터는 설득적 메시지 개발 이후(예, 세계 최고의 품질) 표적시장 소비자들이 그 메시지에 어떤 반응을 하는지 먼저 조사하여 다수의 소비자들에 의해 거부된다면 수용가능한

표 9.5 관여도와 사회판단이론

	고관여 소비자	저관여 소비자
수용영역	좁다	넓다
수용가능한 브랜드 대안의 수	적다	많다
고려하는 속성의 수	많다	적다
브랜드전환 가능성	낮다	높다

수준까지 메시지의 강도를 낮추는 것이 바람직하다(예, 선진국 제품에 손색없는 품질). 마케터는 특히 동화효과와 대조효과가 고관여 상태에서 두드러지게 나타남을 유의해야 된다.

셋째, 과장된 메시지를 제시하고자 하는 경우 특히 유의해야 된다. 만약 표적소비자가 고관여 상태에 있으면 메시지는 거부영역에 해당하기 쉬우며 따라서 거부가 일어나며 대조효과까지 발생할 수 있다. 그러나 소비자가 저관여 상태에 있으면 수용영역이 넓기 때문에 다소 과장된 메시지도 수용될 수 있다.

3. 설득지식과 태도변화

(1) 설득지식

옷을 구입하려고 방문한 상점에서 점원이 한번 입어본 옷이 매우 잘 어울린다는 말을 하였다. 이 점원의 말을 곧이곧대로 믿어야 할 것인가? 한 식료품 상점은 처음 매장을 방문하는 100명에게 섬유유연제를 무료로 제공한다고 한다. 매장에서 손해를 보면서 무료 사은품을 제공하는 이유는 무엇일까? 이와 같은 물음에 어떠한 결론을 내릴지는 소비자의 설득지식과 연관이 있다.

설득지식(persuasive knowledge)은 설득메시지의 목적, 의도, 설득기법, 설득메시지에 대한 대처행동(coping behavior) 등에 관해 소비자가 가지고 있는 신념이나 지식을 의미한다.[34] 소비자의 설득지식은 다양한 경로를 통해 축적된다. 소비자가 직접 경험한 사례들은 설득지식 형성에 영향을 준다. 예를 들어, 6개월째 폐업세일을 하는 점포를 관찰하는 것은 제품을 저렴하게 판매하는 다양한 이유에 대한 설득지식 형성에 영향을 줄 수 있다. 타인으로부터 경험담을 듣거나 일상적으로 알려진 지식(예, 싼게 비지떡)도 설득지식 형성에 기여한다. 또한 제품 포장, 할인, 진열 등과 같은 마케팅 기법을 관찰함으로써 설득지식을 쌓기도 한다.

(2) 설득지식의 사용 상황

소비자의 설득지식은 모든 상황에서 활성화되어 사용되는 것은 아니며, ① 소비자의 설득지식 수준, ② 숨은 의도의 파악, ③ 인지적 자원에 영향을 받는다. 설득지식이 활성화되어 사용되는 경우, 대부분 설득메시지와 관련된 대상에 대한 부정적인 판단을 하게 되며, 태도나 구매에 부정적인 영향을 미친다.[35]

① 소비자의 설득지식 수준

소비자의 설득지식 수준은 개인마다 다르며, 직·간접 경험이 많을수록 지식수준이 높다. 예를 들어, 나이가 30세 이상인 소비자는 젊은 소비자에 비해 많은 경험을 통해 더 많은 설득지식을 가지고 있다. 설득지식의 수준은 설득지식의 사용 여부와 대처행동에 영향을 준다. 예를 들어, 팽창가격(tensile price) 할인정보는 할인폭을 '50% 할인'과 같은 명확한 정보가 아닌 '최대 50% 할인'과 같은 모호한 범위로 제시한다. Hardesty, Bearden, and Carlson의 연구에 따르면, 설득지식 수준이 높을수록 팽창가격 할인에 대해 더 부정적인 평가를 하는 것으로 나타났다.[36] 설득지식이 많을수록 소비자는 설득메시지에 어떻게 대처할지에 대해 잘 알고 있다. 설득지식 수준이 낮은 소비자는 "모든 TV광고는 속임수이다"와 같이 지나치게 일반화된 인식이나 대처행동을 하는 반면에, 설득지식 수준이 높은 소비자는 상황에 맞는 더 정교한 대처행동을 알고 있다.

② 숨은 의도의 파악

소비자가 설득메시지의 **숨은 의도**(ulterior motives)를 파악할수록 설득지식의 사용 가능성은 높다. 소비자의 숨은 설득의도 파악에 영향을 미치는 요인 중의 하나는 사용되는 설득전략이다. 의류매장에서 옷이 잘 어울린다는 매장직원의 말을 대부분의 소비자는 판매를 위한 것이라고 해석한다. 만약 매장직원이 더 비싼 옷을 입을 때만 칭찬을 한다면, 소비자는 단순한 판매뿐만 아니라 비싼 제품 구매를 유도하려는 목적을 가진 행동으로 추론할 수 있다. 이 경우 설득지식의 영향으로 판매원과 추천받은 제품에 대한 태도가 더 부정적으로 변화할 수 있다. 반대로 가격이 낮은 옷에 더 많은 칭찬을 하거나 옷을 구입한 후에 칭찬을 하는 경우, 소비자는 숨은 의도가 없다고 판단하여 설득지식의 사용이 낮아질 것이다.

③ 인지적 자원

설득지식의 활성화와 사용에 영향을 미치는 또 다른 요인은 소비자의 **인지적 자원**(cognitive resources)이다. 설득메시지의 숨은 의도의 파악과 대응행동의 결정은 어느 정도의 인지적 자원과 노력을 필요로 한다. 인지적 자원이 부족한 상황은 동시에 두 가지 작업을 하는 경우(예, 전화를 받으며 제품 구매), 구매에 충분한 시간적 여유가 없는 경우 등이다. 소비자가 충분한 인지적 자원을 가지지 못하는 상황에서는 설득지식을 잘 활용하지 못하여 설득메시지에 대한 수용이 높아지게 된다.

생각해 볼 문제

1. (1) 자신이 비교적 고관여되어 있다고 생각하는 제품군(예를 들어, 컴퓨터, 스마트폰)과 그 제품군 내의 대표적 브랜드들을 선정하시오.

(2) 자신이 그 브랜드들을 평가할 때 중요하게 생각하는 속성들을 나열하시오.

(3) Fishbein 태도모델에 입각하여 속성신념, 속성평가 및 태도를 측정하기 위한 설문항목들을 만드시오(본 장에 예시한 측정도구들을 참조할 것).

(4) 설문항목들에 각 브랜드의 속성신념, 속성평가 및 태도 점수를 부여하고, $\Sigma b_i e_i$값과 태도값이 어느 정도 일치하는지(즉, 순위가 유사한지) 조사하시오.

2. 합리적 행동이론으로는 설명하지 못하나 계획적 행동이론으로는 설명이 가능한 예를 제시하시오(본 장에서 제시한 예 이외의 것).

3. (1) 자신이 반복적으로 접하게 된 광고의 영향을 받아 브랜드태도를 형성한 경우를 상기하시오(가급적 저관여 제품).

(2) 그 당시 그 브랜드에 대한 자신의 태도는 어떠했는가? 왜 그러한 태도가 형성되었는지를 브랜드와의 연상(association), 균형이론, 광고태도, 단순노출 효과, 처리용이성 효과 등 본 장에서 설명한 태도이론 혹은 견해로써 설명하시오.

4. 많은 광고주들이 높은 출연료를 지불하면서 인기 연예인을 광고모델로 이용하고 있다. 이 경우 광고주들은 이 모델들을 이용함으로써 소비자들이 궁극적으로 자사의 브랜드에 호의적 태도를 가질 것으로 기대한다. 제8장과 본 장에서 소개된 여러 가지 태도이론 혹은 견해들 중 어떤 것들이 이를 설명해 줄 수 있는가?

Consumer Behavior

제 5 부

개인적 영향요인

제10장

학 습

막 대학에 입학한 박영철 군은 모든 것이 새롭기만 하다. 이제는 어른이 되었다는 기분에 술도 마실 줄 알아야겠다는 생각이 들어 학과선배들 몇 명과 입학 후 친해진 같은 과의 친구들과 함께 맥주집으로 향했다. 신입생들 중 한 명이 평소에 텔레비전이나 유튜브 광고를 통해 접해왔던 브랜드들을 한 병씩 모두 시켜 마셔 보자는 의견을 내어 그에 따르기로 했다. 그들은 Terra, Cass, Kelly를 한 병씩, 그리고 수입맥주들 중 Asahi, Heineken, Budweiser를 한 병씩 시켰다. 학과 선배 한 명이 6개의 브랜드를 한 컵씩 따라서 상표를 보지 않고 어떤 브랜드인지 모두 맞히는 사람은 술값을 면제해 주는 게임을 제안하였다. 같이 간 8명 중에서 6개의 브랜드를 모두 맞힌 사람은 아무도 없었다.

그런데 신기한 것은 과 선배 4명 중 3명은 평소에 자기가 즐겨 마시는 브랜드가 있다고 하였으며 브랜드마다 맛과 품질의 차이가 분명히 있다고 주장하였다. 그들은 국산 브랜드를 즐겨 마시는 편이었는데 blind test를 해보니 국산 브랜드와 수입 브랜드 정도는 구분할 수 있었으나, 국산 브랜드 3개 중 어느 것이 Terra, Cass, Kelly인지는 우연에 의해 맞히는 경우를 제외하고는 제대로 식별해내지 못했다. 그러면서도 선배들은 “원래는 맛을 식별할 줄 아는데 오늘은 입맛이 써서 구분이 잘 안 된다”는 등의 이유를 대면서 여전히 자기 자신이 평소에 즐겨 마시는 브랜드가 더 품질이 좋다고 주장하였다. 박영철 군은 선배들이 평소에 그렇게 맥주를 많이 마셨으면서도 브랜드들을 맛으로 식별해낼 수 없다는 데 놀랐다. 더욱 흥미로운 것은 선배들이 브랜드들 간의 맛도 식별을 잘 못하면서 그토록 확고한 브랜드에 대한 선호를 가지고 있다는 점이었다. 박영철 군은 도대체 소비자의 맥주에 대한 선호는 어떤 과정을 거쳐 형성되는지 궁금해졌다.

소비자는 일상생활에서 여러 가지 제품의 소비 혹은 사용경험을 하고, 의도적으로 혹은 우연히 여러 제품에 대한 정보에 노출된다. 소비자는 제품을 직접 경험하거나 간접적인 정보에 의하여 그 제품에 대한 기존의 신념, 태도 및 행동(의도)을 변화시킬 수 있는데 이를 **학습**(learning)이라고 한다. 학습의 연구방법에는 인지적 접근방법(cognitive approach)과 행동주의적 접근방법(behaviorist approach)이 있다. 인지적 학습은 사고과정(mental process)에 의하여 이루어지는 학습을 의미하며, 행동주의적 학습은 자극과 반응의 연결에 의하여 일어나는 학습을 의미한다. 본 장에서는 먼저 인지적 접근방법에 의한 학습을 설명한 다음, 두 가지 행동주의적 접근방법에 의한 학습, 즉 고전적 조건화와 수단적 조건화를 다룬다. 끝으로 두 가지 학습의 절충에 해당하는 대리학습을 설명한다.

10.1 인지적 학습[1]

소비자는 문제인식을 했을 때 문제해결을 위한 정보를 기억 속에 충분히 보유하지 못하고 있는 경우 외적 탐색을 수행하고, 외적 탐색을 통하여 여러 선택대안에 대한 신념을 형성하거나 기존의 신념을 변화시키며, 이는 태도의 형성 혹은 변화를 가져와 특정대안을 선택하는 의사결정과정을 거친다. 이와 같은 의사결정과정은 사고과정에 의해 이루어지므로 의사결정과정 자체를 **인지적 학습과정**(cognitive learning process)이라 할 수 있다.

또한 소비자의 정보처리는 의사결정을 위한 외적 탐색과정에서 의도적으로 발생하기도 하고 혹은 우연히 외부정보에 노출되어 일어나기도 한다. 의도적이든 우연적이든 정보처리에 의하여 그 대상에 대한 기존의 신념, 태도 및 구매의도가 변할 수 있기 때문에 인지적 학습은 주로 정보처리과정에 의해서 일어난다. 따라서 이 책의 제2부, 제3부, 그리고 제4부에서 다룬 내용의 상당 부분이 인지적 학습과정과 직결된다. 여기서는 인지적 학습에 관한 내용 중 앞에서 언급하지 않은 내용만을 다루기로 한다.

1. 가설검증과정으로서의 학습

소비자는 제품이나 서비스에 대해 여러 가지 경로를 통해 배우게 된다. 예컨대 소비자는 신제품 광고를 통해 새로운 제품이 출시되었다는 사실과 함께 그 제품이 어떤 기능을 갖고 있는가를 알게 된다. 또한 소비자는 직접 제품을 경험해 봄으로써 그 제품에 대한 생각을 바꾸기도 한다. 이처럼 다양한 정보원을 통해 얻게 된 정보를 통합하여 기존의 신념체계를 바꾸어 나가는 과정을 학습이라고 할 수 있으며 이를 도식화하면 [그림 10.1]과 같다.

(1) 소비자 학습의 4단계 모형

소비자는 제품이나 서비스에 관하여 상당히 많은 지식이나 믿음을 갖고 있다. 예를 들면 "자동차는 독일제가 좋다"든지, "삼성제품은 믿을 만하다"든지 하는 것이 그것이다. 소비자는 이 같은 믿음들을 강화하거나 수정하는 데 있어 마치 과학자들이 **가설**(hypothesis)을 세우고 **경험적인 증거**(empirical evidence)를 얻어 이를 **검증**(testing)하는 과정과 매우 유사한 단계들을 거치게 된다.

소비자는 가설을 자신의 기존 신념에서 그대로 가져오기도 하지만 경우에 따라 광고주장이 가설의 역할을 하는 경우도 있다. 예컨대 '하이트 맥주는 천연암반수를 사용해서 만들었기 때문에 맛이 깨끗하다'는 주장을 광고에서 들은 소비자는 그 주장을 액면 그대로 받아들이지 않을지 모르지만 일단 하나의 가설로서 받아들이게 된다.[2]

소비자는 이 같은 가설을 좀 더 객관적인 '증거'(evidence)에 의해 검증하게 되는데 이때 증거로 사용될 수 있는 것이 직접 제품경험이나 한국소비자원에서 발간하는 웹진 '소비자시대'에 실려 있는 품질비교표 등이다. 그런데 소비자의 가설검증

그림 10.1 소비자 학습의 4단계 모형[3]

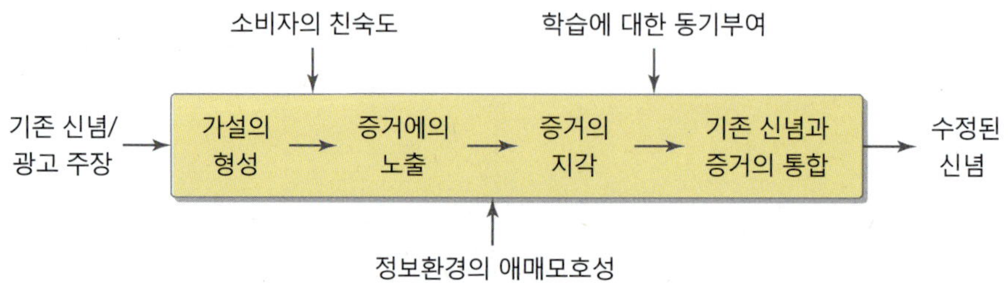

과정에서는 과학자들이 사용하는 방법과는 달리 추론상의 오류를 범하기 쉬운 검증 방법들이 사용되는 경향이 있다. 그중 대표적인 것이 소비자의 정보탐색이나 지각 과정에 있어서의 '**확인의 편향**(confirmation bias)'이다.[4] 즉, 소비자는 '하이트 맥주의 맛은 깨끗하다'라는 주장을 가설로 받아들인 다음 하이트 맥주를 실제로 마시는 경험을 통해서 그 가설을 검증하게 된다. 이때 소비자는 가설을 기각하기보다는 지지하는 쪽으로 증거를 해석하게 될 가능성이 높다. 따라서 하이트 맥주가 다른 맥주에 비해 특별히 깨끗한 맛을 갖고 있지 않은 경우에도 소비자는 하이트 맥주가 깨끗한 맛을 갖고 있다고 느끼게 되는 경향이 있다.[5]

확인의 편향은 개인 소비자의 차원에서만 일어나는 것이 아니라 집단적 차원에서도 일어날 수 있다. 근래 들어 인스타그램이나 X(구 트위터) 등의 소셜 미디어에서는 비슷한 생각이나 의견을 가진 소비자들이 함께 모여 커뮤니티를 형성하는 경향을 보이는데, 이는 커뮤니티 구성원들이 다양한 시각에 노출될 수 있는 가능성을 감소시켜 구성원들 서로의 신념과 의견만을 강화시키고 증폭시키는 결과를 초래한다. 이 같은 현상을 소리가 밖으로 새나가지 않고 메아리처럼 울리게 만든 반향실(反響室)에 비유하여 '**메아리방효과**(the echo chamber effect)'라고 부르는데, 메아리방효과는 집단적 차원의 확인편향이기 때문에 소비자들이 편향으로부터 자유로운 학습을 수행해 나가기 어렵게 만드는 요인들 중 하나다.[6]

(2) 소비자 학습에 영향을 미치는 요인들

① 친숙도

소비자의 **친숙도**(familiarity)는 그 소비자가 제품과 관련하여 얼마나 많은 경험을 쌓았는가에 의해서 결정된다.[7] 제품에 대한 친숙도가 높은 소비자는 좀더 세분화되고 위계적으로 조직화된(hierarchically organized) 지식구조와 잘 개발된 소비상의 원칙들(consumption rules)을 갖고 있으며 제품경험에 대해 강한 기대와 믿음을 갖고 있다.

소비자의 친숙도는 소비자 학습의 모든 과정에서 많은 영향을 미친다. 예컨대 여러 가지 모델의 자동차들을 하나하나 평가하는 상황에서 자동차를 잘 아는 소비자는 그렇지 않은 소비자에 비해 더 많은 새로운 정보를 학습하게 된다. 그러나 여러 자동차들 중 하나를 선택하는 상황에서는 제3장에서 소개한 바와 같이 친숙도가 중간 정도인 소비자가 가장 많은 정보를 기억하며, 친숙도와 학습과의 관계는 역U자 모양의 관계를 갖는다.[8]

② 동기부여

소비자 학습에 있어서의 **동기부여**(motivation)는 현재 상태에서 바람직한 상태로 옮겨가는 것을 통제하는 일련의 메커니즘을 말한다.[9] 예컨대 낡은 세탁기를 가진 소비자가 새로운 세탁기를 구입하기 위해서는 제3장에서 언급한 목표 하이어라키를 구축하게 되며 욕구의 정도에 따라 동기부여의 강도(intensity)가 결정된다. 따라서 동기부여는 소비자 **학습행동의 방향(목표)**과 **강도**를 모두 결정하는 요소이다. 즉, 목표 하이어라키에 포함된 목표들은 학습을 포함한 소비자행동의 방향성을 결정하며, 목표를 달성하기 위한 행동(예컨대 정보탐색을 위해 잡지광고에 주의를 기울이는 것)의 강도를 결정하는 것이다.

또한 소비자의 동기부여 수준에 따라 다른 유형의 정보처리가 실행되며 그에 따라 소비자가 신념체계를 수정해 나가는 형태가 달라진다. 예를 들면, 어떤 기업이 자사의 기존 상표를 확장함에 있어 소비자가 확장상표에 대한 정보처리를 통해 기존 상표에 대한 평가를 수정해 나가는 상황을 생각해 볼 수 있을 것이다. 이 같은 상황에서, 소비자가 높은 동기부여 수준에서 정보처리를 실행하는 경우에는 확장상표에 대해 하나하나의 속성정보를 세밀하게 처리하는 방식을 사용하는 데 반해, 동기부여 수준이 낮은 경우에는 확장상표를 기존 상표의 하위 브랜드로 범주화하는 하위유형화(subtyping)와 같은 간단한 정보처리 방식을 사용하는 것이 일반적이다.[10]

③ 정보환경의 애매모호성

소비자가 제품에 대해 갖고 있는 믿음을 바꾸어 나가는 과정을 학습과정으로 개념화할 수 있는데, 소비자는 학습을 위해 **하향식 정보처리**(top-down processing)와 **상향식 정보처리**(bottom-up processing)의 두 가지 방법을 사용한다. 하향식 정보처리는 가설 또는 개념 위주의 정보처리(concept-driven processing)이며, 상향식 정보처리는 경험 또는 자료 위주의 정보처리(data-driven processing)라고 할 수 있다.

이 같은 두 가지의 정보처리방식 중 소비자가 어떤 방식에 의존하는가 하는 것은 소비자를 둘러싼 정보환경의 성격에 의해 좌우된다.[11] 정보환경이 애매모호한(ambiguous) 경우 소비자는 하향식 정보처리에 의존하는 경향이 있으며, 애매모호하지 않은 경우에는 상향식 정보처리에 의존하는 경우가 많다.[12] 예컨대 맥주의 맛과 같이 여러 가지로 해석될 수 있는 애매모호한 소비경험에 대해서는 소비자가 소비경험 이전에 그 제품에 대해 어떤 가설을 갖고 있었는가 하는 것이 소비경험을 해석하는 데 매우 중요한 역할을 하게 된다.[13] 반면 제네시스 G90와 모닝을 비교하는 경우처럼 소비경험에 확실한 차이가 있는 경우에는 소비경험의 해석에 소비자가 갖고 있던 가설이나 개념보다는 경험 그 자체가 제공하는 자료가 더 중요한 역할을 하게 된다.

2. 가설검증 모형의 마케팅 시사점

소비자의 학습과정을 단계적인 가설검증과정으로 본다면 그 마케팅 시사점은 해당 제품의 시장에서의 위치에 따라 확연히 달라진다.[14] 즉, 제품경험의 애매모호성이 높다고 판단되는 제품군(가령, 콜라, 맥주 등)에서 선도적인 위치에 있는 상표들(예컨대, 코카콜라, CASS 맥주 등)은 가능한 한 소비자가 학습을 하고자 하는 동기부여의 수준을 낮출 필요가 있다. 따라서 시장에서의 리더인 상표는 소비자에게 촉진활동을 통해서 굳이 다른 상표를 경험해 보려고 노력할 필요가 없다는 것을 강조하는 것이 중요하다. 예로서 아래 제시된 아반떼 광고는 준중형 승용차 시장의 리더 입장에서 소비자가 탐색이나 학습을 통해 다른 대안을 찾거나 경험하려는 욕구를 낮추려는 광고라고 하겠다. 또한 '좋은 사람 만나면 나눠주고 싶어요♪' 껌이라

학습을 위한 동기부여 수준을 낮추려는 광고

탐색과 학습을 조장하려는 광고

면 역시 롯데껌'이라는 과거 롯데제과의 CM 송은 롯데껌이 단연 1위이므로 다른 껌을 생각할 필요가 없다는 것을 강조하는 것으로 볼 수 있다.

시장에서 리더인 상표와는 대조적으로 시장에서의 점유율이 2위 또는 그 이하인 상표는 소비자로 하여금 가능하면 많은 탐색과 학습을 하도록 부추길 필요가 있다. 특히 제품의 품질이 리더 상표와 동일하거나 우월한 경우에도 소비자가 **감성의 존식**(affect referral) 의사결정방법 등과 같이 간단한 방식으로 상표를 선택하는 시장환경 하에서는 점유율을 높이기가 매우 어렵다. 그럴 경우 소비자로 하여금 탐색과 학습을 하도록 유도하고 나아가서 자사 제품을 써보도록 만드는 것이 매우 중요하다. 그렇게 함으로써 소비자가 별 생각 없이 리더상표를 구매하는 습관적 행동의 고리를 깰 가능성이 높아진다.[15] 예컨대, 위의 기아자동차 K9 광고는 고급차 시장에서 점유율이 2위 이하인 브랜드가 소비자의 탐색과 학습을 조장하려는 노력을 잘 보여주고 있다.

소비자행동 Highlight

단순노출(Mere Exposure)을 통한 학습

우리가 김치를 좋아하게 되는 것은 어떤 과정을 거쳐서 가능하게 되는 것일까? 그것은 이 책의 제9장에서 서술된 인지구조모형이나 인지반응을 기초로 하는 태도형성이론에서처럼 김치의 속성을 따져보고 그 결과로 김치를 좋아하게 된 것은 아닐 것이다. 또한 김치에 대한 선호는 이 장의 앞에서 서술한 가설검증의 틀에서 설명하기도 어렵다. 이에 대해 Zajonc은 흥미로운 시각을 제공한다.[16] 즉, 갓난아기 때 김치에 대해 극단적으로 부정적이던 반응이 나이를 먹어가면서 호의적인 것으로 바뀌는 것은 주로 대상에의 노출이 반복되는 경험을 통해서 얻게 된 선호(preference) 때문이라는 것이다.

Zajonc은 인간에 있어 인지적인 반응보다는 감성적 반응이 더 근본적이면서 시간적으로도 앞서는 반응이라고 주장한다. 그는 감성적 반응의 특징을 다음과 같이 열거하고 있다.

(1) 어떤 대상에 대한 감성적 반응은 근본적(basic)이면서 시간적으로도 인지적 반응에 선행한다. (2) 감성적 반응은 피하기 어려우며(inescapable), (3) 돌이킬 수 없는(irrevocable) 반응이다. (4) 감성적 판단은 자아(self)와 관련되어 있다. (5) 감성적 반응은 말로 표현하기가 어렵다. (6) 감성적 반응은 인지적 요소(cognition)에 의하지 않고서도 일어날 수 있다. (7) 감성적 반응은 내용(content)에서 분리될 수 있다.

이 같은 특성을 갖는 감성적 반응은 인지시스템과는 별개의 시스템을 통해 일어나는 반응으로 생각되며 일단 일어난 반응은 인지적인 방법으로는 변화시키기가 매우 어렵다. Zajonc의 이론이 시사해주는 바는 감성시스템을 통해 형성된 소비자의 선호는 새로운 정보제공 등의 인지적인 면에 호소하는 방법으로는 변화시키기 어려우며 감성적인 방법을 통해서만 선호수준을 변화시킬 수 있다는 것이다. 또한 소비자의 감성에 소구하는 메시지를 오랫동안 반복함으로써 소비자의 태도를 변화시킬 수 있는 부분이 보통 마케터들이 생각하는 것보다 훨씬 더 크다는 것이다.

10.2 행동주의적 접근

1. 고전적 조건화

학습에 대한 행동주의적 접근은 자극과 반응의 연결에 초점을 두는데, 이에는 고전적 조건화와 수단적 조건화가 있다.

(1) 고전적 조건화의 개념

고전적 조건화(classical conditioning)이론의 근본적 토대는 Pavlov의 조건반사에 있다.[17] Pavlov는 개에게 먹이를 줄 때마다 종을 치는 것을 반복하니까 나중에는 먹이가 없이 종만 치더라도 개의 침샘에서 침이 나온다는 것을 발견하였다. 이때 먹이가 침의 분비를 유발하는 것은 매우 자연스러운 현상인데 이와 같이 자연스럽게 어떤 반응을 유발하는 자극을 고전적 조건화이론에서는 **무조건자극**(unconditioned stimulus; US)이라고 하고 이때의 반응을 **무조건반응**(unconditioned response; UR)이라고 한다. 또 종소리처럼 처음에는 어떤 반응을 일으키지 않으나 무조건자극(예컨대 먹이)과 짝지어져 반복 제시됨으로써 나중에는 동일하거나 유사한 반응(침의 분비)을 유발시킬 수 있는 자극을 **조건자극**(conditioned stimulus; CS)이라고 하고 조건자극에 의해 유발된 반응을 **조건반응**(conditioned response; CR)이라고 한다. 이와 같이 중립적 조건자극을 특정반응을 유발하는 무조건자극과 결부(contiguity)시켜 반복적으로 노출시키면 조건자극은 당초 무조건자극에 의하여 야

그림 10.2 고전적 조건화의 과정

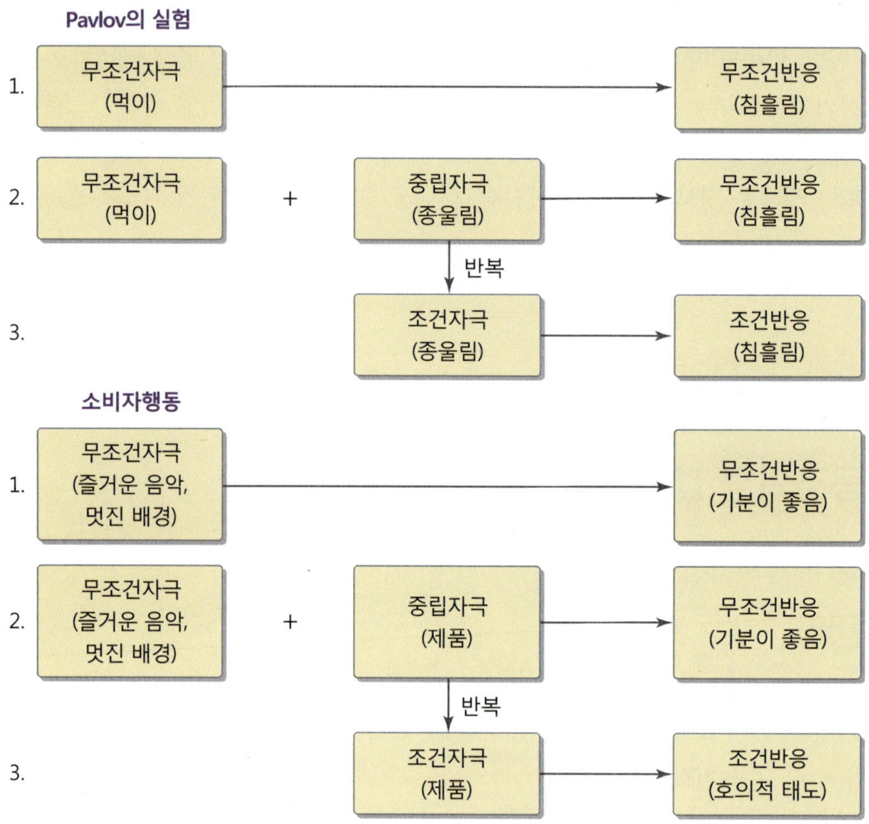

기되던 반응과 매우 유사한 반응을 유발한다는 것이 고전적 조건화 이론이다(그림 10.2 참조).

이와 유사하게 소비자가 중립적인 태도를 갖는 어떤 제품(조건자극)과 함께 즐거운 음악과 멋진 배경 등(무조건자극)을 함께 연출하는 광고에 반복적으로 노출되면 나중에는 그 제품에 대해 저절로 호의적 태도를 가질 것으로 볼 수 있다. 이처럼 조건자극(제품)과 무조건자극(배경)을 결부시켜 광고하는 것은 요즈음의 TV광고에 있어서는 매우 흔하다. 예를 들어, 코카콜라나 '2% 부족할 때' 같은 청량음료 광고에서 느꼈던 감성적 분위기를 많은 독자들은 기억할 것이다. 이러한 광고에서는 제품 특징의 설명에 의하여 소비자의 인지나 신념체계를 변화시키려는 시도가 거의 없다. 단지 감성적인 분위기 연출에 의하여 소비자의 주의를 끌고 그 감성적 반응이 제품에 이전되도록 시도한다.

고전적 조건화를 이용한 말보로 광고: 말보로 담배는 원래 여성용 담배로 포지셔닝되었으나 1954년부터 카우보이를 광고 모델로 활용하여 강한 남성용 담배로 재포지셔닝되었다.

Philip Morris의 Marlboro 광고는 카우보이를 등장시켜 남성흡연자 시장에서 크게 성공하였다. 소비자는 카우보이(무조건자극)로부터 강인함, 개척정신, 사나이다움 등을 자연스럽게 느끼게 되는데, Marlboro담배(조건자극)는 이러한 카우보이와 함께 계속적으로 제시됨으로써 남성흡연자들은 그 담배로부터 남성적인 이미지를 느끼게 되고 좋아하게 된 것이다.

이상과 같은 고전적 조건화에 의한 학습이 일어나기 위해서는 네 가지 요건이 필요하다: (1) 무조건자극과 조건자극의 결부(pairing), (2) 두 자극 제시의 시간적 근접성(proximity), (3) 반복(repetition), (4) 두 자극 결부의 일관성(consistency of the pairing).

(2) 고전적 조건화에 영향을 미치는 요소들 – 마케팅 시사점

고전적 조건화에 의한 학습이 쉽게 일어나는가 그렇지 않은가는 무조건자극의 강도, 자극의 반복횟수, 자극이 주어지는 순서, 소비자의 관여도, 무조건자극에의 친숙도 등에 의해 영향을 받는다. 이를 상술하면 다음과 같다.

① 무조건자극의 강도

이는 Pavlov의 실험에서 개에게 주는 먹이의 맛이나 냄새가 만족스러울수록, 그리고 TV광고의 내용이 보다 즐거울수록 고전적 조건화에 의한 학습효과가 크다는 것이다.

② 반복횟수

고전적 조건화에 의한 학습이 이루어지기 위해서는 무조건자극과 조건자극이 결부되어 반복적으로 학습자에게 제시되어야 한다. 그런데 Gorn의 실험에서 피실험자들은 배경음악과 함께 볼펜광고를 본 다음 그 볼펜과 다른 볼펜(색깔만 다름) 중 한 가지를 선택하도록 하였는데, 그 음악을 좋아한 피실험자들은 광고에서 제시된 볼펜을 주로 선택하였고 싫어한 피실험자들은 주로 다른 볼펜을 선택하였다.[18] 이 실험에서는 단지 1회의 노출만으로 고전적 조건화에 의한 학습이 이루어질 수 있는 것으로 나타났다. 그러나 그 후 Kellaris and Cox의 연구결과 1회의 노출은 고전적 조건화의 효과를 가져오지 않는 것으로 밝혀졌으며, 이들은 Gorn의 연구결과는 피실험자들이 연구자가 원하는 방향으로 행동하도록 유도되었기 때문일 것(a demand artifact)이라고 추측하였다.[19]

③ 자극이 주어지는 순서

무조건자극과 조건자극을 제시하는 순서는 세 가지가 될 수 있다. **전방조건화**(forward conditioning)는 조건자극이 먼저 제시된 다음 무조건자극이 제시되는 것으로 광고에서 제품을 먼저 제시하고 분위기를 연출하는 장면이나 모델을 다음에 제시하는 것이다. **후방조건화**(backward conditioning)는 무조건자극이 조건자극을 선행하는 것으로 분위기 연출이나 모델이 선행되고 그 다음 제품이 제시되는 것이다. 그리고 **동시조건화**(simultaneous conditioning)는 두 가지 자극이 동시에 제시되는 것이다. 이 중 전방조건화가 가장 효과적이며 후방조건화가 가장 비효과적인 것으로 알려져 있다.

그러므로 TV광고에서 제품과 분위기를 연출하는 장면을 결부시켜 제시할 때 제품을 먼저 제시하는 것이 바람직하다고 할 수 있다. 그러나 프린트 광고에서는 동시조건화만이 가능하다.

④ 소비자의 관여도

소비자가 광고제품에 대한 관여도가 높으면 주의를 기울이고 제품관련 생각을 깊게 하므로 고전적 조건화에 의한 학습효과는 낮을 것이다. 그러므로 분위기 연출에 중점을 두는 광고는 청량음료와 같은 저관여 제품에 비하여 PC나 자동차 같은 고관여 제품의 경우 덜 효과적일 것이다.

⑤ 자극에의 친숙도

학습자가 제시된 무조건자극에 친숙한 경우 학습효과는 낮다(US pre-exposure effect). 그러므로 잘 알려진 음악을 사용하는 것보다는 잘 알려지지 않은 음악이나 그 광고를 위하여 음악을 새로이 제작하여 사용하는 것이 바람직하다. 물론 잘 알려진 음악이 매우 좋은 것이면 무조건자극의 강도가 강하므로 별로 좋지 않은 새로운 음악보다는 더 효과적일 것이다. 또한 학습자가 조건자극에 친숙한 경우 학습효과는 낮으므로(latent inhibition) 기존에 알려진 제품광고보다 신제품광고 시 고전적 조건화에 의한 학습효과가 더 높다.[20]

소비자행동 Highlight

소비자 학습과 브랜드자산

브랜드자산(brand equity)은 특정 상표와 관련하여 소비자가 가지고 있는 상표 특유의 강력하면서도 호의적인 연상들로 정의할 수 있다. 그렇다면 이 같은 브랜드자산은 어떻게 형성되는 것일까? 이에 관하여 van Osselaer and Alba는 매우 흥미로운 시각을 제공하고 있다.[21] 그들은 여러 차례의 실험을 통하여 브랜드자산이 인지적 또는 논리적인 과정을 통해 형성되는지, 아니면 고전적 조건화와 같은 연상적 학습과정(associative learning processes)을 통해 형성되는지를 검증하였다.

실험 결과 소비자는 속성과 품질 사이의 인과관계를 따져보는 등의 논리적인 과정이 아니라 주로 상표명과 품질 간의 연상적 학습과정을 거쳐 브랜드자산을 형성하는 것으로 나타났다. 그들은 실험에서 일단 브랜드명과 제품 품질 사이의 관계에 대한 소비자의 학습이 선행되면 제품의 속성과 품질 간의 관계에 대한 후속학습은 선행학습에 의해 차단(blocking)되어버리는 것을 발견하였다. 이러한 발견은 브랜드자산의 형성과 변화에 대해 명시적 또는 묵시적으로 제시되었던 인지적인 설명에 정면으로 도전하는 연구결과로 볼 수 있다.

(3) 고전적 조건화의 소멸과 일반화 – 마케팅 시사점

① 소 멸

소멸(extinction)은 일단 조건화가 일어나더라도 조건자극과 무조건자극이 결합되어 제시되는 것이 중단되면 시간이 지남에 따라 조건화의 효과가 서서히 감소하는 것을 말한다. 그러므로 광고에 의하여 조건화가 발생하더라도 광고를 완전히 중단하면 그 효과는 언젠가 사라질 것이다. OB맥주, 코카콜라 등은 높은 소비자 인지도에도 불구하고 계속적으로 광고가 되는데 조건화의 효과를 유지하기 위한 것이 그 한 가지 이유라고 할 수 있다.

② 일반화

일반화(generalization)는 반응이 이전에 조건화된 조건자극(CS1)과 유사한 새로운 조건자극(CS2)에도 조건화된 반응이 일어나는 것을 말한다. 이를 소비자행동 측면에서 보면 소비자가 좋은 분위기와 결부된 어떤 제품광고에 수차례 노출되어 그 제품에 대해 호의적인 태도를 형성하게 되면 이와 유사한 경쟁제품에도 태도가 어느 정도 호의적으로 변하게 된다. 그러므로 선도기업의 마케터는 자회사의 제품이 경쟁제품과는 상당히 차별적으로 보이게 함으로써 일반화를 감소시킬 수 있다. 이와는 반대로 후발기업은 기존 경쟁자의 제품과 유사하게 함으로써 경쟁자의 광고로부터 간접적인 이득을 기대할 수 있다.

2. 수단적 조건화

(1) 수단적 조건화의 개념

수단적 조건화(instrumental conditioning, operant conditioning)에 의한 학습은 B. F. Skinner의 실험을 예로 들 수 있다.[22] 어떤 상자에 단추를 설치하고 비둘기를 집어넣은 경우를 상상하기로 한다. 실험자는 단추를 누르면 결과가 세 가지 중 어느 한 가지로 나타날 수 있도록 상황을 만들 수 있는데, 첫째는 단추를 누르면 모이가 나오도록 하는 것이고, 둘째는 상자 내에 약간의 전기가 흐르도록 한 다음 단추를 누르면 전기가 흐르지 않도록 하고, 셋째는 처음에는 전기가 흐르지 않다가 단추를 누르면 전기충격이 오도록 상황을 만드는 것이다. 비둘기는 호기심에서 혹은 우연히 그 단추를 누를 수 있는데 몇 번의 반복 끝에 그 단추를 누르면 결과가 어떻게 된다는 것을 학습하고 그 다음부터는 스스로 단추를 누르거나 혹은 절대 누르지 않게 된다.

이 실험에서 단추는 자극이며 누르는 행동은 반응인데 그 결과는 세 가지 경우 각각 다르게 나타난다. 첫째의 경우는 단추를 누른 결과 모이가 나옴으로써 비둘기에게 만족을 주는 것으로 그 결과 비둘기는 동일한 반응(누름)을 하게 된다. 이와 같이 자극에 대한 반응에 따라 긍정적 결과가 제공되는 것을 **긍정적 강화**(positive reinforcement)라고 한다. 두 번째 경우는 단추를 누르면 편안해지므로 비둘기는 의도적으로 단추를 누르게 된다. 이와 같이 어떤 반응결과 부정적 자극이 중지되는 것을 **부정적 강화**(negative reinforcement)라고 한다. 세 번째의 경우는 단추를 누르면 전기충격이 오므로 다음부터는 그 단추를 누르지 않게 된다. 이와 같이 자극에 대한 반응을 함으로써 부정적인 결과가 발생하는 것을 **처벌**(punishment)이라고 한다.

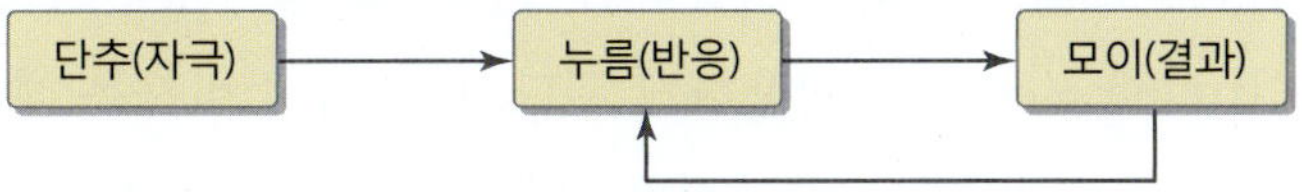

이와 같이 수단적 조건화는 자극에 대한 반응의 결과가 어떠한가에 따라 동일한 반응이 강화되거나 혹은 동일한 반응이 회피된다는 데 그 핵심이 있다. 수단적 조건화도 고전적 조건화와 같이 연계(association)에 토대를 두기는 하지만 두 가지 조건화에는 다음과 같은 차이점이 있다.

첫째, 고전적 조건화의 경우 확립된 자극-반응 연결관계에 기초를 두고 자연적으로 학습되는 데 반해, 수단적 조건화의 경우는 기존의 자극-반응 연결성이 필요하지 않은 대신 학습자가 보상을 가져올 수 있는 적절한 반응을 발견함으로써 학습이 이루어지는 것이다. 이러한 이유로 고전적 조건화에 비해 수단적 조건화는 보다 의식적이고 목적지향적인 학습자를 전제로 한다.

둘째, 고전적 조건화에서 결과는 학습자의 행위(action)에 의존하지 않는데, 수단적 조건화는 학습자의 능동적 반응(행위)이 학습자의 상황이나 환경을 변화시키는 것이다. 학습자의 반응이 발생된 결과를 야기하는 수단이 되므로(instrumental) 이와 같은 방법에 의한 학습을 수단적 조건화라고 부르는 것이다.

셋째, 고전적 조건화에서 학습은 반응 이전에 제시된 자극에 의해 이루어지는 데 비해, 수단적 조건화에서 학습은 주어진 자극에 대한 반응의 결과에 의해 이루어진다.

(2) 수단적 조건화의 마케팅 시사점

① 강화가 소비자의 구매에 미치는 영향

소비자가 제품을 구매한 후 강화가 어느 정도 일어나는가는 차기의 구매행위에 커다란 영향을 미친다. 예를 들어, 소비자가 특정 fast food를 구입하여 먹은 후 그 맛에 만족을 하면 긍정적 강화가 일어나므로 차기에도 그 fast food를 구입할 가능성이 높다. 소비자가 두통을 느끼다가 특정한 진통제를 구입 복용하고서 곧바로 두통이 해소되었다면 부정적 강화가 일어나서 그 두통약을 다음에도 구입할 가능성이 높아진다. 또한 소비자가 일식집에서 생선회를 먹고 식중독에 걸려 크게 고생하였다면 처벌(punishment) 효과에 의하여 다음부터는 그 일식집에 가지 않으려 할 것이다.

일반적으로 소비자는 어떤 제품군의 초기구매에 있어서는 의사결정과정을 거치게 되지만, 특정 상표를 계속해서 사용하면서 사용할 때마다 만족을 얻게 되면 그 만족이 강화요인(reinforcer)으로 작용하게 된다. 따라서 소비자는 정보탐색이나 처리과정을 거치지 않고 습관적인 구매(habitual buying)를 하게 될 확률이 점점 높아진다. 마케터는 소비자가 이 같은 습관을 형성할 수 있도록 하기 위하여 제품경험상의 만족뿐만 아니라 여러 가지 판매촉진수단을 강화의 도구로 활용하기도 한다. 예컨대, 항공사에서 사용하는 누적 비행거리에 따른 무료항공권 제공 등의 판촉수단은 특히 항공여행을 자주 하는 사람들이 그 항공사를 지속적으로 이용하는 습관을 형성할 수 있도록 하려는 시도라고 할 수 있다.

② 강화 스케줄

자극에 대한 반응이 있을 때마다 강화를 시키는 것을 **전체강화**(total reinforcement) 혹은 **연속강화**(continuous reinforcement)라고 하는데 동물실험 결과에 의하면 전체강화 혹은 연속강화에 의하여 학습이 가장 신속히 일어나는 것으로 밝혀졌다. 그러나 이에 비하여 반응이 가끔씩 강화되는 것을 **부분강화**(partial reinforcement)라고 하는데 부분강화에 의한 학습효과가 가장 지속적인 것으로 나타났다.

부분강화는 체계적(예를 들어, 세 번째 반응마다 강화시킴)일 수도 있고 무작위적일 수도 있다. 예를 들어, 극장의 매 100번째 입장객에게 선물을 준다면 전자에 해당하고 매회 입장객 중 몇 명을 무작위로 선정하여 선물을 준다면 후자에 해당한다. 버스승차 시 토큰을 주는 것에 대한 한 연구에서 사람들이 자사의 버스에 승차를 하면 보상으로 토큰을 주었는데 그 결과 매 세 번째 승객마다 한 명에게 주는 부분강화는 모든 사람에게 주는 전체강화만큼 효과적인 것으로 나타났다.[23] 그러나 이 결과만으로써 부분강화가 효과에 있어 비슷하고 비용은 상대적으로 적게 들기 때문에 더 낫다고 할 수 없다. 소비자가 자사제품을 구매하도록 유도하기 위한 강화 스케줄은 경우에 따라 다를 수 있으므로 기업마다 적절히 그 방법을 발견해야 한다.

③ 소멸과 망각

소멸(extinction)은 자극과 기대되는 보상 간의 연결이 제거되는 것으로, 소비자가 소비하던 제품에 더 이상 만족하지 않으면 소멸이 일어난다. 소멸의 결과는 물론 동일한 상표를 재구매할 가능성을 크게 떨어뜨리는 것이다. 소멸을 방지하기 위해서는 제품의 품질수준을 유지하여 자극과 기대하는 보상 간의 연결이 유지되도록 해야 할 것이다.

망각(forgetting)은 자극이 오랫동안 반복되지 않으면 발생하는데, 소비자가 어떤 제품을 오랫동안 사용하지 않거나 혹은 광고가 중단되면 그 제품을 망각하게 된다. 그러나 광고가 가끔씩 노출되더라도 경쟁상표가 집중적으로 광고되는 경우 소비자의 마음속에서 혼란을 일으키고 자극과 보상 간의 관계를 약화시켜 망각을 가져올 수 있게 된다. 마케터는 어느 정도의 광고 물량을 유지함으로써 망각을 방지할 수 있다. 세계적으로 청량음료의 대표격인 코카콜라는 지속적인 광고를 실시하는데, 이는 주로 망각을 방지하기 위한 것으로 설명할 수 있다. [그림 10.3]에서 나타난 바와 같이 제품 재구매가능성을 떨어뜨리는 데 있어서는 망각보다 소멸이 더욱

그림 10.3 강화, 소멸, 망각

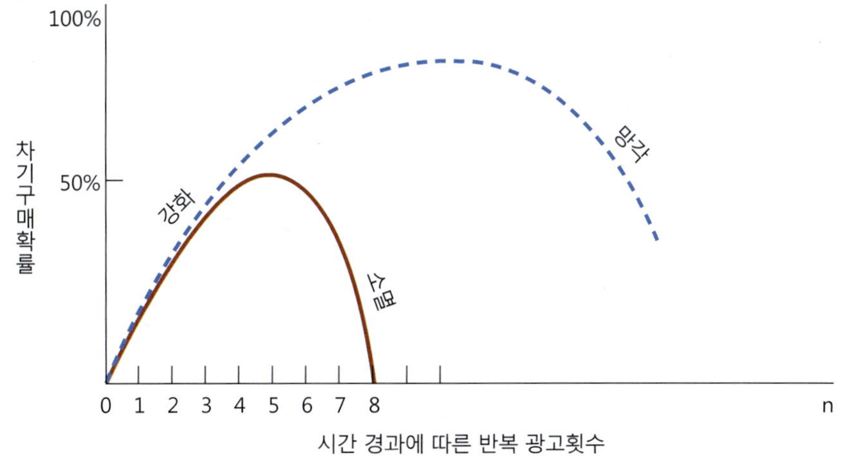

크다. 즉 망각의 경우는 재구매율이 서서히 감소하나 소멸의 경우는 급격히 감소하는 것이다.

④ Shaping

Shaping은 어떤 반응을 가져올 가능성이 높은 자극을 제공함으로써 궁극적으로 다른 반응을 유도하는 것이다. 기업의 여러 가지 마케팅행위를 Shaping으로써 설명할 수 있다. 즉 슈퍼마켓은 파격적인 할인품목(loss leader)에 의하여 소비자를 점포 안으로 끌어들일 수 있는데, 일단 점포 안으로 들어온 소비자는 그 점포 안에 들어오지 않은 소비자에 비하여 여러 가지 다른 제품들을 구입할 가능성이 높아진다. 대형 백화점에서 어린이를 위한 잔치, 특별 해외풍물전, 전시회 등에 의하여 고객을 유치하고자 하는 것도 같은 측면에서 생각할 수 있다.

10.3 대리학습[24]

1. 대리학습의 개념

대리학습(vicarious learning) 혹은 **모델링**(modeling)은 심리학 분야에서는 오랫동안 연구되어 왔지만 소비자 연구에서는 소홀히 다루어져 왔다. 대리학습에는 공개적 모델링, 비공개적 모델링, 그리고 언어적 모델링의 세 가지가 있는데, 대표적인 것이 공개적 모델링(overt modeling)이다. **공개적 모델링**은 개인으로 하여금 타인(모델)의 행동 및 행동의 결과를 관찰하게 함으로써 개인의 행동을 변화시키고자 하는 시도를 말한다.

오늘날 많은 TV광고는 대리학습에 의하여 소비자들을 설득시키고자 한다. 예를 들어, 두통을 앓던 사람이 어떤 상표의 두통약을 복용하고 두통이 해소되든지, 특정 화장품을 사용하거나 패션 의류를 착용한 여성이 남성들로부터 눈길을 끄는 장면을 연출하는 것 등이다. [그림 10.4]는 모델링 과정으로서 모델행동(화장품의 사용)의 결과(남성들로부터 눈길을 끔)에 따라 관찰자의 행동이 변화하는 과정을 보여준다.

그림 10.4 공개적 모델링 과정

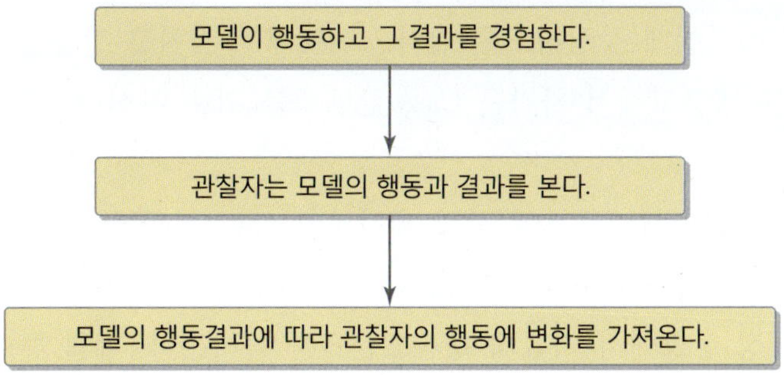

2. 모델링의 사용목적

모델링의 사용목적에는 세 가지가 있다.[25] 첫째, 관찰자의 행동목록(behavioral repertoire)에 존재하지 않던 새로운 반응패턴을 획득하도록 하는 데 사용된다. 이는 가장 빈번히 이용되는 것으로, 소비자가 모르던 어떤 제품을 광고모델이 사용한 결과 만족스럽다는 것을 보여줌으로써 그 제품을 구매하도록 하는 것이다. 둘째, 바람직하지 않은 행동을 금지시키는 데 사용된다. 보통 공익광고에서 많이 이용되는데 마약사용에 따른 파멸, 쓰레기를 함부로 버리는 데 따르는 자연의 황폐 등을 보여줌으로써 시청자들이 그와 같은 행위를 하지 않도록 하는 것이다. 셋째, 관찰자의 행동목록에 이미 있는 바람직한 행동의 유발을 도와주기 위해 사용된다. 예를 들어, 맥주회사에서 자사의 맥주가 소비자에게 잘 알려져 있는 데도 중요한 파티 등 특별한 경우에 사용될 수 있음을 보여줌으로써 소비자들을 설득시키고자 하는 것이다.

3. 비공개적 모델링과 언어적 모델링

지금까지 대리학습의 세 가지 중 공개적 모델링에 대하여 설명하였다. 다른 두 가지는 비공개적 모델링(covert modeling)과 언어적 모델링(verbal modeling)이다.[26]

비공개적 모델링은 실제적 행동이나 결과가 제시되지 않는 대신 소비자에게 모델이 어떤 상황에서 취하는 행동과 결과를 상상하도록 요구함으로써 이루어진다.

예를 들어, 다음과 같은 내용의 라디오 광고는 비공개적 모델링에 해당한다. '어떤 사람이 어느 무더운 오후, 공사현장에서 일을 마치고 복잡한 전차를 타고 집에 돌아오는 경우를 소비자에게 상상하도록 한다. 그는 매우 지치고 갈증을 느낌을 주지시킨다. 이때 그는 냉장고에서 차가운 Cass 캔맥주를 꺼내 마신다. 그 맥주는 얼마나 시원할까!'

언어적 모델링에서도 행동이 직접 제시되지 않는다. 또한 모델이 어떤 행동을 수행하는 것을 상상하도록 요구되지 않는다. 그 대신 사람들에게 그들과 유사한 다른 사람들이 특정 상황에서 어떻게 행동했는가를 들려준다. 예를 들어, 구호모금단체에서 일반인들로부터 기부금을 받기 위하여 가가호호 방문하여 이웃사람들은 얼마나 기부하였다는 식의 얘기를 들려줌으로써 기부금을 내도록 하는 것이다. 수재민돕기, 불우이웃돕기 등의 모금운동을 할 때 신문 등에 어떤 개인 혹은 단체가 얼마를 기부하였다는 것을 기사화하는 것도 이에 해당한다.

공개적 모델링은 TV나 인적 판매(personal selling) 등에 의해서 이루어지는 경우가 많은 데 비해, 비공개적 모델링과 언어적 모델링은 보통 라디오, 인적 판매, 혹은 신문 등에 의하여 흔히 행해진다.

4. 모델링 효과에 미치는 영향요인

지금까지 살펴보았듯이 모델링은 개인의 행동에 영향을 미칠 수 있다. 그러나 경우에 따라 모델링 효과는 다르게 나타난다. 여기서는 모델링 효과에 미치는 영향요인에 대해 설명하기로 한다.[27]

(1) 모델의 특성

모델이 보다 매력적이거나 보다 신뢰적으로 느껴질수록 모델링 효과는 커진다. 지위가 높거나 전문적 지식을 가진 모델일수록 영향력이 더 크다. 또한 모델의 특성이 관찰자와 유사할수록 그 효과는 커진다. 광고에서 표적시장 소비자들과 비교적 유사한 모델을 등장시키는 것은 바로 이 때문이다. 예를 들어, 결혼정보회사인 듀오는 광고에 표적소비자와 비슷한 모델을 기용함으로써 표적소비자들에게 보다 큰 공감을 불러일으킬 수 있었다.

▌표적소비자와 비슷한 모델을 기용한 듀오 광고

(2) 관찰자의 특성

관찰자마다 모델화된 행동을 달리 받아들일 수가 있는데, 사회학습이론(social learning theory)에서는 관찰자가 보다 의존적일수록, 자신감과 자아존중(self-esteem)의 정도가 낮을수록, 그리고 모방행동에 따라 만족스런 결과를 얻은 경험이 많을수록 모델링 효과는 큰 것으로 알려져 있다. 그러나 보다 중요한 것은 모델화된 행동의 결과에 대해 관찰자가 부여하는 가치이다. 예를 들어, 소비자가 품위를 강조하는 신사복 광고를 보고 품위를 느낄 수 있고 품위를 중요시한다면 그 소비자는 그 신사복을 구매할 가능성이 높을 것이다.

(3) 모델화된 행동 및 행동결과의 특성

모델화된 행동이 수행되는 방식에 따라 모델링 효과는 달라지는데, 모델화된 행동이 매우 주의 깊고 생동적일수록 그리고 보다 뚜렷할수록 모델링 효과는 커진다. 또한 행동결과가 진실처럼 느껴질수록(plausible) 그 효과는 더 크다고 하겠다.

▎생각해 볼 문제

1. 소비자의 학습을 이해하는 데 있어 인지적 접근방법(cognitive approach)과 행동주의적 접근방법(behaviorist approach)의 가장 큰 차이점은 무엇인가?

2. 소비자가 자신의 신념체계를 변화시켜 나가는 과정이 '가설검증 틀(hypothesis testing framework)'에 들어맞는 사례를 찾아보고 그 사례에서 소비자의 그 제품에 대한 친숙도, 동기부여 수준, 정보환경의 애매모호성이 각각 소비자 학습에 어떻게 영향을 주고 있는지 토론해 보자.

3. '메아리방효과(the echo chamber effect)'의 예를 우리 근처에서 찾아보고 그런 현상이 어떤 결과를 초래할 수 있는지에 대해 토론해 보자.

4. 고전적 조건화와 수단적 조건화의 차이점은 무엇인가? 또한 각각의 마케팅 시사점을 정리해 보자.

5. 우리 생활주변에서 일어나는 대리학습의 사례를 찾아내고 이를 마케팅전략 수립에 어떻게 활용할 수 있을지에 대해 토론해 보자.

제 11 장

개성, 가치, 라이프스타일

MZ세대에서 α(알파)세대로

MZ세대는 M(Millennial: 밀레니얼)세대와 Z세대를 통틀어 지칭한다. Y세대라고도 불리는 M세대는 1981년부터 1996년까지 출생한 사람을 의미한다. 밀레니얼 세대는 청소년기에 PC를 접한, 아날로그와 디지털 문화를 모두 경험한 마지막 세대라고 할 수 있다. Z세대는 1997년부터 2012년까지 출생한 사람을 의미한다. Z세대는 인터넷이 존재하기 이전의 세상을 살아본 적이 없다는 면에서 최초의 디지털 네이티브(digital native) 세대로 불리기도 한다. MZ세대는 나이가 20대 초반부터 40대까지 폭넓게 걸쳐 있어 동질성을 가진 집단으로 정의하기 어려움에도 불구하고, 우리나라에서는 젊은 세대를 대표하는 용어로 사용되어 왔다. 이전 세대에 비해 MZ세대는 윤리, 환경, 평등과 같은 가치 소비를 중시하고 인터넷과 모바일 같은 IT 기기 및 기술과 친숙하다는 특징이 있다. 이들은 인터넷에 의한 의사소통을 통해 착한 기업 제품을 홍보하고 반사회적 기업의 불매운동을 주도한 세대이기도 하다. MZ세대는 2023년 기준 전체 인구의 약 37%를 차지할 정도로 규모가 클 뿐만 아니라 높은 구매력을 가진 중요한 시장으로 마케팅 활동의 주요 대상이 되어왔다.

α(알파)세대는 2010년대 초반부터 2020년대 중반까지 태어난 세대를 의미하며, 주로 밀레니얼 세대의 자녀들이다. α세대라는 이름은 호주 사회학자 Mark McCrindle이 사용하기 시작했으며, Y세대, Z세대와 같이 영어 알파벳 이름이 아닌 그리스 알파벳으로 대표되는 첫 세대이기도 하다. 스마트폰이 대중화된 이후에 출생한 α세대는 태어

날 때부터 접한 모바일 기기와 인공지능에 매우 친숙한 세대이다. 이들은 또한 코로나19로 인한 비대면 문화를 어린 나이에 경험한 공통점이 있으며, 이는 이들의 사회성이나 언어발달에 부정적 영향을 주었을 가능성이 있다. α세대는 아직 어린 나이임에도 불구하고, 나이를 넘어선 영향력과 구매력을 가지고 있는 중요한 시장으로 부상하고 있다. 이들의 구매력은 자녀에게 아낌없이 지갑을 여는 밀레니얼 세대의 성향도 큰 몫을 한다. 이미 α세대는 소셜미디어 환경을 형성하고 대중문화에 영향력을 끼치고 있다. 시장과 기술의 발전과 변화가 점점 빨라지는 환경에서 알파세대가 어떤 특성을 가진 소비자로 진화할지에 대한 예측은 쉽지 않다. 그럼에도 불구하고 α세대가 성장하면서 그 영향력은 더 커질 것은 명확하기 때문에, 기업과 사회는 전에 없던 신인류에 주목하며 이들을 맞이할 준비를 하고 있다.

자료원: McCrindle, Mark and Emily Wolfinger (2009), *The ABC of XYZ: Understanding the Global Generation*, New South Wales, Australia: UNSW Press; 허태윤 (2023.03.19), "MZ세대 이후 알파세대 온다…. 알파를 이해해야 하는 까닭," *이코노미스트*.

어떤 개인도 다른 사람과 똑같지는 않다. 모든 사람의 얼굴, 체격, 지문이 다르듯이, 선호하는 음식, 패션, 주거환경, 여행지 등도 동일하지 않다. 제품선택에 있어서 소비자들 간의 차이는 개인의 소득, 동기, 태도 등에 기인하기도 하지만, 또한 개성, 가치, 라이프스타일의 차이 때문이기도 하다. 패션, 자동차, 화장품 등 개인의 이미지와 관련되는 제품의 경우, 제품개발이나 마케팅 커뮤니케이션 개발은 소비자들 간의 개성, 가치, 라이프스타일의 차별성을 전제로 이루어지는 경우가 흔하다. 특히 개인적, 사회적, 그리고 인구통계적 변수를 포함하는 포괄적인 개념으로서 라이프스타일이 소비자행동에 미치는 영향력은 점차 더 중요시되고 있다. 본 장에서는 어느 정도 서로 관련된 개념인 개성, 가치, 라이프스타일을 설명한다.

11.1 개 성

1. 개성의 의미

개성(personality)은 환경적 자극에 대해 비교적 일관성 있고(consistent) 지속적인(enduring) 반응을 가져오는 개인의 심리적 특성이라고 정의될 수 있다.[1] 개성은 단기적으로는 쉽게 변화하지 않지만, 장기적으로 변화할 수도 있다. 어린 시절의 개성이 성장하면서 변하거나 직장생활을 하는 과정에서 변할 수 있다. 예를 들어, 내성적인 사람이 영업사원이 된 다음 보다 외향적인 성격으로 변할 수 있다. 개인은 다양한 행동적 환경에 대하여 비교적 일관성 있는 행동으로 반응하기 때문에, 우리는 개성유형을 구분할 수 있다. 예를 들어, 자기의 업적을 남의 업적과 비교하고 언제나 앞서려는 경향을 가진 사람들을 경쟁심이 강하다고 표현할 수 있다. 이러한 사람들의 경쟁심은 일관성 있게 나타나기 때문에 그들이 테니스를 치거나 바둑을 두거나 논쟁을 할 때 경쟁적 성향이 강하게 나타나더라도 주위 사람들은 그것을 당연한 것으로 받아들인다.

심리학의 다른 영역은 인간 행동과 심리의 보편성에 초점을 두는 데 비해 개성을 연구하는 성격심리학은 개인 간의 차이에 초점을 둔다. 본 절에서는 개성을 설명하는 이론들과 각 이론의 마케팅 적용에 관해 설명한다.

2. 정신분석이론

(1) 정신분석이론의 개요

지그문트 프로이트(Sigmund Freud)는 **정신분석이론**(psychoanalytic theory)의 창시자로서 개성에 대한 설명을 시도한 첫 학자라고 할 수 있다. 정신분석이론에 따르면 인간의 개성시스템은 원초아, 자아, 그리고 초자아로 구성된다. **원초아**(id, 이드)는 식욕, 성욕과 같은 원초적이고 충동적 욕구(primitive and impulsive drives)의 원천으로서 개념화된다. 그러므로 이는 생물적 및 본능적 욕구의 즉각적인 충족을 추구하는 것이다. **초자아**(superego)는 도덕적, 윤리적 행위규범의 내적 표현으로 개념화된다. 이는 원초아로부터 충동적 행동이 유발되는 것을 억제시키는 기능을 한다. **자아**(ego)는 원초아의 본능적 충동과 초자아의 윤리적 금지 사이를 중재하는 것이다. 그리하여 자아는 원초아의 쾌락적 수요가 사회적으로 허용되는 범위 내에서 충족되도록 한다.

정신분석이론의 초점은 개성을 구성하는 이들 세 가지 요소들의 상호작용이 **무의식적인 동기**(unconscious motive)를 유발하며, 무의식적인 동기는 인간행동으로 구체화된다는 점에 있다. 그러므로 행동의 원인을 이해하기 위해서는 어떠한 개성요소가 무의식적이고 잠재의식적인 수준에서 소비자에게 영향을 미치는지를 알아야 한다.

프로이트는 개성은 어린 시절에 형성되는 것이라고 하였다. 그는 어린이들은 성장과정에서 여러 발전단계를 거치는데, 이러한 발전단계가 인간의 개성 형성과 밀접한 관계가 있다고 믿었다. 예를 들어, 0세부터 1세의 유아기 시절을 구강기(oral stage), 그 다음 2세부터 3세까지를 항문기(anal stage)라고 하였다. 구강기의 욕구충족은 전적으로 타인들에 의존하며, 어린이는 빨기, 먹기, 깨물기 등의 행동으로 욕구를 충족시키는 데 초점을 둔다. 항문기에는 어린이들이 변을 보는 훈련을 받는 어려움에 직면한다. 각 단계에서 해결하지 못하는 갈등은 개성 형성에 영향을 준다. 예를 들어, 유아시절 충분한 구강 만족을 얻지 못하게 되면 어른이 되어 껌 씹기, 흡연 등을 과도하게 하고, 과식하며, 타인(마케터 포함)의 동기에 대해 불신하는 성격으로 나타난다. 항문기에 개인이 너무 강압감을 갖게 되면 과도하게 질서를 요구하고, 타인의 잘못을 잘 지적하고, 저축을 해야 한다는 강박관념을 갖고, 지나치게 정보탐색을 하고, 의사결정을 내리는 데 지나치게 심사숙고하는 성격으로 나타나게 된다. 반면에, 이 시기에 너무 허용적으로 자라면, 무질서하고, 약속에 둔감하고, 부주의한 성격 형성이 될 수 있다.

(2) 동기연구에의 적용

정신분석이론은 1940년대 말에서 1960년대 초까지 마케팅 분야에서 많이 이루어진 **동기연구**(motivation research)에 상당한 영향을 미쳤다. 동기연구의 대표적인 학자인 Ernest Dichter에 의하면, 개인의 행동은 흔히 무의식적 동기의 결과이다. 동기연구에서 이루어진 몇 가지 예를 들면 다음과 같다.

- 컨버터블(convertible) 자동차는 애인(mistress)의 대리물로서 구매된다.
- 케이크를 굽는 것은 출산을 상징하기 때문에 부인은 케이크를 구울 때 심각해진다.
- 남자들은 자신의 남성다움(masculinity)을 입증하기 위하여 시가(cigars)를 피운다. 또한 어릴 때 엄지손가락을 빨던 향수 때문에 시가를 피운다.
- 남자들은 간혹 헌혈을 회피하는데 이는 헌혈로 인하여 정력이 감퇴될까봐 걱정하기 때문이다.
- 부인들은 동물성 튀김기름을 회피하는데 이는 동물을 죽이는 죄책감을 느끼기 때문이다.

오늘날 초기 동기연구에서 이루어진 몇 가지 결론들은 그다지 지지를 받지 못하는데, 그 이유는 이들 연구들이 매우 적은 수의 소비자들을 대상으로 이루어졌으며 또한 소비자행동을 위한 것이라기보다는 임상적(clinical) 목적으로 개발된 측정 방법을 사용했기 때문이다. 또한 자료를 해석하는 데 있어서도 상당한 추측이 작용하였다. 정신분석이론의 마케팅에 대한 적용에는 비록 한계가 있으나, 많은 광고들은 개성에 대한 정신분석적 접근에 영향을 받고 있으며, 특히 성적(sexual) 및 다른 내면 깊숙이 자리잡은 생물적 본능에 중점을 둔다.

(3) 동기연구를 위한 측정방법

동기연구에 있어서 흔히 사용된 방법으로는 투사법(projective techniques)과 심층면접법(depth interviews)이 있다. **투사법**은 어떤 상황을 제시한 뒤 응답자로 하여금 그 상황을 해석하게 하고 그 해석으로부터 응답자의 내면적 동기를 파악하는 방법으로, 응답자의 내면이 해석에 투사(projection)된다는 전제에서 그와 같은 이름이 붙여졌다. 투사법에 의한 연구 중 대표적인 것으로 Nescafé 인스턴트 커피(instant coffee)의 예가 있다.[2] 원두를 갈아 필터에 거르는 번거로운 준비과정이 필요한 기존의 원두커피와는 달리, Nestlé에서 개발한 Nescafé는 물만 부으면 마실 수 있는 편리한 식품이었다. 그러나 주부들은 Nescafé를 구매하기를 꺼려했으며, 그 이유를 알기 위하여 Mason Haire는 먼저 전통적인 설문방법을 이용해 이유를 직접 질문하였다(연구당시 쇼핑은 주로 주부들이 하였다). 대다수의 응답자들이 맛이나 향이 원두커피만 못하기 때문에 좋아하지 않는다고 응답하였다. 그러나 투사법을 이용해 좀더 내면적인 이유를 찾고자 하였다.

1950년대 Nescafé 인스턴트 커피 광고: 투사법을 이용한 소비자조사에 따르면, 당시 Nescafé 인스턴트 커피 구매를 꺼렸던 이유는 이 제품의 구매가 게으르고 낭비가 심한 주부라는 부정적인 이미지와 연관되었기 때문이다.

이를 위한 실험에 참여한 100명의 주부들을 무작위로 두 집단으로 나누어 각 그룹의 주부들에게 가상의 부인의 쇼핑목록을 보여주었다. 두 집단의 쇼핑목록은 커피의 종류 이외에는 동일하였다. 한 쇼핑목록에는 Nescafé 인스턴트 커피, 그리고 다른 쇼핑목록에는 Maxwell House Ground Coffee(원두커피)가 있었다. 실험 대상 주부들에게 자기들이 본 쇼핑목록의 부인의 개성과 특성을 간략하게 적도록 요구하였다. 그 결과 Nescafé 인스턴트 커피가 목록에 포함된 부인은

Maxwell 원두커피를 구매하려는 부인에 비해 상대적으로 게으르고 낭비가 심하고 알뜰한 구매계획을 세우지 않았다고 묘사되었다. 이 결과는 부인들이 인스턴트 커피를 선뜻 구입하려 하지 않는 근본적인 이유는 바로 자신이 남들로부터 그와 같이 부정적으로 보일까봐 하는 염려에서 나온다는 것을 보여준다.

Haire의 쇼핑목록 연구가 발표되고 약 20년이 지난 후에, Webster and von Pechmann은 동일한 조사를 실시하였다.[3] 새로운 연구 결과는 인스턴트 커피와 원두커피 구매자에 대한 평가가 다르지 않다는 것을 보여주었다. 이는 소비자 구매환경이 바뀌어 간편식품에 대한 부정적인 이미지가 희석되었기 때문인 것으로 해석될 수 있다.

심층면접법은 소비자의 동기와 행동에 관한 일반적 이해(general insights)를 갖기 위해 이루어지는 비체계적 면접법이다. 면접원이 조사의 내용과 일반적 방향만을 가지고 대화를 하면서 응답자로부터 제공되는 단서를 잡고 이로부터 자연스럽게 대화를 진행함으로써 소비자의 내면 깊숙이 자리잡고 있는 동기(deep-seated motives)를 조사하는 것이다.

3. 사회심리이론

(1) 사회심리이론의 개요

사회심리이론(socio-psychological theory)은 개인이 자신의 욕구를 충족시키기 위하여 사회적 상황에서 어떻게 행동하는가를 설명하는 데 초점을 둔다. 이 이론은 두 가지 중요한 점에 있어서 정신분석이론과 상이하다. 첫째, 생물적 본능보다는 사회적 변수가 개성을 형성하는 데 있어서 중요한 변수가 된다. 둘째, 무의식적 동기보다는 의식적 동기가 더 중요하다. 그러므로 행동은 흔히 표면화된 욕구(known needs and wants)를 충족시키기 위해 행해지는 것으로 본다.

이 분야의 연구자 Karen Horney는 개인의 행동은 세 가지의 성향에 의해 특징지어진다고 하였다: 순응(compliance), 공격(aggressiveness), 고립(detachment).[4] **순응형**의 사람들은 다른 사람을 향하는(toward others) 성향이 강하다. 순응형은 타인이 원하는 대로 행동하는 경향이 있고 마찰을 피하려고 하며, 타인들이 자신을 좋아하기를 원하기 때문에 타인들을 위하여 자신을 희생시키는 성향이 있다. 이들은 또한 겸손하고, 타인을 잘 신뢰하고, 집단에 협력적이다. **공격형**의 사람들은 타인들에게 대항하는(against others) 성향이 있고, 권력 지향적이며, 남보다 앞서고 성취하는 데 큰 가치를 부여한다. 이들은 타인과 비교하여 자신의 경쟁력과 지위를 스스로 평가하여 자아 이미지(self-image)를 형성한다. 이들은 또한 외향적이고, 자기주장이 강하며, 자신감이 강하고, 강인한 마음을 가졌다. **고립형**의 사람들은 타인들로부터 멀리 떨어지려는 성향(away from others)이 강하며, 타인들과 함께 있는 것을 부담스럽게 느껴 홀로 지내는 것을 좋아한다. 또한, 내성적이며 타인을 쉽사리 믿으려 하지 않는다.

(2) 마케팅에 대한 사회심리이론의 적용

Cohen은 Horney의 이론을 바탕으로 하여 순응, 공격, 고립과 관련된 35개 항목들로 구성된 CAD(compliance, aggressiveness, detachment) 척도를 개발하여 마케팅 연구에 적용하였다.[5] 연구결과, 순응형의 소비자들은 구취제거제(mouthwash), 비누, 그리고 Bayer 아스피린을 많이 소비하는 것으로 나타났다. 순응형의 소비자들이 구취제거제와 비누를 많이 소비하는 것은 타인들에게 불쾌감을 주지 않기 위한 것으로 해석할 수 있으며, Bayer 아스피린을 많이 소비하는 이유는 다른 사람들에 의하여 널리 소비되는 유명브랜드이기 때문인 것으로 추정된다. 공격형의 사람들은 애프터쉐이브 로션(after-shave lotion)을 많이 소비하고, 고립형의 사람들은 비교적 차(tea)를 많이 마시고 맥주를 적게 마시는 것으로 나타났다. 이 연구결과에 따르면, 구취제거제와 비누는 사회적 승인(social approval)의 의미로서, 애프터쉐이브 로션은 사회적 정복(social conquest)의 의미로서 광고하는 것이 적절할 수 있다. 고립형이 주로 즐기는 차의 경우는 홀로 마시는 장면을 연출하는 것이 바람직하다.

마케터는 표적 소비자들을 설득하기 위하여 무엇을 해야 할 것인가를 알아야 하지만 때로는 그에 못지않게 무엇을 하지 말아야 할 것인가도 알아야 한다. 예를 들어, 대부분의 사람들이 자사 브랜드를 소비한다는 메시지는 순응형 소비자에게는 잘 수용될 수 있지만 고립형 소비자에게는 호소력이 약할 것이다. 또한 공격형 소비자는 타인들의 기대에 반하는 경향이 있으므로 그 브랜드를 오히려 멀리할 수 있다. 한편 "최고의 지위를 표출하세요" 혹은 "당신이 누구인지를 보여주세요" 같은 메시지는 공격형 소비자에게는 설득력이 크나 순응형 소비자에게는 설득력이 낮을 것이다.

4. 특성이론

(1) 특성이론의 개요

특성이론(trait theory)에 의하면 개성은 일반적 반응 성향(predispositions)을 의미하는 특성들(traits)의 집합으로 구성된다. 특성이론은 다음의 세 가지를 가정한다. 첫째, 특성이론에서 의미하는 특성(들)은 누구한테나 공통적으로 있는데 단지 그 정도에 있어서만 다르다. 어떤 개인은 외향성은 강하나 성실성은 약하며 다른 개인은 성실성은 강하나 경험에 대한 개방성은 약하다는 식이다. 둘째, 이러한 특성들은 비교적 안정적이고 환경적 상황과는 무관하게 행동에 상당히 일관성 있게 영향을 미친다. 셋째, 특성은 행동결과를 측정함으로써 추론될 수 있다.[6]

(2) Big 5 특성이론

Big 5 이론은 심리학에서는 가장 널리 받아들이는 특성이론으로 개인의 성격을 Big 5라고 부르는 다섯 가지 특성으로 정의한다. 다섯 가지 특성 각각의 의미는 다음과 같다.[7]

- 우호성(agreeableness): 타인에게 친절한, 협조적, 이타적, 동정심을 갖는 성향.
- 성실성(conscientiousness): 목표 달성을 위해 성실하게 노력하는 성향. 책임감 있는, 근면한 성향.
- 외향성(extraversion): 타인과의 사교, 자극과 활력을 추구하는 성향. 감각추구적, 모험적 성향.
- 신경성(neuroticism): 긴장, 분노, 우울함, 불안감 같은 부정적 정서를 쉽게 느끼는 성향.
- 경험에 대한 개방성(openness to experience): 창의적, 상상력이 풍부한, 호기심 많은 성향. 예술, 모험, 특이한 생각, 다양한 경험에 높은 가치를 부여하는 성향.

(3) 특성의 측정방법

특성이론을 토대로 개성을 측정하는 도구들이 여러 가지 개발되었는데, 마케팅 분야에서 널리 사용되는 측정도구는 EPPS(Edwards Personal Preference Schedule)이다. 이는 Murray의 개성이론으로부터 도출된 것으로 인간의 기본적

표 11.1 EPPS의 특성 변수

성취(achievement)	다른 사람들과 경쟁하고 앞서려는 성향; 성공지향적 성향
순응(compliance)	타인의 의사결정을 따르는 성향
질서(order)	자신의 일 혹은 주변을 정리 혹은 체계화하는 성향
과시(exhibition)	타인으로부터 주목받고 싶어하는 성향; 타인에게 인상을 남기고 싶어하는 성향
자주(autonomy)	자유를 추구하고 타인의 지시나 간섭을 싫어하는 성향
친화(affiliation)	타인과 교제를 원하는 성향; 그룹에 참여하고 싶어하는 성향
분석(analysis)	타인을 이해하고 자신의 행동을 분석하는 성향
의존(dependence)	도움받기를 원하는 성향
자기 비하(self-depreciation)	타인에 비해 열등감을 느끼는 성향; 비난이나 처벌을 감수하는 성향
지원(assistance)	타인을 도와주는 성향; 동정심, 의협심
변화(change)	새로운 것을 추구하는 성향
끈기(endurance)	한 과업에 집착하는 성향; 주어진 일을 열심히 하는 성향
이성애(heterosexuality)	섹스에 대해 이성과 얘기하고 싶어하는 성향; 이성에게 매력적으로 보이고 싶어하는 성향
공격(aggression)	타인을 공격하거나 해를 입히기를 원하는 성향

자료원: Edwards, Allen L. (1957), *Edwards Personal Preference Schedule Manual*, New York, NY: Psychological Corp.

욕구와 동기 14개를 측정하는 항목들의 집합으로 〈표 11.1〉에 제시된 바와 같다. EPPS를 포함하여 개성을 측정하기 위하여 개발된 대부분의 항목들은 여러 제품에 적용될 수 있는 보편적인 항목들이다. 그러나 제품 특유의 개성항목들은 소비자행동을 보다 잘 예측할 수 있을 것으로 보인다. 〈표 11.2〉는 화장품사용 연구에 이용하기 위하여 Young이 개발한 제품특유 개성항목들이다.[8]

(4) 마케팅에 대한 특성이론의 적용

특성이론이 시장세분화에 적용된 경우는 여러 가지가 있다. 대표적인 예로 Evans의 연구결과를 들 수 있다. 그 당시 Ford 소유자들은 독립성이 강하고, 충동적이고, 남성적이며, 변화에 민감하고, 자신감이 큰 반면, Chevrolet 소유자들은 보수적이고, 절약적이며, 덜 남성적이며, 극단적인 것을 회피하는 것으로 알려져 있었으며 각각의 자동차 광고는 이에 따라 수행되었다. Evans는 이를 검증하기 위하여 EPPS를 이용하였다. 그 결과 Ford 자동차 소유자들은 Chevrolet 자동차 소유자들에

표 11.2 화장품사용 연구를 위한 제품특유 개성항목

성취(achievement)	다른 사람들과 경쟁하고 앞서려는 성향; 성공지향적 성향
자기도취증(narcissism)	자신의 용모에 도취되는 성향
용모 의식성 (appearance conscious)	몸단장하는 것을 중요시하는 성향
과시성(exhibitionism)	자신을 과시하고 주의를 끌고자 하는 성향
충동성(impulsive)	사려 깊지 못하고 충동적으로 행동하는 성향
질서(order)	단정하고 규칙과 계획에 따라 생활하려는 성향
환상적 성취 (fantasized achievement)	타인과 구별되고 타인으로부터 인정받고자 하는 성향
지위달성 역량 (capacity for status)	상급 지위에 도달할 수 있는 개인적 자질과 속성 정도
지배성(dominant)	타인의 앞에서 활동의 중심이 되려는 성향
사교성(sociable)	타인과 비공식적이고 우호적인 관계를 가지려는 성향
적극성(active)	자기에게 주어진 일을 부단히 노력하여 목적을 달성하려는 성향
명랑성(cheerful)	쾌활하고 인생에 대해 낙관적인 성향
복종(deference)	자신보다 우월하다고 생각되는 타인의 의견과 선호에 따르는 성향
자기 본위적(subjective)	고지식하고, 미신을 잘 믿고, 비성숙된 사고를 하는 성향

자료원: Young, Shirley (1972), "The Dynamics of Measuring Unchange," in *Attitude Research in Transition*, ed. Russell I. Haley, Chicago, IL: American Marketing Association, 61-82.

비하여 지배성(dominance)에서만 약간 높은 것으로 나타났을 뿐 다른 특성에서는 거의 차이가 없는 것으로 나타났다.[9]

EPPS를 이용한 흡연자 특성 연구결과에 따르면 담배를 많이 피우는 사람은 이성애, 공격성, 성취욕에 있어서 높고 질서와 순응성에 있어서 낮게 나타났다. 그러므로 담배를 많이 피우는 사람들은 힘 혹은 권력(power)과 경쟁 지향적이며 성적 주제나 상징에 의해 보다 영향을 받을 것으로 생각된다. 카우보이와 말을 등장시키는 말보로(Marlboro) 광고는 이러한 측면에서 이해될 수 있다.

위에서 언급한 예 이외에도 개성이 제품선택에 직접적인 영향을 미칠 수 있는지에 관해 많은 연구가 이루어졌으나, 이들 중 소수의 경우에서만 제품사용과 개성특성 간에 관계가 있는 것으로 나타났다. 대부분의 연구에서는 제품선택 행위의 분산(variance) 중 극히 작은 부분만이 개성에 의해 설명되는 것으로 나타났다. 즉, 소비자행동의 복잡한 점을 생각할 때 개성은 소비자의사결정에 영향을 미칠 수 있는 한 개의 변수에 불과하다고 할 수 있다. 개성과 소비자행동 간의 관계를 연구하는데 있어서 행동 대신 행동의도(behavioral intention)를 대상으로 한다면 보다 나은 결과를 얻을 수도 있을 것이다.

(5) 브랜드개성

브랜드개성(brand personality)은 특성이론을 마케팅에 적용시켜 개발된 개념이다.[10] 브랜드개성은 '브랜드에 연관지어지는 인간적 특성'으로 '만약 그 브랜드가 사람이라면 어떤 개성의 사람'이라고 정의될 수 있다. 브랜드개성은 브랜드의 속성과 대비될 수 있다. 즉, 소비자는 브랜드를 선택할 때, 각 브랜드의 속성에 대한 평가(신념)를 토대로 선택할 수도 있고, 혹은 각 브랜드가 갖는 고유의 이미지를 토대로 선택할 수도 있다. 그러므로 브랜드속성 평가는 소비자에게 **실용적 기능**(utilitarian function)을 수행하는 반면에 브랜드개성은 **상징적 기능**(symbolic function), **자기표현적 기능**(self-expressive function)을 수행한다. 브랜드개성은 소비자 개인특성 변수가 아닌 브랜드의 특성이기 때문에 이에 대해서는 제14장에서 더 자세히 설명한다.

5. 자아개념이론

(1) 자아개념의 의미

자아개념(self-concept)은 '개인이 사회적으로 결정된 준거체계에 따라 자신에 대하여 갖는 지각'이라고 정의될 수 있다. 즉, 사람들은 자신이 어떠한 신체적 특성을 지녔으며 성격, 습관, 가치관, 선호, 능력 등을 가졌다는 식으로 자기 자신에 대한 개념 혹은 이미지를 가지고 있는데 이것이 자아개념 혹은 **자아이미지**(self-image)이다. 따라서 자아개념은 자기 자신에 대한 개인의 생각과 느낌의 총체라고 할 수 있다.

(2) 자아개념과 제품/브랜드의 선택

소비자행동 연구자들이 자아개념에 관심을 갖는 것은 소비자들은 자신의 자아개념과 일치하는 이미지를 갖는 제품 혹은 브랜드를 구매하고, 그렇지 않은 제품 혹은 브랜드를 거절하는 경향이 있다고 보기 때문이다([그림 11.1] 참조). 예를 들어,

그림 11.1 자아개념이 제품 혹은 브랜드 선택에 미치는 영향

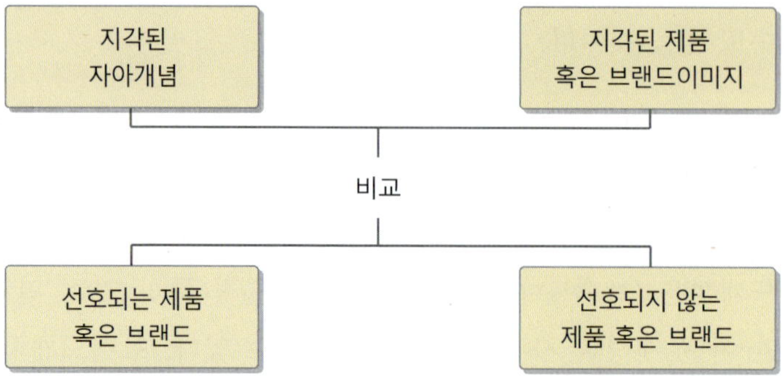

어떤 소비자는 정장보다 청바지가 자신에게 더 잘 어울린다고 생각할 수 있으며, 청바지 중에서도 Levi's보다 Guess가 자신에게 더 잘 어울린다고 생각할 수 있다. 이 견해를 따르면, 소비자가 특정 제품 혹은 브랜드를 구매하는 것은 자아개념을 표출하는 행위로 볼 수 있다. 그러므로 마케터는 자사 브랜드를 표적고객의 자아개념에 일치하는 식으로 묘사할 수 있다.

자아개념에는 몇 가지가 있다. **실제적 자아개념**(actual self-concept)은 개인이 자신을 어떻게 지각하는가 하는 것이고, **이상적 자아개념**(ideal self-concept)은 자신이 어떻게 되고 싶은가 하는 것이다. 또한 **사회적 자아개념**(social self-concept)은 타인들이 자신을 어떻게 보는가에 관한 개인의 생각이다. **이상적 사회적 자아개념**(ideal social self-concept)은 타인들이 자신을 어떻게 봐 주었으면 하는 것이다.

자아개념의 표출과 달성: 나이가 많은 소비자들이 Ford Mustang을 구매하는 것은 스스로 젊다고 생각하거나 혹은 젊게 보이기를 원하기 때문으로 볼 수 있다.

그러면 여러 가지 자아개념 중 어느 자아개념과 일치하는 방향으로 구매행동이 일어나는가? 이는 소비자나 상황에 따라 다르게 나타난다. 예를 들어, 과거 Ford가 스포츠카 Mustang을 개발하여 판매하기 시작했을 때, 의외로 나이가 많은 사람들에 의해서도 상당수가 구매되었다. 그들은 자신이 스스로 젊다고 생각하거나(실제적 자아개념) 혹은 젊게 보이기를 원하기(이상적 사회적 자아개념) 때문에 구매한 것이었다.

Malhotra는 소비자가 선호하는 주택의 유형과 관련된 연구를 하였는데, 이 연구에서 응답자의 약 60%는 이상적 자아개념에, 22%는 실제적 자아개념에, 그리고 18%는 사회적 자아개념에 일치하는 주택을 선호하는 것으로 나타났다.[11]

(3) 자아개념과 상징적 상호주의

자아개념과 제품 선택은 상호간에 영향을 주고 받는다. 즉, 소비자의 자아개념은 제품/브랜드 선택에 영향을 미치는 한편, 소비자가 선택하는 제품/브랜드도 소비자의 자아개념에 영향을 미친다. 사람들은 흔히 타인이 소비·사용하는 제품/브랜드를 보고 그 사람이 어떤 사람이라고 생각하는 경향이 있기 때문이다. 자아개념이론의 이러한 확장은 개인과 자신의 환경에 속한 상징들(symbols) 간의 상호작용(interaction)을 강조하므로 **상징적 상호주의**(symbolic interactionism)라고 불리어진다.[12] 보다 구체적으로, [그림 11.2]에서 볼 수 있듯이 소비자는 자신의 실제적 자아개념을 표출할 수 있는 제품/브랜드를 선택하기도 하지만, 자신의 이상적 자아개념을 달성하기 위하여 제품/브랜드를 선택하기도 한다.

상징적 상호주의: 소위 명품은 그 제품의 기능보다 흔히 상징성에 의해 구매되는데, 이는 소비자가 자신을 보다 돋보이고 싶어하는 욕구 때문이다.

그림 11.2 상징적 상호주의

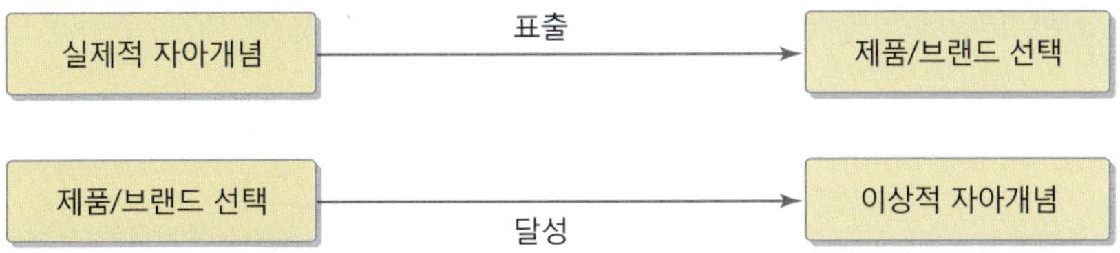

(4) 자아해석: 독립적 자아개념과 상호의존적 자아개념

자아해석(self-construal)은 개인이 자신을 개체화된 실체(individuated entity)로 보는지 혹은 다른 사람들과 관련지어(in relation to others) 보는지에 관한 것으로, 자아해석 경향에 따라 **독립적 자아개념**(independent self-concept)과 **상호의존적 자아개념**(interdependent self-concept)으로 나눌 수 있다. 독립적 자아개념을 가진 사람들은 자신을 유일하며(unique) 다른 사람들과 차별화된 특성을 갖는 것으로 정의한다. 이들은 개인적 목표, 성취, 욕구를 중시한다. 상호의존적 자아개념을 갖는 사람들은 자신을 집단의 한 부분으로 보고 다른 사람들과 관련지어 정의한다.[13] 이들은 가족, 문화적, 직업적, 사회적 관계를 중시한다.

두 가지의 자아개념은 상호 반대적인 성격을 갖지만 이분화가 아닌 상대적 개념으로 이해해야 한다. 자아개념은 문화와 밀접한 연관성이 있는데, 미국인과 유럽인들은 아시아인들에 비해 독립적 자아개념이 강하고 아시아인들은 상호의존적 자아개념이 강한 경향이 있다. 자아개념은 광고효과에 영향을 미칠 수 있다. 독립성을 강조하는 광고는 독립적 자아개념이 강한 소비자들에게 효과적이며, 집단의 소속감을 강조하는 광고는 상호의존적 자아개념이 강한 소비자들에게 효과적일 수 있다.

11.2 소비자행동과 관련된 개성변수

앞에서 서술한 개성이론들 이외에도, 사회심리학자들과 소비자심리학자들은 소비자의 행동에 영향을 미칠 수 있는 개성변수들에 관한 연구를 수행하였다. 이하에서는 소비자의 행동에 영향을 미치는 다양한 개성변수들에 대해 추가적으로 서술한다.

1. 인지욕구

인지욕구(need for cognition)는 생각하기를 즐기는 경향(individual tendency to enjoy thinking)을 말한다.[14] 인지욕구는 소비자의 정보처리과정과 태도형성과정에 영향을 미친다(제9장의 '정교화가능성 모델' 참조). 인지욕구가 높은 소비자는 메시지 주장에 주의를 기울이며 중심경로를 통해 정보를 처리하고 태도를 형성하는 경향이 있는 반면에, 인지욕구가 낮은 소비자는 메시지 주장에 주의를 덜 기울이며 주로 주변경로를 통한 태도 형성이 나타난다.[15] 또한 인지욕구가 높은 소비자일수록 태도는 심사숙고과정을 거쳐 형성되었을 가능성이 높으며, 따라서 태도-행동 관계가 강하다.

인지욕구에 대한 이해는 마케팅전략 수립에 이용될 수 있다. 인지욕구가 높은 소비자에게는 광고에 많은 정보를 담는 것이 효과적일 수 있으나, 낮은 소비자에게는 짧은 메시지의 반복광고가 더 효과적일 수 있다. 또한 인지욕구가 높은 소비자에게는 인쇄매체가 상대적으로 효과적이며, 낮은 소비자에게는 방송매체가 효과적일 수 있다.

인지욕구는 마케팅 정보에 대한 주의와 탐색에도 영향을 미치며, 구매상황에서 인지욕구가 높을수록 점포 내부의 가격과 할인 정보에 더 많은 주의를 기울인다. Inman, McAlister, and Hoyer의 연구는 '가짜할인 사인'이 구매에 미치는 영향이 소비자의 인지욕구 수준에 따라 달라짐을 보여주었다.[16] 이 연구는 실제 가격할인이 없음에도 불구하고 할인사인(sale sign)이 있는 경우 소비자의 제품구매가 증가하는지를 알아보고자 하였다. '진짜할인'의 경우 할인사인이 제시되었으며, 실제 15% 정도의 가격할인이 있었다. '가짜할인'의 경우 할인사인은 제시되었으나 실제 가격할인은 없었다. 연구 결과, 실제 가격할인의 유무가 구매에 미치는 영향은 소비자의 인지욕구에 따라 다른 것으로 나타났다. 〈표 11.3〉에서 보여주듯이, 인지욕구 수준이 높은 소비자의 경우 진짜할인 시에는 평소보다 구매가 37% 증가했으나 가짜할인 시에는 구매의 증가가 없었다. 이는, 인지욕구가 높은 소비자는 할인 정보를 꼼꼼히 살펴본 후에 구매를 결정했음을 의미한다. 인지욕구 수준이 낮은 소비자의 경우 진짜할인 시에는 구매가 24% 증가했으며, 가짜할인 시에도 구매가 10% 증가했다. 이 결과는 인지욕구 수준이 낮은 소비자의 경우 가격 확인 없이 할인사인만 보고 구매를 결정하는 성향이 더 높다는 것을 보여주었다.

표 11.3 인지욕구 수준과 판촉유형에 따른 구매의 증가

	진짜할인 (할인사인 + 가격할인)	가짜할인 (할인사인만 제시)
높은 인지욕구 소비자	37%	0%
낮은 인지욕구 소비자	24%	10%

2. 조절초점

사람들은 목표를 설정하고 이를 달성하기 위해 노력하는 과정에서 목표의 긍정적 결과와 달성하는 과정의 어려움을 고려한다. **조절초점**(regulatory focus)이론은 목표와 관련하여 긍정적 결과의 추구와 부정적 결과의 회피 중에서 어느 것에 더 초점을 두는가에 따라 **향상초점**(promotion focus)과 **예방초점**(prevention focus)으로 구분한다.[17, 18] 향상초점 성향이 강한 소비자는 목표와 관련된 이상, 열망, 성장에 더 주안점을 두는 반면에, 예방초점 성향이 강한 소비자는 목표와 관련된 의무, 책임, 방어에 더 초점을 둔다.[19] 향상초점 소비자는 성취나 진보에 관련된 목표를 추구하며, 이득과 기회와 같은 긍정적인 결과에 민감한 성향을 가진다. 예방초점 소비자는 손실과 실수를 예방하여 현재상황을 지키려는 성향이 강하고, 부정적인 결과에 더 민감하게 반응한다.

심리학에서 제시된 조절초점이론은 많은 소비자행동 연구에 적용되었으며, 조절초점은 브랜드태도, 대안선택, 제품구매와 같은 다양한 소비자행동에 영향을 미치는 것으로 나타났다.[20] 광고효과에 대한 연구들은 광고 메시지와 조절초점의 일치성(congruency)이 있는 경우 설득효과가 더 크다는 것을 보여주었다. 예를 들어, 치약과 같은 구강건강제품 광고의 경우 미백효과와 같은 성취와 관련된 메시지는 향상초점 소비자의 태도변화에 더 효과적이었으며, 충치예방과 같은 손실예방 메시지는 예방초점 소비자에게 더 효과적이었다.[21]

조절초점과 광고메시지: 조절초점이론에 따르면 미백효과를 강조하는 광고는 향상초점, 그리고 충치예방을 강조하는 광고는 예방초점의 소비자에게 설득효과가 강하게 나타날 수 있다.

3. 위험에 대한 태도

위험에 대한 태도(risk attitude: **위험태도**)는 불확실한 선택 상황에서 이익이나 즐거움을 얻기 위해 위험을 감수하려는 정도를 의미한다. 위험을 감수 혹은 회피하려는 정도에 따라 위험추구(risk seeking)와 위험회피(risk averse) 성향으로 구분한다.[22]

위험태도는 대상마다 다르게 나타날 수 있다. Weber, Blais, and Betz는 위험추구 대상을 재무적(financial), 사회적(social), 건강 및 안전(health/safety), 여가(recreational), 윤리적(ethical) 위험의 5가지 영역으로 구분했으며, 각 영역에 대한 위험태도 측정도구를 개발하였다.[23] 예를 들어, 재무적 위험은 '연 소득의 5%를 투기성 주식에 투자'할 의도, 사회적 위험은 '반대되는 의견을 가진 친구와 논쟁'을 할 의도와 같은 질문을 이용해 측정한다. 연구결과들은 사람들의 위험추구(회피) 성향은 대상마다 다르게 나타날 수 있음을 보여주었다. 예를 들어, 투자나 도박을 선호하는 재무적 위험추구 성향이 강한 사람이 반드시 스카이다이빙과 같은 여가적 위험을 추구하지는 않는다. 이는 특정 영역에서 위험추구 성향이 강한 사람이 다른 영역에서는 위험회피 성향이 강할 수도 있음을 의미한다.

제8장에서 살펴본 태도-행동 관계는 위험에도 적용되며, 위험태도는 위험행동(risk behavior)에 영향을 미친다. 이 분야의 연구에 따르면 개인의 위험태도는 투자, 흡연, 선호하는 레저활동 등과 같이 위험을 수반하는 행동과 연관성이 있었다.[24] 또한 위험태도는 소비자가 선호하는 점포유형과도 연관성이 있다. 점포는 가격정책에 따라 EDLP(every-day low-price)점포와 HiLo(High-Low)점포로 구분된다. EDLP는 항상 낮은 가격으로 제품을 판매하는 가격정책이며, HiLo는 평소에는 높은 가격을 유지하다가 할인기간 동안 EDLP보다 더 낮은 할인가격에 제품을 판매하는 가격정책이다. 위험회피 성향이 강한 소비자는 EDLP점포를, 위험추구 성향이 강한 소비자는 HiLo점포를 상대적으로 더 선호하는 것으로 나타났으며, 이는 위험태도에 따라 중요하게 여기는 점포의 특성이 다르기 때문이다.[25] 위험회피 성향의 소비자는 크기는 작지만 확실한 가격할인을 받을 수 있는 EDLP점포를 선호하는 반면에, 위험추구 성향의 소비자는 확률은 작더라도 자신이 받을 수 있는 할인의 최대치가 더 높은 HiLo점포를 선호한다.

4. 독특성욕구

독특성욕구(need for uniqueness)는 소비행위를 통해 남과 다른 나만의 정체성을 확립하고 독특한 정체성을 남들에게 알리고자 하는 성향으로 정의된다.[26] 독특성욕구가 강한 소비자는 제품의 획득, 사용, 처분에 있어서 타인과의 차별성을 추구하여 남과 다른 자아 이미지(self-image)와 사회적 이미지(social image)를 개발하고 고양시키고자 하는 성향이 강하다. 독특성욕구는 3개의 하위 차원으로 구성되어 있다.[27] 첫째는 **독창적 선택**(creative choice)으로 타인과는 다르지만 동시에 타인들도 좋아할 만한 선택을 하려고 노력하는 성향이다. 둘째는 **비대중적 선택**(unpopular choice)으로 자신만의 개성을 확립하기 위해 집단내 구성원들의 반감을 감수하고 규범에서 어긋나는 제품이나 브랜드를 선택, 사용하고자 하는 성향이다. 셋째는 **유사성회피**(avoidance of similarity)로 자신이 소유한 제품이나 브랜드가 많은 사람들이 사용하는 범용품이 되었을 때 해당 제품을 버리거나 사용을 중단하는 성향이다.

독특성욕구가 강한 소비자는 일반적으로 새롭고 혁신적인 제품을 선호하고 제품을 창의적으로 변형하여 사용하는 경우가 많은 것으로 나타났다.[28] 독특성욕구가 구매와 소비에 미치는 영향은 **정체성표현**(identity signaling)을 잘할 수 있는 제품에서 강하게 나타난다. Berger and Heath는 다양한 제품을 대상으로 소비자가 인식하는 정체성표현의 정도를 조사했다.[29] 음악장르, 헤어스타일, 뮤지션, 재킷(jacket) 등이 소비자 정체성과 밀접한 연관성을 가진 제품으로 나타났으며, 비누, 세제, 치약, 공구 등은 정체성과 연관이 낮은 제품으로 나타났다. 제품 구매시에 대다수 타인이 소유한 제품의 선택을 꺼리는 경향은 주로 정체성표현과 관련된 제품에서 강하게 나타났다.

5. 자기감시성

개인의 행동은 자신의 가치나 선호 등의 내적성향(inner disposition)뿐만 아니라 사회적 상황(social situation)에도 영향을 받는다. **자기감시성**(self-monitoring)은 개인의 행동이 상황의 영향을 받는 정도를 말한다. 개인의 행동은 자기감시성이 높을수록 사회적 상황의 영향을 많이 받는 반면, 자기감시성이 낮을수록 내적성향에 의해 많은 영향을 받는다.[30]

자기감시성을 제9장에서 다룬 합리적 행동이론에 적용시킬 수 있다. 합리적 행동이론에 의하면 행동의도는 행동에 대한 태도(A_B)와 주관적 규범(SN)에 의해 영향을 받는다. 그러므로 소비자의 행동은 자기감시성이 낮을수록 자신의 태도에 따라 결정되며, 반대로 자기감시성이 높을수록 주관적 규범에 의해 결정될 것이다. 자기감시성의 정도에 따라 광고소구방법의 효과는 달라질 수 있다. 이 분야 연구에서는 자기감시성이 높은 소비자는 이미지광고에 보다 긍정적인 반응을 나타낸 반면, 자기감시성이 낮은 소비자는 제품품질에 초점을 맞춘 광고에 보다 호의적으로 반응하는 것으로 나타났다.[31]

ATSCI(attention to social comparison information)는 자기감시성 척도를 발전시킨 것으로 개인의 행동이 그와 관련된 사회적 단서(social cues)에 따라 이루어지는 정도를 말한다.[32] Bearden and Rose는 ATSCI가 높은 사람들은 자신의 행동에 대한 타인들의 반응을 보다 잘 인지하며, 그들의 반응에 민감하게 대처한다고 하였다.[33]

6. 신분과시 욕구

신분과시 욕구(need for status)는 사회적 지위나 부를 보여줄 수 있는 제품이나 서비스를 구매하는 성향으로 정의된다.[34] 따라서 신분과시 욕구가 강할수록 자신의 신분을 남에게 과시할 수 있는 값비싼 고급 제품(소위 명품)을 많이 구매하는 경향이 있다. 마케터는 과시욕구가 강한 소비자들에게 제품이 자신을 표출할 수 있게 한다는 상징적 편익을 소구하기도 한다.

명품(luxury goods)과 관련된 Han, Nunes, and Drèze의 연구는 제품 디자인과 부유층 소비자들의 명품 선호의 관련성을 조사했다. 이 연구에서는 부유층 소비자들을 두 유형으로 구분하였다. 이 중 졸부층(parvenu)은 명품 구매시 브랜드와 로고가 잘 드러나는 제품을 선호하는 것으로 나타났는데, 이는 자신들이 비부유층과는 다르다는(disassociate) 신분과시 욕구(need for status)가 강한 데서 비롯된 것이다. 이에 비해 진정한 부유층(patrician)은 브랜드와 로고가 잘 보이지 않는 제품을 선호하는 것으로 나타났는데, 이는 브랜드와 로고가 보이지 않아도 그 제품이 명품임을 동일 계층의 사람들은 인지하는 것으로 생각하고 또한 구태여 자신들이 비부유층과 다르다는 신분과시 욕구가 크지 않기 때문이다. 이 연구에서는 브랜드와 로고가 잘 드러나는 제품을 loud goods라고 하고 잘 드러나지 않는 제품을 quiet goods라고 표현하였다.[35]

7. 정치성향

정치성향(political ideology)은 개인의 정치와 도덕에 대한 태도를 의미하며, 일반적으로 보수-진보 차원으로 정의된다.[36] 개인의 정치성향은 투표와 같은 정치적 행위뿐만 아니라 제품구매와 같은 다양한 비정치적 행동에도 영향을 주며, 이는 정치성향이 개인의 동기, 인지유형(cognitive style), 가치와도 강한 연관성이 있기 때문이다.[37] 예를 들어, 보수주의자와 진보주의자는 중요하게 여기는 개인적 가치(personal value)에 차이가 있다. 보수주의자는 안전, 사회질서, 사회적 지위, 복종 등과 같은 가치를 더 추구하는 반면에, 진보주의자는 공정, 평등, 조화, 보편성을 추구하는 경향이 있다.[38]

개인의 정치성향에 따라 소비자행동 특성도 다르게 나타난다. Khan, Misra, and Singh은 소비자의 정치성향에 따라 선호하는 제품이나 브랜드가 다르다는 연구결과를 보여주었다. 유명 브랜드에 대한 선호는 소비자가 보수성향일수록 강한 반면에, 새롭게 출시된 제품에 대한 구매비율은 진보성향일수록 높았다.[39] 기부메시지 유형에 따른 반응도 정치성향에 따라 다르게 나타났다. 기부자의 정치성향이 보수적일수록 다수의 기부수혜자를 강조하는 기부독려 메시지보다 한 명의 수혜자를 구체적으로 묘사하는 기부독려 메시지의 효과가 더 강한 것으로 나타났다.

소비자행동 Highlight

혈액형과 MBTI는 소비자행동과 연관이 있을까?

혈액형, 별자리, 12간지(예, 호랑이띠)와 같이 간단한 방법을 통해 사람의 성격을 파악할 수 있다는 믿음은 오래전부터 있었으며, 이는 자신이나 타인을 더 잘 알고 싶다는 심리와 연관이 있다고 할 수 있다. 우리나라에서는 오랫동안 혈액형에 따른 성격론이 일반대중에게 널리 퍼져 있었으며, 소비자의 4가지 혈액형 유형에 따라 다른 제품이나 서비스를 추천하는 혈액형 마케팅이 사용되기도 했다. 혈액형 마케팅이 의미있기 위해서는 소비자의 혈액형에 따라 제품구매 및 소비특성이 달라야 한다. 그러나 혈액형과 소비자행동에 대한 연구에 따르면 혈액형은 소비자행동 특성과 어떤 유의한 연관성이 없는 것으로 나타났다.[40] 이는 혈액형 성격론 자체가 과학적 근

MBTI유형에 따른 제품개발의 한 예: MBTI를 활용한 마케팅은 소비자의 호기심과 관심을 유발하는 효과가 클 수 있다. 그러나 MBTI보다 더 중요한 시장세분화나 차별화 기준이 있는 경우 MBTI 마케팅의 효과는 제한적일 수 있다.

거없는 주장이라는 점에서 당연한 결과라고 할 수 있다.

MBTI(Myers-Briggs Type Indicator)에 근거한 성격유형이 널리 확산되고 있다. MBTI는 개인의 성격을 외향형-내향형(Extraversion-Introversion), 감각형-직관형(Sensing-iNtuition), 사고형-감정형(Thinking-Feeling), 판단형-인식형(Judging-Perceiving)의 4가지 차원에 근거한 16개 유형으로 정의한다.[41] MBTI가 일반대중에게 널리 알려지면서, 기업들은 소비자의 MBTI를 시장세분화와 제품차별화에 활용하고 있다. 예를 들어, 국민은행은 고객의 MBTI에 근거해 맞춤형 자산관리 서비스를 제공한다고 밝혔다. MBTI가 마케팅에 효과적으로 활용되기 위한 가정은 MBTI에 따라 소비자행동 특성이 달라야 한다. 그렇다면 MBTI는 소비자행동과 유의한 연관성이 있을까? 우리나라 대학생들을 대상으로 과학적 방법론을 사용한 연구에 따르면 MBTI는 소비자행동과 유의한 연관성이 있는 것으로 나타났다. 소비를 통해 자신을 드러내고자 하는 **독특성욕구**는 ENFP, ENFJ, ESFP와 같이 외향성(E)과 감정성(F)이 높은 유형에서 강한 것으로 나타난 반면에 ISTJ, ISFP, ISFJ와 같이 내향성(I)과 감각성(S)이 높은 유형에서는 약한 것으로 나타났다. 또한 MBTI는 충동구매 성향과도 연관이 있는 것으로 나타났다. ESTP, ENFP, INFP와 같은 P-유형은 충동구매 성향이 강했으며, 반대로 ISFJ, ISTJ, ENTJ와 같은 J-유형은 충동구매 성향이 낮은 것으로 나타났다.[42] 이 결과는 MBTI가 심리이론에 근거하고 있기 때문으로 해석할 수 있으며, 혈액형과는 달리 MBTI는 시장세분화와 제품차별화에 활용될 가능성이 있음을 시사한다.

11.3 가 치

1. 가치의 정의와 유형

가치(value)란 인생에서 궁극적으로 달성하고자 추구하는 것 혹은 근본적으로 중요시하는 것을 말한다. Milton Rokeach는 개인의 가치를 궁극적으로 추구하는 방향을 결정하는 중심적이고 지속적인 신념으로 정의하였다.[43] 따라서 개인은 추구하는 가치를 달성할 수 있는 방향으로 행동이나 의사결정을 한다. 반대로 가치 달성을 방해할 것으로 지각되는 행동의 경우 이를 회피하려 한다.

Rokeach는 개인의 가치를 **최종가치**(terminal value)와 **수단적 가치**(instrumental value)로 구분하였다. 최종가치는 개인이 인생에서 도달하고자 하는 궁극적인 상

표 11.4 Rokeach의 최종가치와 수단적 가치

최종가치	수단적 가치
편안한 생활(풍요로운 생활)	야심있는(열심히 일하는, 포부가 있는)
신나는 생활(자극적이고 능동적인 생활)	마음이 넓은(열린 마음의)
세계평화(전쟁과 분쟁으로부터의 해방)	유능한(능력있는, 효과적인)
평등(형제애, 모든 사람의 동등한 기회)	쾌활한(마음이 가벼운, 즐거운)
자유(독립, 자유로운 선택)	깨끗한(단정한, 말끔한)
행복(만족)	용기있는(신념에 따르는)
국가안보(외적으로부터의 보호)	용서하는(타인들의 잘못을 용서하는)
즐거움(즐길 수 있는 인생)	남을 돕는(타인을 위해 일하는)
구제(구원받는 영생)	정직한(신실한, 진실한)
사회적 인정(존경, 칭송)	상상력이 풍부한(과감한, 창조적인)
진실한 우정(친밀한 교제)	독립적인(자기의존적, 자기충족적)
지혜(인생에 대한 성숙된 이해)	지적인(이해력있는, 사려깊은)
아름다운 세계(자연미와 예술)	논리적인(일관성있는, 이성적인)
가족안전(사랑하는 사람을 돌봄)	사랑하는(애정이 깊은, 상냥한)
성숙한 사랑(성적 · 정신적 친교)	복종적인(의무감있는, 존경하는)
자존(자부심)	공손한(예의바른, 매너가 좋은)
성취감(지속적 공헌)	책임있는(의존할 만한, 신뢰할 수 있는)
내적조화(내적갈등에서의 해방)	자기통제적인(자제적인, 자율적인)

자료원: Rokeach, Milton (1973), *The Nature of Human Values*, New York, NY: Free Press, p. 28.

태(end-state)를 의미하며, 수단적 가치는 최종가치를 달성하는 데 필요한 개인 특성이나 행동양식을 의미한다. Rokeach가 제안한 최종가치와 수단적 가치는 〈표 11.4〉에 제시되었다. 개인의 가치는 자신이 속한 문화에 영향을 받는다. 예를 들어 '공손함'은 동양문화에서, '독립성'은 서양문화에서 상대적으로 더 중요한 가치이다. 개인의 가치 중 사회구성원들이 공동적으로 보유하고 있는 가치를 문화적 가치(cultural value)라 하며, 이는 사회구성원들에 의해 광범위하게 수용되고 있는 핵심적 가치이다. 문화적 가치에 대한 구체적인 내용은 제12장에서 다룬다.

2. 제품과 소비자 가치: 수단–목표 연쇄 모형

소비자는 자신의 가치를 달성하는 수단으로 제품을 소유하거나 사용한다. **수단–목표 연쇄 모형**(means-end chain model)은 제품의 속성이나 편익을 통해 소비자가 가치를 추구하는 과정을 제시한다.[44] 이하에서는 Rokeach가 제시한 수단적 가치와 최종가치가 제품의 구매·소비에 의해 구체적으로 실현되는 과정을 다루기로 한다.

제품은 그 제품의 물리적 속성의 측면에서 보면 여러 **속성의 총합**(a bundle of attributes)이라고 할 수 있다. 예를 들어, 승용차는 배기량, 디자인, 가격, 안전장치 등 여러 가지 속성들의 집합으로 생각할 수 있다. 그러나 소비자가 어떤 제품을 구입하는 이유는 제품의 물리적 속성들 그 자체보다 그러한 속성들에 의해서 실현되는 제품편익 때문이다. 그러므로 제품을 소비자 중심의 사고에서 보면 **편익의 총합**(a bundle of benefits)이라고 할 수 있다. 예를 들어, 소비자가 고급 승용차를 구매하는 것은 단지 주행이 가능한 기계장치를 구매한다기보다는 이동수단, 주행성능, 부와 지위와 같은 상징적 편익을 구매한다고 보는 것이다. 소비자가 제품으로부터 궁극적으로 추구하는 것은 편익보다 더욱 추상적(abstract)인 제품이 만족시켜줄 수 있는 수단적 가치(예, 자유로움, 지위, 능력)와 최종가치(예, 자부심, 성취감)이다.

소비자는 제품속성과 이 속성들이 가져다 줄 편익과 가치를 연결시켜 계층적 구조로 조직화한다. 즉, 소비자는 제품속성으로부터 이 속성들이 지니는 편익을 추론하거나 연상하고, 이 편익과 가치를 연관짓는 인지작용을 통해 제품에 의미를 부여하고 가치를 달성한다. 수단–목표 연쇄 모형(means-end chain model)은 제품속성, 편익, 가치를 연결시키는 소비자의 인지작용을 보여준다. 이 모형에 따르면 소비자는 제품속성이라는 수단으로부터 편익이라는 목표를 달성하고 이 편익은 다시 가치라는 목표를 달성하는 수단이 된다. [그림 11.3]은 고급 승용차 제품의 수단–목표 연쇄를 보여주며, 속성 → 편익 → 수단적 가치 →최종가치의 순으로 보다 추상

그림 11.3 수단-목표 연쇄

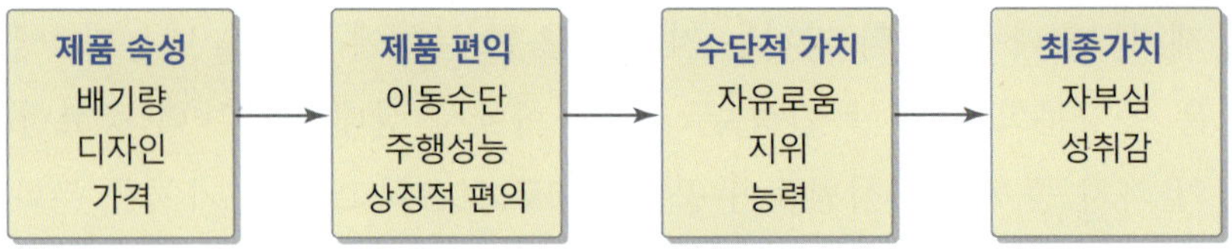

적임을 보여준다.

수단-목표 연쇄 모형에 따르면 소비자가 제품을 구매하는 이유 중 하나는 제품이 제공하는 편익이 소비자가 추구하는 가치를 충족시켜주기 때문이다. 따라서 제품의 속성 혹은 편익만 제시하는 광고보다 추가적으로 제품이 소비자가 추구하는 가치를 만족시켜 줄 수 있다는 메시지를 포함한 광고가 더 효과적인 커뮤니케이션임을 수단-목표 연쇄 모형은 시사한다. 예를 들어, 현대자동차는 '성공에 관하여' 시리즈 광고를 통해 그랜저가 성공한 사람들이 타는 차라는 이미지를 소비자에게 전달하였다.

제품과 가치의 관련성 강조: 왼쪽 광고는 제품이 '성공'이라는 가치를 충족시켜 줄 수 있음을 알려준다. 오른쪽 광고는 라식수술이 시력회복이라는 편익 외에도 '아름다움'이라는 가치를 충족시켜 줄 수 있다는 메시지를 전달한다. 제품이 만족시켜 줄 수 있는 최종가치를 강조함으로써 제품에 대한 긍정적인 태도를 기대할 수 있다.

3. 가치의 측정

(1) Rokeach의 RVS

소비자행동 연구에서 많이 사용되고 있는 가치측정도구의 하나는 Rokeach가 개발한 Rokeach Value Survey(RVS)이다. RVS는 〈표 11.4〉에서 볼 수 있듯이 18개의 최종가치(terminal value)와 18개의 수단적 가치(instrumental value) 항목으로 구성되어 있다.[45] 즉, RVS의 절반은 목표(end)들을 다루고, 나머지 절반은 수단(means)을 다룬다. 응답자들은 중요성에 따라 각 가치들의 순위를 결정하거나 각 가치에 동의하거나 부정하는 정도를 등간척도(interval scales)상에 응답한다.

소비자연구에 RVS를 적용한 한 조사는 RVS의 가치항목들과 자동차의 속성(스타일, 서비스, 매연배출량, 유지비, 품질보증의 질 등)에 대한 소비자의 평가와의 관계를 분석하였다.[46] 그 결과, 특정 가치항목은 자동차의 특정속성에 관련되는 것으로 나타났다. 예를 들면, 자동차의 스타일이라는 속성은 '편안한 생활'이나 '신나는 생활' 또는 '즐거움' 등의 최종가치에 관련되며, 매연배출량이라는 속성은 '세계평화'라는 최종가치와 '남을 돕는'이나 '사랑하는' 등의 수단적 가치에 관련되는 것으로 나타났다. 소비자의 가구 구매에 RVS를 적용한 연구는 개인적 가치가 점포선택 행동에 영향을 미치는 것을 보여주었다. 예를 들어, '복종적(obedient)'이라는 수단적 가치에 높은 점수를 부여하고 '마음이 넓은(broad-minded)'이라는 수단적 가치에 낮은 점수를 준 소비자들은 가격에 민감하였으며 이들은 대체로 고급가구점보다는 할인가구점에서 가구를 구매하였다.[47]

(2) VALS (Values and Lifestyles)

조사전문기관인 스탠포드 연구소(Stanford Research Institute: SRI)는 미국 소비자들의 문화적 가치가 어떻게 변화하고 있는지를 정기적으로 추적하기 위해 **VALS**(Values and Lifestyles) 프로그램을 개발하였다. VALS 프로그램은 소비자의 가치관과 라이프스타일에 따라 시장을 세분화한다.

VALS는 각 소비자의 자원보유 정도와 주요동기(자신이 추구하고자 하는 가치)의 두 차원을 기준으로 소비자집단을 분류한다. **주요동기**(primary motivation)는 소비자가 추구하는 가치를 의미하며, 태도와 행동양식에 영향을 미친다. VALS는 이상지향, 성취지향, 자기표현지향의 세 가지 주요동기로 소비자를 구분한다. **이상(ideal)지향적** 소비자는 자신의 지식과 원칙에 따라 판단하고 행동한다. **성**

취(achievement)지향적 소비자는 사회적 성공을 추구하며, 주변 사람들에게 자기 자신의 성취를 표현할 수 있는 제품을 선호하는 경향이 있다. **자기표현(self-expression)지향적** 소비자는 사회적 교류, 여가활동, 다양한 경험을 추구한다. 또 다른 차원인 **자원보유**(resources) 정도는 소비자의 소득, 교육수준, 나이와 같은 인구통계 변수와 에너지, 자신감, 혁신성과 같은 심리적 변수로 결정된다. 보유한 자원이 많을수록 자신이 추구하는 가치를 잘 표현할 수 있다.

VALS는 주요동기와 자원보유 정도에 따라 소비자를 [그림 11.4]와 같이 8개 집단으로 분류한다: 혁신가(innovators), 사색가(thinkers) 신뢰자(believers), 성취자(achievers), 노력가(strivers), 경험자(experiencers), 자급자(makers), 생존자(survivors). [그림 11.4]에서 종축은 소비자의 자원보유정도(소득, 교육수준, 자신감 등)를 나타낸다. 혁신가는 가장 많은 자원을 소유하고 있으나 생존자는 자원이 가장 적다. 횡축은 세 가지 유형의 주요동기(이상, 성취, 자기표현 지향)를 나타낸다.[48] [그림 11.4]를 보면 동일한 주요동기를 가진 소비자집단은 자원의 많고 적음에 따라 다시 두 집단으로 분류됨을 알 수 있다. 즉 이상지향적 소비자집단은 사색가와 신뢰자로, 성취지향적 소비자집단은 성취자와 노력가로, 그리고 자기표현지향

그림 11.4 VALS에 의거한 8개의 세분시장

표 11.5 VALS의 8개 세분시장에 대한 정의

혁신가 (innovators)	자원이 가장 많은 소비자집단으로 소득과 교육수준이 높다. 자신감과 자아존중 성향이 강하다. 여러 분야에 대해 관심을 가지며 변화에 능동적이다. 새로운 아이디어나 기술을 가장 잘 수용한다. 다양한 경로를 통해 많은 양의 정보를 얻지만 광고를 신뢰하지는 않는다.
사색가 (thinkers)	이상지향적 소비자집단 중 자원을 더 많이 가진 소비자들이다. 성숙되고, 책임감이 강하며, 교육수준이 높은 전문직 종사자이다. 유행에 덜 민감하다. 합리적 의사결정을 하는 소비자이며, 검증된 제품 구입을 선호한다.
신뢰자 (believers)	이상지향적 소비자집단 중 상대적으로 자원을 적게 소유한 소비자들이다. 보수적이며 전통을 중요시한다. 가족, 교회, 지역사회, 국가를 중시한다. 불확실성을 싫어하며, 사회 변화를 원하지 않는다. TV시청을 많이 하며 광고에 영향을 많이 받는다. 친숙하고 잘 알려진 브랜드를 선호한다.
성취자 (achievers)	성취지향적 소비자집단 중 자원을 더 많이 소유한(성공한) 소비자들을 말한다. 일을 중요하게 생각하며 목적지향적이다. 가족과 직업을 무엇보다 우선시한다. 정치적으로 보수적 성향을 가지는 경우가 많으며 권위를 중시한다. 자신의 성공을 보여줄 수 있는 유명 브랜드를 선호하는 성향이 있다.
노력가 (strivers)	성취지향적 소비자집단 중 상대적으로 자원을 적게 소유한 소비자들이다. 더 높은 성취를 원하지만 이를 달성하는 데 어려움을 겪는다. 모방소비를 많이 하며, 소비를 통한 즐거움을 추구한다.
경험자 (experiencers)	자기표현지향적 소비자집단 내에서 자원을 많이 가진 소비자들이다. 가장 젊은 세분시장이기 때문에 많은 에너지를 운동이나 사회활동에 쏟는다. 사교성이 좋으며 친구를 중요하게 여긴다. 소비성향이 높으며 신제품을 구매하는 성향이 있다. 최신 트렌드를 주도하는 소비자이기도 하다.
자급자 (makers)	자기표현지향적 소비자집단 내에서 상대적으로 자원을 적게 가진 소비자들로서, 자립심이 강하다. 자신과 밀접한 가족, 일, 여가선용을 중요하게 생각하며, 더 넓은 세계에 대한 관심은 적다. 실용적인 제품을 선호한다.
생존자 (survivors)	가장 소득이 적으며 나이가 많은 소비자집단이다. 자원을 매우 적게 소유하고 있어 세계관을 가질 여유가 없다. 검소한 생활을 하며 유행을 따르지 않는다. 혼자 지내는 시간이 가장 많으며 TV시청을 많이 한다. 위험회피 성향이 강하며, 브랜드충성도가 높다.

적 소비자집단은 경험자와 자급자로 다시 분류된다. 자원이 가장 많은 혁신가와 가장 적은 생존자는 세 유형에 속하지 않는 별도의 집단으로 분류된다.

〈표 11.5〉는 VALS의 8개 세분시장의 소비자특성을 보여준다. 이러한 소비자집단의 분류는 Maslow가 제시한 동기이론인 **계층적 욕구**(hierarchy of needs)에 이론적 근거를 두고 있다.[49] 즉, 소비자들은 의식주에 대한 기본적 욕구가 충족되면(생존자집단을 벗어나게 되면), 자신이 중요하다고 여기는 가치(이상, 성취, 자기표현)를 추구한다. VALS의 혁신가는 Maslow의 욕구단계에서 가장 높은 수준의 욕구

(즉, 자아실현)를 달성한 소비자집단이다.

마케터는 소비자 가치를 확인하여 이를 마케팅전략에 반영할 수 있다. 미국의 많은 기업들이 VALS를 시장세분화, 촉진전략, 그리고 매체전략 수립에 활용하고 있다. 예를 들어, Timex는 Healthcheck라는 브랜드명의 가정용 건강진단기구세트(체중계, 혈압측정기 등)의 표적세분시장 선정과 마케팅믹스전략 수립에 VALS 자료를 활용하였다. Timex사는 건강유지 및 가정용 건강진단제품에 대한 태도가 인구통계적 특성보다는 소비자의 가치와 더 밀접한 관련이 있을 것으로 판단하고, VALS 내 8개 세분시장들을 건강관련제품의 사용 정도에 따라 순위를 매겼다.

그 결과 Healthcheck의 표적세분시장으로 성취자(achievers)와 사색가(thinkers) 집단이 확인되었다. 성취자집단은 성취지향적이고 사색가집단은 이상지향적이라는 차이가 있지만, 두 세분시장은 다른 세분시장들보다 건강에 대한 관심과 교육수준이 높았다. VALS자료를 이용하여 두 개의 표적세분시장을 발견한 Timex사는 이들의 특성을 반영한 마케팅전략을 수립하였다. 촉진전략의 일환으로 최고의 기술을 가진 제품임을 광고주제로 선정하였으며, 자연스러운 의상을 입은 모델들이 자전거를 타거나 테니스를 치는 등의 야외활동을 하는 것을 광고장면으로 보여 주었다. 매체전략의 경우 성취자와 사색가 소비자집단은 TV를 별로 보지 않는 점을 고려해 인쇄매체를 주로 활용하였으며, TV를 보는 경우 주로 뉴스프로그램을 시청하므로 초저녁과 늦은 밤의 뉴스시간에 도입기 TV광고를 실시하였다. 이와 같이 표적세분시장의 특성을 반영한 마케팅전략을 수행한 결과, 도입 후 4개월 내에 Healthcheck는 가정용 건강진단제품시장에서 선도브랜드가 되었다.

11.4 라이프스타일

1. 라이프스타일의 의미

사람들마다 살아가는 방식은 다양하다. 여유시간과 돈이 있으면 자기의 취미생활에 관심을 갖는 사람이 있는가 하면 지역사회에 관심을 갖는 사람이 있다. 주말에 시간만 있으면 낚시를 가는 사람이 있으며, 새로운 패션이 유행하면 남보다 더 관심을 갖는 사람이 있다. 어떤 사람은 맛집탐방에서 삶의 즐거움을 찾는다. **라이프스타일(lifestyle)은 개인의 독특한 삶의 양식(a unique pattern of living)을 의미한다.

2. 라이프스타일의 결정요인과 소비자행동에 미치는 영향

라이프스타일은 소비자가 살아가면서 사회적 상호작용을 통해 형성된 개인 고유의 내재적 특성의 함수이다. 그러므로 라이프스타일은 개인의 인구통계적 특성, 사회계층, 동기, 개성, 감정, 가치, 가족수명주기, 문화, 과거경험 등에 의해 결정된다.

소비자의 라이프스타일은 욕구에 영향을 미치며, 따라서 제품 구매, 소비, 사용 행동에 영향을 미친다. 이러한 소비자의 제품 소비와 사용은 다시 라이프스타일을 강화시킨다. 그러므로 오늘날의 많은 제품들은 '라이프스타일 제품'이라고 할 수 있다. 예를 들어, 아웃도어 활동을 좋아하는 소비자는 일반 승용차보다 SUV를 구매하는 경향이 있으며, 이는 다시 그러한 라이프스타일의 추구를 강화시킨다. 그러나 소비자들은 자신의 라이프스타일이 자신의 구매결정에 영향을 미친다는 사실을 잘 모르는 경우가 많다. 예를 들어, Starbucks 커피점에서 커피 마시기를 좋아하는 소비자는 자신의 라이프스타일을 유지하기 위하여 그 커피점에서 커피를 마신다고 생각하지는 않는다.

▎특정 라이프스타일 세분시장에 초점을 맞추는 광고

3. 라이프스타일의 측정

(1) 사이코그래픽스와 AIO

사이코그래픽스(psychographics)는 라이프스타일의 조작적(operational) 측정도구로서 소비자행동 연구자들에 의해 널리 사용되는 기법이다.[50] 사이코그래픽스는 정신을 나타내는 psycho와 형상화를 나타내는 graphics의 합성어로서 소비자의 심리적 특성을 구체적으로 형상화하는 것이라고 할 수 있다. 사이코그래픽스는 라이프스타일을 측정가능한 항목들로써 정의하는 방식을 말하며, 보통 행위(activities), 관심(interests) 및 의견(opinions)을 의미하는 AIO를 지칭한다. AIO의 각 요소는 다음과 같다.[51]

표 11.6 AIO 연구에 사용되는 행위, 관심, 의견

행 위	관 심	의 견	인구통계 특성
일	가족	자기 자신	나이
취미	가정	사회적 문제	교육
사회적 행사	직업	정치	소득
휴가	지역사회	사업	직업
접대	오락	경제	가족규모
클럽 회원	패션	교육	주택
지역사회	음식	제품	지리
쇼핑	매체	미래	도시규모
스포츠	성취	문화	라이프사이클 단계

자료원: Plummer, Joseph T. (1974), "The Concept and Application of Life Style Segmentation: The Combination of Two Useful Concepts Provides a Unique and Important Point of View," *Journal of Marketing*, 38 (1), p. 34.

행위(activity)는 매체를 보는 것, 점포에서 쇼핑하는 것, 새로운 서비스에 대해 이웃에게 말하는 것처럼 명백한 행위들을 말한다. 이 행동들은 보통 관찰할 수는 있으나 그 이유는 직접 측정할 수 없다. **관심**(interest)은 어떤 대상이나 사건 혹은 주제에 대하여 개인이 특별한 관심을 부여하는 정도를 말한다. **의견**(opinion)은 정치, 교육, 경제 등과 같은 다양한 대상이나 주제에 대해 개인이 가지고 있는 생각을 의미한다. 그러므로 AIO를 중심으로 라이프스타일을 개념화하면, 라이프스타일은 개인이 시간을 어떻게 소비하는가(행위), 주위환경에서 특별히 중요하게 고려하는 것은 무엇인가(관심), 그리고 자신과 주위세계에 대한 생각은 무엇인가(의견)의 총체로서 나타난다고 할 수 있다. AIO 각 요소의 예들은 〈표 11.6〉에 나타나 있다.

(2) AIO의 확장

비록 AIO에 인구통계적 특성을 추가하는 것이 AIO만을 이용하는 것보다 유용하다고 할 수 있지만, 포함되는 변수들이 너무 제한적이어서 AIO를 다음과 같이 확장하여 사용하기도 한다.[52]

- 태도(attitudes): 다른 사람, 장소, 아이디어, 제품 등에 대한 평가적 진술.
- 가치(values): 무엇이 수용가능하며/하거나 바람직한가에 대한 개인의 신념.
- 행위와 관심(activities and interests): 소비자들이 시간과 노력을 투입하는 비직업적 행동으로, 예를 들어 취미, 스포츠, 교회, 사회봉사 등을 말한다.

- 인구통계 특성(demographics): 나이, 교육, 소득, 직업, 가족 구조, 성별, 거주지.
- 매체 패턴(media patterns): 소비자가 이용하는 주된 매체.
- 사용량(usage rates): 특정 제품군의 사용량으로 대량, 보통, 소량, 비 사용자로 구분될 수 있다.

(3) 특정제품 관련 라이프스타일

라이프스타일을 특정제품과 관련하지 않고 일반적인 항목들로 측정할 수도 있지만, 특정제품과 관련하여 측정할 수도 있다. 예를 들어, 패션의류와 관련하여 다음과 같은 문항들로 측정할 수 있다.

- 나는 최신 유행하는 옷에 관한 얘기를 나누는 것을 좋아한다.
- 나는 감각적인 옷을 좋아한다.
- 나는 만나는 사람과 장소에 따라 입는 옷에 신경을 쓴다.
- 나는 나 자신이 패션에 필요보다 많은 시간을 소비한다고 생각한다.

경우에 따라 일반적 항목들과 제품 특유 항목들 중 어느 한 가지나 두 가지 모두를 사용할 수 있지만, 특정제품 사용과 관련된 라이프스타일은 구체적 항목들에 의하여 보다 면밀하게 측정할 수 있다. 〈표 11.7〉은 국내의 한 자동차 회사가 승용

표 11.7 자동차 관련 라이프스타일 측정 항목의 예

1. 내가 차를 선택하는 가장 중요한 기준은 경제성이다.
2. 사고자 하는 차에 여러 모델이 있으면 고급형 모델을 구입하는 편이다.
3. 차는 기본적인 것만 잘 되어 있으면 되며 고급기능이나 사양은 낭비다.
4. 나는 가족단위로 이동하기에 적합한 차를 좋아한다.
5. 나는 쇼핑, 시내외출 등 일상생활의 단거리 이동에 차를 주로 운행한다.
6. 나는 다른 사람보다 차의 스타일에 신경을 많이 쓰는 편이다.
7. 구입가격이 다소 비싸더라도 유지비가 싼 차를 구입하고 싶다.
8. 엔진 힘이 다소 떨어지더라도 연비가 우수한 차를 구입한다.
9. 차는 운송도구이므로 운행에 꼭 필요한 사양이나 장비만 갖추면 충분하다.
10. 나는 튼튼해 보이는 차를 선호한다.
11. 나는 돈을 더 들여서라도 차의 외관을 내 마음에 들도록 꾸민다.
12. 나는 남들과 어딘가 다른 차를 사고 싶다.
13. 나는 남들보다 새로운 모델의 차를 빨리 구입하는 편이다.
14. 차는 출퇴근, 자녀통학용뿐만 아니라 짐 운반, 레저 등의 용도로도 다양하게 사용할 수 있어야 한다.

차 소유자들의 자동차 관련 라이프스타일을 측정하기 위해 사용한 항목들의 일부분을 예시한다.

소비자행동 Highlight

남성 소비자 대 여성 소비자

제2장의 [그림 2.1]에는 소비자행동에 영향을 미치는 개인적 요인으로 인구통계 변수를 제시하고 있다. 그러나 본서는 지면의 한계로 인구통계 변수를 포함하지 않고 있다. 그런데 성별에 따른 소비자행동 연구결과에 의하면, 남성 소비자와 여성 소비자는 여러 측면에서 그 행동이 다른 것으로 보고되고 있다. 이 분야 연구자들은 이러한 차이를 성별에 따라 남성 호르몬과 여성 호르몬의 정도가 다른 데 주로 기인한다고 본다. 이하에서는 성별에 따라 소비자의 행동이 어떻게 다른지를 기술한다.[53]

- 여자들은 남성 이미지를 갖는 제품을 수용하지만 남자들은 여성 이미지를 갖는 제품을 거부한다. 이는 여자에 비해 남자가 성적 정체성(sexual identity)에 보다 방어적이기 때문이다.
- 고가 제품을 구매할 때 남자들은 전체 비중의 70%를 제품에, 나머지 30%를 판매원에게 두는 반면, 여자들은 그 반대이다. 여자들은 남자들보다 관계지향적으로, 판매원과의 감정 소통을 중요시한다.
- 남자와 여자는 정보수집 채널에서 차이가 있다. 남자들은 흔히 테스트 보고서, 잡지, 체계적인 정보 검색을 통해서 정보를 수집하는 반면 여자들은 흔히 다른 여자들의 개인적인 체험을 묻는다.
- 자동차를 구매할 때 제품평가 과정은 매우 다르다. 남자들은 엔진 부위에 주목하는 반면, 여자들은 실내 디자인에 큰 비중을 둔다. 남자들은 온갖 기술장치와 버튼을 눌러대며 이것저것 시험해보는 것과 달리, 여자들은 최대한 간단하고 통제 가능한 서비스를 요구한다.
- 남자들은 세부적인 것에 별로 흥미를 느끼지 못한다. 그리하여 진열대를 세심하게 살펴보아야만 찾을 수 있는 작은 제품을 쉽게 놓친다. 여자들의 시각은 전혀 다르다. 그들은 진열대를 바라볼 때 남자들보다 훨씬 자세하게 관찰하고 자주 눈길을 멈춘다.
- 제품 속성에 대한 평가시 남자들은 선택적 정보처리 성향이 강한 데 비해 여자들은 포괄적 정보처리 성향이 강하다. 그러므로 만족/불만족 평가에 영향을 미치는 속성의 수는 남자들의 경우 여자들의 경우에 비해 적다.

4. 라이프스타일의 마케팅 적용

(1) 시장세분화

소비자의 라이프스타일을 분석하여 전체시장을 유사한 라이프스타일을 갖는 소비자집단들로 세분화할 수 있다. 이때 응답자들의 라이프스타일과 아울러 제품사용과 같은 소비자행동, 매체이용, 인구통계 등도 측정한다. 수집된 자료는 유사성에 근거해 집단을 구분하는 통계기법인 **군집분석**(cluster analysis)을 이용해 분석한다. 구체적으로, 라이프스타일 측정문항에 대한 응답의 유사성에 근거해 소비자를 여러 개의 라이프스타일 군집(세분시장)으로 분류한다.

국내 대학생을 대상으로 라이프스타일을 분류하고 유형별 특성을 조사한 연구에 따르면 우리나라 대학생은 세 유형의 라이프스타일 군집으로 분류될 수 있음을 보여주었다.[54] 연구자들은 서울과 부산 소재의 대학에 재학중인 428명의 대학생을 대상으로 행위(A)와 관련하여 패션성향, 식생활, 문화활동, 인적관계, 관심(I)과 의

표 11.8 한국 대학생의 라이프스타일 유형과 특성

집단명	집단크기	인구통계 특성	라이프스타일 특성
성실한 진보주의자	45.3%	평균나이: 21.57 여성비율: 68.0%	규모가 가장 큰 집단으로, 여성의 비율이 높다는 인구통계적 특성이 있다. 성공지향성과 진보적 정치성향이 강한 반면에, 개인적 자유추구 성향과 현실에 대한 냉소적 태도가 낮다. 소비행동 특성으로 독특성욕구, 위험추구, 충동구매 성향이 낮다.
외향적 문화향유자	31.5%	평균나이: 21.80 여성비율: 62.2%	패션지향성이 높으며 적극적인 문화활동과 인간관계를 지향한다. 소비행동 특성으로, 높은 독특성욕구를 보이며 인지욕구, 위험추구, 충동구매에서도 타 집단보다 높은 경향을 보인다. 적극적인 SNS 사용집단이다.
현실적 개인주의자	23.1%	평균나이: 22.33 여성비율: 50.5%	가장 작은 규모로 세 군집 중에서 상대적으로 남성 비중이 높고 평균 나이가 가장 높다. 문화활동과 인적관계에 소극적이며 보수적 성향이 강하고 개인의 자유를 중요시하며 현실지향적 특성을 보인다. 구매행동 특성으로 인지욕구가 낮으며 불평행동이 다소 높은 특성을 보인다.

표 11.9 각 집단의 구매행동 특성 평균값 (1점 = 가장 낮음, 5점 = 가장 높음)

	군집 1 성실한 진보주의자	군집 2 외향적 문화향유자	군집 3 현실적 개인주의자
독특성욕구	2.50	3.24	2.81
인지욕구	3.14	3.39	2.97
위험추구	2.53	3.14	2.76
충동구매	2.26	2.94	2.64
불평행동	2.95	3.14	3.19

견(O)과 관련하여 성공지향, 자유추구, 진보-보수성향, 현실성에 관한 24개 문항으로 설문조사를 하였다. 이 설문조사에는 그 외에도 구매행동 특성, 소셜네트워크서비스(social network service: SNS) 이용 동기와 현황, 그리고 인구통계 특성 등에 관한 질문들이 포함되었다. 응답자료를 군집분석에 의해 분석한 결과 전체 응답자들은 세 개의 집단으로 분류되었다. 각 집단의 이름, 라이프스타일 특성, 그리고 인구통계 특성은 〈표 11.8〉에 제시된 바와 같다.

세 라이프스타일 집단은 〈표 11.9〉에 나타나 있는 바와 같이 독특성욕구, 인지욕구, 위험추구, 충동구매, 불평행동 성향과 같은 구매행동 특성이 다른 것으로 나타났다. 성실한 진보주의자 군집은 독특성욕구, 위험추구, 충동구매, 불평행동 성향이 가장 낮은 특성이 있었다. 외향적 문화향유자 군집은 독특성욕구, 인지욕구, 위험추구, 충동구매 성향이 가장 높은 것으로 나타났다. 현실적 개인주의자 집단은 인지욕구는 가장 낮은 반면에 불평행동 성향은 가장 높았다.

(2) 특정집단 소비자들의 특성파악

라이프스타일 분석에 의하여 기업이 관심을 갖는 특정 세분시장 소비자들의 특성(profile)을 파악할 수 있다. 전통적으로 자동차 보험회사들은 사고를 많이 내는 운전자들의 특성을 주로 나이나 성별과 같은 인구통계 변수에 의하여 파악하여 왔다. 그런데 라이프스타일 분석에 의한 한 연구에 따르면 사고를 많이 내는 운전자들은 보통의 운전자들에 비해 위험감수 성향과 충동구매 성향이 높으며, 부주의하고, 스트레스를 많이 느끼고, 재정적인 어려움이 있지만 낙천적이며, 영화(특히 도색영화)에 관심을 많이 갖고, 사회적으로나 정치적으로 보수성이 낮은 것으로 나타났다. 자동차 보험회사는 이러한 정보를 바탕으로 보험가입자의 보험료 산정을 할 수 있

표 11.10 두 잡지 독자들의 라이프스타일 차이

	전적으로 동의한다고 응답한 비율(%)	
	*Playboy*의 주된 독자	*Reader's Digest*의 주된 독자
나의 가장 큰 성취는 아직 나의 앞에 남아있다.	50	26
나는 매주 일요일에 교회에 간다.	18	40
영화는 검열되어야 한다.	14	40
대부분의 남자들은 기회가 있으면 바람을 피울 것이다.	27	12

을 것이다.[55]

General Foods는 카페인 없는 Sanka 커피를 재포지션하기 위하여 건강에 관심이 많은 소비자들의 특성을 사이코그래픽스에 의하여 분석하였다. 과거에는 노년층을 디카페인 커피의 주요 표적시장으로 하였으나 연구결과에 따라 General Foods는 모든 연령층의 활동적 성취자들(active achievers)을 표적시장으로 바꾸었으며 광고의 소구점을 모험적 라이프스타일로 하였다. 이와 같이 사이코그래픽스 연구는 표적시장의 행위, 관심 및 의견을 정확하게 측정하도록 함으로써 마케팅전략 수립을 위한 시사점을 제공해 준다.

(3) 매체 선정

라이프스타일 분석에 의하여 제품의 광고를 위한 적절한 매체를 선정하는 데 필요한 정보를 얻을 수 있다. 〈표 11.10〉은 *Playboy* 잡지의 주된 독자와 *Reader's Digest* 잡지의 주된 독자들의 라이프스타일의 특성을 비교하는 것을 나타내고 있는데, 이들 두 가지 독자층은 낙천주의, 종교, 보수주의, 자유분방함에 있어서 매우 다른 양상의 라이프스타일을 보여 주고 있다. 이 분석결과를 볼 때 주류, 스포츠카, 신용카드, 영화 등은 *Reader's Digest*보다 *Playboy*를 이용하여 광고를 하는 것이 적절하다고 할 수 있다.[56]

(4) 광고캠페인 개발

라이프스타일 정보는 광고캠페인 개발에도 사용된다. 라이프스타일 분석에 의한 광고캠페인 개발의 예로 Schlitz맥주가 있다.[57] 과거 Schlitz는 "When you're out of Schlitz, you're out of beer"라는 카피를 사용하였으나 이러한 표현이 진부하여 새로운 접근방법의 필요성을 느끼게 되었다. 광고캠페인 개발 팀은 여러 바(bar)에서 표적시장 고객인 대량 음주자의 특징과 라이프스타일을 조사하여 다음과 같은 특성을 파악하였으며, 이에 근거해 대량 음주자들의 남성적, 쾌락적, 공상적 감각에 소구하도록 광고가 개발되었다.

- 노동자 계층이며 중류 소득층
- 고등학교 졸업 학력에 젊은 층
- 비음주자들에 비하여 쾌락적이며 즐거움 추구
- 비음주자들에 비하여 가족에 대한 관심이 적고 직업에 책임감이 덜함
- 육체적, 남성지향적 생활을 선호하고 공상을 잘함

❙ 생각해 볼 문제

1. 수단-목표 연쇄는 브랜드컨셉의 방향을 정하는 데 매우 중요하다. 왜 그런가? 특정 제품(가령, 화장품)의 브랜드를 선택하여 수단-목표 연쇄를 사용하여 속성, 편익, 가치 간의 관계를 살펴보고 촉진전략에 어떻게 활용해 볼 수 있는지 토의해 보자.

2. 자신의 실제적 자아개념, 이상적 자아개념, 사회적 자아개념 및 이상적 사회적 자아개념들의 주된 차이는 무엇인가? 자신이 소비 · 사용하는 제품/브랜드들 중 각각의 자아개념과 일치하는 이미지를 갖는 제품/브랜드가 있는가?

3. VALS를 개발한 SRI의 웹사이트를 방문해서 설문에 응답한 후에 자신이 속하는 세분시장과 그 특성을 알아보자. 이 결과를 가지고 VALS 방법이 시장세분화에 얼마나 효과적인지 토의해보자. 설문 링크: http://www.strategicbusinessinsights.com/vals/presurvey.shtml

Consumer Behavior

제 6 부

환경적 영향요인

제12장

문화와 사회계층

MZ세대에서 분화해 새로운 하위문화를 형성하고 있는 Z세대

전 세계에서 MZ세대라는 용어는 젊은층을 가리키는 표현으로 근년에 사용되어 왔다. 하지만 서서히 소비주체로서 M세대와 Z세대가 분리되기 시작하고 있다. 1981-1996년 태생을 말하는 M세대와 1997-2012년 출생자를 말하는 Z세대를 하나로 묶으면 같은 세대라고 하기에는 나이 차이가 최대 31살에 달한다. Z세대가 20대 중·후반으로 접어들며 사회생활을 시작해 강력한 소비주체로 부상하기 시작하자 글로벌 기업들도 M세대와 Z세대를 나눠서 마케팅전략을 수립하기 시작했다. Z세대는 M세대와 디지털 경험에서 근본적인 차이가 있다. M세대는 청소년기에 접어들어서야 디지털 세계를 경험한 반면, Z세대는 유년기부터 스마트폰을 손에 쥐고 유튜브·인스타그램·1인 방송을 접하며 자랐다.

빠른 속도로 재생되는 수많은 디지털 콘텐츠를 습득하며 자란 Z세대는 인내심이 부족하다. 지루한 건 딱 질색이다. 그래서 짧은 동영상을 말하는 이른바 '숏폼'이 Z세대 사이에서 큰 인기를 끌고 있다. 기승전결 없이 가장 재미있는 부분만 잘라 편집한 동영상에 Z세대가 열광하고 있다. 이런 Z세대 특성에 맞춘 '순간 마케팅'이 등장하고 있다. 대표적인 곳이 스포츠업계다. 미국 프로농구 NBA는 선수들의 플레이 등을 짧은 동영상으로 대거 제작해 유통했다. NBA는 영상 콘텐츠의 '속도'를 확보한 덕분에 미국 4대 프로 스포츠(야구·풋볼·아이스하키·농구) 가운데 유일하게 Z세대의 관심이 위 세대보다 앞선 종목이 됐다. 소셜미디어도 글이 많은 페이스북보다는 사진·영상 위주의 인스타그램을 선호한다. 영국 시장조사업체 GWI에 따르면, 매일 접속하는 소셜미디어로 Z세대의 64%가 인스타그램을 꼽았지만, 페이스북은 45%만 매일 접속한다고 응답했다.

Z세대는 동년배끼리 강한 동질감을 느낀다. 온라인을 통해 연대하는 경향도 있다. Z세대는 어릴 적부터 각종 온라인 커뮤니티에 가입하고 비슷한 콘텐츠를 접하다 보니 또래끼리

같은 정서를 공유하는 경향이 뚜렷하다. 이런 특성은 세계 휴대전화 시장의 판도를 바꿔놓고 있다. Z세대 사이에서는 일반 메신저가 아닌 아이폰 문자 서비스(아이메시지)로 소통하는 유행이 번지면서, Z세대들이 대거 아이폰 구매에 나서고 있다. 시장조사기관 어테인의 집계에 따르면, 2022년 미국 Z세대의 83%는 애플 아이폰을 가지고 있다고 답했다. 반면 삼성전자 스마트폰을 갖고 있다는 비율은 10%에 불과했다. M세대(30~40대)가 소유한 삼성전자와 애플 스마트폰 비율이 비슷하다는 점을 고려하면 큰 차이다.

최근 미국에서 문자메시지와 전화만 가능한 구식 휴대전화(일명 멍텅구리폰) 판매량이 크게 늘어난 것은 Z세대의 소비패턴을 보여주는 한 예이다. 2022년 미국에서만 매달 수만 대의 노키아의 구식 휴대전화가 판매됐다.

Z세대는 자신의 개성과 기호에 따라 남의 시선을 의식하지 않고 소비한다는 특성도 있다. 예를 들어, M세대는 에르메스 · 샤넬처럼 널리 알려진 브랜드제품을 선호하지만, Z세대는 전혀 알려지지 않거나 흘러간 상품이라도 자신의 취향에 맞으면 기꺼이 소비한다. 대표적으로 최근 미국에서 문자메시지와 전화만 가능한 구식 휴대전화(일명 멍텅구리폰) 판매량이 크게 늘어난 것이 Z세대 소비패턴을 보여준다.

컨설팅업체 맥킨지는 “Z세대는 디지털 교류능력을 바탕으로 다른 세대와 소통하며 영향을 끼치고 있다. 기업에게 이런 변화는 기회가 될 수 있다”고 분석했다.

자료원: *조선위클리비즈*, 2023.04.14.

소비자행동에 광범위하게 그리고 깊이 영향을 미치는 문화는 한 사회의 성격으로 볼 수 있다. 문화는 사회의 구성원들에 의해 생산 · 소비되는 자동차, 의복, 음식, 예술, 스포츠 같은 유형적 재화와 서비스뿐만 아니라 가치, 윤리 등과 같은 추상적 개념들도 포함된다. 문화는 한 사회의 구성원들 간에 공유된 의미, 규범, 전통 등이 축적된 것이다. 문화가 소비자행동에 미치는 영향은 아주 강력하고 광범위하지만 사람들은 일상생활에서 이의 중요성을 별로 느끼지 못한다. 우리는 우리가 입는 의복, 먹는 음식 등에 관해 너무 당연시하기 때문에 외국을 여행하면서 다른 환경에 처할 때까지 문화의 강한 영향력을 이해하지 못한다.

한 문화에 소속된 사회구성원들은 의미체계를 공유한다. 그들은 사회를 지배하는 일련의 신념들과 관행들(practices)을 받아들이도록 학습한다. 이러한 신념들은 부모, 친구, 교사를 포함한 **사회화 대리인**(socialization agent)을 통해 학습된다. 각 사회를 지배하는 문화는 그 구성원들이 공유하는 핵심가치들이 결합되어 나타나는데, 한 문화와 다른 문화 간의 차이는 가치체계의 차이에서 비롯된다. 여기서 **가치체계**(value system)란 한 문화를 반영하는 주요가치들의 상대적 중요성(서열)을 나열한 것이다. 예를 들어, 자유, 젊음, 성취, 물질주의 등은 미국문화를 구성하는 핵심가치들이다.

따라서 한 나라의 문화와 그 문화의 상징적 의미를 이해한다면 그 시장에서 마케팅활동을 하는 기업의 경쟁적 지위가 강화될 것이다. 불행하게도 많은 기업들이 문화에 대한 근시안적 태도를 갖게 됨으로써 해외시장에 효과적으로 침투하지 못하고, 그 시장에서 실패하는 사례를 흔히 목격하게 된다. 기업이 해외시장에서 성공을 거두기 위해서 표적해외시장의 독특한 문화환경을 조사하고 이해해야 하며, 나아가 이에 적응해야 할 것이다. 소비자는 문화뿐 아니라 자신이 소속된 사회계층 내 다른 사람들의 가치와 행동으로부터 영향을 받기도 한다.

본 장에서는 문화가 소비자행동과 욕구에 미치는 영향과 문화의 두 가지 중요한 측면인 의례(ritual)와 문화적 가치에 대해 설명한 다음 사회계층에 대해 서술하기로 한다.

12.1 문 화

1. 문화의 개념과 성격

(1) 문화의 정의

문화(culture)는 사람들이 여러 세대를 거치는 동안 남겨놓은 사회적 유산이며, 한 사회 특유의 라이프스타일, 즉 그 사회가 직면하였던 환경에 적응하며 살아가는 방식을 반영한다. Tylor는 문화를 "개인이 사회구성원으로서 획득하는 지식, 신념, 기술, 도덕, 법, 관습 및 그 밖의 능력과 습관 등이 포함된 복합적인 전체"로 정의하였다.[1] 한편 Linton은 문화란 "학습된 행동과 행동결과의 집합체로, 사회구성원들에 의해 공유되고 전달되는 것"으로 정의하였다.[2] 문화는 사회적으로 학습되고 사회구성원들에 의해 공유되는 모든 것을 의미하며, 그 사회의 퍼스낼리티(personality)로 간주될 수 있다.

(2) 문화의 성격

문화의 성격을 하나의 정의로 규정하는 것은 '뜬구름 잡기'라고 표현할 수 있다. 따라서 문화에 대한 이해를 명확히 하기 위하여 문화의 중요한 성격이나 특징을 검토할 필요가 있다. 문화의 여러 가지 성격들이 거론되고 있지만 대표적인 문화의 특성은 다음과 같다.[3]

① 문화는 욕구충족의 기준이 되며 규범을 제공한다.

문화는 사회구성원들의 욕구를 충족시키기 위한 기준이 된다. 즉, 문화는 사회구성원의 생리적 · 개인적 · 사회적 욕구해결의 방향(direction)과 지침(guidance)을 제공한다. 예를 들면, 문화는 언제 먹을 것이며, 어디서 먹을 것이며, 아침이나 점심, 저녁 또는 간식으로는 무엇이 적절하며, 야유회나 결혼피로연에는 어떤 음식을 준비해야 할 것인가 등에 대한 표준(standard)과 규칙(rule)을 제공한다. 이와 같이 문화에는 이상적인 행동기준이나 표준이 포함되어 있으므로 사회구성원들은 어떤 상황하에서 정상적이고 적절한 생각이나 느낌 또는 행동이 무엇인지에 대해 공감한다. 사회구성원에 의해 공유된 이상적 행동패턴이나 느낌을 **규범**(norms)이라고 부른다. 실제행동이 사회의 규범으로부터 이탈되면 이탈된 개인에게는 어떤 형태의 압력이 가해져서 개인은 자신의 행동을 사회의 기대에 순응하게 된다.

② 문화는 학습된다.

어릴 때부터 우리는 사회적 환경으로부터 문화를 구성하는 신념이나 가치관, 관습 등을 학습하기 시작한다. 인류학자들은 문화학습의 유형을 성인이나 연장자가 어린 가족구성원들에게 어떻게 행동해야 하는지를 가르치는 **공식적 학습**(formal learning)과 어린이가 가족구성원이나 친구 또는 TV 주인공 등 타인들의 행동을 모방함으로써 이루어지는 **비공식적 학습**(informal learning), 그리고 교육환경에서 어린이들에게 무엇을 해야 하며, 어떻게 해야 하며, 왜 해야 하는지를 가르치는 **기술적 학습**(technical learning)의 세 가지 형태로 구분하고 있다. '남자들은 소꿉장난을 하지 않는 법'이라는 어머니의 이야기를 어떤 남자아이가 받아들이면, 이 아이는 어머니의 가치관을 공식적으로 학습하는 것이다. 이 아이가 아버지나 형을 모방하여 말쑥하게 옷을 차려입는다면, 이 아이는 의복습관을 비공식적으로 학습한 것이 된다. 이 어린이가 학교에서 컴퓨터 교육을 받는다면, 이것은 기술적 학습이 된다. 많은 광고가 소비자들이 모방할 행동모델을 제공함으로써 비공식적 문화학습을 시도하기도 한다.

한편 인류학자들은 문화학습을 자기 문화의 학습과 타문화 학습으로 구별하는데, 자기 문화에 대한 학습을 **문화화**(文化化; enculturation)라 하고, 외국문화나 새 문화에 대한 학습을 **문화이식**(文化移植; acculturation)이라고 한다. 자기 문화에 대한 학습은, 지배적인 문화적 가치를 시간의 경과에 따라 사회구성원들 자신의 개인적 가치로 내부화시키는 과정으로 볼 수 있다. 사람들의 세계관이나 그들이 지니는 가치, 그리고 그들의 행동은 문화적 배경에 따라 달라지기 때문에 국제 마케팅을 수행할 때 표적해외시장의 문화적 특성을 이해하고 이를 받아들여야 한다.

③ 문화는 공유된다.

어떤 신념이나 가치 또는 관습이 문화적 특성으로 간주되기 위해서는 이들이 대다수의 사회구성원에 의해서 공유되어야 한다. 한 문화 내에서 사용되는 언어는 사회구성원들 간에 가치나 경험, 관습의 공유를 가능하게 하는 중요한 문화구성요소이다. 또한 여러 가지 형태의 사회적 기관들 역시 문화의 구성요소들을 전파하고 문화의 공유를 가능하게 한다. 문화공유역할을 담당하는 기관들 중 가장 기본적이고 중요한 기관이 가족이다. 가족은 문화화(enculturation)에서 주된 역할을 담당한다. 즉, 가족은 구성원들에게 기본적인 문화적 신념, 가치, 관습 등을 제공할 뿐 아니라 돈의 의미, 가격과 품질의 관계, 제품기호와 선호의 형성, 여러 가지 촉진메시지에 대응하는 적절한 방법 등의 소비자관련 가치와 기술 등을 학습시킨다. 학교나 교회 등도 문화전파의 기능 중 상당한 부분을 수행하는 기관이다. 물론 젊은이나 아동들의 소비자 사회화가 대부분 가정에서 이루어지지만, 교육기관이나 종교기관에서 제공되는 경제개념이나 윤리개념을 통해서도 소비자학습이 강화된다.

대중매체 역시 문화전파의 역할을 담당하고 있는 중요한 사회적 기관이다. 현대인들은 인쇄매체와 방송매체 등의 대중매체에서 제공되는 광고에 광범위하게 노출되어 있다. 광고는 제품이나 서비스의 수요에 영향을 미칠 뿐 아니라 기존 문화적 가치를 강화하거나 새로운 가치나 습관의 전파를 촉진하는 역할을 하기도 한다. 따라서 광고 종사자들은 광고가 사회변화의 중요한 촉매제라는 점에서 광고의 사회적 책임을 인식해야 할 것이다.

④ 문화는 지속적인 동시에 동태적이다.

문화는 다양한 관습들로 구성된다. 사회구성원들은 이러한 관습을 통하여 기본적인 생리적 욕구뿐만 아니라 지위나 사회적 인정 등의 학습된 욕구를 충족시킨다. 따라서 사회구성원들이 원하는 욕구가 구성원들에 의하여 공유된 관습을 통해 충족된다면 그들은 이러한 관습들을 가능하면 유지하려고 한다. 문화의 이러한 특성으로 인하여 문화의 구성요소들은 세대를 따라 이어지며, 우리가 다른 문화에 노출되었을 때에도 그 영향이 지속된다.

한편 변화에 대한 저항에도 불구하고 문화는 점진적으로 그리고 지속적으로 변화하고 있다. 즉, 문화는 시대상황에 맞는 욕구충족적 역할을 수행하기 위해서 지속적으로 진화할 수밖에 없다. 다만, 어떤 사회는 변화속도가 늦어 상당히 정태적인 반면에, 상당히 빠른 속도로 변화가 일어나는 동태적인 사회도 있다. 따라서 마케터는 시장성 있는 신제품의 개발을 위해서 사회문화적 환경의 변화를 주의깊게 감시해야 한다. 예를 들면, 성 역할의 변화는 전통적인 남성의 역할에 대한 인식에 영향을 주고 있다. 영국의 축구선수 데이비드 베컴처럼 귀걸이를 한 남성을 드물지 않게 발견할 수 있고, 외모에 신경을 쓰며 자신만의 스타일을 가꾸는 남자들이 늘어나고 있다.

소비자행동 Highlight

색조화장을 하는 남성이 늘어남에 따라 男화장품 라인을 강화하는 뷰티업계

적극적으로 외모를 가꾸는 남성을 뜻하는 이른바 그루밍족이 늘어나면서 맨즈뷰티 시장이 확대되고 있다. 남성 전용 단계별 스킨케어는 물론이고 커버력과 밀착력을 높인 남성전용 쿠션 등 색조화장품도 속속 등장하고 있다. 남성들도 피부타입이나 취향에 따라 자신에게 맞는 화장품을 직접 구매하려는 트렌드가 두드러지고 있다.

이에 따라 대형 뷰티기업들은 발빠르게 남성전용 제품라인을 기획·출시했다. 아모레퍼시픽은 2019년 남성 메이크업 브랜드 '비레디'를 론칭하고 다양한 색조제품을 출시하고 있다. 비레디는 업계 최초로 4가지 색이 포함된 남성용 팔레트를 선보였다. 또 5가지 컬러로 강력한 밀착력을 지닌 마그네틱 쿠션은 2020년 출시 후 최근까지 리뉴얼이 될 정도로 인기가 높다. LG생활건강도 2022년 더페이스샵을 통해 남성 그루밍 라인인 '스피프코드'를 출시했다. '스타일리쉬하게, 멋지게 하다'라는 뜻의 영어단어 'spiff'를 차용했다. 스피프코드는 스

킨케어 제품과 색조제품 4종으로 구성됐다.

뷰티업계 관계자는 "남성들이 외모를 가꾼 지는 상당히 오래됐지만 최근에는 MZ세대를 중심으로 색조화장에 적극적이다. 이와 관련한 상품이 지속적으로 출시될 것으로 보인다"라고 말했다.

여성의 전유물로만 여겨졌던 색조화장품 광고에 남자모델이 등장하고 있다. 아모레퍼시픽은 남성 메이크업 브랜드 '비레디'를 론칭하고 다양한 색조제품을 출시하고 있다.

자료원: *뉴시스*, 2022.09.22.

(3) 문화의 주요 구성요소: 의례

각 문화권은 고유의 의례를 전승·발전시키며, 그 구성원들은 일상생활에서 이의 영향을 받는다. **의례**(의식; ritual)는 정해진 순서에 따라 진행되며 정기적으로 반복되어 발생하는 상징적 행동들의 집합을 말한다.[4] 우리는 의례 하면 동물이나 처녀를 제물로 바치는 제전행사를 흔히 마음속에 떠올리지만, 실제로 현대의 많은 소비활동이 의례적 행위를 수반한다. 의례와 관련된 제품의 구입, 소비자들의 몸치장 의례, 선물증정의례 등은 의례적 소비활동의 대표적인 예이다. 많은 기업들이 의례적 소비활동에 사용되는 품목들을 개발·판매하는데, 생일양초, 졸업장, 결혼축하 케이크, 의례용 샴페인, 야구장의 핫도그, 트로피와 훈장, 축하카드, 은퇴기념 시계 등은 모두 의례를 수행하는 데 사용되는 상징적 제품의 예이다.

소비자들은 종종 의례를 실행하는 데 있어 이러한 가공품들을 사용하는 순서를 나타내는 각본(script)을 활용하는데, 예를 들어 졸업 프로그램, 축하연 매뉴얼, 에티켓 북 등을 들 수 있다.

선물증정의례(gift-giving rituals)는 의례의 대표적 형태 가운데 하나이다. 사람들은 의미 있는 날이나 행사에서 적절한 선물을 증정하는 과정에서 이에 적합한 의례를 수행한다. 선물증정의례는 소비자가 상대방에게 가치가 있을 것으로 생각되는 물건을 구입하고 가격표를 뗀 다음(일용품에서 독특하고 의미 있는 상징적 제품으로 전환됨), 이를 정성스럽게 포장하여 상대방에게 전달하는 일련의 과정을 포함한다.[5] 소비자는 구조적 요인(예를 들어, 생일선물이나 크리스마스 선물을 준비하는 경우와 같이 특정의 문화에 의해 규정된 경우) 혹은 상황적 요인(가령, 직장상사에게 개인적인 이유로 선물하는 경우)으로 인해 특정의 상대방에게 선물을 주기로 결정할 수 있다.

최근 디지털 시대에 들어서 소비자들의 선물교환행위에 변화가 일어나고 있는

데, 그중 하나가 기프티콘 서비스의 이용이다. 기프티콘 서비스는 소액의 선물을 주고받을 수 있는 모바일 전자상거래형 메시지 서비스이다. 메신저와 이 서비스를 제공하는 기업의 홈페이지에서 선물을 고른 뒤에 결제를 하면 상대방에게 가까운 매장에서 선물을 받을 수 있도록 바코드가 전송된다. 기프티콘 서비스는 '선물주기'뿐 아니라 '답례하기'와 '선물조르기' 기능 등을 제공해 소비자들이 선물증정 과정에서 재미를 느낄 수 있도록 하며, 전시회나 속옷 선물 등 다양한 선물을 갖춰 고르는 즐거움도 제공한다.

2. 문화적 가치의 주요유형

앞에서 한 사회를 지배하는 문화는 그 구성원들이 공유하는 핵심가치들이 결합되어 나타난다고 설명하였다. **문화적 가치**(cultural value)는 바람직한 사고와 행동에 대해 사회구성원들이 공유하고 있는 신념들을 말하는데, 이는 개인의 자아형성과 구매행동에 상당한 영향을 미칠 수 있다. 이하에서는 문화적 가치의 주요유형에 대해 살펴본다.

(1) 개인주의 문화와 집단주의문화

모든 문화 사이에는 많은 차이점이 존재하지만, 문화권에 따른 선택행동이나 실행방식에서의 차이를 이해하는 데 특히 유용한 문화적 특성 중 하나가 개인주의와 집단주의다.

미국처럼 개인주의적인 사회에서 자란 사람들은 선택행동이나 의사결정을 함에 있어 주로 '나'에 집중하도록 배운다. 문화심리학자인 Harry Triandis는 "개인주의자들은 주로 자신의 선호나 욕구, 권리, 다른 사람들과 맺은 계약이 동기가 되어 행동하며, 다른 사람들의 목표보다 자신의 목표를 우선시한다"라고 말한다.[6] 사람들은 자신의 선호에 따라 선택할 뿐 아니라 개인적인 관심사나 성격특성, 행동 등을 토대로 자신의 정체성을 규정하는 것이다. 예를 들어, "나는 영화광이다", "나는 환경문제를 중요시한다" 등과 같은 표현은 자신의 개인적 가치를 잘 보여주는 것으로 여긴다. 개인주의 사회를 지배하는 개인적 가치는 소비생활에도 영향을 미친다. 가령, 그들은 어려서부터 동네 슈퍼마켓에 가서 제품을 살 때 적절한 선택행동이 무엇인지를 배우게 된다. 아이들은 부모로부터 "이것들 중에서 뭐가 좋아?"라는 질문을 받는다. 부모가 선택대안의 개수를 줄여주고 차이점을 설명해주는 경우도 있지만 대체로 아이에게 선호하는 것이 무엇인지 표현하도록 한다.

이에 반해 한국, 일본을 비롯한 집단주의 사회의 구성원은 선택을 함에 있어 '우리'에 우선순위를 두며 가족이나 동료, 커뮤니티, 국가 등 자기가 속한 집단의 관점에서 자신을 보아야 한다고 배운다. 집단의 규범과 집단이 부과한 의무가 그들을 움직이는 주된 동기이며, 그들은 개인적인 목표보다 집단의 목표에 우선순위를 둔다. 이런 사회에서는 집단 구성원들 사이의 유대를 다른 무엇보다도 강조한다. 1등을 추구하기보다는 전체로서의 집단욕구가 충족되어야 개인도 행복할 수 있다고 믿는다. 예를 들어, "지는 것이 이기는 것이다"라는 일본의 격언은 사회구성원들과 조화를 유지하는 것이 자기가 원하는 방식대로 하는 것보다 바람직하다는 사고를 표현하는 것이다. 집단주의 사회의 구성원들은 자신이 속한 집단과의 관계를 통해 자신의 정체성을 이해하며, 자신이 속한 사회집단에 순응하면서 조화를 유지하려고 노력한다.

소비자행동 Highlight

개인주의와 집단주의라는 문화적 가치가 동일한 상황과 과제를 다르게 지각하게 만드는가?

문화적 배경에 따라, 즉 개인주의 사회의 구성원인지 혹은 집단주의 사회의 구성원인지에 따라 사람들은 동일한 의사결정과제나 상황을 다르게 지각한다. Masuda and Nisbett(2001)는 개인주의 문화와 집단주의 문화 간의 이런 차이를 보여주는 일련의 연구를 실시하였다.

5초 동안 오른쪽 수족관 사진을 관찰하라. 그런 다음 그 사진을 보지 않고 그것을 소리 내어 묘사해보라. 당신은 무엇을 보았다고 말을 했는가? 가장 눈에 띄는 물체인 큰 물고기 세 마리에 초점을 맞추었는가? 아니면 배경에 있는 수초, 돌, 물방울, 작은 물고기 혹은 개구리에도 주의를 기울이며 장면을 보다 넓게 묘사하려고 했

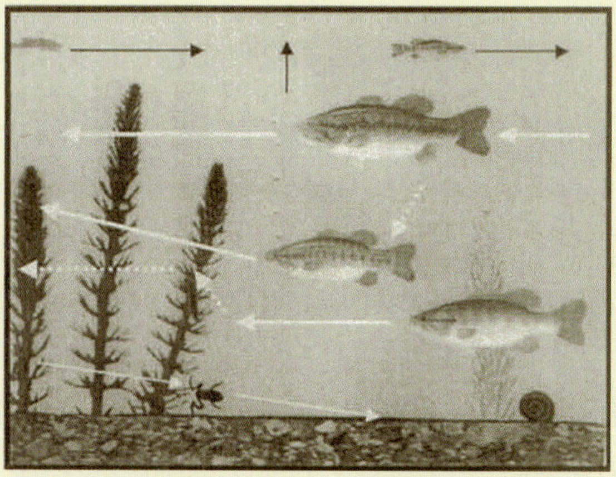

는가? 이렇게 단순한 과제에 대한 대답조차 당신이 집단주의적 혹은 개인주의적 세계관 중 어느

것을 가지고 있느냐에 따라 달라지는 것으로 나타났다.

Masuda and Nisbett가 실시한 연구에서 미국과 일본 참가자들이 이 과제에 참여했는데, 미국인들은 큰 물고기에 더 많은 주의를 기울인 반면, 일본인들은 이 사진의 장면을 보다 전체적으로 묘사했다. 문화적 배경에 따라 사람들은 동일한 자극을 서로 다르게 지각하고, 이에 따라 묘사를 다르게 하는 것으로 나타난 것이다. 개인주의적 세계관을 가진 미국인의 관점에서 보면 큰 물고기가 그 장면에서 중심이며, 주위의 다른 모든 것에 영향을 미친다. 반면 집단주의적 세계관을 가진 일본인들은 주변환경이 큰 물고기(주체)와 상호작용하면서 영향을 미치고 그것들을 지배하는 것으로 인식했다. 이 연구결과는 특정한 상황에서 누가 또는 무엇이 지배하느냐에 대한 견해를 형성하는 데 문화적 가치가 주요요인으로 작용한다는 것을 보여준다.

문화권에 따른 상황에 대한 지각의 차이는 성공과 실패를 어떻게 이해하는지에서도 잘 나타난다. 2000년 하계올림픽과 2002년 동계올림픽 우승자들의 수상소감을 분석한 결과, 미국인들은 대체로 자신의 성공을 개인의 능력과 노력으로 설명하는 경향이 있는 것으로 나타났다. 예컨대 "그냥 집중력을 유지했던 것 같아요. 이번 경기는 제 능력을 세상에 보여줄 수 있는 기회였습니다"라는 식으로 말했다. 반면 일본선수들은 자기를 지원해준 사람들에게 우승의 공로를 돌렸다. 그래서 "제게는 세계 최고의 코치와 최고의 매니저와 지원해주는 많은 사람이 있습니다. 이 모든 사람의 노력이 합쳐져 금메달이라는 성과를 이루어냈습니다. 저 혼자 이룬 것이 아닙니다"라는 식으로 말했다.

문화적 가치를 개인주의와 집단주의로 분류하는 것은 글로벌 마케팅전략 수립에 유용한 시사점을 제공한다. 가령, 국제화를 추구하는 패션기업은 문화권에 따라 서로 다른 광고전략을 사용할 필요가 있다. 개인주의 문화권에서는 자사 제품이 개인의 독특성 욕구를 충족시키는 데 도움을 준다는 메시지를, 그리고 집단주의 문화권에서는 집단의 한 구성원임을 보여주거나 집단구성원들의 지지를 받는 데 유용하다는 메시지를 사용하는 것이 효과적일 수 있다.

자료원: Masuda, T. and Richard E. Nisbett (2001), "Attending Holistically versus Analytically: Comparing the Context Sensitivity of Japanese and Americans," *Journal of Personality and Social Psychology*, 81 (5), 922-934; Markus, Hazel R., Y. Uchida, H. Omoregie, S. M. Townsend, and S. Kitayama (2006), "Going for the Gold: Models of Agency in Japanese and American Context," *Psychological Science*, 17 (2), 2007, 103-112.

(2) 고맥락 문화와 저맥락 문화

'당신 자신에 대해 말해보시오'라는 질문은 누구나 이해할 수 있는 상식적인 것으로 보인다. 그러나 자아개념(self-concept)을 묻는 이 질문에 대한 대답은 문화에 따라 매우 다르다. 미국 등 서구권 사람들은 주로 성격 형용사를 사용하거나(친절하다, 근면하다) 자신의 행동을 서술한다(나는 조깅을 자주 한다). 이에 반해 한국,

중국, 일본 등 동양권 사람들은 주로 자신이 속해 있는 사회적 맥락을 토대로 대답하고('나는 친구들과 노는 것을 좋아한다,' '나는 직장에서 아주 열심히 일한다') 자신의 사회적 역할에 대해 자주 언급한다. 동양인들은 맥락을 제시해주지 않고 자신에 대해 기술하도록 하면 어려워하지만, 친구들과 같이 있을 때나 직장에서와 같은 특정 맥락을 제시하고 그 상황에서 자신을 기술하도록 하면 능숙하게 해낸다.

동양문화에서는 개인의 개성이 자유롭게 표시되기보다는 억압되는 경향을 보인다. 일반적으로 동양사람들은 서양사람들에 비해 개인의 성공을 덜 중요시하며 그보다는 집단의 목표달성이나 원만한 인간관계를 더 중요시한다. 동양인들은 자신이 집단구성원들의 기대에 부응하며 그들과 화목한 관계를 맺고 있다고 지각할 때 개인적 만족감을 느낀다.

인류학자인 Edward Hall은 동양인과 서양인의 사고방식에서의 이러한 차이를 **저맥락 문화**(low-context culture)와 **고맥락 문화**(high-context culture)라는 개념으로 설명하였다.[7] 저맥락 문화권인 서양사회에서는 사람을 맥락에서 분리해 이야기하는 것이 가능하다. 따라서 저맥락 문화권의 사람들은 맥락에 구속을 받지 않고 독립적이고 자유롭게 행동할 수 있기 때문에 이 집단에서 저 집단으로, 이 상황에서 저 상황으로 자유롭게 옮겨 다닐 수 있다. 이에 반해 고맥락 문화권인 동양사회에서는 사람들이 서로 긴밀하게 연결되어 있기 때문에 주변 맥락의 영향을 크게 받는다. 동양인들은 자신이 속한 내집단에 대해서는 강한 애정을 보이지만 외집단과 그저 아는 사이인 사람들에게는 거리를 둔다. 그들은 자신이 내집단의 다른 구성원들과 유사하다고 느끼며, 그들을 외집단 구성원보다 더 신뢰한다. 그러나 서양인들은 자신과 내집단 사이에도 일정한 거리를 두려고 하며 내집단 구성원과 외집단 구성원을 크게 구분하지 않고 인간관계를 형성한다.

고맥락 문화에서는 의사소통에 필요한 정보가 대부분 개인에 내부화되어 있으며 명확하게 메시지로 옮겨지지 않는다. 또한 신뢰가 중요한 사회적 가치이기 때문에 법률적인 서류보다 때로는 개인의 말이 보다 확실한 보증서 역할을 한다. 반면에 저맥락 문화는 구체적인 대화를 통하여 정보교환이 이루어지고 법적 서류가 보증서 역할을 한다. 두 문화권의 차이는 공간을 인식하고 구분하는 데서도 찾아볼 수 있다. 예를 들어, 동양인들은 서로 이야기를 나눌 때 매우 가깝게 접근하는 것을 선호하지만, 미국에서는 상대방과의 지나친 접근을 피한다.

앞에서 설명한 개인주의 문화와 집단주의 문화, 그리고 저맥락 문화와 고맥락 문화는 각각 **독립적 자아관**(independent self-construal)과 **상호의존적 자아관**(interdependent self-construal)이라는 개념과 밀접하게 연관된다.[8] 즉, 개인주의 문화와 저맥락 문화는 독립적 자아관과, 그리고 집단주의 문화와 고맥락 문화는 상호의존적 자아관과 연결되어 있는 것이다.

심리학적으로 중요한 문화적 차이 가운데 하나는 '자아', 즉 나를 어떻게 정의하느냐에 대한 인식이다. 미국을 포함한 서양인들은 나만이 '나'라는 독립적인 자아관을 갖고 있다. 물론 다른 사람들과 친밀한 관계를 형성하고 이를 중요하게 여기는 집단에 소속되기도 하지만, 그런 것들은 '나'라는 정의에 포함되지 않는다. 독립적인 자아관은 매우 뚜렷한 사회적 경계선을 갖고 있는데, 나는 나고, 다른 사람은 내가 아니다. 독립적인 자아관이 지배하는 서구사회는 개인의 목표, 소망, 욕구를 강조하며 자주성과 개인의 성취를 높이 평가한다.

한편 동양 및 남미문화에서는 상호의존적 자아관이 지배하는데, '우리'라는 존재를 중심으로 중요한 인간관계들이 형성된다. 그리하여 나의 성공과 실패는 우리 가족이나 집단의 몫이 된다. 예를 들어, 한국인이나 중국인들은 서양인들에 비해 개인적 성공에 따르는 보상을 집단과 나누는 것을 훨씬 중시한다. 자녀가 공부를 잘하면 그것은 집안 전체의 큰 자랑거리가 되고, 공부를 못하면 집안의 수치가 된다. 상호의존적인 자아개념이 지배되는 문화는 책임, 임무, 집단에 대한 의무에 중점을 두는 경향이 있다. 이러한 문화에서는 혼자 튀거나 자기방식대로 행동하는 것보다는 다른 사람들과 조화롭게 어울리고 서로 의지할 수 있는 사람이 되는 것이 높은 평가를 받는다.

상호의존적 문화권의 사람들은 중요한 주변인물들을 자신의 자아경계 안에 포함시키고 '우리와 그들'이라는 관점으로 사고하는 경향이 있다. 만약 자신이 속한 집단 또는 집단의 다른 구성원들이 위협을 받을 경우, 사람들은 자기가 속한 집단 또는 그 집단의 문화적 가치를 보호하기 위해 적극적으로 행동에 나선다. 또한 이들은 '우리'에게 피해를 준 '저들'에게 해를 가해도 괜찮다고 생각할 가능성이 상대적으로 높다. 이에 반해 독립적 자아관이 지배하는 서구사회의 사람들은 좀 더 개인주의적이어서 '나 아니면 너'라는 관점으로 사고하는 경향이 있다. 이들은 자신이 입은 피해를 개인적으로 앙갚음하려는 성향을 보이며 소속집단에 자행된 위협에 대해 복수를 하려 할 가능성은 상대적으로 낮다.

3. 문화적 가치 변화의 마케팅 시사점

문화적 가치는 고정되어 있지 않고 시간의 흐름에 따라 변화된다. 문화적 가치의 변화는 마케터에게 새로운 시장기회를 제공한다는 점에서 중요하다. 마케터는 문화적 가치를 이용하여 마케팅전략을 수립할 때 다음의 두 가지를 유의해야 한다.

첫째, 제품에 따라 문화적 가치의 영향의 정도가 다르다는 것이다. 가령, 여행이나 의류제품 등이 커피나 세탁세제보다 소비자가치에 더 많은 영향을 받을 것이다. 따라서 소비자의 문화적 가치를 측정하는 프로그램은 ① 제품관여도가 높거나 ② 제품이 문화와 관련된 상징적 가치를 가질 경우, 마케팅전략 수립에 보다 효과적으로 적용될 수 있다.

둘째, 문화적 가치를 마케팅전략에 적용할 때, 마케터는 기존가치에 소구하는 촉진전략을 사용해야 한다. 광고는 일반적으로 새로운 가치를 창출하기보다는 문화 내의 기존가치를 반영한다. 따라서 문화적 가치를 변화시키려는 광고는 실패할 가능성이 높다.

12.2 사회계층

1. 사회계층의 특성

사회계층(social class)은 "한 사회 내에서 거의 동일한 지위에 있는 사람들로 구성된 집단"으로 정의된다. 여기서 지위란 고정 불변의 것이 아니라 다른 계층으로 이동을 통해서 변화될 수 있다. 사회계층은 다음 여섯 가지의 특성을 가진다.[9]

(1) 사회계층은 지위를 나타낸다.

사회계층과 사회적 지위는 서로 밀접한 관계가 있다. 지위란 타인에 의해 지각된 사회시스템에서의 개인의 서열을 의미한다. 사회는 사회의 구성원들을 지배하는 가치관이 있으며 이러한 가치관에 상응하는 이상형의 사람을 갖게 된다. 즉, 사회구성원들의 이상적 모델에 접근하는 사람들은 존경과 권위가 주어지며, 이상과 부합되지 않는 사람들은 낮은 서열을 가지게 된다. 이와 같은 이유로 어떤 나라에서는 군인들에게 높은 지위가 부여되는가 하면 학자나 정치인, 사업가들이 높은 서열을 가지기도 한다.

지위부여의 기준과 기준의 상대적 중요성은 그 사회의 지배적 가치에 따라 달라지지만 일반적으로 권위, 힘(power: 정치적, 군사적), 재산소유, 소득, 소비패턴과 라이프스타일, 직업, 교육수준, 가문, 사회적 유대관계 등이 지위를 결정하는 중요한 요소이다.

① 지위의 상징물로서 사회계층

사람들이 제품을 구매하는 이유는 제품의 기능이나 성능 때문이기도 하지만, 제품이 지니는 의미나 상징 때문이기도 하다. 즉, 제품이나 서비스는 제품의 순수한 기능 외에 개인적 의미를 가진다. 일찍이 Thorstein Veblen은 각 사회계층에는 **과시적 소비**(conspicuous consumption)를 하는 구성원들이 있다고 하였는데, 과시적 소비란 소비자가 실제로 필요하지 않은 제품을 타인들이 그 구매를 볼 수 있도록 하기 위해 구매하는 것을 의미한다. 이 경우 구매한 제품은 타인들에게 자신들이 누구이며, 어떤 사회계층에 속하는지를 나타내는 상징이 된다.

부유함이 지위를 나타내는 사회에서는 개인이 소유하고 있는 제품이 부유함을 나타내는 지표로 대신 사용되기도 한다. 특정 제품의 소유가 지위를 나타내는 지표로 작용한다면, 각 사회계층에는 그 제품의 소유를 통해서 더 높은 지위의 달성을 과시하려는 구성원이 있을 수 있다.

② 상징성의 퇴색

과거에는 의복, 주택과 가구, 음식 등이 계급과 지위의 차이를 상징하는 것으로 받아들여졌지만, 오늘날에 와서는 지위상징에 대한 관점이 달라졌다. 즉, 기술과 커뮤니케이션의 발달로 재화의 이용가능성이 높아졌고, 이에 대한 욕구도 모든 사회계층에 파급됨에 따라, 소득이 높지 않은 사람들도 과거에는 소유할 수 없었던 여러 가지 제품들을 구매할 수 있게 되었다. 따라서 주택이나 컬러 TV, 해외여행 등이 지위상징으로서의 기능을 점차 상실하게 되었다.

요컨대, 전통적인 지위상징은 이미 사회계층을 명확하게 나타낼 수 없게 되었으므로, 마케터들은 지위상징의 사회적 변화 추세를 이해하여, 이를 시장기회로 활용할 수 있도록 해야 할 것이다.

(2) 사회계층은 다차원적이다.

사회계층은 많은 구성요소들로 형성되는 다차원적 성격을 지닌다. 따라서 사회계층은 직업이나 소득 등과 동일한 개념도 아니며, 어떤 하나의 기준으로 결정될 수도 없다. 사회계층은 소득이나 직업 등 여러 측정치와 관련되거나 이 측정치들로 표현될 수 있다.

사회계층에 관련되는 변수들 중 어떤 변수(가령, 직업)는 다른 변수들보다 사회계층에 대해서 상대적으로 더 신뢰할 수 있는 단서가 될 수 있다. 소득은 사회계층의 지표로서 적절하지 않은 경우도 있지만, 대부분의 사회에서 소득을 사회계층과 결부시키는 성향이 있다. 주택(주거) 역시 사회계층의 중요한 구성성분이다. 따라서 우편번호는 마케터에게 중요한 인구통계적 변수의 하나로 사용되고 있으며, 주소나 우편번호를 이용하여 시장을 세분화하기도 한다.

(3) 사회계층은 계층적 구조를 가진다.

사회계층은 높은 지위로부터 낮은 지위까지 수직적 순위를 가진다. 개인은 지위에 따라 이 계층구조상의 한 계층에 위치하게 된다.

(4) 사회계층은 행동에 대한 구속력을 가진다.

사람들은 대부분 가치와 행동패턴이 유사한 사람들과 있을 때 편안함을 느끼게 되기 때문에, 사회계층 간의 상호작용은 제한된다. 사람들은 교육배경이나 직업, 소득수준, 라이프스타일이 유사한 동일계층의 구성원들끼리 서로 유대관계를 가지는 성향이 있고 다른 계층의 구성원들과는 별로 관계를 가지지 않는다. 이와 같은 계층 간의 상호작용의 제한성으로 인해 마케터들은 서로 다른 계층 간의 대인적 커뮤니케이션을 통해 제품구매를 확산시키는 데 어려움이 있다.

(5) 각 사회계층은 동질적이다.

앞에서 지적되었듯이, 사회계층은 태도나 활동, 관심, 행동패턴 등에서 동질성을 가진다. 즉, 각 사회계층 내의 구성원들은 서로 유사한 매체에 노출되며, 유사한 제품이나 서비스를 구매하고, 유사한 점포에서 쇼핑한다. 이와 같은 동질성 때문에 사회계층을 근거로 시장을 효과적으로 세분화할 수 있으며, 이에 맞는 마케팅믹스전략을 수립할 수 있다. 가령, 현대카드는 VVIP고객인 소수의 상류층 소비자들을 타깃으로 '더 블랙'카드를 개발하였다. 더 블랙카드는 사회지도층을 타깃으로 최고의 서비스를 제공하는 프리미엄 카드라는 브랜드 컨셉에 맞

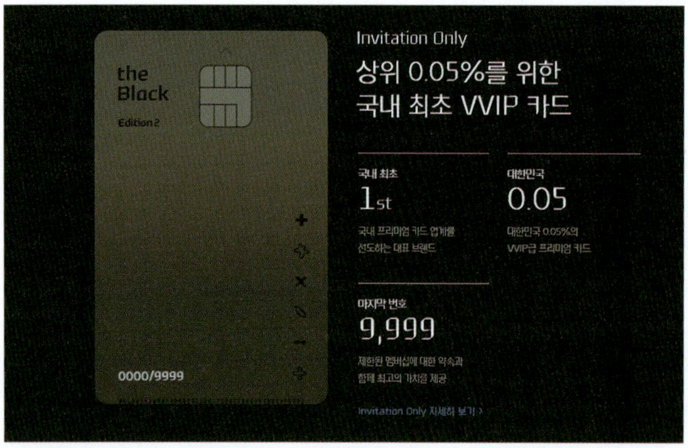

상류층을 표적으로 한 브랜드의 예: 현대카드는 VVIP고객인 소수의 상류층 소비자들을 타깃으로 '더 블랙'카드를 개발하였다.

추어 상류층 고객에 맞춘 차별화된 마케팅프로그램을 실행함으로써 고품격 브랜드 이미지를 구축하였다.

(6) 사회계층은 동적이다.

사람들은 상위계층이나 하위계층으로 이동할 수 있다. 한국은 상당한 유동의 기회가 주어지는 개방사회의 하나이다. 그러나 사회계층 간의 이동범위가 크지 않고, 이동이 발생하는 데에 상당한 시간이 소요되는 경우도 있다. 가령 인도 같은 국가는 수천 년간 카스트(caste)라는 폐쇄적 사회계층이 존속되고 있는데, 이 체제에서는 사회적 불평등이 엄격히 강요되고, 출생과 동시에 영원한 사회적 위치가 정해지며, 개인노력에 의한 사회계층 간 이동은 허용되지 않는다.

소비자행동 Highlight

1,000명만 가질 수 있는 VVIP 카드 현대카드 '더 블랙(the Black)'

아이돌 그룹 블랙핑크의 멤버 리사가 최근 75억원에 달하는 성북동의 단독주택을 매입한 사실이 알려져 화제를 모은 가운데, 그가 쓰는 VVIP 카드 또한 함께 주목받고 있다. 2023년 2월 초 블랙핑크 멤버 지수가 유튜브에 공개한 브이로그에서 리사는 독일 쾰른의 크리스마스 마켓을 찾았다. 그는 한 와인 가게에서 마음에 드는 술을 발견하고선 이를 구입하기 위해 카드지갑을 꺼냈다. 카드지갑에는 우리나라 최초 VVIP 카드로 알려진 현대카드 '더 블랙'이 담겨 있어 이목을 끌었다.

아이돌 그룹 블랙핑크 멤버 리사가 독일 쾰른의 한 가게에서 현대카드 '더 블랙'을 사용하는 모습이 포착됐다.

배우 이정재, 그룹 방탄소년단 진, 정국 등도 '더 블랙'을 소유하고 있다. 2021년 12월 정태

영 현대카드 부회장은 절친한 사이인 배우 이정재에게 456번이 새겨진 에디션3 블랙카드를 선물하기도 했다. 정 부회장 본인은 1번을 보유하고 있다.

현대카드는 2005년 '더 블랙' 출시 당시 '상위 0.05%만을 위한 카드'라는 슬로건을 내걸었다. 이후 2017년 더블랙 에디션2, 2021년 더블랙 에디션3를 선보였다. '더블랙 에디션3'는 연회비만 250만원에 달하는 국내에서 가장 비싼 카드로, 가입조건이 매우 까다로운 것으로 알려져 있다. 자산과 소득 등 경제적 능력뿐만 아니라 사회적 지위와 명예까지 갖춘 1,000명만이 소지할 수 있다. 현대카드가 자체기준에 부합된다고 판단하는 이들에게 먼저 발급의사를 묻는 초청장을 보낸 뒤 고객이 가입신청서류를 작성하면 심의위원회에서 만장일치로 가입승인을 받아야 카드를 소유할 수 있다.

정 부회장은 과거 블랙카드의 발급기준을 자신의 페이스북을 통해 밝힌 바 있다. "엄격한 기준으로 회원숫자가 1,000명을 넘어본 적이 한 번도 없다. 자산과 소득도 보지만 가장 중요한 핵심은 '존경'이다. 의외로 예술가나 특정 전문가인 회원도 많다"라고 말했다. 각 분야에서 존경받는 이들이 블랙을 지갑에서 꺼내도록 한다는 얘기다.

블랙카드는 바우처, 항공, 여행, 골프 등 다양한 프리미엄 혜택을 제공한다. 발급 이후 이용금액이 1,000만원 이상(발급 초년도 기준)이면 몽클레르, 덕시아나, 바카라 등 명품 브랜드에서 사용할 수 있는 150만원 상당의 바우처와 국내 특급호텔, 파인다이닝에서 쓸 수 있는 50만원 상당의 바우처 등을 기본으로 제공한다. 항공권을 퍼스트, 비즈니스 클래스로 업그레이드 해주는 서비스와 여행 시 예약대행과 콘텐츠 추천을 해주는 컨시어지 서비스도 이용할 수 있다.

자료원: *이코노미스트*, 2023.02.03.

2. 사회계층의 분류

상기한 바와 같이 사회계층의 다차원성을 고려한다면 사회계층을 정확하게 분류하는 것은 몹시 어려운 일이다. 사회계층을 여러 가지 구성요소들의 상호작용에 의해서 규정되는 것으로 본다면, 관련 요소들을 각각 사회계층의 지표로 삼고 각 지표들을 중요도에 따라서 가중치를 매겨 종합적인 지표를 구성한 다음 이 종합지표에 따라서 사회계층을 분류하는 것이 가장 좋은 방법의 하나이다. 그러나 각 지표에 대한 척도의 개발이 어렵고 여러 지표들의 상대적 중요도를 결정하는 것이 쉽지 않기 때문에 실제로 사회계층을 분류한다는 것은 용이한 일이 아니다.

사회계층 지표로 일반적으로 사용되는 사회계층적 변수에는 직업, 학력, 재산, 소득, 가문, 라이프스타일 등이 있다. 그중에서도 직업은 다른 지위변수의 기본적 속성을 거의 모두 포함하고 있기 때문에 가장 나은 지표로 평가되고 있다.

통계청은 한국의 사회지표에 관한 보고서를 발간하면서 주관적 계층의식을 조사하고 있다. 통계청의 주관적 계층의식 조사에서의 사회계층의 분류는 Warner의 분류방법을 적용하고 있으며 측정방법으로는 주관적 방법을 사용한다. 구체적으로, 계층의 단위를 가족으로 보고 가구주를 대상으로 "당신은 우리 사회에서 소득, 직업, 재산, 교육수준 등을 감안했을 때 어느 계층에 속한다고 생각하십니까?"라고 질문하여 ① 상상, ② 상하, ③ 중상, ④ 중하, ⑤ 하상, ⑥ 하하 등 6개의 사회계층으로 나누고 있다.

한편 Coleman and Rainwater에 의해 개발된 사회지위계층(social standing class hierarchy)은 최상류층, 상류층, 중상류층, 중산층, 근로층, 빈민층, 최하류층의 일곱 개 계층으로 분류하고 있다(〈표 12.1〉 참조).[10] Coleman-Rainwater 분류는 교육과 직업에 더 많은 비중을 둠으로써 각 계층 간의 파워와 권위의 차이를 보다 명확히 부각시키고자 하였다. 또한 중류층을 중산층과 근로층으로 세분함으로써 두 계층 간에 직업과 가치에서 차이가 존재함을 반영하였다. 가령, 근로층은 경제적·정서적 지원을 친척에 의존하며, 전국뉴스보다는 지방뉴스를 선호하며, 친척들과 함께 지역유원지에 소풍을 간다. 이에 반해 중산층은 상류층의 규범과 가치에 대한 지각을 토대로 구매하는 성향이 있으며, 인기있는 대중상품을 구매하는 경향이 있다.

그러나 Coleman and Rainwater의 사회지위계층을 마케팅에 활용할 때에는 상위 두 집단을 사치품 이외의 제품에 대한 표적시장으로 하기에는 시장규모가 너무 작아 이들을 하나의 집단으로 묶는 경우가 많다. 또한 하위 두 집단도 매우 낮은 구매력으로 인해 하나의 집단으로 묶는 경우가 흔히 있다. 따라서 사회지위계층은 다

표 12.1 Coleman-Rainwater의 사회지위계층

상류층
• 최상류층(upper-upper; 0.3%) : 세습부유층 • 상류층(lower-upper; 1.2%) : 신흥사회엘리트층(성공한 전문직 종사자, 최고경영자) • 중상류층(upper-middle; 12.5%) : 대학을 나온 관리자 및 전문직 종사자
중류층
• 중산층(middle class; 32%) : 평균봉급의 화이트칼라 종사자 및 그들의 블루칼라 친구들 • 근로층(working class; 38%) : 평균봉급의 블루칼라 종사자
하류층
• 빈민층(lower group of people but not the lowest; 9%) : 생계비보조를 받지 않고 노동에 종사하는 빈곤층 • 최하류층(real lower-lower; 7%) : 생계비보조를 받는 무직의 극빈곤층

음과 같이 5개의 범주로 재분류될 수 있다: ① 상류층(1.5%), ② 중상류층(12.5%), ③ 중산층(32%), ④ 근로층(38%), ⑤ 하류층(16%).

3. 사회계층의 측정방법

(1) 측정방법의 유형

사회계층을 측정하고 분류하기 위해 여러 가지 방법들이 개발되었다. 그러한 측정방법들은 다음과 같은 세 가지 유형으로 분류될 수가 있다.

① 주관적 방법

주관적 방법에서는 개인에게 자신의 계층적 지위를 어떻게 인식하고 있는가를 스스로 평가하도록 하고 그것을 바탕으로 하여 사회계층을 결정하는 방법이다. 이 방법은 사람들이 사회의 계층구조 내에서 차지하는 각각의 지위를 잘 알고 있을 것이라는 것을 전제로 하고 있다. 그러나 응답자들이 그런 것을 잘 알고 있다고 하더라도 반드시 정확하고 정직하게 응답해 준다고 볼 수 없다. 실제로 대부분의 사람들은 자신들을 상위계층으로나 하위계층으로 분류되기를 싫어하기 때문에 중류계층이 너무 비대해지는 성향이 있다.

② 평가적 방법

평가적 방법에서는 사회구성원들에게 다른 사람의 계층적 지위를 평가히도록 하어 개인의 사회계층을 결정하는 방법이다. 이 방법은 어떤 지역사회에서 영향력을 지닌 사람들을 알아내는 데 특히 효과적이다. 그러나 이 방법은 서로의 계층적 지위를 결정하기 위해서는 사회구성원들이 서로 잘 알고 있어야 하므로, 비교적 좁은 지역사회에서만 실효를 거둘 수 있다.

③ 객관적 방법

객관적인 사회계층 측정방법에서는 개인의 계층적 지위를 사회구성원의 객관적 속성을 근거로 결정한다. 사람들의 계층적 위치를 나타내는 객관적인 속성으로 어떤 것을 포함해야 하는가에 대해서는 여러 가지 의견이 있을 수 있다. 또 하나의 속성을 지표로 사용할 수도 있고 여러 개의 객관적인 속성을 종합해 사람들의 계층적 위치를 결정할 수도 있다. 객관적 방법에서는 사회경제적 변수인 직업, 학력, 소득 등을 각각 그 정도에 따라 일정 점수를 매겨 그 합계점수의 크기에 따라 사람들의 계층적 위치를 결정하는 방법이 많이 이용된다.

(2) 사회계층 측정상의 문제점[11]

사회계층의 측정에는 몇 가지 방법들이 사용될 수 있지만, 사회계층 측정에는 다음의 몇 가지 문제점이 있다.

① 객관적 측정방법은 연구자가 계층지표의 선정과 그 가중치(weight)를 자의적으로 결정하기 때문에 객관성을 침해받을 우려가 있다. 이를 보완하는 수단으로 계층지표의 가중치를 조사 대상자로부터 직접 구할 수 있다.[12]

② 몇 가지 지위(계층) 차원들의 평균점수를 근거로 사회계층의 서열이 정해지므로, 어떤 사람이 소득에서는 높은 서열에 속하지만 교육에서는 낮은 서열을 가지는 등, 동일한 개인이 지위차원마다 얻은 점수가 다를 수 있다는 사실이 무시된다. 따라서 Coleman은 직업에 따라 사회계층을 분류한 후 각 사회계층 내 소비자들을 집단의 평균소득보다 높고 낮음으로 재분류할 것을 제안하였다. Coleman은 같은 사회계층 내에서 평균소득보다 높은 소비자들을 풍요집단(the overprivileged)으로, 평균소득보다 낮은 소비자집단을 결핍집단(the underprivileged)으로 분류하였다. 예를 들어, 고소득의 노동자와 변호사는 각 사회계층범주 내에서 풍요집단에 속한다.

③ 개인의 사회계층은 안정적인 것으로 가정되고 있어서, 계층 간 이동으로 인한 효과가 무시되고 있다.

④ 개인이 특정 사회계층에 속한다는 것만이 파악될 뿐, 다른 사회계층으로부터의 준거집단의 영향이 무시되고 있다.

⑤ 가족의 사회계층은 성인가장의 특성을 중심으로 측정되므로, 특히 가족 중 성인여성의 교육수준과 고용상태 등 다른 가족구성원의 특성이 고려되지 못하고 있다.

이와 같은 사회계층 측정의 문제들이 해결되어야 사회계층이라는 개념이 마케터에게 더 유용하게 사용될 것이다.

생각해 볼 문제

1. 최근의 문화적 가치의 변화추세를 성별에 따라 살펴보고 이의 마케팅 시사점에 대해 정리해 보자.

2. 문화는 한 사회의 퍼스낼리티로 간주될 수 있다. 우리나라 문화를 사람으로 간주한다면, 우리나라 문화는 어떤 퍼스낼리티 특성을 가지고 있는지를 생각해 보자.

3. 선물증정과 관련된 소비자 의사결정은 다른 구매의사결정과 어떻게 다른가? 어떤 경우에 선물증정행위가 불쾌감을 유발할 수 있을까?

제 13 장

준거집단과 가족

인플루언서 마케팅이 넘쳐나는 상황에서 이 물건 사지 마세요! 라고 외치는 '디인플루언싱' 의 확산

"지금부터 보여 드리는 건 하나도 사지 마세요! 광고에서 보는 것 같은 효과는 하나도 없는데, 쓸데없이 비싸기까지 합니다." 발레리아 프리드(Fride)라는 여성이 소셜미디어 틱톡 영상에서 이같이 말하면서 샴푸와 아이라이너 같은 제품을 잇따라 보여준다. 2023년 1월에 올린 이 영상의 조회 수는 2개월 만에 130만 건을 넘겼다.

최근 소셜미디어를 중심으로 특정 제품을 "사지 마라(Don't buy this!)"고 외치는 디인플루언서들이 늘고 있다. 영국 파이낸셜타임스는 이에 대해 온라인에서 '이 물건은 꼭 사야 한다'고 구매를 권유하는 인플루언서가 지나치게 늘어나자 이에 대한 반작용으로 '이 물건 사지 마라'고 얘기하는 디인플루언싱(deinfluencing; '부정적으로 영향을 미친다'는 뜻) 현상이 확대되고 있다고 보도했다. 엘리 그레이(Grey)라는 25살 여성은 틱톡에서 '돈 낭비 하지 말라(Don't waste your money on that!)' 시리즈를 보여주는 페이지를 운영해 10만명 넘는 팔로워를 거느리고 있다. 그는 영상에서 "소셜미디어에서 인플루언서들이 사라고 부추기는 제품 중 상당수

최근 소셜미디어를 중심으로 특정 제품을 "사지 마라(Don't buy this!)"고 외치는 디인플루언서들이 늘고 있다.

는 아마존 첫 페이지에 있는 것이다. 결국 광고의 일부일 뿐이다"고 말했다. 현재 온라인에서 디인플루언싱을 검색하면 나오는 동영상은 1억 6,000만 개가 넘는다.

디인플루언싱 현상이 생겨난 것은 젊은 Z세대 소비자들이 더는 온라인 마케팅을 믿지 않기 때문이다. 이들은 태어나면서부터 온라인으로 상품을 검색하고 주문하는 데 익숙한 세대로, 유명인을 이용한 전통적인 마케팅 커뮤니케이션에 잘 넘어가지 않는다는 것이다. 특정 유명인이 소셜미디어를 통해 상품을 홍보하는 인플루언서 마케팅 시장이 전 세계 160억 달러(21조원) 규모를 넘어서자, Z세대 소비자들은 오히려 이런 홍보에 염증을 느끼기 시작했다.

디인플루언서는 소셜미디어에서 큰 영향력을 발휘하는 인플루언서에 반발해 만들어진 개념이다. 디인플루언서의 콘텐츠가 주목받는 현상은 인플루언서가 홍보하는 상품이 너무 많아지는 데 대한 반응이다. 조지타운대의 로널드 굿스타인 교수는 "부정적인 정보는 믿을 만하게 느껴진다. 최근 디인플루언서들의 영향력이 커지는 반면 인플루언서들의 영향력은 작아지고 있다"고 말했다.

자료원: *조선일보*, 2023.03.03.

소비자는 의사결정 과정에서 준거집단의 규범이나 가치의 영향을 받을 뿐 아니라 준거집단은 중요한 제품정보의 원천이 된다. 준거집단의 한 유형인 가족은 다른 가족구성원의 평가기준결정 및 제품선택에 큰 영향을 미칠 뿐만 아니라 자녀의 소비자 사회화과정에 큰 영향을 미친다. 본 장에서는 준거집단과 가족을 다룬다.

13.1 준거집단

사람들은 자신이 선호하는 제품이나 점포를 결정하는 과정에서 다른 사람들이나 집단으로부터 영향을 받는다. 또한 소비자는 이들과의 상호작용(interaction)을 통해 자아이미지(self-image)를 형성하거나 각각의 구매상황에 알맞은 행동을 학습하게 된다. 따라서 마케터는 이들이 소비자행동에 미치는 영향을 분석함으로써 보다 경쟁력있는 마케팅전략을 수립할 수 있게 된다. 본 절에서는 소비자행동에 대한 준거집단의 영향과 마케팅전략에 준거집단이 어떻게 이용될 수 있는지를 서술한다.

1. 준거집단의 의미와 영향

준거집단(reference group)은 타인의 행동에 직접 혹은 간접적 영향을 미치는 집단을 말한다. 이와 유사하게 **준거인**(referent)은 타인의 행동에 직접 혹은 간접적으로 영향을 미치는 사람을 말한다. 이하에서 준거집단은 준거인을 포함하는 개념으로 사용한다. 준거집단은 규범과 가치를 제공한다는 점에서 개인의 사고와 행동 방식에 결정적 역할을 하게 된다.

주변 사람들이 소비자행동에 어떤 영향을 주는지와 관련하여 수행된 Venkatesan의 연구를 소개한다.[1] 그는 실험 참가자에게 세 개의 동일한 셔츠를 제시한 후 가장 품질이 좋다고 생각되는 것을 고르도록 요구하였다. 미리 B라고 표시된 셔츠를 고르도록 지시를 받은 사람들이 모두 B셔츠를 선택했을 때 아이러니한 사실은 지시를 받지 않은 사람들도 동일한 셔츠를 선택하였다는 사실이다. 그러나 다른 사람이 주위에 없을 때에는 B셔츠를 고르는 빈도가 현저히 감소하였다. 이러한 실험 결과들은 개인이 집단의 의견과 다르게 행동하는 것을 꺼린다는 사실을 보여준다.

준거집단은 구성원들에게 그 집단의 규범과 가치에 순응하도록 영향을 미친다. 이러한 집단 영향력은 그 집단의 **사회적 힘**(social power)에서 비롯된다. 사회적 힘이란 한 사람이 다른 사람에게 미칠 수 있는 잠재적 영향력을 말한다. French and Raven은 사회적 힘의 원천으로 다음의 다섯 가지 유형을 제시하였다.[2]

① 강제적 힘(coercive power)
② 보상적 힘(reward power)
③ 전문적 힘(expert power)
④ 합법적 힘(legitimate power)
⑤ 준거적 힘(referent power)

강제적 힘은 공포, 물리적 위협에 의존하는 힘이다. 집단의 구성원들이 이같은 힘에 순응하게 되는 것은 만약 추종하지 않을 경우 초래될지도 모르는 부정적 결과(집단으로부터 추방 등)에 대한 공포 때문이다. **보상적 힘**은 상대방에게 가치 있는 것을 제공할 수 있는 능력으로부터 나오는 힘이다. 즉, 사람들이 집단 구성원들의 뜻에 따르게 되는 것은 그렇게 함으로써 긍정적인 결과를 얻을 수 있기 때문이다. **전문적 힘**은 한 사람이 가지고 있는 전문적 기술이나 지식에서 오는 영향력을 가리킨다. 예를 들어, 집단 구성원들 중 한 사람이 컴퓨터 전문가이거나 오디오 전문가인 경우 그의 전문성 때문에 집단 구성원들의 컴퓨터 또는 스테레오 제품구매에 힘

유튜브 동영상 조회수에서 전무후무한 기록을 세우며 K-POP의 위상을 전 세계에 떨치고 있는 아이돌 그룹 방탄소년단: 소비자는 구매과정에서 준거집단의 규범과 가치로부터 영향을 받는다.

을 행사할 수 있다. **합법적 힘**은 집단 내에서 영향력 있는 지위나 역할을 담당하게 된 결과로서 얻게 되는 공식적인 권한에 기초한 힘이다. 예를 들어, 산악회 회장은 자신의 지위를 이용하여 등산용품의 구매에 영향을 미칠 수 있다. 그리고 **준거적 힘**은 어떤 개인에 대한 존경, 그 개인의 태도나 행동을 본받고 싶어하는 열망에서 나온다. 예를 들어, 마케터는 청소년들을 표적시장으로 하는 제품광고에서 유명 연예인이나 스포츠인을 등장시켜 청소년 소비자들이 이들의 구매행동이나 라이프스타일을 모방하고 싶은 욕구를 이용한다.

이와 같은 다섯 가지 유형의 사회적 힘의 원천은 개인이 다른 사람 혹은 집단의 의견에 순응하는 이유를 잘 설명해 주고 있다.

2. 준거집단의 유형

준거집단은 목적에 따라 매우 다양하게 분류될 수 있다. 집단 구성원으로 소속될 수 있느냐의 여부에 따라 **회원집단**(membership reference group 혹은 associative reference group)과 **비회원집단**(nonmembership reference group)으로 분류된다([그림 13.1] 참조). 회원집단은 다시 접촉의 빈도에 따라 1차집단과 2차집단으로, 그리고 공식적인 역할과 조직구조에 따라 공식집단과 비공식집단으로 분류된다. 비회원집단은 열망집단(aspirational group)과 회피집단(dissociative group)으로 나누어진다.

(1) 1차집단과 2차집단

① **1차집단**: 1차집단은 서로 친밀해 구성원끼리 자주 접촉하기 때문에 개인의 행동에 가장 큰 영향을 미친다. 1차집단의 구성원들은 신념이나 행동 면에서 서로 유사성이 많기 때문에 상당한 응집력이 있다. 1차집단의 대표적인 유형이 가족과 친구이다.

그림 13.1 준거집단의 유형

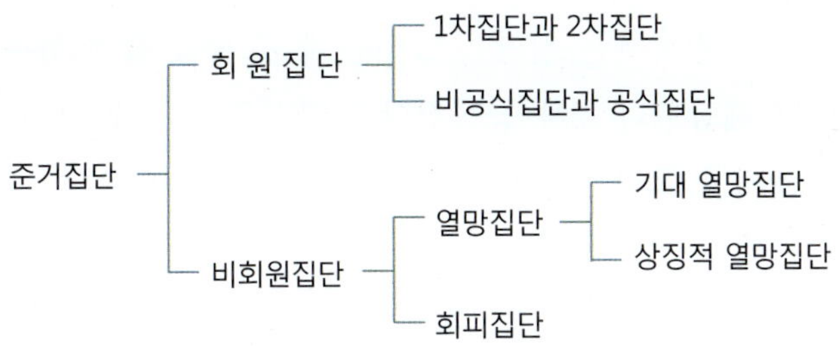

② **2차집단**: 구성원들 간의 만남이 가끔 이루어지는 집단으로서, 1차집단에 비해 구성원의 생각과 행동에 미치는 영향력이 상대적으로 작다. 지역단체, 업계 종사자들의 모임인 협회 등이 그 예이다.

(2) 공식집단과 비공식집단

① **공식집단**: 구성원의 자격요건이 명확히 정의되어 있고 구성원의 명단과 조직구조가 문서화되어 있는 집단으로, 지역자치단체, 학교, 교회 등이 그 예이다. 공식집단이 개인에게 미치는 영향은 구성원이 그 집단의 규범을 얼마만큼 받아들이고 이에 순응할 것인지에 따라 달라진다.

② **비공식집단**: 조직구조가 명확하지 않으며, 상호간의 친목에 근거를 둔다. 규범이 엄격할 수 있으나 문서화되는 경우는 드물다.

회원집단은 1차집단 또는 2차집단, 공식적 집단 또는 비공식적 집단 등의 기본 유형을 결합하여 [그림 13.2]와 같이 네 가지 유형으로 재분류될 수 있다.

1차 비공식집단은 구성원들 간에 비공식적인 접촉이 빈번하게 이루어지고 친밀한 관계를 유지하는 집단으로, 가족, 친구 등이 이에 해당된다. **1차 공식집단**은

그림 13.2 회원집단의 유형

	비공식적	공식적
1차	1차 비공식집단	1차 공식집단
2차	2차 비공식집단	2차 공식집단

구성원들 간에 접촉이 빈번하게 이루어지지만 보다 공식적인 관계를 유지하는 집단으로서, 직장동료, 학교의 급우 등이 그 예라고 하겠다. **2차 비공식집단**은 공식적인 관계는 아니지만 가끔 접촉하는 집단을 말하는데, 쇼핑을 함께 하는 사람이나 스포츠동우회 등이 이에 해당한다. **2차 공식집단**은 구성원들 간에 지속적인 상호작용이 별로 이루어지지 않지만 공식적인 관계를 맺고 있는 집단으로서, 동창회, 사교클럽 등을 그 예로 들 수 있다.

특정 브랜드를 중심으로 형성된 회원집단 중 하나가 **브랜드 커뮤니티**(brand community)인데, 이는 특정의 제품브랜드를 사용하거나 그 브랜드에 관심을 갖고 있는 사람들끼리 사회적 관계를 갖기 위해 형성된 소비자집단이다. Harley Davidson 모터사이클을 소유한 고객들 간의 공식적 모임인 HOG(Harley Owners Group)가 대표적 예이다. 브랜드 커뮤니티의 회원은 해당 제품브랜드를 반복구매할 뿐 아니라 다른 회원들과 정보를 공유하고, 사회적 교류를 열성적으로 하며, 다른 회원들이 충성고객으로 남아 있도록 영향력을 행사한다. 흥미있는 것은 브랜드가 시장에서 사라진 후에도 브랜드 커뮤니티는 계속 유지되는 경우가 많다는 점이다.

브랜드 커뮤니티가 다른 유형의 커뮤니티와 다른 점은 구성원들이 가까이서 함께 살지 않으면서 기업(가령, Jeep나 Harley-Davidson과 같이 커뮤니티를 적극적으로 후원하는 기업)의 후원으로 개최되는 조직화된 이벤트(brandfests)가 진행되는 기간 동안 잠시 어울린다는 것이다. 이러한 이벤트는 브랜드 소유자들이 열성적인 동료고객들과 유대감을 형성하고 제품과의 일체감을 형성/강화하는 데 도움을 준다.

소비자종족(consumer tribe)도 브랜드 커뮤니티와 유사한 개념인데, 이는 같은 라이프스타일을 공유하고 특정의 활동이나 제품을 함께 즐김으로써 서로 일체감을 느끼는 사람들의 모임을 말한다. 소비자종족은 안정적이지 않고 존속기간이 짧은 경우가 종종 있지만, 일정기간 특정의 제품들을 함께 소비하면서 정서, 도덕적 신념, 그리고 종속적 유대감 등을 공유한다. 예를 들어, 유럽의 Citroen 승용차나 미국의 Ford Mustang 승용차는 이 브랜드에 열정적인 애정을 보이는 소수의 매니아층을 갖고 있으며, 이들은 숭배하는 제품을 기리기 위해 정기적으로 모임을 갖는다. 일부 기업들, 특히 젊은 소비자층을 겨냥하는 기업들은 자사제품을 특정의 소비자종족과 연계시키는 전략인 **종족마케팅전략**(tribal marketing strategy)을 활용한다.

(3) 열망집단과 회피집단

사람들은 자신이 현재 소속되지 않은 집단에 의해서도 영향을 받는다. 열망집단은 개인이 소속하기를 원하는 집단으로서, **기대 열망집단**(anticipatory aspiration groups)과 **상징적 열망집단**(symbolic aspiration groups)으로 나누어진다.

기대 열망집단이란 경우에 따라 장래에 소속이 가능한 집단으로 개인과 이 집단 사이에는 직접적인 접촉이 이루어진다. 자신이 소속된 회사의 임원, 최고경영자 등이 기대 열망집단의 대표적인 예이다. 마케터는 기대 열망집단에 소속되고자 하는 소비자의 욕구에 소구하기 위해, 사회에서 성공적인 위치에 있는 사람을 등장인물로 소구한 제품광고를 자주 사용한다. 상징적 열망집단이란 개인이 소속되기 어려운 집단이지만 상징적 열망집단의 신념과 태도는 그 개인에게 수용된다. 마케터는 유명 연예인이나 스포츠맨을 제품광고의 등장인물로 사용하여, 소비자의 상징적 열망집단에의 소속욕구에 소구한다.

다음으로 **회피집단**은 한 개인이 집단 구성원들의 가치나 행동을 회피하고자 하는 집단을 말하며, 이 집단 역시 개인의 행동에 영향을 미치게 된다. 예를 들어, 전통적인 사고를 가진 사람들은 자유분방한 생활을 즐기는 연예인들의 생활을 싫어하고 그들의 언행을 따르려 하지 않는다.

소비자행동 Highlight

열망집단을 활용해 강력한 브랜드파워를 구축한 Nike Air Jordan 운동화의 빛과 그림자: Air Jordan 운동화 소유자의 피살사건

1989년 5월 2일 미국 Maryland의 Anne Arundel County에 위치한 Meade 고등학교의 9학년생이었던 15살 Michael Thomas는 같은 학교에 다니던 한 학생에 의해 살해되었다. 범죄를 저지른 학생은 Thomas가 2주 전에 구입한 Air Jordan 운동화를 빼앗은 후 그를 죽이고 숲속에 유기했다. Thomas는 프로 농구선수 Michael Jordan을 숭배했으며 Jordan과 같은 사람이 되고 싶어 그가 후원한 나이키 신발을 115.5달러를 주고 구입했었다. 이 사건은 운동화 소유자를 대상으로 한 첫 번째 범죄는 아니었지만 가장 악명 높은 사건으로 회자된다. 이 살인사건에 대한 이야기는 *Sports Illustrated* 잡지의 1990년 5월 14일 판에서 기사로 다루어졌다. 이같은 범죄

스타농구선수였던 Stephon Marbury는 농구의 신으로 불리는 Michael Jordan이 Nike와 손잡고 값비싼 Air Jordan 농구화 시리즈를 만든 것에 대해 공개적으로 비판하면서 자신의 별명인 Starbury를 브랜드 명으로 사용한 저렴한 운동화를 제작했다.

는 Air Jordan 농구화뿐 아니라 다른 운동화, 운동복, 운동모자 브랜드의 소유자들에게도 발생되었으며 이러한 사건은 그 이후에도 계속 일어났다. 2004년 2월 14일 세 명의 16살 청소년들이 Huang Chen을 잔인하게 구타한 후 칼로 찔러 살해했다. 이들은 Chen의 가족이 운영하는 테이크아웃 식당에서 음식을 주문하였고 주문한 음식을 Chen이 전달하려고 할 때, 운동화를 구입하기 위한 돈을 마련하기 위해 그를 살해했던 것이다.

사회학자 Elijah Anderson은 운동용품과 관련해 젊은 흑인남성들이 저지른 범죄는 계층 및 인종 간 불평등과 연관될 수 있다고 주장한다. "교육을 받지 못하고 도시 내 슬럼지역에 사는 아이들은 기회가 박탈되었다고 생각한다. 그들은 사회시스템에 의해 기회가 차단되었다고 느낀다. 그러나 그들은 백인 중산층을 겨냥한 문화적 도구(가령, 광고)로부터 융단폭격을 받는다. 비록 이러한 물건을 가질 경제적 수단을 갖고 있지는 않지만, 그들도 백인 중산층과 동일한 욕망을 갖고 있다. 그래서 그들도 성공을 상징하는 상징물에 가치를 부여하고 이를 갖고 싶어한다. 골프 신발, 화려한 복장 등은 잘나간다는 것을 보여주는 상징적 과시물인 것이다. 광고는 도시에 거주하는 젊은 흑인들에게 어필하는 이미지를 제공함으로써 이러한 과정을 가열시키며, 신발회사들은 이러한 상황을 이용한다."

Anderson 교수는 모든 마케터에게 이러한 비난을 쏟아붓는 것을 자제하면서 이러한 상황이 바로 자유시장이라고 언급한다. 미국 프로 농구팀 New York Knicks의 스타농구선수였던 Stephon Marbury는 이러한 문제에 대한 해결책에 동참했다. Marbury는 농구의 신으로 불리는 대선배 Michael Jordan이 Nike와 손잡고 값비싼 Air Jordan 농구화 시리즈를 만든 것에 대해 "Michael Jordan은 빈곤한 청소년들을 약탈하고 있다. 청소년들이 운동화 때문에 죽어 가는데, 그는 이에 대해 신경도 쓰지 않는다"라고 공개적으로 비판했다.

2006년 9월 Marbury는 저렴한 운동화를 만들겠다고 선언했고 자신의 별명인 Starbury를 브랜드 명으로 사용한 운동화를 생산했다. 실제로 Starbury 브랜드의 소매가격은 150달러에서 300달러에 이르는 Nike나 Adidas에 비해 매우 저렴한 15달러 정도에 불과했다. Marbury는 아이들이 좀 더 안전한 상태에 놓이기를 희망했다. 낮은 가격의 운동복과 운동화를 착용하는 아이들은 범죄의 희생양이 될 가능성이 덜할 것이라고 생각한 것이다. Marbury가 운영했던 소매점들은 문을 닫았지만, 2005년 그는 Amazon과의 파트너십을 통해 운동화 및 확장된 제품라인을 판매하기 위해 Starbury.com을 오픈했다. 또한 미국프로농구를 떠난 후 중국리그에 진출에 큰 인기를 끌었던 Marbury는 중국시장에도 Starbury 스포츠용품을 진출시키고 소매점들을 오픈했다.

자료원: *중앙일보*, 2015.12.02.

3. 준거집단 영향의 유형

한 개인의 행동은 여러 집단에 의해 크게 영향을 받는다. 예컨대 우리는 직장, 학교, 이웃에서 사귄 친구들과 상호 접촉하는 과정에서 이들로부터 영향을 받게 된다. 준거집단의 영향이 발생되는 과정과 영향의 유형은 집단의 규모, 집단 구성원들의 역할과 지위에 따라 다르게 나타난다. 준거집단이 소비자 선택에 미치는 영향의 유형은 **정보적 영향**(informational influence), **규범적 영향**(normative influence), **가치표현적 영향**(value-expressive influence) 등으로 구분될 수 있다.[3]

(1) 정보적 영향

소비자는 준거집단 구성원의 의견을 신뢰성있는 정보원천으로 받아들이는 경우가 흔히 있다. 특히 관찰에 의해 제품의 특성을 평가하기 어려울 때, 소비자는 신뢰성이 높은 정보원천에 의해 제공되는 정보로부터 영향을 받을 가능성이 커진다. 또한 제공된 정보의 신뢰도는 소비자들에 의해 지각되는 준거집단의 전문성에 의해 결정된다. 예컨대, 광고에 등장하는 모델이 전문가라고 지각된다면 이들이 제공하는 정보의 영향이 커지게 된다. 유명 아나운서가 LG 오디오제품의 광고에서 그 제품의 장점에 대한 정보를 제공할 때, 소비자는 그가 방송인이기 때문에 오디오에 대해 상당한 지식이 있을 것으로 지각하고 그에 의해 제공되는 정보를 긍정적으로 받아들이게 될 가능성이 높게 된다.

준거인에 의한 정보적 영향의 예: 기업은 전문인을 제품광고에 등장시켜 자사 제품에 대한 호의적 태도의 형성과 제품구매에 영향을 미치려고 한다.

정보적 영향은 때때로 우리가 현상(현실)에 대한 판단·평가의 기준을 획득하기 위해 타인의 행동을 관찰하게 됨을 시사한다. **사회적 비교이론**(social comparison theory)은 이러한 과정을 설명하는 데 유용하다. 사회적 비교이론에 의하면 사람들은 흔히 타인의 행동에 대한 관찰을 통해 자신의 행위의 적절성을 판단하기도 한다. 즉, 소비자들은 선택대안의 평가와 구매행위의 적절성을 판단하기 위해 타인의 행동과 비교하는 경향이 있다. 이러한 경향은 특히 기업이 제공하는 제품정보가 판단에 별 도움이 되지 않을 때 발생될 가능성이 높다. 소비자는 비교대상(준거인)을 누구로 할 것인가에 대해 선택적인 경향이 있는데, 특히 자신과 유사하다고 지각되는 사람(가령, 가치관이 비슷한 동료집단)을 준거인으로 선택한다.

(2) 규범적 영향

준거집단의 규범적 영향은 소비자가 보상을 기대하거나 처벌을 피하기 위해 다른 사람들의 기대에 순응(compliance)하고자 할 때 발생된다. 규범적 영향을 실용적 영향(utilitarian influence)이라고 부르기도 한다. 사람들은 다음의 세 가지 경우에 준거집단의 규범에 순응할 가능성이 높게 된다.

① 준거집단이 보상과 처벌을 줄 수 있다고 지각될 때
② 개인의 행동이 집단에 의해 쉽게 관찰될 것으로 믿을 때
③ 개인이 능동적으로 집단의 보상을 받고자 하거나 처벌을 피하고자 할 때

집단의 규범에 순응해야 한다는 심리적 압박감은 특히 제품의 구매/사용이 다른 사람들의 눈에 띄고, 집단 구성원들로부터 회원의 한 사람임을 인정받기 위해 구매를 할 때 두드러진다. 예를 들어, 친구를 접대하기 위해 맥주를 구매하는 경우에는 브랜드선택에서 준거집단의 규범적 영향이 강하게 나타나는(즉, 친구들이 선호하는 브랜드를 선택함) 반면, 개인적 소비를 목적으로 구매할 때는 규범적 영향이 낮은 것으로 나타난다.[4]

(3) 가치표현적 영향

사람들은 특정집단에 소속된 것을 나타내고 싶거나 혹은 그 집단에 소속되고 싶을 때 그 집단 구성원들의 규범 · 가치 · 행동을 따른다. 이때 그 집단은 준거집단으로서 가치표현적 기능을 수행한다. 즉, 사람들은 심리적으로 특정 집단과 연관을 가지려는 욕구를 가지고 있으며, 따라서 특정 집단의 규범 · 가치 · 행동을 받아들이게 되고, 그 결과 타인의 눈에 비쳐진 자아 이미지가 강화될 뿐 아니라 자신들이 존경하는 사람들과 일체감을 느끼게 된다. 사람들은 자아 이미지를 강화시켜 주는 집단의 주장을 받아들이거나 그들과 비슷한 행동을 하게 된다.

그러나 준거집단의 가치표현적 영향이 마케팅에서 곤란한 문제를 야기할 수도 있다. 이러한 예는 오토바이 제조업체인 Harley-Davidson사가 상당기간 동안 직면

했던 문제에서 잘 알 수 있다. 이 회사 브랜드는 난폭한 오토바이광 세분시장에 의해 주로 구매되어 왔는데, 문제는 이 세분시장의 전형적인 소비자가 팔이나 가슴에 Harley-Davidson의 로고를 문신으로 한 거리의 갱이라는 사실이었다. 따라서 Harley-Davidson의 로고는 시장규모가 작은 이러한 소비자의 브랜드 충성도를 획득하는 데는 성공했지만, 시장규모가 방대한 일반 고객층에게는 부정적인 영향을 주어 이들을 끌어들이는 데는 실패하였다.

4. 어떤 상황에서 준거집단이 제품/브랜드 결정에 더 많은 영향을 미치는가?

앞에서 설명한 바와 같이 준거집단은 여러 형태로 소비자의 구매결정에 영향을 미치지만, 모든 제품과 브랜드의 구매에 똑같은 영향을 미치는 것은 아니다. 준거집단의 영향은 개인과 구매상황에 따라, 그리고 구매할 제품이나 브랜드의 특성에 따라 달라진다. Bourne은 준거집단이 소비재 구매에 미치는 영향을 연구하면서 제품이 남의 눈에 두드러질수록 준거집단의 영향이 커짐을 발견하였다.[5]

Bearden and Etzel은 Bourne의 연구를 보완했는데, 다음의 두 가지 기준에 따라 준거집단이 제품과 브랜드결정에 미치는 영향력의 정도가 달라진다고 보았다.[6] 첫 번째는 제품을 소유한 소비자의 수인데, 소수의 소비자에 의해 구매되는 사치품이 대다수의 소비자에 의해 구매되는 필수품에 비해 다른 사람들에게 더 두드러져 보이므로 준거집단이 제품/브랜드 선택에 미치는 영향이 상대적으로 더 클 수 있다. 두 번째 기준은 제품이 공공장소에서 소비되느냐 혹은 개인적으로 사용되느냐인데, 사람들의 눈에 뜨이는 공공장소에서 소비되는 제품이 개인적으로 사용되는 제품에 비해 더 두드러져 보이므로 준거집단의 영향력이 보다 더 높다.

이 두 가지 기준을 사용하여 제품들을 네 개의 범주로 분류할 수 있는데, 각 제품범주가 준거집단에 미치는 영향은 서로 다르다. 다음은 제품과 브랜드 선택에 준거집단이 미치는 영향력에 따라 제품들을 네 가지 범주로 분류한 것이다.

(1) 공공장소에서 사용되는 사치품 (Publicly Consumed Luxuries)

다른 사람들이 보는 앞에서 제품이 사용되며, 소수의 사람들에 의해 소유되거나 사용된다. 이러한 경우에는 제품의 소유와 브랜드선택 모두가 준거집단에 의해 영향을 받게 된다. 예를 들어, 골프클럽과 같이 공공장소에서 사용되는(남의 눈에

준거집단을 이용한 마케팅의 예: 기업은 유명연예인을 광고모델로 이용함으로써 자아 이미지를 강화하려는 소비자 욕구에 소구하려 한다.

잘 뜨이는) 사치품을 구매하려는 소비자는 다른 사람들의 생각이나 기대에 강하게 영향을 받게 된다.

(2) 개인적으로 사용되는 사치품 (Privately Consumed Luxuries)

다른 사람들이 보지 않는 장소에서 소비되며, 소수의 사람들에 의해서만 소유된다. 많은 경우 어떤 브랜드를 선택하느냐 하는 것은 사회적으로 그렇게 중요한 문제가 아니지만, 제품군의 소유 여부는 중요한 의미를 줄 수 있다.

(3) 공공장소에서 사용되는 필수품 (Publicly Consumed Necessities)

여러 사람이 보는 앞에서 사용되며, 거의 모든 사람이 소유하고 있다. 거의 모든 사람이 소유하는 필수품으로 준거집단은 제품구매 여부에 거의 영향을 미치지 않으나, 남의 눈에 띄는 공공장소에서 사용되기 때문에 브랜드선택에 대해서는 강한 영향을 미친다. 예를 들어, 손목시계와 같이 공공적 필수품을 구매할 경우, 제품선택에 대해서는 준거집단의 영향이 약한 반면 브랜드선택에 있어서는 준거집단의 영향이 강하게 나타난다. 손목시계는 누구나 다 사용하는 필수품이기 때문에 손목시계 구매 여부에 준거집단은 영향을 미치지 않는다. 그러나 손목시계 착용은 주위 사람들의 눈에 잘 띄기 때문에 손목시계 브랜드의 선택에 있어서는 준거집단은 영향을 미치게 된다.

(4) 개인적으로 사용되는 필수품 (Privately Consumed Necessities)

다른 사람들이 보지 않는 장소에서 개인적으로 사용되며, 거의 모든 사람들이 소유하고 있다. 제품이나 브랜드가 개인적인 목적으로 구매 사용되며, 거의 모든 사람들이 소유하고 있기 때문에 제품의 소유 여부와 브랜드선택 모두가 준거집단의 영향을 별로 받지 않는다.

5. 구전 커뮤니케이션

특정 주제에 관한 개인들 간의 의사소통을 **구전 커뮤니케이션**(word-of-mouth communication)이라고 하는데, 소비자들은 구전 커뮤니케이션 과정에서 구매행동에 영향을 받기도 한다. 신제품이 출시되었을 때, 소비자들은 구매에 앞서 흔히 먼저 구매·사용한 경험이 있는 소비자들과의 구전 커뮤니케이션에 의하여 제품정보를 획득하거나 이들의 의견을 구한다. 그리고 집단구성원들 간의 구전 커뮤니케이션 과정에서 **의견선도자**(opinion leader)는 집단 내의 다른 사람들의 태도나 구매행동에 상당한 영향을 미친다.

이하에서는 구전 커뮤니케이션 과정이 소비자의 구매행동에 미치는 영향과 구전 커뮤니케이션 과정에서의 의견선도자의 역할을 살펴보기로 한다.

(1) 구전의 중요성

준거집단 구성원들 간의 구전 커뮤니케이션은 소비자구매행동에 강력한 영향을 미친다. 소비자는 브랜드대안 평가에서 준거집단과의 구전 커뮤니케이션을 상업적 정보원천 또는 중립적 원천(가령, 소비자시대)보다 더 신뢰하는 경향이 있으며,[7] 구매의사결정에서의 위험을 줄이기 위한 수단으로 이들의 의견에 의존하는 경우가 흔하다.

구전 커뮤니케이션은 특정의 제품, 스타일, 아이디어가 전염병 같이 단기간에 확산되는 데 기여할 수 있는데, Malcolm Gladwell은 '티핑 포인트'라는 책에서 잘 팔리지 않는 제품이 전염병과 같이 빠른 속도로 확산되어 사회적 현상으로 되는 과정을 잘 설명하고 있다. 그는 한동안 유지되어온 균형상태(혹은 정체상태)가 깨지면서 걷잡을 수 없이 큰 변화가 일어나는 순간을 **티핑 포인트**(tipping point)라고 하였다.

그러면 왜 구전에 의한 정보가 소비자에게 큰 영향을 미치는 것일까? 여러 가지 가능한 설명들 중 하나는 구전에 의한 정보의 생생함(vividness)이다. 구전에 의한 정보는 다른 사람들로부터 그들의 경험이 직접 전달되므로 다른 정보원천보다 더 생생하다. 따라서 구전정보는 기억으로부터 보다 쉽게 인출되며 소비자에 대한 영향이 상대적으로 크다.[8]

일반적으로 소비자는 고관여 구매상태에서 다른 사람들의 의견에 많은 영향을 받는다. 소비자는 다음과 같은 상황에서 제품관여도가 높아지고 구전에 의한 정보에 더 많이 의존하는 성향이 있다:

- 제품의 가시성이 높을 때
- 제품이 복잡할 때
- 객관적 평가기준에 의한 검증이 어려울 때
- 지각된 위험이 높을 때
- 제품군에 대해 친숙하지 않을 때

소비자들 사이에 이루어지는 대화는 어떤 제품이나 점포를 성공시키거나 파산시킬 수 있다. 소비자는 긍정적 구전보다 **부정적 구전**(negative word-of-mouth) 커뮤니케이션에 더 큰 비중을 두게 된다. 특히 신제품을 구매하려는 소비자는 긍정적인 정보보다도 부정적인 정보에 더 주의를 기울이고, 이런 정보를 다른 사람들에게 이야기한다. 예를 들어, 커피 신제품 구매에 대한 한 연구결과, 긍정적 정보에 접한 소비자들의 54%가 신제품을 구매한 반면 부정적 정보에 접한 소비자들 중 18%만이 구매한 것으로 나타났다.[9]

루머(rumors)는 부정적 구전 커뮤니케이션의 한 유형이다. 1930년대에는 '전문적으로 루머를 퍼뜨리는 사람들(professional rumors mongers)'이 제품판촉을 위해 구전 커뮤니케이션을 만들거나 경쟁브랜드를 비난하기 위해 고용되었다.[10] 루머는 사실적인 근거가 전혀 없더라도 기업에게 심각한 위협이 될 수 있다. 정보는 소비자들 사이에 전달되는 과정에서 변형되는 경향이 있어, 최종적인 메시지는 원래의 것과 판이하게 다를 수 있다. 특히 온라인상에서 일어나는 부정적 구전은 그 확산속도가 매우 빠르고 기업이 통제하기 어렵기 때문에 해당기업에 미치는 파급효과가 훨씬 강하다.

(2) 온라인 구전과 온라인 사회네트워크

온라인 구전(online word-of-mouth)은 인터넷을 통해 현재나 과거의 고객 또는 잠재고객 사이에 언어적·시각적으로 전달되는 개인 간 커뮤니케이션을 말한다. 2000년대 들어 블로그, 소셜네트워킹 사이트, 인터넷의 지속적 성장에 따라 온라인 구전의 영향력이 갈수록 커지고 있다. 이제 온라인에서 조언을 구하고 일상경험을 온라인에서 공유하는 것은 젊은이들의 생활방식이 되었다. 이에 따라 기업은 온라인 구전이 전체 구전에서 차지하는 비중이 작음에도 불구하고 오프라인 구전에 비해 온라인 구전이 갖는 차별적 특성으로 인해 무시할 수 없게 되었다. 가령, 마케터는 구글 검색결과 맨 위에 나타나는 부정적인 블로그 게시글이나 유튜브에 올라오는 자사제품에 관한 동영상을 무시할 수 없을 것이다.

온라인 구전은 오프라인 구전에 비해 다음과 같은 차별적 특성을 갖는다. 첫째, 오프라인 구전은 소수의 친한 친구나 동료와의 직접적 대면을 통해 이루어지는 정보교환인 반면, 온라인 구전은 가상공간에서 지인뿐 아니라 낯선 사람들과도 이루어지는 정보교환이다. 둘째, 오프라인 구전은 말을 통해 이루어지는 반면, 온라인 구전은 인터넷을 통해 문자와 시각적 정보로 이루어지기 때문에 정보가 사라지지 않고 지속적으로 확산되고, 전달속도가 빠르며 확산의 범위가 훨씬 더 넓다.

기업은 온라인 구전을 이용한 마케팅인 바이럴 마케팅을 통해 자사제품을 효과적으로 홍보할 수 있다. **바이럴 마케팅**(viral marketing)이란 고객들로 하여금 인터넷을 통해 자발적으로 친구들에게 제품을 홍보하도록 함으로써 제품홍보가 더 많은 네티즌 사이에 저절로 퍼져나가도록 하는 것을 말한다. 바이럴 마케팅의 장점은 고객이 스스로 제품/기업 관련메시지를 전달하기 때문에 매우 저렴하고, 친구로부터 오는 메시지이기 때문에 그것을 열어서 읽어 볼 가능성이 높다는 것이다.

인터넷의 급속한 성장은 **온라인 사회적 네트워킹**(online social networking) 혹은 **온라인 커뮤니티**(online community)의 발전을 가져왔다. 온라인 사회적 네트워킹은 사람들이 정보와 의견을 교환하고 사회적 관계를 맺는 온라인상의 커뮤니티이다. 오늘날 미국인들은 MySpace나 Facebook에서 서로 사귀고, YouTube에서 가장 인기있는 비디오를 함께 공유한다. 사람들은 사회적 네트워크를 형성하기 위해 소셜 미디어(social media)를 이용하는데, 소셜 미디어의 종류는 블로그에서부터 사회적 네트워킹 웹사이트(가령, 유튜브, 인스타그램, 페이스북, 트위터 등)에 이르기까지 매우 다양하다.

대표적 SNS '페이스북'

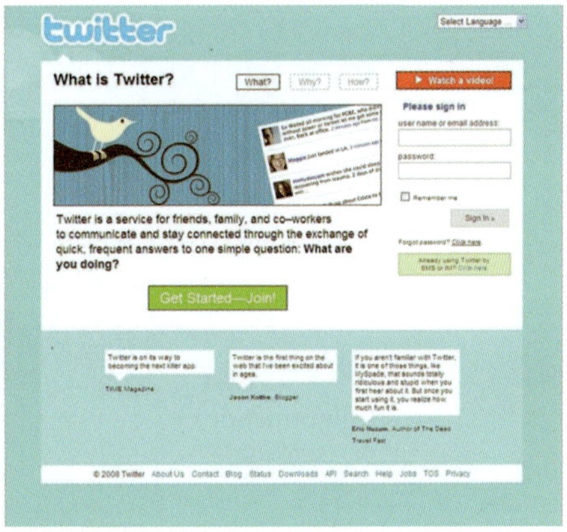

단문 블로그 서비스 '트위터'

(3) 구전 커뮤니케이션 모델

다단계 흐름 커뮤니케이션 모델(multistep flow of communication model)은 집단 구성원들 간의 제품에 관한 정보를 교환하는 과정을 다루는 구전 커뮤니케이션 모델이다.

[그림 13.3]은 다단계 흐름 커뮤니케이션 모델로서, 이는 정보전달과 영향력이 의견선도자와 추종자 간에 쌍방향으로 이루어지는 것을 반영하고 있다. 단계 1a와 1b는 의견선도자와 의견추종자가 동시에 매체에서 제공되는 정보에 노출됨을 보여준다. 단계 2는 정보와 영향력이 의견선도자로부터 추종자에게로 전달되는 과정을, 그리고 단계 3은 역으로 의견추종자로부터 의견선도자에게로 정보와 영향력이 이전되는 과정을 보여준다. 인터넷 사용이 급성장하게 됨에 따라 다단계 흐름 커뮤니케이션 모델은 사회구성원들 간의 커뮤니케이션 과정을 설명하는 데 매우 유용하다.

Reynolds and Darden은 집단 내의 소비자를 **사회적 성향**(social integration)에 따라 [그림 13.4]와 같이 네 가지 유형으로 분류한 후 다단계 흐름 커뮤니케이션 모델에서 다루고 있는 의견선도자와 추종자의 특성을 연결하여 설명하였다.[11]

그림 13.3 다단계 흐름 커뮤니케이션 모델

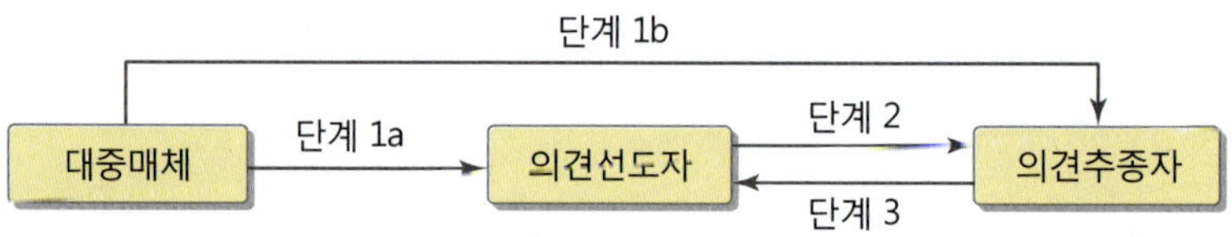

그림 13.4 사회적 성향에 따른 소비자유형

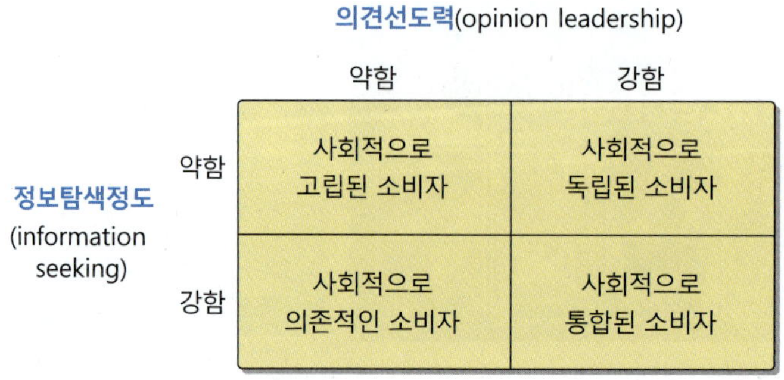

① 사회적으로 통합된 소비자(socially integrated consumer)
② 사회적으로 독립된 소비자(socially independent consumer)
③ 사회적으로 의존적인 소비자(socially dependent consumer)
④ 사회적으로 고립된 소비자(socially isolated consumer)

이같은 분류는 구전 커뮤니케이션 참여자들의 의견선도정도(정보제공정도)와 정보탐색정도에 근거한 것이다. **사회적으로 통합된 소비자**는 의견선도력과 정보탐색정도가 모두 높은 자이며, 구전 커뮤니케이션 과정에 가장 적극적으로 참여한다. **사회적으로 독립된 소비자**는 의견선도력은 높으나 정보탐색정도가 낮은 자로서, 집단 구성원들에게 정보를 제공하지만 자신은 다른 사람들로부터 정보를 추구하지 않는다. **사회적으로 의존적인 소비자**는 의견선도력은 낮으나 정보탐색정도가 높은 자이며, 전통적 의미에서 추종자를 말한다. 즉, 집단 구성원들로부터 적극적으로 정보를 수집하지만 다른 사람들에게 영향을 미치지 않는다. **사회적으로 고립된 소비자**는 의견선도력과 정보탐색정도가 모두 낮은 자로서 내향적이고 매우 비사교적인 성격의 사람이다.

(4) 구전 커뮤니케이션에 있어서 의견선도자의 역할

앞에서 설명한 바와 같이 의견선도자(opinion leader) 혹은 영향력 행사자(influentials)는 구전 커뮤니케이션을 통해 다른 사람들의 구매행동에 영향을 미칠 가능성이 높기 때문에 마케터는 의견선도자에게 제품정보를 집중시키거나 또는 이들로 하여금 긍정적 구전 커뮤니케이션을 하도록 유도해야 한다.

1) 의견선도자의 특성

의견선도자는 특정 구매상황이나 특정 제품군에 대해서만 다른 소비자에게 영향을 미친다. 예를 들어, 패션에 대한 의견선도자라고 해서 자동차에 대한 의견선도자가 되는 것은 아니다. 연구결과에 의하면 일반화할 수는 없지만 의견선도자는 대체로 다음과 같은 특성을 갖는 경향이 있는 것으로 밝혀졌다.

① 의견선도자는 추종자와 같은 사회계층에 속하는 경향이 있다.[12] 물론 같은 사회계층 내에서 의견선도자는 보다 높은 사회적 지위를 가질 수 있다.

② 의견선도자는 해당제품의 영역과 관련하여 다른 사람들보다 매체에 노출되는 빈도가 높다.[13] 예를 들어, 여성패션의 의견선도자는 패션관련 잡지를 보다 자주 읽게 될 것이다.

③ 의견선도자는 해당제품의 영역에 대한 관심과 지식이 다른 사람들보다 많다.

④ 의견선도자는 다른 사람들보다 사교적이다.

⑤ 의견선도자는 다른 사람들보다 혁신적 성향이 강하다. 그러나 의견선도자라고 해서 반드시 다른 소비자보다 먼저 신제품을 구매하는 혁신소비자(innovator)가 되는 것은 아니다. 예를 들어, 주위의 시선을 의식하지 않는 과감성을 가진 자가 최신 유행의 의상을 먼저 구매하는 혁신소비자인 반면에 유행의 기준을 정하는 패션지의 편집인은 의견선도자라고 볼 수 있다.

⑥ 의견선도자는 다른 사람들보다 집단의 규범과 가치에 더 익숙하고 또 이에 충실하려고 한다. 의견선도자는 집단 구성원들에 의해 부여된 권위에 의해 집단의 규범과 가치를 유지하려고 한다. 예를 들어, 의상에서의 의견선도자는 구성원들이 너무 유행에 앞서거나 뒤떨어지지 않도록 현재의 상황에 적절한 의상규범을 설정한다.

의견선도자는 다양한 형태로 소비자의 구매의사결정과정에 영향을 미치고 있는데, 시장정보전문가와 대리소비자가 그 예이다. **시장정보전문가**(market maven)는 여러 유형의 제품, 쇼핑장소, 그리고 다양한 시장특성에 관한 정보를 가지고 소비자들과의 대화를 주도하며 시장정보에 대한 그들의 질문에 답해주는 사람들로 정의된다.[14] 시장정보전문가는 시장전반에 관한 전문적 지식을 보유하고 있으므로 대화과정에서 다른 소비자들에게 영향을 미칠 수 있다. 한편 **대리소비자**(surrogate consumer)는 소비자의 시장활동에 대한 지침을 주고 거래를 성사시켜 주는 대리인의 역할을 하는 사람으로 정의된다.[15] 대리소비자는 세무담당, 실내장식, 증권브로커 등의 다양한 역할을 수행할 수 있으며 많은 경우 소비자를 대신하여 의사결정(정보탐색, 대안평가, 선택 등)을 수행한다. 대리소비자는 고관여 구매상황(고급가구, 증권투자 등)에서의 의사결정에 중요한 역할을 한다.

최근 들어 온라인에서의 의견선도자들을 **인플루언서**(influencer)라고 부르기도 하는데, 영향력 있는 개인을 의미하는 인플루언서는 연예인, 셀럽(유명인), 소셜미디어 스타 등을 포함한다. 인플루언서들의 공통점은 디지털 소비자들이 선호하는 콘텐츠의 제작자이며, 충성도 높은 팔로워를 가지고 있으며, 자신이 보유한 플랫폼(채널)을 통해 메시지를 직접 유통시킨다는 것이다.[16]

유튜브는 수많은 인플루언서가 만들어지고 활동하는 대표적인 SNS채널이다. 밀레니얼 세대는 텍스트 형태가 아닌 영상 콘텐츠 형태의 정보를 선호하며 유튜브 같은 온라인 플랫폼에서 정보를 주고받는다. 이에 따라 인플루언서의 영향력이 갈수록 증대되고 있으며 많은 기업들이 인플루언서와의 협업에 기반한 인플루언서 마케팅을 실행하고 한다. 2017년 초 아마존은 인플루언서 마케팅 프로그램을 도입했는데, 이는 인플루언서들이 아마존에서 판매되고 있는 제품을 사용/추천/홍보하는 파트너로 활동하도록 하는 플랫폼이다. 인플루언서들이 이 프로그램에 참여하기 위해 가입신청을 하면 아마존은 그들이 거느린 팬의 규모, 이들이 만드는 콘텐츠의 질적 수준, 아마존에서 판매하는 제품/서비스와의 적합성 등의 평가기준을 토대로 협업할 인플루언서를 선발한다. 선발된 인플루언서들은 아마존으로부터 독립적인 도메인 주소를 제공받는데, 이들은 이 도메인을 활용해 자신의 콘텐츠에서 소개하는 제품의 구매를 권할 수 있다.

가령, 아마존 인플루언서 프로그램에 참여하는 요리분야의 유명 유튜브 크리에이터가 '토마토와 아보카도를 섞어 튀긴 크로켓' 레시피를 공개하고 이를 만드는 과정을 영상으로 보여주는 콘텐츠를 본 사람들 중에 이를 만들어 보고 싶은 사람이 있을 수 있다. 크로켓 만드는 재료를 구매하고 싶은 그 소비자가 영상 하단의 링크를 누르면 해당 인플루언서가 운영하는 아마존 내 페이지로 연결되는데, 이곳에서 관련재료를 바로 구매할 수 있다. 아마존 도메인을 통해 판매되는 제품에 대해 아마존은 해당 인플루언서에게 커미션 형태로 보상을 제공한다.

소비자행동 Highlight

한국의 유명 인플루언서를 글로벌 브랜드 홍보대사로 활용하는 해외 명품브랜드들

최근 들어 글로벌 명품 브랜드들이 앞다퉈 한국 셀럽(celebrity · 유명인)들을 브랜드 홍보대사(앰배서더)로 활용해 눈길을 끈다. 과거 미국이나 유럽 출신의 연예인 혹은 모델들을 주로 사용했던 것과 대조를 이룬다. 프랑스 명품브랜드 샤넬이 그룹 빅뱅의 지드래곤, 그룹 블랙핑크의 제니를, 그리고 이탈리아 패션 브랜드 펜디가 배우 송혜교를 글로벌 홍보대사로 선정한 것이 그 예이다. 한걸음 더 나아가 유명 인플루언서인 제니는 독일 스포츠카 브랜드 포르셰와 협업해 제니車를 공동개발했다. 2022년 포르셰는 제니와 함께 디자인한 '타이칸 4S 크로스 투리스모 포 제니 루비 제인'을 공개했는데, 차량 측면에 있는 프로젝터(영상기기)를 통해 제니가 디자인한 구

글로벌 스포츠카 브랜드 포르셰가 유명 인플루언서인 가수 제니와 함께 디자인한 '타이칸 4S 크로스 투리스모 포 제니 루비 제인'

프랑스 명품브랜드 샤넬은 유명 인플루언서인 제니를 브랜드 홍보대사로 활용하고 있다.

름 로고가 뜨는 것이 특징이다.

글로벌 명품브랜드들이 한국 셀럽을 브랜드 홍보대사로 활용하는 주요이유 중 하나는 K-콘텐츠의 높은 위상이 꼽힌다. BTS, 블랙핑크 등 전 세계적 인기를 끄는 K-팝 스타들이 등장하면서 한국 스타들의 영향력이 전 세계로 확장됐다. 특히 SNS에서 커다란 영향력을 발휘하고 있다는 점도 해외 명품브랜드들이 이들을 브랜드 홍보대사로 활용하는 주요이유이다. 이들이 특정 브랜드와 관련된 게시물을 하나만 올려도 전 세계 수천만 명의 사람들에게 곧바로 노출된다. 가령, 2016년 데뷔한 제니는 소셜네트워크서비스(SNS)인 인스타그램의 팔로워가 7,000만 명이 넘어 글로벌 인플루언서로 꼽힌다.

명품시장에서 한국 및 아시아 시장의 구매력이 향상된 것도 또다른 이유 중 하나이다. 글로벌 투자은행 모건스탠리의 명품소비분석 보고서에 따르면 한국인의 2022년 1인당 명품 소비액은 324달러(약 40만 4,000원)로, 미국의 280달러(약 34만 8,000원), 중국의 55달러(약 6만 8,000원)보다 높은 세계 1위였다.

자료원: *매경*, 2023.02.04; *중앙일보*, 2022.10.12, 2021.03.23.

2) 의견선도력의 측정방법

의견선도력을 측정하기 위해 세 가지 방법이 이용될 수 있다.

① 소시오메트릭 접근방법 (Sociometric Method)

집단 구성원들에게 어떤 제품이나 아이디어에 대한 충고나 정보를 누구로부터 얻는지를 질문한다. 질문에서 특정 개인이 밝혀지면 커뮤니케이션 네트워크를 추적하기 위해 이들에게도 차례로 면접을 한다.

② 전문가 질문법 (Key-Informant Method)

집단 내에서 지식을 가진 사람들에게 의견선도자를 규명하도록 요청한다.

③ 자기보고법 (Self-Designation Method)

타인들과 정보를 교환하기 위해 얼마나 접촉하는지를 질문한다. 이러한 질문에 대한 응답을 토대로 응답자를 의견선도자와 추종자로 분류할 수 있다.

처음 두 가지 측정방법은 특정집단 내의 의견선도자를 규명하기 위해 주로 사용되기 때문에 마케팅조사에서 별로 이용되지 않는다. 대부분의 마케팅조사는 다양한 소비자집단으로부터 추출된 표본을 이용하기 때문에 자기보고법이 보다 선호된다.

3) 마케팅 시사점

마케터는 자사제품에 대한 의견선도자들을 파악하고, 이들을 대상으로 마케팅 노력을 기울이려고 한다. 그들은 자사제품에 대한 입소문을 확산시키기 위해 기존의 의견선도자를 활용하거나 혹은 새로운 의견선도자를 창출하여 자신의 제품과 브랜드를 홍보하도록 하는 마케팅 커뮤니케이션 활동인 **버즈 마케팅**(buzz marketing)을 이용한다.

예를 들어, P&G의 독립된 마케팅 커뮤니케이션팀인 Tremor와 Vocalpoint는 온라인 구전을 일으키기 위해 수많은 구전 유포자(buzzer)를 확보하고 있는데, 이러한 구전 유포자들은 P&G 제품뿐만 아니라 다른 제조업체 고객들을 위해서도 이용된다. Tremor는 또래끼리 이루어지는 개인적 추천의 힘을 이용하는데, Tremorite(Tremor가 선발한 입소문 유포자)들은 학교 카페테리아, 친구들과의 sleepover(친구 집에서 잠자기)에서, 휴대전화로, 그리고 이메일을 통해서 입소문을 낸다. Vocalpoint는 어머니들을 대상으로 조직된 구전 네트워크이다. Tremor와 Vocalpoint는 인터넷에서 connectors(많은 친구들과 뛰어난 말솜씨를 보유한 사람들)를 모집한다. 보통 10대들이 인스턴트 메시지 친구목록에 30명 정도의 이름을 갖고 있다면, Tremorite는 150에서 200명의 이름을 갖고 있다. Vocalpoint 어머니들은 평균적인 어머니들이 갖고 있는 친구 또는 지인들의 수보다 5배 내지 6배를

P&G는 Tremor와 Vocalpoint라 불리우는 온라인 구전 유포자(buzzer)를 확보하고, 이들을 이용해 온라인 구전 마케팅활동을 수행한다.

소유하고 있다.[17]

(5) 신제품(혁신) 수용과정에서 구전 커뮤니케이션의 중요성과 의견선도자의 역할

1) 신제품 수용과정

소비자는 신제품에 노출되었을 때 바로 구매에 들어가는 것은 아니다. 소비자는 최초로 신제품 또는 혁신에 노출되는 순간부터 최종구매에 도달할 때까지 여러 단계의 의사결정과정을 거치게 된다. 이러한 의사결정과정을 **수용과정**(adoption process)이라고 한다.

소비자는 신제품을 수용하는 시점에 따라 [그림 13.5]에 나타난 바와 같이 5단계로 분류될 수 있다. Rogers는 신제품 수용이 이루어지는 시점에 따라 소비자들을 5개의 **수용자 범주**(adopter categories)로 나누고 각 범주에 해당하는 소비자의 수를 정규분포(normal distribution)의 비율에 따라 할당하였다.[18] 즉, 신제품도입 초기에는 소수의 소비자만이 구매하며, 점차 수용자의 수가 증가함에 따라 전체 수용자의 수는 증가하지만 어느 시점을 지나면 수용자의 증가율이 감소하기 시작한다. 신제품도입 초기에 제품을 수용하는 소비자를 **혁신소비자**(innovator)라고 하며, 이러한 혁신소비자는 전체 잠재소비자의 약 2.5%를 점유한다. 혁신소비자 다음으로 수용하는 소비자집단을 **조기수용자**(early adopter)라고 하며, 전체 잠재소비자의 약 13.5%를 점유한다. 조기수용자 다음으로 수용하는 대부분의 일반 소비자집단을 **조기다수자**(early majority)와 **후기다수자**(late majority)라고 부르며, 전체 잠재소비자 중 약 34%씩 각각 점유하고 있다. 가장 나중에 수용하는 소비자집단을 **최후수용자**(laggard)라고 하는데, 이들은 전체 잠재소비자의 약 16%를 차지한다.

그림 13.5 혁신수용시점에 따른 수용자 유형

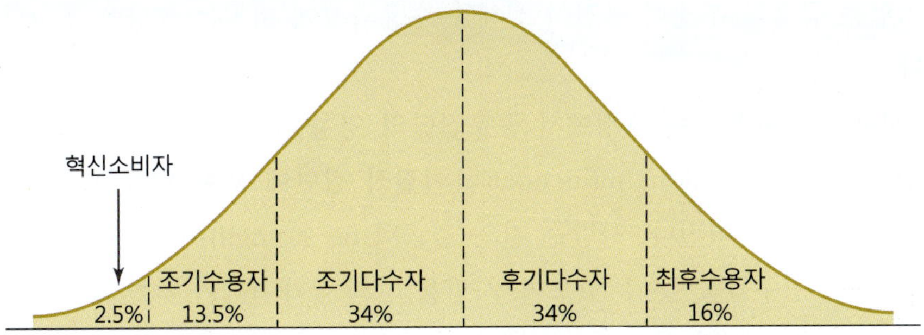

Rogers에 의하면 수용자 범주는 특성 면에서 다음과 같은 차이가 있다.

혁신소비자들은 모험적이기 때문에 신제품 수용에 수반되는 위험을 기꺼이 감수하려는 경향을 가지고 있다. 조기수용자는 소속집단의 존경을 받는 자들로서, 그들은 사회에서 의견선도자 역할을 한다. 그렇기 때문에 신제품에 대한 이들의 반응과 평가는 신제품 성공 여부에 큰 영향을 미칠 수 있다. 한편 조기다수자는 신중한 반면, 후기다수자는 신제품 수용에 의심이 많은 자들로서, 그들은 많은 사람들이 신제품을 수용한 후에야 구입하는 경향이 있다. 최후수용자는 전통에 얽매인 소비자들로서 변화를 거부하며 전통에 집착한다. 따라서 신제품이 완전히 소비자에 의해 수용되어야만 그 제품을 구매하게 된다.

2) 신제품 수용과정에서 구전 커뮤니케이션의 중요성

소비자는 제품 구매과정에서 대중매체를 통한 제품광고, 판매원 등의 상업적 정보원천으로부터 정보를 구하거나, 혹은 친구나 친척 등 주위의 다른 사람으로부터 정보를 수집하고 그들의 의견을 구하기도 한다. 그러나 소비자는 상업적 정보원천보다는 친구나 가족 등 준거집단이 제공하는 정보나 의견을 보다 신뢰하는 경향이 있다. 따라서 개인들 간의 구전 커뮤니케이션은 잠재소비자의 신제품 수용에 매우 중요한 역할을 한다.

소비자는 신제품 구매에서 입게 될지도 모르는 재무적 및 심리적 위험을 감소시키기 위해 친구나 직장동료 등 신뢰할 만한 정보원천으로부터 정보를 추구하게 된다. 신제품을 구매한 소비자가 그 제품에 만족했을 경우에는 주위 사람들에게 긍정적인 정보를 제공하고 그 제품의 구입을 추천하지만, 제품의 성능, 판매원 서비스 등에 불만족한 소비자는 다른 사람들에게 부정적인 제품정보를 제공하거나 또는 그 제품을 구매하지 않도록 설득하는 등의 다양한 불평행동을 보일 가능성이 높다. 따라서 기업은 긍정적/부정적 구전이 신제품 수용과정에 미치는 영향을 조사할 필요가 있다.

소비자는 신제품 수용과정에서 동료집단의 영향을 받는데, 이는 **동질적 집단에 의한 영향**(homophilous influence)과 **이질적 집단에 의한 영향**(heterophilous influence)으로 나누어진다. 사람들 간의 결속력(tie strength)이 강한 동질적 집단의 예는 가족, 친구들을 들 수 있으며, 사람들 간의 유대관계가 약한 집단으로 테니스 파트너, 카풀 동승자 등을 들 수 있다. 사람들은 신제품 정보가 필요할 때 비슷한 부류의 사람이 제공하는 정보를 보다 신뢰하는 경향이 있다. 즉, 연령, 교육, 사회적 지위 등에서 비슷한 사람들로 구성된 동질적 집단의 구성원 간에는 **강한 유대관계**(strong ties)로 결속되어 있기 때문에, 동질적 구성원들 간에 신제품에 대한 의사소통(homophilous communication)이 매우 활발하게 이루어지며, 이들의 의견을 수용할 가능성이 높다.

그러나 많은 기업들이 제품광고나 인적 판매전략에 있어 표적고객들과 상이한 특성을 가진 판매원이나 광고모델을 사용하여 자사제품의 구매를 유도하는 전략을 사용하는 경우가 흔히 있다. 예를 들어, 주부가 주고객 대상인 세탁세제 광고에 미혼의 유명 여성연예인을 등장시키는 경우가 그 한 예이다. 사람들이 신제품 구매시 자신과 사회경제적 특성 면에서 유사한 사람의 의견을 신뢰하는 경향이 높다는 사실로 미루어 볼 때 이러한 광고 및 인적 판매전략은 신제품이 시장에서 실패하는 원인이 되기도 한다.

간혹 사람들은 신념과 가치관이 서로 다른 이질적 집단과의 의사소통과정에서 신제품 정보를 입수하기도 한다. 이질적 집단과의 의사소통과정에서 자신의 기존 신념과 상반되는 메시지가 제공될 때 인지적 부조화를 느끼게 되는 것이 일반적이지만, 이들과의 의사소통과정에서 신제품에 관한 정보 및 사용경험에 접하게 됨에 따라 혁신의 확산이 촉진되는 경우도 흔히 있다. 즉, 사람들은 직장 내의 타부서의 동료들이나 대학동창과 같이 신념이나 가치관 면에서 약한 유대관계(weak ties)를 가진 다양한 이질적 집단과의 의사소통과정에서 신제품 사용경험이나 신제품 정보를 입수하는 경우도 있다.

경우에 따라 이질적 집단과의 약한 유대관계는 신제품 확산을 가속화할 수 있을 정도로 강한 힘을 가질 수 있는데, 이를 **약한 유대관계의 힘**(strength of weak ties)이라고 부른다. [그림 13.6]은 집단간 구전 커뮤니케이션 과정을 보여준다. 청

그림 13.6 약한 유대관계의 힘

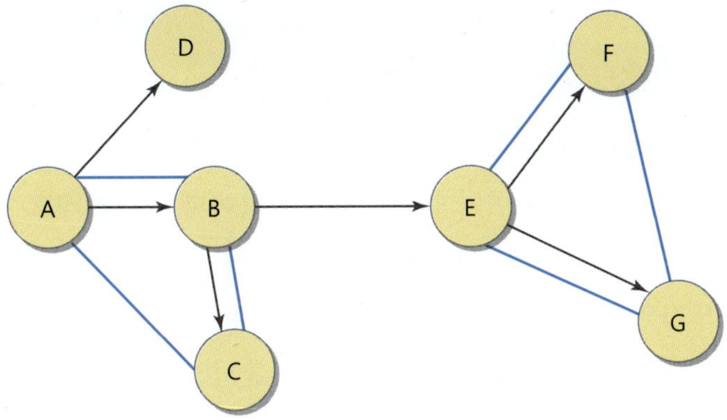

자료원: Brown, Jacqueline Johnson and Peter H. Reingen (1987), "Social Ties and Word-of-Mouth Referral Behavior," *Journal of Consumer Research*, 14 (3), 350-362.

색 선은 강한 대인 간 유대관계를, 그리고 화살표는 신제품에 대한 커뮤니케이션을 나타낸다. 그림에서 보면, 소비자 A, B, C 간에 긴밀한 유대관계를, 그리고 E, F, G 소비자들 간에 긴밀한 유대관계를 형성하고 있다. 소비자 D는 두 집단 어디에도 소속되어 있지 않다. 소비자 A가 신제품을 수용했다고 가정하자. 그 소비자는 B와 D에게 신제품에 대해 이야기한다. 만약 약한 유대관계의 힘이 강하지 않다면, 확산과정은 여기에서 멈출 것이다. 그러나 B가 C, 그리고 다른 집단에 소속된 E에게 제품정보를 제공하고, E가 다시 같은 집단 내의 F와 G에게 정보를 제공하면, 신제품은 타집단으로 확산될 수 있다. 여기서 B와 E는 서로 다른 집단에 소속되어 있으므로 이들 간의 유대관계는 상대적으로 약하다. 그러나 이들 간의 약한 유대관계는 집단 간 구전 커뮤니케이션이 발생되는 계기가 된다. 만약 이들 간의 접촉이 없다면, 구전 커뮤니케이션은 동질적 집단 내에서만 제한적으로 이루어질 것이다.

디지털 시대에 들어 소비자들은 강한 유대관계보다 약한 유대관계에서 더 많은 정보를 얻고 있다. 소비자들은 여전히 가족, 친구 등 강한 유대관계에 있는 사람들과 많은 대화를 나누지만 제품정보 공유에서 SNS 같은 약한 유대관계가 훨씬 더 지배적이다. 인터넷은 신제품에 대한 정보를 제공하는 다른 사람들을 찾아주는 역할을 할 뿐 아니라 페이스북, 유튜브, 트위터 같은 다양한 소셜네트워크를 통해 연결된 사람들 중에서 누가 신제품을 수용했는지도 알 수 있게 해준다. 소비자들은 광범위한 약한 유대관계를 통해 다른 사람들과 이야기를 나누는 과정에서 그들이 다운

로드 받은 앱, 구매하고 싶은 최신 디지털카메라, 얼마 전에 구입한 승용차 같은 신제품에 관한 정보를 손쉽게 얻을 수 있다.

3) 신제품(혁신) 수용과정에서 의견선도자의 역할

신제품(혁신) 수용과정에서 의견선도자가 제공하는 정보나 의견은 다른 소비자들의 구매행동에 큰 영향을 미치게 된다. 특히, 하이파이 스테레오 시스템과 같은 고가품이나 의류와 같이 사회적 가시성이 높은 제품을 구매할 때에는 그 분야의 전문가인 의견선도자의 의견이 소비자의 제품구매에 결정적 영향을 미치는 경우가 많다. 따라서 마케터들은 의견선도자에게 제품정보를 집중시키기 위하여 의견선도자의 특성에 관심을 가져왔다. 만약 의견선도자의 인구통계적·심리적 특성 또는 매체습관 등을 규명할 수 있다면, 마케터는 이들에게 보다 쉽게 도달할 수 있는 매체를 선정하거나, 이들의 관심을 끌 수 있는 광고전략을 수립할 수 있을 것이다.

13.2 가 족

소비자행동을 이해하는 데 있어 가족에 대한 이해가 필요한 것은 가정 내의 여러 제품들은 가족구성원들이 공동으로 구매결정을 하며 또한 개개인이 사용하는 제품을 구매하는 경우에도 다른 구성원이 영향을 미치기 때문이다. 가족은 개인 소비자의 행동에 가장 많은 영향을 미치는 준거집단이다. 그러므로 마케터는 가족의 공동의사결정과 가족구성원들 간의 영향에 대해 이해해야 한다.

1. 가족과 가구

가족(family)은 함께 거주하면서 혈연, 결혼 혹은 입양으로 형성된 개인들의 집합을 가리킨다. 전통적으로 가족은 **핵가족**(nuclear family)과 **확장가족**(extended family)으로 구분된다. 핵가족은 부부와 자녀(들)로 구성되며 확장가족은 핵가족에 한 세대 혹은 그 이상의 세대가 함께 사는 경우 혹은 친척이 함께 사는 경우를 지칭한다. 그 밖에 **홀부모 가족**(single-parent family)은 이혼, 혼외출산 등에 의해 부모 중 한 명과 자녀(들)로 구성된 가족이다.

가구(household)는 가족과 관련된 개념이지만 다른 개념이다. 가구는 혈연, 결혼, 입양 등의 개인적 관계와는 상관없이 한 가옥 혹은 아파트에서 함께 숙식을 하는 사람들의 집합이다. 그러므로 한 가족이 한 가구를 이루는 경우가 가장 흔하지만, 한 집에 여러 하숙생들이 함께 숙식하면 이들은 주인가족과 한 가구에 속한다고 할 수 있다. 그러나 본 장에서는 가족구성원들 간의 영향과 집합적 의미로 가족의 구매행동을 다루는데, 이때의 가족은 법적 의미의 가족이라기보다 오히려 가구에 가깝다고 할 수 있다. 그 이유는 비록 가족은 아니지만 한 가옥 혹은 아파트에 사는 사람들끼리는 공동구매를 하거나 가족구성원들 간에 영향을 미치는 것과 유사하게 서로 간에 영향을 미칠 수 있기 때문이다.

2. 가족의사결정

이하에서는 가족의사결정과 관련된 내용을 서술한다.

(1) 가족의사결정모델

[그림 13.7]은 가족의사결정모델을 나타낸다. 가족의사결정은 세 가지 측면에서 개별의사결정과 차이가 있다: ① 공동의사결정 가능성, ② 의사결정과정에서 가족구성원의 상이한 역할분담, ③ 가족구성원들 간의 갈등해소의 필요성.

세 가지 측면을 쉽게 이해하기 위해 대학에 다니는 아들과 딸이 있는 중산층의 한 가족이 여름휴가계획을 고려하는 가상적인 예를 생각해보자. 이 가족은 속초에 있는 작은 콘도를 소유하고 있어 최근 5년간 매년 여름 속초에 가서 설악산이나 인근 동해안에서 며칠씩 휴가를 보냈다. 그런데 군대에서 제대해서 돌아온 큰아이는 하와이, 사이판, 혹은 다른 휴양지에 다녀오자고 제안을 하였다. 최근 수년 동안 별 생각 없이 동해안쪽을 다녀온 가장과 부인 그리고 둘째 자녀도 동의하였다. 가족이 함께 여행할 곳을 결정하는 것은 분명히 편의품을 구매하는 것보다 훨씬 중요한 결정이며, 중요한 결정일수록 **공동결정**(joint decision)을 할 가능성이 높다.

일단 공동결정에 대한 필요성이 인식되면 가족들은 함께 정보를 탐색할 수 있다. 그러므로 가족구성원 모두가 **정보수집자**(information gatherer)가 될 수 있다. 휴양지 대안에 대해 부모는 그들의 두 자녀가 이제는 대학에 다녀 상당한 판단력을 가질 것으로 보아 그들의 말에 귀를 기울일 수 있다. 그러므로 두 자녀는 **영향력행사자**(influencer)로서의 역할을 담당한다. 그렇지만 상당한 비용지출이 필요한 결정

그림 13.7 가족의사결정모델

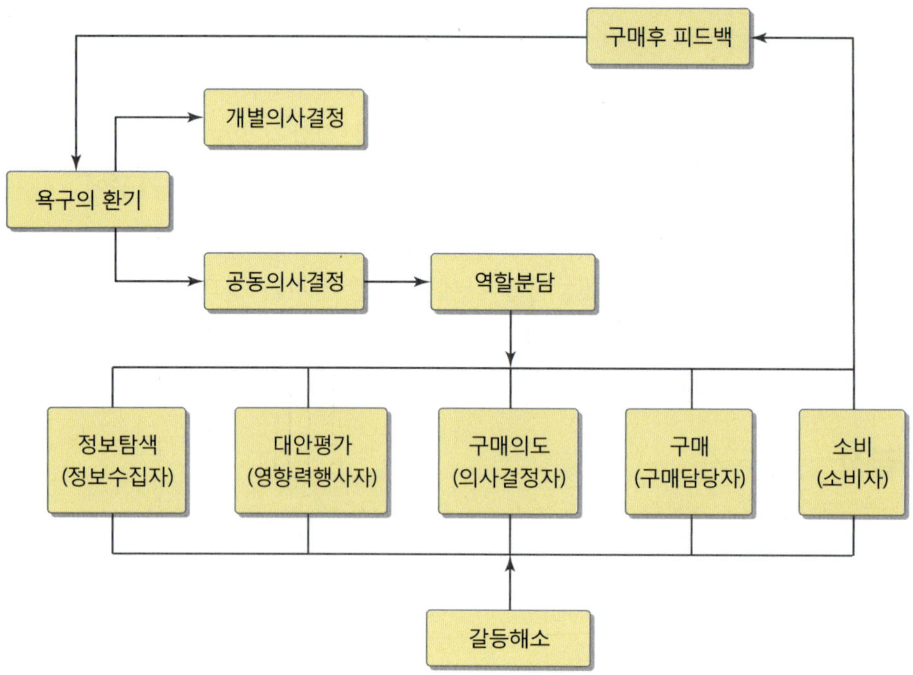

자료원: Assael, Henry (2004), *Consumer Behavior*, Houghton Mifflin, p. 441.

이므로 남편이 **의사결정자**(decision maker)의 역할을 하게 된다. 마침 부인은 한때 여행사에서 일한 경험이 있으므로 **구매담당자**(purchaser)의 역할을 하게 되며 온 가족이 **소비자**(consumer)가 된다.

대안평가과정과 의사결정에서 아들은 사이판이나 하와이를 주장하였지만, 아시아 여러 나라의 문화에 관심을 가진 딸은 동남아시아 여행을 원했다. 여행경비를 조사해 본 결과 사이판 여행이 가장 저렴하여 부모는 딸에게 다음 휴가는 가급적 동남아시아 쪽으로 갈 것으로 설득하여 갈등을 해소하였다.

(2) 공동의사결정

어떤 상황에서 가족 공동으로 구매의사결정이 이루어지고 또 어떤 상황에서 개별 구성원에 의해 구매의사결정이 이루어질까? **공동의사결정**이 많이 이루어지는 상황은 다음과 같다.[19]

① 제품구매시 지각된 위험이 높을 때 흔히 공동결정을 하게 된다.

잘못된 결정은 가족 모두에게 영향을 미치게 되기 때문에, **지각된 위험**(perceived risks)이 높을 때 위험을 감소시키기 위해서 공동결정을 하게 된다. 예를 들면, 주택의 구입은 재무적 위험, 이웃과 관련된 사회적 위험, 그리고 심리적 위험 등으로 인하여 공동결정을 하게 된다.

② 구매결정이 가족에게 중요할 때 공동결정을 할 가능성이 높다.

대체로 중요성이 높은 구매결정일수록 지각된 위험이 높아져 공동결정을 하는 경향이 있다. 값비싼 가전제품이나 자동차 등을 구매할 때는 그 중요성 때문에 공동결정을 하는 경우가 많다. 그러나 어떤 경우에는 중요성은 크지만 위험은 작을 수도 있다. 예를 들면, 가족이 지난 5년간 다녀온 장소에 다시 휴가를 갈 것인가 하는 결정이다.

③ 구매시간에 대한 압박이 작을 때 공동결정이 더 많이 일어난다.

구매시간의 여유가 많을수록 공동결정을 할 수 있다. 그러나 시간적 여유가 없으면 가족 중 어느 한 사람이 결정하게 된다. 현실적으로 많은 제품의 경우 공동의사결정을 할 만한 가치가 없다.

④ 인구통계적 특성에 따라 공동결정의 정도는 다르다.

젊은 부부일수록 공동결정을 하는 경향이 높다. 그러나 나이가 많아짐에 따라 상대방의 선호를 잘 알게 되므로 공동결정을 할 필요성이 낮아진다. 또한 아이들이 태어나고 자람에 따라 부부간에 역할 분담이 보다 명확해지게 되므로 공동결정의 정도는 낮아진다.

(3) 가족구성원의 역할분담

가족구성원들은 의사결정에서 각자 다양한 역할을 수행한다. 가족구성원에 의해 이루어질 수 있는 역할에는 다섯 가지가 있으며, 한 구성원이 한 가지 혹은 몇 가지 역할을 수행할 수 있다.

① **정보수집자**(information gatherer): 여러 원천으로부터 정보를 획득하고 평가함에 있어서 전문지식을 가지고 있으며 정보의 여러 원천을 가장 잘 아는 구성원이다.

② **영향력행사자**(influencer): 브랜드대안 평가에 많은 영향을 미치는 사람이다. 즉, 그는 브랜드의 비교 · 평가를 위한 평가기준을 제안할 수 있다.

그림 13.8 구매결정자와 소비자

		구매결정자		
		1인	몇 명	전 체
소비자	1인	1	2 골프클럽	3
	몇 명	4 아이스크림	5	6
	전 체	7	8	9 냉장고

③ **의사결정자**(decision maker): 구매할 대안을 결정하는 사람이다.

④ **구매담당자**(purchaser): 제품 구매를 담당하는 사람이다. 구매담당자는 점포 결정에 대한 재량권을 가질 수도 있고 가지지 않을 수도 있다.

⑤ **소비자**(consumer): 제품의 사용자 혹은 소비자는 가족 전체일 수도 있고 개별 구성원일 수도 있다.

가족 구매결정은 구성원들 중 1인, 몇 명, 혹은 전체에 의해 이루어질 수 있으며, 소비 · 사용 또한 1인, 몇 명, 혹은 전체에 의해 이루어질 수 있다. [그림 13.8]은 이를 9개의 cells로 보여준다. 구매하는 제품들은 9개 cells 중 하나에 속할 수 있다. 예를 들어, 주부는 아이들을 위해 아이스크림을 구매하지만 부부는 다이어트 때문에 먹지 않는다. 남편은 아내의 골프클럽을 구매하는 데 함께 가서 조언을 해주는데 그 골프클럽은 아내 전용이다. 부부는 아이들과 함께 전자상가에 가서 아이들의 의견을 참고하여 냉장고를 구매하여 가족구성원 전체가 함께 사용한다. 그 밖에 다른 cells의 경우 적절한 예를 쉽게 생각할 수 있다.

마케터는 자사의 제품이 어느 cell에 위치하는지에 따라 광고와 포지셔닝을 달리할 수 있다. 예를 들어, 여성용 골프클럽을 광고하기 위한 매체로 여성들이 주로 접촉하는 매체보다 부부 혹은 남성들이 주로 접촉하는 매체가 더 바람직할 수 있다.

(4) 갈등해소

두 사람 이상이 의사결정에 참여하는 경우 대안 선택과 관련하여 갈등이 발생할 수 있다. **갈등해소**(conflict resolution)를 위해서는 다음과 같은 방법들이 있다. 첫째, 토론에 의하여 합의를 이룬다. 둘째, 다수구성원들을 만족시키기 위하여 다수대안을 구매한다. 셋째, 한 구성원으로 하여금 의사결정을 하도록 권한과 책임을 위임하는 것이다.

경우에 따라 갈등이 비교적 쉽게 해소될 수가 있다. 첫째, 가족구성원들이 그 의사결정과 관련하여 특정구성원이 보다 적절한 권한을 갖는 것으로 인정하는 것이다. 예를 들어, 컴퓨터를 구매하는 경우 50대 부모나 10대 청소년보다 대학에 다니는 자녀가 컴퓨터를 더 잘 알기 때문에 그러한 권한을 인정받을 수 있다. 둘째, 특정구성원이 그 제품에 높게 관여되어 있으면 다른 구성원은 그 구성원의 욕구를 감정이입(empathetic)할 수 있다. 예를 들어, 냉장고 혹은 세탁기를 구매하는 경우 아내는 남편보다 높게 관여되므로 남편은 아내의 욕구를 감정이입하여 아내의 의견을 따를 수 있다.

3. 제품선택에 대한 남편과 아내의 영향

제품에 따라 남편과 아내의 영향이 달리 나타나는데, 대체로 승용차, 주식투자, 저축, 술 등의 경우에는 남편의 영향이 지배적이며, 음식, 화장품류, 주방용 기구 등에 대해서는 아내의 영향이 지배적이다. 주택, 휴가, 그리고 가구에 대해서는 공동의사결정이 이루어진다.

[그림 13.9]는 Putnam and Davidson이 미국가정을 대상으로 제품에 따라 남편과 아내 중 어느 쪽이 지배적인지 혹은 공동결정이 이루어지는지를 조사한 결과를 보여준다. 그림은 두 개의 축으로 이루어져 있는데, 수직축은 남편과 아내의 상대적 영향력의 크기를 나타내며, 수평축은 역할전문화의 정도의 크기를 나타낸다. 수직축의 아래로 갈수록 '남편지배적'인 경향이 있으며, 위로 갈수록 '아내지배적'인 경향이 있다. 또 수평축의 왼쪽으로 갈수록 부부 중 '1인 결정'인 경향이 있으며, 오른쪽으로 갈수록 '공동결정'인 경향이 있다. 여기서 '자율적'이란 부부 중 어느 한 사람이 결정하지만 가정에 따라 남편이 결정하기도 하고 아내가 결정하기도 하는 것을 말한다.

그림 13.9 제품군별 가족의사결정에서 남편과 아내의 역할

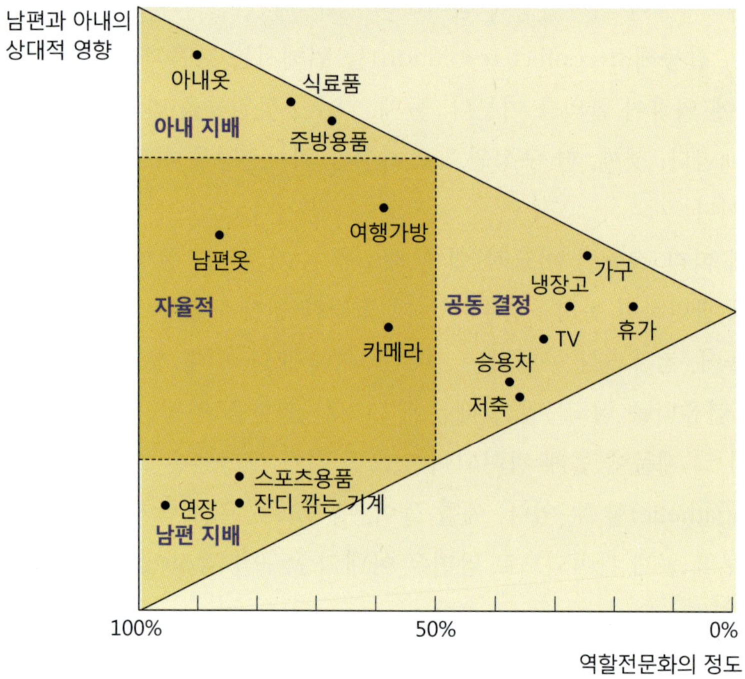

자료원: Putnam, Mandy and William R. Davidson (1987), *Family Purchasing Behavior: Family Roles by Product Category*, Management Horizons, Inc.

그림에서 나타난 바와 같이 잔디 깎는 기계, 스포츠용품, 연장 등은 남편지배적이며, 식료품, 아내옷, 주방용품 등은 아내지배적이다. 카메라, 남편옷 등은 자율적 결정으로 남편과 아내 중 어느 한쪽에 치우치지 않는 경향을 보였으며, 가구, 승용차, 휴가 등에 대해서는 공동결정인 경향이 크다.

위의 분류는 마케터에게 중요한 의미를 제시한다. 만약 제품이 부부 중 어느 한쪽 지배적인 범주에 속한다면, 메시지는 어느 한쪽을 지향해야 한다. 매체 또한 남편지배적인지 혹은 아내지배적인지에 따라 결정되어야 한다. 만약 제품이 공동결정의 범주에 속하면, 메시지는 부부를 지향해야 하며, 매체는 부부 모두에게 도달될 수 있는 것이어야 한다. 끝으로 제품이 자율적 범주에 속한다면, 결정은 부부 중 어느 한쪽에 의해 이루어지므로 메시지와 매체는 두 가지가 필요하다.

4. 부모-자녀 간의 영향

자녀들은 여러 제품군에서 가족의사결정에 중요한 역할을 하며, 많은 경우에 독자적인 의사결정을 한다. 가족의사결정과 관련하여 자녀의 영향력에 관한 연구들은 어린이에 관한 연구(12세 이하)와 청소년에 관한 연구로 구분된다. 어린이에 관한 연구는 어린이들이 구매와 소비에 관해 어떻게 배우느냐 하는 것과(시장에서 어린이의 사회화) 구매결정과정에서의 어머니와 어린이의 상호작용에 초점을 맞추었다. 청소년에 관한 연구는 십대의 구매결정에서 부모와 동료집단의 상대적 영향에 집중해 있다. 이렇게 초점을 맞춘 것은 어린이들은 어렸을 적에는 규범과 가치관에 대해 부모에게 많이 의존하지만, 자랄수록 동료집단에 많이 의존한다는 것을 전제로 한다. 이하에서는 자녀의 소비자 사회화, 어머니-자녀 간의 상호작용, 그리고 구매과정에서 자녀의 영향에 대해 살펴본다.

가족구성원 전체에 소구하는 광고: 포스코 건설은 아파트 디자인에서 어린이들까지 세심히 배려한다는 것을 강조한다.

(1) 자녀의 소비자 사회화

소비자 사회화(consumer socialization)는 '소년기 아이들이 소비자로서의 기능을 수행하는 데 필요한 지식을 습득하는 과정'으로 정의된다.[20] 소년기 자녀들은 구매나 소비와 관련된 지식이나 판단력은 부모에게서 주로 배운다. 부모는 자녀들의 소비자 사회화에 다음과 같은 면에서 영향을 미친다.

- 부모는 자녀들에게 돈을 어떻게 효율적으로 사용할 수 있는지와 좋은 품질의 제품을 어떻게 선택할 수 있는지 가르친다.
- 부모는 자녀들에게 세일을 어떻게 이용할 수 있는지 가르친다.
- 부모는 자녀들의 브랜드 선호에 영향을 미친다.
- 부모는 광고에서 과장된 부분을 어떻게 파악할 수 있는지 가르친다.

① 사회화 방법

자녀가 부모로부터 소비자로서의 지식을 습득하는 방법에는 여러 가지가 있다. 첫째, **관찰**(observation)로서 자녀는 부모의 행동을 관찰하고 모방한다. 둘째, **공동쇼핑**(co-shopping)으로 부모와 함께 쇼핑함으로써 제품구매와 관련된 학습을 할 수 있다. 셋째, **직접경험**(direct experience)으로 특히 부모가 맞벌이를 하거나 이혼 등의 사유로 혼자인 경우 아이들은 어린 나이에 쇼핑경험을 통하여 학습하게 된다. 자녀들은 부모 이외에도 대중매체와 SNS로부터 그리고 다른 아이들의 행동을 관찰함으로써 소비자지식을 습득하기도 한다.

② 소비자 사회화과정 모델

[그림 13.10]은 소비자 사회화과정 모델이다. 이 모델은 소비자 사회화가 다음의 세 가지 요소를 토대로 함을 제시한다: 배경 요인, 사회화 대리인, 학습 메커니즘.

배경 요인에는 어린이의 인구통계적 특성과 그 가정의 사회경제적 특성이 포함된다. **사회화 대리인**(socialization agents)은 소비자 사회화에 영향을 미치는 주체를 말하는데, 가족, 대중매체와 SNS, 동료 등이 포함된다. 특히, 대중매체와 SNS가 많은 정보를 제시함에 따라 사회화 대리인으로서 이들이 차지하는 비중이 커지고 있다. 학습은 소비자로서의 지식 습득을 의미하는데, 학습의 방법에는 제10장에서 서술한 바와 같이 인지적 학습, 행동주의적 학습, 그리고 모델링이 있다. 예를 들어, 어린이가 출연한 광고를 보고 이에 영향을 받는다면 이는 모델링에 의한 학습에 해당한다. 혹은 학교 앞에서 무료 샘플로 나누어 준 과자를 먹고서 그 과자를 좋아하게 된다면 이는 수단적 조건화에 의한 학습이 된다.

③ 자녀의 소비자 사회화에 있어서 부모의 역할

자녀의 소비자 사회화에 있어서 부모의 역할을 연구한 Moschis는 부모로부터

그림 13.10 소비자 사회화과정 모델

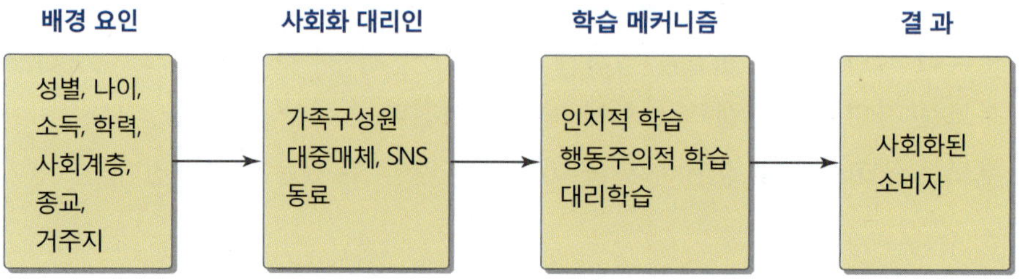

의 자녀에 대한 커뮤니케이션을 두 가지 유형으로 구분하였다.[21] 한 가지는 **사회지향적 커뮤니케이션**(socially-oriented communication)으로서 자녀로부터의 순종과 가정에서의 화목을 추구하는 것이며, 다른 한 가지는 **개념지향적 커뮤니케이션**(conceptually-oriented communication)으로서 자녀가 자신의 견해를 적절히 밝히며 독자적인 세계관을 형성하도록 격려하는 것이다. 이 연구에서는 사회지향성이 강한 가족의 자녀들은 부모보다 동년배집단(peer group)과 대중매체로부터의 정보에 의존하는 경향이 높은 것으로 나타났다. 그리고 개념지향성이 강한 가족의 자녀들은 부모의 의견을 존중하고 과장광고를 잘 구분하고 보다 많은 제품정보를 가지고 있다는 사실이 발견되었다.

어린이 식품이나 제품의 마케터는 자사제품광고에서 영양가나 제품안전성 등의 정보를 충분히 제시함으로써 자녀에 대하여 관여도가 높은 부모로 하여금 자사제품광고에 긍정적인 태도를 갖도록 할 수 있다. 나아가 그러한 광고는 부모로 하여금 자녀들의 소비자 사회화에 도움을 줄 수 있다는 생각을 갖도록 할 수 있을 것이다.

(2) 어머니-자녀 간의 상호작용[22]

이 분야 연구결과에 의하면 어린이의 나이가 어릴수록 어머니는 최종의사결정자가 되며 구매담당자(purchaser)로서 역할을 하는 것으로 밝혀지고 있다. Ward and Wackman은 자녀의 나이에 따른 어머니-자녀 간의 상호작용을 22개의 제품에 걸쳐 포괄적으로 연구하였는데, 그들의 연구결과에 의하면 자녀의 나이가 많아질수록 자녀의 요구에 어머니가 더 많이 따르는 경향이 있는 것으로 나타났다.[23] 이는 어머니는 자녀의 나이가 많아짐에 따라 구매의사결정능력을 보다 많이 갖춘다고 여기기 때문이다.

(3) 구매과정에서 자녀의 영향

자녀의 영향력 정도는 제품군에 따라 다양하다. 5세에서 12세의 자녀를 둔 어머니들을 대상으로 한 Ward and Wackman의 연구에서, 면접한 어머니들의 87%가 씨리얼 구매시 자녀들의 요구를 따르는 것으로 나타났다.[24] 어머니들은 또한 스낵, 게임과 장난감, 청량음료, 캔디, 치약, 그리고 의복을 구매할 때도 자녀들의 의사를 많이 따르는 것으로 밝혀졌다. 의복의 경우 자녀의 영향은 나이가 들수록 증가하였다. 그러나 어린이들은 자동차나 가정용 용품과 같은 일반적으로 어른과 관련된 제품에 대해서는 거의 영향을 미치지 않았다.

자녀의 영향력은 그들의 독립성과 더불어 더욱 커지고 있다. 생활에 보다 여유가 있고 어린이들의 소비자 사회화가 보다 급속히 이루어지면 자녀들은 보다 자신이 원하는 식으로 하려고 할 것이다. 맞벌이 가정이 증가함에 따라 어린이들은 가정의 잡일과 쇼핑에 더 많은 책임이 주어지며 그들의 구매 영향력은 보다 광범위한 제품의 구매에 영향을 미치게 된다.

5. 가족수명주기와 가족구조의 변화

(1) 가족수명주기

가족수명주기(family life cycle)는 시간이 흐름에 따른 가족의 변화를 기술하는 사회학적 개념이다. 가족수명주기는 결혼, 자녀의 출생, 자녀의 출가, 배우자의 사망, 이혼, 재혼 같은 가족 내의 중대사를 중심으로 단계가 나누어진다. [그림 13.11]은 가족수명주기를 도시한 것이다. 가족수명주기가 소비자행동연구에서 의미를 갖는 것은 가족수명주기상의 단계에 따라 주로 구매하는 제품과 서비스가 다르기 때문이다.

그림 13.11 가족수명주기

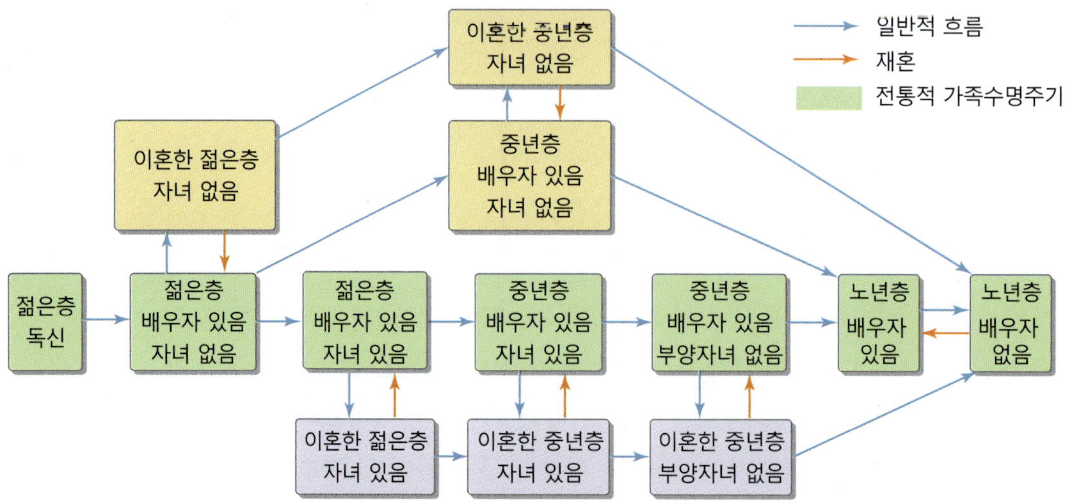

자료원: Murphy, Patrick E. and William A. Staples (1979), "A Modernized Family Life Cycle," *Journal of Consumer Research,* p. 17.

소비자행동 Highlight

반려동물을 가족처럼 대하는 펫팸족의 증가에 따라 빠르게 성장하는 펫산업

"저희 아이가요, 요즘 통 밥을 잘 안 먹어요. 무슨 문제가 있나 해서 병원에 데려가 봤더니 관절이 안 좋은 거예요. 그래서 활동량도 줄어들고 밖에 잘 나가지 않나 봐요. 일단 관절 보호도 할 겸 푹신한 놀이매트랑 건기식(건강기능식품) 추천 좀 부탁드려요."

유아와 펫 용품을 모두 판매하는 '쁘띠메종'에 걸려온 전화다. 상담원은 처음에 유아가 있는 가정인 줄 알고 제품을 추천했다. 돌아온 대답은? "저희 아이는 6살 미니푸들이랍니다"였다. 쁘띠메종 관계자는 "딩크족(자녀 없이 사는 부부)이 늘어나면서 반려동물을 가족처럼 대하는 일명 '펫팸족(펫과 가족을 합친 신조어)'이 많아져 아이라는 표현을 혼동하는 해프닝이 잦아지고 있다. 그래서 유아 전문 커머스에서 펫 산업으로 사업을 확장하게 됐다"고 설명했다. 쁘띠메종은 2022년 펫 사업을 강화하고 '위아펫'이라는 플랫폼을 시작했다.

반려동물을 가족구성원으로 대하는 사람들이 늘어나면서 관련시장도 빠르게 성장하고 있다. 2021년 기준 국내에서 반려동물을 키우는 가구는 648만 가구, 사람 수로는 1,448만 명에 달한다. 이에 따라 반려동물 시장에서는 생애주기별로 맞춤형 서비스와 제품을 개발/판매하는 기업들이 늘어나고 있다. 강아지를 입양할 때 동물등록증을 원격으로 등록해주는 서비스(페오펫)부터 유아기, 청년기에 맞춰 사회성 교육을 해주는 유치원과 학원(펫치원, 개러리아, 하울팟), 펫 가전을 사면 각종 관련제품 할인뿐 아니라 상조, 보험 가입까지 연결해주는 멤버십 서비스(삼성전자, 쿠쿠전자) 등이 그 예이다.

삼성전자는 펫팸족을 겨냥해 맞춤형 멤버십 서비스 '마이펫 플랜'을 제공함으로써 펫 가전을 구매한 고객들로부터 좋은 반응을 얻었다.

펫 시장이 산업으로 진화하면서 중소기업들이 지배하던 시장에 대기업들도 진출하고 있다.

삼성전자는 비스포크 제트봇 AI, 비스포크 큐브 에어 펫케어, 비스포크 직화 오븐(펫 간식 모드 탑재) 등 다양한 펫 가전제품을 선보였다. 나아가 펫 가전을 구매하고 펫팸족 맞춤형 서비스 '마이펫 플랜'에 가입하면 사료, 간식 등 펫푸드 비용의 부담을 낮춰주는 서비스를 제공함으로써 긍정적인 고객반응을 얻었다.

자료원: *매경이코노미*, 제2198호, 2023.03.01.

(2) 가족구조의 변화

현대사회에서는 여러 가지 요인들에 의해 가족구조가 변화하고 있다. 이러한 요인에는 다음의 다섯 가지가 있다.

① 늦은 결혼과 독신

과거에는 젊은 남녀가 어느 정도 나이가 되면 당연히 결혼하는 것으로 인식되었다. 그러나 점차 이러한 사고가 변화되어 결혼은 언제라도 하고 싶을 때 하거나 혹은 하지 않을 수도 있는 것으로 생각되는 경향이 커지고 있다. 독신자들은 같은 연령층의 다른 사람들에 비해 외식과 음주를 많이 하며, 학원 혹은 야간 특수대학원 등을 다니는 경향이 많다. 특히 경제적 여유가 있는 독신자들은 원룸, 소형 아파트 등에서 혼자 기거하며 자유를 즐기기도 한다.

② 동 거

젊은 남녀들의 자유로운 생활풍조에 따라 결혼하지 않고 동거하는 경우가 많아지고 있다. 결혼 후 이혼하는 것도 쉽게 받아들여지는 세태이므로 동거 후 헤어지는 것은 더욱 쉽다. 이들은 결혼한 부부에 비해 생활에 있어서 개인지향적인 면이 강하며, 소유물도 공동의 소유물로 보지 않고 각자의 소유물로 본다.

③ 맞벌이 부부

여성들의 사회진출이 많아짐에 따라 맞벌이 부부가 늘고 있다. 여성들이 직업을 갖는 이유는 경제적 동기 이외에도 자기 성취적 동기가 있다. 특히 전문적 능력을 갖춘 여성들은 자기 성취적 동기가 강하다. 여성들의 경제능력 향상은 이혼율 증가의 중요한 원인이 되기도 한다. 직업을 가진 여성들은 가정 일을 할 시간이 부족해 시간절약 제품을 구매하는 경향이 높다. 그러므로 인스턴트 식품, 배달음식, 외식 등의 구매 정도가 다른 가정에 비해 높다.

④ 이 혼

이혼율이 높아지고 있는데, 이혼 건수를 보면 1970년 11,615건, 1990년 45,694건, 2022년 93,232건(혼인 건수 191,690건)과 같이 과거보다 많이 증가하고 있다. 이혼에 따라 가옥이나 아파트, 가구 등에 대한 수요가 늘어난다.[25]

⑤ 적은 수의 자녀

국내의 합계출산율(여성 1명이 평생 출산할 것으로 예상되는 출생아 수)은 1970년 4.53명, 1990년 1.57명, 2022년 0.78명과 같이 최근 수십년간 급격히 감소하고 있다.[26] 이는 곧 가족규모가 작아짐을 의미한다. 가족규모가 작아짐에 따라 1인당 지출이 많아지며, 특히 자녀를 위하여 많은 지출을 한다.

6. 가족의사결정과 마케팅전략

(1) 광고메시지의 내용

지금껏 살펴본 바와 같은 가족의사결정의 다양한 특징은 광고메시지의 내용에 영향을 미친다. 만약 부부 중 어느 한쪽이 의사결정에 더 많은 영향력을 행사한다면 광고메시지는 그 쪽의 욕구충족에 소구해야 한다. 결정이 공동으로 이루어질 때는 각 구성원에 따라 중요시하는 혜택이 다르기 때문에 광고메시지 결정이 보다 어려워진다. 가능한 한 가지 방안은 남편과 아내 각각에 대하여 개별적인 광고메시지를 개발하는 것이다. 그러나 비용이 많이 들고 노력이 중복될 수가 있다. 보다 효율적인 전략은 결정단위로서 가족을 대상으로 하는 하나의 통합된 캠페인을 개발하는 것이다. 이때는 부부 양쪽에 의해 강조되는 평가기준에 따라 메시지를 개발할 수 있다.

또한 광고에서 어린이들도 고려해야 한다. 특히 어린이는 패스트푸드 레스토랑의 선택에 직접적으로 영향을 미치므로 패스트푸드 레스토랑의 광고는 어른과 어린이를 함께 지향해야 한다.

(2) 매 체

구매결정에 누가 관여하는가에 따라 매체 선택을 달리해야 한다. 남편 지배적인 의사결정은 남성 지향적인, 그리고 아내 지배적인 의사결정은 여성 지향적인 잡지와 TV프로그램의 선택을 요한다. 만약 그 결정이 자율적이라면 마케터는 어려운 선택에 직면하게 된다. 즉, "광고예산을 남성지향 매체와 여성지향 매체 사이에 똑같이 분배할 것인가" 혹은 "둘 중 어느 한쪽에 보다 집중할 것인가"를 결정해야 하는 것이다. 공동결정은 부부 양쪽에 의해 결정이 이루어지기 때문에 남성과 여성 공히 접촉하는 매체를 선택하면 된다.

(3) 제품개발

가족이 공동으로 사용하는 제품의 경우 신제품 개발을 위한 전략으로 다음 세 가지 중 한 가지를 택할 수 있다.

- 가족 중 어느 한 사람만을 중심으로 제품을 개발한다.
- 가족구성원 각각을 만족시킬 수 있는 여러 가지 제품을 개발한다.
- 가족이 공동으로 사용할 수 있는 한 가지 제품을 개발한다.

(4) 가격결정

의사결정자가 누구인가에 따라 가격결정 또한 달라질 수 있다. 일반적으로 자동차 구입에 대한 지출범위는 남편이 결정하고 가구에 대한 지출범위는 아내가 결정하는 경향이 있다. 따라서 각 제품의 경우 남편과 아내의 가격 민감도에 따라 가격을 결정해야 한다.

(5) 유 통

가족의사결정의 성격은 또한 유통전략에도 영향을 미친다. 만약 공동으로 결정이 이루어지면, 부부가 오랫동안 편안하게 머무를 수 있는 점포가 요구된다. 개별 가족구성원을 지향한 제품은 개별적인 제품전시를 해야 한다. 제품에 따라 자녀들의 요구는 가정에서보다 점포에서 더 수용되는 경향이 있다.

생각해 볼 문제

1. 자신의 구매행동에 영향을 미친 대표적인 준거집단에 대해 생각해 보고 이들이 자신의 구매행동에 어떤 영향을 미쳤는지 생각해 보시오.

2. 최근 온라인 커뮤니티는 소비자의 구매행동에 큰 영향을 미치고 있다. 자신이 소속된 온라인 커뮤니티에 대해 생각해 보시오. 기업이 정보제공과 제품판매를 위해 온라인 커뮤니티를 활용할 수 있는 구체적 전략은 무엇인가? 그리고 온라인 커뮤니티를 잘 활용하여 성공한 예로는 어떤 것이 있는가?

3. 인터넷의 급속한 확산이 구전 커뮤니케이션에 어떤 영향을 미치고 있는가? 부정적 구전의 확산을 사전에 방지하기 위한 기업의 마케팅노력과 부정적 구전이 발생했을 경우의 기업의 대응노력에 대해 알아보자.

4. 특정의 제품(들)을 선택해서 의견선도자, 시장정보전문가, 대리소비자들을 찾아보고, 이들은 어떤 특성을 가지고 있는지를 분석해보자.

5. 자기 가족구성원들이 공동으로 사용하는 제품들 중 최근에 공동으로 구매결정을 한 제품을 생각하시오. 각 구성원이 그 구매결정에 어떤 역할을 했는지 생각해 보시오.

6. 자신의 어린 시절 소비자 사회화를 위해서 부모가 어떤 노력을 했는지 생각해 보시오.

Consumer Behavior

제 7 부

소비자행동과 마케팅전략

제**14**장

소비자행동과 제품, 가격 및 유통전략

수집은 취미가 아닌 본능

2023년 4월 어느 토요일 오후. 서울 을지로의 중구 구민회관 대강당에는 한 온라인 만년필 동호회에서 주최한 펜쇼(Pen Show)가 진행 중이었다. 강당을 가득 채운 데스크 사이의 좁은 통로는 만년필을 사랑하는 다양한 나이의 동호인들로 가득했다. 데스크의 운영에 자발적으로 참여한 회원들은 자신이 보유한 만년필이나 잉크와 같은 관련용품을 전시하거나 판매했다. 이날 있었던 행사에 참여한 인원은 600명 이상이었으며, 이들은 1940년대의 빈티지 만년필과 같은 희귀 컬렉션을 구경하기도 하고 동호인이 판매하는 만년필을 구입하기도 했다. 이들에게 만년필은 단순한 필기도구를 넘어 즐거움을 주는 취미라고 할 수 있으며, 수집의 대상이기도 하다. 한 온라인 만년필 동호회의 조사에 따르면 응답자의 67% 이상이 10개 이상의 만년필을 보유하고 있는 것으로 나타났으며, 50개 이상이라고 응답한 비율은 16%에 달했다.

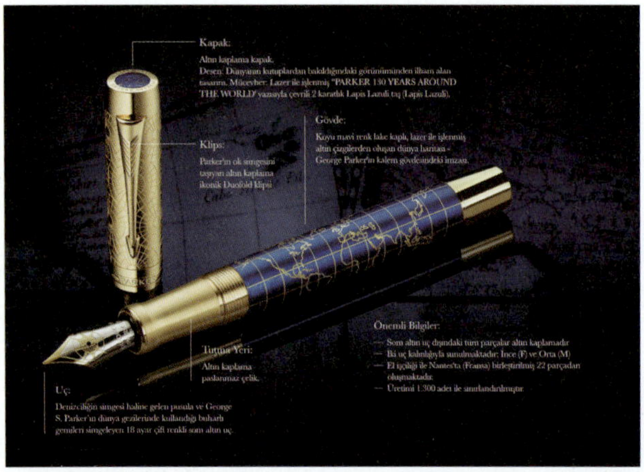

만년필 제조사인 파커(Parker)사의 130년 기념 한정판 만년필: 2018년에 1,300개만 제조되었다.

대부분 사람들은 무엇인가를 수집하고 있다. 필기구, 액세서리, 머그컵, 운동화, 음반과 같은 일상용품부터 고가의 미술품, 골동품, 자동차까지 수집의 대상은 다양하다. 수집의 대상은 유형의 재화에 국한되지는 않는다. 포켓몬(Pokemon) 애호가는 포켓몬 카드나 인형을 수집하기도 하지만, 게임의 다양한 포켓몬스터를 모으는 것도 게임의 즐거움 중의 하나이다. 미국 성인을 대상으로 한 조사에 따르면, 응답자의 40% 이상이 수집을 취미로 가지고 있다고 답했다. 수집가는 수집하는 대상에 대해 대부분 높은 관여도를 가지고 있으며, 기업은 수집가를 표적으로 제품개발과 같은 마케팅을 하기도 한다. 가격이 수백만 원에 이르는 한정판 만년필이나 유명인이 디자인하거나 상표화한 운동화가 그 예이다.

수집의 이유에는 다양한 설명이 있다. 그중 하나는 원시시대부터 생존을 위해 식량 등을 모으는 것에서 시작했다는 것이다. 현대사회에는 생존보다는 수집 자체가 주는 즐거움이 중요한 이유의 하나이다. 수집품을 찾아다니고, 획득하고, 감상하고, 전시하는 과정을 즐기는 것이다. 경험이나 기억도 수집의 대상이 된다. 여행이나 맛집 방문은 그 자체가 주는 즐거움도 있지만, 경험 자체가 풍부해지는 것도 즐거움의 대상이다. 예를 들어, 여행으로 방문한 나라나 도시의 머그컵을 수집하는 것은 유형의 재화에 대한 수집뿐만 아니라 자신의 경험을 수집하는 행위이기도 하다. 미국의 사업가이자 저술가인 Jim Rohn은 다음과 같이 인생을 정의하기도 했다. 인생은 경험을 수집하는 과정이다(Life is a collection of experiences).

기업은 자사제품이 경쟁제품에 비해 차별적 특징을 갖도록 제품, 가격, 유통 및 촉진과 관련된 마케팅믹스 계획을 수립하고 이에 따라 마케팅 활동을 수행한다. 기업은 효과적인 마케팅전략 수립을 위해 자사의 마케팅믹스 결정에 대한 고객들의 반응을 이해할 필요가 있다. 본 장에서는 마케팅믹스 구성요소 중 제품, 가격, 유통에 대한 소비자 반응을 다루기로 하며, 마케팅 커뮤니케이션에 대한 소비자 반응은 제15장에서 다룬다.

14.1 소비자행동과 제품전략

제품에 대한 소비자 반응은 소비자행동연구의 가장 중요한 영역으로 본서의 전체에 걸쳐 다루어지고 있다. 제품에 대한 소비자 반응의 연구는 제품의 주요 구성요소인 제품속성, 제품편익, 그리고 브랜드로 나누어 접근할 수 있다. 제품속성에 대한 소비자 반응은 소비자 의사결정과 정보처리과정(제3~9장)에서 보다 자세히 다루고 있으므로 본 장에서는 설명을 생략한다. 따라서 이하에서는 제품과 관련된 소비자행동연구에서 중요 영역인 제품편익, 브랜드자산, 브랜드확장, 브랜드개성, 소비자-브랜드 관계를 다룬다.

1. 제품편익과 소비자욕구

(1) 제품편익의 유형과 소비자욕구

소비자가 제품을 구매하는 이유는 제품의 **편익**(benefits)이 **욕구**(needs)를 충족시켜주기 때문이다. 제품이 소비자에게 제공하는 편익은 기능적, 상징적, 쾌락적 편익의 세 유형으로 구분된다. 이들은 각각 소비자의 기능적 욕구, 상징적 욕구, 쾌락적 욕구를 만족시킨다.[1] 〈표 14.1〉은 소비자 욕구와 이를 충족시켜주는 제품편익의 예를 보여준다.

기능적 욕구(functional needs)는 제품으로부터 소비자의 문제를 해결하고자 하는 욕구이다. 제품이 제공하는 **기능적 편익**(functional benefit)으로 품질, 기능, 성능 등이 있다. 예를 들어, 소비자는 자동차 구매 시 주행성능, 승차감, 연비, 안전장치와 같은 다양한 기능적 편익을 고려한다.

상징적 욕구(symbolic needs)는 자신의 표현과 관련된 욕구이다. 사람들은 자신의 지위, 부, 이미지 등을 표현해서 남들로부터 인정받고 싶어하는 욕구를 가지고 있다. 소비자는 **상징적 편익**(symbolic benefit)을 제공하는 제품을 구입, 사용함으로써 자신을 표현한다. 고가 제품을 구입하여 자신을 남들에게 표현하는 과시소비(conspicuous consumption)가 대표적인 예이다. 경제학자 베블런(Thorstein Veblen)은 가격이 오를수록 수요가 증가하는, 일반적인 수요법칙과 반대되는 현상인 베블런 효과를 제시했다.[2] 베블런 효과는 고급 자동차, 명품 브랜드, 의류, 보석, 여행과 같이 고가이며 남들에게 보여줄 수 있는 가시성(visibility)이 높은 제품에서 주로 나타난다.

쾌락적 욕구(hedonic needs)는 오감(시각, 청각, 후각, 촉각, 미각)의 감각적 즐거움이나 행복감 같은 심적 즐거움을 추구하는 욕구이다.[3] 제품의 멋진 디자인, 음식의 맛 등은 제품이 제공하는 **쾌락적 편익**(hedonic benefit)의 예이다. 네덜란드의 문화사학자인 요한 하위징아(Johan Huizinga)는 즐거움에 대한 추구가 인간의

표 14.1 소비자욕구 유형과 제품편익

욕구유형	추구하는 욕구	관련된 제품편익의 예
기능적 욕구	문제해결	제품품질, 성능, 기능
상징적 욕구	자신의 표현	명품이나 고급 승용차로 자신의 부를 과시
쾌락적 욕구	감각적, 심적 즐거움	게임, 엔터테인먼트, 수집

중요한 본질 중의 하나라는 의미의 호모 루덴스(homo ludens) 개념을 제시했다.[4] 이 개념은 소비에 있어 소비자가 추구하는 쾌락적 욕구의 중요성을 설명해준다. 사람들은 순수한 즐거움을 추구하기 위해 많은 돈과 시간을 투자하는데, 게임, 취미, 문화활동, 여행, 맛집탐방 등이 그 예이다. 본 장의 도입사례에서 볼 수 있듯이 머그컵이나 만년필 같은 특정 물건의 수집(collection)도 쾌락적 욕구 추구의 한 예이다. 수집가들은 여행지에서 방문한 도시 한정판 머그컵을 사용목적이 아닌 수집, 전시, 감상용으로 구입한다.

(2) 제품편익의 마케팅 시사점

제품이 제공하는 세 가지 유형의 편익에 대한 이해는 많은 마케팅 시사점을 제시한다. 첫째, 마케터는 자신의 제품이나 서비스가 어떤 소비자욕구를 만족시킬 수 있는지를 파악해야 한다. 구내식당에서의 식사가 제공하는 에너지와 영양분은 기능적 욕구를, 음식의 맛은 쾌락적 욕구를 충족시켜 준다. 고급 레스토랑에서의 식사는 더 높은 수준의 쾌락적 욕구뿐만 아니라 추가적으로 남들에게 자신을 과시하고자 하는 상징적 욕구도 충족시켜 준다. 사람들은 고급 레스토랑에서의 식사를 사진으로 찍어 SNS에 올리지만, 구내식당 식사의 경우에는 그러지 않는다.

둘째, 제품편익 유형은 시장세분화, 제품 포지셔닝의 도구로 사용될 수 있다. 예를 들어, 운동화를 구입하는 소비자는 구매목적에 따라 세분화될 수 있다. 기능적 편익을 우선시하는 소비자는 제품의 기능, 내구성, 발의 편안함 등과 같은 제품속성을 고려한 구매를 할 것이다. 운동화의 상징적 혹은 쾌락적 편익을 중요하게 여기는 소비자도 존재한다. 발렌시아가, 구찌 같은 고가의 명품브랜드 운동화를 구매하거나 수집을 위해 나이키 에어조던(Air Jordan) 농구화를 구입하는 것이 그 예이다.

세 가지 유형의 제품편익은 브랜드 포지셔닝의 도구로서도 사용된다. BMW는 '궁극의 드라이빙 머신(ultimate driving machine)'이라는 기능적 편익을 강조하는 광고 슬로건으로 BMW가 뛰어난 성능과 품질을 가진 자동차라는 이미지를 소비자에게 전달했다. 재규어(Jaguar)는 비교광고를 이용해 사람들이 경쟁제품인 BMW 운전자를 'Mr.'라고 부르지만, 재규어 운전자에게는 존경의 의미가 담긴 'Sir'로 부른다는 메시지를 전달함으로써 제품이 주는 상징적 편익을 강조했다. 제품의 성능이나 품질 등에 관한 아무런 정보 없이 자동차 운전의 흥분감을 강조하는 광고는 쾌락적 편익에 관한 메시지를 전달한다.

제품편익에 의한 포지셔닝: 제품의 기능적 편익, 상징적 편익, 쾌락적 편익을 강조하는 자동차 광고.

셋째, 소비자는 추가적인 제품편익을 얻기 위해 더 많은 금액을 지불할 용의가 있을 수 있으므로 마케터는 자신의 제품이 어떤 추가적인 편익을 제공해 줄 수 있을지 고민해야 한다. 예를 들어, 명품 브랜드인 루이비통(Louis Vuitton)은 가격이 500만 원 이상인 스마트워치를 출시했다. 일부 소비자들이 이 제품을 구입하기 위해 기꺼이 높은 가격을 지불하고자 하는 동기는 이 제품이 기능적 편익 외에도 자신을 표현하게 해주는 상징적 편익을 제공하기 때문이다. 추가적인 제품편익의 추구는 친환경제품 구입에도 영향을 줄 수 있다. [소비자행동 Highlight]에서 보여주듯이 소비자는 하이브리드 자동차 구매시에 기능적 편익 외에 상징적 편익도 중요하게 고려하며, 이를 얻기 위해 더 많은 금액을 지불하기도 한다.

소비자행동 Highlight

프리우스의 성공원인은 과시욕?

토요타(Toyota) 프리우스(Prius)는 하이브리드 자동차의 상징과도 같으며, 매출은 경쟁사 자동차보다 월등히 높다. 프리우스의 성공요인은 무엇일까? 소비자조사와 경제학자들의 연구에 따르면 프리우스 성공요인 중의 하나는 소비자의 상징적 욕구와 관련된 과시욕이다.

프리우스가 다른 전기자동차와 다른 점은 디자인의 독특성이다. 프리우스는 토요타가 보유한 자동차 모델인 캠리(Camry)나 코롤라(Corolla)와 차별화되는 프리우스만의 고유한 디자인으로 개발되었다. 따라서 사람들은 프리우스를 쉽게 알아볼 수 있다. 경쟁업체인 혼다(Honda)의 경우 기존모델인 시빅(Civic)의 차체에 하이브리드 엔진을 탑재한 시빅 하이브리드

(Civic Hybrid)를 출시했다. 시빅 하이브리드의 경우 시빅과 디자인이 동일하기 때문에 차 뒷면의 모델 라벨을 자세히 살펴보기 전에는 다른 사람들이 하이브리드 자동차인지 알기 어렵다.

이에 반해 프리우스를 운전하는 소비자는 프리우스의 독특한 디자인 때문에 타인에게 자신의 이미지를 더 잘 전달할 수 있다. 실제로 프리우스 소유주를 대상으로 한 소비자조사에서 절반 이상의 소유주가 '자신을 잘 알릴 수 있기 때문에' 프리우스를 구입했다고 응답했다. 자신이 환경보호를 위해 실천하는 사람이라는 착한 이미지를 알리기 용이한 프리우스를 선호한 것이다. 뛰어난 연비로 인한 비용절약이라고 응답한 소비자도 있지만, 연비의 경우 경쟁제품도 유사하기 때문에 프리우스 매출의 절대적 우위를 설명하지는 못한다.

경제학자 Sexton and Sexton은 자동차 판매 자료를 분석해 소비자들이 자신의 환경친화적 이미지를 전달하기 위해 추가적으로 얼마를 더 지불할 용의가 있는지를 추정하였다. 연구 결과, 소비자가 프리우스를 구입하기 위해 추가 지불할 용의가 있는 금액은 최저 $430에서 최고 $4,200인 것으로 나타났다. 이와 같이 돈을 더 지불해서라도 착한 이미지를 알릴 수 있는 제품을 구입하려는 경향을 **프리우스 효과**(Prius effect)라고도 부른다.

자료원: Sexton, Steven E. and Alison L. Sexton (2014), "Conspicuous Conservation: The Prius Halo and Willingness to Pay for Environmental Bona Fides," *Journal of Environmental Economics and Management*, 67 (3), 303-317.

2. 브랜드자산

(1) 브랜드자산의 정의

브랜드자산(brand equity, 혹은 상표자산)은 어떤 제품이나 서비스가 브랜드를 갖지 않거나 무명브랜드가 부착된 경우에 비해 그 브랜드를 가졌기 때문에 갖는 차별적 브랜드가치로 정의된다. 자산가치가 높은 브랜드는 소비자의 제품선호, 충성도, 신뢰, 높은 가격의 지불의도와 같은 면에서 차별적 우위를 가진다. 또한 가치가 높은 브랜드는 브랜드확장 시에도 유리하며, 소비자는 확장된 제품에도 높은 선호를 보인다.

마케팅 컨설팅 기업인 인터브랜드(Interbrand)는 매년 자사가 개발한 방법을 이용해 측정한 브랜드의 가치를 발표한다. [그림 14.1]은 2023년 기준 세계에서 가치가 가장 높은 글로벌 브랜드와 우리나라에서 가치가 가장 높은 브랜드 순위를 보여준다. 애플(Apple)은 세계에서 가장 가치가 높은 브랜드로 선정되었다. 애플의 브랜드가치는 $503 billion으로 추정되었으며, 이는 애플이 높은 브랜드 인지도, 이

그림 14.1 Interbrand가 선정한 2023년 글로벌 브랜드와 대한민국 브랜드 가치 순위

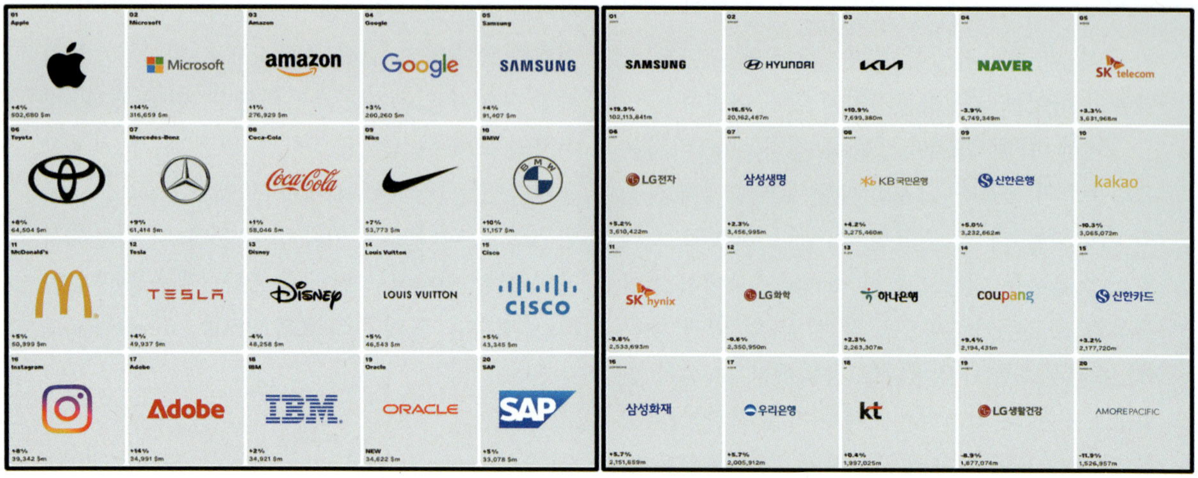

미지, 신뢰 등의 효과로 인해 전혀 알려지지 않은 브랜드에 비해 추가적으로 얻을 수 있는 이윤을 반영한다. 2위부터 5위 브랜드는 마이크로소프트, 아마존, 구글, 삼성으로 IT기업이 높은 순위에 올라있다. 인터브랜드는 또한 국가별 브랜드가치 순위도 발표하며, 한국의 경우 삼성전자가 가치가 가장 높은 브랜드로 선정되었다.

(2) 브랜드자산에 영향을 미치는 요인

브랜드자산을 높이는 것은 마케터의 중요한 임무 중의 하나이다. 그렇다면 어떻게 브랜드가치를 높일 수 있을까? Keller의 연구에 의하면 브랜드자산은 소비자가 가지고 있는 브랜드지식(brand knowledge)과 연관이 있다.[5] [그림 14.2]는 Keller가 제시한 브랜드자산 모형을 보여준다.

브랜드자산에 영향을 미치는 첫 번째 요인은 **브랜드 인지도**(brand awareness)이다. 브랜드의 인지도는 브랜드 재인(recognition)과 회상(recall)의 용이함을 의미한다(제7장 기억 참조). 소비자에게 브랜드 정보가 주어졌을 때 어떤 브랜드인지 쉽게 인지할수록, 그리고 소비자가 기억에서 브랜드를 쉽게 떠올릴수록 그 브랜드의 가치는 높다. 예를 들어, [그림 14.1]에 제시된 자산가치가 높은 브랜드들의 경우 로고만 보고도 즉시 어떤 브랜드인지 쉽게 알아볼 수 있다. 또한 IT 브랜드를 생각할 때, 머릿속에 쉽게 떠오르는 애플, 마이크로소프트, 구글 등은 가치가 높은 브랜드들이다.

그림 14.2 Keller의 브랜드자산 모형

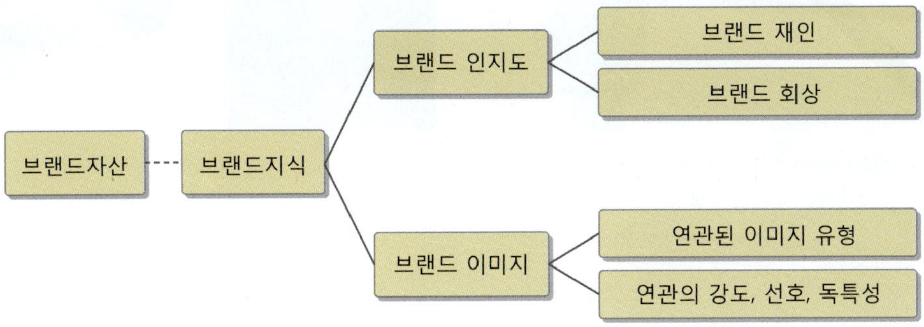

자료원: Keller, Kevin Lane (1993), "Conceptualizing, Measuring, and Managing Customer-Based Brand Equity," *Journal of Marketing*, 57 (1), p. 7.

브랜드자산 형성에 영향을 미치는 두 번째 요인은 **브랜드 이미지**(brand image)이다. 브랜드 이미지가 강력하고, 선호되고, 독특할수록 브랜드자산은 더 높다. 브랜드 이미지는 제품의 속성 및 편익과 관련 있다. 예를 들어, 스타벅스의 이미지는 속성(맛, 점포 분위기) 및 편익(즐거움, 안락함)과 연관성을 가지며, 이 연관성의 강도, 선호도, 독특성은 스타벅스의 브랜드자산에 영향을 준다.

따라서 브랜드자산을 높이기 위해서는 브랜드의 인지도를 높이는 한편, 소비자에게 강하고, 선호되며, 독특한 이미지를 전달해야 한다. 브랜드 인지도는 '제7장 기억'에서 설명한 소비자의 브랜드에 대한 기억과 인출을 향상시키는 전략을 사용하여 높일 수 있다. 브랜드 이미지의 확립은 효과적인 브랜드 포지셔닝 전략을 사용함으로써 이루어질 수 있다. 광고는 브랜드자산 증가에 효과적인 커뮤니케이션 전략이다.[6] 광고는 판매촉진(sales promotion)과 같은 다른 유형의 커뮤니케이션보다 단기매출 증가에는 덜 효과적일 수 있다. 그러나 광고는 브랜드의 인지도를 높이고 긍정적인 브랜드 이미지를 형성할 수 있다는 점에서 브랜드가치를 높이기 위한 기업의 장기적인 투자에 유용한 수단이 될 수 있다.

몽블랑(Montblanc)의 브랜드확장: 만년필 브랜드인 몽블랑은 고급스러운 이미지를 이용해 시계, 지갑, 액세서리와 같은 제품군으로 브랜드명을 확장함으로써 기존 브랜드자산 가치를 효과적으로 활용하고 있다.

3. 브랜드확장

브랜드확장(brand extension)은 기존의 성공적인 브랜드명을 다른 제품군의 신제품에 이용하는 상표전략이다.[7] 브랜드확장이 빈번하게 사용되는 이유는 마케팅 비용 절감과 신제품 출시 초기의 높은 인지도 확보와 같은 이점을 가지고 있기 때문이다. 성공적인 브랜드확장이 되기 위해서는 우선 모브랜드(original brand)가 인지도가 높고 품질이 우수해야 한다. 브랜드확장에 대한 연구에 따르면 모브랜드와 확장제품이 유사할수록 브랜드확장의 성공가능성이 높아진다.[8] 모브랜드와 확장제품 사이에 유사성이 높을수록 모브랜드에서 연상되는 신념과 감정이 확장제품에 쉽게 전이되고, 이렇게 전이된 브랜드 연상이 확장제품 평가에 긍정적 영향을 준다.

유사성(similarity)은 제품속성 유사성(attribute similarity)과 브랜드컨셉 유사성(concept similarity)의 두 가지로 나눌 수 있다. 제품속성 유사성은 제품의 물리적 특성, 사용상황, 제품생산에 필요한 기술 등의 유사성을 말한다. 브랜드컨셉 유사성은 소비자가 제품에 대해 갖는 추상적 의미 수준에서의 유사함을 의미한다. 브랜드컨셉은 기능적 컨셉과 품격 컨셉으로 나누어진다. **기능적 컨셉**(functional concept)에 기반한 모브랜드는 기능적으로 유사한 제품으로 확장할 경우에 성공가능성이 높으며, 이에 비해 **품격 컨셉**(prestige concept)을 가진 모브랜드는 상징적 의미를 크게 갖는 제품으로 확장할 경우에 성공가능성이 높은 것으로 나타났다. 예를 들어, 기능적 이미지가 강한 시계브랜드인 Timex는 계산기, 건전지 등에 확장할 때 효과적인 반면, 고급시계로서의 명성이 높은 Rolex는 팔찌, 넥타이, 반지 등과 같은 품격의 의미를 갖는 제품에 확장하는 것이 보다 효과적인 것으로 나타났다.[9]

4. 브랜드개성

브랜드개성(brand personality)은 브랜드를 의인화하여(personify) 특정의 브랜드에 부여한 일련의 인간적 특성으로 정의된다. 브랜드개성은 브랜드 이미지와 같은 의미로 사용되기도 하지만, 엄밀하게 말하면 브랜드 이미지는 브랜드개성을 포함하는 더 포괄적인 개념이라고 할 수 있다. **브랜드 이미지**(brand image)는 브랜드개성 외에도 브랜드와 연합된 제품속성이나 편익, 사용용도, 그 브랜드와 연합된 감정들을 포괄한다. 브랜드개성은 브랜드 차별화의 유용한 도구가 될 수 있다. 특히 브랜드가 경쟁브랜드와 비교할 때 물리적 또는 기술적 측면에서 차별화가 어려운 경우, 브랜드개성이 유일한 차별점이 될 수 있다.

브랜드개성에 관한 연구는 크게 두 가지 방향으로 수행되었다. 하나는 소비자의 개성 혹은 자아개념과 브랜드개성 간의 일치성이 브랜드 태도에 미치는 효과를 조사하는 것이며, 다른 하나는 브랜드 자체를 의인화시켜 그 브랜드가 갖는 인간적 특성을 규명하거나 소비자-브랜드 관계의 유형이나 특징을 조사하는 것이다.

첫째, 소비자의 자아개념과 브랜드개성 간의 관계를 조사하는 연구들은 브랜드개성과 소비자 자아 간의 일치성이 높을수록 소비자의 브랜드에 대한 선호가 높아질 것이라고 제안한다. 즉, 소비자들의 실제적 혹은 이상적 자아(actual or ideal self)와 브랜드개성이 서로 일치될수록, 소비자들은 해당 브랜드를 더 긍정적으로 평가하고 이를 소유하고 싶은 욕구를 갖게 된다는 것이다. 가령, 자신을 '예술적 감수성이 풍부한' 사람이라고 지각하는 소비자는 멋있는 패키지 디자인을 가진 브랜드를 선호할 것이다.

둘째, 브랜드를 의인화시킨 연구는 브랜드가 갖는 인간적인 특성, 즉 브랜드개성의 특성들을 규명하는 방향으로 진행되었다. 브랜드개성의 특성에 관한 연구는 브랜드가 인구통계적 특징(demographic descriptors)을 지니고 있다는 연구로부터 시작되었다. 성(남성-여성), 나이(젊다-늙다), 소득계층(가난함, 중산, 부유함) 등의 묘사가 그 예이다.

또한 특성(trait) 중심의 인간개성에 관한 심리학연구를 토대로 브랜드개성의 차원을 규명하려는 연구가 수행되었다. 대표적으로 Jennifer Aaker는 개성이론 중 하나인 **특성이론**(trait theory)을 토대로 브랜드개성의 측정척도를 개발하였다.[10] Aaker는 피실험자들로 하여금 37개의 유명브랜드를 114개의 개성특성변수로 평가하도록 하였는데, 평가결과를 요인분석한 결과 브랜드개성의 주요차원으로 성실함(sincerity), 활기참(excitement), 유능함(competence), 세련됨(sophistication), 강

표 14.2 브랜드개성의 5가지 차원과 각 차원에 대한 측정척도

성실함	활기참	유능함	세련됨	강함/억셈
현실적인	과감한	믿을 만한	상류층의	야외활동을 좋아하는
가정적인	첨단의	열심인	매혹적인	남성적인
소도시의	짜릿한	안전한	잘생긴	서부적인
정직한	활기찬	현명한	매력있는	거친
성실한	멋진	기술적인	여성적인	억센
실제적인	젊은	조직의 일원인	부드러운	
건전한	상상력이 풍부한	성공적인		
독창적인	독특한	선도적인		
즐거운	최신의	자신있는		
감상적인	독립적인			
친근한	현대적인			

자료원: Aaker, Jennifer L. (1997), "Dimensions of Brand Personality," *Journal of Marketing Research*, 34 (3), p. 354.

함/억셈(ruggedness)의 다섯 가지를 발견하였다. 또한 이 연구에서 몇몇 브랜드는 특정 개성차원에서 점수가 높게 나타났다. 예를 들어, 홀마크 카드는 성실함을, MTV는 활기참을, *The Wall Street Journal*은 유능함을, Guess 진은 세련됨을, 그리고 리바이스와 나이키는 강함/억셈에서 높은 점수를 갖는 것으로 나타났다. Aaker는 자신이 개발한 브랜드 개성척도를 Brand Personality Scale(BPS)이라고 명명하였는데, BPS는 다섯 개의 기본차원, 15개 하위요인, 42개의 특성항목으로 구성되어 있다(〈표 14.2〉 참조).

5. 소비자-브랜드 관계

일상에서 사람들이 제각기 다른 방법으로 서로 관계를 맺는 것처럼 소비자들도 구매하는 브랜드와 관계를 맺고 있다. 사람과 사람 사이에 일어나는 관계는 사람과 브랜드 사이에도 일어날 수 있으며, 이는 브랜드는 사람의 성격, 즉 개성(personality)을 부여받기 때문이다. 이에 따라 브랜드관련 주요 연구주제의 하나인 소비자-브랜드 관계에 대한 연구들은 소비자-브랜드 관계를 소유주-소유물의 관계에서 발전하여 사람-사람의 관계 혹은 파트너 관계로 개념화하고 있다.

소비자-브랜드 관계(consumer-brand relationship)에 대한 연구는 Blackstone의 연구에서 출발한 것으로 볼 수 있다.[11] Blackstone은 소비자-브랜드 관계를 사람들 간의 관계와 같이 상호 동등한 것으로 가정하고, 소비자-브랜드 관계를 '소비자의 브랜드에 대한 태도(attitude toward brand)와 브랜드의 소비자에 대한 태도(attitude toward consumer) 간의 상호작용'으로 정의하였다. 일상생활 속에서 사람과 사람 사이에 다양한 상호작용을 통해 관계를 형성·유지하듯이, 소비자들도 브랜드에 인격을 부여하여 마치 인간 간의 관계처럼 브랜드와의 관계를 형성한다는 것이다. 즉, 소비자가 특정 브랜드를 좋아하면, 그 브랜드도 자신을 좋아할 것으로 기대할 수 있다. 이에 따라 애착심을 갖고 있는 브랜드가 기대만큼의 성능이나 서비스를 제공하지 못할 경우, 소비자는 사람과의 관계에서처럼 그 브랜드에 대해 실망하고 분노감을 느낄 수 있는 것이다.

Fournier는 Blackstone의 연구를 보다 발전시킨 소비자-브랜드 관계를 연구하였다.[12] Fournier에 의하면 일상 속에서 사람들이 제각기 다른 방법으로 서로 연관되듯이 소비자들은 자신이 구매하는 제품브랜드와 삶 속에서 개인적인 관계를 맺는다. Fournier는 소비자-브랜드 관계를 소비자와 브랜드가 동등한 당사자로서 서로에게 파트너로서 공헌하며 상호작용한 결과로 생성된 정서적 유대감으로 정의하였으며, 소비자와 브랜드 간의 관계 확립이 소비자와 브랜드 간의 강력한 유대감을 형성하는 데 중요한 역할을 한다고 주장하였다. 즉, 소비자는 브랜드의 성능에 만족해 반복구매할 뿐 아니라 브랜드에 인격을 부여하여 마치 인간과의 관계처럼 기쁨과 슬픔, 그리고 사랑과 미움의 감정을 경험하는 것으로 보았다.

Fournier는 전통적 가치관의 50대, 포스트모더니즘 가치관의 20대 초반, 그리고 그 사이의 과도기적 단계에 위치한 30대 후반을 각각 대표하는 세 여성과 3개월 동안 심층인터뷰를 실시하여, 소비자와 브랜드 사이의 관계를 분석했다. 그 결과 〈표 14.3〉과 같은 15개 유형의 소비자-브랜드 관계를 발견했는데, 이는 일상생활에서 사람들이 다른 사람들과 형성하는 관계의 유형과 유사하다.

표 14.3 소비자-브랜드 관계의 유형

유형		정의	사례
결혼관계 (Marriage)	중매결혼 Arranged marriages	제삼자가 선호로(강제로) 맺어준, 감정상의 끈끈함은 적지만 장기의 배타적 몰입	캐비닛업자의 강력한 권유로 캐비닛 왁스를 쓴다.
	편의에 의한 결혼 Marriages of convenience	신중한 선택이 아닌 환경적 영향에 의한 장기적 몰입	우연히 먹어보게 된 샐러드 드레싱의 팬이 된다.
	몰입된 파트너십 Committed partnerships	장기적 / 자발적 관계로 높은 애정 / 친밀감 / 신뢰감	특정 브랜드에 매우 몰입하여 그 브랜드 옹호자가 되고 칭찬을 늘어놓는다.
우정관계 (Friendship)	가벼운 친구 Casual friends/buddies	낮은 친밀함 / 정서 / 상호작용 수준으로 상호이익이나 보답의 기대수준 낮음	다양한 브랜드의 시리얼을 돌아가면서 먹는다.
	절친한 친구 Best friendships	친밀함과 상호이익을 공유하는 자발적 관계. 일반적으로 파트너의 이미지와 개인적 관심사의 일치	깨끗함/순수함의 자아개념을 가진 소비자가 아이보리 비누를 늘 사용하며 자신의 브랜드라고 여긴다.
	상황에 따른 친구 Compartmentalized friendships	매우 특정하게 상황에 달려 있는 우정으로 친밀함은 낮지만 상호의존성과 사회정서적 보상은 큼	상황과 활동마다 다른 향수를 뿌린다.
	어릴 적 친구 Childhood friendships	어린 시절로 거슬러 올라가는 상호 관계로 빈번하지는 않으나 편안함과 과거 자아로부터 안심하는 마음 얻음	어렸을 때 즐겨 먹었던 과자를 먹는다.
어두운 측면관계 ('Dark side' relationship)	의존관계 Dependencies	파트너가 대체 불가능하다는 생각으로 강박적, 감정적으로 강하게 끌림, 파트너 부재시 매우 곤란	미모의 비결이라고 생각하는 화장품을 살 수 없을 때 어쩔 줄 몰라 한다.
	적대관계 Enmities	고통을 주거나 회피하려는 욕망에서 비롯된 부정적 관계	어떤 컴퓨터 브랜드를 사기를 거부하고 경쟁사의 브랜드를 사려고 한다.
	비밀관계 Secret affairs	다인에게 노출 시 위험하다고 고려되는 감정적/사적 관계	달콤한 디저트를 냉장고 깊숙이 넣고 밤늦은 시간 몰래 꺼내먹는다.
	노예관계 Enslavements	파트너 마음대로 지배되는 비자발적인 관계로 부정적인 감정이지만 상황 때문에 지속	지방 케이블TV 업자에게 만족하지 않지만 다른 대안이 없다.
잠정적 관계 (Temporary relationship)	구혼기간 Courtships	몰입할 파트너를 결정하기 전 임시관계	두 향수 중 어떤 것을 쓸지 한번 사용해본다.
	한번 시도해봄 Flings	단기적으로 높은 감정적 보상을 가지나 몰입과 상호이익 요구는 피함	어떤 커피브랜드의 충성고객이 경쟁사의 샘플을 한번 써 본다.
기타 관계	친척관계 Kinships	자신의 주장이 아닌 가족 구성원으로부터의 선호를 비자발적으로 반영. 충성도가 깊이 유지된 확신이라기보다는 습관에 가까움	엄마가 사용했던 밀가루를 사용해야 할 것 같다.
	대응관계 Rebounds/avoidance-driven relationships	파트너 그 자체에 끌리기보다 이전 혹은 가능한 파트너로부터 벗어나고자 형성된 관계	전남편이 좋아하는 마요네즈는 쓰기 싫어서 브랜드를 전환한다.

자료원 : Fournier, Susan (1998), "Consumers and Their Brands: Developing Relationship Theory in Consumer Research," *Journal of Consumer Research*, 24 (4), p. 362.

14.2 소비자행동과 가격전략

가격은 소비자 구매에 가장 큰 영향을 미치는 요인 중 하나이다. 동일한 조건이면 대부분의 소비자는 낮은 가격을 선호한다. 그러나 항상 낮은 가격이 선호되는 것은 아니다. 명품 구입과 같이 제품의 소유나 사용을 통해 자신의 지위, 재산, 개성 등을 과시할 수 있는 경우, 소비자는 높은 가격의 제품을 더 선호하기도 한다.

가격은 제품 차별화와 포지셔닝의 방법으로 빈번하게 사용된다. 고급 브랜드들은 높은 가격으로 자신의 이미지를 유지한다. 반대로 낮은 가격으로 차별화하는 기업이나 브랜드도 많으며, 미국에서 가장 빠르게 성장하는 항공사 중의 하나인 스피릿항공(Spirit Airlines)이 한 예이다. 스피릿항공은 고객 서비스는 무시하고 '오직 가격으로만 승부'하는 기업이라고 할 수 있다. 잦은 결항과 지연, 다리를 펴기에 너무나 좁은 좌석 등으로 악명이 높은 이 항공사는 매년 실시되는 소비자만족 조사에서 연속 꼴찌를 하고, 역사상 최하점수를 기록하기도 했다. 그럼에도 불구하고 스피릿항공이 성공할 수 있었던 이유는 항공권을 경쟁사보다 파격적으로 낮은 가격에 판매하기 때문이다. 스피릿항공은 미국내 구간 항공권을 $30 이하에 판매하기도 한다.

마케터에게 있어서 가격 결정은 제품수요, 매출, 이익과 직접적으로 관련된 중요한 의사결정이다. 가격 결정을 위해서는 가격과 관련된 소비자심리에 대한 이해가 필수적이다. 본 절에서는 이와 관련하여 가격이 소비자 구매에 미치는 영향을 [그림 14.3]에서 제시하는 가격에 근거한 소비자 구매의사결정 모형을 이용해 설명하고자 한다. 소비자는 제시된 가격을 이해하고 해석하는 과정을 통해 가격을 지각

가격을 이용한 차별화: 스피릿항공은 미국에서 성장속도가 가장 빠른 항공사이다. 좁고 불편한 좌석(우측 그림) 등으로 악명이 높으며, 소비자만족 조사에서 항상 최악의 평가를 받는다. 그럼에도 불구하고 스피릿항공이 성공할 수 있었던 이유는 경쟁사에 비해 파격적으로 저렴한 항공권 가격 때문이다.

그림 14.3 가격에 근거한 구매의사결정 모형

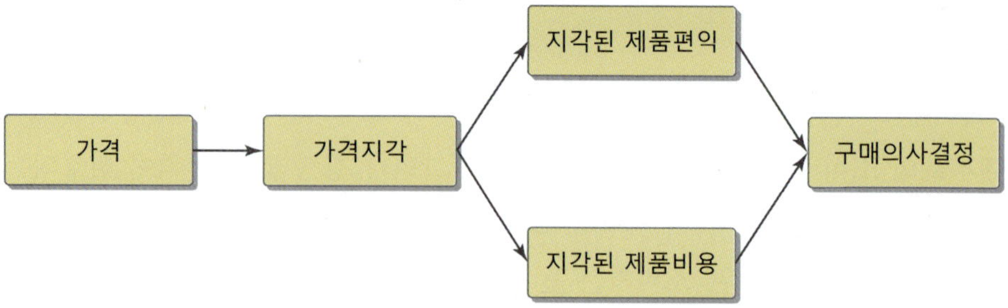

자료원: 석관호 (2016), 가격의 심리학, 한국문화사.

한다. 가격지각은 주관적이며, 동일한 가격도 준거가격이나 가격 제시방법에 따라 더 싸거나 비싸게 지각될 수 있다. 소비자가 지각한 가격은 구입하는 제품의 편익과 비용에 대한 지각에 영향을 미친다. 가격은 품질이나 고급 이미지 같은 제품이 제공하는 편익에 긍정적인 영향을 미친다. 가격은 또한 제품을 구입하는 데 필요한 비용에 대한 지각에도 영향을 미친다. 따라서 소비자는 자신이 얻을 수 있는 제품편익과 자신이 지불해야 하는 비용을 고려해 구매결정을 하게 된다. 즉, 높은 비용을 들여 고품질의 제품을 구입할지, 비용을 절약해 낮은 품질의 제품을 구입할지를 결정해야 한다. 본 절에서는 가격에 근거한 구매의사결정 과정의 단계인 가격지각, 가격과 지각된 제품품질(편익), 가격과 지가된 제품비용을 다룬다.

1. 가격지각

가격은 숫자로 표현되는 객관적인 제품정보라고 생각하기 쉽다. 그러나 소비자의 **가격지각**(price perception)은 주관적이며, 내적 준거가격이나 외적 준거가격 같은 가격판단 기준 그리고 제시되는 가격의 특성에 영향을 받는다. 소비자의 가격지각에 영향을 주는 요인들에 대해 자세히 설명하기로 한다.

(1) 준거가격

'짜장면 2,000원.' 개업 이후 가격인상 없이 지금까지 짜장면 가격 2,000원을 고수하는 중식당이 화제가 된 적이 있다. 대부분의 소비자는 이 가격이 매우 저렴하다고 생각할 것이다. 이와 같이 가격에 대한 평가가 가능한 이유는 소비자가 가격을 판단할 기준을 가지고 있기 때문이다. 가격 평가에 사용하는 기준을 **준거가격**(reference price)이라 하며, 제시된 가격이 준거가격보다 높으면 비싼 가격으로, 준거가격보다 낮으면 싼 가격으로 지각한다.[13]

준거가격과 판매가격의 차이가 브랜드선택에 미치는 영향은 제4장에서 설명한 프로스펙트 이론(prospect theory)으로 설명될 수 있다. 제품가격이 준거가격보다 낮은 경우 그 차이는 **가격이득**(price gain)으로 지각된다. 예를 들어, 짜장면 한 그릇에 대한 준거가격(기대가격)이 6,000원인 경우, 2,000원이라는 가격은 준거가격과의 차이인 4,000원의 가격이득으로 지각된다. 반대로 제품가격이 준거가격보다 높으면 그 차이는 **가격손실**(price loss)로 지각된다. 프로스펙트 이론에 따르면 손실은 동일한 크기의 이득보다 더 크게 지각된다. 가격과 관련하여 프로스펙트 이론을 적용하면, 소비자의 제품구매는 가격이득보다 가격손실에 더 큰 영향을 받는다. 즉, 준거가격에 비해 높은 가격으로 인한 구매감소 정도가 낮은 가격으로 인한 구매증가의 정도보다 더 크게 나타난다.[14] 준거가격은 내적 준거가격과 외적 준거가격으로 나눌 수 있는데, 이하에서는 이에 관해 설명한다.

① 내적 준거가격

소비자 기억에 저장된 제품에 대한 기대가격을 **내적 준거가격**(internal reference price)이라 한다. 위의 예에서 짜장면 가격이 저렴하다고 지각한 이유는 판매되는 가격이 소비자가 가지고 있는 내적 준거가격보다 낮기 때문이다. 내적 준거가격은 다양한 요인에 의해 형성된다. 과거 구매시 지불한 가격, 현재 시장에서 판매되는 제품가격들의 평균, 공정하다고 생각되는 가격 등과 같은 요인이 내적 준거가격 형성에 영향을 준다.[15]

내적 준거가격은 다음과 같은 특성을 가진다.[16] 첫째, 내적 준거가격은 소비자의 구매경험이나 제품가격에 대한 지식을 바탕으로 형성되기 때문에, 경험이나 지식이 많을수록 소비자는 더 정확하고 신뢰할 만한 내적 준거가격을 가진다. 둘째, 내적 준거가격은 하나의 가격이 아니라 가격범위일 수 있다. 제품에 대한 지식이나 경험이 많을수록 준거가격의 범위가 좁아지며, 지식수준이 낮은 소비자는 모호한 내적 준거가격을 가지며 준거가격의 범위가 넓다. 셋째, 내적 준거가격은 상황적 요인에도 영향을 받는다. 같은 제품, 서비스일지라도 구입하는 시기나 장소에 따라 소비자가 기대하는 가격이 달라질 수 있다. 예를 들어, 같은 종류의 생수라도 동네 편의점에서 구입할 때와 호텔 로비에서 구입할 때 소비자가 기대하는 지불가격은 다르다. 넷째, 내적 준거가격은 변화한다. 새로운 가격정보가 주어졌을 경우, 이 새로운 정보가 반영되어 소비자의 내적 준거가격이 변하게 된다. 예를 들어, 짜장면 한 그릇의 평균가격은 1970년에는 100원이었으나, 최근의 조사에 따르면 현재 6,000원 이상인 것으로 나타났다. 지난 50년 동안 60배 이상의 가격 상승이 있었다. 시장가격의 변화에 따라 소비자의 짜장면에 대한 준거가격도 높아지게 되었다.

마케터는 소비자의 내적 준거가격이 지나치게 낮아지지 않도록 유의해야 한다. 내적 준거가격을 낮추는 요인 중의 하나는 가격할인이다.[17] 가격할인을 너무 빈번하게 하거나 할인의 폭이 큰 경우, 소비자의 가격기준이 낮게 형성되어 정상가격을 비싸게 지각해 구매를 꺼려할 수 있다. 이는 장기적으로 기업의 판매에 부정적인 영향을 줄 수 있다.

소비자행동 Highlight

제품가격 책정방식의 변경에 따른 유인효과

경제 전문지 이코노미스트는 자사 웹사이트에 다음과 같은 1년 정기구독 광고물을 실었다.

- 온라인판만 정기구독: 59달러
- 잡지만 정기구독: 125달러
- 잡지와 온라인판 정기구독: 125달러

온라인판만을 59달러에 정기구독하는 것이나 혹은 조금 비싸 보이지만 잡지만을 125달러에 정기구독하는 것은 어느 대안을 선택하든 비교적 합리적인 선택으로 보인다. 따라서 59달러를 내고 온라인판만 구독하는 것과 125달러에 잡지만을 구독하는 것 중 어느 것이 더 나은 대안인지를 정확히 판단하기는 어려울 수 있다. 그러나 잡지와 온라인판 패키지를 125달러에 정기구독하는 것은 같은 가격에 잡지만을 구독하는 것보다 더 나은 선택대안인 것은 확실하다. MIT 슬론 경영대학원 학생들을 상대로 실험을 해본 결과 16%만이 온라인판을 정기구독하는 대안을 선택했고, 84%는 잡지와 온라인판 패키지를 구독하는 대안을 선택했다. 잡지만을 구독하는 대안을 선택한 학생들이 아무도 없다는 사실은 충분히 예측가능한 일이다.

원하는 사람이 전혀 없는 대안은 없애도 된다고 생각해 이코노미스트가 잡지만을 정기구독하는 대안을 제거하고 다음의 두 가지 선택대안만을 제시하면 어떤 결과가 나올까?

- 온라인판만 정기구독: 59달러
- 잡지와 온라인판 정기구독: 125달러

이 선택맥락에서 구독신청 결과는 어떻게 달라졌을까? 전혀 반대되는 결과가 나타났다. 이번에는 59달러짜리 온라인판을 선택한 학생이 68%를 차지한 반면 32%의 학생만이 125달러짜리 잡지와 온라인판 패키지 구독을 선택해 그 수가 크게 감소했다.

	세 대안 제시	두 대안 제시
온라인판만 정기구독: 59달러	16%	68%
잡지만 정기구독: 125달러	0%	제시되지 않음
잡지와 온라인판 정기구독: 125달러	84%	32%

미끼상품(decoy)을 포함한 세 가지 선택대안을 제시할 경우(이 경우 125달러짜리 잡지만 정기구독하는 대안은 미끼상품임)가 두 가지 선택대안만을 제시할 경우에 비해 더 높은 수익을 이코노미스트에 가져다 줄 것이다. 즉, 선택대안의 수를 두 가지가 아니라 미끼상품을 포함한 세 가지로 제안함으로써 이코노미스트는 100명의 구독자로부터 발생하는 총 구독수익을 8,012달러에서 1만 1,444달러로 높일 수 있어 43%의 수익증대를 실현할 수 있다.

대안제시 방식에 따른 선택의 차이는 제4장의 유인효과로 설명된다. 미끼상품인 '잡지만 구독하는 대안'을 포함시킬 경우 소비자들은 잡지와 온라인판 패키지를 구매하는 대안의 상대적 매력도가 미끼상품이 없을 때보다 더 높은 것으로 지각하는 것이다. 이 예는 특정 제품의 가격 대비 가치지각은 다른 선택대안(즉, 준거점)과의 상대적 비교에 근거해 이루어짐을 보여준다.

자료원: Ariely, Dan (2008), *Predictably Irrational: The Hidden Forces that Shape Our Decisions*, Harper Collins.

② 외적 준거가격

소비자의 가격지각은 외부에서 제시된 가격평가기준을 의미하는 **외적 준거가격**(external reference price)에도 영향을 받는다.[18] 소비자 가격지각에 영향을 미치는 외적 준거가격 요인으로 가격비교광고, 권장소비자가격, 경쟁제품의 가격 등이 있다.

가격비교광고는 제품의 판매가격 외에 정상가, 시중가, 과거 판매가격 등과 같은 부수적인 가격정보를 제공한다. 예를 들어, 가격비교광고는 '판매가격: 10,000원' 대신 '정상가격: 15,000원, 판매가격: 10,000원'과 같이 판매가와 더 높은 비교가격을 함께 제시한다. 이때 비교가격인 정상가격은 외적 준거가격 역할을 한다. 소비자는 정상가격과의 차이(예, 5,000원)를 가격이득으로 지각하여, 제시된 판매가격을 더 매력적이라고 평가한다.

그러나 가격비교광고가 악용될 여지도 존재한다. 광고에 제시된 비교가격이 높

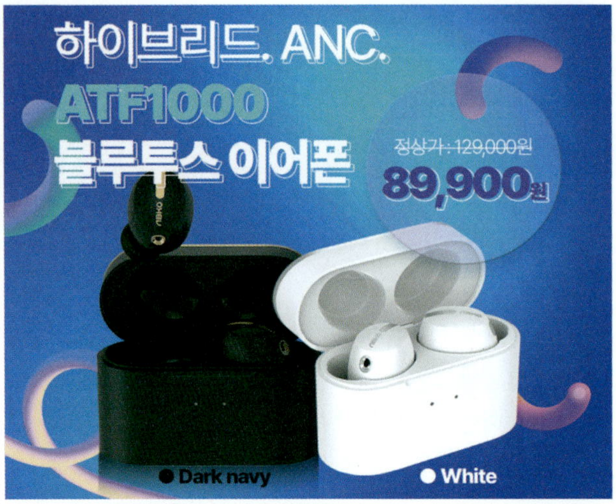

가격비교광고: 판매가격 외에 제시되는 정상가나 시중가는 외적 준거가격 역할을 한다. 가격비교광고는 소비자로 하여금 판매가격과 외적 준거가격의 차이를 가격이득으로 지각하게 한다.

을수록 소비자는 할인의 폭을 더 크게 지각하여 높은 구매의도를 가진다. 시중가격이나 정상가격을 설정하는 기준은 모호할 수 있으며, 판매자가 구매를 유도하기 위해 일부러 높은 비교가격을 제시할 가능성도 있다. Urbany, Bearden, and Weilbaker는 판매가격($359)보다 두 배 이상 높은 과장된(exaggerated) 정상가격($799)이 제시된 가격비교광고의 효과를 연구하였다.[19] 그 결과 과장된 가격기준이 제시된 경우 판매가격에 대한 선호는 크게 증가하는 것으로 나타났다.

권장소비자가격(MSRP: manufacturer's suggested retail price)도 유사하게 외적 준거가격 역할을 한다. 권장소비자가격은 제조업자가 소매상에게 추천하는 제품판매가격으로, 소매상은 제품을 권장소비자가격에 판매할 의무는 없다. 판매가격이 권장소비자가격보다 낮은 경우, 소비자는 이를 할인으로 인식하여 가격이득이 있다고 여긴다. 우리나라 일부 제품의 경우, 권장소비자가격을 일부러 높게 책정하여 소비자에게 큰 폭의 할인을 주는 것처럼 제시한 악용된 사례도 있었다.

경쟁제품의 가격도 외적 준거가격 역할을 한다.[20] 예를 들어, TV를 구입하려 매장을 방문한 소비자가 구입을 고려하는 제품의 가격매력도를 매장에 같이 진열된 유사한 제품 가격과의 비교를 통해 평가할 수 있다. 매장내 경쟁제품의 가격이 전반적으로 비싼 경우, 구매를 고려하는 제품의 가격이 상대적으로 낮게 지각되고, 반대의 경우는 높게 지각된다.

(2) 가격 숫자의 특성

마케팅 정보로서의 가격의 특성은 정보가 숫자로 제시된다는 것이다. 소비자의 가격지각은 가격에 사용되는 숫자의 특성에 따라 달라질 수 있다. 이하에서는 숫자 특성과 관련된 '9로 끝나는 가격' 효과, 구체성효과, 액면가효과를 다룬다.

① 단수가격: '9로 끝나는 가격' 효과

'$1.99'와 같이 9로 끝나는 가격은 빈번하게 사용된다. 이와 같은 가격 제시방법을 **단수가격**(odd pricing) 혹은 **9로 끝나는 가격**(9-ending pricing)이라 부른다.

소비자행동 Highlight

LG 시그니처(Signature)의 고가격 전략

시그니처(Signature)는 가전업체 LG의 플래그십(flagship) 제품라인이며 올레드 TV, 냉장고, 세탁기, 가습 공기청정기, 올인원 에어컨 제품이 있다. 시그니처는 최첨단 기술, 세련된 디자인, 고가격으로 상징되는 명품 가전제품 브랜드이다. 최신기술의 롤러블 TV를 포함한 최고급 사양 시그니처 제품 세트의 가격은 1억 5천만 원 이상이다.

LG 시그니처 라인은 차별화된 프리미엄 가전제품을 선호하는 고객으로부터 수익을 창출할 뿐만 아니라 기존의 일반 LG 백색가전 제품군에도 긍정적인 영향을 주고 있다. 첫째, 시그니처 라인은 LG전자의 전반적인 이미지를 개선해 이전보다 고급 브랜드 이미지를 가지게 되었다는 평가를 받고 있다. 둘째, 시그니처 라인은 소비자의 준거가격에 영향을 주어 LG전자의 일반 제품 판매에 긍정적인 영향을 줄 수 있다. Krishna, Wagner, Yoon, and Adaval의 연구에 따르면 소비자가 극단적으로 비싼 가격에 노출된 경우, 일반적인 가격대 제품을 구입하기 위해 지불하고자 하는 금액이 더 높아진다는 결과를 보여주었다. 이에 따르면 LG 시그니처 라인의 초고가 정책은 소비자로 하여금 일반 가격대의 제품을 저렴하게 지각하도록 하여, 구매 가능성을 높일 수 있다.

자료원: Krishna, Aradhna, Mary Wagner, Carolyn Yoon, and Rashmi Adaval (2006), "Effects of Extreme-Priced Products on Consumer Reservation Price," *Journal of Consumer Psychology*, 16 (2), 176-190.

9로 끝나는 가격: '20,000원'과 '19,990원'의 실제 가격차이는 10원이지만 소비자는 9로 끝나는 가격을 실제 가격보다 더 저렴하다고 지각한다.

우리나라에서도 '4,990원'과 같은 9를 사용한 가격이 많이 이용된다. 가격을 '5,000원' 대신에 '4,990원'으로 제시하는 경우 가격의 차이는 10원에 불과하며, 10원은 소비자의 제품구매에 거의 영향을 주지 못하는 작은 차이이다. 그럼에도 불구하고 9로 끝나는 가격이 널리 쓰이는 이유는 소비자가 지각하는 가격의 차이가 실제 차이보다 크기 때문이다.

Schindler and Kibarian은 단수가격의 사용이 실제 매출에 미치는 영향을 연구하였다.[21] 이들은 한 미국 의류 판매업자의 카탈로그를 두 가지 다른 종류로 만들었다. 한 종류의 카탈로그는 모든 가격을 00센트로 제시했으며(예, $25.00), 다른 종류의 카탈로그는 동일 제품의 가격을 99센트로 끝나는 가격으로 제시했다(예, $24.99). 사용된 가격의 유형은 소비자의 제품구매에 영향을 미쳤으며, 단수가격의 카탈로그를 사용했을 때 이 회사의 매출이 8% 더 높았다.

단수가격의 효과는 할인이 가격의 맨 왼쪽 숫자를 바꿀 때 더 강하게 나타난다. 아래의 두 가격할인을 비교해 보자:

$6.00 → $5.99
$6.50 → $6.49

두 할인 모두 가격의 차이는 1센트로 동일하다. 그러나 첫 번째 가격할인이 두 번째 가격할인에 비해 가격차이가 더 크게 지각된다. 그 이유는 첫 번째 가격할인은 1센트 할인으로 인해 가장 왼쪽 숫자가 6에서 5로 변한 반면, 두 번째 가격할인은 가장 왼쪽 숫자가 변하지 않았기 때문이다. 사람들은 숫자 정보를 왼쪽에서 오른쪽 방향으로 처리한다. 따라서 가장 왼쪽 숫자가 가격지각에 가장 큰 영향을 미친다. 이를 **왼쪽숫자효과**(left-digit effect)라 한다.[22] 따라서 단수가격 효과는 가장 왼쪽 숫자가 바뀌는 경우에 더 크게 나타난다.

일반적으로 9로 끝나는 가격이 많이 사용되지만, 일부 문화권에서는 9보다 8로 끝나는 가격이 더 빈번하게 사용되기도 한다.[23] 북미와 유럽과 같은 서구 문화권에서는 9로 끝나는 가격이 더 빈번하게 사용되며, 이는 명시적이고 직설적인 의사소통에 친숙한 문화권의 소비자들은 9로 끝나는 가격을 저렴하다고 생각하기 때문이다. 그러나 동양 문화권에서는 8로 끝나는 가격의 빈도가 9로 끝나는 가격과 유사하거나 더 높다. 의사소통의 맥락(context)을 중요하게 여기는 동양 소비자들은 9로 끝나는 가격을 불공정하고 기만적인 가격이라고 생각하는 경향이 강해 8이 많이 사용된다. 또한, 중국어 문화권에서 8은 행운을 상징하는 숫자이기도 하다.

② 구체적 가격과 라운드 가격

숫자는 '0'이 포함된 정도에 따라 구체적인(precise) 수와 라운드(round) 수로 구분된다. 가격도 $150,124와 같이 구체적인 숫자로 표시되거나 $150,000 같은 라운드 숫자로 표시될 수 있다. 이 예시와 같이 가격의 수준이 비슷할 때, 소비자들은 구체적인 숫자로 표시된 가격이 라운드 숫자의 가격보다 더 저렴하다고 지각하는 경향이 있다.[24] 이는 사람들이 가지고 있는 '구체적인 수 = 작은 수,' '라운드 수 = 큰 수'라는 연상으로 설명된다. 일상생활에서 작은 수는 주로 구체적인 숫자(예, 1, 2, ..., 9)로 표현되는 반면, 큰 수는 구체적인 숫자(예, 10,001)보다는 라운드 숫자(예, 10,000)로 표현되는 경우가 많다. 따라서 구체적인 숫자로 표시된 가격은 더 낮게 지각되고 라운드 숫자의 가격은 더 크게 지각된다.

소비자는 구체적인 가격을 더 낮게 지각할 뿐만 아니라, 판매자가 객관적인 정보를 바탕으로 신중하게 결정한 가격이라고 생각하는 경향이 있다. 가격의 구체성에 기반을 둔 판매자의 가격결정과정에 대한 소비자의 추론은 가격협상(negotiation)에도 영향을 준다. 판매가격이 협상으로 정해지는 경우, 최초에 판매자가 제시한 가격이 구체적이면 구매자는 믿을 만한 근거를 가진 가격이라고 생각하여 가격협상을 덜 하는 경향이 있다. 미국의 주택거래 시에 판매자는 주택가격을 제시하고 구매자와의 협상을 통해 최종가격이 결정되는데, 주택 거래가격은 대부분 판매자가 최초로 제시한 가격보다 낮게 결정된다. 실제 미국의 주택거래 자료를 분석한 연구에 따르면, 판매자가 제시한 가격이 구체적일수록 실제 판매가격과의 차이가 작았다. 이는 가격이 구체적일수록 구매자는 가격협상을 많이 하지 않았음을 의미한다.[25]

라운드 숫자의 가격은 더 비싸게 지각될 수 있는 반면에 더 고급스러운 이미지를 전달할 수 있다는 장점이 있다.[26] 소비자는 9와 같은 구체적인 숫자로 끝나는 가

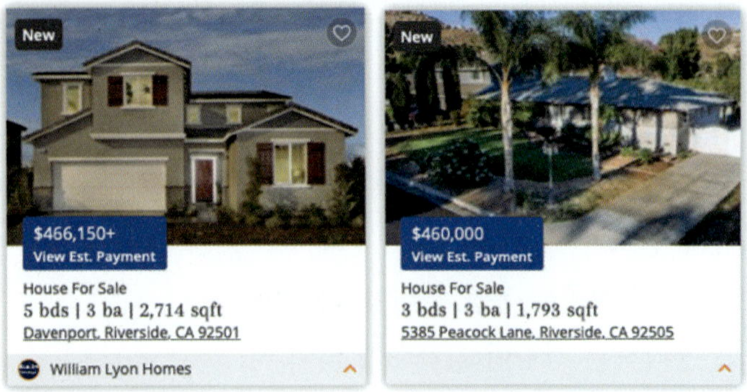

'구체적 가격' 효과: 소비자는 0을 적게 포함한 구체적인 가격(예, $466,150)을 0을 많이 포함한 유사한 라운드가격(예, $460,000)보다 더 낮다고 지각하고, 합리적인 의사결정을 통해 결정된 가격이라고 믿는 경향이 있다.

격은 더 저렴하고 품질이 낮은 제품이라고 지각하는 반면에, 라운드 숫자 가격은 더 고급 이미지의 품질이 높은 제품으로 지각하는 경향이 있다. 따라서 고급 이미지를 유지하려는 브랜드의 경우 구체적인 가격의 사용은 브랜드 이미지에 부정적인 영향을 줄 가능성이 있다. 가격에 따른 끝자리 사용을 조사한 연구에 따르면 제품의 가격이 높을수록 끝자리에 0이 포함된 라운드 숫자의 가격이 더 빈번하게 쓰이는 것으로 나타났다.[27]

소비자행동 Highlight

우리나라 제품 가격의 끝자리 숫자

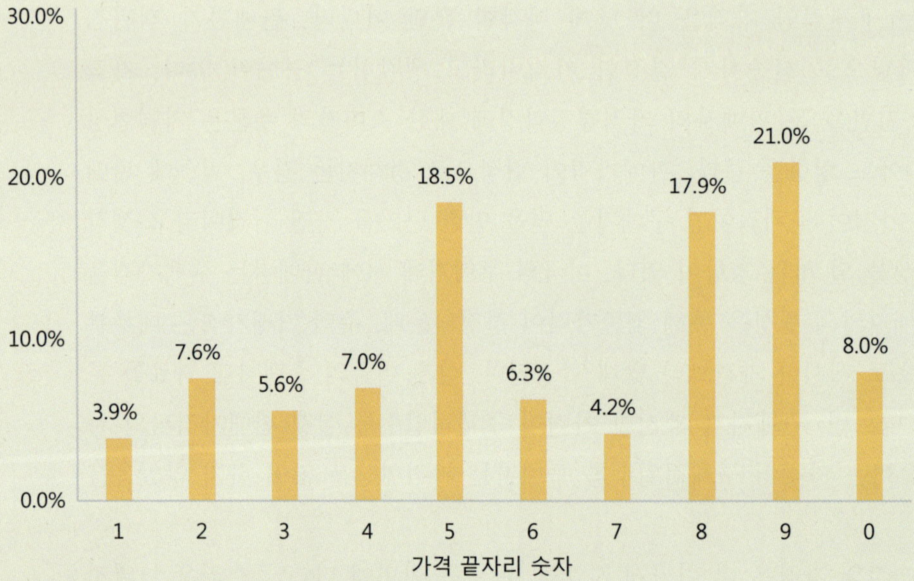

가격 끝자리: 우리나라 대형 유통업체의 소매가격의 끝자리 숫자 사용 빈도

가격 끝자리는 전략적으로 활용되는 경우가 많다. 이는 '9로 끝나는 가격 효과'나 '구체적(vs. 라운드)가격 효과'와 같이 가격 끝자리 숫자가 제품이나 가격의 이미지에 영향을 미치기 때문이다. 우리나라 가격의 끝자리에는 주로 어떤 숫자가 사용될까? 국내 4개 대형 온·오프라인 유통업체의 판매가격을 조사한 연구는 우리나라 가격의 끝자리 특성을 보여준다. 우리나라의 가격은 숫자 단위가 높기 때문에 가치가 낮은 1원 단위에는 주로 0이 사용되어 가격 끝자리 전략이 거의 사용되지 않는다. 우리나라의 경우 가격 끝자리 의사결정은 주로 10원 단위와 100원 단위에서 이루어지며, 이때 사용되는 가격 끝자리의 숫자의 현황은 다음과 같다. 9로 끝나는 가격이 전체 가격의 21.0%를 차지하여 가장 많이 쓰이는 것으로 나타났다. 5로 끝나는 가격은 전체의 18.5%로 두 번째로 많이 사용되는 숫자였다. 8로 끝나는 가격은 17.9%로 나타났다. 0으로 끝나는 라운드 가격의 비율은 8.0%였다. 반면에 가장 적게 쓰이는 끝자리 숫자는 1인 것으로 나타났다.

자료원: 김가은, 석관호 (2021), "900원 혹은 990원? 우리나라 소비재 가격의 끝자리 연구," *마케팅연구*, 36 (2), 27-57.

③ 액면가효과

사용되는 화폐단위에 따라 동일한 가격이 다른 숫자로 제시될 수 있다. 한국 가격 10,000원은 미국 화폐단위로 $9, 베트남 화폐단위로 200,000동(VND) 정도이다. 이와 같이 화폐단위에 따라 가격이 다른 숫자로 표시될 때, 숫자 크기가 가격지각에 미치는 영향을 **액면가효과**(face-value effect)라 한다. 소비자는 큰 숫자로 표시되는 가격은 비싸다고, 작은 숫자로 표시되는 가격은 싸다고 지각하는 경향이 있다. 해외여행을 하거나 외국의 온라인 매장에서 제품을 구입할 때, 소비자는 외국화폐로 제시되는 가격을 접하게 되고 액면가효과가 나타날 수 있다. Raghubir and Srivastava의 연구는 소비자들이 말레이시아 화폐(1달러＝4링깃) 같이 액면가가 높은 경우 가격이 비싸다고 여겨 구매를 꺼리고, 바레인 화폐(1달러＝0.4디나르) 같이 액면가가 낮은 경우 가격이 저렴하다고 여겨 구매를 많이 하는 결과를 보여주었다.[28]

2002년 유럽에서 자국의 통화 대신 유로(Euro)를 사용하기 시작하면서, 소비자들은 실생활에서 액면가효과를 경험하였다. 예를 들어, 이탈리아의 경우 기존에 사용하던 자국화폐인 리라(lira) 대신에 유로를 사용하기 시작했으며 교환비율은 '1유로＝1,936.27리라'였다. 이전에는 20,000리라였던 제품의 가격이 10유로로 표시되면서 액면가효과로 인해 가격이 낮은 것으로 지각되었다. 액면가효과는 제품가격 상승으로도 이어졌다. 가격이 20,000리라에서 25,000리라로 상승하는 경우 그 차이

Coffee		
에스프레소	hot / ice	4.0
아메리카노	hot / ice	4.0
카푸치노	hot / ice	4.5
카페라떼	hot / ice	4.5
카페모카	hot / ice	4.5
카라멜마끼아또	hot / ice	4.5
달달한 우유	hot / ice	4.0

메뉴의 가격표시 효과: 동일한 가격을 '4,000원' 대신에 '4.0'으로 표시하는 경우, 소비자는 가격이 더 저렴하다고 지각한다.

가 크게 지각된다. 그러나 동일한 가격인상이 유로화폐로 표시되는 경우 10유로의 가격이 12.5유로로 인상되는 것이어서 그 차이가 작게 지각된다. 유로 사용 이후에 소비자는 가격인상에 덜 민감하게 되었고 이는 물가상승의 이유 중 하나가 되었다.[29]

동일한 화폐의 가격도 다른 숫자단위로 표시될 수 있다. 예를 들어, 아메리카노 가격을 '4,000원'이 아니라 '4.0'으로 표시하는 매장이 증가하고 있다. 동일한 자국화폐로 표시된 가격일지라도 더 작은 숫자로 표시함으로써 액면가효과를 기대할 수 있다. 숫자표시 효과에 대한 연구에 따르면 소비자는 '4.0'과 같이 작은 숫자로 표시된 가격을 더 저렴한 것으로 지각했다.[30]

2. 가격-품질 관계: 가격과 지각된 제품편익

(1) 가격과 지각된 품질

가격은 소비자가 지각하는 제품의 편익에도 영향을 미친다. 실제 유사한 제품이더라도 한 제품의 가격이 다른 제품보다 높으면 소비자는 높은 가격의 제품이 더 많은 편익을 줄 것으로 기대한다. 즉, 가격이 높은 제품이 품질이 더 좋거나(기능적 편익), 자신의 부와 지위를 더 잘 과시하게 해주거나(상징적 편익), 제품 보유와 사용으로 더 많은 즐거움을 줄 수 있을 것(쾌락적 편익)으로 기대한다.[31] 세 가지 편익 중에서 가장 주된 것으로, 가격이 품질지각에 미치는 영향에 집중하여 설명하고자 한다.

가격결정과 관련하여 마케터가 고려해야 하는 중요한 소비자 심리로 **가격-품질 연상**(price-quality association)이 있다. 소비자는 가격이 높을수록 품질이 더 좋은 것으로 지각하는 경향이 있다. 가격이 품질지각에 미치는 영향은 소비자의 제품지식이나 경험에 따라 다르게 나타난다. Rao and Monroe의 연구에 따르면 제품정보를 충분히 갖지 못한 소비자들은 가격-품질 연상심리를 갖는 경향이 강하다.[32] 그러나 제품특성에 관한 충분한 정보를 갖고 있는 소비자는 가격으로부터 품질을 추론하는(price-quality inference) 성향이 낮으며, 여러 제품속성들(브랜드명, 성능, 패키지, 제조국가 등)을 함께 고려하여 품질을 평가하게 된다.

소비자행동 Highlight

가짜약도 가격이 비쌀수록 효과가 좋다.

플라시보(placebo)는 가짜약을 의미하며, 실제 효과가 없는 가짜약의 치료효과를 플라시보 효과라 한다. 환자가 기대하는 약의 효능(efficacy)이 클수록 플라시보효과는 강하게 나타난다. Espay와 동료 의사들은 파킨슨병 환자를 대상으로 가짜약 가격이 치료효과에 미치는 영향을 연구하였다. 이 연구에서는 모든 환자들에게 동일한 약을 투여했는데, 절반의 환자에게는 비싼 가격의 신약이라는 정보를, 나머지 환자에게는 싼 가격의 신약이라는 정보를 주었다. 가짜약의 실제 치료효과는 가격이 비싸다는 정보를 제공받은 환자에게 더 큰 것으로 나타났다. 이 결과는 가격-품질 연상으로 인해 환자들은 가격이 높을수록 약효가 좋을 것이라는 믿음을 갖게 되고, 이로 인해 치료효과가 더 크게 나타난 것으로 해석할 수 있다.

자료원: Espay, Alberto J. et al. (2015), "Placebo Effect of Medication Cost in Parkinson Disease: A Randomized Double-Blind Study," *Neurology*, 84 (8), 794-802.

또한, 소비자들이 대안들 간에 품질과 가격에 있어서 차이가 있는 것으로 지각할 때 가격-품질 연상심리가 더 강하게 나타난다. 소비자들은 표준화되어 있거나 가격차가 미미한 제품들에 대해서 가격이 높을수록 품질이 좋을 것이라는 추론(inference)을 하지는 않을 것이다. 표준화된 제품(소금, 가솔린)의 경우 소비자들은 품질에서 제품 간 차이가 나지 않는 것으로 지각하므로 가격은 품질이 아니라 원가를 반영하는 지표로 생각한다.[33]

(2) 가격과 객관적 품질

앞서 소비자는 가격이 높을수록 품질이 좋은 것으로 지각한다는 것으로 설명했다. 그렇다면 과연 가격이 높으면 제품의 객관적 품질이 더 좋을 것인가 하는 의문을 제기할 수 있다. 제품의 객관적 품질은 제품의 실제 성능과 효과를 의미하며, 우리나라의 경우 한국소비자원이 제품의 객관적 품질을 조사한 보고서를 발표한다. 미국의 경우 비영리단체인 Consumer Reports가 제품품질에 대한 소비자 보고서를 제공한다.

가격과 객관적 품질 간의 관계에 관한 연구에 따르면, 둘 간의 연관성은 크지 않은 것으로 나타났다. Tellis and Wernerfelt는 1,271개 제품군의 가격과 품질점수의 상관관계를 조사했으며, 그 결과 평균은 0.27로서 둘 간의 관계가 강하지 않은 것으로 나타났다.[34] 가격과 품질의 낮은 관련성은 호주, 캐나다 등과 같은 나라에서도 유사하게 발견되었다. 우리나라 제품을 대상으로 한 연구들의 결과도 −0.08에서 0.26 사이의 높지 않은 가격-품질 상관관계를 보여주었다.[35]

그렇다면 '가격-객관적 품질'과 '가격-지각된 품질' 중에서 어느 관련성이 더 강할까? Mitra and Golder의 연구에 따르면 '가격-객관적 품질'의 상관관계는 0.16, '가격-지각된 품질'의 상관관계는 0.31로, 객관적 품질과의 관련성이 더 낮은 것으로 나타났다.[36] 이 결과는 중요한 시사점을 준다. 첫째, 소비자는 가격-품질 관계를 실제보다 과대평가한다고 할 수 있다. 많은 소비자가 가격이 비쌀수록 품질이 좋을 것이라는 강한 믿음을 가지고 있지만, 실제 관련성은 이보다 더 낮을 수 있다. 둘째, 소비자의 품질 평가는 가격에 지나치게 많이 의존한다고도 할 수 있다. 가격-품질 연상에 의존할 경우, 제품의 품질 평가는 다른 정보보다 가격에 더 큰 영향을 받을 수 있다.

3. 수용가능 가격범위: 가격과 지각된 비용

소비자의 구매 결정은 **수용가능 가격범위**(acceptable price range)에 따라 달라진다. **최고수용가능 가격**(upper price threshold)은 소비자가 지불하고자 하는 최대가격을 의미한다.[37] 특정 제품에 대한 최고수용가능 가격은 소비자마다 다르며, 제품의 지각된 가치(value), 소득(구매력), 대체품의 유무 등에 영향을 받는다.[38] 수용가능 한계보다 가격이 높은 경우, 소비자는 비싸다고 생각하여 구매를 하지 않는다. 보건복지부가 흡연자를 대상으로 담배 한 갑의 가격이 얼마면 금연을 고려할지에 대한 설문조사를 한 적이 있다.[39] 이 질문은 담배 한 갑에 대한 최고수용가능 가격을 측정하기 위한 것이다. 설문결과, 응답의 평균은 8,500원이었다. 흡연자마다 다른 수용가능 가격을 가지지만, 조사 당시 흡연자의 평균 최고수용가능 가격은 8,500원이었음을 의미한다.

최저수용가능 가격(lower price threshold)은 그 이하의 가격으로 판매되는 제품의 구매를 꺼리는 가격대이다.[40] 가격이 지나치게 낮아 소비자가 품질에 대한 의심을 가지는 경우 제품을 구매하지 않을 수 있다. 소비자의 수용가능 가격범위는 최고수용가능 가격과 최저수용가능 가격 사이의 구간으로 정의된다. [그림 14.4]는 수

그림 14.4 수용가능 가격범위에 따른 소비자 구매결정과 가격평가

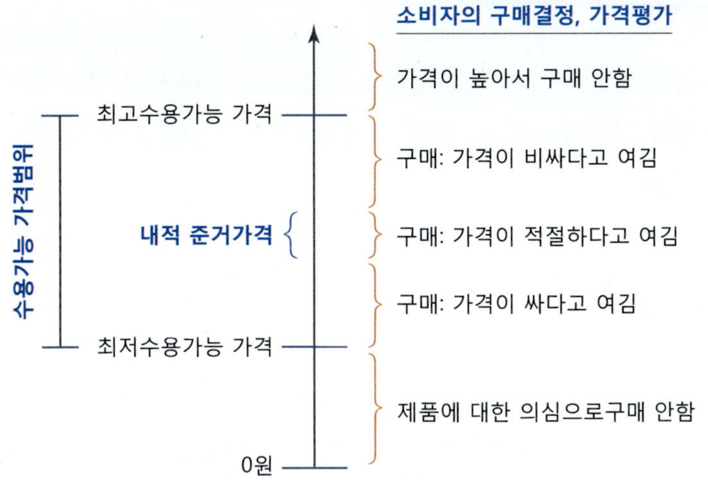

용가능 가격범위와 준거가격에 근거한 소비자의 구매결정과 가격평가를 보여준다. 제품의 가격이 수용범위 내에 있으면 제품을 구매하며, 범위를 벗어나면 구매를 하지 않는다. 제품을 구매하는 경우에도, 준거가격의 수준에 따라 가격을 싸거나 비싸다고 지각한다. [그림 14.4]는 내적 준거가격이 수용가능 가격범위 내에 존재하는 예를 보여주지만, 그렇지 않은 경우도 존재한다. 예를 들어, 비싼 명품브랜드의 경우 많은 소비자에게 내적 준거가격이 최고수용가능 가격보다 높을 수 있다.

14.3 소비자행동과 유통전략

점포를 방문했을 때 소비자는 다양한 구매환경으로부터 영향을 받게 된다. 점포의 분위기, 상품진열, 할인사인 등과 같은 점포환경은 소비자의 제품 탐색과 구매에 영향을 미친다. 예를 들어, 특정 브랜드 제품을 구입하기 위해 점포를 방문한 소비자가 항상 의도했던 대로 구매를 하지는 않는다. 점포 내에서 생각을 바꿔 다른 브랜드의 제품을 구입하거나 아무것도 구입하지 않고 매장을 나가기도 한다. 구매의도가 없었던 제품을 구입하는 충동구매(impulse purchase)를 하기도 한다. 이와 같이 소비자가 점포에서 보이는 다양한 행동은 소매업체의 마케팅전략에 의해 영향을 받게 된다. 점포를 방문하는 동기, 점포 이미지의 영향, 그리고 다양한 점포내 자극(색상, 디스플레이, 향기 등)에 대한 소비자 반응 등에 대한 정보는 소매업체는 물론 제품을 생산하는 주체인 제조업자에게 중요한 전략적 의미를 주게 된다. 이하에서는 소비자의 점포방문동기, 점포 이미지, 점포환경이 소비자반응에 미치는 효과를 다루기로 한다.

1. 점포방문동기

사람들이 점포를 방문하는 동기가 무엇인가에 대한 질문에 대해 가장 흔히 접하게 되는 반응이 바로 '특정제품을 구매하기 위해서'라는 대답이다. 그러나 고객의 쇼핑동기를 심층적으로 분석해 보면, 점포방문동기는 제품구매와 직접 관련이 없는 여러 가지가 있음을 알 수 있다. 점포방문동기는 제품구매동기(buying motives) 이외에도 크게 개인적 동기와 사회적 동기가 있는데, 이를 구체적으로 살펴보면 다음과 같다.

(1) 개인적 동기 (Personal Motives)

① **역할수행**: 사람들은 사회생활에서 다양한 역할(직장인, 주부, 학생)을 수행하게 된다. 예를 들어, 전통 사회에서는 여성의 식료품 구매행위를 주부로서 수행해야 할 역할의 일부로 보고 있으며, 타인으로부터 기대되는 역할의 수행을 통해 만족을 얻게 된다.

② **기분전환의 추구**: 사람들은 일상생활의 단조로움에서 벗어나 진열된 상품을 구경하거나 점포를 거닐면서 기분전환을 한다.

③ **욕구불만 해소**: 욕구불만이 있는 경우 점포를 방문하여 마음에 드는 상품을 구매함으로써 이를 해소할 수 있다.

④ **새로운 경향에 대한 학습**: 유행이나 신제품의 최신경향에 대한 정보를 얻기 위하여 점포를 방문한다.

⑤ **신체적 활동**: 바쁜 도시생활에서 발생하기 쉬운 운동부족을 해소하기 위한 수단으로 쇼핑을 하면서 가벼운 운동을 즐길 수 있다.

⑥ **감각적인 자극**: 다양한 상품을 구경하거나, 만져 보거나, 혹은 입어 보기도 하고 즐거운 음악을 들으면서 즐길 수 있다.

(2) 사회적 동기(Social Motives)

① **사회적 경험**: 쇼핑을 하면서 새로운 사람을 사귀거나 이웃이나 친구를 만나기도 하며, 단순히 사람들을 구경하면서 간접적인 사회적 접촉을 하게 된다.

② **동호인(비슷한 관심을 가진 사람)과의 의사소통**: 집안 장식품, 골프 및 테니스 용품 등을 취급하는 점포에서 비슷한 관심을 가진 사람들과 대화를 나누거나 정보를 교환할 수 있다.

③ **동료집단과의 일체**: 청소년들의 특정 점포에 대한 선호도는 동료집단의 구성원이 되고 싶어하는 욕구에서 비롯된다.

④ **자신의 지위와 권위의 추구**: 패션이나 구두와 같이 비교쇼핑에 의해 구매가 이루어지는 품목의 경우, 구매자는 판매원으로부터 친절한 대우를 받음으로써 자신의 권위가 인정되는 느낌을 받게 된다.

⑤ **가격흥정의 즐거움**: 판매원과의 흥정을 통하여 더 저렴한 가격에 제품을 구매함으로써 다른 사람들보다 현명한 구매를 하였다는 사실에 자부심을 느끼게 된다.

이와 같이 다양한 쇼핑동기를 파악함으로써 소매업자는 쇼핑동기에 따른 시장세분화와 점포차별화를 할 수 있는 기회를 포착할 수 있게 된다. 즉, 소매업자는 제품구매동기를 이용한 차별화전략을 추구하거나 또는 개인적 동기와 사회적 동기를 중심으로 차별화전략을 수립할 수 있다. 만약 저가격이나 신용정책과 같이 단순히 제품에 관련된 혜택을 강조하는 차별화전략은 경쟁자가 쉽게 모방할 수 있는 반면에, 제품구매와 관련성이 적은 쇼핑동기에 소구할 경우 그 점포만이 가질 수 있는 독특한 차별적 우위를 달성할 수 있게 된다. 홈쇼핑이 구매 편의성을 제공함에도 불구하고 높은 소매매출액 점유율을 차지하지 못하는 현상은 고객이 점포를 방문하는 이유가 단순히 제품구매를 위해서뿐만 아니라 다양한 쇼핑동기에 있다는 점에 의해 설명될 수 있다. 따라서 소매점은 자신의 사업을 취급되는 제품에 의해서 근시안적으로 정의하는 것보다는 사람 간의 사회적 상호작용과 오락을 제공하는 것으로 고객 지향적 정의를 내림으로써 보다 큰 시장기회를 포착할 수 있다.

2. 점포이미지

동일 상권 내에서 둘 이상의 경쟁점포가 존재할 때 고객이 어떤 점포를 선택할 것인가는 고객들이 가지는 점포이미지(store image)의 영향을 받는다. 소매업자는 자사점포와 경쟁점포에 대한 이미지를 조사함으로써 경쟁사 간의 강·약점을 평가할 수 있으며 이를 토대로 점포차별화 전략을 수립할 수 있다. 점포의 입지, 취급상품, 분위기, 가격, 광고, 서비스 등 소매업자에 의해 통제 가능한 소매믹스변수 모두가 점포이미지 형성에 영향을 미치게 된다.

(1) 점포이미지의 정의와 구성요소

점포이미지(store image)는 소비자에 의해 지각된 점포의 전반적 인상으로 정의된다. 점포이미지는 점포의 객관적 속성과 주관적 속성의 상호작용으로 형성된다. 객관적 점포속성은 상품구색과 품질, 가격, 광고 및 판촉, 점원 등 관찰 가능한 기능적 특성이며, 주관적 속성은 분위기, 매장에서 느끼게 되는 즐거움이나 편안함, 지각된 서비스 품질과 같은 소비자의 심리와 관련된 것을 말한다. 점포이미지 형성에 영향을 미치는 요인들은 매우 많으며 점포유형에 따라 달라진다.

점포이미지 개발과 점포 간의 경쟁관계 분석에 유용한 도구로서 **점포지각도**(store perceptual map)가 있다. 점포지각도는 각 점포이미지에 대한 소비자들의 상대적 지각상태를 2차원 상에 표시한 것으로, 이를 이용하여 차별적 우위를 제공하는 점포포지셔닝 전략을 수립할 수 있다. [그림 14.5]는 점포지각도에 관한 예로서, 그림에서 보면 가장 현대적으로 지각된 백화점은 A백화점이며, 가장 편리하게 쇼핑할 수 있는 백화점은 D백화점임을 알 수 있다. 이러한 지각도를 이용하여 다양한 소매마케팅전략을 수립할 수 있는데, 예로서 지역밀착형 백화점인 H백화점은 현 백화점 포지션을 오른쪽 상단부분으로 이동시키는 것과 현재의 포지션(쇼핑이 편리하다는 이점)을 더욱 강화시키는 마케팅방안을 고려해 볼 수 있다.

점포이미지가 쇼핑행동에 미치는 영향: 고급스러우면서도 차별화된 이미지는 점포에 대한 태도와 점포선택에 영향을 미친다. 보석 브랜드 티파니(Tiffany & Co.)는 매장의 티파니 블루라는 티파니를 상징하는 색을 이용해 차별화된 프리미엄 이미지를 전달한다.

그림 14.5 점포지각도

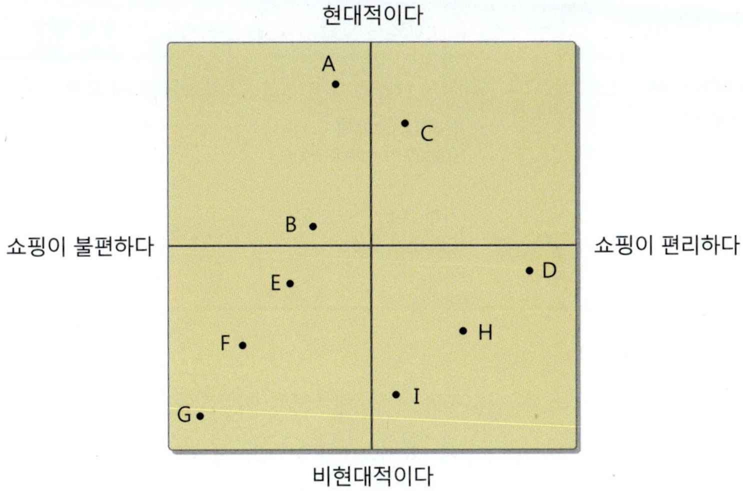

(2) 점포이미지와 자아이미지

소매기업은 제품의 가격, 품질, 종업원의 서비스, 점포입지 등과 같은 기능적인 점포속성에 대한 소비자들의 지각을 토대로 점포차별화를 추구하는 경우가 많으나, 장기적으로 경쟁력을 갖기 위해서는 점포이미지를 소비자의 라이프스타일이나 개성차원에서 파악하는 접근방법이 필요하다. 라이프스타일에 의한 점포이미지형성 전략에서는 상징적 점포이미지와 소비자의 자아이미지(self-image) 간의 일치성 여부가 초점이 된다. 이는 소비자들이 종종 자신의 자아이미지와 일치하는 점포이미지를 갖는 점포를 선택하기 때문이다.[41]

상징적 점포이미지(symbolic store image)란 소비자가 특정점포에 대해 가지고 있는 개성이미지(personality image)로서, 예를 들어, 어떤 점포의 이미지를 전통적 또는 현대적이라고 표현하는 경우를 말한다. 소비자의 자아이미지와 상징적 점포이미지가 일치할 때 소비자는 그 점포를 선호하게 되지만, 만약 자아이미지와 점포이미지 간의 불일치가 발생되면 소비자는 갈등을 느끼게 된다.[42]

(3) 점포분위기

점포분위기(store atmosphere) 관리는 감정적 반응의 유발에 의해 소비자의 구매확률을 높일 수 있도록 점포구매환경을 설계하려는 노력으로 정의된다.[43] 점포분

그림 14.6 점포분위기와 쇼핑행동

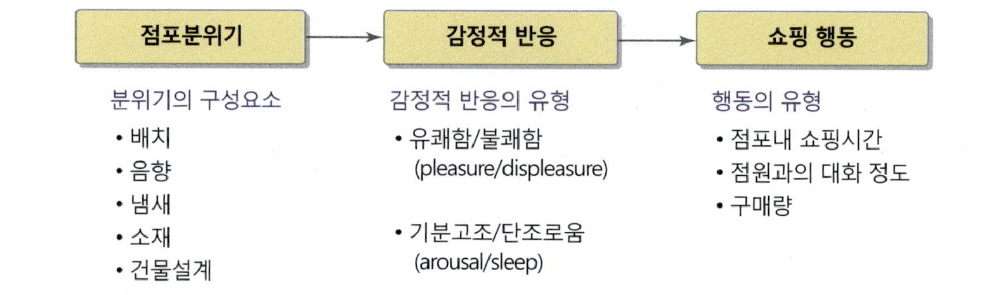

위기는 주로 점포의 물리적 특성(건물의 설계, 복도의 구조(layout), 벽과 카펫의 재질, 냄새, 컬러, 내부 인테리어 등)에 대한 지각으로부터 형성되며, 점포이미지의 한 구성요소이기도 하다.

점포분위기는 소비자의 감정적 상태(emotional state)에 영향을 미치고, 이는 다시 점포 내 쇼핑행동에 긍정적 또는 부정적 영향을 미친다.[44] [그림 14.6]은 이들 간의 관계를 보여준다. 점포분위기에 의해 야기되는 감정적 상태는 주로 유쾌함(pleasure)과 기분고조(arousal; 점포 내에서의 흥분과 자극의 정도)로 구성되며, 이들은 점포 내에서의 쇼핑시간 등 쇼핑행동에 영향을 미치게 된다. 연구결과에 의하면 점포 내에서 쇼핑을 하는 동안 유쾌함과 고조된 기분을 느낀 소비자들은 그렇지 않은 소비자들보다 점포 내 쇼핑시간과 점원과의 대화가 증가하였으며, 계획보다 더 많은 구매를 하였다.

3. 점포환경과 소비자행동

점포의 구조(layout)와 점포 내 다양한 자극들(in-store stimuli; 다른 쇼핑객들과 판매사원들의 특성, 조명, 온도, 진열공간, 디스플레이 등)과 같은 매장환경은 소비자의 감정(affect), 인지(cognition), 행동(behavior)에 영향을 미친다. 이하에서는 점포환경의 영향에 관련하여 쇼핑시간, 진열공간과 디스플레이, 점포혼잡도를 중심으로 설명한다.

(1) 점포구조와 쇼핑시간

소비자가 매장에 머무르는 시간이 길수록 소비자는 더 많은 구매를 한다.[45] 소비자를 매장 내부에 더 오래 머무르게 만드는 점포전략은 매출 증가를 기대할 수 있으며, 소비자의 쇼핑시간은 **점포구조**(layout)에 영향을 받는다. 백화점은 소비자가 매장에 머무른 시간을 잘 인지하지 못하도록 백화점 내부에 시계나 창문을 두지 않는다. 또한 눈에 잘 띄는 매장 중앙에 에스컬레이터가 있으며, 엘리베이터는 찾기 어려운 곳에 위치한다. 이는 소비자가 에스컬레이터를 이용하도록 유도하여 매장내 동선을 최대한 길게 만들기 위한 것이다.

매장내 제품의 위치도 소비자의 쇼핑시간에 영향을 준다. 미국의 대형 슈퍼마켓의 경우 대부분 우유, 계란, 버터와 같은 낙농제품(dairy products)을 입구에서 가장 먼 매장 반대편에 위치시킨다. 이들은 매장을 방문하는 대부분의 소비자가 구입하는 제품이며, 소비자는 제품구매를 위해 매장의 가장 먼 곳까지 이동해야 한다.

소비자의 쇼핑시간은 누구와 함께 쇼핑을 했는지에 따라 달라질 수 있다. 생활용품 매장에서 조사한 여성 고객의 평균 쇼핑시간은 다음과 같다.[46]

- 다른 여성을 동반한 경우: 8분 15초
- 자녀를 동반한 경우: 7분 19초
- 여성 고객 혼자인 경우: 5분 2초
- 남성을 동반한 경우: 4분 41초

쇼핑시간이 가장 짧은 경우는 여성이 남성을 동반한 경우이다. 남성은 일반적으로 (특히 생활용품의 경우) 쇼핑을 즐기지 않기 때문에 함께한 여성은 되도록 빨리 쇼핑을 끝내고 매장을 빠져나오려 한다. 이는 매출에 부정적인 영향을 줄 수 있다. 여성이 주 고객인 매장의 경우 여성 고객이 충분히 시간을 가지고 편하게 쇼핑할 수 있도록 매장 입구에 TV나 잡지를 구비한 남성을 위한 휴식공간을 마련하기도 한다.

(2) 진열공간과 디스플레이

일반적으로 보다 넓은 **진열공간**(shelf space)의 확보와 점포 내 특별 디스플레이는 매출을 증가시킨다.[47] Wilkinson, Mason, and Paksoy는 진열공간의 넓이와 디스플레이가 4개의 제품 매출에 미치는 효과를 점포 내 실험을 통해 측정하였다.[48] 〈표 14.4〉는 실험에 사용된 제품들과 진열공간의 확대(정상적인 진열공간 넓이의 2배)와 특별 디스플레이(정상적 진열공간+통로끝 특별전시)를 활용했을 경우의 매출 증가율(%)을 보여준다. 제품에 따라 매출 증가율에 차이가 있지만, 두 가지 촉진 수단 모두가 조사된 모든 제품들의 매출을 증가시켰다. 또한 특별 디스플레이가 진

표 14.4 확대된 진열공간과 특별 디스플레이의 매출 증가율

제 품	확대된 진열공간	특별 디스플레이
Camay 비누	39%	234%
Piggly Wiggly 파이	30%	185%
White House 사과쥬스	16%	77%
Mahatma 쌀	27%	103%

자료원: Wilkinson, J. B., J. Barry Mason, and Christie H. Paksoy (1982), "Assessing the Impact of Short-Term Supermarket Strategy Variables," *Journal of Marketing Research*, 19 (1), p. 79.

열공간의 확대보다 매출증가에 보다 효과적임을 알 수 있다.

진열공간과 관련하여 소비자 구매행동에 영향을 미치는 요인은 진열공간의 높이이다. 미국의 식품전문지인 *Progressive Grocer*의 실험에서 수집된 자료를 분석한 결과에 의하면, 눈높이의 진열공간이 매출증가에 가장 효과적이며, 허리높이(waist-level), 그리고 무릎높이(knee-level)의 순으로 나타난다.[49] 즉, 허리높이의 진열공간에서 얻어진 매출은 눈높이의 진열공간에서 발생된 매출의 74%이며, 무릎높이 이하(floor-level)에서의 매출은 눈높이에서의 매출의 57% 정도에 불과한 것으로 밝혀졌다. 그러나 국내의 한 연구결과에 의하면 모든 상품에 반드시 눈높이 라인이 존재하는 것은 아님이 발견되었다.[50] 즉, 우유제품군과 같은 목적구매상품은 선반진열높이가 매출액에 큰 영향을 미치지 않으나, 캔쥬스와 같은 충동구매상품은 선반진열높이가 매출증대에 중요한 변수이며 눈높이 라인이 존재하는 것으로 나타났다.

넓은 진열공간과 특별 디스플레이는 소매점의 매출을 증가시킨다.

소비자행동 Highlight

관찰법을 이용한 점포내 소비자행동 이해

관찰법(observation method)은 점포내 소비자행동을 이해하기 위해 유용하게 사용되는 소비자 조사방법이다. 관찰 연구는 연구자가 직접 점포를 방문해서 소비자의 언어적, 비언어적 행동에 대한 정보를 관찰하거나, 매장에 설치된 비디오를 분석하는 방법으로 이루어진다. 소비자 관찰은 점포 마케팅에 중요한 시사점을 제공해 주기도 한다.

- 구매전환율(conversion rate)은 매장을 방문한 고객 중에서 실제로 제품을 구입하는 고객의 비율이다. 방문고객 중에서 제품을 구입하는 비율을 높임으로써 매장의 매출을 증가시킬 수 있기 때문에 구매전환율에 대한 이해와 이를 높이기 위한 방안을 모색하는 것은 점포관리자의 중요한 임무 중의 하나이다. 조사결과 대부분의 점포관리자는 자신이 관리하는 매장의 구매전환율을 과대평가하고 있는 것으로 나타났다. 즉, 실제 관찰조사 결과 파악된 전환율이 관리자가 기대하는 수치보다 더 낮은 경우가 대부분이었다.
- 의류매장 탈의실에서 청바지를 입어본 경우, 그 물건을 구입한 비율은 남성고객 60%, 여성고객 25%였다. 이 결과는 남성고객과 여성고객에게 차별화된 구매유도전략이 필요함을 의미한다. 남성고객에게는 탈의실 접근성을 높이거나, 매장직원이 의류를 입어보게 권유하는 것이 효과적인 매출증가의 방법이 될 수 있다.
- 쇼핑바구니 사용 여부는 구매와 강한 연관이 있는 것으로 나타났다. 한 조사결과 쇼핑바구니를 사용하지 않은 고객의 제품 구매비율은 34%였다. 쇼핑바구니를 사용한 고객의 경우 구매비율이 75%로 두 배 이상 높았다. 한 점포는 입구에 들어오는 고객들에게 쇼핑바구니를 나눠주기 시작했으며, 그 이후 매출이 크게 증가했다.

자료원: Underhill, Paco (2008), *Why We Buy: The Science of Shopping – Updated and Revised for the Internet, the Global Consumer, and Beyond*, New York, NY: Simon & Schuster.

(3) 점포혼잡도

점포혼잡도 역시 소비자의 정서적 반응과 쇼핑행동에 영향을 미치는 요소의 하나이다. **점포혼잡도**(store crowding)는 실내 공간의 제약으로 소비자가 이동하는데 제약을 받는다고 지각하는 정도를 말한다. 점포를 방문한 소비자가 실내가 너무

그림 14.7 점포혼잡도가 쇼핑경험에 미치는 경향

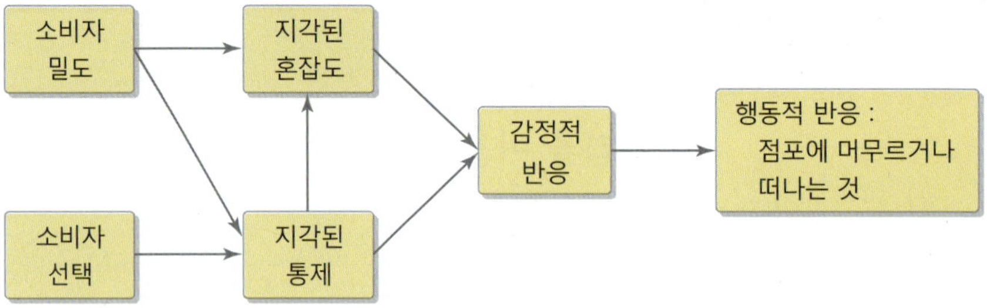

자료원: Hui, Michael K. and John E. G. Bateson (1991), "Perceived Control and the Effects of Crowding and Consumer Choice on the Service Experience," *Journal of Consumer Research*, 18 (2), p. 179.

붐빈다고 지각할 경우, 쇼핑시간을 단축하거나 부정적 점포이미지를 형성하는 등과 같이 소비자반응에 부정적 영향을 줄 수 있다.[51] 혼잡도는 밀도(density)와는 구별되는 개념이다. 밀도는 주어진 공간에서 사람들이 얼마나 가까이 몰려 있는가를 나타내는 데 반해 혼잡도는 밀도가 너무 높다고 지각하거나 상황에 대한 통제가 어렵다고 지각할 때 생기는 불쾌한 느낌이다.

[그림 14.7]은 혼잡도에 대한 지각이 점포내 소비자행동에 미치는 효과를 보여준다. 소비자선택(점포를 방문하여 쇼핑하는 것이 자기스스로의 결정에 의한 것인지의 여부)과 소비자밀도(점포내에서 쇼핑하고 있는 소비자들의 수)는 고객의 지각된 통제(소비자가 심리적으로 그리고 행동에 있어서 부담없이 쇼핑을 할 수 있는지에 대한 지각)수준에 영향을 미친다. 지각된 통제와 지각된 혼잡도의 정도가 소비자의 긍정적 혹은 부정적 감정에 영향을 주어 점포에 머무르거나 떠날지에 대한 결정에 영향을 주게 된다. 흥미있는 사실은 소비자가 스스로의 선택에 의해 점포에 머물러 있다고 생각할 경우 지각된 통제는 높으며, 이 경우 혼잡도는 보다 낮은 것으로 지각한다는 것이다. 또한 상황에 대해 통제력이 없다고 지각할 경우 매장이 더 혼잡하다고 지각하여 더욱 부정적 감정을 갖게 되며 점포를 떠나려는 결정을 할 가능성이 높아진다.

그러나 경우에 따라 밀도가 호의적으로 지각될 수도 있다. 예를 들어, 술집, 운동경기장, 실황공연 등의 경우에는 사람들로 많이 혼잡한 것이 분위기를 한층 북돋울 수 있다. 그러나 어느 상황이든지 최적수준의 밀도가 존재한다. 예를 들어, 식당에 들어갔는데 손님이 거의 없다면 기분이 이상할 것이며, 식당이 초만원이어서 형편없는 서비스를 받게 되면 마찬가지로 좋지 않은 기분을 갖게 될 것이다.

❙ 생각해 볼 문제

1. 소비자관점에서 브랜드자산의 의미를 생각해 보고 한 제품군(예, 가전제품)에서 브랜드자산 가치가 높은 브랜드와 가치가 낮은 브랜드를 선택한 다음 그 이유에 대해 토의해보자.

2. 준거가격은 가격지각과 제품구매에 영향을 미친다. 한 제품(예, 패스트푸드 햄버거)에 대해 자신이 가지고 있는 기대가격(내적 준거가격)을 생각해 보고, 기대가격이 어떤 정보에 의해 영향을 받았는지 생각해보자.

3. 이마트, 맥도날드, 갤러리아 명품관의 점포분위기는 서로 차이가 있다. 점포분위기가 고객의 구매행동에 왜 중요한가? 점포분위기를 창출하기 위한 각 소매점의 점포내 자극관리에 대해 토론해보자.

제 15 장

소비자행동과 마케팅 커뮤니케이션

콘텐츠 기반 추천 시스템으로 소비자의 관점에서 맞춤형 영상 서비스를 제공하는 Netflix

온라인 스트리밍 기반으로 콘텐츠를 제공하는 넷플릭스는 미국 내에서 '코드 커팅(cord cutting)' 현상을 불러일으키며, 기존 케이블 네트워크 회사들을 몰락시키고 있다. 코드 커팅은 '선을 끊는다'는 의미로, 소비자들이 기존 케이블 TV나 위성 TV 같은 유선방송 구독을 멈추고 선이 필요 없는 온라인 기반 동영상 서비스로 이동해 가는 새로운 시청 형태의 변화를 의미한다.

세계 최대 OTT(over-the-top · 온라인 동영상 스트리밍 서비스) 기업인 넷플릭스는 엄청난 속도로 기존 지상파 방송과 케이블 TV 역할을 대체해 나가고 있다. OTT 선두 주자 넷플릭스가 10년이라는 짧은 시간 동안 어떤 방식으로 전통적인 미디어 기업들을 추월하고, 엄청난 숫자의 구독자를 늘려나가며 그들의 왕국을 건설해나가고 있는지 살펴보면 지금 현재 소비자들이 이상적으로 생각하는 미디어 콘텐츠의 모습을 읽어낼 수 있다.

소비자의 콘텐츠 소비 패턴을 분석해 다음 영상을 추천해주는 넷플릭스의 추천 알고리즘

"콘텐츠가 왕이라면 콘텍스트는 신이다(If content is king, context is god)"라는 말이 있다. 미국 소셜미디어계의 구루(guru)인 게리 바이너척(Gary Vaynerchuk)의 이 말은 디지

털 전환 시대에 소비자들을 만족시키려면 좋은 콘텐츠만으로는 부족하다는 의미를 담고 있다. 소비자들의 진정한 마음을 얻고자 한다면 콘텍스트(맥락)에 집중해야 한다는 말이다. 이 콘텍스트를 가장 잘 읽어내는 기업이 바로 넷플릭스이다.

넷플릭스가 가장 고민하는 것은 "지금 나르코스(넷플릭스가 제공하는 인기 있는 오리지널 TV 프로그램)를 본 시청자가 다음 어떤 콘텐츠를 볼 것인가"이다. 넷플릭스는 플랫폼에 들어와 그들의 콘텐츠를 소비하는 소비자들을 정교하게 분석한다. '나르코스'라는 드라마를 봤는지 안 봤는지를 넘어서 이 드라마를 끝까지 다 본 사람, 보다가 중간에 멈춘 사람 혹은 드라마 예고편만 본 사람 등 모든 시청자 행동형태를 데이터화해 분석한다. 이 같은 정교한 분석을 토대로 사용자들이 가장 보고 싶어할 콘텐츠를 추천해 전달해준다.

단순하게 콘텐츠만 잘 만들어 전달하는 것이 아니라 시청자 개개인의 콘텍스트를 철저하게 분석해서 반영한 최적의 콘텐츠를 전달해주는 것이 바로 넷플릭스가 가진 진짜 힘이다. 넷플릭스에 들어온 시청자가 좋아할 만한 콘텐츠를 정확하게 전달하기 위해 넷플릭스는 머신 러닝을 기반으로 한 정교한 고객취향 분석 알고리즘을 끊임없이 개선해 나가고 있으며 동시에 '태깅(tagging)'과 같은 자체 콘텐츠 평가단 시스템을 통해 컴퓨터가 놓치는 부분들도 보완해 나가고 있다. 넷플릭스는 콘텐츠를 만들어 전달하는 방식뿐 아니라 콘텐츠를 소비하는 방식을 바라보는 관점도 다르다. 2013년 넷플릭스는 처음 직접 만들어 공개한 TV 드라마 시리즈 '하우스 오브 카드'를 통해 콘텐츠 소비방식에 혁신을 가져왔다. 넷플릭스는 1억 달러를 투자해 '하우스 오브 카드' 2개 시즌 분량을 한꺼번에 제작했다. 그리고 한번에 전체 시즌을 다 공개했다.

그동안 기존 TV 방송사는 자사가 원하는 방송 편성시간대에 자사가 원하는 프로그램을 집어넣고 매주 한 편씩 보여주는 형태를 취했다. 소비자가 프로그램을 시청하려면 TV 방송국이 정해둔 시간에 본인 스케줄을 맞춰야 했다. 반면 넷플릭스는 한번에 모든 시리즈를 다 공개함으로써 시청자가 본인이 원하는 시간, 본인이 원하는 속도에 맞게 콘텐츠를 소비할 수 있도록 해준 것이다. 결국 넷플릭스의 성공을 분석해보면 그들이 콘텐츠도 잘 만들지만 얼마나 소비자들의 콘텍스트에 맞게 가장 좋은 콘텐츠를 잘 전달하고자 노력했는지 알 수 있다.

2023년 현재 전 세계 OTT 시장에서 점유율 1위를 차지하고 있는 넷플릭스는 국내시장에서도 '티빙', '디즈니 플러스' 등과 경쟁하고 있으며, 점유율 38%로 1위를 달리고 있다. 넷플릭스는 2021년 추석 연휴에 '오징어 게임'을 공개하여 세계적인 화제를 불러일으킨 바 있으며, 2023년 추석연휴에도 '도적: 칼의 소리'를 공개했다.

자료원: *매일경제*, 2019.01.04; *매일경제*, 2023.09.15.

기업이 제품이나 서비스를 마케팅 함에 있어 소비자에게 만족을 가져다 줄 수 있는 방향으로 제품/서비스를 개발하고, 가격을 결정하며, 표적고객들이 손쉽게 구입할 수 있도록 유통하는 것은 시장에서 성공하기 위한 기본요건이다. 그러나 그러한 기본요건만을 갖추었다고 해서 시장에서의 성공이 보장되지는 않는다. 기업은 기존 또는 잠재고객에게 자사의 제품/서비스나 기업 그 자체에 대해서 효과적이고 효율적으로 알릴 수 있어야 한다. 효과적인 의사전달을 위해 기업은 광고대행업체로 하여금 자사제품에 대한 광고를 개발하도록 하기도 하고, 홍보활동을 통해 기업이미지의 제고를 시도하기도 한다. 또한 판매촉진 프로그램을 통해 중간상인이나 최종소비자들에게 동기를 부여하기도 하며, 영업사원들을 교육시켜 소비자들에게 자사제품에 관한 유용한 정보를 제공할 수 있도록 하기도 한다.

더구나 최근에는 대부분의 기업들이 인터넷을 이용하여 제품이나 기업정보를 제공하고 있으며, 홈쇼핑 채널을 이용하여 판매증대와 함께 광고효과까지 노리는 기업들도 있다. 이 같이 다양한 방법을 통해 자사제품이나 기업 그 자체를 알리는 활동을 **마케팅 커뮤니케이션**(marketing communications) 또는 **촉진**(promotion)이라고 부른다. 마케팅 커뮤니케이션이 효과적으로 수행되려면 우선 마케팅의 다른 활동들과 마찬가지로 소비자에 대한 깊은 이해가 선행되어야 한다. 그 같은 이해를 기초로 기업은 누구에게, 무엇을, 어떤 방법으로, 얼마나 자주 알릴 것인가를 결정해야 한다.

마케팅 커뮤니케이션을 위해 사용되는 수단으로는 광고, 판매촉진, 인적판매, PR, 직접 마케팅의 다섯 가지를 들 수 있다. 본 장에서는 다섯 가지 수단의 특성을 간단히 살펴본 다음 마케팅 커뮤니케이션 과정에 대해 알아보고 효과적인 마케팅 커뮤니케이션의 관리를 위해 반드시 이해할 필요가 있는 정보원천효과(source effects), 메시지 효과(message effects) 및 매체효과(media effects)에 관하여 서술한다.

15.1 마케팅 커뮤니케이션의 수단

1. 광 고

광고(advertising)는 특정 스폰서에 의해 대가가 지불되는 제품, 서비스, 상표, 기업 또는 점포 등에 관한 비개인적 의사전달 방법을 총칭하는 말이다. 많은 경우 광고는 소비자들의 인식에 영향을 주려는 의도를 가지고 만들어진다. 특히 소비자들의 제품이나 상표에 대한 이미지, 신념 또는 태도에 영향을 미치려는 광고를 많이 볼 수 있다. 광고는 TV나 라디오 등의 방송매체는 물론이고 신문, 잡지 등의 인쇄매체, 네이버·구글 등의 포털 사이트, 페이스북 등의 소셜 네트워크 서비스(SNS), 유튜브 등의 UCC(user-created contents) 사이트, 휴대폰 등의 모바일 디바이스, 옥외간판, 애드벌룬 등의 다양한 매체를 활용한다. 우리나라의 평균적인 소비자들은 매일 수백 개의 광고에 노출되지만 그중 대부분은 소비자들의 주의를 끌지 못하며, 소비자들이 주의를 기울인 경우에도 그 메시지의 내용을 오래 기억하는 경우는 드물다. 따라서 광고를 담당하는 마케터들의 가장 큰 임무는 창의성 있는 광고 메시지를 개발하고 효과적인 매체를 선택하여 소비자들이 자사의 광고에 노출되고, 주의를 기울이며, 메시지를 이해하고 기억할 수 있도록 하는 것이다.

소비자행동 Highlight

정보로서의 광고와 제품차별화 수단으로서의 광고

일반적으로 광고가 소비자들에게 유용한 정보를 제공한다는 데에는 이론(異論)이 많지 않다. 그러나 광고가 단순히 제품이나 기업에 관한 정보를 전달하는 데만 그 역할이 한정되는지에 관해서는 학자들 간의 의견이 일치하지 않는다. 예를 들면, 소비자들은 이미 제품 내용을 다 알고 있을 뿐만 아니라 자주 마시고 있는 맥주 브랜드에 관한 TV광고를 거의 매일 접하게 되는데 그 광고로부터 소비자들이 새로운 정보를 입수한다고 할 수 없다. 그렇다면 광고는 정보전달 이외에 어떤 역할을 수행하는 것일까? 광고에 대해 비판적인 견해를 가진 학자들은 광고는 경쟁제품과 물리적으로 동일하거나 유사한 제품을 소비자들이 더 품질이 좋은 것으로 착각하게 만들어 제품을 차별화한다고 주장한다.

코카콜라와 815콜라는 품질상으로 별 차이가 없다고 가정하더라도 코카콜라가 엄청난 양의 광고를 통해서 소비자들의 코카콜라라는 상표에 대한 지각을 긍정적으로 바꾸어 놓았기 때문에 815콜라도 코카콜라와 경쟁하기 위해서는 상당량의 광고비를 사용하지 않을 수 없으며 그로 인하여 콜라의 소비자 가격은 상승하게 된다는 것이다. 만일 815콜라가 코카콜라만큼 광고를 할 만한 재원이 없는 경우에는 경쟁을 포기하거나 군소 브랜드로 남아 있을 수밖에 없고, 따라서 시장은 몇몇 거대업체에 의해 좌우되는 독과점시장으로 유지되면서 소비자들은 불필요하게 높은 가격을 지불하게 된다는 논리이다.

이 같은 주장에도 일리가 없는 것은 아니지만 Benham의 실증연구는 매우 흥미로운 반증을 제시하고 있다.[1] Benham은 소비자 설문조사를 통해 1963년 미국의 안경시장에서 안경광고가 허용된 주들과 금지된 주들 간의 안경가격 차이를 조사하였는데 안경광고가 금지된 주들에서의 안경가격은 평균 $33.04로서 허용된 주들의 평균 가격인 $26.34에 비해 $6.70이나 비싸다는 것을 밝혀냈다. 이는 광고가 소비자들에게 가격 정보를 제공함으로써 탐색비용과 정보비용을 줄여주기 때문에 나타나는 가격저하 효과가 광고로 인한 공급자의 비용 증가에 의한 가격상승 효과를 초과한다는 것을 시사한다. 그러나 광고가 주로 정보전달 수단으로서 역할을 하는가 또는 제품차별화 수단으로서의 역할을 하는가는 제품의 성격에 의해 크게 좌우된다. 특히 맥주나 화장품처럼 제품경험 자체가 애매모호한 제품의 경우에는 광고가 단순히 정보의 전달에만 그 역할이 한정되지 않고 소비자의 지각을 바꾸는 수단으로 사용될 수 있다.

2. 판매촉진

판매촉진(sales promotion)은 매출의 증대를 위한 단기적인 동기부여 방법을 총칭한다. 예컨대 사은품 증정, 단기적인 가격할인, 쿠폰이나 리베이트의 활용, 무료샘플 제공, 이벤트 개최, 경품 등이 모두 판매촉진을 위해 활용되는 수단들이다. 광고가 소비자들의 자사제품에 대한 이미지나 태도의 개선을 목표로 하는 장기성 촉진방법인 경우가 대부분인 반면 판매촉진은 소비자에게 직접적인 유인을 제공하여 단기적인 매출이나 이익을 늘리려는 촉진활동이라고 할 수 있다.

3. 인적판매

인적판매(personal selling)는 판매원과 고객 사이의 직접적인 접촉을 통한 마케팅 커뮤니케이션 방법을 말한다. 인적판매는 다른 촉진방법과는 달리 쌍방 커뮤니케이션에 의존하기 때문에 소비자의 상황에 대한 몰입도가 높은 편이며 판매원은 소비자에게 상황에 맞도록 메시지를 변형하는 것이 가능하다. 최근에는 셀프서비스형 판매가 많이 늘어나면서 소매점에서의 인적판매의 비중이 줄어들고 있기는 하지만 보험제품, 자동차, 주택 등의 제품은 아직도 상당부분을 인적판매에 의존하고 있다.

4. PR (public relations)

PR은 기업 또는 개별제품의 이미지를 제고하여 이해관계자들로 하여금 호의를 갖도록 하는 마케팅 커뮤니케이션의 수단이다. **홍보**(publicity)를 마케터가 비용을 지불하지 않는 방송의 뉴스나 신문기사 등의 대중매체를 통한 회사, 제품, 또는 상표에 관한 커뮤니케이션 유형이라고 정의할 수 있는 데 반해, PR은 홍보활동 이외에도 대언론관계 활동(press relations), 의회나 정부에 직·간접적인 영향을 미치기 위한 합법적인 설득활동(lobbying), 공공적인 이슈, 회사의 입장과 이미지 등에 관한 회사 내 경영진에의 충고(counseling) 등을 모두 포함한다.

5. 직접마케팅

직접마케팅(direct marketing)은 광고, 판매촉진, 인적판매, PR 등의 중간적인 촉진수단을 활용하지 않고, 직접우편(direct mail), 전화, 인터넷 등의 비인적(nonpersonal) 접촉수단을 사용하여 소비자와 직접 의사를 소통하거나 소비자의 직접적인 반응을 유발하기 위한 촉진방법을 말한다. 직접 마케팅은 원래 직접우편이나 우편주문 카탈로그 등의 형태로 나타나기 시작했으나 최근 들어 통신수단의 급격한 발달로 텔레마케팅을 비롯하여 소비자들의 직접적인 반응을 얻어내기 위한 라디오 및 TV 프로그램, TV 홈쇼핑, 인터넷 쇼핑몰, 모바일 쇼핑몰 등의 다양한 형태를 띠면서 발전하고 있다. 특히 우리나라에서는 급속한 인터넷의 사용 증가로 말미암아 마케터들이 자신의 웹사이트를 이용하거나 소비자들에게 직접 이메일을 전달하는 방법 등으로 커뮤니케이션을 시도하는 사례가 늘어나고 있다.

소비자행동 Highlight

인터넷 마케팅과 촉진활동

인터넷의 활용이 확산되면서 이른바 가상공간(cyberspace)을 이용한 마케팅 커뮤니케이션을 시도하는 사례가 늘고 있다. 단순히 PR을 위해 인터넷에 홈페이지를 개설하는 기업에서부터 인터넷의 특징인 쌍방향 커뮤니케이션을 적극적으로 활용하여 촉진활동을 벌여나가는 기업까지 인터넷 마케팅의 모습은 매우 다양하다. 그중 활발한 인터넷 마케팅을 수행하고 있는 기업들의 예를 소개한다.

- Benetton은 인터넷 기술들을 사용하여 다양한 의사소통방법을 통합적으로 운영함으로써 자사의 웹사이트를 여러 이해관계자들과 소통할 수 있는 장소로 활용하고 있다. 예컨대 고객들의 수많은 구전내용 중 자사광고에 대해 비판적인 e-mail을 홈페이지 상에 게재한다. 또한 색인을 만들어 Benetton 광고들을 모두 나열하고 있으며 Benetton 점포 한가운데 서서 사방을 둘러보는 듯한 효과를 느낄 수 있는 가상현실(virtual reality)도 마련하였다.
- 소비자들이 ad-zapping, 인터넷 팝업광고 차단 등을 통해 선택적으로 정보에 노출되려는 경향이 커지면서 기업들로서는 더욱더 창의적인 촉진방법을 고안해내는 일이 중요해지고 있다. *Businessweek*에 의하면 global brand들은 web 상에서 광고와 entertainment의 경계를 모호하게 만드는 촉진방법들을 많이 활용하고 있으며, 전통적인 network TV를 통한 광고는 과거에 비해 효과가 많이 약해지고 있다고 소개하고 있다.[2] 예컨대 Amazon.com, eBay, Google, Starbucks 등은 전통적인 광고를 거의 하지 않고서도 global brands의 대열에 합류하였으며, McDonald's는 R&B Group인 Destiny's Child의 공연을 스폰서하면서 소비자들이 자사 website를 방문하도록 만드는 방법을 통해 광고 메시지를 교묘하게 전달하고 있다. 이처럼 소비자들의 미디어에 대한 통제가 강화되는 경향에 대응하여 기업들의 web을 통한 촉진은 점점 더 정교화되고 있다.[3]

15.2 마케팅 커뮤니케이션 과정

효과적으로 마케팅 커뮤니케이션을 수행하려면 마케터는 마케팅 커뮤니케이션 과정을 깊게 이해할 필요가 있다. 일반적으로 마케팅 커뮤니케이션 과정을 설명하기 위한 모형은 9개의 구성요소로 이루어져 있다. 우선 메시지를 보내는 사람(sender)과 받는 사람(receiver)이 있으며, 메시지와 메시지를 담아 보내는 수단인 매체(media)가 있다. 그리고 주된 의사전달기능으로는 발신인의 생각을 상징적인 형태로 바꾸는 부호화(encoding), 부호화된 메시지에 의미를 부여하여 해석해내는 해독작업(decoding), 수신인이 그 메시지에 대해 보이는 반응(response), 그 반응들 중 발신인이 수신인에게 다시 전달하는 반응인 피드백(feedback)이 있다. 마지막으로 발신인이 의도했던 것과는 다른 메시지를 수신인이 받게 되는 경우, 이를 야기하는 요소인 의사전달 과정상의 잡음(noise)을 구성요소로 들 수 있다.

[그림 15.1]에서 볼 수 있듯이 발신인이 보내는 메시지가 효과적이기 위해서는 우선 누구에게 메시지를 전달하고 싶어하는가 하는 것과 그들로부터 어떤 반응을 얻기를 원하는가 하는 점을 명확히 할 필요가 있다. 그런 후에 발신인은 수신인이 보통 어떤 방식으로 메시지를 해독하는가를 고려하여 기술적으로 메시지를 부호화해야 한다. 그리고 나서 발신인은 표적청중을 효율적으로 만날 수 있는 매체를 통해 메시지를 보내며 수신인의 메시지에 대한 반응을 얻을 수 있도록 피드백 채널을 확보해야 한다.

그림 15.1 커뮤니케이션 모형

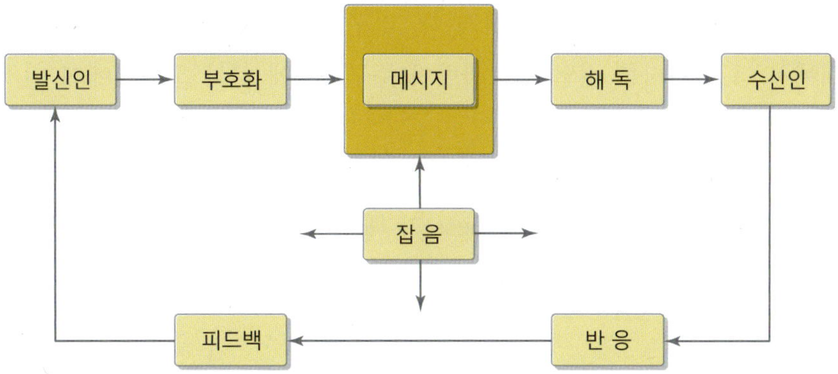

커뮤니케이션 과정을 둘러싸고 있는 환경에는 상당한 양의 잡음이 존재한다. 소비자들은 그들이 선택해서 주의를 기울이는 메시지를 제외하고도 수백 개에 달하는 상업적인 메시지들을 접하게 된다. 소비자들이 의도된 대로 메시지를 수용하지 못하는 데는 대체로 세 가지 원인이 있다. 첫째, 소비자들은 선택적으로 주의를 기울이기 때문에 접하는 자극을 모두 감지하기는 불가능하다. 둘째, 소비자들은 그들이 듣고 싶어하는 것을 듣는 경향이 있기 때문에 메시지를 자의적으로 변형하여 수용하는 경우가 있다. 셋째, 소비자들은 그들의 장기기억장치 속에 그들이 접하는 메시지들 중의 일부만을 간직할 뿐만 아니라 정보를 검색해 내는 데에도 선택적으로 검색해 내는 경향이 있기 때문에 노출된 정보들 중에 일부만을 기억해 낼 수 있을 뿐이다.

이 같은 점들을 고려해 볼 때 메시지 전달자의 입장에서는 소비자들을 둘러싼 수많은 잡음에도 불구하고 주의를 끌 수 있으면서도 설득력이 있는 메시지를 만들어내서 효과적이고 효율적인 매체를 통해 소비자들에게 전달해야 하는 어려운 과업을 수행해야 한다.

15.3 정보원천 효과

소비자에게 전달되는 메시지가 동일한 것이라 하더라도 그 정보를 누가 전달하는가에 따라 소비자들의 그 메시지에 대한 수용도나 해석에 있어 많은 차이를 보일 수 있다. 예컨대 같은 제품정보라 하더라도 광고를 통해 소비자가 그 정보를 접하게 되는 경우, 판매원에게 들어서 알게 된 경우, 친구에게 들어서 알게 된 경우는 매우 다른 커뮤니케이션 효과를 가져오게 된다. 더구나 같은 내용의 광고라고 하더라도 광고 내에서 그 메시지를 전달하는 사람이 누구인가에 따라 소비자에게 미치는 영향력이 달라진다.

소비자행동에 영향을 미치는 정보원천과 관련된 변수들 중에서 정보원천의 신뢰성(credibility)과 매력도(attractiveness)가 대표적이라고 할 수 있다.

1. 정보원천의 신뢰성

정보원천의 **신뢰성**(source credibility)이라 함은 소비자들이 메시지의 전달자에게서 느끼는 **전문성**(expertise)과 **진실성**(trustworthiness)을 말한다. 전문성은 의사전달자가 제품의 특징이나 성능에 대해 타당성 있는 평가를 내릴 수 있는 능력을 말한다. 예컨대 축구공을 광고하는 데 박지성 선수가 광고메시지를 전달한다면 소비자들이 메시지 전달자의 전문성에 대해서는 의문을 품지 않을 것이다. 그러나 의사전달자의 전문성이 높다고 하더라도 소비자들의 그 전달자에 대해 느끼는 진실성 정도가 반드시 높은 것은 아니다.

왜냐하면 소비자들은 광고주가 그 의사전달자에게 금전적인 보상을 해 줄 것이라고 생각하기 때문에 정보원천의 전문성에도 불구하고 그가 하는 이야기를 전적으로 진실된 것이라고 판단하지는 않는다. 따라서 소비자들이 정보원천에 대한 신뢰성을 갖게 하기 위해서는 정보원천의 전문성과 함께 정보원천이 제품에 관해 진실된 메시지를 전달하고 있다는 인식을 소비자들이 가질 수 있도록 하는 정보원천의 진실성을 필요로 한다.

소비자들은 광고나 판매원의 세일즈 메시지보다는 한국소비자원에서 발간하는 '소비자시대' 같은 잡지나 신문기사, 방송뉴스 등에 실려 있는 제품관련정보를 더 신뢰성 있는 정보로 판단하는 경향이 있는데, 그것은 이들 정보원천이 특정상표를 두둔할 이유가 없다고 믿기 때문이다. 같은 이유로 소비자들은 친구나 가족구성원들의 판단을 신뢰하는 경향이 있으며 그중에서도 특히 의견선도자들의 의견을 더 신뢰하는 편이다.

2. 정보원천 신뢰성과 메시지 수용도

일반적으로 어떤 메시지를 전달하는 정보원천의 신뢰성이 높을수록, 소비자들이 그 메시지를 수용할 가능성이 높아진다.[4] 그러나 모든 경우에 높은 신뢰성을 가진 의사전달자가 그렇지 못한 의사전달자보다 소비자들의 메시지 수용도를 높여주는 것은 아니다. Sternthal과 그의 동료들의 연구에 의하면 정보원천의 신뢰성에 의한 효과는 메시지 수용자의 그 이슈에 대한 초기의견(initial opinion)에 따라 달라진다. 즉, 어떤 이슈에 대해 원래 호의적인 의견을 갖고 있던 사람에게는 높은 신뢰성을 가진 정보원천보다는 중간 정도의 신뢰성을 가진 정보원천이 더 효과적이며, 비호의적인 의견을 갖고 있던 사람에게는 높은 신뢰성을 가진 정보원천이 더 효과

적이라는 것을 밝혀냈다.[5]

이는 청중들의 인지반응(cognitive responses)에 의해서 설명할 수 있는데, 어떤 이슈에 대해 비호의적인 초기의견을 가진 청중은 정보원천의 신뢰성이 높은 경우 반박주장(counterargument)이 쉽게 억제되며, 호의적인 초기의견을 가진 청중은 신뢰성이 중간정도인 정보원천의 경우가 신뢰성이 높은 경우보다 지지주장(support argument)을 더 쉽게 떠올리기 때문이다.

소비자행동 Highlight

지연된 설득(delayed persuasion)과 수면자효과

Hovland와 그의 동료들은 신뢰성이 낮은 정보원천의 설득효과를 연구하던 중, 제시된 지 얼마 지나지 않았을 때는 효과가 없던 메시지가 시간이 지나면서 설득효과를 갖게 되는 경우가 있음을 발견하였다.[6] 즉, 미국군대에 징집된 사람들을 대상으로 미국육군에서 만든 2차대전 당시 연합군을 지지하는 내용의 영화를 보여준 다음 5일이 지난 후와 9주일이 지난 후 각각 메시지와 관련된 태도를 측정하였다. 그 결과 5일이 지났을 때에는 영화를 본 실험집단과 안 본 통제집단 간에 태도의 차이가 나타나지 않았으나 9주일이 지난 후에는 영화를 본 집단의 태도가 영화를 안 본 집단의 태도보다 호의적으로 나타났다. 이같이 신뢰성이 그다지 높지 않은 정보원천에 의해 제시된 메시지가 시간이 흐르면서 설득효과를 갖게 되는 현상을 수면자효과(sleeper effect)라고 한다.

정보처리적 관점에서 보면 수면자효과는 정보원천과 메시지의 상대적인 기억가능성(memorability)의 차이로 설명될 수 있다. 즉, 메시지는 기억 속에 많은 다른 생각들과 연관되어 저장되기 때문에 비교적 기억하기가 쉬운 반면, 정보원천은 그렇지 못하기 때문에 시간이 지나면 잊어버릴 가능성이 높다.

수면자효과는 신뢰성이 낮은 정보원천에 의한 메시지가 시간이 지나면서 설득력을 갖게 되는 현상뿐만 아니라 정보원천의 신뢰성을 변화시켜 가면서 시간의 흐름에 따른 효과의 차이를 살펴보는 방법에 의해서 연구되기도 한다. 즉, 신뢰성이 높은 정보원천이 전달하는 메시지에 노출된 집단의 태도와 낮은 정보원천이 전달하는 메시지에 노출된 집단의 태도를 비교해 보면, 그 차이가 메시지 노출 직후에는 크지만 시간이 흐를수록 작아지게 된다. Hovland와 그의 동료들이 수면자효과를 발견한 뒤 많은 연구자들이 유사한 실험을 실시하였으나 수면자효과를 보여주는 데 실패한 경우가 많았다. 따라서 수면자효과가 어떤 조건하에서 일어날 수 있는가에 대한 연구가 필요하다고 여겨진다.

3. 정보원천의 매력도

소비자들은 정보원천의 신뢰성뿐만 아니라 정보원천이 얼마나 매력적인가에 의해서도 영향을 받는다. 정보원천 또는 정보전달자의 **매력도**(source attractiveness)는 정보전달자가 소비자에게 호감을 주는 정도와 소비자가 정보전달자를 얼마나 자기 자신과 비슷하게 느끼는가에 의해서 결정된다. 인적판매의 경우, 소비자들은 판매원들이 자신과 비슷하다고 느낄 때 판매원이 전달하는 메시지를 수용할 가능성이 높아지고 그 메시지에 의해 영향을 받게 되는 경향이 있다.[7] 사람들은 자신이 좋아하거나 존경하는 사람들과 자신을 동일시하거나 스스로 그렇게 되고 싶어하며, 이를 통해 자신이 좋아하는 사람의 신념과 태도들까지도 수용하게 된다.[8]

정보원천의 매력도가 높을수록 메시지의 수용도는 증가하게 되므로 마케터들은 소비자가 느끼는 정보전달자와 소비자 자신 사이의 유사성과 정보전달자가 소비자에게 주는 호감을 극대화하기 위해 노력한다. 광고에서는 소비자와 정보전달자 사이의 유사성을 강조하기 위해 그 제품군의 전형적인 소비자가 광고되는 제품을 사용하는 것을 보여주는 예를 흔히 볼 수 있다. 예컨대 신혼부부를 표적시장으로 하는 보루네오 가구의 경우 TV광고에 전형적인 신혼부부를 등장시켜 보루네오 가구에 관한 메시지를 전달하도록 한다.

4. 정보원천과 관련된 마케팅 시사점

촉진수단들 중에서 광고가 갖는 큰 한계점은 정보원천으로서의 신뢰성을 확보하기가 어렵다는 점이다. 이를 극복하기 위한 한 가지 방법은 광고주장들을 제품의 긍정적인 측면들에 관한 내용으로만 채우지 않고 자사제품의 부정적인 측면을 솔직하게 같이 제시하는 양면적 메시지를 사용하는 것이다. 그렇게 함으로써 소비자들은 광고주장을 마케터가 제품을 팔기 위한 목적으로만 제시하는 것이 아니라 제품의 실제특징을 소비자에게 알리려고 하는 것으로 지각하게 될 가능성을 높일 수 있다.

그 밖에 광고의 신뢰성을 높이기 위한 방법으로서는 광고되는 제품에 대해 전문성을 갖고 있으면서 믿을 만한 의사전달자를 활용하는 것을 들 수 있다. 예컨대 제일제당은 다시다 광고를 위해 주부로서 요리에 관해 전문성을 갖고 있을 것 같아 보이면서도 믿음성이 있는 이미지를 가진 탤런트 김혜자씨를 광고모델로 활용함으로써 광고주장에 대한 신뢰성을 높이는 데 성공하였다. Miniard와 그의 동료들은 경쟁상표들의 광고가 서로 비슷하거나 상충되는 주장을 하는 경우, 정보전달자의

신뢰성이 높은 광고가 그렇지 않은 광고보다 효과적이라는 것을 밝혀냈다.[9]

일반적으로 정보원천 또는 정보전달자의 매력도가 높을수록 커뮤니케이션의 효과는 증가한다. 그러나 요즈음처럼 가수나 탤런트 같은 매력 있는 정보전달자의 모델료가 비싼 상황에서는 과연 그같이 많은 비용을 지불하고서라도 매력도가 높은 유명인을 정보전달자로 사용하는 것이 현명한 일인가 하는 의문이 제기될 수 있다. 그에 대한 대답은 이미 이 책의 앞에서 언급된 바와 같이 소비자의 메시지처리와 연관된 관여도에 따라 달라진다고 볼 수 있다. 즉, 소비자가 제품에 관한 정보를 처리할 능력이 있고 동기부여가 되어 있을 경우에는 정보원천의 매력도보다는 신뢰성이 더 중요한 변수라고 하겠다. 그러나 능력이나 동기 중 어느 하나라도 결여되어 있거나 수준이 낮은 경우에는 신뢰성보다는 매력도가 더 중요하며, 이때 정보원천의 매력도는 소비자의 설득을 위한 주변단서로 쓰이게 된다.

15.4 메시지효과

광고 메시지는 소비자에게 정보를 전달하거나 소비자를 설득하기 위한 것이다. 정보의 전달을 위한 광고는 신제품의 출시를 알리기 위한 경우, 소비자들에게 제품의 특성, 가격 또는 취급점포에 대한 정보를 제공하려는 경우 등이 있다. 한편 소비자를 설득하기 위한 광고는 소비자들에게 제품의 편익을 확신시키기나, 시험구매를 유도하거나, 제품구매와 관련된 불확실성을 감소시켜 주려는 등의 목표를 갖는다. 이 같은 목표들을 달성하기 위해 메시지 내용을 어떻게 구성하는 것이 좋은가 하는 것은 이 장에서 충분히 다루기에는 너무 방대한 문제이다. 따라서 이 장에서는 메시지 효과들(message effects) 중에서 소비자 연구자들이 특히 많이 다루어온 다섯 가지 이슈, 즉 (1) 일면적 광고와 양면적 광고의 효과, (2) 비교광고의 효과, (3) 조절적합성의 효과, (4) 유머소구의 효과, (5) 공포소구의 효과만을 살펴보기로 한다.

1. 일면적 광고와 양면적 광고의 효과

일면적 광고(one-sided ad)는 우리가 접하게 되는 대부분의 광고메시지 유형으로서 제품의 긍정적인 측면만을 강조하는 광고이다. 반면, **양면적 광고**(two-sided ad)는 제품에 관한 긍정적 정보와 부정적 정보를 동시에 포함하는 광고를 말한다.[10] 일반적으로 양면적 광고에 포함되는 부정적인 정보는 긍정적 정보에 비해 상대적으로 덜 중요한 경우가 대부분이다. 그러나 부정적인 정보를 포함시키는 경우 정보원천의 신뢰성을 높일 수 있을 뿐만 아니라 메시지에 대한 저항을 감소시킬 수 있기 때문에 조건에 따라 효과적인 메시지 전략으로 사용될 수 있다.[11] 예컨대, 품질은 탁월하지만 경쟁제품들에 비해 값이 비싼 제품의 경우 "값은 좀 비싸지만 좋은 원료를 사용하여 성능이 탁월합니다"라는 식의 광고는 자사제품의 단점들 중 소비자들이 이미 알고 있거나 짐작하고 있는 자사제품의 부정적 속성을 미리 소비자들에게 말해 줌으로써 광고 메시지 전체의 신뢰성을 높이려는 노력이라고 하겠다.

양면적 광고는 **반박소구**(refutational appeal)의 형태를 갖는 경우와 그렇지 않은 경우가 있다. 예를 들면, 렌트카 회사인 AVIS는 시장에서 2위의 위치를 차지하고 있었기 때문에 "우리는 2등입니다, 그래서 더 열심히 일합니다(We're No.2, We try harder.)"라는 광고 캠페인을 통해 1위의 위치를 차지하고 있는 Hertz보다 더 열심히 노력한다는 것을 설득력 있게 전달할 수 있었다. 이 같은 경우는 반박소구를 이용한 양면적 메시지라고 하겠다. 한편 비반박소구를 이용한 양면적 광고는 제품에 관한 긍정적 및 부정적 정보를 열거하는 광고를 말한다.

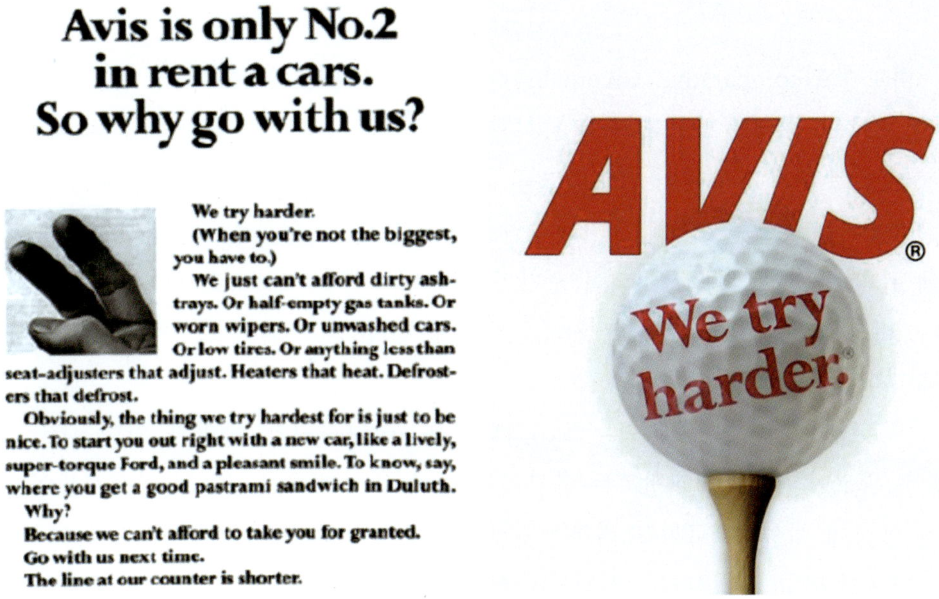

AVIS 광고: 반박소구를 이용한 AVIS의 양면적 광고

광고에서 자사상표에 대해 부정적인 정보를 제공하는 것은 흔히 사용되는 전략은 아니다. 광고주가 자발적으로 자신의 단점을 소비자들에게 광고를 통해 알리는 것을 꺼리기 때문이다. 따라서 양면적 광고는 소비자들이 광고주의 제품이 갖는 단점을 대개 다 인지하고 있거나 쉽게 추론할 수 있을 때 사용된다. 광고주들은 자신의 단점을 광고에 포함하기 때문에 얻게 되는 손실과 부정적 정보를 제시함으로써 얻을 수 있는 소비자의 신뢰를 비교하여 이득이 손실보다 더 크다고 판단될 때에만 양면적 광고를 사용하는 것이 바람직하다.

양면적 광고 내에서도 메시지를 구성하는 몇 가지 요소가 변함에 따라 설득효과는 달라질 수 있다. 양면적 광고에 있어 중요한 구조변수들(structure variables)로는 부정적 정보의 양, 부정적 정보의 위치, 반박소구의 유무, 부정적 속성의 유형 등이 있는데 이들을 변화시킴에 따라 설득효과는 달라질 수 있다. 예컨대 부정적 정보는 **초기효과**(primacy effect)와 **최근효과**(recency effect) 때문에 광고메시지의 맨 처음이나 맨 나중에 위치하는 것보다는 중간에 위치하는 것이 보다 더 설득적이며,[12] 부정적 정보의 양은 전체 정보의 40%를 넘지 않는 것이 효과적이다.[13] 또한 반박소구는 비교적 중요한 부정적 정보에 대한 반박일 때에만 효과적이며, 반박의 유무와는 상관없이 포함된 부정적 정보가 매우 중요한 속성(예컨대 자동차의 엔진 성능)에 관한 것일 경우 양면적 광고는 비효과적이다.[14]

2. 비교광고의 효과

비교광고(comparative advertising)는 자사제품과의 대비를 위해 경쟁제품 또는 상표명을 명시적으로 혹은 묵시적으로 나타내는 광고를 말한다. 미국에서는 1976년 네트워크 TV에서의 비교광고를 허용한 이래 그 활용정도가 점증해 왔다. 우리나라에서는 비교광고가 공정거래위원회의 공정거래지침과 방송위원회의 방송심의에 관한 규정에 의해 금지되어 오다가 1995년부터 제도상으로 허용되기 시작하였다. 비교광고는 2000년부터는 자유롭게 활용할 수 있게 되어 그 사례가 늘어나는 추세이다.

비교광고가 많이 활용되는 외국의 경우, 비교광고는 거의가 일면적(one-sided) 광고이다. 즉, 비교광고는 광고의 대상이 되는 제품의 강점과 경쟁제품의 약점을 동시에 제시함으로써 소비자들에게 자사제품의 강점을 부각시키려고 노력한다. 예를 들면, Pepsi 콜라는 미국에서 '펩시 챌린지'의 일환으로 Coca 콜라와의 '블라인드 테이스트 테스트'에서 더 많은 사람들이 Coca 콜라보다 Pepsi 콜라를 선호했다는 것을 주제로 공격적인 비교광고를 실시하였다. 또한, 국내에서는 칠성사이다가 콜라와의 비교광고를 통해 칠성사이다에는 카페인, 색소, 로열티(royalty)가 없다는 점을 강조하여 콜라에 대비한 비교우위를 부각시켰다.

비교광고는 소비자들에게 좀더 많은 정보와 선택을 위한 합리적인 근거를 제공한다. 그러나 비교광고에 관한 많은 연구들은 그 효과에 대한 의문을 제기하고 있다. 예컨대 Swinyard는 비교광고가 일면적인 경우, 소비자들이 광고메시지를 잘 믿으려 하지 않으며 공격당하는 경쟁브랜드에 대한 동정심을 갖게 된다는 것을 발견하였다.[15] 또한 광고대행업체인 Ogilvy & Mather의 조사에 의하면 소비자들은 비교광고에서 광고주의 브랜드와 경쟁브랜드를 혼동해서 기억하는 경우가 많으며, 그렇지 않은 광고와 다를 바가 없었다.[16]

이와는 반대로 비교광고의 긍정적인 효과를 밝혀낸 연구들도 상당수 있다. 예를 들면, Gotlieb and Sarel은 정보원천의 신뢰성이 높은 비교광고는 그렇지 않은 광고와 비교하여 볼 때 눈에 더 잘 띌 뿐만 아니라 소비자들의 구매의도를 높여준다는 것과 기존제품보다는 신제품을 위한 비교광고가 효과적이라는 것을 밝혀냈다.[17] 또한 Swinyard는 비교광고에서 경쟁브랜드의 장점을 언급하고 나서 광고주 브랜드의 주장을 펴나가는 양면적 광고의 경우 소비자들로부터 신뢰도를 높일 수 있다는 것을 발견하였다.[18] 그러나 현실적으로 경쟁브랜드의 장점을 언급하는 광고는 광고주가 받아들이기 어려울 것이다. 또한, 최근 연구에 의하면 소비자가 분석적인 정보처리 모드에 있을 때는 비교광고가 효과적이지만 소비자가 이미지 위주의 정보처리(imagery processing)를 수행할 때는 非비교광고가 더 효과적인 것으로 나타났다.[19]

비교광고와 관련하여 Pechmann and Stewart는 비교광고를 사용하는 것이 시장점유율이 낮은 브랜드의 경우 더 효과적이라는 것을 보여주었다.[20] 상대적으로 시장점유율이 낮은 상표는 높은 시장점유율을 가진 상표에 비해 비교광고를 사용하더라도 잃을 것이 별로 없으며, 소비자들의 눈에 광고주의 상표가 시장의 선두 브랜드와 유사한 수준의 품질을 가진 것으로 생각하도록 만드는 것을 도와준다. 따라서 815콜라가 코카콜라와 자기상표를 비교하는 광고는 효과적일 수 있지만 코카콜라가 815콜라를 자기상표와 비교하는 광고는 그리 효과적이 못된다. 삼성전자의 갤럭시는 미국 시장에서 선두를 달리던 아이폰을 공략하기 위해 비교광고를 실시했으며, 그 결과 삼성의 갤럭시는 2012년 판매대수 면에서 애플의 아이폰을 앞설 수 있었다.

삼성 갤럭시 S3의 비교광고: 2012년 미국 시장에서 삼성 갤럭시의 판매대수가 처음으로 애플의 아이폰을 추월하는 데 기여한 비교광고

3. 조절 적합성의 효과

Higgins의 **조절초점이론**(regulatory focus theory)에 의하면 사람들이 자신의 행동을 조절(regulate)할 때 갖게 되는 목표는 크게 두 가지로 나누어 볼 수 있다.[21] 즉, 무엇인가를 성취하거나 열망하는 것과 관련되어 있는, 긍정적 결과를 얻고자 하는 **향상적 목표**(promotion goals)와, 책임이나 의무 등과 관련이 있는, 부정적인 결과를 회피하고자 하는 **예방적 목표**(prevention goals)가 그것이다. 예컨내 어떤 소비자가 자동차를 구매하는 상황에서 자동차를 운전하는 즐거움에 초점을 맞추어 BMW 스포츠카를 구매했다면, 이는 향상적 목표가 의사결정을 좌우한 사례라고 할 수 있다. 이에 반해, 다른 소비자는 자동차 구매에 있어 주로 자녀들의 안전을 생각하고, 만일에 있을 수도 있는 사고에 대비하여 비교적 안전도가 높은 기아의 쏘렌토를 구매했다면 이는 예방적 목표가 자동차 구매에서 큰 역할을 한 것으로 볼 수 있다. 이처럼 자신의 행동을 조절하는 데 있어서 향상적 초점(promotion focus)을 가진 소비자들은 주로 긍정적 결과를 얻는 데 초점을 두는 반면, 예방적 초점(prevention focus)을 가진 소비자들은 주로 부정적 결과를 피하기 위해 노력한다.

일반적으로 광고와 같은 설득적인 메시지의 경우, 소구방법이 소비자의 **자기조절 초점**(self-regulatory focus)과 조화(fit)를 이룰 때, 그 메시지는 더 큰 설득력을 가진다. 예를 들어, 향상적 목표를 가진 소비자들에게는 운전의 즐거움을 묘사하는 광고가 안전성을 강조하는 광고보다 더 설득력을 가질 수 있고, 반대로 예방적 목표를 가진 소비자들에게는 안전성을 강조하는 광고가 더 설득력을 가질 수 있다.[22] 이는 사람들이 자신의 조절목표와 그 목표를 달성하게 하는 전략 간에 적합성(fit)이 높을 때, 보다 자연스럽게 그리고 편하게 느끼기 때문이다.[23] 이처럼 이 분야의 많은 연구들은 **조절 적합성**(regulatory fit)이 설득에 있어서 중요한 역할을 한다는 것을 보여주고 있다.[24]

4. 유머소구의 효과

유머(humor)는 소비자들을 설득하기 위해 자주 사용되는 소구방법이다. 미국이나 유럽의 광고에서만큼 자주 활용되지는 않지만 우리나라의 광고에서도 **유머소구**(humor appeals)는 상당한 활용도를 보이고 있다.[25] 그러나 유머소구가 얼마나 효과적인가 하는 문제에 대해서는 상반되는 실증적 증거가 많다. 이같이 상반되는 실증연구 결과 때문에 광고에서의 유머 활용은 논란의 대상이 되고 있다. 유머소구의 활용을 옹호하는 사람들은 유머가 누구에게나 통할 수 있는 언어이기 때문에 청중들에게의 의사전달을 손쉽게 만들어 준다고 주장한다. 반대로 유머소구에 비호의적인 사람들은 유머가 반드시 일반적으로 통용되는 언어는 아니라는 점을 강조한다.

예컨대 20대에게 재미있다고 느껴지는 광고가 30~40대에게는 그렇지 않은 경우가 많으며 그 밖에 지역, 성별, 직업 등에 따라서도 차이를 보이는 경우도 많다. 더구나 유머소구는 반복할수록 그 효과가 약화되며 15초나 20초짜리 TV광고를 통해 유머를 제대로 전달하기란 어려운 일이다.

일반적으로 유머소구는 그것이 성공적인 경우 소비자들의 주의를 끄는 역할을 하지만 유머가 과도하면 소비자들의 정상적인 정보처리를 방해할 수 있다. 따라서 유머소구는 비호의적인 태도를 가진 소비자들이 반박주장을 떠올릴 가능성을 감소시킬 수 있을 때 효과적인 설득의 수단이 될 수 있다. 또한 유머가 광고되는 제품과 전혀 동떨어진 것일 때에는 효과적일 가능성이 낮으며, 제품의 사용자에 관한 유머보다는

유머소구의 예: 스파이더맨까지 죽이는 살충제 Raid의 강력함을 표현한 광고

제품 그 자체와 관련된 유머일 경우 효과적일 확률이 높다.[26]

유머소구는 소비자들의 주의를 끌고 반박주장의 발생가능성을 줄여주는 역할을 하지만 메시지 자체로부터의 주의분산이 야기되기 때문에 소비자들이 메시지를 이해하는 데는 오히려 방해가 되는 경우가 많다. 따라서 유머소구와 비유머소구는 그 설득력에 있어 일반적으로 별 차이를 보이지 않는다. 다만 유머소구는 주된 메시지로부터의 분산효과를 갖고 있기 때문에 소비자들이 비교적 친숙한 제품의 광고에 활용하는 것이 효과적일 것이다. 기존제품과는 상당히 다른 신제품이거나 소비자들이 이해해야 할 정보의 양이 많은 경우 유머소구는 적절한 방법이 아닐 수 있다.

5. 공포소구의 효과

대부분의 마케팅 커뮤니케이션에서는 어떤 제품이나 서비스를 사용함으로써 소비자들이 얻을 수 있는 효용이나 편익을 알리려고 노력한다. 그에 반해 **공포소구**(fear appeals)는 소비자에게 어떤 제품의 사용이나 비사용으로 인한 위험을 알리려고 하는 것이다. 예컨대 마약이나 담배의 사용과 관련된 위험을 소비자에게 알리거나 보험에 가입하지 않고 재난을 만났을 때의 위험을 보여주는 것 등이 그 예이다.[27]

공포소구의 예: 집안 해충에 대한 두려움을 불러일으키는 세스코 광고

일반적으로 공포소구는 지나치게 위협적인 경우에는 실패할 가능성이 높다. 예컨대 말기 암 환자의 모습을 보여주는 금연 캠페인의 경우, 흡연자들은 메시지를 무시해 버리거나 인지부조화를 감소시키기 위한 지각상의 방어기제(perceptual defense)를 작동시키고 그 메시지를 받아들이지 않게 된다(제6장 참조). 반면 공포소구가 소비자들의 근심(anxiety)을 불러일으키지 못하는 경우에도 설득효과를 가질 수 없다. 공포소구가 가장 효과적인 경우는 극단이 아닌 중간정도의 공포심을 불러일으키는 메시지들이다.[28]

AIDS를 예방하기 위한 캠페인에 공포소구를 활용하여 Tanner와 그의 동료들은 다음과 같은 경우에 가장 설득효과가 높다는 것을 발견하였다: 메시지를 통해 AIDS가 얼마나 무서운 병인가를 인식할 수 있어

야 한다. 메시지를 통해 소비자들이 AIDS에 걸릴 수 있다는 사실을 인식해야 한다. 메시지에 공포심을 불러일으키는 내용뿐만 아니라 문제를 해결할 수 있는 해결책이 언급되어야 한다. 그 해결책이 쉽게 실천할 수 있는 것이어야 한다.

결론적으로 공포소구는 메시지에 의해 야기되는 공포심의 수준이 중간정도이면서 위협을 피할 수 있는 해결책이 함께 제시될 때 효과적이라는 것을 알 수 있다. 그러나 흡연을 아직 시작하지 않은 사람들에게 흡연을 시작하지 않도록 하기 위한 공포소구는 높은 수준의 공포심을 야기함으로써 흡연을 조건반사적으로 회피하도록 만들기 때문에 효과적인 방법이 될 수 있다. 단, 어떤 경우에도 사실에 근거하여 진실성이 느껴지는 공포소구라야 설득효과를 가질 수 있을 것이다.

15.5 매체효과

광고를 통해 메시지를 전달하려면 메시지가 의도한 대로 표적청중에까지 전달될 수 있는 매체를 선택하는 일이 매우 중요하다. 그렇게 하기 위해서는 표적고객들의 인구통계학적 특성과 생활양식 등을 정확하게 파악하여 그에 맞는 매체를 선택해야 한다. 그런데 여러 매체들의 성격이 다르기 때문에 각 매체의 성격을 잘 이해할 필요가 있다.

매체효과(media effects)는 두 가지로 파악될 수 있다. 하나는 매체 내 효과로서 같은 매체 내에서 매체의 내용, 명성, 구독자층 등의 차이에서 오는 효과를 들 수 있고, 다른 하나는 매체 간 효과로서 신문, 잡지, TV, 라디오, 유튜브, SNS 등의 매체별로 각기 독특한 매체로서의 성격 때문에 나타나는 효과를 들 수 있다.

1. 매체 내 효과

동일한 광고 메시지의 경우에도 그것이 어떤 잡지에 실렸는가 또는 어떤 TV프로그램에 삽입되었는가에 따라 광고효과가 달라질 수 있다. 예컨대 낚싯대 광고의 경우 일반 월간지에 실리는 낚싯대 광고는 정보의 전달보다는 이미지를 전달하기에 적절하다고 할 수 있는 반면 낚시전문 월간지의 경우에는 좀더 구체적인 제품정보가 실려 있는 광고가 더 효과적일 것이다. 이처럼 매체환경이 달라짐에 따라 광고메시지가 얻을 수 있는 효과가 달라진다는 점을 유의할 필요가 있다.

2. 매체 간 효과

광고메시지는 매체유형에 따라 상이한 소비자의 반응을 유발한다. 매체유형은 TV나 라디오와 같은 방송매체, 신문이나 잡지 같은 인쇄매체, 그리고 포털 사이트나 유튜브 같은 인터넷 매체로 대별된다. 각 매체는 고유의 특성을 갖고 있는데, 예컨대, 방송매체는 일반적으로 이미지나 상징적인 메시지를 전달하는 데 효과적이지만 인쇄매체처럼 구체적인 정보를 전달하는 데는 부적합하다. 따라서 TV는 제품과 관련된 정서적 반응을 유발하기 위한 매체로 종종 활용되는 반면 인쇄매체는 정보 전달을 위한 매체로 사용되는 경우가 많다.

방송매체 중 특히 TV는 저관여 매체로서 시청의 속도를 시청자의 마음대로 조절할 수 없다는 특징을 가지고 있다. 따라서 시청자들은 TV광고를 통해 전달되는 메시지에 대해 곰곰이 생각해 볼 여유가 없는 것이 보통이다. 그에 반해 인쇄매체의 경우는 독자가 읽는 속도를 조절할 수 있을 뿐만 아니라 광고 메시지 중 관심 있는 부분과 자기 자신의 관련성을 생각해 볼 여유를 갖게 된다. 그 결과 인쇄매체는 좀 더 전통적인 학습환경을 제공하여 소비자들이 더 많은 정도를 흡수하고 동화시킬 수 있도록 해준다.

TV에서 전달하지 못한 상세한 제품정보를 싣고 있는 인쇄매체광고

TV는 인쇄매체나 라디오에 비해 또 다른 장점을 가지고 있다. 즉, 광고에서 제품의 사용 장면이나 시범을 보여줄 필요가 있는 경우, TV가 다른 매체에 비해 월등한 효과를 나타낼 수 있다. 한편 라디오는 음반이나 무대공연처럼 소리를 직접 들려주는 것이 효과적인 광고메시지를 전달하는 데 효과적인 매체이다. 신문은 제품의 가격할인 등에 관한 정보를 알리는 데 효과적이며 소비자들이 쇼핑을 할 때 직접 광고물을 들고 다니며 참고로 할 수 있다는 점이 장점이다. 그 밖에도 제품의 무료샘플을 통해 소비자들에게 중요한 정보를 전달할 수도 있다. 그 경우에는 직접적인 제품경험이 메시지라고 볼 수 있으며 기업에서 신제품을 출시할 때 흔히 사용하는 방법이다. 무료 샘플링은 특히 광고와 함께 사용될 때 강력한 효

과를 발휘하게 되는 경우를 볼 수 있다.[29]

인터넷 매체를 이용한 디지털 광고는 21세기에 들어서면서 빠른 속도로 성장하고 있는 마케팅 커뮤니케이션의 유형이다. 그중에서도 특히 휴대폰 같은 모바일 디바이스를 이용한 모바일 광고가 가장 빠른 속도로 성장하고 있다. 1990년대 이후에 태어난 대부분의 소비자들은 스마트폰과 함께 자랐으며, 바깥 세계와의 연결에서부터 제품의 구매에 이르기까지 많은 부분을 스마트폰에 의존한다. 따라서 앞으로 모바일 광고를 포함한 디지털 광고에 대한 소비자들의 반응과 선호에 대해 더 많은 연구가 이루어져야 할 것으로 보인다.[30]

❙ 생각해 볼 문제

1. 마케팅 커뮤니케이션의 수단들이 각각 어떤 특징을 가지며 어떤 상황하에서 적절한 수단인지를 생각해 보자.

2. 정보원천의 신뢰성은 높을수록 좋은가? 그렇지 않다면 어떤 조건하에서 그렇지 않은가?

3. 조절 적합성(regulatory fit)이라는 개념을 명확하게 이해할 수 있는 광고 메시지와 소비자행동을 예로 들어보고, 광고 메시지의 설득력을 높일 수 있도록 상황에 따른 조절 적합성이 높은 광고 카피를 만들어 보자.

4. 양면적 광고, 비교광고, 조절 적합성 관련 소구, 유머소구, 공포소구 이외에도 성적 소구(sex appeal)처럼 촉진에 효과적으로 사용될 수 있는 여러 가지 소구방법들이 있다. 이들 소구방법들은 각각 어떤 경우에 무슨 이유로 효과적일 수 있고, 어떤 경우에 무슨 이유로 비효과적일 수 있는지 생각해 보자.

5. 스마트폰을 많이 사용하는 소비자들에게 모바일 광고는 제품/서비스에 관한 소비자의 인지, 감성, 행동의 측면에서 어떤 영향을 얼마나 줄 수 있을지 토론해 보자.

주 (Notes)

제 1 장

1 *동아비즈니스리뷰* (2019), 5월호 (1), pp. 76-89 참조.

2 American Marketing Association (2008), "The American Marketing Association Releases New Definition for Marketing," *AMA For Immediate Release*, January 14, Chicago, IL., USA.

3 마케팅정의 제정위원회 (2002), "한국마케팅학회의 마케팅 정의," 한국마케팅학회, *마케팅연구*, 17 (2), 5-6.

4 Kumar, Nirmalya, Lisa Scheer, and Philip Kotler (2000), "From Market Driven to Market Driving," *European Management Journal,* 18 (2), 129-142.

5 Howard, John A. and Jagdish N. Sheth (1969), *The Theory of Buyer Behavior,* New York: John Wiley and Sons; Engel, James F., David T. Kollat, and Roger D. Blackwell (1968), *Consumer Behavior,* 1st ed., New York: Holt, Rinehart and Winston; Bettman, James R. (1979), *An Information Processing Theory of Consumer Choice,* Reading, MA: Addison-Wesley.

6 Hirschman, Elizabeth C. and Morris B. Holbrook (1982), "Hedonic Consumption: Emerging Concepts, Methods, and Propositions," *Journal of Marketing,* 46 (Summer), 92-101; Holbrook, Morris B. and Elizabeth C. Hirschman (1982), "The Experiential Aspects of Consumption: Consumer Fantasies, Feelings, and Fun," *Journal of Consumer Research,* 9 (September), 132-140.

7 Simon, Herbert A. (1955), "A Behavioral Model of Rational Choice," *Quarterly Journal of Economics,* 69 (1), 99-118.

8 Kahneman, Daniel and Amos Tversky (1979), "Prospect Theory: An Analysis of Decision under Risk," *Econometrica,* 47 (2), 263-291.

9 Thaler, Richard (1985), "Mental Accounting and Consumer Choice," *Marketing Science*, 4 (Summer), 199-214.

10 하영원 (2023), *결정하는 뇌*, 경기도 파주시: 21세기북스.

제 2 장

1 유형 제품과 무형 서비스는 분명히 구분되는 개념이지만 넓은 의미의 제품은 무형의 서비스를 포함한다. 본서에서는 특별한 언급이 없는 한 제품을 서비스를 포함하는 의미로 사용한다.

2 근본적 욕구(needs)는 욕구 혹은 니즈라고도 불리며, 구체적 욕구(wants)는 필요라고도 불린다.

3 Krugman, Herbert E. (1965), "The Impact of Television Advertising: Learning Without Involvement," *Public Opinion Quarterly,* 29 (3), 349-356.

4 Zaichkowsky, Judith L. (1985), "Measuring the Involvement Construct," *Journal of Consumer Research*, 12 (3), 341-352.

5 이학식 (1990), "소비자 정보처리에 대한 관여도와 광고유형의 조정적 역할," *경영학연구*, 19 (2), 87-115.

6 타당성과 신뢰성에 대해서는 다음의 서적을 참조: 이학식, 윤호정 (2021), *마케팅조사*, 5판, 집현재.

7 Laurent, Gilles and Jean-Noël Kapferer (1985), "Measuring Consumer Involvement Profiles," *Journal of Marketing Research*, 22 (1), 41-53.

8 Berger, David (1986), "Theory into Practice: The FCB Grid," *European Research*, 14 (1), 35-46.

9 Vaughn, Richard (1980), "How Advertising Works: A Planning Model," *Journal of Advertising Research,* 20 (5), 27-33.

10 Mitchell, Andrew A. and Peter A. Dacin (1996), "The Assessment of Alternative Measures of Consumer Expertise," *Journal of Consumer Research*, 23 (3), 219-239.

11 Alba, Joseph W. and J. Wesley Hutchinson (1987), "Dimensions of Consumer Expertise," *Journal of Consumer Research*, 13 (4), 411-454.

12 Carlson, Jay P., Leslie H. Vincent, David M. Hardesty, and William O. Bearden (2009), "Objective and Subjective Knowledge Relationships: A Quantitative Analysis of Consumer Research Findings," *Journal of Consumer Research*, 35 (5), 864-876.

13 Park, C. Whan, David L. Mothersbaugh, and Lawrence Feick (1994), "Consumer Knowledge Assessment," *Journal of Consumer Research*, 21 (1),

71-82.

14 Alba and Hutchinson, *op. cit.*, pp. 411-454; Mitchell and Dacin, *op. cit.*, pp. 219-239.

15 Kahneman, Daniel and Shane Frederick (2002), "Representativeness Revisited: Attribute Substitution in Intuitive Judgement," in *Heuristics and Biases: The Psychology of Intuitive Judgment*, ed. Thomas Gilovich, Dale Griffin, and Daniel Kahneman, New York, NY: Cambridge University Press, 49-81.

16 이 질문은 의사결정에 있어서 시스템 1과 시스템 2에 의존하는 성향을 의미하는 인지숙고(cognitive reflection) 성향을 측정하기 위한 질문 중의 하나이다: Frederick, Shane (2005) "Cognitive Reflection and Decision Making," *Journal of Economic Perspectives*, 19 (4), 25-42.

17 Kahneman, Daniel (2011), *Thinking, Fast and Slow*, New York, NY: Macmillan. 2002년에 노벨 경제학상을 수상한 심리학자이자 행동경제학자 Daniel Kahneman의 저서로 시스템 1, 2에 관한 많은 내용을 포함하고 있다. 책 제목의 Fast thinking은 시스템 1, Slow thinking은 시스템 2를 의미한다. (역서: 이창신 역, *생각에 관한 생각*, 김영사, 2012.)

18 Kahneman, Daniel and Amos Tversky (1972), "Subjective Probability: A Judgment of Representativeness," *Cognitive Psychology*, 3 (3), 430-454.

19 Terrell, Dek (1994), "A Test of the Gambler's Fallacy: Evidence from Pari-Mutuel Games," *Journal of Risk and Uncertainty*, 8 (3), 309-317.

20 Lichtenstein, Sarah, Paul Slovic, Baruch Fischhoff, Mark Layman, and Barbara Combs (1978), "Judged Frequency of Lethal Events," *Journal of Experimental Psychology: Human Learning and Memory*, 4 (6), 551-578.

21 Johnson, Eric J., John Hershey, Jacqueline Meszaros, and Howard Kunreuther (1993), "Framing, Probability Distortions, and Insurance Decisions," *Journal of Risk and Uncertainty*, 7 (1), 35-51.

22 Jenni, Karen E. and George Loewenstein (1997), "Explaining the Identifiable Victim Effect," *Journal of Risk and Uncertainty*, 14 (3), 235-257.

23 Kogut, Tehila and Ilana Ritov (2005), "The "Identified Victim" Effect: An Identified Group, or Just a Single Individual?" *Journal of Behavioral Decision Making*, 18 (3), 157-167.

24 Tversky, Amos and Daniel Kahneman (1974), "Judgment under Uncertainty: Heuristics and Biases," *Science*, 185 (4157), 1124-1131.

25 정박효과라고 부르는 이유는 기준점의 사용을 배가 특정 장소에 머무르기 위해 닻내림을 하는 것에 비유한 것이며, 다른 이름으로 닻내림 효과라고도 한다.

26 Tversky and Kahneman, *op. cit.*, pp. 1128-1130.

27 Ariely, Dan, George Loewenstein, and Drazen Prelec (2003), ""Coherent Arbitrariness": Stable Demand Curves without Stable Preferences," *Quarterly Journal of Economics*, 118 (1), 73-105.

28 Galinsky, Adam D. and Thomas Mussweiler (2001), "First Offers as Anchors: The Role of Perspective-Taking and Negotiator Focus," *Journal of Personality and Social Psychology*, 81 (4), 657-669.

제 3 장

1 Hawkins, Del I., Kenneth A. Coney, and Roger J. Best (1980), *Consumer Behavior,* Dallas: Business Publications, Inc., p. 390.

2 Bettman, James R. (1979), *An Information Processing Theory of Consumer Choice,* Addison-Wesley, pp. 18-24.

3 Bargh, John A. (2002), "Losing Consciousness: Automatic Influences on Consumer Judgement, Behavior, and Motivation," *Journal of Consumer Research,* 29 (September), 280-285.

4 Rogers, Stuart (1992), "How a Publicity Blitz Created The Myth of Subliminal Advertising," *Public Relations Quarterly*, 37 (Winter), 12-17.

5 Moore, Timothy E. (1982), "Subliminal Advertising: What You See Is What You Get," *Journal of Marketing,* 46 (2), 38-47.

6 Strahan, Erin J., Steven J. Spencer, and Mark P. Zanna (2002), "Subliminal Priming and Persuasion: Striking While the Iron Is Hot," *Journal of Experimental Social Psychology,* 38 (November), 556-568.

7 Fitzsimons, Grainne M., Tanya L. Chartrand, and Gavan J. Fitzsimons (2008), "Automatic Effects of Brand Exposure on Motivated Behavior: How Apple Makes You "Think Different"," *Journal of Consumer Research,* 35 (June), 21-35.

8 Blackwell, Roger D., Paul W. Miniard, and James F. Engel (2006), *Consumer Behavior,* 10th ed., Thomson South-Western, pp. 74-79.

9 *Ibid.,* p. 123.

10 Jacoby, Jacob (1984), "Perspectives on Information Overload," *Journal of Consumer Research,* 10 (March), 432-435.

11 Keller, Kevin Lane and Richard Staelin (1987),

"Effects of Quality and Quantity of Information on Decision Effectiveness," *Journal of Consumer Research,* 14 (September), 200-213.

12 Blackwell, Miniard, and Engel, *op. cit.*, pp. 122-125.

13 Johnson, Eric J. and J. Edward Russo (1984), "Product Familiarity and Learning New Information," *Journal of Consumer Research,* 11 (June), 542-550.

14 Chiu, Yu-Ping, Shao-Kang Lo, Ai-Yun Hsieh, and Yujong Hwang (2019), "Exploring Why People Spend More Time Shopping Online Than in Offline Stores," *Computers in Human Behavior,* 95, 24-30.

15 Bettman, James R. and C. Whan Park (1980), "Effects of Prior Knowledge and Experience and Phase of the Choice Process on Consumer Decision Processes: A Protocol Analysis," *Journal of Consumer Research,* 7 (December), 234-248.

16 Jacoby, Jacob, Robert W. Chestnut, Karl C. Weigl, and William Fisher (1976), "Pre-Purchase Information Acquisition: Description of a Process Methodology, Research Paradigm, and Pilot Investigation," in Beverlee B. Anderson, ed., *Advances in Consumer Research,* 3, 306-314.

17 Hoffman, Donna L. and Thomas P. Novak (1996), "Marketing in Hypermedia Computer-Mediated Environments: Conceptual Foundations," *Journal of Marketing,* 60 (July), 50-68; Csikszentmihalyi, Mihaly (1975), *Beyond Boredom and Anxiety,* San Francisco: Jossey-Bass; Csikszentmihalyi, Mihaly (1990), *Flow: The Psychology of Optimal Experience,* New York: Harper.

18 Bellman, Steven, Eric J. Johnson, Gerald Lohse, and Naomi Mandel (2006), "Designing Marketplaces of the Artificial with Consumers in Mind: Four Approaches to Understanding Consumer Behavior in Electronic Environments," *Journal of Interactive Marketing,* 20 (1), 21-33.

19 West, Patricia M., Dan Ariely, Steven Bellman, Eric Bradlow, Joel Huber, Eric Johnson, Barbara Kahn, John Little, and David Schkade (1999), "Agents to the Rescue?" *Marketing Letters,* 10 (3), 285-300.

20 Longoni, Chiara, Andrea Bonezzi, and Carey K. Morewedge (2019), "Resistance to Medical Artificial Intelligence," *Journal of Consumer Research,* 46 (4), 629-650; Luo, Xueming, Siliang Tong, Zheng Fang, and Zhe Qu (2019), "Frontiers: Machines vs. Humans: The Impact of Artificial Intelligence Chatbot Disclosure on Customer Purchases," *Marketing Science,* 38 (6), 937-947; Wedel, Michel, Enrique Bigné, and Jie Zhang (2020), "Virtual and Augmented Reality: Advancing Research in Consumer Marketing," *International Journal of Research in Marketing,* 37, 443-465.

21 Simonson, Itamar (2014), "Mission (Largely) Accomplished: What's Next for Consumer BDT-JDM Researchers?" *Journal of Marketing Behavior,* 1, 1-31.

22 Doubleclick (2004), "Catalyst for Change: 64% Say the Internet Has Altered Purchase Decision," www.doubleclick.net; Cheema, Amar and Purushottam Papatla (2010), "Relative Importance of Online versus Offline Information for Internet Purchases: Product Category and Internet Experience Effects," *Journal of Business Research,* 63, 979-985.

23 Lavidge, Robert J. and Gary A. Steiner (1961), "A Model for Predictive Measurements of Advertising Effectiveness," *Journal of Marketing,* 25 (6), 59-62.

24 Loudon, David and Albert J. Della Bitta (1988), *Consumer Behavior: Concepts and Applications,* 3rd ed., McGraw-Hill, pp. 619-620.

25 Blackwell, Miniard, and Engel, *op. cit.,* p. 114.

26 광고가 소비자들의 의사결정에 어떻게 영향을 미칠 수 있는지에 대해서는 이 책의 제15장에서 상세하게 다룰 것이다.

제 4 장

1 Rothschild, M. L. (1979), "Advertising Strategies for High and Low Involvement Situations," in J. C. Maloney and B. Silverman, eds., *Attitude Research Plays for High Stakes*, American Marketing Association, 74-93.

2 Blackwell, Roger D., Paul W. Miniard, and James F. Engel (2006), *Consumer Behavior,* 10th ed., Thomson South-Western, pp. 80-81.

3 Wind, Jerry, Paul E. Green, Douglas Shifflet, and Marsha Scarbrough (1989), "Courtyard by Marriott: Designing a Hotel Facility with Consumer-Based Marketing Models," *Interfaces,* 19 (1), 25-47; Green, Paul E., Abba M. Krieger, and Yoram (Jerry) Wind (2001), "Thirty Years of Conjoint Analysis: Reflections and Prospects," *Interfaces,* 31 (3), S56-S73.

4 Blackwell, Miniard, and Engel, *op. cit.*, p. 138.

5 Tversky, Amos (1972), "Elimination by Aspects: A Theory of Choice," *Psychological Review,* 79 (4), 281-299.

6 Rothschild, *op. cit.*, pp. 74-93.

7 Payne, John W. (1976), "Task Complexity and Contingent Processing in Decision Making: An Information Search and Protocol Analysis," *Organizational Behavior and Human Performance,* 16 (2), 366-387.

8 Hogarth, Robin (1987), *Judgement and Choice*, 2nd ed., Wiley, p. 78.

9 Payne, *op. cit.*, pp. 366-387.

10 Russo, Jay E. (1977), "The Value of Unit Price Information," *Journal of Marketing Research,* 14 (2), 193-201.

11 Wright, Peter (1975), "Consumer Choice Strategies: Simplifying vs. Optimizing," *Journal of Marketing Research,* 12 (1), 60-67.

12 선택맥락효과를 고려한 선택모형에 관해서는 Rooderkerk, Robert P., Harald J. Van Heerde, and Tammo H. A. Bijmolt (2011), "Incorporating Context Effects into a Choice Model," *Journal of Marketing Research*, 48 (4), 767-780을 참조할 것.

13 Huber, Joel, John W. Payne, and Christopher P. Puto (1982), "Adding Asymmetrically Dominated Alternatives: Violations of Regularity and Similarity Hypothesis," *Journal of Consumer Research,* 9, 90-98.

14 하영원 (2000), "소비자 의사결정 - 정보처리적 접근을 중심으로," *소비자학연구,* 11 (2), 1-38.

15 Ha, Young-Won, Sehoon Park, and Hee-Kyung Ahn (2009), "The Influence of Categorical Attributes on Choice Context Effects," *Journal of Consumer Research,* 36, 463-477; Ha, Young-Won, Sehoon Park, and Hee-Kyung Ahn (2004), "When the Attraction Effect Disappears: The Differential Impact of Adding Common versus Unique Features on Consumer Choice," *Advances in Consumer Research,* 31, 37-38. 유인효과에 대한 검토 논문으로는 Frederick, Shane, Leonard Lee, and Ernest Baskin (2014), "The Limits of Attraction," *Journal of Marketing Research,* 51, 487-507을 참조할 것.

16 Simonson, Itamar (1989), "Choice Based on Reasons: The Case of Attraction and Compromise Effects," *Journal of Consumer Research,* 16, 158-173.

17 하영원 (2023), *결정하는 뇌*, 경기도 파주시, 21세기북스, pp. 205-206.

18 Evangelidis, Ioannis, Jonathan Levav, and Itamar Simonson (2023), "The Upscaling Effect: How the Decision Context Influences Tradeoffs between Desirability and Feasibility," *Journal of Consumer Research,* 50 (3), 492-509.

19 Tversky, *op. cit.,* pp. 281-299.

20 Kahneman, Daniel and Amos Tversky (1979), "Prospect Theory: An Analysis of Decision under Risk," *Econometrica,* 47 (2), 263-291.

21 Allais, M. (1953), "Le compartement de l'homme rationnel devant le risque, critique des postulats et axiomes de l'ecole Americaine," *Econometrica,* 21, 503-546.

22 Einhorn, Hillel J. and Robin M. Hogarth (1981), "Behavioral Decision Theory: Processes of Judgment and Choice," *Annual Review of Psychology,* 32, 53-88.

23 Kahneman and Tversky, *op. cit.,* pp. 263-291.

24 Thaler, Richard (1985), "Mental Accounting and Consumer Choice," *Marketing Science*, 4, 199-214; Thaler, Richard (1999), "Mental Accounting Matters," *Journal of Behavioral Decision Making,* 12, 183-206; Prospect 이론 이후 행동경제학이 어떻게 전개되었는지를 알기 위해서는 Thaler, Richard (2015), *Misbehaving: The Making of Behavioral Economics*, New York: Norton을 참조할 것.

25 Simon, Herbert A. (1955), "A Behavioral Model of Rational Choice," *Quarterly Journal of Economics,* 69, 99-118.

26 Shugan, Steve M. (1980), "The Cost of Thinking," *Journal of Consumer Research,* 7, 99-111.

27 Ha, Young-Won and Stephen J. Hoch (1989), "Ambiguity, Processing Strategy, and Advertising-Evidence Interactions," *Journal of Consumer Research*, 16, 354-360.

28 Johnson, Michael D. (1984), "Consumer Choice Strategies for Comparing Noncomparable Alternatives," *Journal of Consumer Research,* 11, 741-753.

29 Bettman, James R., Mary Frances Luce, and John W. Payne (1998), "Constructive Consumer Choice Processes," *Journal of Consumer Research,* 25, 187-217.

30 Bettman, James R., Eric J. Johnson, and John W. Payne (1990), "A Componential Analysis of Cognitive Effort in Choice," *Organizational Behavior and Human Decision Processes,* 45, 111-139.

31 Payne, John W. (1982), "Contingent Decision Behavior," *Psychological Bulletin,* 92, 382-402.

32 하영원 (2000), "소비자 의사결정 - 정보처리적 접근을 중심으로," *소비자학연구*, 11 (2), 1-38.

33 Luce, Mary Frances (1998), "Choosing to Avoid: Coping with Negatively Emotion-Laden Consumer Decisions," *Journal of Consumer Research,* 24, 409-433.

34 Simonson, *op. cit.*, pp. 158-173.

제 5 장

1 Raju, P. S. (1980), "Optimum Stimulation Level: Its Relationship to Personality, Demographics, and Exploratory Behavior," *Journal of Consumer Research,* 7 (3), 272-282.

2 Hoyer, Wayne D. and Steven P. Brown (1990), "Effects of Brand Awareness on Choice for a Common, Repeat-Purchase Product," *Journal of Consumer Research,* 17 (2), 141-148.

3 Hawkins, Scott A. and Stephen J. Hoch (1992), "Low Involvement Learning: Memory without Evaluation," *Journal of Consumer Research,* 19 (2), 212-225.

4 Jeffrey, Scott A. and Rebecca Hodge (2007), "Factors Influencing Impulse Buying during an Online Purchase," *Electronic Commerce Research,* 7, 367-379.

5 Mittal, Banwari and M. B. Holbrook (2008), *Consumer Behavior: How Humans Think, Feel, and Act in the Marketplace,* Cincinnati, OH: Open Mentis Publishing Co.

6 Gardner, Meryl Paula and Dennis W. Rook (1988), "Effects of Impulse Purchases on Consumers' Affective States," *ACR North American Advances,* 15, 127-130.

7 Belk, Russell W. (1975), "Situational Variables and Consumer Behavior," *Journal of Consumer Research,* 2 (3), 157-164.

8 Hansen, Flemming (1972), *Consumer Choice Behavior: A Cognitive Theory,* New York: The Free Press.

9 Belk, Russell W. (1979), "Gift-Giving Behavior," in J. Sheth, ed., *Research in Marketing,* 2, Greenwich, Conn.: JAI Press, 95-126; Giesler, Markus (2006), "Consumer Gift Systems," *Journal of Consumer Research,* 33 (2), 283-290.

10 Clark, Margaret S., Sandra Milberg, and John Ross (1983), "Arousal Cues Arousal-Related Material in Memory: Implications for Understanding Effects of Mood on Memory," *Journal of Verbal Learning and Verbal Behavior,* 22 (6), 633-649; Gardner, Meryl P. (1984), "The Consumer's Mood: An Important Situational Variable," ACR North American Advances, 11, 525-529.

11 Yi, Youjae (1990), "The Effects of Contextual Priming in Print Advertisements," *Journal of Consumer Research,* 17 (2), 215-222.

12 Goldberg, Marvin E. and Gerald J. Gorn (1987), "Happy and Sad TV Programs: How They Affect Reactions to Commercials," *Journal of Consumer Research,* 14 (3), 387-403.

13 Mano, Haim and Richard L. Oliver (1993), "Assessing the Dimensionality and Structure of the Consumption Experience: Evaluation, Feeling, and Satisfaction," *Journal of Consumer Research,* 20 (3), 451-466.

14 Fornell, Claes (1992), "A National Customer Satisfaction Barometer: The Swedish Experience," *Journal of Marketing,* 56 (1), 6-21.

15 Oliver, Richard L. (1980), "A Cognitive Model of the Antecedents and Consequences of Satisfaction Decisions," *Journal of Marketing Research,* 17 (4), 460-469; Oliver, Richard L. (2010), *Satisfaction: A Behavioral Perspective on the Consumer,* Armonk, NY: M. E. Sharpe, Inc.

16 Churchill, Jr., Gilbert A. and Carol Suprenant (1982), "An Investigation into the Determinants of Customer Satisfaction," *Journal of Marketing Research,* 19 (4), 491-504; Cronin, Jr., J. Joseph and Steven A. Taylor (1994), "SERVPERF versus SERVQUAL: Reconciling Performance-Based and Perceptions-Minus-Expectations Measurement of Service Quality," *Journal of Marketing,* 58 (1), 125-131.

17 Spreng, Richard A., Scott B. MacKenzie, and Richard W. Olshavsky (1996), "A Reexamination of the Determinants of Consumer Satisfaction," *Journal of Marketing,* 60 (3), 15-32.

18 Anderson, Rolph E. (1973), "Consumer Dissatisfaction: The Effect of Disconfirmed Expectancy on Perceived Product Performance," *Journal of Marketing Research,* 10 (1), 38-44.

19 Spreng, Richard A., Scott B. MacKenzie, and Richard W. Olshavsky (1996), "A Reexamination of the Determinants of Consumer Satisfaction," *Journal of Marketing,* 60 (3), 15-32.

20 Huppertz, John W. (1979), "Measuring Components of Equity in the Marketplace: Perceptions of Inputs and Outcomes by Satisfied and Dissatisfied Consumers," in Ralph L. Day and H. Keith Hunt, eds. *New Dimensions of Consumer Satisfaction*

and Complaining Behavior, 140-143; Huppertz, John W., Sidney J. Arenson, and Richard H. Evans (1978), "An Application of Equity Theory to Buyer-Seller Exchange Situations," *Journal of Marketing Research,* 15 (2), 250-260. 국내 문헌으로 다음을 참조할 수 있음: 이학식, 임지훈, 구민정 (2005), "기대-불일치 패러다임에서 예상의 영향력에 관한 연구: 브랜드 경험유무와 측정시점의 시간간격의 조정적 역할," *광고연구,* (68), 139-170; 이학식, 임지훈 (2005), "고객만족도 측정: NCSI와 KCSI의 평가와 새로운 지수개발 방안," *마케팅연구,* 20 (3), 137-160.

21 Fisk, Raymond Paul (1980), *Postchoice Evaluation: An Equity Theory Analysis of Consumer Satisfaction/Dissatisfaction with Service Choices,* Arizona State University; Mowen, John C. and Stephen. J. Grove (1983), "Search Behavior, Price Paid, and the 'Comparison Other': An Equity Theory Analysis of Postpurchase Satisfaction," in Ralph L. Day and H. Keith Hunt, eds., *International Fare in Consumer Satisfaction and Complaining Behavior,* 57-63; Oliver, Richard L. and John E. Swan (1989), "Consumer Perceptions of Interpersonal Equity and Satisfaction in Transactions: A Field Survey Approach," *Journal of Marketing,* 53 (2), 21-35.

22 Festinger, Leon (1957), "Cognitive Dissonance Theory." *Primary Prevention of HIV/AIDS: Psychological Approaches.* Leon Festinger 이후 인지부조화 이론의 발전에 대해서는 Kunda, Ziva (1990), "The Case for Motivated Reasoning," *Psychological Bulletin,* 108 (3), 480-498을 참조할 것.

23 Mizerski, Richard W., Linda L. Golden, and Jerome B. Kernan (1979), "The Attribution Process in Consumer Decision Making," *Journal of Consumer Research,* 6 (2), 123-140.

24 Heider, Fritz (1958), *The Psychology of Interpersonal Relations,* New York: Wiley.

25 Bem, Daryl J. (1972), "Self-Perception Theory," *Advances in Experimental Social Psychology,* 6, 1-62.

26 Day, Ralph L. and Laird Landon, Jr. (1977), "Toward a Theory of Consumer Complaining Behavior," *Consumer and Industrial Buying Behavior,* 95 (1), 425-437.

제 6 장

1 Fransen, Marieke L., Peeter W. J. Verlegh, Amna Kirmani, and Edith G. Smit (2015), "A Typology of Consumer Strategies for Resisting Advertising, and a Review of Mechanisms for Countering Them," *International Journal of Advertising,* 34 (1), 6-16.

2 Speck, Paul Surgi and Michael T. Elliott (1997), "Predictors of Advertising Avoidance in Print and Broadcast Media," *Journal of Advertising,* 26 (3), 61-76.

3 Dahlén, Micael (2005), "The Medium as a Contextual Cue: Effects of Creative Media Choice," *Journal of Advertising,* 34 (3), 89-98.

4 Herbert Brean (1958.03.31), ""Hidden Sell" Technique Is Almost Here," *Life,* 102-114.

5 Moore, Timothy E. (1982), "Subliminal Advertising: What You See Is What You Get," *Journal of Marketing,* 46 (2), 38-47.

6 *New Yorker* (1957.09.21), 33.

7 이는 위험한 대상에 대한 본능적인 감지가 가능하다는 것을 의미하며, 진화적 관점에서 인간의 뇌는 오래 전부터 생존을 위해 필요한 위험감지 기능을 가지고 있었다. 관련 논문: Ohman, Arne (2005), "The Role of the Amygdala in Human Fear: Automatic Detection of Threat," *Psychoneuroendocrinology,* 30 (10), 953-958.

8 Trappey, Charles (1996), "A Meta-Analysis of Consumer Choice and Subliminal Advertising," *Psychology & Marketing,* 13 (5), 517-530.

9 Eibach, Richard P., Lisa K. Libby, and Thomas D. Gilovich (2003), "When Change in the Self Is Mistaken for Change in the World," *Journal of Personality and Social Psychology,* 84 (5), 917-931.

10 Forgas, Joseph P. (1995), "Mood and Judgment: The Affect Infusion Model (AIM)," *Psychological Bulletin,* 117 (1), 39-66.

11 Eduardo B. Andrade (2005), "Behavioral Consequences of Affect: Combining Evaluative and Regulatory Mechanism," *Journal of Consumer Research,* 32 (3), 355-362.

12 Campbell, Margaret C. and Kevin Lane Keller (2003), "Brand Familiarity and Advertising Repetition Effects," *Journal of Consumer Research,* 30 (2), 292-304.

13 Heimbach, James T. and Jacob Jacoby (1972), "The Zeigarnik Effect in Advertising," in *Advances in Consumer Research,* ed. M. Venkatesan, Chicago, IL: Association for Consumer Research, 746-758.

14 Noseworthy, Theodore J. and Miranda R. Goode (2011), "Contrasting Rule-Based and Similarity-Based Category Learning: The Effects of Mood and

Prior Knowledge on Ambiguous Categorization," *Journal of Consumer Psychology*, 21 (3), 362-371.

15 Wilkie, William L. (1990), *Consumer Behavior*, 2nd ed., John Wiley & Sons, p. 268.

16 Levin, Irwin P. and Gary J. Gaeth (1988), "How Consumers Are Affected by the Framing of Attribute Information Before and After Consuming the Product," *Journal of Consumer Research*, 15 (3), 374-378.

17 Gourville, John T. (1998), "Pennies-A-Day: The Effect of Temporal Reframing on Transaction Evaluation," *Journal of Consumer Research*, 24 (4), 395-403; 하영원, 한혜진 (2002), "가격 정보의 시간적 분리 프레이밍이 소비자의 구매 의도에 미치는 영향," *소비자학연구*, 13 (2), 145-163.

18 Van Ittersum, Koert and Brian Wansink (2012), "Plate Size and Color Suggestibility: The Delboeuf Illusion's Bias on Serving and Eating Behavior," *Journal of Consumer Research*, 39 (2), 215-228.

19 Jacoby, Jacob and Wayne D. Hoyer (1989), "The Comprehension/Miscomprehension of Print Communication: Selected Findings," *Journal of Consumer Research*, 15 (4), 434-443.

20 감각(오감)마케팅에 대한 학문적 연구 동향은 다음의 논문을 참조: 박혜린, 민동원 (2018), "감각마케팅에 대한 최근 연구의 종합적 고찰: 오감(五感)에서 동적감각 및 다(多)감각까지," *경영학연구*, 47 (6), 1423-1456.

21 Bellizzi, Joseph A. and Robert E. Hite (1992), "Environmental Color, Consumer Feelings, and Purchase Likelihood," *Psychology & Marketing*, 9 (5), 347-363.

22 Aslam, Mubeen M. (2006), "Are You Selling the Right Colour? A Cross-cultural Review of Colour as a Marketing Cue," *Journal of Marketing Communications*, 12 (1), 15-30.

23 Labrecque, Lauren L. and George R. Milne (2012), "Exciting Red and Competent Blue: The Importance of Color in Marketing," *Journal of the Academy of Marketing Science*, 40 (5), 711-727.

24 Hagtvedt, Henrik (2014), "Dark Is Durable, Light Is Convenient: Color Value Influences Perceived Product Attributes," in *Advances in Consumer Research*, Vol. 14, ed. June Cotte and Stacy Wood, Duluth, MN: Association for Consumer Research, 28-29.

25 Greenleaf, Eric A. (2010), "Does Everything Look Worse in Black and White? The Role of Monochrome Images in Consumer Behavior," in *Sensory Marketing: Research on the Sensuality of Products*, ed. Aradhna Krishna, New York, NY: Routledge, 241-258.

26 Krishna, Aradhna, Luca Cian, and Nilüfer Z. Aydınoğlu (2017), "Sensory Aspects of Package Design," *Journal of Retailing*, 93 (1), 43-54.

27 Raghubir, Priya and Aradhna Krishna (1999), "Vital Dimensions in Volume Perception," *Journal of Marketing Research*, 36 (3), 313-326.

28 Koo, Jieun and Kwanho Suk (2016), "The Effect of Package Shape on Calorie Estimation," *International Journal of Research in Marketing*, 33 (4), 856-867.

29 Yorkston, Eric (2010), "Auxiliary Auditory Ambitions: Assessing Ancillary and Ambient Sounds," in *Sensory Marketing: Research on the Sensuality of Products*, ed. Aradhna Krishna, New York, NY: Routledge. 157-182.

30 Milliman, Ronald E. (1982), "Using Background Music to Affect the Behavior of Supermarket Shoppers," *Journal of Marketing*, 46 (3), 86-91.

31 Biswas, Dipayan, Kaisa Lund, and Courtney Szocs (2019), "Sounds Like a Healthy Retail Atmospheric Strategy: Effects of Ambient Music and Background Noise on Food Sale," *Journal of the Academy of Marketing Science*, 47 (1), 37-55.

32 Spangenberg, Eric R., Ayn E. Crowley, and Pamela W. Henderson (1996), "Improving the Store Environment: Do Olfactory Cues Affect Evaluations and Behaviors?" *Journal of Marketing*, 60 (2), 67-80.

33 Spangenberg, Eric R., Bianca Grohmann, and David E. Sprott (2005), "It's Beginning to Smell (and Sound) a Lot Like Christmas: The Interactive Effects of Ambient Scent and Music in Retail Setting," *Journal of Business Research*, 58 (11), 1281-1287.

34 Bone, Paula Fitzgerald and Swati Jantrania (1992), "Olfaction as a Cue for Product Quality," *Marketing Letters*, 3 (3), 289-296.

35 Krishna, Aradhna, Maureen Morrin, and Eda Sayin (2014), "Smellizing Cookies and Salivating: A Focus on Olfactory Imagery," *Journal of Consumer Research*, 41 (1), 18-34.

36 Peck, Joann (2010), "Does Touch Matter? Insights from Haptic Research in Marketing," in *Sensory Marketing: Research on the Sensuality of Products*, ed. Aradhna Krishna, New York, NY: Routledge. 17-31.

37 Peck, Joann and Terry L. Childers (2006), "If I Touch It I Have to Have It: Individual and Environmental Influences on Impulse Purchasing," *Journal of Business Research*, 59 (6), 765-769.

38 Peck, Joann and Terry L. Childers (2003), "To Have and to Hold: The Influence of Haptic Information on Product Judgments," *Journal of Marketing*, 67 (2), 35-48; Peck, Joann and Suzanne B. Shu (2009), "The Effect of Mere Touch on Perceived Ownership," *Journal of Consumer Research*, 36 (3), 434-447.

39 Lammers, H. Bruce (1991), "The Effect of Free Samples on Immediate Consumer Purchase," *Journal of Consumer Marketing*, 8 (2), 31-37.

40 Krishna, Aradhna and Ryan S. Elder (2010), "The Gist of Gustation: An Exploration of Taste, Food, and Consumption," in *Sensory Marketing: Research on the Sensuality of Products*, ed. Aradhna Krishna, New York, NY: Routledge, 281-301.

41 Wansink, Brian, Collin R. Payne, and Jill North (2007), "Fine as North Dakota Wine: Sensory Expectations and the Intake of Companion Foods," *Physiology & Behavior*, 90 (5), 712-716.

42 Raghunathan, Rajagopal, Rebecca Walker Naylor, and Wayne D. Hoyer (2006), "The Unhealthy = Tasty Intuition and Its Effects on Taste Inferences, Enjoyment, and Choice of Food Products," *Journal of Marketing*, 70 (4), 170-184.

제 7 장

1 Atkinson, R. C. and R. M. Shiffrin (1968), "Human Memory: A Proposed System and Its Control Processes," in K. W. Spence and J. T. Spence, eds., *The Psychology of Learning and Motivation: Advances in Research and Theory*, 2, New York: Academic Press, 89-195.

2 Williams, L. E. and J. A. Bargh (2008), "Experiencing Physical Warmth Promotes Interpersonal Warmth," *Science*, October 24, 322, 606-607.

3 Miller, George A. (1956), "The Magical Number Seven, Plus or Minus Two: Some Limits on Our Capacity for Processing Information," *Psychological Review*, 63, 81-97.

4 Jacoby, Jacob, Donald E. Speller, and Carol A. Kohn (1974), "Brand Choice Behavior as a Function of Information Load," *Journal of Marketing Research*, 11 (1), 63-69.

5 이영규, 한민희, 김익태 (1989), "정보과부하 가설의 재검토," *경영학 연구*, 18 (2), 211-213.

6 Lutz, Kathy A. and Richard J. Lutz (1978), "Imagery-Eliciting Strategies: Review and Implications of Research," in H. Keith Hunt, ed., *Advances in Consumer Research*, 5, 611-620.

7 Paivio, Allan (1969), "Mental Imagery in Associative Learning and Memory," *Psychological Review*, 76, May, 241-263.

8 Lutz, Kathy A. and Richard J. Lutz (1977), "The Effects of Interactive Imagery on Learning: Application to Advertising," *Journal of Applied Psychology*, 62, August, 493-498.

9 Wallace, Wanda T. (1990), "Jingles in Advertising: Can They Improve Recall?" in *Advances in Consumer Research*, 17, 239-242.

10 Anderson, John R. (1983), "A Spreading Activation Theory of Memory," *Journal of Verbal Learning and Verbal Behavior*, 22, 261-295.

11 Sujan, Mita (1985), "Consumer Knowledge: Effects on Evaluation Strategies Mediating Consumer Judgement," *Journal of Consumer Research*, 12, June, 31-46; Bettman, James R. and Mita Sujan (1987), "Effects of Framing on Evaluation of Comparable and Noncomparable Alternatives by Expert and Novice Consumer," *Journal of Consumer Research*, 14, September, 141-154.

12 Collins, A. M. and E. F. Loftus (1975), "A Spreading Activation Theory of Semantic Processing," *Psychological Review*, 82 (6), 407-428.

13 Hutchinson, J. Wesley and Danny L. Moore (1984), "Issues Surrounding the Examination of Delay Effects of Advertising," in Thomas Kinnear, ed., *Advances in Consumer Research*, 11, 650-655.

14 Fitzsimons, G. M., T. L. Chartrand, and G. J. Fitzsimons (2008), "Automatic Effects of Brand Exposure on Motivated Behavior: How Apple Makes You 'Think Different'," *Journal of Consumer Research*, 35 (1), 21-35.

15 North, A. C., D. J. Hargreaves, and J. McKendrick (1997), "In-store Music Affects Product Choice," *Nature*, 390 (6656), 132.

16 Brucks, Merrie and Andrew Mitchell (1982), "Knowledge Structures, Production Systems and Decision Strategies," in Kent B. Monroe, ed., *Advances in Consumer Research*, 8, Ann Arbor, Mich.: Association for Consumer Research, 750-757.

17 Alba, Joseph W. and Lynn Hasher (1983), "Is

Memory Schematic?," *Psychological Bulletin*, 93 (2), 203-231.

18 Leigh, Thomas W. and Arno J. Rethans (1983), "Experiences with Script Elicitation within Consumer Decision-Making Contexts," in R. P. Bagozzi and A. M. Tybout, eds., *ACR*, 10, Association for Consumer Research, 667-672.

19 Westen, Drew (2002), *Psychology*, John Wiley & Sons, Inc., p. 226.

20 Burke, Raymond and Thomas Srull (1988), "Competitive Interference and Consumer Memory for Advertising," *Journal of Consumer Research*, 15, June, 55-68; Keller, Kevin Lane (1987), "Memory Factors in Advertising Evaluations," *Journal of Consumer Research*, 14, December, 316-333.

21 Alba, Joseph and Amitava Chattopadhyay (1986), "Salience Effects in Brand Recall," *Journal of Marketing Research*, 23 (4), November, 363-369.

22 Lynch, John and Thomas Srull (1982), "Memory and Attentional Factors in Consumer Choice: Concepts and Research Methods," *Journal of Consumer Research*, 9 (2), June, 18-37.

23 *Ibid.*

24 Alba, Joseph W. and J. Wesley Hutchinson (1987), "Dimensions of Consumer Expertise," *Journal of Consumer Research*, 13 (4), March, 411-454.

25 Alba, Joseph W. and Amitava Chattopadhyay (1986), "Salience Effects in Brand Recall," *Journal of Marketing Research*, 23 (4), November, 363-369.

26 Alba, Joseph W., J. Wesley Hutchinson, and John G. Lynch, Jr. (1991), "Memory and Decision Making," in Thomas S. Robertson and Harold Kassarjian, eds., *Handbook of Consumer Behavior*, Prentice Hall, 1-49.

27 Keller, Kevin L. (1993), "Conceptualizing, Measuring, and Managing Customer-Based Brand Equity," *Journal of Marketing*, 57 (1), January, 1-22.

28 Schmitt, Bernd H., Nader T. Tavassoli, and Robert T. Millard (1993), "Memory for Print Ads: Understanding Relations Among Brand Name, Copy, and Picture," *Journal of Consumer Psychology*, 2(1), 55-81.

29 Keller, Kevin Lane (1987), "Memory Factors in Advertising: The Effect of Advertising Retrieval Cues on Brand Evaluations," *Journal of Consumer Research*, 14 (3), December, 316-333.

30 기분이 기억성과에 미치는 영향과 관련된 국내의 논문으로 다음의 논문이 있음; 이학식, 전용석 (2005), "광고 노출시점의 기분이 광고효과에 미치는 영향," 광고연구, 봄(66호), 165-186.

31 Alba and Hutchinson, *op. cit.*, 411-454.

32 이학식, 백형조 (2004), "광고메시지의 정보제시 방법의 차이에 따른 암묵적 및 명시적 기억성과," *마케팅연구*, 19 (4), 97-128; Schacter, Daniel L. (1987), "Implicit Memory: History and Current Status," *Journal of Experimental Psychology: Learning, Memory, and Cognition*, 13 (3), July, 501-518.

33 Yi, Youjae (1990), "The Effects of Contextual Priming in Print Advertisements," *Journal of Consumer Research*, 17 (2), 215-222.

제 8 장

1 Eagly, Alice H. and Shelly Chaiken (1993), *The Psychology of Attitudes*, Orlando, FL: Harcourt; Petty, Richard E., Rao Unnava, and Alan J. Strathman (1991), "Theories of Attitude Change," in *Handbook of Consumer Behavior*, ed. Thomas S. Robertson and Harold H. Kassarjian, Englewood Cliffs, NJ: Prentice-Hall, 241-280.

2 Jones, Christopher R. M. and Russell H. Fazio (2008), "Associative Strength and Consumer Choice Behavior," in *Handbook of Consumer Psychology*, ed. Curtis P. Haugtvedt, Paul M. Herr, and Frank R. Kardes, New York, NY: Lawrence Erlbaum, 437-459.

3 Katz, Daniel (1960), "The Functional Approach to the Study of Attitudes," *Public Opinion Quarterly*, 24 (2), 163-204.

4 태도 측정의 다양한 기법과 발전과정은 Eagly, Alice H. and Shelly Chaiken (2003), *The Psychology of Attitudes*, Orlando, FL: Harcourt의 제2장("The Measurement of Attitudes" by Samuel Himmelfarb, pp. 23-87) 참조.

5 Petty, Richard E., John T. Cacioppo, and David Schumann (1983), "Central and Peripheral Routes to Advertising Effectiveness: The Moderating Role of Involvement," *Journal of Consumer Research*, 10 (2), 135-146.

6 암묵적 태도 측정방법과 명시적 태도와의 차이점에 대한 구체적인 논의는 다음 논문을 참조: Fazio, Russell H. and Michael A. Olson (2003), "Implicit Measures in Social Cognition Research: Their Meaning and Use," *Annual Review of Psychology*, 54, 297-327.

7 Greenwald, Anthony G., Debbie G. McGhee, and Jordan L. K. Schwartz (1998), "Measuring Individual

Differences in Implicit Cognition: The Implicit Association Test," *Journal of Personality and Social Psychology*, 74 (6), 1464-1480.

8 *Ibid.*

9 Rydell, Robert J. and Allen R. McConnell (2006), "Understanding Implicit and Explicit Attitude Change: A Systems of Reasoning Analysis," *Journal of Personality and Social Psychology*, 91 (6), 995-1008.

10 Dempsey, Melanie A. and Andrew A. Mitchell (2010), "The Influence of Implicit Attitudes on Choice When Consumers Are Confronted with Conflicting Attribute Information," *Journal of Consumer Research*, 37 (4), 614-625.

11 Maison, Dominika and Norbert Maliszewski (2016), ""Worse but Ours," or "Better but Theirs?" - The Role of Implicit Consumer Ethnocentrism (ICE) in Product Preference," *Frontiers in Psychology*, 7, 1-16.

12 Naylor, Rebecca Walker, Rajagopal Raghunathan, and Suresh Ramanathan (2006), "Promotions Spontaneously Induce a Positive Evaluative Response," *Journal of Consumer Psychology*, 16 (3), 295-305.

13 Carney, Dana R., John T. Jost, Samuel D. Gosling, and Jeff Potter (2008), "The Secret Lives of Liberals and Conservatives: Personality Profiles, Interaction Styles, and the Things They Leave Behind," *Political Psychology*, 29 (6), 807-840.

14 이 내용은 제9장의 합리적 행동이론에서 설명한다.

15 Howe, Lauren C. and Jon A. Krosnick (2017), "Attitude Strength," *Annual Review of Psychology*, 68, 327-351. 태도 강도는 다차원 개념으로 이해되기도 하며, 관련된 개념으로 태도 중요도(importance), 태도 확신(certainty), 태도 접근가능성(accessibility) 등이 있다.

16 태도 강도와 태도 방향성은 독립된 개념이나, 두 개념 간의 연관성도 존재한다. 예를 들어, 매우 긍정적이거나 매우 부정적인 태도와 같이 극단성(extremity)이 높은 태도는 강도가 높은 경향이 있다: Krosnick, Jon A. and Richard E. Petty (1995), "Attitude Strength: An Overview," in *Attitude Strength: Antecedents and Consequences*, ed. Richard E. Petty and Jon A. Krosnick, Mahwah, NJ: Erlbaum, pp. 1-24.

17 Krosnick and Petty, *op. cit.*, pp. 1-24.

18 이학식, 김영 (1998), "태도-행동 관계에 대한 조정변수들의 역할: 대선 투표행동의 체계에서," *소비자학연구*, 9 (2), 37-64.

19 Wicker, Allan W. (1969), "Attitudes versus Actions: The Relationship of Verbal and Overt Behavioral Responses to Attitude Objects," *Journal of Social Issues*, 25 (4), 41-78.

20 Jaccard, James, G. William King, Richard Pomazal, "Attitudes and Behavior: An Analysis of Specificity of Attitudinal Predictors," *Human Relations*, 30 (9), 817-824.

21 Berger, Ida E. and Andrew A. Mitchell (1989), "The Effect of Advertising on Attitude Accessibility, Attitude Confidence, and the Attitude-Behavior Relationship," *Journal of Consumer Research*, 16 (3), 269-279.

22 Bassili, John N. (1993), "Response Latency versus Certainty as Indexes of the Strength of Voting Intentions in a CATI Survey," *Public Opinion Quarterly*, 57 (1), 54-61.

23 Festinger, Leon (1957), *A Theory of Cognitive Dissonance*, Stanford, CA: Stanford University Press. Leon Festinger 이후 인지부조화 이론의 전개 과정에 대한 전반적인 이해를 위해서는 다음을 참고할 수 있음: Aronson, Elliot (1992), "The Return of the Repressed: Dissonance Theory Makes a Comeback," *Psychological Inquiry*, 3 (4), 303-311: Cooper, Joel (2007), *Cognitive Dissonance: Fifty Years of a Classic Theory*, Thousand Oaks, CA: Sage.

24 Oshikawa, Sadaomi (1969), "Can Cognitive Dissonance Theory Explain Consumer Behavior?," *Journal of Marketing*, 33 (4), 44-49; Schewe, Charles D. (1973), "Selected Social Psychological Models for Analyzing Buyers," *Journal of Marketing*, 37 (3), 31-39.

25 Bem, Daryl J. (1972), "Self-Perception Theory," in *Advances in Experimental Social Psychology*, Vol. 6, ed. Leonard Berkowitz, New York, NY: Academic Press, 1-62.

26 Dutton, Donald G. and Arthur P. Aron (1974), "Some Evidence for Heightened Sexual Attraction Under Conditions of High Anxiety," *Journal of Personality and Social Psychology*, 30 (4), 510-517.

27 Freedman, Jonathan L. and Scott C. Fraser (1966), "Compliance Without Pressure: The Foot-in-the-Door Technique," *Journal of Personality and Social Psychology*, 4 (2), 195-202.

28 Dodson, Joe A., Alice M. Tybout, and Brian Sternthal (1978), "Impact of Deals and Deal Retraction on Brand Switching," *Journal of Marketing Research*, 15 (1), 72-81.

29 Mela, Carl F., Sunil Gupta, and Donald R. Lehmann

(1997), "The Long-Term Impact of Promotion and Advertising on Consumer Brand Choice," *Journal of Marketing Research*, 34 (2), 248-261.

30 Myers, David G. (2008), *Social Psychology*, New York, NY: McGraw-Hill.

제 9 장

1 Fishbein, Martin (1963), "An Investigation of the Relationships between Beliefs about an Object and the Attitude toward that Object," *Human Relations*, 16 (3), 233-239.

2 Fishbein 태도모델 외에도 다양한 다속성 태도모델이 개발되었다. 마케팅 분야의 Bass and Talazyk이 개발한 속성만족도-중요도 모델은 브랜드 태도를 '$A_o = \Sigma B_i I_i$'로 정의하였다. B_i는 브랜드의 속성 i에 대한 만족스러운 정도(−3=매우 불만족, 3=매우 만족), I_i는 속성의 중요도(0=전혀 중요하지 않음, 6=매우 중요함)를 의미한다: Bass, Frank M. and W. Wayne Talarzyk (1972), "An Attitude Model for the Study of Brand Preference," *Journal of Marketing Research*, 9 (1), 93-96.

3 Fishbein, Martin and Icek Ajzen (1975), *Belief, Attitude, Intention, and Behavior: An Introduction to Theory and Research*, Reading, MA: Addison-Wesley.

4 Ajzen, Icek (1991), "The Theory of Planned Behavior," *Organizational Behavior and Human Decision Processes*, 50 (2), 179-211.

5 Krugman, Herbert E. (1965), "The Impact of Television Advertising: Learning Without Involvement," *Public Opinion Quarterly*, 29 (3), 349-356.

6 Ray, Michael L., Alan G. Sawyer, Michael L. Rothschild, Roger M. Heeler, Edward C. Strong, and Jerome B. Reed (1973), "Marketing Communication and the Hierarchy of Effects," in *New Models for Mass Communication Research*, Vol. 2, ed. Peter Clarke, Beverly Hills, CA: Sage, 147-176.

7 Sweldens, Steven, Stijn M. J. van Osselaer, and Chris Janiszewski (2010), "Evaluative Conditioning Procedures and the Resilience of Conditioned Brand Attitudes," *Journal of Consumer Research*, 37 (3), 473-489.

8 Unkelbach, Christian and Fabia Högden (2019), "Why Does George Clooney Make Coffee Sexy?: The Case for Attribute Conditioning,"*Current Directions in Psychological Science*, 28 (6), 540-546.

9 Heider, Fritz (1958), *The Psychology of Interpersonal Relations*, Hoboken, NJ: John Wiley & Sons.

10 Osgood, Charles E. and Percy H. Tannenbaum (1955), "The Principle of Congruity in the Prediction of Attitude Change," *Psychological Review*, 62 (1), 42-55.

11 극단적인 태도는 잘 변하지 않는다는 점에서 태도강도(attitude strength)가 높은 경향이 있다: Krosnick, Jon A. and Richard E. Petty (1995), "Attitude Strength: An Overview," in *Attitude Strength: Antecedents and Consequences*, ed. Richard E. Petty and Jon A. Krosnick, Mahwah, NJ: Erlbaum, 1-24.

12 Sears, David O. and Carolyn L. Funk (1999), "Evidence of Long-Term Persistence of Adults' Political Predispositions," *Journal of Politics*, 61 (1), 1-28.

13 Mitchell, Andrew A. and Jerry C. Olson (1981), "Are Product Attribute Beliefs the Only Mediator of Advertising Effects on Brand Attitude?" *Journal of Marketing Research*, 18 (3), 318-332.

14 MacKenzie, Scott B., Richard J. Lutz, and George E. Belch (1986), "The Role of Attitude toward the Ad as a Mediator of Advertising Effectiveness: A Test of Competing Explanations," *Journal of Marketing Research*, 23 (2), 130-143.

15 Zajonc, Robert B. (1968), "Attitudinal Effects of Mere Exposure," *Journal of Personality and Social Psychology*, 9 (2, part 2), 1-27.

16 노출 대상을 인지하는 경우와 인지하지 못하는 경우를 비교한 연구에 따르면 단순노출 효과는 대상을 인지 못하는 경우에 더 큰 것으로 나타났다: Bornstein, Robert F. and Paul R. D'Agostino (1992), "Stimulus Recognition and the Mere Exposure Effect," *Journal of Personality and Social Psychology*, 63 (4), 545-552.

17 Mita, Theodore H., Marshall Dermer, and Jeffrey Knight (1977), "Reversed Facial Images and the Mere Exposure Hypothesis," *Journal of Personality and Social Psychology*, 35 (8), 597-601.

18 Fang, Xiang, Surendra Singh, and Rohini Ahluwalia (2007), "An Examination of Different Explanations for the Mere Exposure Effect," *Journal of Consumer Research*, 34 (1), 97-103.

19 정보의 처리용이성이 태도에 미치는 효과는 신념의 변화를 매개로 하지 않는다는 점에서 저관여 태도이론으로 분류될 수 있다. 저관여 태도이론 중 하나인 단순노출 효과도 친숙도에 의한 처리용이성으로 설명되기도 한다. 처리용이성은 태도뿐만 아니라 메시지의 진실성(truth) 지각, 사건의 발생빈도 지각 등에

도 영향을 미친다. 처리용이성에 영향을 미치는 요인과 다양한 처리용이성 효과에 대한 구체적인 논의는 다음의 논문을 참조: Alter, Adam L. and Daniel M. Oppenheimer (2009), "Uniting the Tribes of Fluency to Form a Metacognitive Nation," *Personality and Social Psychology Review*, 13 (3), 219-235; Schwarz, Nobert (2004), "Metacognitive Experiences in Consumer Judgment and Decision Making," *Journal of Consumer Psychology*, 14 (4), 332-348.

20 Loken, Barbara and James Ward (1990), "Alternative Approaches to Understanding the Determinants of Typicality," *Journal of Consumer Research*, 17 (2), 111-126.

21 King, Dan and Chris Janiszewski (2011), "The Sources and Consequences of the Fluent Processing of Numbers," *Journal of Marketing Research*, 48 (2), 327-341.

22 Coulter, Keith S. and Anne L. Roggeveen (2014), "Price Number Relationships and Deal Processing Fluency: The Effects of Approximation Sequences and Number Multiples," *Journal of Marketing Research*, 51 (1), 69-82.

23 Alter, Adam L. and Daniel M. Oppenheimer (2006), "Predicting Short-Term Stock Fluctuations by Using Processing Fluency," *Proceedings of the National Academy of Sciences*, 103, 9369-9372.

24 Novemsky, Nathan, Ravi Dhar, Norbert Schwarz, and Itamar Simonson (2007), "Preference Fluency in Choice," *Journal of Marketing Research*, 44 (3), 347-356.

25 Chae, Boyoun (Grace) and JoAndrea Hoegg (2013), "The Future Looks "Right": Effects of the Horizontal Location of Advertising Images on Product Attitude," *Journal of Consumer Research*, 40 (2), 223-238.

26 Petty, Richard E. and John T. Cacioppo (1981), *Attitudes and Persuasion: Classic and Contemporary Approaches*, New York, NY: Routledge.

27 관여도에 따라 다른 유형의 태도형성 경로를 설명하는 이론을 이중처리 모델(dual process model)이라 하며 정교화가능성 모델이 대표적이다. 이 외에도 유사한 휴리스틱/체계적 모델(heuristic/systematic model)이 있으며, 휴리스틱 처리는 주변경로, 체계적 처리는 중심경로에 해당한다: Chaiken, Shelly (1980), "Heuristic versus Systematic Information Processing and the Use of Source versus Message Cues in Persuasion," *Journal of Personality and Social Psychology*, 39 (5), 752-766.

28 Petty, Richard E., John T. Cacioppo, and David Schumann (1983), "Central and Peripheral Routes to Advertising Effectiveness: The Moderating Role of Involvement," *Journal of Consumer Research*, 10 (2), 135-146.

29 Greenwald, Anthony G. (1968), "Cognitive Learning, Cognitive Response to Persuasion, and Attitude Change," in *Psychological Foundations of Attitudes*, ed. A. G. Greenwald, T. C. Brock, and T. M. Ostrom, New York, NY: Academic Press, 147-170; Wright, Peter L. (1973), "The Cognitive Processes Mediating Acceptance of Advertising," *Journal of Marketing Research*, 10 (1), 53-62.

30 Lautman, Martin R. and Larry Percy (1984), "Cognitive and Affective Responses in Attribute-Based Versus End-Benefit Oriented Advertising," in *Advances in Consumer Research*, Vol. 11, ed. Thomas C. Kinnear, Provo, UT: Association for Consumer Research, 11-17.

31 Batra, Rajeev and Michael L. Ray (1986), "Affective Responses Mediating Acceptance of Advertising," *Journal of Consumer Research*, 13 (2) 234-249; Holbrook, Morris B. and Rajeev Batra (1987), "Assessing the Role of Emotions as Mediators of Consumer Responses to Advertising," *Journal of Consumer Research*, 14 (3), 404-420.

32 이학식 (1991), "정서적 반응이 광고효과에 미치는 영향: 제품소비경험과 관여도의 조정적 역할," *경영학연구*, 21 (1), 345-367.

33 Sherif, Muzafer and Carl I. Hovland (1991), *Social Judgment: Assimilation and Contrast Effects in Communication and Attitude Change*, Oxford, England: Yale University Press.

34 Campbell, Margaret C. and Amna Kirmani (2008), "I Know What You're Doing and Why You're Doing It: The Use of Persuasion Knowledge Model in Consumer Research," in *Handbook of Consumer Psychology*, ed. Curtis P. Haugtvedt, Paul M. Herr, and Frank R. Kardes, New York, NY: Lawrence Erlbaum, 549-573.; Friestad, Marian and Peter Wright (1994), "The Persuasion Knowledge Model: How People Cope with Persuasion Attempts," *Journal of Consumer Research*, 21 (1), 1-31.

35 Campbell and Kirmani, *op. cit.*, pp. 549-573.

36 Hardesty, David M., William O. Bearden, and Jay P. Carlson (2007), "Persuasion Knowledge and Consumer Reactions to Pricing Tactics," *Journal of Retailing*, 83 (2), 199-210.

제10장

1 인지적 학습에 대한 전반적 검토를 위해서는 Hutchinson, Wesley and Eric M. Eisenstein (2008), "Consumer Learning and Expertise," in C. P. Haugtvedt, P. M. Herr, and F. R. Kardes (eds.), *Handbook of Consumer Psychology*, Taylor and Francis, Chapter 4, pp. 103-131을 참조할 것.

2 Hoch, Stephen J. and Young-Won Ha (1986), "Consumer Learning: Advertising and the Ambiguity of Product Experience," *Journal of Consumer Research,* 13, 221-233.

3 Hoch, Stephen J. and John Deighton (1989), "Managing What Consumers Learn from Experience," *Journal of Marketing,* 53 (2), 1-20.

4 '확인의 편향'(confirmation bias)에 관해서는 Klayman, Joshua and Young-Won Ha (1987), "Confirmation, Disconfirmation, and Information in Hypothesis-Testing," *Psychological Review* 94 (2), 211-228; Klayman, Joshua (1995), "Varieties of Confirmation Bias," in J. Busemeyer, R. Hastie, & D. L. Medin (eds.), *Decision Making from a Cognitive Perspective*, New York: Academic Press, pp. 365-418; 하영원 (2023), *결정하는 뇌*, 21세기북스, 제6장; 하영원 (2019), "확인편향: 굳어진 믿음으로 잘못된 의사결정-'내가 틀렸을 수도' 의심하고 또 의심하라," *동아비즈니스리뷰*, October (1), 69-78을 참조할 것.

5 Chernev, Alexander (2001), "The Impact of Common Features on Consumer Preferences: A Case of Confirmatory Reasoning," *Journal of Consumer Research,* 27 (March), 475-488.

6 Cinelli, Matteo, Gianmarco De Francisci Morales, Alessandro Galeazzi, Walter Quattrociocchi, and Michele Starnini (2021), "The Echo Chamber Effect on Social Media," *Proceedings of National Academy of Sciences (PNAS),* 118 (9), https://doi.org/10.1073/pnas.2023301118.

7 Alba, Joseph W. and J. Wesley Hutchinson (1987), "Dimensions of Consumer Expertise," *Journal of Consumer Research,* 13 (March), 411-454.

8 Johnson, Eric J. and J. Edward Russo (1984), "Product Familiarity and Learning New Information," *Journal of Consumer Research,* 11 (June), 542-550.

9 Simon, Herbert A. (1967), "Motivational and Emotional Controls of Cognition," *Psychological Review,* 74 (1), 29-39.

10 Gürhan-Canli, Zeynep and Durairaj Maheswaran (1998), "The Effects of Extensions on Brand Name Dilution and Enhancement," *Journal of Marketing Research,* 35 (November), 464-473.

11 Hoch and Ha, *op. cit.*, pp. 221-233.

12 본 장에서 애매모호성(ambiguity)의 개념은 Hoch and Ha(1986)를 따라 소비자에게 주어진 자극에 대한 해석의 다양성(potential for multiple interpretations)으로 정의한다.

13 Lee, Leonard, Shane Frederick, and Dan Ariely (2006), "Try It, You'll Like It: The Influence of Expectation, Consumption, and Revelation on Preferences for Beer," *Psychological Science,* 17 (12), 1054-1058.

14 Hoch and Deighton, *op. cit.*, pp. 1-20.

15 Hoch and Deighton, *op. cit.,* pp. 13-15; 안희경, 하영원 (2001), "기업브랜드 스테레오타입에 일치하지 않는 정보가 스테레오타입의 변화에 미치는 영향," *마케팅연구*, 16 (1), 109-134.

16 Zajonc, Robert B. (1980), "Feeling and Thinking: Preferences Need No Inferences," *American Psychologist,* 35 (February), 151-175; Robert Zajonc의 단순노출이론을 광고반복효과의 설명을 위해 사용한 예로는 Nordhielm, Christie L. (2002), "The Influence of Level of Processing on Advertising Repetition Effects," *Journal of Consumer Research,* 29 (3), 371-382를 참조할 것.

17 고전적 조건화는 반응자 조건화(respondent conditioning)라고도 일컬어진다.

18 Gorn, Gerald J. (1982), "The Effects of Music in Advertising on Choice Behavior: A Classical Conditioning Approach," *Journal of Marketing*, 46 (Winter), 94-101.

19 Kellaris, James J. and Anthony D. Cox (1989), "The Effects of Background Music in Advertising: A Reassessment," *Journal of Consumer Research,* 16 (June), 113-118.

20 McSweeney, Frances K. and Calvin Bierley (1984), "Recent Developments in Classical Conditioning," *Journal of Consumer Research*, 11 (September), 619-631; Olson, M. A. and R. H. Fazio (2001), "Implicit Attitude Formation through Classical Conditioning," *Psychological Science*, 12 (5), 413-417.

21 Van Osselaer, Stijn M. J. and Joseph W. Alba (2000), "Consumer Learning and Brand Equity," *Journal of Consumer Research,* 27 (1), 1-16.

22 Assael, Henry (2004), *Consumer Behavior,* Boston, MA: Houghton Mifflin, p. 63; Dickinson, Anthony (2015), "Instrumental Conditioning," in I. P. Stolerman and L. H. Price (eds.), *Encyclopedia of Psychopharmacology,* Springer, Berlin.

23 Deslauriers, B. C. and P. B. Everett (1977), "The Effects of Intermittent and Continuous Token Reinforcement on Bus Ridership," *Journal of Applied Psychology*, 62 (4), 369-375.

24 대리학습에 대한 전반적 검토를 위해서는 Rothschild, Michael L. and William C. Gaidis (1981), "Behavioral Learning Theory: Its Relevance to Marketing and Promotions," *Journal of Marketing*, 45 (2), 70-78을 참조할 것.

25 Bandura, Albert (1969), *Principles of Behavior Modification*, New York: Holt, Rinehart and Winston, p. 120.

26 Peter, J. Paul and Jerry C. Olson (1987), *Consumer Behavior: Marketing Strategy Perspectives*, Irwin, pp. 333-336.

27 Peter and Olson, *op. cit.*, pp. 336-340.

제11장

1 Caspi, Avshalom and Brent W. Roberts (2001), "Personality Development Across the Life Course: The Argument for Change and Continuity," *Psychological Inquiry*, 12 (2), 49-66.

2 Haire, Mason (1950), "Projective Techniques in Marketing Research," *Journal of Marketing*, 14 (5), 649-656.

3 Webster, Frederick E., Jr. and Frederick von Pechmann (1970), "A Replication of the "Shopping List" Study," *Journal of Marketing*, 34 (2), 61-63.

4 Horney, Karen B. (1945), *Our Inner Conflicts: A Constructive Theory of Neurosis*, New York, NY: Norton.

5 Cohen, Joel B. (1967), "An Interpersonal Orientation to the Study of Consumer Behavior," *Journal of Marketing Research*, 4 (3), 270-278.

6 Engel, James F., Roger D. Blackwell, and Paul W. Miniard (1990), *Consumer Behavior*, 6th edition.

7 McCrae, Robert R. and Paul T. Costa, Jr. (1997), "Personality Trait Structure as a Human Universal," *American Psychologist*, 52 (5), 509-516.

8 Young, Shirley (1972), "The Dynamics of Measuring Unchange," in *Attitude Research in Transition*, ed. Russell I. Haley, Chicago, IL: American Marketing Association, p. 62.

9 Evans, F. B. (1959), "Psychological and Objective Factors in the Prediction of Brand Choice: Ford Versus Chevrolet," *Journal of Business*, 32 (4), 340-369.

10 Aaker, Jennifer L. (1998), "Dimensions of Brand Personality," *Journal of Marketing Research*, 34 (3), 347-356; 김정구 (1998), "브랜드 개성을 통한 광고전략 연구," *광고학연구*, 9 (1), 37-52.

11 Malhotra, Naresh K. (1988), "Self-Concept and Product Choice: An Integrated Perspective," *Journal of Economic Psychology*, 9 (1), 1-28.

12 Assael, Henry (1987), *Consumer Behavior and Marketing Action*, 3rd edition, p. 284.

13 Agrawal, Nidhi and Durairaj Maheswaran (2005), "The Effects of Self-Construal and Commitment on Persuasion," *Journal of Consumer Research*, 31 (4), 841-849.

14 Cacioppo, John T. and Richard E. Petty (1982), "The Need for Cognition," *Journal of Personality and Social Psychology*, 42 (1), 116-131.

15 Haugtvedt, Curt, Richard E. Petty, John T. Cacioppo, and Theresa Steidley (1988), "Personality and Ad Effectiveness: Exploring the Utility of Need for Cognition," in *Advances in Consumer Research*, Vol. 16, Provo, Utah: Association for Consumer Research.

16 Inman, J. Jeffrey, Leigh McAlister, and Wayne D. Hoyer (1990), "Promotion Signal: Proxy for a Price Cut?" *Journal of Consumer Research*, 17 (1), 74-81.

17 Higgins, E. Tory (1997), "Beyond Pleasure and Pain," *American Psychologist*, 52 (12), 1280-1300.

18 개인특성 변수로서의 조절초점 측정도구는 다음 문헌을 참조: Haws, Kelly L., Utpal M. Dholakia, and William O. Bearden (2010), "An Assessment of Chronic Regulatory Focus Measures," *Journal of Marketing Research*, 47 (5), 967-982.; 정언용, 윤태섭, 여준상 (2013), "소비자와 브랜드간 조절초점의 일치성이 신제품 평가에 미치는 영향," *한국심리학회지: 소비자·광고*, 14 (1), 111-127.

19 Ryu, Gangseog, Kwanho Suk, Song-Oh Yoon, and Jongchul Park (2014), "The Underlying Mechanism of Self-Regulatory Focus Impact on Compromise Choice," *Journal of Business Research*, 67 (10), 2056-2063.

20 Motyka, Scott, Dhruv Grewal, Nancy M. Puccinelli, Anne L. Roggeveen, Tamar Avnet, Ahmad Daryanto, Ko de Ruyter, and Martin Wetzels (2014), "Regulatory Fit: A Meta-Analytic Synthesis," *Journal of Consumer Psychology*, 24 (3), 394-410.

21 Haws, Kelly L., William O. Bearden, and Utpal M. Dholakia (2012), "Situational and Trait Interactions

among Goal Orientations," *Marketing Letters*, 23 (1), 47-60.

22 경제학에서 위험추구(회피) 성향은 효용함수(utility function)를 규정하는 중요한 개념이며 주로 게임이나 투자대안에 대한 선호를 통해 측정된다. 본서는 자기 보고법으로 측정한 개인특성으로서의 위험태도를 중심으로 설명한다.

23 Weber, Elke U., Ann-Renée Blais, and Nancy E. Betz (2002), "A Domain-Specific Risk-Attitude Scale: Measuring Risk Perceptions and Risk Behaviors," *Journal of Behavioral Decision Making*, 15 (4), 263-290.

24 Weber, Elke U. and Richard A. Milliman (1997), "Perceived Risk Attitudes: Relating Risk Perception to Risky Choice," *Management Science*, 43 (2), 124-144.

25 석관호, 윤성아, 구지은 (2012), "소비자의 심리적 특성이 EDLP상점과 HiLo상점 선택에 미치는 영향: 조절초점과 위험추구 성향을 중심으로," *마케팅연구*, 27 (1), 67-84.

26 Snyder, C. R. and Howard L. Fromkin (1977), "Abnormality as a Positive Characteristic: The Development and Validation of a Scale Measuring Need for Uniqueness," *Journal of Abnormal Psychology*, 86 (5), 518-527.

27 독특성욕구 측정도구는 다음 문헌을 참조: Tian, Kelly Tepper, William O. Bearden, and Gary L. Hunter (2001), "Consumers' Need for Uniqueness: Scale Development and Validation," *Journal of Consumer Research*, 28 (1), 50-66.; 김완석, 유연재 (2003), "한국판 소비자 독특성 욕구척도(K-CNFU): 척도개발과 타당화," *한국심리학회지: 소비자·광고*, 4 (1), 79-101.

28 Tian, Bearden, and Hunter, *op. cit.*, pp. 50-66.

29 Berger, Jonah and Chip Heath (2007), "Where Consumers Diverge from Others: Identity Signaling and Product Domains," *Journal of Consumer Research*, 34 (2), 121-134.

30 Snyder, Mark (1974),"Self-Monitoring of Expressive Behavior," *Journal of Personality and Social Psychology*, 30 (4), 526-537.

31 Snyder, Mark and Kenneth G. DeBono (1985), "Appeals to Image and Claims about Quality: Understanding the Psychology of Advertising," *Journal of Personality and Social Psychology*, 49 (9), 586-597.

32 Lennox, Richard D. and Raymond N. Wolfe (1984), "Revision of the Self-Monitoring Scale," *Journal of Personality and Social Psychology*, 46 (6), 1349-1364.

33 Bearden, William O. and Randall L. Rose (1990), "Attention to Social Comparison Information: An Individual Difference Factor Affecting Consumer Conformity," *Journal of Consumer Research*, 16 (4), 461-471.

34 Eastman, Jacqueline K., Ronald E. Goldsmith, and Leisa Reinecke Flynn (1999), "Status Consumption in Consumer Behavior: Scale Development and Validation," *Journal of Marketing Theory and Practice*, 7 (3), 41-52.

35 Han, Young Jee, Joseph C. Nunes, and Xavier Drèze (2010), "Signaling Status with Luxury Goods: The Role of Brand Prominence," *Journal of Marketing*, 74 (4), 15-30.

36 Jost, John T. (2006), "The End of the End of Ideology," *American Psychologist*, 61 (7), 651-670.

37 Jost, John T. (2017), "The Marketplace of Ideology: "Elective Affinities" in Political Psychology and their Implications for Consumer Behavior," *Journal of Consumer Psychology*, 27 (4), 502-520.

38 Jost, John T. (2017), "Ideological Symmetry and the Essence of Political Psychology," *Political Psychology*, 38 (2), 167-208.

39 Khan, Romana, Kanishka Misra, and Vishal Singh (2013), "Ideology and Brand Consumption," *Psychological Science*, 24 (3), 326-333.

40 석관호, 구지은 (2012), "소비자 구매행동은 혈액형과 연관이 있는가?" *소비자학연구*, 23 (2), 107-134.

41 Myers, Isabel Briggs and Mary H. McCaulley (1988), *Myers–Briggs Type Indicator: MBTI*, Palo Alto, CA: Consulting Psychologist Press.

42 석관호, 이미라, 주소현, 차경욱, 추호정 (2023), "대학생 소비자의 MBTI 유형과 소비자행동의 연관성에 관한 연구: 구매행동 특성, 소셜네트워크 서비스(SNS) 이용동기, 소비자 라이프스타일을 중심으로," *소비문화연구*, 26 (4), 1-33.

43 Rokeach, Milton J. (1968), *Beliefs, Attitudes, and Values*, San Francisco, CA: Jossey Bass.

44 Gutman, Jonathan (1982), "A Means-End Chain Model Based on Consumer Categorization Processes," *Journal of Marketing*, 46 (2), 60-72.

45 Rokeach, Milton (1973), *The Nature of Human Values*, New York, NY: Free Press.

46 Scott, Jerome E. and Lawrence M. Lamont (1974), "Relating Consumer Values to Consumer Behavior: A Model and Method for Investigation,"

in *Combined Proceedings*, ed. Thomas V. Greer, Chicago, IL: American Marketing Association, 283-288.

47 Becker, Boris W. and Patrick E. Connor (1982), "The Influence of Personal Values on Attitude and Store Choice Behavior," in *An Assessment of Marketing Thought and Practice*, ed. Bruce J. Walker et al., Chicago, IL: American Marketing Association, 21-24.

48 VALS 웹사이트(http://www.strategicbusinessinsights.com/vals/presurvey.shtml)에서 자신이 어느 세분시장에 속하는지 알아볼 수 있다. 42개 질문에 대한 응답을 마치면 웹사이트는 응답자의 세분시장 유형과 해당 유형의 일반적인 특성을 알려준다.

49 Yankelovich, Daniel and David Meer (2006), "Rediscovering Market Segmentation," *Harvard Business Review*, 84 (2), 1-10.

50 가치와 라이프스타일의 측정도구로서 널리 사용되는 것으로 VALS가 있는데, 이는 본 장의 '가치'에서 설명되었다.

51 Reynolds, Fred and William Darden (1974), "Construing Life Style and Psychographics," in *Life Style and Psychographics*, ed. William D. Wells, Chicago, IL: American Marketing Association, p. 87.

52 Hawkins, Del I., Roger J. Best, and Kenneth A. Coney (1988), *Consumer Behavior*, 7th edition, McGraw-Hill, p. 435.

53 Settle, Robert B. and Pamela L. Alreck (1986), *Why They Buy: American Cosumers Inside and Out*, Wiley, pp. 146-148; Hans-Georg Hausel, *Brain View*, 배진아 역, *뇌, 욕망의 비밀을 풀다*, 흐름출판, pp. 161-192; 전선규, 이학식, 최영진 (2007),"소비자 만족판단과정에서 성별효과: 제품성과가 만족도에 미치는 영향을 중심으로," *마케팅연구*, 22 (3), 135-157.

54 석관호 등 (2023), *op. cit.*

55 Mehrotra, Sunil and William D. Wells (1977), "Psychographics and Buyer Behavior: Theory and Recent Empirical Findings," in *Consumer and Industrial Buying Behavior*, ed. Arch G. Woodside, Jagdish N. Sheth, and Peter D. Bennett, New York, NY: Elsevier, 49-65.

56 Tigert, Douglas J. (1974), "Life Style Analysis as a Basis for Media Selection," in *Life Style and Psychographics*, ed. William D. Wells, Chicago, IL: American Marketing Association, p. 179.

57 Plummer, Joseph T. (1971), "Life Style and Advertising: Case Studies," in *Combined Proceedings*, ed. Fred C. Allvine, Chicago, IL: American Marketing Association, p. 246.

제12장

1 Tylor, Edward Burnett (1871), *Primitive Culture: Researches into the Development of Mythology, Philosophy, Religion, Art and Custom*, Vol. 2. J. Murray.

2 Linton, Ralph (1981), "The Concept of Culture," in Harold H. Kassarjian and Thomas S. Robertson, *Perspectives in Consumer Behavior*, Illinois: Scott Foresman and Company.

3 Schiffman, Leon G. and Leslie Lazar Kanuk (1991), *Consumer Behavior*, Bruxelles: Prentice-Hall International.

4 Rook, Dennis W. (1985), "The Ritual Dimension of Consumer Behavior," *Journal of Consumer Research*, 12 (3), 251-264.

5 Belk, Russell W, Melanie Wallendorf, and John F. Sherry, Jr. (1989), "The Sacred and the Profane in Consumer Behavior: Theodicy on the Odyssey," *Journal of Consumer Research*, 16 (1), 1-38.

6 Triandis, Harry C. (1995), *Individualism and Collectivism*, Westview Press.

7 Hall, Edward (1976), *Beyond Culture*, NY: Anchor Press/Doubleday; Richard E. Nisbett, *The Geography of Thought, 생각의 지도*, 최인철 역 (2004). 김영사, pp. 53-55.

8 Markus, Hazel R. and S. Kitayama (1991), "Culture and the Self: Implications for Cognition, Emotion, and Motivation," *Psychological Review*, 98(2), 224-253; Halvorson, Heidi G. and E. Tory Higgins (2013), *FOCUS*, A Plume Book, pp. 120-123.

9 Loudon, David and Albert J. Della Bitta (1988), *Consumer Behavior*, 3rd ed., McGraw-Hill, pp. 236-241.

10 Coleman, R. P. (1983), "The Continuing Significance of Social Class to Marketing," *Journal of Consumer Research*, 10 (3), 265-280.

11 Loudon, David L. and A. J. Della Bitta, *Consumer Behavior*, 3rd ed., pp. 243-245.

12 이학식, 이희정 (1991), "가족 구매의사결정에 있어서 자녀의 영향력에 관한 연구," *소비자학연구*, 2 (1), 1-12.

제13장

1 Venkatesan, Morreale (1966), "Experimental Study of Consumer Behavior Conformity and Independence," *Journal of Marketing Research*,

3 (4), 384-387.

2 French, John R. and Bertram Raven (1959), "The Bases of Social Power," in D. Cartwright, ed., *Studies in Social Power*, Ann Arbor, Mich.: Institute for Social Research, 150-167.

3 Park, C. Whan, and V. Parker Lessig (1977), "Students and Housewives: Differences in Susceptibility to Reference Group Influence," *Journal of Consumer Research*, 4 (2), 102-110.

4 Miniard, Paul W. and Joel B. Cohen (1983), "Modeling Personal and Normative Influences on Behavior," *Journal of Consumer Research*, 10 (2), 169-180.

5 Bourne, Francis, S. (1957), "Group Influence in Marketing and Public Relations," *Some Applications of Behavioral Research*, pp. 208-224.

6 Bearden, William O. and Michael J. Etzel (1982), "Reference Group Influence on Product and Brand Purchase Decisions," *Journal of Consumer Research*, 9 (2), 183-194.

7 Herr, Paul M., Frank R. Kardes, and John Kim (1991), "Effects of Word-of-Mouth and Product-Attribute Information on Persuasion: An Accessibility-Diagnosticity Perspective," *Journal of Consumer Research*, 17 (4), 454-462.

8 Herr, Kardes, and Kim, *op. cit.*, 454-462.

9 Arndt, Johan (1967), "Role of Product-Related Conversations in the Diffusion of a New Product," *Journal of Marketing Research*, 4 (3), 291-295.

10 King, Charles W. and John O. Summers (1970), "Overlap of Opinion Leadership across Consumer Product Categories," *Journal of Marketing Research*, 7 (1), 43-50.

11 Reynolds, Fred D. and William R. Darden (1971), "Mutually Adaptive Effects of Interpersonal Communication," *Journal of Marketing Research*, 8 (4), 449-454.

12 Rogers, Everett M. (1962), *Diffusion of Innovations*, New York: Free Press, p. 241.

13 Summers, John O. (1970), "The Identity of Women's Clothing Fashion Opinion Leaders," *Journal of Marketing Research*, 7 (2), 178-185.

14 Feick, Lawrence F. and Linda L. Price (1987), "The Market Maven: A Diffuser of Marketplace Information," *Journal of Marketing*, 51 (1), 83-97.

15 Solomon, Michael R. (1986), "The Missing Link: Surrogate Consumers in the Marketing Chain," *Journal of Marketing*, 50 (4), 208-218.

16 이승윤 (2019), 인플루언서 활용법, *DBR*, 272, May, pp. 34-35.

17 로젠, 엠마뉴엘 (2009), *버즈-입소문으로 팔아라*, 해냄, pp. 97-99.

18 Rogers, Everett M. (1983), *Diffusion of Innovation*, 3rd ed., p. 347.

19 Sheth, Jagdish N. (1974), "A Theory of Family Buying Decisions," in Jagdish N. Sheth, ed., *Models of Buyer Behavior*, New York: Harper & Row, pp. 17-33.

20 Ward, Scott (1974), "Consumer Socialization," *Journal of Consumer Research*, 1 (2), 1-14.

21 Moschis, George P. (1985), "The Role of Family Communication in Consumer Socialization of Children and Adolescents," *Journal of Consumer Research*, 11 (4), 898-913.

22 Assael, Henry (1995), *Consumer Behavior and Marketing Action*, 5th ed., South-Western, pp. 579-580.

23 Ward, Scott and Daniel B. Wackman (1972), "Children's Purchase Influence Attempts and Parental Yielding," *Journal of Marketing Research*, 9 (3), 316-319.

24 *Ibid.*

25 통계청, 2022.

26 통계청, 2022.

제14장

1 Park, C. Whan, Bernard J. Jaworski, and Deborah J. MacInnis (1986), "Strategic Brand Concept-Image Management," *Journal of Marketing*, 50 (4), 135-145.

2 Veblen, Thorstein (1899), *The Theory of the Leisure Class*, New York, NY: Macmillan.

3 쾌락적 욕구는 경험적 욕구(experiential needs)라고도 불린다: Park, Jaworski, and MacInnis, *op. cit.*, 135-145.

4 Huizinga, Johan (1955), *Homo Ludens: A Study of the Play-Element in Culture*, Boston, MA: Beacon Press.

5 Keller, Kevin Lane (1993), "Conceptualizing, Measuring, and Managing Customer-Based Brand Equity," *Journal of Marketing*, 57 (1), 1-22.

6 Kirmani, Amna and Valarie Zeithaml (1993), "Advertising, Perceived Quality, and Brand Image," in *Brand Equity and Advertising: Advertising's Role in Building Strong Brands*, ed. David A. Aaker and

Alexander L. Biel, New York, NY: Psychology Press, 143-161.

7 기존의 성공적인 브랜드명을 동일한 제품군에 사용하는 전략은 라인확장(line extension)이라 부른다. 코카콜라 브랜드를 코카콜라 제로로 확장하는 것이 그 예이다.

8 Aaker, David A. and Kevin Lane Keller (1990), "Consumer Evaluations of Brand Extensions," *Journal of Marketing*, 54 (1), 27-41.

9 Park, C. Whan, Sandra Milberg, and Robert Lawson (1991), "Evaluation of Brand Extensions: The Role of Product Level Similarity and Brand Concept Consistency," *Journal of Consumer Research*, 18 (2), 185-193.

10 Aaker, Jennifer L. (1997), "Dimensions of Brand Personality," *Journal of Marketing Research*, 34 (3), 347-356.

11 Blackstone, Max (1993), "Beyond Brand Personality: Building Brand Relationship," in *Brand Equity and Advertising: Advertising's Role in Building Strong Brands*, ed. David A. Aaker and Alexander L. Biel, New York, NY: Psychology Press, 113-124.

12 Fournier, Susan (1998), "Consumers and Their Brands: Developing Relationship Theory in Consumer Research," *Journal of Consumer Research*, 24 (4), 343-373.

13 Thaler, Richard (1985), "Mental Accounting and Consumer Choice," *Marketing Science*, 4 (3), 199-214.

14 안광호, 임병훈 (2000), "소비자 패널자료를 통해 살펴본 비내구 소비재의 브랜드선택행동에 있어 준거가격의 영향에 관한 기술적 연구," *마케팅연구*, 15 (2), 37-46; 이학식, 원호연 (1995), "소비자 준거가격과 시장가격의 차이가 선택확률에 미치는 영향," *마케팅연구*, 10 (1), 19-31.

15 Mazumdar, Tridib, S. P. Raj, and Indrajit Sinha (2005), "Reference Price Research: Review and Propositions," *Journal of Marketing*, 69 (4), 84-102.

16 *Ibid*.

17 Kalwani, Manohar U. and Chi Kin Yim (1992), "Consumer Price and Promotion Expectations: An Experimental Study," *Journal of Marketing Research*, 29 (1), 90-100.

18 Meyhew, Glenn E. and Russell S. Winer (1992), "An Empirical Analysis of Internal and External Reference Prices Using Scanner Data," *Journal of Consumer Research*, 19 (1), 62-70.

19 Urbany, Joel E., William O. Bearden, and Dan C. Weilbaker (1988), "The Effects of Plausible and Exaggerated Reference Prices on Consumer Perceptions and Price Search," *Journal of Consumer Research*, 15 (1), 95-110.

20 Suk, Kwanho, Song-Oh Yoon, Donald R. Lichtenstein, and Sie Yeoun Song (2010), "The Effect of Reference Point Diagnosticity on Attractiveness and Intentions Ratings," *Journal of Marketing Research*, 47 (5), 983-995.

21 Schindler, Robert M. and Thomas M. Kibarian (1996), "Increased Consumer Sales Response through Use of 99-Ending Prices," *Journal of Retailing*, 72 (2), 187-199.

22 Thomas, Manoj and Vicki Morwitz (2005), "Penny Wise and Pound Foolish: The Left-Digit Effect in Price Cognition," *Journal of Consumer Research*, 32 (1), 54-64.

23 Nguyen, Adam, Roger M. Heeler, and Zinaida Taran (2007), "High-Low Context Cultures and Price-Ending Practices," *Journal of Product & Brand Management*, 16 (3), 206-214.

24 Thomas, Manoj, Daniel H. Simon, and Vrinda Kadiyali (2010), "The Price Precision Effect: Evidence from Laboratory and Market Data," *Marketing Science*, 29 (1), 175-190.

25 *Ibid*.

26 Schindler, Robert M. (1991), "Symbolic Meanings of a Price Ending," in *Advances in Consumer Research*, Vol. 18, ed. R. H. Holman and M. R. Solomon, Provo, UT: Association for Consumer Research, 794-801.

27 Schindler, Robert M. and Patrick N. Kirby (1997), "Patterns of Rightmost Digits Used in Advertised Prices: Implications for Nine-Ending Effects," *Journal of Consumer Research*, 24 (2), 192-201.

28 Raghubir, Priya and Joydeep Srivastava (2002), "Effect of Face Value on Product Valuation in Foreign Currencies," *Journal of Consumer Research*, 29 (3), 335-347.

29 Gamble, Amelie, Tommy Gärling, John Charlton, and Rob Ranyard (2002), "Euro-Illusion: Psychological Insights into Price Evaluations with a Unitary Currency," *European Psychologist*, 7 (4), 302-311.

30 송시연, 손영석, 나경수 (2018), "화폐 단위절하(redenomination) 가격표시는 늘 좋은 것일까?: 제품컨셉유형 및 가격 폰트크기의 조절효과," *마케팅관리연구*, 23 (3), 27-43.

31 석관호 (2016), *가격의 심리학*, 한국문화사.

32 Rao, Akshay R. and Kent B. Monroe (1988), "The Moderating Effect of Prior Knowledge on Cue Utilization in Product Evaluation," *Journal of Consumer Research*, 15 (2), 253-264.

33 Zeithaml, Valarie A. (1988), "Consumer Perceptions of Price, Quality, and Value: A Means-End Model and Synthesis of Evidence," *Journal of Marketing*, 52 (3), 2-22.

34 Tellis, Gerard and Birger Wernerfelt (1987), "Competitive Price and Quality Under Asymmetric Information," *Marketing Science*, 6 (3), 240-253.

35 김용준 (1993), "비싼 제품이 과연 좋은가? 객관적 품질과 가격의 상관관계분석," *소비자학연구*, 4 (1), 3-21; 김용준, 김유진 (1999), "객관적 품질과 가격의 상관관계 연구: 1994-1998년도의 한국시장을 대상으로," *소비자학연구*, 10 (3), 85-100; 박현숙, 곽원섭 (2003), "소비자의 가격·품질 지각에 관한 연구," *한국심리학회지: 소비자·광고*, 4 (2), 1-21; 이기춘, 송인숙 (1988), "소비자 제품의 비교 테스트 정보분석에 의한 가격과 품질의 상관관계 연구," *한국가정관리학회지*, 53-65.

36 Mitra, Debanjan and Peter N. Golder (2006), "How Does Objective Quality Affect Perceived Quality? Short-Term Effects, Long-Term Effects, and Asymmetry," *Marketing Science*, 25 (3), 230-247.

37 Monroe, Kent B. (1973), "Buyers' Subjective Perceptions of Price," *Journal of Marketing Research*, 10 (1), 70-80.

38 최고수용가능 가격은 유보가격(reservation price) 혹은 최대 지불용의가격(willingness to pay: WTP)으로도 불린다.

39 *매일경제* (2010.07.07.), "흡연자들, '담배값 8,500원 정도 돼야 금연할 것'".

40 Ofir, Chezy (2004), "Reexamining Latitude of Price Acceptability and Price Thresholds: Predicting Basic Consumer Reaction to Price," *Journal of Consumer Research*, 30 (4), 612-621.

41 자아이미지에 관해서는 제11장의 자아개념을 참조하기 바람.

42 안광호, 김미라 (1991), "점포이미지/자아이미지와 점포선호도와의 관계에 관한 연구," *소비자학연구*, 2 (2), 1-17.

43 Kotler, Philip (1973), "Atmospherics as a Marketing Tool," *Journal of Retailing*, 49 (4), 48-64.

44 Donovan, Robert J. and John R. Rossiter (1982), "Store Atmosphere: An Environmental Psychology Approach," *Journal of Retailing*, 58 (1), 34-57.

45 Underhill, Paco (1999), *Why We Buy: The Science of Shopping*, New York, NY: Simon & Schuster.

46 *Ibid.*

47 Kumar, V. and Robert P. Leone (1988), "Measuring the Effect of Retail Store Promotions on Brand and Store Substitution," *Journal of Marketing Research*, 25 (2), 178-185.

48 Wilkinson, J. B., J. Barry Mason, and Christie H. Paksoy (1982), "Assessing the Impact of Short-Term Supermarket Strategy Variables," *Journal of Marketing Research*, 19 (1), 72-86.

49 Curhan, Ronald C. (1973), "Shelf Space Allocation and Profit Maximization in Mass Retailing," *Journal of Marketing*, 37 (3), 54-60.

50 김용준, 강진석 (1995), "편의점의 진열효과에 관한 유사실험연구," *마케팅연구*, 10 (2), 123-134.

51 Hui, Michael K. and John E. G. Bateson (1991), "Perceived Control and the Effects of Crowding and Consumer Choice on the Service Experience," *Journal of Consumer Research*, 18 (2), 174-184.

제15장

1 Benham, L. (1972), "The Effect of Advertising on the Price of Eyeglasses," *Journal of Law and Economics*, 15 (2), 337-352.

2 네트워크 TV를 포함하는 대중매체를 통한 광고를 ATL(above the line) 촉진이라 하며, 팜플렛, 스티커, 브로셔 등의 배부, 제품 시연, 제품 샘플링, 로드쇼, 직접우편 등 소비자와의 1:1 커뮤니케이션을 목표로 하는 촉진을 BTL(below the line) 촉진이라 한다. 최근 들어 ATL 촉진의 효과가 약해지면서 창의적인 BTL 촉진방법에 대한 관심이 높아지고 있다.

3 *BusinessWeek*, 2005. 8. 1. "The Best Global Brands."

4 Craig, C. Samuel and John M. McCann (1978), "Assessing Communication Effects on Energy Conservation," *Journal of Consumer Research*, 5 (September), 82-88.

5 Sternthal, Brian, Ruby Dholakia, and Clark Leavitt (1978), "The Persuasive Effect of Source Credibility: Tests of Cognitive Response," *Journal of Consumer Research*, 4 (March), 252-260.

6 Hovland, C., A. Lumsdaine, and F. Sheffield (1949), *Experiments on Mass Communication*, Princeton, NJ: Princeton University Press.

7 Woodside, Arch G. and J. William Davenport (1974), "The Effect of Salesman Similarity and Expertise on Consumer Purchasing Behavior," *Journal of*

Marketing Research, 11 (May), 198-202.

8 Assael, Henry (2004), *Consumer Behavior: A Strategic Approach,* Boston, MA: Houghton Mifflin, pp. 510-511.

9 Miniard, Paul W., Deepak Sirdeshmukh, and Daniel E. Innis (1992), "Peripheral Persuasion and Brand Choice," *Journal of Consumer Research,* 19 (September), 226-239.

10 양면적 광고에 관한 전반적 검토를 위해서는 Eisend, Martin (2006), "Two-Sided Advertising: A Meta-Analysis," *International Journal of Research in Marketing,* 23 (June), 187-198을 참조할 것.

11 Crowley, Ayn E. and Wayne D. Hoyer (1994), "An Integrative Framework for Understanding Two-sided Persuasion," *Journal of Consumer Research,* 20 (March), 561-574.

12 하영원, 김경미 (1995), "양면적 광고에 있어 부정적 정보의 위치가 설득에 미치는 영향," *소비자학연구*, 제6권 2호, 67-80.

13 Golden, Linda L. and Mark I. Alpert (1987), "Comparative Analysis of the Relative Effectiveness of One-sided and Two-sided Communications for Contrasting Products," *Journal of Advertising,* 16, 18-28.

14 Crowley and Hoyer, *op. cit.*, pp. 567-569.

15 Swinyard, William R. (1981), "The Interaction between Comparative Advertising and Copy Claim Variation," *Journal of Marketing Research,* 18 (May), 175-186.

16 Assael, *op. cit.*, p. 516.

17 Gotlieb, Jerry B. and Dan Sarel (1991), "Comparative Advertising Effectiveness: The Role of Involvement and Source Credibility," *Journal of Advertising,* 20 (1), 38-45.

18 Swinyard, *op. cit.*, pp. 25-26.

19 Thompson, Debora Viana and Rebecca W. Hamilton (2006), "The Effects of Information Processing Mode on Consumers' Responses to Comparative Advertising," *Journal of Consumer Research,* 32 (4), 530-540.

20 Pechmann, Cornelia and David Stewart (1990), "The Effects of Comparative Advertising on Attention, Memory, and Purchase Intentions," *Journal of Consumer Research*, 17 (2), 180-191.

21 Higgins, E. Tory (1997), "Beyond Pleasure and Pain," *American Psychologist,* 52 (December), 1280-1300.

22 Aaker, Jennifer L. and Angela Y. Lee (2001), "'I' Seek Pleasure and 'We' Avoid Pains: The Role of Self-Regulatory Goals in Information Processing and Persuasion," *Journal of Consumer Research,* 28 (June), 33-49.

23 Hoyer, Wayne D. and Deborah J. MacInnis (2010), *Consumer Behavior*, 5th ed., South-Western, p. 138.

24 Avnet, Tamar and E. Tory Higgins (2006), "How Regulatory Fit Affects Value in Consumer Choices and Opinions," *Journal of Marketing Research,* 43 (February), 1-10; Aaker, Jennifer and Angela Y. Lee (2006), "Understanding Regulatory Fit," *Journal of Marketing Research,* 43 (February), 15-19.

25 이철 (1991), "우리나라의 TV 유머광고의 소비자 정보처리 원칙과 유머광고 내용분석," *광고학연구*, (12월), 13-19.

26 Madden, Thomas J. and Marc C. Weinberger (1984), "Humor in Advertising: A Practitioner View," *Journal of Advertising Research,* 24 (August-September), 23-29.

27 Witte, Kim and Mike Allen (2000), "A Meta-Analysis of Fear Appeals: Implications for Effective Public Health Campaigns," *Health Education and Behavior,* 27 (5), 591-615.

28 deTurck, Mark A., Gerald M. Goldhabor, Gary M. Richetto, and Melissa J. Young (1992), "Effects of Fear-Arousing Warning Messages," *Journal of Product Liability,* 14, 217-223.

29 Hoch, Stephen J. and Young-Won Ha (1986), "Consumer Learning: Advertising and the Ambiguity of Product Experience," *Journal of Consumer Research,* 13 (September), 221-233.

30 Smith, Katherine Taken (2018), "Mobile Advertising to Digital Natives: Preferences on Content, Style, Personalization, and Functionality," *Journal of Strategic Marketing,* 27 (1), 1-14.

국문색인

ㅊ

ㅋ

ㅌ

| 영문색인 |

기업 · 상표 색인

[저자 소개]

李 學 湜
(전) 홍익대학교 경영대학 마케팅 교수
Michigan State University, Ph.D.(마케팅)
한국마케팅학회 마케팅연구 편집위원장 역임

[논 문]

수직적 브랜드확장 평가에 대한 확장방향과 권력거리신념의 상호작용효과, *마케팅연구*, 32 (1), 2017. 2.
가격-품질 관계에 대한 심리적 거리와 제품지식의 조절적 영향, *마케팅연구*, 29 (1), 2014. 2.
광고노출시 태도 및 태도자신감 형성과정에서 사고자신감의 역할, *경영학연구*, 40 (6), 2011. 12.
사회연결망이 구전과 고객 추천가치에 미치는 영향, *소비자학연구*, 22 (4), 2011. 12.
공평성 지각이 소비자 감정과 만족에 미치는 영향: 성별의 조절적 역할, *마케팅연구*, 24 (2), 2009. 6.
소비자의 사회심리적 성, 그리고 소비자-브랜드 성 일치성과 브랜드 태도의 관계, *소비자학연구*, 20 (1), 2009. 3.

[저 서]

마케팅, 6판, 집현재, 2023.
SPSS 28 매뉴얼, 집현재, 2023.
마케팅조사, 5판, 집현재, 2021.
SPSS 25를 이용한 Basic SPSS 매뉴얼, 집현재, 2019.
구조방정식 모형분석과 AMOS 24, 집현재, 2017.
사회과학 논문작성을 위한 연구방법론 – SPSS 활용방법, 집현재, 2014.
사회과학연구를 위한 회귀분석, 집현재, 2012.

[학술상]

한국마케팅학회, 마케팅연구 최우수논문상 수상, 2010.
한국경영학회, 경영학연구 최우수논문상 수상, 2005.
한국조사연구학회, 최우수논문상(한국갤럽상) 수상, 2003.
한국소비자학회, 소비자학연구 최우수논문상 수상, 1999.

安 光 鎬

인하대학교 경영학과 명예교수
한국외국어대학교 무역학과 졸업
New York University 경영학 석사, 박사(Ph.D.)
한국마케팅학회 회장 역임
한국광고학회 회장 역임
한국소비자학회 소비자학연구 편집위원장 역임
한국광고학회 광고학연구 편집위원장 역임
인하대학교 경영대학 학장 역임

[논문 및 저서]

실제적/이상적 자아이미지 일치성, 브랜드 신뢰가 브랜드 애착에 미치는 상대적 효과에 관한 연구, *경영학연구*, 2017.

An Integrated Model of Festival Revisit Intentions: Theory of Planned Behavior and Festival Quality/Satisfaction, *International Journal of Contemporary Hospitality Management*, 2015.

Positive Psychological Capital and Emotional Labor in Korea: the Job Demands-Resources Approach, *The International Journal of Human Resource Management*, 2015.

소비자의 심리적 욕구충족이 브랜드 사랑에 미치는 영향, *소비자학연구*, 2014.

소비자 자아-브랜드개성 일치성과 지각된 품질이 브랜드 사랑에 미치는 영향에 관한 분석, *소비자학연구*, 2013.

소비자, 모 브랜드, 확장제품범주 간의 젠더 이미지 일치성이 확장제품에 대한 소비자 태도와 구매의도에 미치는 영향, *광고학연구*, 2012.

서비스 실패요인이 보복행위에 미치는 영향과 관계품질의 조절효과, *아시아마케팅저널*, 2012.

서비스 실패요인에 따른 소비자의 감정반응과 보복행위에 관한 탐색적 연구: 고객관계품질 수준의 차이를 중심으로, *마케팅관리연구*, 2012.

브랜드-고객 관계형성과정에서 제품의 유형성과 고객유형의 조절효과에 관한 연구, *광고학연구*, 2012.

Building Brand Loyalty through Managing Brand Community Commitment, *Management Science*, 2011.

고객자산 구성요소가 고객충성도에 미치는 상대적 효과에 관한 연구, *마케팅연구*, 2011.

행동적 의사결정론, 제2판, 법문사, 2019.

감정을 팔아라, 윈앤윈북스, 2019.

전략적 브랜드관리, 제5판, 학현사, 2019.

유통원론, 제5판, 학현사, 2023.

마케팅 - 관리적 접근, 제2판, 학현사, 2021.

마케팅원론, 제8판, 학현사, 2023.

마케팅조사원론, 제6판, 창명, 2016.

마케팅전략, 제3판, 학현사, 2011.

서비스마케팅, 제3판, 학현사, 2021.

광고관리, 제4판, 학현사, 2020.

촉진관리, 제4판, 학현사, 2020.

[학술상]

한국마케팅학회, Lifetime Achievement Award, 2021.
동아일보, 한국의 최고경영학자상 수상, 2013.
한국광고학회, 제일기획 학술상 수상, 2013.
한국조사연구학회, 한국갤럽학술논문상 수상, 2012.
한경 마케팅대상 학술상 수상, 2009.
소비자학연구 최우수논문상 수상, 2001.

河 英 源

서강대학교 경영대학 명예교수, 한국뉴욕주립대학교 경영학과 석좌교수, 태재대학교 비즈니스혁신학부 학부장
서울대학교 법과대학 졸업
The University of Chicago(MBA, Ph.D.)
Rutgers University 조교수
마케팅연구, 소비자학연구 편집위원장 역임
한국마케팅학회 회장, 한국소비자학회 회장 역임
서강대학교 경영전문대학원장 역임
Journal of Consumer Research, Journal of Marketing Research, Psychological Science, Advances in Consumer Research 등 ad hoc reviewer

[주요 논문 및 저서]

소비자의 판단과 의사결정 연구를 위한 40년의 여정, *마케팅연구*, 2021.
소비자 의사결정연구의 과거, 현재, 그리고 미래: 행동의사결정론적 접근을 중심으로, *소비자학연구*, 2020.
우호적 정보의 제시시점이 제품선택에 미치는 효과: 처리수월성의 조절효과를 중심으로, *경영학연구*, 2019.
소비자의 과거 지출패턴이 소비지출에 대한 판단에 미치는 영향, *소비자학연구*, 2010.
A Cross-Cultural Study on Envy Premium: The Role of Mixed Emotions of Benign and Malicious Envies, *Current Psychology*, 2023.
Who Is Afraid of Disposition of Financial Assets? The Moderating Role of Regulatory Focus in the Disposition Effect, *Marketing Letters*, 2016.
Feedback Weakens the Attraction Effect in Repeated Choices, *Marketing Letters*, 2015.
The Influence of Categorical Attributes on Choice Context Effects, *Journal of Consumer Research*, 2009.
Antecedents and Consequence of Korean and Japanese New Product Advantage, *Journal of Business Research*, 2006.
Determinants of Korean and Japanese New Product Performance: An Interrelational and Process View, *Journal of International Marketing*, 2003.
Ambiguity, Processing Strategy, and Advertising-Evidence Interactions, *Journal of Consumer Research*, 1989.
Hypothesis Testing in Rule Discovery: Strategy, Structure and Content, *Journal of Consumer Research*, 1989.
Confirmation, Disconfirmation, and Information in Hypothesis Testing, *Psychological Review*, 1987.
Consumer Learning: Advertising and the Ambiguity of Product Experience, *Journal of Consumer Research*, 1986.
Consumer Decision Making: A Cross-Cultural Perspective, The 1000 Years' Treasures by AAB, 2021.
결정하는 뇌, 21세기북스, 2023

[학술상]

2014 대한민국 경영대상 학술공헌상 수상, 2014.
2014 한국의 최고경영학자상(동아일보사) 수상, 2014.
제32회 정진기언론문화상 경제경영도서부문 우수상 수상, 2014.
제1회 SERI(Samsung Economic Research Institute) 중견경영학자상 수상, 2013.
한경 마케팅대상 공로상 수상, 2004.
한국소비자학회 최우수논문상 수상, 2003, 2011.
한국마케팅학회 최우수논문상 수상, 1995, 2002.
한국경영학회 최우수논문상 수상, 1994.

昔 觀 鎬

고려대학교 경영학과 교수
고려대학교 경영학과 졸업
University of Wisconsin-Madison 경영학석사(마케팅조사론 전공)
University of Toronto 경영학박사(Ph.D.: 마케팅 전공, 인지심리학 부전공)
(전) University of California, Riverside 조교수

[주요 논문 및 저서]

900원 혹은 990원? 우리나라 소비재 가격의 끝자리 연구, *마케팅연구*, 2021.
유전자변형(GMO) 표시방법 프레이밍이 소비자의 위험지각과 구매의도에 미치는 영향, *소비자학연구*, 2019.
제품 용량크기와 단위가격의 관계에 대한 연구: 큰 포장제품의 단위가격은 늘 저렴한가?, *소비자문제연구*, 2019
가격과 품질의 손실회피 비대칭성이 가격순서효과에 미치는 영향, *소비자학연구*, 2019.
알파뉴메릭(alpha-numeric) 브랜드의 왼쪽자리 효과, *한국심리학회지: 소비자·광고*, 2015.
소비자 구매행동은 혈액형과 연관이 있는가?, *소비자학연구*, 2012.
The 1-in-X Effect in Perceptions of Risk Likelihood Difference, *Organizational Behavior and Human Decision Processes*, 2022.
Is $0 Better than Free? Consumer Response to "$0" versus "Free" Framing of a Free Promotion, *Journal of Retailing*, 2020.
The Devil Is in the Specificity: The Negative Effect of Prediction Specificity on Prediction Accuracy, *Psychological Science*, 2013.
The Influence of Price Presentation Order on Consumer Choice, *Journal of Marketing Research*, 2012.
The Effect of Reference Point Diagnosticity on Attractiveness and Intentions Ratings, *Journal of Marketing Research*, 2010.
Disambiguating the Role of Ambiguity in Perceptual Assimilation and Contrast Effects, *Journal of Consumer Research*, 2010.
가격의 심리학, 한국문화사, 2016.

[학술상]

한국마케팅학회, 마케팅연구 최우수논문상, 2013.
한국마케팅학회, 마케팅연구 우수논문상, 2012, 2022.
한국소비자학회, 소비자학연구 우수논문상, 2020.
석탑연구상, 고려대학교, 2023.
The SK Distinguished Research Award, KUBS, 2009, 2010, 2012.

제 8 판

소비자행동: 마케팅전략적 접근

1992년 3월 10일 초 판 발행
1997년 1월 10일 제2판 발행
2001년 8월 20일 제3판 발행
2006년 3월 5일 제4판 발행
2010년 6월 5일 제5판 발행
2015년 5월 22일 제6판 발행
2020년 1월 22일 제7판 발행
2024년 1월 8일 제8판 발행
2025년 2월 24일 제8판 5쇄 인쇄

저 자 | 이학식 · 안광호 · 하영원 · 석관호
발 행 인 | 위 호 준
발 행 처 | 도서출판 **집현재**
04091 서울특별시 마포구 토정로 222
한국출판콘텐츠센터 422-8호
전화 (02)332-4922 Fax (02)6442-6906
홈페이지: www.jhjbook.co.kr
e-mail: jyp4922@naver.com

출판등록 | 2010년 10월 22일
등록번호 | 제105-91-57581호

정가 35,000원 ISBN 979-11-92436-27-2